EVELYN SANDERS

...und plötzlich waren's fünf

EVELYN SANDERS

...und plötzlich waren's fünf

Drei Romane

ERSCHIENEN BEI HESTIA

2. Auflage 1989

Printed in Austria
ISBN 3-7770-0409-X

Umschlaggestaltung: Atelier Schütz, München
Umschlagillustrationen (Vorder- und Rückseite):
© Elke Dempf, Gröbenzell
Druck und Bindung: Wiener Verlag, Himberg bei Wien

Inhalt

Radau
im Reihenhaus

Du hast das nicht, was andre haben,
Und andern mangeln deine Gaben;
Aus dieser Unvollkommenheit
Entspringet die Geselligkeit.

GELLERT

1.

»Ich brauch' Tapetenwechsel, sprach die Birke . . .«, schmetterte mein Gatte und bemühte sich erfolgreich, das Röhren des defekten Rasierapparats zu übertönen. »Was hältst du davon?«

»Bei der Knef klingt es besser!«

Rolf singt ebenso gerne wie falsch, am liebsten im Bad, und dort meistens beim Rasieren. Wenn die Arien abrupt abbrechen, weiß ich, daß er gerade die Mundpartie schabt.

»Ich meine doch nicht meinen gutturalen Bariton«, korrigierte er mich, »ich spreche vom Text.«

»Na ja, von Birke kann ja wohl nicht mehr die Rede sein, eher von deutscher Eiche!«

Der Mann, den ich vor knapp sieben Jahren geheiratet hatte, sah zwar immer noch gut aus, und graue Schläfen wirken bei Männern bekanntlich sehr dekorativ (bei Frauen spricht man in diesem Fall von Alterserscheinungen), aber die einstmals sportlich-schlanke Figur war dem gewichen, was man so schön als männlich-kraftvoll bezeichnet. In Gegenwart von Damen, hauptsächlich jüngeren, pflegt Rolf denn auch immer den Bauch einzuziehen, was die jeweiligen Unterhaltungen in der Regel auf ein Mindestmaß beschränkt. Gelegentlich muß man ja mal wieder richtig durchatmen können!

Mein Gatte hatte seine Morgentoilette beendet und nahm den Faden wieder auf: »Was hältst du nun wirklich von einem Tapetenwechsel?«

»Nicht schon wieder die Maler!« jammerte ich, weise geworden durch die Erfahrung, daß Rolfs Aktivitäten sich darin erschöpften, Tapeten oder Kacheln auszusuchen, einen Kasten Bier zu holen und sich mit den Vertretern der handwerklichen Zünfte über die politische Lage zu unterhalten. Da die Gesprächspartner selten einer Meinung sind und eben diese gründlich ausdiskutiert werden muß, stimmen hinterher weder Kostenvoranschläge noch Termine. Alles dauert länger, und alles wird teurer als vorgesehen.

»Ich rede nicht von Malern! Ich rede von einem Umzug!« Rolf zupfte vor dem Spiegel ein letztes Mal die Krawatte zurecht, klopfte mir gönnerhaft auf die Schulter und griff nach den Autoschlüsseln, die aus dem Zahnputzbecher hingen. »Wir sprechen heute abend darüber. Jetzt muß ich weg! Tschüß!«

»Aber wieso . . .?«

Die Wohnungstür schlug zu. »Ich brauch' Tapetenwechsel . . .«, klang es aus dem Treppenhaus.

Ich nicht!

Während ich das Bad aufräumte, überlegte ich, was Rolf wohl mit »Umzug« gemeint haben könnte. Er hatte zwar schon des öfteren den Wunsch geäußert, sein Arbeitszimmer in das jetzige Schlafzimmer zu verlegen, weil ihn die Trauerweide vor dem Fenster angeblich immer dann in elegische Stimmung versetzte, wenn er optimistische Werbetexte zu schreiben hatte, aber bisher hatte ich ihm diese innenarchitektonischen Pläne jedesmal ausreden können. Nun war's offenbar mal wieder soweit, und ich überlegte mir neue Gegenargumente. Das Schlafzimmer lag nach hinten raus, und zumindest nachts hörte man kaum etwas. Tagsüber pflegten allerdings meine Nachbarinnen von Fenster zu Fenster die Tagesneuigkeiten auszutauschen, und da es in einer Großstadt wie Düsseldorf viele gibt, dauerten diese Unterhaltungen manchmal stundenlang. Nur im Winter wurden sie im Telegrammstil geführt. Jetzt hatten wir Juni. Aber notfalls konnte man ja das Fenster schließen.

Irgendwo klirrte etwas.

»Is nich schlimm, Mami!« tönte es aus dem Hintergrund. »Sascha hat bloß mit der Lokomotive die Lampe getroffen. Die is aber nur ein ganz kleines bißchen kaputt!«

Ich raste ins Kinderzimmer. Sascha strahlte mich an. »Hat bum demacht!«

»Das ist jetzt die dritte Lampe, die auf dein Konto geht! Nun reicht es!«

»Für einen Dreijährigen kann der schon ganz prima zielen!« Sven betrachtete seinen Bruder mit sichtbarem Wohlwollen.

»Hättest du ihm die Lok nicht vorher wegnehmen können?«

»Dann hätte er gebrüllt, und dann hätte die olle Schmidt von unten wieder gemeckert. Und du hast selbst gesagt, wir sollen nich so 'n Krach machen!«

»Ach, und wenn ihr mit Holzeisenbahnen werft, macht das keinen Krach?«

»Jedenfalls nich so lange. Aber wenn Sascha erst mal schreit . . .« Quasi als Antwort hörten wir energisches Klopfen gegen den Fußboden.

»Das is aber anders als sonst«, konstatierte Sven. »Vielleicht is ihr Besen nu kaputt!«

Frau Schmidt war Oberstudienratswitwe ohne Kinder, aber mit Migräne, die immer dann auftrat, wenn es regnete und unser temperamentvoller Nachwuchs im Zimmer spielen mußte.

»Frau Schmidt ist krank«, erklärte ich Sven zum fünfzigstenmal.

»Frau Schmidt ist doof!« erwiderte er mit der Konsequenz eines Fünfjährigen, für den es keine Alternative zu doof oder nicht doof gibt.

Ein eigenes Haus sollte man haben, grübelte ich, mit Garten drumherum, den nächsten Nachbarn fünfhundert Meter weit weg, und wenn er außerdem noch schwerhörig wäre, würde das auch kein Fehler sein. Man sollte im Lotto gewinnen oder wenigstens einen reichen Vater haben. Ein Erbonkel täte es auch, aber ich habe ja nicht mal einen ganz gewöhnlichen. Lotto spielen wir auch nicht – wo sollte also das Geld für ein Eigenheim herkommen?

Rolf verdiente zwar als Werbeberater nicht nur die Brötchen, sondern auch noch die Butter dazu, aber andererseits bewies er auch die Richtigkeit jener Statistiken, nach denen die Durchschnittsfamilie mehr ausgeben könnte, als sie einnimmt – und das zumeist auch tut. Wir würden also vorläufig in unserer Vierzimmerwohnung bleiben, Frau Schmidt weiter ertragen und unsere Kinder zum Flüstern erziehen müssen, was zumindest bei Sascha ein aussichtsloses Unterfangen wäre. Er redete sehr viel. Und sehr laut. Und wenn man nicht sofort antwortete, brüllte er. Nach Rolfs Ansicht war er prädestiniert für eine Offizierslaufbahn bei der Bundeswehr.

Rolfs anfängliche Begeisterung für seine Rolle als Vater zweier Söhne war im Laufe der letzten Jahre merklich geschwunden. Seinen Erstgeborenen hatte er noch stolz im Kinderwagen spazierengefahren, hatte ihn gebadet und angezogen

(»Ist doch ganz einfach! Sieh zu, daß du einen Knopf zu fassen bekommst, und warte dann, bis das Knopfloch erscheint!«), den ersten Zahn in Postkartengröße fotografiert und mit mir gewettet, daß Svens erstes Wort »Papa« und nicht etwa »Mama« sein würde (es war »Auto«). Er hatte die ersten Gehversuche seines Sohnes überwacht, freiwillig auf die Skatrunde verzichtet, um Svens Dreirad zu reparieren, und sämtliche Spielwarenverkäufer zur Verzweiflung getrieben. »Lehrreich? Was lehrt es denn, außer daß man heute für zehn Mark nicht viel bekommt!«

Als Sascha geboren wurde, entdeckte Rolf plötzlich, daß Brutpflege wohl doch eine überwiegend weibliche Tätigkeit sei und er außerdem genug damit zu tun habe, eben diese Brut zu ernähren. Das hinderte ihn aber nicht, stolz von »meinen Söhnen« zu reden, wenn sie von Gelegenheitsbesuchern bewundert wurden, und sie als »deine Bengels« zu apostrophieren, sobald sich Frau Schmidt wieder einmal lautstark bei ihm beschwert hatte.

Am Abend dieses Tages hießen sie ausnahmsweise einmal »unsere Kinder«.

»In einem Fünf-Familien-Haus können sich unsere Kinder wirklich nicht richtig entwickeln. Sie brauchen Freiraum, und sie brauchen die Möglichkeit, sich individuell zu entfalten«, dozierte Rolf, der sein vorangegangenes Lamento wegen der demolierten Lampe offenbar schon wieder vergessen hatte. Da war von »hemmungslosem Zerstörungstrieb« die Rede gewesen und nicht von Individualismus.

»Was hältst du von einem Umzug nach außerhalb? Ich habe da etwas an der Hand. Reihenhaus in einer Neubausiedlung am Stadtrand.«

»Am Stadtrand von Düsseldorf?« fragte ich verblüfft, denn diese Gegenden waren dem Geldadel vorbehalten und fest in Industriellenhand.

»Natürlich nicht«, dämpfte Rolf meinen Optimismus, »aber gar nicht so weit weg davon. Der Ort heißt Monlingen und liegt an der Strecke nach Opladen.«

»Aha! Und wo liegt Opladen?«

»In Richtung . . . Du hast aber von Heimatkunde auch nicht die geringste Ahnung!« Rolf erhob sich kopfschüttelnd und suchte im Bücherschrank nach dem Autoatlas. Er schlug eine schon etwas zerknitterte Seite auf und wies mit dem Finger auf ein winziges Pünktchen. »Das ist Monlingen. Und etwa hier« – der Finger wanderte noch einen Zentimeter westwärts – »steht die Reihenhaussiedlung.«

»Also so eine Art Grüne-Witwen-Getto?«

»Blödsinn! Eine ganz normale Neubausiedlung mitten im Grünen.«

»*Wie* grün?«

»Was soll das heißen, *wie* grün? Vermutlich mit Büschen und Bäumen, weil die Gärten noch nicht angelegt sind.«

»Auf gut deutsch heißt das also, du hast dieses Dorado noch gar nicht gesehen?«

»Nur auf dem Bauplan, aber es ist genau das, was wir brauchen!« Nun gehen unsere Meinungen über »das, was wir brauchen«, meist ziemlich auseinander. Als wir unsere erste Polstergarnitur kauften, begeisterte Rolf sich für sandfarbenen Velours, während ich für dunkelbraunes Leder plädierte. Sven war damals gerade ein Jahr alt!

Steht die Anschaffung eines Schrankes zur Debatte, entscheidet Rolf sich garantiert für eine Konstruktion aus einzelnen Teakholzbrettern, worin außer Büchern noch drei enggefaltete Tischdecken und notfalls ein halbes Dutzend Weingläser Platz haben – nicht gerechnet die zahllosen Schlingpflanzen, die dieses Möbel im Prospekt so dekorativ machen. Ich suche aber nach Schubladen, verschließbaren Türen sowie nach unsichtbaren Ablagemöglichkeiten für Streichholzschachteln, Matchboxautos und Bügelwäsche.

Von einem idealen Haus erwartete ich denn auch schalldichte Wände, eine gefederte Treppe, die unseren derzeitigen Verbrauch an Heftpflastern etwas reduzieren würde, ein Kinderzimmer mit den Ausmaßen eines Tennisplatzes und einen Garten mit künstlichem Rasen, den man weder zu sprengen noch zu mähen braucht und der keine ungenießbaren Pflanzen hervorbringen könnte, für die Kleinkinder eine unbegreifliche Vorliebe haben.

Rolfs Vorstellungen von den eigenen vier Wänden waren natürlich etwas anders. Er träumte von einem schneeweißen Bungalow mit rustikalem Kamin (den *ich* natürlich würde säubern müssen), einem elfenbeinfarbenen Flügel im Wohnraum (immerhin hatte er es im Klavierunterricht seinerzeit schon bis zu Beethoven-Sonaten gebracht) und einem Garten, in dem hundertjährige Buchen stehen müßten. Vielleicht sollten es auch Birken sein, das weiß ich nicht mehr, auf jeden Fall müßten sie rauschen.

Nun pflegen speziell in Neubaugebieten keine alten Bäume zu stehen. Etwa vorhandene werden vor Baubeginn entfernt, damit die Bagger Platz haben, und später pflanzt man anderthalb Meter hohe Stämmchen, die aber auch nicht hundert Jahre alt werden, weil sie nach spätestens einem Dutzend Jahren einer Straßenbegradigung oder einem Parkplatz weichen müssen.

»Am besten sehen wir uns die ganze Sache morgen mal an!« beendete Rolf die noch gar nicht richtig begonnene Debatte und wich damit auch allen weiterführenden Fragen aus. Aber was interessierte es ihn schon, ob ich die täglichen Einkäufe zwei oder fünf Kilometer weit würde heranschleppen müssen, ob es in erreichbarer Nähe so segensreiche Institutionen wie Kindergarten und Schule gab, ob man außer in der hoffentlich vorhandenen Wanne auch noch woanders würde baden können, ob Arzt, Friseur und Feuerwehr am Ort ... Und wer sollte dieses Haus eigentlich bezahlen???

»Nicht kaufen, nur mieten«, beruhigte mich Rolf und vertiefte sich in die Wochenendausgabe der Tageszeitung, wobei er der Sonderbeilage »Haus und Garten« eine bisher nie gezeigte Aufmerksamkeit widmete. »Hast du gewußt, daß man Radieschen bis zum Spätherbst ernten kann?«

Monlingen war damals, also vor etwa zwanzig Jahren, ein kleines Städtchen, das von den Segnungen der Zivilisation noch weitgehend verschont geblieben war. Es gab keine Hochhäuser, keine Schnellstraße, keine Mülldeponie und nicht mal eine Verkehrsampel. Geschäftsleute wohnten über ihren Läden und waren selten ungehalten, wenn man noch nach Ladenschluß angerannt kam, weil kein Brot mehr im Haus war oder man die Butter vergessen hatte. Es gab eine gemütliche Kneipe, deren Wirt die Polizeistunde insofern beachtete, als er die Fensterläden schloß, das Licht abschaltete und auf die meist noch vollbesetzten Tische Kerzen stellte. An die Tür hängte er ein schon etwas abgegriffenes Schild mit der Aufschrift »Geschlossene Gesellschaft«, womit den gesetzlichen Anordnungen Genüge getan war. Der eine ortsansässige Friseur, Schmitz, hatte sein Handwerk erlernt, als die Herren einen militärisch-kurzen Schnitt, die Damen überwiegend Treppchen in die Haare onduliert bekamen, und da er es ablehnte, »dieses ganze chemische Zeugs, wo man nich weiß, was drin ist«, zu benutzen, lief zumindest die ältere Generation Monlingens mit Frisuren von Anno 1936 herum. Die Jüngeren gingen lieber zu Angelo, der eigentlich Arthur hieß, aber zwei Jahre lang in Turin Damenköpfe frisiert hatte und seitdem nur noch gebrochen Deutsch sprach. Außerdem nannte er sich Coiffeur, was nun wesentlich moderner klang als Herrn Schmitz' »Damen- und Herren-Salon«.

Es gab eine Mangelstube, die eine füllige Matrone namens Adelmarie Köntgen befehligte und wo man neben schrankfertiger Wäsche auch sämtliche Neuigkeiten geliefert bekam. Es gab nichts, was Adelmarie nicht wußte, und der Fama zufolge soll sie sogar einmal einem ratlosen Abgesandten des Jugendamts geholfen haben, den unbekannten Vater von Fräulein Sigrids Baby ausfindig zu machen. Der allgemeine Konkurrenzkampf und die damit verbundene Preissenkung von Waschmaschinen setzte Adelmaries Mangelstube ein jähes Ende, aber nach vorübergehender Schließung des Etablissements eröffnete sie in denselben beiden Räumen eine Änderungsschneiderei. Adelmarie stellte zwei Hilfskräfte ein, die in den Nachbarorten wohnten und den Zustrom von Informationen wesentlich vergrößerten.

Natürlich gab es auch eine Schule in Monlingen, deren Rektor im Gemeinderat saß, so daß er sich alle Anforderungen gleich selbst bewilligen konnte. Nur einen Kindergarten gab es nicht, dafür aber auch kein Altersheim, was die Schlußfolgerung nahelegte, daß Großmütter und -tanten im Familienverband lebten, den Nachwuchs betreuten und somit dem Kindergarten die Grundlage entzogen.

Aber das alles wußte ich noch nicht, als wir durch die Monlinger Kopfsteinpflasterstraßen fuhren und vergebens nach dem Wiesengrund suchten. Wir hatten schon eine Schachtelhalmstraße überquert und einen Sumpfdotterweg, waren versehentlich in die Ringelblumenzeile eingebogen und vermuteten mit einiger Berechtigung, nun auch irgendwo auf den Wiesengrund zu stoßen. Fehlschluß! Eine Dame mit Hund, hinten Dackel, vorne Boxer, klärte uns auf:

»Dat is hier janz falsch! Dä Wiesenjrund liecht da draußen« – sie deutete auf eine entfernte Wiese, wo tatsächlich noch Kühe weideten – »noch hinter dä Köbes seine Scheune. Wenn die Straße zu Ende is un dä Schotter anfängt.«

Also fuhren wir die Straße weiter, und als sie aufhörte, begann ein glitschiger Lehmweg, auf dem ein paar zerbrochene Ziegelsteine und leere Zementsäcke lagen.

»Der Schotter!« vermutete ich. »Sieh mal, da liegt noch welcher!« Rolf knurrte Unverständliches, krampfhaft bemüht, in der Mitte dieses Lehmweges zu bleiben. Bei einem eventuellen Abweichen würden wir hoffnungslos steckenbleiben.

»Immerhin wird ja dran gebaut.« Er wies auf eine leere Teertonne, die umgekippt in einer Pfütze schwamm.

»Wer weiß, wie die hierhergekommen ist. Sie sieht aus, als ob sie schon dreimal überwintert hat.«

Weitere Anzeichen von Straßenbau gab es nicht. Dafür tauchten die ersten Häuser auf. Ein bißchen schmalbrüstig drängten sie sich aneinander, als ob sie in dieser Einöde gegenseitig Schutz suchten.

Jeweils drei Häuser bildeten eine Einheit, dann kam ein asphaltierter Zwischenraum, und daran schlossen sich die anderen drei Häuser an. Die nächste Häuserzeile stand etwa vierzig Meter hinter der ersten, genau parallel, was ein bißchen monoton wirkte, aber vermutlich lange Rechnereien erspart hatte. Wenn man die zweite Häuserreihe etwas nach rechts versetzt hätte und die nächste noch ein bißchen . . . aber was soll's, ich bin kein Architekt, und außerdem standen sie ja schon. Zumindest die ersten zwölf Häuser. Von den restlichen sechs sahen wir im Augenblick lediglich die Grundmauern.

»Da wohnen ja schon Leute drin«, wunderte ich mich, als Rolf endlich einen halbwegs festen Ankerplatz gefunden hatte und den Motor abstellte. An den Fenstern von Nr. 1 hingen Gardinen, in Nr. 2 hing etwas, das entfernte Ähnlichkeit mit Bettlaken hatte, Nr. 3 zeigte gerafften Tüll, Nr. 4 und Nr. 5 waren offensichtlich unbewohnt, und in Nr. 6 waren sämtliche Fenster mit etwas Gelbem verhüllt. Ein Schild, zwei Meter davor in den Boden gerammt, besagte, daß es sich um das Musterhaus handele und man es jeweils an den Wochenenden zwischen 12 und 17 Uhr besichtigen könne.

Ich machte meinen Gatten darauf aufmerksam, daß es jetzt zehn Uhr und außerdem Mittwoch sei.

»Betrifft uns nicht«, sagte der, watete auf Zehenspitzen durch eine Schlammkuhle und steuerte das Haus Nr. 1 an. »Nun komm doch endlich!«

Das galt mir. Ich öffnete die Wagentür, stieg aus und stand bis zu den Knöcheln im Wasser. »Hiiilfe!«

Rolf drehte sich um. »Du hättest lieber auf der anderen Seite aussteigen sollen!« bemerkte er ganz richtig, machte aber nicht die geringsten Anstalten, wieder zurückzukommen. Hatte er nicht mal versprochen, mich auf Händen zu tragen?

Also fischte ich meine Schuhe aus der Lehmbrühe und beeilte mich, meinem Herrn und Gebieter zu folgen. Der hatte inzwischen das rettende Ufer in Gestalt einer dreistufigen Treppe erreicht und bemühte sich vergebens, die zentimeterdicke Lehmschicht von seinen Schuhen zu kratzen. »So kann ich doch nicht ins Haus?!«

»Was soll *ich* denn sagen? Du kannst ja notfalls die Schuhe ausziehen, wenn du nicht gerade wieder die Strümpfe mit dem Loch anhast, aber ich?« Der Lehm begann zu trocknen und zu bröckeln, und meine Füße sahen aus wie Fresken. »In diesem Aufzug kann ich unmöglich . . .«

Die Tür öffnete sich. Es erschien eine Hand mit einem Wassereimer, darüber hing ein Handtuch, und schließlich tauchte auch der Besitzer von beidem auf. Es handelte sich um einen großen schlanken Mann um die Vierzig, der mich fröhlich angrinste.

»Det kenn' wa schon, und drum sind wa ooch uff so 'ne Zwischenfälle einjerichtet. Wasser jibt's vorläufig noch jratis, weil die Uhren noch nich anjeschlossen sind.«

Während ich meine Füße nacheinander in den Eimer tauchte, beeilte sich Rolf, die gesellschaftlichen Formen zu wahren.

»Mein Name ist Sanders. Ich glaube, wir haben gestern miteinander telefoniert.«

»Obermüller. Anjenehm«, sagte Herr Obermüller und reichte mir seinen Arm, weil ich wie ein Storch auf einem Bein herumstelzte. »Nu komm' Se erst mal rin, und denn jehn wa hintenrum, weil det da noch am trockensten is. Ick hab schon zigmal Krach jemacht bei die Bauleitung, damit die wenigstens mal 'n paar Bretter hier hinlejen, aber bis jetzt is noch nischt passiert. Am besten schicken Se den Brüdern Ihre versauten Schuhe und verlangen Ersatz, denn wern die vielleicht uffwachen. Dabei is det ja jetzt noch janischt. Sie müssen det mal sehn, wenn et zwee Tage lang jeregnet hat. Ohne Jummistiebel is da überhaupt nischt zu machen. Am besten welche bis zum Knie. Ick stell meinen Wagen ooch immer vorne neben die Scheune ab. Zweemal hat mich der Bauer schon aus'm Matsch ziehn müssen, vom drittenmal ab kostet's wat, hat er jesacht.«

Herr Obermüller führte uns ins Wohnzimmer und machte uns mit Frau Obermüller bekannt, einer sympathischen Mittdreißigerin, die bereits eine Kognakflasche schwenkte. »Zum Aufwärmen«, wie sie versicherte. Also wärmten wir uns auf, und während wir das taten, erklärte mir Herr Obermüller, daß er im Augenblick die Rolle eines Beschließers spiele und etwaigen Interessenten die noch vakanten Häuser zeige.

»Die Hälfte is nu schon vakooft, aber die meesten Besitzer woll'n ja weitervermieten, und von denen habe ick die Schlüssel. Wenn ick richtich verstanden habe, reflektieren Sie uff die Nummer vier. Is 'n Eckhaus, jenau wie det hier. Is zwar 'n bißken windig, aber dafür haben Se bloß uff eener Seite Nachbarn, und det jenücht ooch schon. Wir hab'n welche, die een ziemlich lautstarkes Familienleben führn. Jott sei Dank sind se bloß abends da, weil se in Düsseldorf een Friseurjeschäft hab'n, aber die Stunden von sieben bis Mitternacht sind immer mächtig bewegt.«

»Nun übertreib aber nicht, Hans«, unterbrach ihn Frau Obermüller lachend. »Mindestens zweimal pro Woche sind sie eingeladen.«

»Det stimmt. Denn jeht der Krach erst um Mitternacht los. Ick weeß nich, warum die beeden überhaupt jeheiratet hab'n. Sie wirft ihm immer vor, det se wat viel Besseres hätte kriejen können, und er schreit denn, det er se bloß aus Pflichtbewußtsein jenommen hat. Ick bin bloß noch nich dahinterjekommen, worin nu eijentlich die Pflicht besteht.«

»Was wohnen denn sonst noch für Leute hier?« fragte ich verschüchtert, denn die Bewohner von Nr. 2 schienen nicht gerade das zu sein, was man sich als Nachbarn wünscht.

»Wir kennen sie auch noch zu wenig«, sagte Frau Obermüller, »die meisten sind erst vor kurzem eingezogen. Wittingers aus Nummer drei wohnen seit vorgestern hier. Junges Ehepaar mit einer zweijährigen Tochter. Er arbeitet auf dem Flugplatz in Lohausen, Verwaltung oder so ähnlich. Es heißt, daß er sechs Richtige im Lotto hatte und sich daraufhin das

Haus kaufen konnte. Möglich ist es, denn die ganze Einrichtung kam direkt vom Möbelgeschäft. Alles nagelneu.«

»Wie lange wohnen Sie denn schon hier?« wollte Rolf wissen.

»Wir warn die ersten. Det war so kurz nach Ostern. Denn kamen die Missionare aus Nummer sieben, die hab'n sich von ihrem Ersparten det Haus als Alterssitz jekooft, und denn is der Tropendoktor in Nummer neun einjezogen. Oder warn die Vogts von zehn schon früher da?«

»Nein, die sind nach Dr. Brauer gekommen. Vorher sind noch die Damen in Nummer zwölf eingezogen.«

»Ach richtig, die beeden komischen Schachteln.« Herr Obermüller schüttelte den Kopf. »Die treten nur als Duo uff. Ick hab noch nich eenmal erlebt, det die jetrennt det Haus valassen. Die eene schwimmt immer im Kielwasser von die andre. Wovon die eijentlich leben, weeß keen Mensch. Aussehn tun se wie Gouvernanten aus'm vorichten Jahrhundert, so mit Tweedkostüm und Dutt. Ick muß wirklich mal die Missionare fragen, denn det sind die einzigen, mit denen se ab und zu reden.«

Hm. Hier schien jeder alles über jeden zu wissen, und was er noch nicht wußte, kriegte er zweifellos heraus. In Windeseile durchforschte ich unser bisheriges Leben, konnte aber so auf Anhieb keinen dunklen Punkt entdecken. Auch die Verwandtschaft, gottlob weit entfernt und nicht eben reiselustig, würde kein diskriminierendes Angriffsziel bieten.

»Nu werde ick Ihnen mal Ihre künftige Heimstatt zeijen«, meinte Herr Obermüller, nachdem die Flasche leer und er selbst etwas unsicher auf den Beinen war. Er öffnete die Terrassentür, betrat den Schotterhaufen, der erst eine Terrasse werden sollte, und wies mit ausladender Gebärde auf die angrenzende Lehmwüste. »Det sind die Järten. Werden im Herbst anjelegt. Oder soll'n se wenigstens. Jroß sind se nich, aber für Schnittlauch, Petersilie und Federball reicht et. Und nu kommen Se jenau hinter mir her, sonst jehn Se noch mal baden.«

Gehorsam stapften wir im Gänsemarsch hinterdrein. Frau Obermüller hatte sich der Expedition angeschlossen. »Wenn das alles mal fertig ist, werden wir hier bestimmt sehr schön und vor allem sehr ruhig wohnen. Kein Verkehr, viel frische Luft, Platz für die Kinder – haben Sie welche?«

»Ja, zwei Jungs, drei und fünf Jahre alt.«

»Wie schön, dann hat Riekchen ja gleich einen Spielkameraden. Wir haben nämlich eine Tochter im gleichen Alter. Außerdem noch einen Sohn. Aber Michael ist schon zehn und fühlt sich im Augenblick noch ein bißchen vereinsamt. Er vermißt Kino, Fußballplatz, Freibad – also alles das, was nach seiner Ansicht lebensnotwendig ist.«

Wir hatten den Asphaltplatz erreicht, überquerten ihn und standen wieder vor einer Lehmbarriere. Mittendrin drei Treppenstufen, links davon eine zweieinhalb Meter hohe Ziegelmauer.

»Is als Windschutz jedacht. Wäre ja ooch jar keene schlechte Idee, wenn et nich meistens von die andre Seite wehn würde. Und det Rieselfeld hier müssen Se sich natürlich wegdenken, det wird der Vorjarten. Allet einheitlich, so mit Hecke und Kletterrosen, damit die Zuchthausmauer nich so uffällt.«

Obermüller fischte einen Schlüsselbund aus der Hosentasche, suchte kurz, fand das Passende und schloß auf. »Also mit die Türn hab'n die Mist jebaut. Die Dinger sind nämlich jenauso breit wie der Flur. Man muß se immer erst janz uffmachen, bevor man weeß, wer draußen steht. Oder man muß 'n Kopp um die Ecke hängen, aber det sieht ziemlich dußlig aus.«

Wir betraten einen nicht allzu großen Flur, von dem links ein kleinerer abging, der zur Küche führte. Daneben befand sich eine Toilette, deren Installationen wir ungehindert besichtigen konnten. Die Tür fehlte.

»Det is nich det einzije, wat noch jemacht wern muß. Det Parkett liecht ja ooch noch nich.«

Das war unschwer festzustellen. Der Flur endete vor dem Wohnzimmer, das außer einer durchgehenden Fensterfront nur zwei graue Heizkörper aufwies. Die staubten in einer Ecke vor sich hin. Immerhin war der Raum groß genug, auch eine Eßecke aufzunehmen, ohne daß man auf dem Weg dahin über Sessel klettern oder die Stehlampe zur Seite räumen mußte. Ich trat ans Fenster. Die Terrasse bestand noch aus Schotter, von der anschließenden Schotterhalde durch eine gemauerte Sichtblende getrennt. Der Rest war Lehm. Aber im Geist sah ich schon dunkelgrünen Rasen, blühende Kirschbäume, einen Sandkasten und hinten am auch noch nicht vorhandenen Zaun bunte Wicken.

»Woll'n wir nu mal nach oben?«

Die Treppe war natürlich nicht gefedert, aber sie sah einigermaßen solide aus und wendelte sich auch nicht in abenteuerlichen Windungen aufwärts, sondern führte schnurgerade ins obere Stockwerk. Ein durchbrochenes Metallgitter grenzte den oberen Flur nach unten ab. Die vier Zimmer hatten normale Ausmaße und konnten auch bei mißgünstigster Beurteilung nicht mit eingebauten Kleiderschränken verwechselt werden. Das Bad war erfreulicherweise quadratisch, ziemlich groß und bonbonrosa gekachelt. Der als Schlafzimmer vorgesehene Raum hatte sogar einen schmalen Balkon, auf dem zwar kaum Stühle, mit Sicherheit aber die zum Lüften auszulegenden Betten Platz hatten. Am Haus Nr. 3 zierte Buntgeblümtes die Brüstung.

»Na, wie gefällt es dir?« fragte Rolf erwartungsvoll.

»Das Haus ist hübsch, aber . . .«

»Dann nehmen wir's!« unterbrach er kategorisch. »Vorausgesetzt, es wird in diesem Jahr noch fertig.«

»Da brauchen Se sich keene Sorjen zu machen. Wenn die wissen, det wieder eener einziehn will, jeht allet janz schnell. Denn hab'n se nämlich plötzlich ooch Leute, die Klodeckel anschrauben und die Scheuerleisten ankloppen. Sie müssen bloß uffpassen, det bei Ihrem Einzug ooch allet fix und fertig is. Wenn Se nämlich erst mal drin sitzen, kommt keen Mensch mehr, selbst wenn et oben reinregnet. Wann woll'n Se denn übersiedeln?«

Rolf sah mich an. »Wie wäre es mit September? Bekanntlich hat der Herbst auch noch schöne Tage, und wenn man dann auf der Terrasse sitzen und den Sonnenuntergang beobachten . . .«

»Den könn' Se nur vom Küchenfenster aus sehn. Hier is nämlich Osten!«

»Hm . . . Na ja, Sonnenaufgänge können ja auch sehr malerisch sein!« Rolf schüttelte Herrn Obermüller die Hand. »Vielen Dank für Ihre Mühe. Wir werden uns in den nächsten Wochen bestimmt noch öfter sehen, und besonders meine Frau wird Ihre Hilfe brauchen. Da gibt es doch sicher noch einiges auszumessen und zu fragen.«

»Genau. Das fängt bei den Gardinenleisten an und hört beim Elektriker noch lange nicht auf!« Ich sah mich schon wieder inmitten von Kisten und Kartons stehen mit Gardinen, die nicht passen, und mit Lampen, die keiner anschließen kann. Dazu zwei muntere Kinder mit einer ausgesprochenen Vorliebe für Porzellan.

Frau Obermüller zog mich zur Seite: »Sie können von mir die genauen Maße aller Zimmer haben einschließlich Fenster. Außerdem gibt es in Monlingen einen recht ordentlichen Dekorateur und einen Elektriker, der nicht nur zuverlässig, sondern sogar noch preiswert ist. Wenn Sie bei dem noch eine Lampe und ein paar Glühbirnen kaufen, schließt er Ihnen auch alle anderen Geräte an. Im übrigen können Sie jederzeit zu mir kommen, wenn Sie nicht weiterwissen. Hier draußen sind wir ohnehin alle aufeinander angewiesen. Der nächste Laden ist drei Kilometer weit weg, und der Bus fährt nur alle zwei Stunden.«

So etwas Ähnliches hatte ich mir schon gedacht! Und das bei meinem Hang, meterlange Einkaufslisten zusammenzustellen und im ersten Geschäft zu entdecken, daß ich sie zu Hause vergessen habe!

Als mir Obermüller die Hand reichte, fragte ich neugierig: »Aus welcher Ecke Berlins kommen Sie eigentlich? Ich bin nämlich auch Spreeathenerin.«

»Ick aber nich! Ick bin jewissermaßen Weltbürger. Jeboren bin ick in Prag. War aber bloß Zufall, weil meine Eltern jrade in Marienbad zur Kur warn und zwischendurch een bißchen in Kultur machen wollten. Damit war et denn aber Essig, weil se ja bloß det Krankenhaus jesehn hab'n. Uffjewachsen bin ick allerdings in Berlin, in Schöneberg, um jenau zu sein. Meine Sturm- und Drangjahre habe ick in Rußland verbracht, und als mich der Iwan endlich aus Sibirien rausjelassen hat, war meine linke Hand zum Teufel. Erfroren. Dafür halte ick jetzt aber die rechte auf und kassiere Rente. Hat lange jenug jedauert, bis ick welche jekriegt habe. Vorher hab ick zwee Semester Jura studiert in Hamburg, denn hab ick bei meinem Vater in Köln Speditionskoofmich jemimt, und nu mach ick in Versicherungen. Is ooch nich det Wahre, aber ick jehöre ja zu der verlorenen Jeneration, die von der Schulbank weg in 'n Kriech jeschickt worden is. Und hinterher hab'n wir Überleben jelernt, aber nich, wie man Jeld verdient. Det Haus hier jehört meinem Vater, deshalb können wir mietfrei wohnen. Sonst könnten wir uns den Schuppen jar nich leisten. Peinlich is bloß, det alle Welt jloobt, wir schwimmen im Jeld. Ick weeß nich, warum, aber hier in die Jejend heißen die Häuser bloß die ›Millionärssiedlung‹. Na, wenigstens 'nen halben hab'n wir ja – den Lottokönig. Soll ick Sie mal bekannt machen?« Bereitwillig strebte Obermüller auf die Tür zu.

»Vielen Dank, aber nicht heute«, wehrte ich erschrocken ab. »Wir sind sowieso schon viel zu lange geblieben. Ich habe die Kinder bei Bekannten abgestellt, aber länger als zwei Stunden kann ich sie niemandem zumuten. Und die sind fast herum.«

»Is ja ooch nich so wichtig. Wir werden uns noch lange jenug jejenseitig uff'n Wecker fall'n. Ick freu mich aber trotzdem, det Se herziehn. Endlich mal Leute, mit denen man reden kann. Die andern müssen det erst noch lernen.«

Obermüllers brachten uns auf Schleichpfaden, aber halbwegs trockenen Fußes zum Wagen, nicht ohne Rolf zu empfehlen, das Auto bis auf weiteres neben »Köbes« Scheune abzustellen.

»Und nich drum kümmern, wenn er meckert. Der wartet ja bloß druff, det eener hier steckenbleibt und ihm wat in die Hand schiebt, damit er ihn wieder aus die Brühe zieht!«

Die Rückfahrt verlief ziemlich schweigsam. Rolf behauptete, sich auf den Verkehr konzentrieren zu müssen, und ich stellte in Gedanken schon wieder Listen zusammen von Dingen, die gekauft, erledigt oder sonstwie beachtet werden mußten. Bedauerlicherweise waren diese Gedächtnisprothesen immer im entscheidenden Augenblick verschwunden und tauchten erst dann wieder auf, wenn ich sie nicht mehr brauchte, weil sowieso schon alles schiefgegangen war.

Unsere Umzüge schienen von Mal zu Mal problematischer zu werden. Den ersten hatten wir noch spielend bewältigt, vor allem deshalb, weil wir kaum Möbel und keine Kinder gehabt hatten. Beim zweiten hatte Sven das Spektakel außerhalb des unmittelbaren Gefahrenbereichs von seinem Kinderwagen aus verfolgt und sich lediglich einen verdorbenen Magen geholt, weil unsere neuen Nachbarn ihn mit Süßigkeiten vollgestopft hatten. Aber diesmal würden wir nicht nur die Möbelmänner beaufsichtigen müssen, sondern gleichzeitig zwei unternehmungslustige Knaben, die flink wie Wiesel waren, neugierig wie junge Dackel und stur wie sizilianische Maulesel.

»Wir werden Felix als Hilfskraft anheuern!«

Rolf mußte Gedanken lesen können. Genau dasselbe hatte ich auch gerade gedacht, obwohl mir sofort Zweifel kamen, ob diese Idee wirklich so gut war.

Felix Böttcher war von Rolf mit in die Ehe gebracht worden – rein symbolisch natürlich. Inzwischen ist er auch mein Freund geworden, was er als besondere Ehre ansieht, denn ich kenne ja sein bewegtes Liebesleben und mag ihn trotzdem. Angeblich ist er nur deshalb noch Junggeselle, weil ich nicht mehr zu haben sei.

Felix ist mittelgroß, schlank und hat ein Dutzendgesicht, das sich auch durch die verschiedenartigsten Barttrachten nicht vom männlichen Durchschnittsbürgerantlitz unterscheidet. Seitdem ihm Sven einmal unverblümt erklärt hatte: »Aber Onkel Felix, Bärte sind doch bloß was für junge Leute!«, geht er wieder ohne.

Er ist Buchbindermeister – Kenner behaupten, sogar ein sehr guter – und Kapazität für alle Situationen außerhalb des gewöhnlichen Alltags. Niemand kann so originelle (und so mangelhafte) Parties organisieren wie Felix. Man bekommt zwar nichts zu essen, sitzen muß man auf Lederresten oder Stapeln von Kaliko, rauchen darf man nur vor der Tür, weil sonst die ganze Werkstatt hochgehen könnte – aber man lernt jedesmal neue interessante Leute kennen. Es ist also immer amüsant.

Niemand außer Felix wird mit so unfehlbarer Sicherheit die mieseste Inszenierung heraussuchen, die gerade auf dem Programmplan steht, wenn er jemanden ins Theater einlädt. Und hinterher behauptet er dann noch strahlend: »Ein Glück, daß ich vorher die Kritiken gelesen habe, sonst hätte es mir womöglich noch gefallen!«

Nur Felix kriegt es fertig, sich einen rassereinen Chow-Chow andrehen zu lassen, der sich später zu einem keineswegs rassereinen Spitz auswächst. Und Felix war es auch, der aus eigener Erfahrung den Begriff »Düsenzeitalter« so definierte: »Frühstück in London, Mittagessen in New York, Abendessen in San Francisco, Koffer in Buenos Aires. Ein Glück, daß Weltraumreisen noch nicht gang und gäbe sind. Da müßte man seinem Fluggepäck ja durchs ganze Sonnensystem nachjagen!«

Im übrigen ist Felix ein wahrhafter Freund: Immer dann zur Stelle, wenn er uns braucht.

Jetzt brauchten wir *ihn*.

»Wann wollt ihr umziehen? Ersten September? Und dann macht ihr jetzt schon die Pferde scheu? Nächste Woche fliege ich nach Bangkok, aber ganz privat, Ende Juli muß ich nach Rom, geschäftlich natürlich, irgendwann dazwischen drei Tage nach Stockholm und Mitte September zu einer Hochzeit nach Münstereifel. Sonst liegt nichts an. Ist doch klar, daß ich euch helfe. Soll ich die Einstandsparty gleich mitorganisieren? Und was ist als Mitbringsel genehm? Wieder 'n Gummibaum, oder darf's auch etwas anderes sein? Wolltet ihr nicht schon immer mal 'nen gipsernen Beethoven? Oder war's Wagner? Ich könnte aber auch . . .«

Wütend knallte Rolf den Hörer auf die Gabel. »Entweder ist er blau oder endgültig reif für die Klapsmühle. Ich versuche es nächste Woche noch mal, vielleicht ist er dann wieder zurechnungsfähig.«

»Bestimmt nicht, dann ist er doch in Bangkok!«

2.

Der Umzugstag beginnt damit, daß der Möbelwagen nicht kommt. Dafür kommt die Krankenschwester vom Parterre und fragt, ob ich ihr eine Zwiebel leihen könnte. Kann ich nicht. Das einzig Eßbare in Reichweite ist Pulverkaffee und ein Rest angebrannter Grießbrei samt Topf. Beides soll in die Mülltonne. Die Mülltonne ist unser Eigentum und gehört zum Umzugsgut. Ich will aber keinen angebrannten Grießbrei mitnehmen!

Rolf hängt am Telefon. In der Speditionsfirma meldet sich niemand. Wieso auch? Normalbürger sitzen frühestens um acht am Schreibtisch. Jetzt ist es sieben. Übrigens regnet es. Die Gehwege in der Millionärssiedlung sind inzwischen asphaltiert, die Zufahrtsstraße ist es noch nicht. Ob man wohl einen vollbeladenen Möbelwagen mit einem ganz gewöhnlichen Trecker aus dem Schlamm ziehen kann? Bauer Köbes meint ja.

Es klingelt Sturm. Die Möbelmänner! Nein, bloß Felix. Seiner Vorliebe für ausgeleierte Manchesterhosen hat er jetzt die Krone aufgesetzt. Er trägt Hosenträger. Grüne, mit Edelweiß drauf.

Halb acht. Frau Schmidt kommt. Aus lauter Freude über unseren Auszug hat sie sich freiwillig bereit erklärt, auf Sven und Sascha aufzupassen. Daß unsere Nachmieter *drei* Kinder haben, werde ich ihr erst nachher erzählen. Meinen alten Besen lasse ich ihr da, ich habe mir einen neuen gekauft.

Felix schwärmt von Thailand. Es gelingt ihm sogar, die Schönen des Landes zu beschreiben, ohne die Hände zu benutzen.

Acht Uhr. Der Möbelwagen fährt vor. Niemand steigt aus. Rolf geht runter. Die Insassen machen Frühstückspause. Sie kommen gerade aus Dortmund und sind seit halb sechs unterwegs. Ob ich wohl die Suppe ein bißchen wärmen könnte? Ich hole mir von Frau Schmidt einen Kochtopf. Sven steht auf ihrem Balkon und spuckt Weintrauben in die Gegend. Sascha plärrt: »Will nach Hause!« Geht nicht. Zur Zeit haben wir keins.

Rolf sucht seine Brille. Ohne ist er blind wie ein Maulwurf. Wie kann jemand, der nichts sieht, etwas suchen? Ich finde sie neben dem Grießbreitopf.

Felix hat das Kommando übernommen. Mit Bierflasche in der Hand dirigiert er die Möbelmänner. Die scheinen begriffsstutzig oder schwerhörig zu sein. Niemand kümmert sich um ihn. Felix hockt sich beleidigt aufs Fensterbrett und faltet Papierflieger. Einer landet in der Trauerweide, ein zweiter bei Lemkes im Küchenfenster. Frau Lemke schreit. Felix schreit zurück. Er bedauert, daß wir aus dieser schönen Gegend wegziehen.

Im Wiesengrund hatte sich das Empfangskomitee versammelt. Die Familie Obermüller war vollzählig angetreten, Frau Wittinger von Nr. 3 hing aus dem Fenster, schüttelte ein Staubtuch aus und begann, die ohnehin blitzblanke Scheibe mit einer bemerkenswerten Intensität zu bearbeiten. Auch in Haus Nr. 10 putzte jemand Fenster.

Herr Obermüller strahlte. »Vor zwee Stunden hat der Maler die letzte Tapetenrolle anjeklebt, und wenn ick nich danebenjestanden hätte, würde er jetzt immer noch kleistern. Aber bis uff'n paar Kleinigkeiten is wirklich allet fertig jeworden, und den Rest kriejen wir ooch noch zusammen.«

Der Sinn dieser Prophezeiung wurde mir erst am Abend klar, als die drei Männer auf Beutejagd gingen.

Frau Obermüller schnappte sich Sascha, bevor er geradewegs in eine große Schlammpfütze marschieren konnte. »Du kommst jetzt mit zu mir, ich habe einen ganz großen Schokoladenpudding gekocht.«

Mißtrauisch plierte Sascha rauf: »Mit Nilljesoße?«

»Natürlich mit Vanillesoße! Und mit Mandeln! Magst du Mandeln?«

»Weiß nich. Sven soll aber mitkommen!«

Sven wollte nicht. »Ich will mir erst das Haus angucken!«

»Das kannst du auch bei uns, da sieht es genauso aus. Nur seitenverkehrt.«

»Ich will nich die verkehrte Seite sehen, ich will ins richtige Haus!« Er rannte Rolf hinterher, der gerade von Herrn Obermüller die Haustürschlüssel in Empfang nahm. »Warum steht da Nummer elf drauf?«

»Det Schloß is noch nich ausjewechselt, und die unbewohnten Häuser kann man alle mit demselben Schlüssel uffmachen. Eijentlich sollte der Schlosser ja schon jestern kommen!«

Erwartungsvoll betrat ich unser neues Heim. Es roch nach Farbe, nach Leim, nach Salmiak und nach öffentlicher Bedürfnisanstalt. Kein Wunder, die Toilettentür fehlte immer noch.

Obermüller bemerkte meinen entgeisterten Blick. »Wir müssen warten, bis et dunkel is!«

»Wieso?«

»Denn jehn wir abmontieren!«

Dank Felix' Mithilfe landeten die Kinderzimmermöbel im Schlafzimmer und der Schreibtisch im Wohnraum, aber sonst verlief das Ausladen relativ schnell. Der Dekorateur hatte schon die Gardinen angebracht, der Elektriker die bei ihm gekauften Lampen aufgehängt, nur baumelte jetzt die kugelrunde Bastlampe in der Küche, während die Neonröhre Svens Zimmer in ein grellweißes Licht tauchte, aber das waren lediglich kleine Schönheitsfehler. Außerdem wollte Herr Meisenhölder nachher noch mal kommen, um den Herd anzuschließen.

Frau Obermüller erschien, den brüllenden Sascha unterm Arm. »Ist der immer so lebhaft?«

»Warum? Was hat er denn angestellt?«

»Nicht weiter schlimm! Ich weiß nur nicht, wie man Schokoladenpudding von Tapete abkriegt!«

Michael Obermüller, zehn Jahre alt, mit Sommersprossen und einem unschlagbaren Mundwerk, trompetete lautstark: »Eben is Dr. Brauer nach Hause gekommen – zu wie 'ne Handbremse! Die letzten hundert Meter ist er im Zickzack marschiert.«

»Ich habe dir schon hundertmal gesagt, Michael, daß dich das überhaupt nichts angeht. Such lieber deine Schwester, die ist plötzlich verschwunden!«

»Bin ich ja gar nicht!« tönte es von oben. »Ich spiele Kaufladen.« Ulrike, genannt Riekchen, hatte sich seelenruhig in Svens Zimmer verkrümelt und angefangen, die dort abgestellten Kisten auszupacken.

»Komm sofort runter, Rieke!«

»Warum denn?«

»Du wohnst hier nicht, und außerdem störst du!«

»Du bist ja auch hier, wieso störst du denn nicht?«

Frau Obermüller zuckte mit den Schultern. »Kindliche Logik ist selten zu widerlegen.« Dann etwas lauter: »Riekchen, ich gehe jetzt, und die beiden Jungs kommen mit zu uns. Dann bist du hier ganz allein!« Ulrike erschien am Treppenabsatz. »Aber in mein Zimmer dürfen die nich!«

»Brauchen sie ja auch nicht! Wir kochen jetzt Kaffee und Kakao, und wenn Sanders' ein bißchen aufgeräumt haben, kommen sie zu uns rüber.« Widerwillig kam Riekchen die Treppe herab. »Na gut, aber nur, wenn ich den Kakao auch an die Wand kippen darf!«

Um fünf Uhr hatte ich wenigstens die Küche in einen betriebsfertigen Zustand gebracht und begann meine hausfrauliche Tätigkeit. Ich spülte Gläser. Felix und Herr Obermüller waren sich auf der Grundlage von Cointreau nähergekommen, hatten die neue Freundschaft mit kanadischem Whisky begossen und danach mit Bacardi Brüderschaft getrunken.

Jetzt tauschten sie Kriegserlebnisse aus.

Rolf war vor zwei Stunden »mal eben kurz« nach Monlingen gefahren und noch nicht wieder aufgetaucht. Dreimal war Michael als Abgesandter erschienen, um zu vermelden, daß der Kaffee fertig, lauwarm und endgültig kalt sei. Dann kam er ein viertes Mal und berichtete, daß Sven und Sascha schliefen – einer im Schaukelstuhl, der andere in Riekchens Bett.

Ich brachte einen Stoß Aschenbecher ins Wohnzimmer. Felix stand auf der Zentralheizung und malte einen buddhistischen Tempel auf die beschlagene Fensterscheibe. »So ähnlich hat das ausgesehen, und überall waren Affen«, erklärte er dem erstaunten Obermüller.

»Richtige Affen?«

»Falsche gibt's ja wohl nicht«, gluckste Felix, krampfhaft bemüht, das Gleichgewicht zu halten.

»Anscheinend hast du dir einen mitgebracht!« sagte ich, aber Felix glotzte mich nur verständnislos an. »Wollt ihr Kaffee?«

»Wir wollen Rum tralala, Rum tralala, Rum tralala . . .«, sang Obermüller.

»Die Kneipe ist geschlossen! Macht, daß ihr rauskommt!« Wütend knallte ich die Tür hinter mir zu.

»Warum brüllst du denn so? Was sollen die Nachbarn von dir denken?« Rolf stand in der Haustür, beladen wie ein Weihnachtsmann.

»Erstens haben wir noch keine, und zweitens kannst du dich mit den beiden Schnapsdrosseln da drinnen nur schreiend verständigen!«

Er lud seine Pakete auf dem Küchentisch ab. »Fürs Abendessen.«

»Hoffentlich sind Rollmöpse dabei!«

Innerhalb von wenigen Minuten schaffte Rolf Ordnung. Er holte Michael, der seinen Vater mit bemerkenswerter Routine nach Hause führte, zerrte Felix die Treppe hinauf und deponierte ihn auf der Couch im Arbeitszimmer.

»Der trinkt doch sonst nicht soviel«, wunderte er sich, als er leicht lädiert in der Küche erschien.

»Er leitet ja auch nicht jeden Tag einen Umzug!«

Drei Stunden später. Ich hatte Sven und Sascha aus ihrem Exil geholt, ins Bett gesteckt und bezog gerade im Schlafzimmer die Kopfkissen, als es klingelte. Wer wollte denn jetzt noch was von uns?

Also Tür auf, Treppe runter, sieben Schritte bis zum Eingang, Haustür öffnen – prompt rammte ich sie mir zum viertenmal an den Kopf – und nichts zu sehen! Straßenlaternen gab es noch nicht, und als ungeübte Einfamilienhausbewohner hatten wir natürlich vergessen, eine Lampe für die Außenbeleuchtung zu kaufen. Für derartige Dinge war bisher immer der jeweilige Hauswirt zuständig gewesen.

»Könn' wa?« Vor mir stand Herr Obermüller, in einen dunklen Trainingsanzug gehüllt und erstaunlich nüchtern. An seiner linken Armprothese hing ein Schlüsselbund, in der rechten Hand hielt er eine Taschenlampe. »Jetzt is nämlich der jünstigste Zeitpunkt!«

»Wofür denn bloß?« Rolf war aus dem Wohnzimmer gekommen. Erstaunt musterte er unseren Nachbarn. »Wollen Sie einbrechen gehen?«

»Det is nich die richtige Formulierung. Wenn ick mit 'nem regulären Schlüssel die Tür uffschließe, breche ick nich ein. Ick bin ja dazu befugt. Aba wat wir denn vorhaben, liegt vielleicht doch 'n bißchen außerhalb von die Legalität.«

»Können Sie nicht deutlicher werden?« Ich war müde und wollte ins Bett. Nächtliche Exkursionen, zu welchen Zwecken auch immer, waren das letzte, wofür ich mich jetzt begeistern konnte.

Obermüller kam ins Haus und schloß die Tür hinter sich. »Ick hab' heute früh bei meinem letzten Rundgang hier festjestellt, det außer der Klotür noch 'n paar andere Sachen fehlen. Der Badewannenstöpsel zum Beispiel und die beeden Schiebetüren von det Spülbecken in der Küche. Vermissen Se sonst noch wat?«

»Ja, einiges. Wir haben bloß drei Zimmerschlüssel, im Bad fehlt der Kopf von der Dusche, im Arbeitszimmer läßt sich der eine Fensterflügel nicht schließen, und im Keller stimmt auch manches nicht. Ich habe alles aufgeschrieben, damit mein Mann morgen früh gleich die Baufirma anrufen kann.«

Obermüller grinste. »Anrufen kann er ja, aber deshalb passiert jar nischt. Ick hab drei Wochen uff Steckdosen jewartet und die Dinger immer wieder reklamiert, bis ick denn zur Selbsthilfe jejriffen habe. Und det machen wir jetzt ooch! Wir jehn die janzen unbewohnten Häuser ab und holen uns allet zusammen, wat Se brauchen. Nach welchen Jesichtspunkten die Baujesellschaft ihre Häuser zusammenjekloppt hat, weeß ick nich, aber keens is komplett. Bloß fehlt überall wat anderet. In eenem Haus sind die Installationen in Ordnung, dafür jibts keene Türklinken. Woanders wieder fehlt noch det Treppenjeländer, und in Nummer acht haben se die Balkontür verjessen. Dreißig verschiedene Handwerker, und det Janze nennt sich denn Teamwork. Jeder macht, wat er will, und keener det, wat er soll!«

Rolf protestierte: »Wir können doch nicht einfach die anderen Häuser ausräumen. Die sind doch teilweise schon verkauft!«

»Aba noch nich bewohnt, und darauf kommt's an. Den letzten beißen eben die Hunde. Soll der sich doch mit die Bauheinis rumschlagen. Wenn Se allerdings Manschetten hab'n, denn reklamieren Se ruhig. Ick kann Ihnen bloß aus eigener Erfahrung sagen, det Se denn noch zu Weihnachten ohne Klotür dasitzen. Ick weeß sowieso nich, ob wir 'ne passende finden. Die Auswahl is ja nich mehr so jroß wie damals, als wir einjezogen sind. Am besten fangen wir im Nebenhaus an!« Obermüller strebte wieder zur Haustür, drehte sich dann aber noch mal um. »Wo is 'n Herr Böttcher? Zu dritt jeht's nämlich schneller!«

»Herr Böttcher schläft schon. Meinen Sie denn nicht, daß wir es auch allein schaffen?« Rolf hatte sich einen dunklen Pullover übergezogen und wippte unternehmungslustig auf den Schuhspitzen. Ihm schien die Sache langsam Spaß zu machen.

»Ich schlafe überhaupt nicht, weil man bei dem Krach gar nicht schlafen kann!« Felix äugte über das Geländer, entdeckte unseren Besucher und kam die Treppe herab. »Haste Nachschub geholt?«

»Jetzt wird nich jesoffen, jetzt wird jearbeitet!«

»Mitten in der Nacht? Ihr spinnt doch! Arbeit ist eines der größten Dinge auf der Welt, und deshalb sollten wir uns etwas davon für morgen aufheben.«

Als er allerdings erfuhr, um welche Art von Arbeit es sich handelte, war er Feuer und Flamme. »Außer zwei Aschenbechern und ein paar Kleiderbügeln habe ich noch nie was Richtiges geklaut. Habt ihr denn Dietriche?«

Rolf schüttelte den Kopf. »So was benutzen bloß Amateure. Wir haben richtige Schlüssel. Und jetzt komm endlich, du Rififi-Verschnitt!«

Die drei zogen los. Als erster tauchte Felix wieder auf, unterm Arm vier Schiebetüren für die Küchenspüle. Eine paßte. »Wenigstens etwas!« meinte er befriedigt, bevor er sich mit den anderen drei Türen wieder auf den Weg machte. Das fehlende Pendant brachte Obermüller zusammen mit dem Duschkopf. »Beinahe hätten wir ooch die Klotür in Nummer acht ausjehängt, aba mir is noch rechtzeitig einjefallen, det die ja wieda seitenverkehrt is. Nu woll'n wir et mal in Nummer elf probiern.«

Kurz nach Mitternacht luden Rolf und Felix das letzte Stück ihrer Beute ab. Der Fensterflügel von Nr. 5 paßte zwar auch nicht ganz genau in den Rahmen, aber wenigstens ließ er sich schließen. Den ausrangierten brachten sie ins Nebenhaus und hängten ihn provisorisch ein, worauf er zwei Tage später prompt herausfiel. Wir hörten es sogar klirren.

Während ich den neuen Duschkopf ausprobierte und bibbernd unter dem eiskalten Wasserstrahl stand (Rolf hatte sich vorher noch nie als Heizer betätigt und nach kurzer Besichtigung des Kellers erklärt, daß er zunächst einmal fachmännische Unterweisung brauche, um den Kessel in Gang zu bringen), begossen die drei Einbrecher ihren erfolgreichen Beutezug. Ich ging lieber schlafen. Weil die Beteiligten sich später nicht mehr erinnern konnten, wann und vor allem wie sie überhaupt in ihre Betten gekommen waren, blieb der Rest dieses ereignisreichen Tages für immer in gnädiges Dunkel gehüllt.

Mit einem freiberuflichen Ehemann verheiratet zu sein hat Vor- und Nachteile. Die Vorteile bestehen darin, daß er sein eigener Herr ist und in Ausnahmesituationen immer zur Verfügung stehen kann. Der Nachteil ist, daß er es nicht tut, sondern einen wichtigen Termin vorschiebt, dessen Wichtigkeit sich selten nachprüfen läßt.

So war es auch am nächsten Morgen kein Wunder, daß Rolf sich nach einem kurzen Inspektionsgang durch das häusliche Chaos daran erinnerte, um elf Uhr mit dem Leiter einer Kölner Werbeagentur verabredet zu sein.

»Es tut mir leid, Schatz, daß ich dich in diesem Tohuwabohu allein lassen muß, aber es geht um einen großen Auftrag, und einer muß schließlich das Geld verdienen, das du immer so großzügig ausgibst!«

»Wer? Ich? Seit wann trage *ich* Flanellanzüge für ich weiß nicht wieviel hundert Mark? Seit wann kaufe *ich* französischen Kognak? Seit wann muß *ich* für das Auto . . .«

Der Gatte war ins Bad enteilt. Kurz darauf war er wieder da. »Hier ist ja gar keine Steckdose?!«

»Mir egal. Ich brauche keine!« bemerkte ich schnippisch, trabte auf den Balkon und überlegte, ob ich nun zuerst die Wäsche auspacken, die Bücher einräumen, die Fenster putzen oder mich bei Frau Obermüller ausheulen sollte.

Die Entscheidung wurde mir abgenommen. Eine Tür quietschte, jemand stöhnte ganz entsetzlich, und während ich mich zu erinnern versuchte, in welcher Kiste die Hausapotheke verstaut war, rannte ich ins Bad zurück. Es war leer. Das Schlafzimmer ebenfalls. Ob Rolf in der Küche . . .? Was macht man überhaupt bei einem Herzinfarkt? Seit Jahren wollte ich schon einen Erste-Hilfe-Kurs . . . Telefon! Wo ist das nächste Telefon? Ich raste zur Haustür.

Mein Gatte stand vor dem Küchenherd, in der linken Hand die verchromte Aufschnittplatte, und rasierte sich.

»Gott sei Dank, dir ist nichts passiert! Aber warum hast du so entsetzlich gestöhnt?«

»Ich stöhne nicht, ich fluche! Wo sind eigentlich unsere ganzen Spiegel?«

»Noch nicht ausgepackt. Du kannst sie ja suchen. Im übrigen kann ich Stöhnen von Fluchen unterscheiden, ich bin ja nicht schwerhörig. Und irgend jemand hat gestöhnt!«

»Vielleicht ist Felix aufgewacht!« Rolf hatte seine Rasur beendet, legte die Chromplatte auf den heißen Herd, den Rasierapparat in den Brotkorb, fuhr sich noch einmal mit dem Kamm durch die Haare und verschwand fröhlich pfeifend nach draußen.

»Ich frühstücke lieber unterwegs, sonst hast du noch mehr Arbeit«, hörte ich, bevor die Haustür klappte.

Es gibt doch wirklich rücksichtsvolle Ehemänner!

Eine Jammergestalt taumelte die Treppe herunter. »Mensch, ist mir mies! Habt ihr mir gestern Brennspiritus eingeflößt?« Felix wankte zum Spülbecken und hielt den Kopf unter die Wasserleitung. »Mein Schädel brummt wie eine Dampframme!«

»Wovon sollte dir denn der Kopf weh tun? Du hast ihn doch gestern abend gar nicht gebraucht.«

»Angesichts eines todkranken Menschen ist dein Sarkasmus gänzlich unangebracht!« Er warf mir einen vernichtenden Blick zu und schlurfte zur Treppe.

»Gehst du wieder schlafen?«

»Quatsch! In zehn Minuten bin ich unten. Hast du irgend etwas Eßbares im Haus?«

»Natürlich. Wie möchtest du denn die Eier? Gekocht, gebraten oder intravenös?«

Seine Augen zeigten Mordgelüste. »Widerliches Weib! Dem Himmel sei Dank, daß ich nie geheiratet habe und trotz aller Anfeindungen immer noch Junggeselle bin.«

»Ich weiß. Deshalb kommst du ja auch jeden dritten Tag aus einer anderen Richtung in deinen Laden!«

Felix zog es vor, schweigend zu verschwinden.

Nach einem frugalen Frühstück aus Ölsardinen, Knäckebrot, Bier und Aspirintabletten fühlte er sich wieder tatendurstig. »Wo fangen wir an?«

»Unten!«

»Hier in der Küche? Das ist aber Frauensache.«

»Unten bedeutet Keller. Sieh zu, daß du die verflixte Heizung in Gang bringst, ich brauche endlich mal warmes Wasser.«

Als die Millionärssiedlung in Monlingen gebaut wurde, benutzte man Erdöl noch vorwiegend zur Herstellung von Benzin, Plastiktüten und Campinggeschirr. Kaum jemand wußte, was ein Barrel ist, es gab noch keine OPEC und keine Sparappelle, und das Wort »Ölkrise« bedeutete allenfalls, daß der nächste Supermarkt statt der sonst üblichen acht Sorten Salatöl nur zwei vorrätig hatte. Daß man Erdöl auch zum Heizen verwenden kann, begann sich erst langsam herumzusprechen. Bis nach Monlingen war diese Kunde noch nicht gedrungen. Dort heizte man mit Kohle. Kachelöfen und sogenannte Allesbrenner dominierten, besonders Fortschrittliche stellten auf Zentralheizung um. Und wie es sich für Millionäre gehörte, besaßen auch die Bewohner des Wiesengrundes zentralgeheizte Häuser.

Für uns war das nichts Neues. Wir hatten bisher immer in Neubauten gewohnt, an kalten Tagen die Heizkörper aufgedreht und zweimal im Jahr eine Abrechnung bekommen, die jedesmal unseren Etat über den Haufen geworfen hatte. Nun würden wir endlich einmal an der Heizung sparen können, denn es lag ja ausschließlich an uns, wie oft und wie maßvoll wir den Kessel füttern würden. Zunächst mußte er aber in Gang gesetzt werden.

In einem Anfall von Leichtsinn hatte Rolf zehn Zentner Koks anfahren lassen, die in einem Verschlag darauf warteten, ihrer Bestimmung zugeführt zu werden. Um die mögliche Gefahr der Selbstentzündung durch Funkenflug auszuschalten, befand sich der Heizkessel an dem einen Ende des recht geräumigen Kellers, der Verschlag am entgegengesetzten. Zwischenraum: Sechs Meter.

Felix inspizierte den Tatort und machte sich ans Werk. Nun riskieren die meisten Männer lieber ein Unglück, als daß sie eine Gebrauchsanweisung lesen. Daß etwas nicht stimmte, merkte ich erst, als dicke Rauchschwaden unter der Tür hervorquollen und die Küche – einziger Zugang zum Keller – in Sekundenschnelle einnebelten. Ich riß die Kellertür auf, gerade rechtzeitig, um einem hustenden, spuckenden und röchelnden Etwas den Weg ins Freie zu zeigen.

Felix sah aus, als habe er soeben eine Achtstundenschicht im Kohlebergwerk hinter sich. »Entweder bin ich zu dämlich, oder der Kessel ist kaputt«, krächzte er.

»Der Kessel ist nagelneu«, bemerkte ich in der Hoffnung, Felix würde die Alternative akzeptieren.

»Na, dann fehlt eben irgend etwas, das da sein müßte. In einer normalen Heizung zündet man ein Feuer an, und wenn es brennt, schippt man die Kohlen drauf.«

»Aba vorher macht man die Lüftungsklappe uff!« klang es von dorther, wo ich das Fenster vermutete. Obermüller, von Frau Wittinger alarmiert, hatte vorsichtshalber noch nicht die Feuerwehr in Marsch gesetzt, sondern sich erst einmal selbst davon überzeugen wollen, ob es tatsächlich bei uns brannte.

»Das ist ja das Malheur, es brennt *nicht*!« hustete Felix. Obermüller band ein nasses Handtuch vor sein Gesicht und tastete sich todesmutig in die Räucherkammer. Der Zustrom von Rauchschwaden hörte auf, und als der Qualm endlich abgezogen war, erteilte uns Obermüller vor Ort Unterricht in Pflege und Wartung von Zentralheizungskesseln.

»Wenn det Ding erst mal richtig in Jang jekommen is, jeht allet andere beinahe automatisch«, beendete er seine Ausführungen.

Langsam begann ich zu ahnen, was da auf mich zukam. Automation ist doch bloß der Versuch des Mannes, die Arbeit so leicht zu machen, daß die Frau sie tun kann.

Nachdem Felix wieder gesäubert und dank der nun wenigstens lauwarmen Dusche auch halbwegs nüchtern war, packte er zu – kräftig unterstützt von Michael, der unermüdlich leere Pappkartons verbrannte, Zigaretten holte, Kaffee kochte und Fragen stellte.

Nun gehört Felix zu jenen Menschen, die eine Stunde lang reden können, ohne zu erwähnen, worüber sie reden; deshalb zog Michael bei Einbruch der Dämmerung etwas enttäuscht wieder nach Hause, denn er hatte nichts über uns herausbringen können, was für eine Weitergabe geeignet gewesen wäre. Um so mehr hatte Felix über unsere Nachbarn erfahren, und es machte ihm einen Heidenspaß, mir die Freuden meines künftigen Lebens blumenreich zu schildern.

»Morgens lädst du dir zweckmäßigerweise den Dr. Brauer ein. Angeblich frühstückt der nur Bourbon, weil er das so gewöhnt ist. Er soll jahrelang in einem Krankenhaus in Bengasi gearbeitet haben und kommt mit den europäischen Tafelsitten nicht mehr zurecht. Anscheinend wird er nur so lange nüchtern, wie er braucht, um eine neue Flasche aus dem Keller zu holen. Er ist sogar verheiratet, was den Schluß nahelegt, daß seine Frau auch Alkoholikerin oder aber abgrundtiefhäßlich ist und nichts Besseres abgekriegt hat. Gib mir mal den kleinen Schraubenzieher!«

Felix baute gerade das Bücherregal zusammen und hatte mich als Handlanger verpflichtet.

»Dann existiert noch eine Familie Vogt, ich glaube, sie wohnt genau vis-à-vis, die wohl nur dadurch bemerkenswert ist, weil es über sie nichts zu bemerken gibt. Nach Michaels unmaßgeblicher Ansicht ist Herr Vogt ein Trottel, Frau Vogt eine blöde Gans und der Sohn Karsten ein Idiot, der immer weiße Strümpfe trägt. Der Idiot ist fünf Jahre alt – ich brauche die Kombizange! – und darf niemals Eis essen, was Michael für eine seltene Form von elterlicher Grausamkeit hält. Wie viele Bretter kommen hier eigentlich rein?«

Er stärkte sich mit einem Zug aus der Mineralwasserflasche, prüfte zufrieden sein bisheriges Werk und klärte weiter auf: »Die Missionare, Strassmann heißen sie oder so ähnlich, sind erst im vergangenen Jahr aus Afrika zurückgekommen, wo sie dreißig Jahre lang kleine Heidenkinder bekehrt haben. Vermutlich gibt es jetzt keine mehr, und deshalb sind sie wohl heimgekehrt. Das ganze Haus soll vollgestopft sein mit Affen, Krokodilen und anderen niedlichen Tierchen – mumifiziert natürlich –, und Herr Strassmann beginnt jeden Satz mit ›Als wir noch in Afrika waren . . .‹ Übrigens sind sie Vegetarier, aber aus Überzeugung und nicht wegen der Fleischpreise. Weißt du eigentlich, was ein Steak kostet? Ich hab' mir vorgestern eins gekauft, und seitdem weiß ich, warum in Indien die Kühe heilig sind.«

Nach einer Stunde stand das Regal, und ich wußte in groben Zügen, mit wem ich es in Zukunft zu tun haben würde. Zwar kannte ich noch niemanden persönlich; lediglich Frau Wittinger hatte mich mit einem gemessenen Kopfnicken begrüßt, als sie ihre Betten und ich meine Blumentöpfe auf den Balkon gebracht hatte, aber ich hatte schon jetzt den Eindruck, als ob keine Familie zu einer anderen paßte. So ähnlich wie Fische im Aquarium – entweder nehmen sie keine Notiz voneinander, oder sie fressen sich gegenseitig auf.

Als Rolf nach Hause kam, war das Schlimmste überstanden. Das Haus sah schon wohnlich aus, und ich fand sogar auf Anhieb die richtige Vase für den mitgebrachten Rosenstrauß.

»Ihr seid aber fleißig gewesen«, geruhte er gnädig zu bemerken, um gleich darauf festzustellen: »Das Bild hängt schief!«

»Häng dich am besten gleich daneben!« knurrte Felix und gab dem beanstandeten Gemälde einen leichten Stoß, worauf es unter Mitnahme eines zehn Quadratzentimeter großen Stükkes Wand zu Boden fiel.

»Stümper!« sagte Rolf.

»Nee, Edelputz!« verbesserte Felix. »Du brauchst nur laut zu niesen, dann kommt das Zeug schon runter. Ihr hättet hier auch Tapeten kleben sollen!«

Wir klebten keine Tapeten, sondern hängten ein größeres Bild über das Loch; wir erfreuten uns einen weiteren Tag an Felix' Anwesenheit, dessen Arbeitseifer zusehends erlahmte; wir bedankten uns mit einer Riesenbonbonniere bei Frau Obermüller, die sich jeden Morgen die Kinder geholt und sie erst abends wieder zurückgebracht hatte; wir beseitigten die letzten Spuren des Umzugs, indem wir sämtliche Scherben einschließlich der des Toilettenfensters zur zwanzig Kilometer entfernten Müllkippe brachten; und rechtzeitig zu Beginn des Wochenendes, das im Wiesengrund offenbar schon am Freitagmittag begann, waren wir bereit, mit dem Leben im Grünen anzufangen.

3.

»Müssen wir eigentlich Antrittsbesuche machen?« fragte ich Rolf, als wir am Samstag morgen bei einem reichlich späten Frühstück saßen und auf den Schotter starrten, der noch immer keine Terrasse geworden war. Im Augenblick bedauerte ich das keineswegs, denn Rolf hockte in seinem alten Bademantel und unrasiert am Tisch, an den Füßen die ausgelatschten Pantoffeln, die aussahen, als hätte er sie vor fünf Jahren im Schlußverkauf erstanden. Was im übrigen auch stimmte. Unvorstellbar, wenn er sich in diesem Aufzug auf die Terrasse setzen würde! Immerhin hatte ich schon vor anderthalb Stunden den Herrn Vogt zur Garage schreiten sehen, korrekt gekleidet vom Arbeitgeberhut bis zu den blankgewienerten Schuhen.

»Was für Antrittsbesuche?« knurrte mein Gatte denn auch mürrisch. »So was war zu Kaiser Wilhelms Zeiten vielleicht üblich, aber heutzutage doch nicht mehr.« Er haßt alles, was mit Etikette zu tun hat, und scheut sich nicht im geringsten, in Khakihosen auf eine Cocktailparty zu gehen. Wenn er überhaupt hingeht!

»Na ja, in Großstädten macht man das nicht mehr, aber wir leben jetzt auf dem Land, da ist man doch in allem ein bißchen zurück«, gab ich zu bedenken. »Außerdem wohnen wir hier in so einer Art Getto, die anderen kennen sich alle schon, und wenn wir uns überhaupt nicht rühren, heißt es vielleicht, wir seien hochnäsig.«

»Na und? Laß sie doch reden, was sie wollen. Du hast dich doch sonst nie um die Meinung anderer Leute gekümmert.«

»Das war auch etwas anderes. Aber wenn du künftig wieder tagelang unterwegs bist, muß ich doch wenigstens mal mit jemandem reden können!«

»Ich schenk dir einen Papagei!« erwiderte mein Gatte bereitwillig. Dann lenkte er ein: »Wenn du glaubst, es ist deinem Ansehen förderlich, daß wir vor jeder Haustür Männchen bauen, dann werde ich mich sofort in Gala werfen. Welchen Anzug hältst du für angemessen? Genügt der dunkle?«

»Wir gehen ja nicht zur Beerdigung. Und überhaupt ist es jetzt sowieso zu spät. Offizielle Besuche erledigt man zwischen elf und zwölf oder nachmittags zwischen fünf und sieben.«

»Woher willst du das wissen?«

»So etwas weiß man eben!« trumpfte ich auf, verschwieg aber, daß ich mir diese Information erst von Tante Lotti geholt hatte. Seit zwei Tagen besaßen wir wieder Telefon. Da hierfür nicht die Baugesellschaft zuständig gewesen war, hatte es mit dem Anschluß sofort geklappt, und ich fühlte mich der entrückten Zivilisation wieder ein Stückchen näher.

Als erste hatte ich Tante Lotti angerufen. Sie wohnte in Berlin, war auf nur noch von ihr zu rekonstruierende Weise mit mir verwandt und bedauerlicherweise alleinstehend. Ihr genaues Alter habe ich nie herausgebracht, aber da sie »mit einem sehr stattlichen Leutnant vom Garde du Corps in das zwanzigste Jahrhundert getanzt« war, mußte sie schon damals die Backfischjahre hinter sich gehabt haben. Auch über Tante Lottis geplatzte Verlobung und die daraus resultierende Ehe-Abstinenz wußte die Familienfama nur Ungenaues zu berichten. Der in Betracht gekommene Offizier soll adelig und arm gewesen sein, weshalb Tante Lotti als zwar bürgerliche, aber gutsituierte Kommerzienratstochter die passende Partie gewesen wäre. Leider war der Heiratskandidat so unvernünftig gewesen, sich in eine andere verarmte Adelige zu verlieben, worauf Vater Oberst seinen Sohn ins Ausland verbannt hatte. Von hier ab verloren sich die konkreten Spuren, und Tante Lotti hatte sich bis zu ihrem Tod beharrlich darüber ausgeschwiegen, ob der Bedauernswerte sich nun tatsächlich dem Trunk ergeben oder eine reiche Amerikanerin geheiratet oder sich hochverschuldet eine Kugel in den Kopf geschossen hatte.

Zweimal im Jahr ging Tante Lotti »auf Reisen«, d.h., sie fing in Kiel an, wo eine Pensionatsfreundin von ihr lebte, und arbeitete sich dann kilometerweise nach Süden durch, bis sie bei ihrer Nichte in Bayrischzell landete. Zwischenstationen machte sie immer dort, wo sie Verwandte oder Bekannte aus längst vergangenen Zeiten aufgestöbert hatte, und die Dauer der jeweiligen Reise richtete sich nach der Geduld, die die

Heimgesuchten aufbrachten. Die längste Besuchstour hatte sich über zehn Wochen hingezogen – allerdings nur aus dem für Tante Lotti sehr erfreulichen Grund, daß sich ihre Großkusine in Hanau das Bein gebrochen hatte. In ihrer Hilflosigkeit hatte sie sogar Tante Lottis Samariterdienste dankbar angenommen.

Uns hatte sie bei ihrer diesjährigen Sommerexpedition ausgespart. Frühzeitig genug hatte ich sie von dem bevorstehenden Umzug informiert, worauf sie vor Mitgefühl übergeströmt war.

»Du tust mir ja so leid, Liebes«, hatte sie mitleidig ins Telefon gezwitschert, »und ich würde dir mit Freuden zur Seite stehen, aber mein Rheuma ist wieder einmal ganz besonders schlimm, so daß ich dir doch nur eine Last wäre. Du hättest ja auch gar keine Zeit, mir meine Diät zu kochen. Ich besuche euch dann lieber im Frühjahr. Da kann ich auch ein bißchen länger bleiben, weil ihr in eurem neuen Haus sicherlich mehr Platz habt. Ach, ich liebe doch das Leben auf dem Lande so sehr! Wenn ich da an die Jagdsaison bei meinem Onkel, dem Rittergutsbesitzer von Harpen, denke . . .«

Nun ja, es blieb abzuwarten, *was* Tante Lotti hier jagen wollte. Stechmücken vielleicht oder Pferdebremsen.

Immerhin galt Tante Lotti als kompetent in allen Fragen der Etikette, und sie hatte mich auch bereitwillig über alles das aufgeklärt, was ich gar nicht wissen wollte.

»Zu einem solchen Anlaß trägt man dezente Straßenkleidung ohne modische Extravaganzen. Blumen nimmt man selbstverständlich nicht mit, aber es ist opportun, Visitenkarten bei sich zu haben, die man hinterläßt, wenn man niemanden angetroffen hat.« (Bei wem, bitte sehr, sollte ich wohl die Karten hinterlassen?) »Ein Anstandsbesuch sollte sich auf zwanzig Minuten beschränken, im Höchstfall auf eine halbe Stunde. Serviert wird im allgemeinen Sherry oder Portwein, mitunter pflegen die Herren auch eine Zigarre zu rauchen. Heutzutage wird man wohl auch Zigaretten reichen . . .«

In diesem Stil ging es so lange weiter, bis ich Tante Lotti unterbrechen und sie darauf aufmerksam machen konnte, daß die königlich-preußischen Zeiten seit einigen Jahrzehnten vorbei wären und inzwischen auch die Damen rauchten.

»Dessen bin ich mir bewußt, mein Liebes«, klang es pikiert zurück, »aber gutes Benehmen wird niemals unmodern. Es ist bedauerlich, daß die heutigen Erzieher so gar keinen Wert mehr auf Anstand und Sitte legen.«

Daran erinnerte ich mich, als Rolf am Sonntag vormittag Punkt elf Uhr auf den Klingelknopf von Nr. 10 drückte.

»Am besten fangen wir mit Vogts an«, hatte er vorgeschlagen. »Die werden wir wohl in einer Viertelstunde hinter uns bringen können. Dann gehen wir zu den beiden Damen in Nummer zwölf und als Abschluß zu dem Tropendoktor. Mir schwant nämlich, daß ich – wenn überhaupt – Likör trinken muß, und bei Dr. Brauer gibt es wenigstens anständigen Whisky. Wehe, wenn Michael geschwindelt hat!«

Herr Vogt öffnete die Tür. Er war mittelgroß, hatte wäßrige Froschaugen, schüttere semmelblonde Haare und machte einen sehr verschüchterten Eindruck – wie ein Buchhalter, dem man gerade eröffnet hat, daß in seiner Schlußbilanz hundertdreiundachtzig Mark fehlen.

Überrascht musterte er uns und hob fragend die Augenbrauen. »Sie wünschen, bitte?«

»Mein Name ist Sanders. Wir sind vor ein paar Tagen in das Haus Nummer vier eingezogen und möchten uns gern bekannt machen. Immerhin sind wir jetzt Nachbarn und halten es für richtig, daß wir uns gegenseitig kennenlernen.« Rolf machte das großartig!

Einen Augenblick zögerte Herr Vogt, dann geruhte er, uns hereinzubitten. »Das finde ich aber sehr aufmerksam, äh, ja, sehr aufmerksam finde ich das. Wenn Sie vielleicht eintreten wollen . . .«

Er führte uns ins Wohnzimmer und nötigte uns in zwei grüne Samtsessel, über deren Lehnen Spitzendeckchen hingen. »Wenn Sie mich einen Augenblick entschuldigen, dann hole ich schnell meine Gattin.«

Er entschwand, und ich sah mich neugierig um. Die Einrichtung bestand aus Gelsenkirchner Barock der gehobeneren Preisklasse. Glänzend polierter Wohnzimmerschrank aus Nußbaum mit viel Glas, dahinter Sammeltassen, ein paar Vögel aus buntem Porzellan sowie sechs Bücher mit Lederrücken und ein Fernglas. Von den grünen Sesseln gab es drei Stück, dazu ein Sofa, auch in Grün, dessen Rückenlehne ebenfalls mit Deckchen verziert war. Eine Häkeldecke lag auch auf dem runden

Tisch, und ich fing gerade an, die Fransen zu zählen, als Herr Vogt zurückkam. Ihm folgte seine Frau, die ein ziemlich ratloses Gesicht machte. Sie war klein und rundlich und trug zu einem lindgrünen Jackenkleid schwarze Schnürschuhe – von Rolf später als Sumpftreter bezeichnet. Vermutlich hatte sie sie gerade erst angezogen, denn neben der Haustür hatte ich mehrere Paar Filzpantoffeln bemerkt, die ganz offensichtlich als Parkettschoner gedacht waren. Vielleicht hätten wir vor Betreten des Zimmers auch hineinschlüpfen sollen.

Herr Vogt räusperte sich. »Liebe Ursula, darf ich dich unseren neuen Nachbarn vorstellen? Das sind Herr und Frau . . . ach, wie war doch gleich Ihr Name?«

Rolf erhob sich, und mit ihm erhob sich das Spitzendeckchen. Es hatte sich in den Ärmelknöpfen verhakt. »Sanders, angenehm!« murmelte er und ergriff die dargebotene Hand. Dann starrte er hilflos auf das Anhängsel, das mit seinem Arm auf und ab schwenkte. »Verzeihung, da muß ich wohl . . .« Ungeschickt zerrte er an dem Deckchen, unterstützt von Frau Vogt, die dieses Mißgeschick gar nicht begreifen konnte. »Bitte Vorsicht, das ist Klöppelspitze. Alles Handarbeit, so etwas bekommt man ja gar nicht mehr!«

Aufgeregt zupfte sie an dem Schoner herum. Endlich war Rolf von diesem unmännlichen Accessoire befreit und konnte sich wieder setzen. Frau Vogt entfernte vorsichtshalber auch das andere Spitzengebilde vom Sessel und legte es sorgfältig auf den gläsernen Teewagen.

»Zum Glück ist nichts passiert«, lächelte sie erleichtert, »aber Sie glauben gar nicht, wie empfindlich diese feinen Handarbeiten sind. Ich selbst wage mich an so etwas noch gar nicht heran, aber dafür häkle ich sehr gerne. Diese Decke hier ist auch von mir.« Beifallheischend strich sie über den Tisch.

Die nächsten Minuten verbrachte ich damit, die Decke, die Sofakissen und die eilends aus dem Nußbaumschrank herbeigeholten gehäkelten Serviettenringe zu bewundern. Als ich mich gerade erheben wollte, um nun auch den selbstgehäkelten Bettüberwurf im Schlafzimmer zu besichtigen, mahnte Rolf zum Aufbruch.

»Wir möchten nicht länger stören«, versicherte er todernst. »Außerdem können wir die Kinder nicht so lange alleine lassen.«

Dabei waren sie gar nicht allein; Michael versah angemessen

honorierten Dienst als Babysitter. Für Geld tat er alles, sogar eine gute Tat.

»Ach richtig, Sie haben ja auch Kinder«, bemerkte Frau Vogt mit einem eingefrorenen Lächeln. »Zwei Jungs, nicht wahr? Einer von ihnen, ich glaube, es war der größere, hat gestern unseren Karsten mit Lehm beworfen. Natürlich habe ich ihm gesagt, daß sich das nicht gehört, aber er schien mich nicht verstehen zu wollen.«

»So etwas versteht er nie!« platzte ich heraus. »Sicher wollte er nur anbändeln und hat nicht gewußt, wie er das machen soll.«

»Nun ja, das ist möglich«, sagte Frau Vogt wenig überzeugt. »Im allgemeinen spielt unser Junge niemals auf der Straße. Er ist ein sehr reinliches Kind und haßt es, sich schmutzig zu machen. Wenn der Garten erst einmal fertig ist, wird er natürlich dort spielen, aber vorläufig bleibt er im Haus.«

»Armes Kind«, sagte ich zu Rolf, als sich endlich die Haustür hinter uns geschlossen hatte.

»Armer Mann!« erwiderte der meine. »Hast du gesehen, wie der auf der Sesselkante herumrutschte und nicht wagte, den Mund aufzumachen? So etwas von Pantoffelheld ist mir noch nicht untergekommen, und ich kenne eine ganze Menge. Mich eingeschlossen!«

Inzwischen hatten wir das Haus Nr. 12 erreicht. Rolf klingelte. Eine Zeitlang tat sich gar nichts. Dann hörten wir Schritte und leises Sprechen. Schließlich öffnete sich die Tür eine Handbreit. Hinter einer massiven Sicherheitskette lugte ein spitznasiges Gesicht hervor. »Was wollen Sie?«

»Mein Name ist Sanders. Ich bin. . .«

»Wir kaufen nie etwas an der Tür!« unterbrach die Spitznasige Rolfs Sprüchlein.

»Ich will Ihnen ja gar nichts verkaufen! Wir sind Ihre neuen Nachbarn und möchten uns lediglich bekannt machen.«

»So? Nachbarn sind Sie? Die anderen kennen wir auch nicht. Wir verkehren mit niemandem. Mit Ihnen werden wir auch nicht verkehren! Guten Tag!« Unter Kettengerassel knallte die Tür wieder zu.

»Das war eine glatte Abfuhr!« stellte Rolf mit bemerkenswerter Auffassungsgabe fest. »Eigentlich schade. Seitdem ich die Bewohnerin gesehen habe, würde ich auch ganz gern mal ihr Verlies besichtigen.« Er zuckte mit den Schultern. »Was nun? Haken wir noch einen ab, oder stürzen wir uns gleich auf den Whisky? Ich könnte einen vertragen!«

Ich sah auf die Uhr. Halb zwölf. »Klappern wir doch noch die Missionare ab, dann haben wir bei dem Tropendoktor wenigstens ein Gesprächsthema. Von Afrika habe ich nämlich nicht viel Ahnung. Vielleicht können Strassmanns meine Bildungslücken ein bißchen füllen.«

Die Missionare waren nicht zu Hause. Entgegen Tante Lottis Weisungen hinterließen wir keine Visitenkarten, weil wir gar keine hatten, dafür aber ein paar erstklassige Fußabdrücke auf den frisch gescheuerten Treppenstufen. Lehm mag für Bildhauer geeignet sein, als Straßenbelag ist er es nicht.

Wir hatten gerade beschlossen, unsere Kommunikationsversuche erst einmal abzubrechen, als die Tür von Nr. 8 aufging. Ein ebenso langer wie dünner Mann schlappte barfuß die Stufen herab und kam auf uns zu.

»Hatten Sie etwa die Absicht, mich bei Ihrer Besichtigungstour auszusparen?« grinste er und fügte erklärend hinzu: »Ich beobachte Sie schon eine ganze Weile und wollte Sie eigentlich warnen, bevor Sie zu den verdrehten alten Schachteln marschierten, aber dann dachte ich mir, vielleicht sehen die beiden seriöser aus als du und werden eingelassen. Sie waren aber viel zu schnell wieder auf dem Rückweg, also sind Sie vermutlich auch rausgeflogen. Bei den Heidenbekehrern haben Sie um diese Zeit kein Glück, da sind die in der Kirche. Also machen Sie jetzt erst mal hier Zwischenstation! Ich heiße übrigens Brauer.«

Er reichte uns beiden die Hand und öffnete einladend die Tür. »Kriegen Sie aber keinen Schreck. Zur Zeit bin ich Strohwitwer und völlig untalentiert für jede Art von Hausarbeit. Meine Frau ist in Hamburg und holt unsere Gören nach Hause; die hatten wir bei den Schwiegereltern abgestellt. Na ja, und in der Zwischenzeit habe ich eben *meine* Vorstellungen von Gemütlichkeit verwirklicht – ist aber wohl doch mehr ein Rückfall ins Junggesellenleben.«

Als gemütlich hätte ich das Wohnzimmer nun nicht gerade bezeichnet. Die Möbel, soweit sie unter den Stapeln von Zeitungen, Zeitschriften, Oberhemden, unter Flaschen, Büchern und überquellenden Aschenbechern überhaupt erkennbar waren, setzten sich hauptsächlich aus Bambusrohren zusammen. Das einzig kompaktere Stück in dem ganzen Raum war ein behäbiger Ohrensessel, offenbar der Lieblingsplatz des Hausherrn, denn er war als einziger nicht vollgepackt. Eins der hinteren Beine war abgebrochen und durch ein dickes Buch ersetzt worden. Bei näherem Hinsehen konnte ich auch den Titel erkennen: »Do It Yourself«.

Herr Brauer entfernte eine Packung Bircher-Müsli sowie zwei Tabakspfeifen von einem Schaukelstuhl und komplimentierte mich hinein. Suchend sah er sich um, entdeckte einen nur halb beladenen Bambussessel, feuerte einen Packen Zeitungen auf den Boden, begrüßte die darunter verborgen gewesenen knallroten Socken mit einem freudigen Aufschrei, zog sie an, warf ein Seidenkissen auf den Sitz und forderte Rolf auf, nunmehr Platz zu nehmen.

»Erzählen Sie bloß nicht dem Michael, wie es hier aussieht! Sonst weiß das morgen die ganze Siedlung und übermorgen die halbe Stadt.« Aufatmend ließ er sich in seinen Großvaterstuhl fallen. »Dieser Bengel ist geschwätzig wie ein altes Marktweib und stellt die Phantasie der gesamten Sensationspresse in den Schatten! Vermutlich hat er Ihnen schon gesagt, daß ich permanent besoffen bin, auf dem Fußboden schlafe und mit Whisky die Zähne putze.«

»Ganz so blumenreich ist seine Schilderung nicht gewesen«, beteuerte Rolf lachend, »aber er hat uns erzählt, daß Ihnen die europäische Lebensweise noch immer etwas schwerfällt.«

Brauer winkte ab. »Blödsinn! Ich arbeite lediglich an einem Forschungsauftrag, und weil ich ein Nachtmensch bin, kommt es oft genug vor, daß ich bis zum frühen Morgen am Schreibtisch sitze und dafür bis zum Mittagessen schlafe. Um nicht den ganzen Haushalt durcheinanderzubringen, kampiere ich dann im Keller auf einer alten Matratze. Das ist das ganze Geheimnis. Und was den Whisky betrifft – wahrscheinlich trinke ich wirklich mehr als die ganzen Spießer hier rundherum, aber ich kann ihn auch vertragen. Schließlich habe ich das jahrelang trainiert. Als Europäer kann man es in Libyen nur aushalten, wenn man nichts mehr klar erkennt. Trinken Sie einen mit?«

Die Antwort wartete er gar nicht erst ab. Aus irgendwelchen Tiefen förderte er drei Gläser zutage, die nicht zueinander paßten, und holte mit geübtem Griff ohne hinzusehen eine halbleere Flasche hinter seinem Sessel hervor. Während er einschenkte, sagte er entschuldigend: »Eis habe ich leider nicht. Entweder ist der Kühlschrank kaputt, oder ich habe auf den falschen Knopf gedrückt. Die Küche schwimmt, und wenn ich bloß in die Nähe des Kühlschranks komme, sprüht er Funken. In Bengasi war das kein Problem. Im Krankenhaus haben wir uns das Eis immer aus dem Leichenkeller geholt. Cheers!« Er hob das Glas und prostete uns zu. »Auf gute Nachbarschaft!«

Daran zweifelte ich nicht. Dr. Brauer gefiel mir, auch wenn er seine Vorliebe für die Boheme für meinen Geschmack ein bißchen zu sehr betonte. Auf seine äußere Erscheinung schien er genausowenig Wert zu legen wie auf den Zustand seiner Behausung. Er trug Flanellhosen von unbestimmbarem Grün, ein graues Pilotenhemd und einen quittegelben Schal. Zusammen mit den roten Socken bot er einen zumindest sehr farbenfreudigen Anblick. Die nur noch spärlich vorhandenen dunkelblonden Haare waren zu kurz, die Fingernägel entschieden zu lang. Am eindrucksvollsten waren jedoch seine Augen: leuchtendblau, mit Lachfältchen in den Winkeln und umrahmt von auffallend langen Wimpern. Jede Frau hätte ihn darum beneidet.

»Haben Sie denn schon die ganze erlauchte Einwohnerschaft vom Wiesengrund kennengelernt?« Er füllte sein fast geleertes Glas wieder auf und begann zu lachen. »Als ich dieses Haus mietete, habe ich doch tatsächlich geglaubt, ein paar aufgeschlossene, sympathische Nachbarn zu finden, deren Horizont nicht schon bei Fernsehen und Fußball endet. Und wo bin ich hingeraten? In eine Ansammlung von Tratschweibern, die tagelang herumrätseln, wie oft ich mein Hemd wechsle oder wieviel Paar Schuhe ich besitze. Vor ein paar Tagen habe ich die alte Vogt erwischt, wie sie unsere Mülltonne durchsuchte. Angeblich wollte sie nur nach ihrer verschwundenen Zeitung fahnden, aber ich wette, daß sie die leeren Flaschen gezählt hat!«

»Könnte es nicht sein, daß sie wirklich nach der Zeitung gesucht hat?« gab ich zu bedenken.

»Aber doch nicht bei mir! Ich würde dieses Käseblatt nicht mal auf den Lokus hängen! – Ach wo, die wollte ganz etwas anderes finden. Asiatische Aphrodisiaka oder so etwas Ähnliches – wenn sie überhaupt weiß, was das ist!«

Brauer stärkte sich mit einem kräftigen Schluck. »Mir ist übrigens aufgefallen, daß Sie schon intensiven Kontakt mit der Familie Obermüller pflegen. Seien Sie lieber ein bißchen vorsichtig, sofern Ihnen etwas an Ihrem Renommee liegt. Der Alte ist zwar ein dämlicher Hund, aber harmlos. Seine Frau ist ein recht patenter Kerl, nur hat sie einen unausrottbaren Hang zum Klatschen, wobei Dichtung und Wahrheit ziemlich nah beieinanderliegen. Zuträger sämtlicher Neuigkeiten ist Michael. Der Bengel treibt sich überall herum und sammelt Informationen. Seine angebliche Hilfsbereitschaft ist nichts anderes als hemmungslose Neugier. Wenn er den Briefträger rechtzeitig abpassen kann, trägt er sogar hier in der Siedlung die Post für ihn aus. Sollten Sie also einen regen Schriftverkehr mit Anwälten oder ähnlich zweifelhaften Personen führen, dann mieten Sie sich lieber ein Postfach.«

Ich beschloß einen Themawechsel. »Sie erwähnten vorhin Ihre Kinder. Wie viele sind es denn?«

»Zwei Mädchen, Zwillinge. Eins davon ist Mengenrabatt, aber ich weiß nicht, welches. Mir ist es in fünf Jahren noch immer nicht gelungen, die beiden auseinanderzuhalten. Da fällt mir übrigens eine entzückende Geschichte ein: Wir hatten in Bengasi ein eingeborenes Hausmädchen . . .«

Das Ende dieser Story habe ich nie erfahren, weil Brauer neuen Whisky holen mußte und wir die Gelegenheit zur Flucht benutzten. Er meinte zwar, wir hätten uns ja noch gar nicht richtig kennengelernt, tröstete sich dann aber mit der Hoffnung, das unterbrochene Gespräch in Kürze fortsetzen zu können.

»Meine Familie erscheint erst am Wochenende, also komme ich in den nächsten Tagen mal rüber zu Ihnen. Den Whisky bringe ich mit!«

»Der Mensch gefällt mir!« sagte Rolf, als wir wieder draußen standen. »Und das Gesöff war erstklassig! Hast du dir die Marke gemerkt?«

Hatte ich nicht, und selbst wenn, dann hätte ich sie ihm nicht verraten. Es schien sich um ein hochprozentiges Produkt zu handeln, denn mein Gatte bewegte sich in Schlangenlinien vorwärts und steuerte geradewegs das Haus Nr. 3 an. »Jetzt sagen wir Frau Holle guten Tag!«

Ich zerrte ihn seitwärts. »Wir gehen jetzt nach Hause und nicht zu Wittingers. Was sollen die von dir denken, wenn du in diesem Zustand bei ihnen aufkreuzt?«

»Die sollen nicht denken, die sollen ihre Betten vom Balkon räumen. Man hängt seine Intimspä . . . seine intime

Schphä . . . man hängt so was nicht aus dem Fenster! Das ist unmoralisch, und wir sind hier eine anschtändi . . . eine anständige Gegend!«

Nur mühsam gelang es mir, meinen sehr angeheiterten Ehemann ins Haus zu bringen und im Wohnzimmer einzusperren. Hoffentlich hatte Michael nicht – aber der kam schon die Treppe herunter.

»Hat aber ziemlich lange gedauert, und am längsten bei Brauers!« Woher wußte der Bengel . . .? Natürlich, das Kinderzimmerfenster. Es bot freien Blick auf die zweite Häuserreihe.

»Der hat Ihren Mann aber ziemlich vollaufen lassen!« bohrte Michael weiter.

Jetzt reichte es mir! »Ich will dir mal etwas sagen, mein Sohn: Wenn du Wert darauf legst, bei deinem nächsten Besuch nicht hochkantig hinauszufliegen, dann halte in Zukunft deinen vorlauten Schnabel! Was wir tun oder nicht tun, geht dich absolut nichts an, und was andere tun, interessiert mich nicht! Du kannst deine Neuigkeiten ruhig für dich behalten! Und jetzt marschierst du am besten nach Hause, sonst bekommst du kein Essen mehr!«

Keineswegs beleidigt trollte sich der muntere Knabe. »Heute gibt's sowieso bloß Kartoffelsalat. Die Würstchen hat mein Vater gestern nacht aufgefressen, als er aus der Kneipe kam.«

Heiliger Himmel, wo waren wir hingeraten?

Es gab aber auch solide Bürger. Nach einem ausgedehnten Mittagsschläfchen war Rolf förmlich darauf erpicht, nun auch die restlichen Nachbarn kennenzulernen.

Herr Wittinger öffnete. Er war mittelgroß, sah nichtssagend aus bis auf die eidotterfarbenen Wildlederschuhe und beteiligte sich an der Unterhaltung nur in Form von Superlativen. Einfach irre interessant war seine Tätigkeit auf dem Flughafen, sensationell der Betriebsausflug gewesen, auf dem seine Frau ein umwerfend gewagtes Abendkleid getragen habe, und einmalig rasant der Sportwagen, mit dem er seit kurzem vollkaskoversichert herumkurvte. »Es ist schon ein grandioses Gefühl, mit 180 Sachen über die Autobahn zu rasen. Außerordentlich erhebend.«

Frau Wittinger nickte. »Und wenn man bedenkt, daß wir

vorher gar kein Auto hatten . . .« Im übrigen war sie langweilig wie ein endloser Güterzug. Alles an ihr war farblos, und es gelang mir nicht, sie in ein Gespräch zu ziehen. Die Männer fachsimpelten über Hubraum, Einspritzpumpen und ähnliche Geheimnisse, von denen ich nicht das geringste verstand, während Frau Wittinger stumm am Tisch saß und die Astern in der geblümten Vase zurechtzupfte. Sie schien eine Vorliebe für Blumen zu haben. Das Zimmer sah aus wie ein botanischer Garten: Geblümte Vorhänge, geblümte Tapete, eine geblümte Sesselgarnitur, ein Teppich mit Blumenranken, an der Wand zwei Stilleben mit Sonnenblumen und Alpenveilchen, auf dem Fensterbrett Kakteen und in der Ecke ein achtarmiger Ständer mit Töpfen, darunter einer, der in voller Schnittlauchblüte stand.

Ich erkundigte mich nach den Einkaufsmöglichkeiten, erfuhr aber nur, daß hierfür Herr Wittinger zuständig sei. »Er bringt immer alles mit dem Auto.«

Dann wollte ich wissen, ob man hier eventuell eine Putzfrau finden würde. »Das weiß ich nicht. Wir haben eine. Mein Mann holt sie immer mit dem Auto.«

Aha. – Krampfhaft bemühte ich mich um eine Frage, die eine weniger stereotype Antwort herausforderte. »Gibt es in Monlingen eigentlich ein Kino?« – »Nein, nur in Opladen. Aber da muß man mit dem Auto . . .«

Da hatte ich genug und erinnerte Rolf an die Kinder, die allein zu Haus waren. Beim Hinausgehen erkundigte sich Frau Wittinger interessiert: »Fahren Ihre Kinder auch so gerne Auto?«

»Und wie!« antwortete ich grimmig. »Am liebsten allein!«

»Die Chancen sinken«, grinste Rolf, als wir die nächste Haustür ansteuerten. »Ich werde dir wohl doch einen Papagei schenken müssen.«

Die Missionare – sie hießen übrigens Straatmann und nicht Strassmann – begrüßten uns mit überströmender Herzlichkeit und versicherten immer wieder, wie froh sie wären, so reizende Nachbarn zu bekommen. »Wir sind ja so kontaktfreudige Menschen, das hat unser Beruf mit sich gebracht, und als wir noch in Afrika waren, hatten wir fast jeden Abend Gäste. Den Leiter der Missionsstation, ein ganz reizender Mensch, und den

Lehrer mit seiner reizenden Frau, hin und wieder auch unseren Bruder aus dem Nachbarbezirk, der so reizend von seinen Reisen erzählen konnte, und dann natürlich diese reizenden Eingeborenenkinder, die immer ›Guten Tag‹ sagten, wenn sie aus der Stadt in ihr Heimatdorf zu Besuch kamen – alles ganz, ganz reizende Menschen.«

Herr Straatmann schleppte Fotoalben an, und wir beguckten uns pflichtgemäß kleine Schwarze und große Schwarze und mittelgroße Schwarze, die alle aussahen, als wären sie miteinander verwandt. Frau Straatmann versicherte uns aber, es seien Eingeborene verschiedener Stämme, die früher verfeindet gewesen, nunmehr aber zum Christentum bekehrt und alle Brüder im Herrn geworden seien.

»Es kommt nur noch ganz selten vor, daß jemand abgeschlachtet und aufgegessen wird«, sagte sie fröhlich.

»Ja, haben Sie denn mitten unter Kannibalen gelebt?« fragte ich entsetzt.

»Nicht direkt Kannibalen, aber diese armen Eingeborenen waren ja so schrecklich unwissend und glaubten, die Kraft ihrer Feinde würde auf jeden übertragen, der sie aufißt.«

»Und Sie haben keine Angst gehabt?«

»Ach nein, überhaupt nicht. Sie waren ja alle so reizend in ihrer Unwissenheit.«

Ich kam zu dem Schluß, daß Straatmanns auch Tiger und Schlangen reizend gefunden haben müssen, weil die netten Tierchen ja auch nicht wissen konnten, daß ein Biß von ihnen tödlich ausgehen könnte.

Als wir uns verabschiedeten, lud uns Herr Straatmann zu einem Dia-Abend ein, den er schon seit längerem plante. »Natürlich werden wir auch die anderen Mitbewohner dazubitten. Meine Frau wird dann Kostproben der afrikanischen Küche servieren. Sie werden überrascht sein, das kann ich Ihnen versprechen!«

Davon war ich überzeugt. Vorsichtshalber nahm ich mir schon jetzt vor, an dem betreffenden Abend Kopfschmerzen zu haben. Oder lieber ein etwas schwereres Leiden, denn zweifellos besaß Frau Straatmann geheimnisvolle Kräuter, die so etwas Simples wie Kopfschmerzen im Handumdrehen beseitigen würden.

Nun mußten wir nur noch zu Familie Friese. Ein nasser Scheuerlappen vor der Haustür sagte mir, daß man in diesem

Haus auf Sauberkeit bedacht war. Sorgfältig putzte ich meine Schuhe ab, bevor ich auf die Klingel drückte. Sofort ging ein ohrenbetäubender Krach los. Ein Hund kläffte sich das Innerste nach außen, eine Tür flog ins Schloß, eine Fensterscheibe klirrte, dann schrie eine weibliche Stimme: »Mach du mal auf, ich kann nicht!«

Offenbar konnte die andere Person aber auch nicht, jedenfalls hörten wir ärgerliches Gemurmel, dann klapperten Schritte, und dann stand Frau Friese vor uns.

Sie sah aus, als habe sie sich vor einem laufenden Propeller angezogen, und erinnerte mit dem Kopf voller Lockenwickler stark an eine Ananas. »Kommen Sie rein, aber passen Sie auf, daß Sie nicht in den Freßnapf treten, hier ist nämlich die Birne kaputt!«

»Lieber ein andermal«, sagte Rolf erschrocken, »Sie wollen sicher gerade ausgehen.« Ihm sind die weiblichen Vorbereitungen hierfür hinlänglich bekannt.

»Nur zum Kegeln«, bestätigte Frau Friese. »Aber erst um acht, Männe sitzt ja noch in der Badewanne.« Dann reckte sie den Hals und schrie nach oben: »Männe, komm raus und zieh dir was an. Unsere Nachbarn sind da!«

Männe grunzte Unverständliches, aber ein gewaltiges Plätschern ließ vermuten, daß er dem Ruf seines Weibes folgte.

Frau Friese führte uns ins Wohnzimmer, nicht ohne vorher dem herausstürzenden Hund einen Fußtritt versetzt zu haben. »Halt die Klappe, verdammte Töle!«

Bei der Töle handelte es sich um die Mischung von einem halben Dutzend Hunderassen, aber die Stimme hatte sie zweifellos von einem Terrier.

»Den hat mal 'n Kunde bei uns im Geschäft gelassen, und dann sind wir ihn nicht mehr losgeworden«, erklärte Frau Friese das sichtlich nicht erwünschte Vorhandensein dieser Promenadenmischung. »Hau ab in die Küche, Mausi!«

Mausi knurrte, wich geschickt der drohenden Hand seines Frauchens aus und trollte sich.

»Nu setzen Sie sich erst mal!« Frau Friese wies auf mehrere leicht zerschlissene Stühle, von denen ich mir den am wenigsten schmutzigen aussuchte. Rolf blieb vorsichtshalber stehen und betrachtete scheinbar interessiert die Ölgemälde an den Wänden, ausnahmslos Produkte der Marke Alpenglühen.

»Sieht man gar nicht, daß die bloß fünfzig Mark pro Stück

gekostet haben, nicht wahr?« Frau Friese stöckelte auf ihren hohen Absätzen durch das Zimmer und zeigte auf eine farbenprächtige Ansammlung von Schwarzwaldtannen. »Das hier haben wir sogar für vierzig gekriegt, dabei sind die ganzen Bilder echt Öl!«

Rolf murmelte Bewunderndes und warf mir hilfesuchende Blicke zu. Inzwischen hatte ich Gelegenheit gehabt, Frau Friese genauer in Augenschein zu nehmen. Sie mochte Mitte Dreißig sein, hatte ein Puppengesicht mit wasserblauen Augen, eine recht stämmige Figur und kurze dicke Beine. Ihre Füße quollen aus den hochhackigen Pumps förmlich heraus. Am schwarzen Spitzenrock fehlte ein Knopf, außerdem war der Reißverschluß etwas aufgeplatzt. Während sie vergeblich versuchte, die rosa Satinbluse mit der rechten Hand in den Rockbund zu stopfen, löste sie mit der Linken die Lockenwickler aus den Haaren.

»Da hat man nun einen Friseurladen mit drei Angestellten, aber selbst rennt man rum wie ein Mop. Ich kämme das nur mal schnell aus«, entschuldigte sie sich. »Und dann muß ich auch sehen, wo Männe bleibt. Trinken Sie 'n Bier?«

»Zur Zeit darf ich keinen Alkohol trinken«, sagte Rolf sofort. »Magengeschwür, wissen Sie? Der Arzt hat's verboten!«

»Bier ist kein Alkohol, Bier ist Nahrung. Sie sollten lieber den Arzt wechseln«, bemerkte Frau Friese und verschwand.

»Raus hier!« Mein Gatte strebte zur Tür, wurde aber durch ein drohendes Knurren an der Flucht gehindert. Mausi war zwar nirgends zu sehen, aber schlabbernde Geräusche verrieten uns, daß irgendwo im Flur ihr Freßnapf stand und sie bereit war, ihn heroisch zu verteidigen.

»Du hast die Hosenträger vergessen!« tönte Frau Frieses Stimme von oben.

Männe, denn um den handelte es sich wohl, stapfte die Treppe herab. »Die sind so ausgefranst!« rief er zurück. »Ich hab' dir schon vor einer Woche gesagt, du sollst neue mitbringen!« Er nestelte noch an seinem Gürtel, als er ins Zimmer kam und sich leicht verbeugte. »Angenehm, Hermann Friese mein Name.«

Männe war groß, wohlbeleibt und ein Gemütsmensch. Mißbilligend stellte er fest, daß weder Flaschen noch Gläser auf dem Tisch standen, ging zu einer Art Vertiko, öffnete die Tür, räumte Kaffeewärmer und Stopfwolle zur Seite, holte eine Flasche hervor, klemmte sie sich unter den Arm, tauchte nochmals in die Tiefe und förderte vier Gläser zutage.

»Tschuldigung, aber wenn man den ganzen Tag im Geschäft ist, bleibt im Haushalt vieles liegen. Zum Glück kriegen wir nächste Woche eine Haushälterin, dann wird es hier bald anders aussehen.«

Das war auch nötig, denn Reinlichkeit war offensichtlich nicht Frau Frieses Stärke. Auf dem Parkettboden klebte Lehm, auf dem abgetretenen Teppich lag Zigarettenasche, und die ehemals weißen Gardinen waren grau. Alles wirkte irgendwie verstaubt, sogar der Gummibaum in der Ecke ließ trübsinnig die Blätter hängen.

Herr Friese goß die Kognakschwenker dreiviertel voll, und dann tranken wir wieder einmal auf gute Nachbarschaft. An der zweifelte ich aber!

Endlich kam auch Frau Friese zurück, hochtoupiert mit etwas Glitzerndem im blonden Haar und machte Männe darauf aufmerksam, daß der Hund noch Gassigehen müßte. »Sonst pinkelt er wieder in den Flur!«

Friese erhob sich, und wir erhoben uns mit ihm. »Wo ist die Leine?«

»Die hängt an der Türklinke!« Frau Friese stöckelte in den Flur und trat in Mausis Freßnapf. »Verdammtes Mistvieh! Mußt du mit der Schüssel immer durch die Gegend ziehen?«

Das Mistvieh jaulte und schnappte zu. Frauchen schrie, Herrchen suchte die Leine, um den Übeltäter damit zu verdreschen, dabei öffnete sich die Haustür und Mausi türmte. Wir ebenfalls.

»Vielen Dank für den Kognak und einen schönen Abend noch!« rief ich zurück ins Dunkel, denn mein Gatte schien seine Erziehung vergessen zu haben und eilte schnurstracks davon.

»Paß auf, daß er nicht ins Haus kommt!« rief ich, aber es war schon zu spät. Bevor Rolf die Tür wieder zuziehen konnte, war Mausi durchgeschlüpft und tobte kläffend die Treppe hinauf, freudig begrüßt von Sven und Sascha.

»Is der aber niedlich! Habt ihr uns den mitgebracht?« Sven kniete bereits neben dem gar nicht niedlichen Hund und streichelte ihn. »Vorsicht! Der beißt!« warnte ich.

»Wo denn?« fragte Sven.

»Na, vorne!«

»Aber hinten wedelt er mit dem Schwanz. Und denn beißt er nämlich gar nicht!« belehrte mich mein tierliebender Sohn, der in seinem Zimmer bereits einen Wellensittich sowie zwei australische Springmäuse beherbergte und nicht abgeneigt war, auch noch einen Hund in seine Menagerie aufzunehmen. »Wie heißt 'n der?«

»Der heißt Mausi«, sagte Herr Friese, der schnaufend angekeucht kam. »Und wenn du willst, kannst du ihn behalten.«

»Au ja, und denn släft er bei mir im Bett!« Sascha machte nun seinerseits Besitzansprüche geltend.

»Kommt überhaupt nicht in Frage!« Rolf klemmte sich den sträubenden Hund unter den Arm, ignorierte das doppelte Protestgebrüll seiner Nachkommen und drückte das jaulende Fellknäuel seinem Besitzer in die Hände.

»Der ist nämlich sehr kinderlieb«, versicherte Friese. »Wir haben ihn ja auch nur behalten, damit unsere beiden Rangen etwas zum Spielen haben. Achim und Püppi sind noch bei der Oma, aber wenn die neue Haushälterin kommt, dann holen wir sie natürlich nach Hause.«

Du liebe Zeit, Kinder hatten Frieses also auch noch! Das schienen ja nicht mal Obermüllers zu wissen, und ich nahm mir vor, diese Neuigkeit gleich morgen weiterzugeben. Wie schnell man sich doch den Sitten seiner Mitmenschen anpaßt!

4.

Einen so gravierenden Milieuwechsel wie den Umzug von der Großstadt aufs Land hätte ich erst einmal trainieren müssen – vielleicht mit einer Vorortsiedlung als Zwischenstation –, aber mir blieb nicht mal Zeit genug, mich auch nur allmählich an die veränderten Verhältnisse zu gewöhnen. Rolf ging wieder regelmäßig auf Geschäftsreise, so daß ich tagelang ohne Auto, dafür mit zwei Kindern in der Einöde festsaß; außerdem ging der anfangs noch beruhigende Vorrat an Corn-flakes allmählich zu Ende, und so wurde die Nahrungsmittelbeschaffung zum vordringlichsten Problem.

Die Strecke zum nächsten Supermarkt hätte ein trainierter Sportler in knapp zwanzig Minuten geschafft, ein geübter Spaziergänger in etwa einer halben Stunde, und ein weniger geübter wie ich hätte noch ein bißchen länger gebraucht. Aber ich kam ja gar nicht erst hin!

Seitdem Sascha seine ersten Schritte gemacht hatte, war er jedesmal in wütendes Gebrüll ausgebrochen, sobald ich ihn in den Kinderwagen setzen wollte. Er wollte laufen. Nun hatte ich keine Lust, mit einem schreienden und strampelnden Brüllaffen an den Häusern vorbeizuziehen und ihren Bewohnern das Produkt meiner mangelhaften Erziehung zu präsentieren, also ließ ich den Sportwagen zu Hause, nahm Sascha an die Hand und marschierte los.

Kürzlich hat die Universität Gießen herausgefunden, daß eine Schnecke in der Minute sieben Zentimeter zurücklegen und damit einen Dreijährigen beim Spazierengehen schlagen kann. Sascha bestätigte diese These. Erster Haltepunkt war eine Pfütze, in die er Steinchen werfen wollte. Dann interessierten ihn ein Regenwurm, ein leerer Farbeimer, ein zerfetzter Prospekt über Schweinefutter, und als er auch noch die beiden

Vogelfedern aufgesammelt hatte, waren wir schon an Köbes' Scheune. Gleich dahinter begann eine Wiese. Kühe waren nicht mehr drauf, wohl aber das, was sie hinterlassen hatten. Und genau da fiel Sascha hinein.

Zu Mittag gab es Corn-flakes!

Einkaufen im Familienverband schied also aus. Ich beriet mich mit Frau Obermüller. »Können wir uns nicht abwechseln? Einer spielt Babysitter, und der andere kauft für beide ein?«

Frau Obermüller brauchte keinen Babysitter mehr, und außerdem . . . »Haben Sie schon mal zwei Brote, ein Kilo Fleisch und noch ein bißchen Sonstiges drei Kilometer weit geschleppt?«

Nein, hatte ich nicht.

»Na also! Beim nächstenmal kommen Sie nämlich dahinter, daß Salat viel gesünder ist als Kotelett und Knäckebrot auch satt macht!«

Ein Vorstoß bei den anderen Nachbarn brachte auch nichts. Straatmanns waren Vegetarier und holten sich ihren Bedarf an Grünzeug aus der nächsten Gärtnerei. Frieses kauften in Düsseldorf ein, bei Wittingers brachte ja der Mann alles Notwendige mit dem Auto, und zu Frau Vogt wagte ich mich erst gar nicht. Vermutlich deckte sie ihren Bedarf in der Apotheke, weil da alles so schön steril verpackt ist. Schließlich hatte Rolf den rettenden Einfall: Er kaufte mir ein Fahrrad. Auf diese Idee war ich zwar auch schon gekommen, hatte sie aber sofort wieder verworfen, weil ich keinerlei sportliche Ambitionen hatte und für Querfeldeinfahrten auch nicht die nötige Kondition mitbrachte.

»Du fährst natürlich über die Landstraße und nicht den Trampelpfad entlang!« beschied mich mein Gatte, der Fahrräder nur aus den Schaufenstern kannte und meines Wissens noch nie eines bestiegen hatte.

Landstraße bedeutete noch einen Kilometer mehr, bedeutete Regen im Gesicht und Spritzwasser auf den Beinen, bedeutete einen zappelnden Sascha vorne im Körbchen, zwei schwankende Tüten am Lenkrad und auf dem Gepäckträger einen vollen Karton, der gelegentlich auch mal runterfiel und seinen Inhalt über die Straße verstreute. Während ich mit der einen Hand Tomaten und Suppenknochen einsammelte und mit der anderen Sascha festhielt, bildeten sich vor und hinter uns Autoschlangen mit steigenden Temperaturen. Nein, ich konnte wirklich nicht begreifen, daß es Menschen geben sollte, die für ihr Leben gerne einkaufen.

Die regelmäßige Expedition durch den Supermarkt entwikkelte sich jedesmal zu einer schweißtreibenden Schwerarbeit. Seitdem Sascha einmal in hohem Bogen aus dem Kindersitz des Einkaufswagens geflogen war, nahm ich ihn vorsichtshalber immer auf den Arm. Sehr zur Verwunderung der Kassiererin.

»Kann der große Bengel denn noch nicht laufen?« fragte sie mich eines Tages.

»Und ob!« erwiderte ich grimmig. »Was glauben Sie denn, warum ich ihn trage?«

Mit Vorliebe plünderte er nämlich hinter meinem Rücken ständig den halben Laden. Endlich kam mir die rettende Idee: Ich zog ihm vor der Tür einfach den Gürtel aus der Hose, und von da an brauchte er beide Hände, um die Hose festzuhalten.

Frau Obermüller hatte mir erzählt, daß es zumindest etwas gab, was man ohne körperliche Strapazen und noch dazu viel frischer als im Laden haben konnte: Eier. Bauer Köbes' Hühner sollten mehr Eier produzieren, als er und seine alte Mutter verbrauchen konnten.

So machte ich mich eines Morgens auf den Weg und fand auch ohne Schwierigkeiten »den Zaun mit dem Loch gleich hinter dem Pfahl«. Der reguläre Zugang befand sich weiter hinten, aber die Abkürzung ersparte mir einmal Schuheputzen. Die Wiese war halbwegs trocken, der Lehmweg war es nicht.

›Köbes sein Hof‹ entpuppte sich als recht stattliches Anwesen, und das hübsche weißgestrichene Haus sah vertrauenerweckend aus. Eine alte Frau saß davor und sortierte Kartoffeln. »Guten Tag, ich bin vor einigen Tagen drüben im Wiesengrund eingezogen und habe gehört, daß Sie Eier verkaufen. Stimmt das?« – »Ja.« – »Kann ich wohl bitte zwanzig Stück haben?« – »Nein!« – »Und warum nicht?« – »Keine da!«

»Ach so«, sagte ich erleichtert, weil der nicht eben freundliche Empfang offenbar nichts mit meiner Person zu tun hatte, »dann komme ich eben morgen wieder.«

»Nein!«

»Also dann wollen Sie mir keine Eier verkaufen?«

»Doch!«

»Ja, und warum . . .?«

»Bloß dienstags. Montags fährt mein Sohn immer zur Hühnerfarm und holt welche. Wir haben keine Hühner!«

Zumindest in kommerzieller Hinsicht schien es hier doch Anzeichen von Zivilisation zu geben!

Zum Glück war Bauer Köbes weniger schwerfällig als seine Mutter und belieferte uns künftig nicht nur mit Eiern, sondern auch mit Gemüse, Obst und Einkellerungskartoffeln. Gelegentlich brachte er auch Wild mit. Die Landstraße führte direkt an seinem Gehöft vorbei, und jedesmal, wenn er abends Bremsen quietschen hörte, rannte er hinaus, um gegebenenfalls Polizei, Abschleppdienst oder Leichenbestatter zu alarmieren. Autofahrern, die das Warnschild nicht beachtet hatten und mit Rehen kollidiert waren, nahm er die gesetzwidrige Beute ab mit dem Versprechen, »die Sache nicht an die große Glocke zu hängen«. Die verschreckten Zufallsjäger waren froh, ohne Forstamt und Papierkrieg davonzukommen, drückten Köbes das Reh und meist auch noch Bares in die Hand, und so hatten wir besonders im Herbst ziemlich häufig Wildgerichte auf dem Speisezettel.

Einmal brachte er auch ein räudiges Huhn an, von dem er behauptete, er habe es notschlachten müssen, weil es von einem Motorrad angefahren worden war. Ich vermutete allerdings, daß es an Altersschwäche eingegangen war. Wir haben es nie weich gekriegt. Sogar Mausi, die mühelos Lederriemen und mittelgroße Zaunpfähle durchnagen konnte, hatte meine Gabe verschmäht und mir den Leichnam später wieder vor die Haustür gelegt.

Am leichtesten hatten Sven und Sascha den Wechsel von der Großstadt in die doch schon ziemlich ländliche Umgebung überstanden. Sie liefen den ganzen Tag in Gummistiefeln und Friesenfrack draußen herum, kannten alle Handwerker, die sich ab und zu noch mal blicken ließen, luden sie großzügig zu Kaffee und Kuchen ein, wenn ich gerade große Wäsche hatte oder über Rolfs Spesenabrechnung saß, und schleppten alles an, was ihr Interesse erregt hatte. Das konnte ein Käfer sein oder ein abgebrochener Spaten; ein zerfledderter Autositz, den jemand nachts heimlich abgeladen hatte, oder ein Bestellzettel für die Zeitschrift »Wild und Hund«, weil da genauso ein Pferd drauf war, wie Sven es sich zu Weihnachten wünschte.

Das Beste an kleinen Jungen ist, daß sie abwaschbar sind. Jeden Abend mußte ich sie in die Wanne stecken, und wenn sie abgeweicht und wieder halbwegs sauber waren, hätte ich im Badezimmer Petersilie säen können. Ich fing an, mir Sorgen zu machen, ob im Garten noch genug Erde übrigbleiben würde, um im Frühling meine noch nie erprobten Fähigkeiten als Gärtnerin beweisen zu können.

Inzwischen hatten wir nämlich eine ungefähre Vorstellung von dem, was einmal ein Garten werden sollte. Die Lehmwüste hinter den Häusern war eingeebnet worden und sah jetzt aus wie das Wattenmeer bei Ebbe. Gemäß deutschen Gepflogenheiten, wonach jeder Quadratmeter Eigentum umzäunt werden muß, hatte man 70 cm hohe Maschendrahtzäunchen gezogen, die sogar Sascha mühelos übersteigen konnte, auch wenn er dabei regelmäßig seine Hosen zerriß.

Dann kamen Männer, die sich lautstark darüber wunderten, daß man die Gärten bereits platt gewalzt habe, denn schließlich brauchten sie ja noch Sand für die Terrasse. Sie holten ihn dort, wo sie ihn am bequemsten fanden, nämlich aus dem Garten gleich *neben* der Terrasse. Als unser künftiger Freiluftsitz endlich fertig war, konnte das Regenwasser von den Platten sofort in den ausgehobenen Graben laufen. Was es auch tat. Nachdem Sascha zum viertenmal in die Lehmbrühe gefallen war, schippte Rolf den Graben endlich zu. Nun lief das Wasser überhaupt nicht mehr ab, sondern blieb so lange auf der Terrasse stehen, bis sich genug angesammelt hatte, um durch die Tür ins Wohnzimmer zu rinnen.

»Herbstzeit ist Gartenzeit!« verkündete Obermüller, der auch noch niemals im Leben einen beackert hatte, und machte sich an die Arbeit. Nachdem er ein handtuchgroßes Stück umgegraben und glattgeharkt hatte, kam er zu der Ansicht, daß man Gemüse zweckmäßigerweise im Laden kaufen sollte und eine glatte Rasenfläche sowieso das beste für Kinder sei. Also säte er welchen, ließ ihn samt Löwenzahn und Sauerklee wachsen, wie er wollte, und erteilte in den kommenden Jahren vom Liegestuhl aus seinen Nachbarn gute Ratschläge, wie sie Rosen und Radieschen pflegen müßten.

Rolf hatte noch eine Weile abgewartet, ob die Baugesellschaft nicht vielleicht auch die Gartengestaltung übernehmen würde, aber als sich wochenlang nichts tat, beschloß er, die Sache selbst in die Hand zu nehmen. Zunächst lieh er sich von Freund Felix ein farbenfroh illustriertes Gartenbuch, dessen Fotos wohl überwiegend in den Parkanlagen von Villenbewohnern der oberen Einkommensklasse entstanden waren. Da zogen sich über ganze Buchseiten Rasenflächen von Sportplatzgröße, mittendrin wie hingestreut ein paar hundert Tulpen und Narzissen, und das Weiße im Hintergrund mußten Armeen von Tausendschönchen sein. Flankiert wurde das Ganze von uralten Buchen.

»So stelle ich mir einen Garten vor«, sagte mein Gatte, »wachsen lassen, wie die Natur es hervorbringt.«

»Natürlich sieht das schön aus«, räumte ich ein, »aber du vergißt, daß wir in einer Neubausiedlung wohnen. Das ist bekanntlich eine Gegend, wo die Bauleute erst alle Bäume ausreißen und dann die Straßen nach ihnen benennen!«

Mein Gatte mußte einsehen, daß das ihm zugeteilte Areal für seine gartenarchitektonischen Pläne wohl doch ein bißchen zu klein geraten war, und entwarf einen Grundriß, in den er genau einzeichnete, wo die Tomaten, die Kohlköpfe und die Fliederbüsche stehen sollten. Sascha forderte einen Sandkasten, Sven wollte einen Auslauf für seine Mäuse haben, ich brauchte eine Wäschespinne – jeder neue Wunsch machte einen neuen Bauplan notwendig, und als der letzte endlich fertig war, hatten wir Ende November, und der Frost saß bereits im Boden. Wir vertagten die ganze Sache bis zum Frühjahr.

An jedem Wochenende zogen Scharen von Schaulustigen durch unsere Millionärssiedlung, überstiegen die Gartenzäunchen, äugten interessiert durch die Fenster, und besonders Unverfrorene klopften sogar an die Scheiben und winkten uns fröhlich zu, bevor sie sich endlich vor dem Musterhaus sammelten. Wir gewöhnten uns daran, samstags und sonntags bei geschlossenen Vorhängen im Halbdunkel zu leben, und hofften, daß nun endlich die noch leerstehenden Häuser verkauft und unsere Siedlung nicht länger Ziel von Familienausflügen sein würde.

Im Nebenhaus tat sich schon etwas. Handwerker kamen und gingen, sogar der Bauleiter ließ sich zweimal sehen, eine nagelneue Küche wurde installiert – nur die künftigen Bewohner bekam ich nie zu Gesicht, obwohl ich beim Zuschlagen einer Autotür jedesmal ans Fenster stürzte. Und dann war es doch bloß wieder der Wagen vom Installateur.

Nie hätte ich geglaubt, daß Klatsch und Tratsch einmal wesentlicher Bestandteil meines Lebens werden könnte, aber das war auch vor unserem Umzug nach Monlingen gewesen. Hier passierte absolut gar nichts! Und hatte ich auch eine Zeitlang Frau Vogt belächelt, die jeden Tag zehn Minuten nach halb sechs vor der Haustür wartete, um ihrem heimkehrenden Mann Hut und Aktenköfferchen abzunehmen, so beneidete ich sie bald, weil sie abends wenigstens nicht allein sein würde. Nach acht Wochen war ich soweit, daß ich *meinem* Mann sogar die Pantoffeln entgegengetragen hätte, wäre er überhaupt gekommen. Aber manchmal sah ich ihn die ganze Woche nicht, und wenn er schließlich heimkehrte, verschwand er in seinem Zimmer, hängte sich ans Telefon und meckerte zwischendurch, weil die Kinder durchs Haus krakeelten.

»Du mußt eben eigene Interessen entwickeln!« sagte er, wenn ich ihm etwas von Lebendig-begraben-Sein und Kochtopfhorizont vorjammerte.

»Beschäftige dich mal mit fernöstlicher Philosophie oder mach Handarbeiten. So was soll die innere Zufriedenheit sehr günstig beeinflussen.«

»Jetzt reicht es aber!« Nachdrücklich erinnerte ich Rolf an jene Zeit, als ich mir in seiner Gegenwart nicht mal einen Knopf an die Bluse nähen durfte, weil ihm Hausmütterchen ein Greuel waren und er alles, was daran erinnerte, mit der Vorstellung von Küchenschürze, Dutt und Strickstrumpf verbunden hatte. Und jetzt sollte ich . . .? Nie!!

»Herrgott, was machen denn die anderen Frauen, die hier rundherum leben? Irgendwie werden die sich ja auch beschäftigen. Warum tut ihr euch nicht zusammen und gründet eine Laienspielgruppe, züchtet Nerze oder macht sonst irgend etwas Nützliches? Zeit genug habt ihr doch alle!«

»Eben! Aber das ist noch lange kein Grund, mich mit Frau Vogt über Häkelmuster zu unterhalten oder mich von Straatmanns darüber aufklären zu lassen, wie die Neger ihre Buschtrommeln basteln. Frau Wittinger hat den IQ eines toten Esels, Frau Friese ist schon gar nicht meine Kragenweite und außerdem nie zu Hause, mit Frau Obermüller kann ich nicht dauernd zusammenhocken, und den Umgang mit Dr. Brauer hast du mir verboten!«

»Das stimmt nicht!« protestierte Rolf. »Ich habe dich lediglich gebeten, ihn etwas einzuschränken. Du mußt ja nicht unbedingt ins Gerede kommen!«

»Das bin ich sowieso schon! Oder glaubst du etwa, es hat

niemand mitgekriegt, wenn der Brauer mit seinem Whisky unterm Arm über unseren Zaun gestiegen ist?« (Hoffentlich hatte man auch genauso sorgfältig registriert, daß er immer ziemlich schnell wieder hinausgeflogen war!)

»Ich weiß doch auch genau, wer zu wem geht.«

»Wen interessiert denn das?«

»Mich! Dann kann ich mir doch wenigstens eine halbe Stunde lang den Kopf darüber zerbrechen, was ausgerechnet Herr Friese bei Frau Vogt will. Und das nachmittags um drei, wenn er im Geschäft sein müßte und die Häkeltante allein zu Hause ist. Du glaubst gar nicht, was das für Spekulationen offenläßt!«

Rolf sah mich an, als hätte er eine arme Irre vor sich, und verschwand wortlos in seinem Zimmer.

Tatsächlich hatte ich eine Zeitlang versucht, in das Grüne-Witwen-Leben ein bißchen Abwechslung zu bringen und meine Leidensgefährtinnen zu irgendwelchen Aktivitäten zu ermuntern, nur ließen sich die jeweiligen Interessen – soweit überhaupt vorhanden – nicht unter einen Hut bringen. Frau Vogt war nicht bereit, sich von Sohn und Haus zu trennen, weil sie ja abends pünktlich ihren Mann in Empfang nehmen mußte.

»Aber wir könnten doch ein Handarbeitskränzchen gründen«, schlug sie drei Tage später vor, als sie mich nach meiner täglichen Einkaufstour vor der Garagentür stellte. Dann faselte sie noch etwas von Wohltätigkeitsbasar und guten Werken, bevor sie mit wehender Kittelschürze Frau Straatmann entgegenlief. Die fand sich mit bemerkenswerter Schnelligkeit immer dort ein, wo jemand stand und sich mit jemand anderem unterhielt.

»Nicht wahr, es gibt doch so eine Art Hilfsfonds für Entwicklungsländer?« erkundigte sich Frau Vogt.

»Aber natürlich«, bestätigte Frau Straatmann. »Haben Sie Geld zuviel?«

Über Sinn und Zweck des geplanten Unternehmens aufgeklärt, winkte sie ab. »Mit wollenen Unterhosen habe ich keinen unserer Eingeborenen herumlaufen sehen. Die sind bei der Hitze auch gar nicht nötig. Aber es wäre doch reizend, wenn wir eine Spendengemeinschaft gründen würden. Wir könnten Firmen anschreiben, Medikamente und Liebesgaben sammeln . . . Also daran würde ich mich sofort beteiligen!«

Frau Vogt lehnte ab: »Damit würde aber mein Mann ganz

und gar nicht einverstanden sein. Am Ende laufen diese Leute einem noch das eigene Haus ein!«

Frau Wittinger schlug vor, doch mal etwas mit dem Auto zu unternehmen, das keine von uns hatte, und schließlich beendete Frau Obermüller meine Kommunikationsversuche mit der durchaus richtigen Feststellung: »Von ein paar mageren Knochen können Sie nicht mehr erwarten als eine dünne Suppe. Aber wenn sich hier nicht bald etwas tut, fange ich aus lauter Verzweiflung noch an, das Telefonbuch zu lesen!«

Dann tat sich endlich etwas! Eines Tages schaukelte ein Möbelwagen mit Anhänger über die Zufahrtsstraße und hielt vor dem Nebenhaus. Unsere Nachbarn zogen ein. Während ich noch ausprobierte, von welchem Fenster aus ich die beste Sicht haben würde, rauschte ein feuerroter Sportwagen heran. Ihm entstieg eine nicht ganz schlanke, aber sehr attraktive Blondine, die die herumstehenden Möbelmänner keines Blickes würdigte, sondern zielstrebig auf unsere Tür zustöckelte. Dann klingelte es auch schon.

Ein Blick in den Spiegel sagte mir, daß ich es an Eleganz nicht im entferntesten mit meiner Besucherin würde aufnehmen können, aber kluge Menschen sind ja über Äußerlichkeiten erhaben. Zuversichtlich öffnete ich.

»Guten Tag, mein Name ist Gundloff, ich will hier einziehen, aber mein Bekannter hat den Haustürschlüssel in der Tasche, und nun suche ich ein Telefon. Sie haben doch eins?«

»Ja, natürlich. Kommen Sie doch herein!«

Aber sie war schon drin. »Wo steht der Apparat? Im Wohnzimmer? Danke.« Wie selbstverständlich öffnete sie die Tür, sah sich suchend um und zuckte schließlich mit den Achseln. »Ich sehe ihn nicht.«

»Würde mich auch wundern«, sagte ich etwas pikiert. »Das Telefon ist im Flur.«

»Da kommt meins auch hin.« Frau Gundloff stöckelte zurück und griff nach dem Hörer. »Wenn Sie mich vielleicht einen Augenblick allein lassen würden . . .«

Gehorsam marschierte ich in die Küche und schloß nachdrücklich die Tür. Trotzdem bekam ich den geräuschvollen Monolog mit, der offenbar an die Adresse des zoologischen Gartens ging, denn es war dauernd die Rede von einem Kamel, einem Riesenroß, einem Affen und weiteren Säugetieren dieser Größenordnung. Mit der Ankündigung, es würde sich etwas Entsetzliches tun, wenn »du Trottel nicht in einer halben Stunde hier bist«, war das Gespräch beendet.

»Sie können wieder rauskommen!« gestattete Frau Gundloff. Was bildete die sich eigentlich ein?

Entschuldigend lächelte sie mich an. »Ich bin immer so furchtbar impulsiv, aber ich meine das nie so. Es ist aber auch zu ärgerlich, wenn man sich um alles selber kümmern muß und dann doch mal etwas vergißt. Sonst passiert mir das nie, und nun gerade heute! Jetzt kann ich mindestens eine halbe Stunde vor der Tür stehen!«

Das war deutlich. »Sie können natürlich hier warten«, bot ich an. »Gehen Sie ruhig ins Wohnzimmer, den Weg kennen Sie ja. Ich stelle nur schnell die Kaffeemaschine an.«

»Für mich nicht!« Abschätzend musterte Frau Gundloff unser Mobiliar und ließ sich in einen Sessel fallen. Sorgfältig zupfte sie ihren hautengen Rock zurecht. »Kaffee vertrage ich nicht, aber wenn Sie vielleicht einen Kognak hätten . . .«

Sie bekam ihn. »Normalerweise trinke ich nur Remy Martin, aber der hier ist auch ganz ordentlich. Kriege ich noch einen?«

Nach dem vierten kannte ich schon den größten Teil ihrer Biographie, die darin gipfelte, daß sie mit 27 Jahren einen Zahnarzt geheiratet hatte, der zwanzig Jahre älter gewesen war und »überhaupt kein Verständnis für die Bedürfnisse einer jungen Frau« gehabt hatte. Fünf Jahre lang hatte sie es ausgehalten, dann war sie mit einem Medizinstudenten durchgebrannt.

»Ein halbes Dutzend Detektive hat mein Mann hinter mir hergeschickt«, entrüstete sie sich, trank den fünften Kognak und fuhr fort: »Er wollte mich aber nicht zur Verantwortung ziehen, er wollte mich wiederhaben! Mit dem Studenten war's inzwischen zwar aus, der hatte ja kaum Geld, aber ich habe meinen Mann doch noch ein paar Wochen zappeln lassen, bis ich zurückgegangen bin. Eine Weile ging es auch ganz gut, aber dann fing er wieder mit seiner Eifersucht an – völlig grundlos natürlich –, und dann habe ich mich endgültig scheiden lassen. Ich habe ihm mit einem Riesenskandal gedroht, wenn er mir nicht eine anständige Abfindung und regelmäßigen Unterhalt zahlt. Beides mußte er, dafür hat schon mein Anwalt gesorgt. Ein ungemein tüchtiger Mensch, den kann ich Ihnen nur empfehlen!«

»Leben Sie jetzt allein?« fragte ich neugierig.

Frau Gundloff girrte die Tonleiter rauf und runter. »Ich bin für ein Einsiedlerleben nicht geschaffen. Momentan bin ich mit einem Künstler liiert, Konzertmeister beim Wuppertaler Stadtorchester. Ein sehr sensibler Mensch und hochmusikalisch. Extra seinetwegen habe ich ein Klavier gekauft, damit er nicht immer auf der Geige komponieren muß. Er hat ja eine ganz große Zukunft vor sich.«

Den sensiblen Künstler lernte ich dann auch noch kennen. Er hatte die Figur eines Preisboxers, trug statt der erwarteten Künstlermähne einen ganz zivilen Haarschnitt und überreichte seinem »Bellchen« einen Asternstrauß, aus dem oben der reklamierte Schlüssel lugte.

»Mein Bärchen hat wohl ein schlechtes Gewissen?« zwitscherte Frau Gundloff, hakte sich bei ihrem Grizzly ein und trippelte zur Tür. »Vielen Dank für die Bewirtung! Morgen werde ich mich revanchieren!« versprach sie und enteilte. Bärchen, fest verknotet, stolperte unbeholfen hinterher.

Keineswegs gewillt, sämtliche Neuigkeiten bis zu Rolfs Heimkehr für mich zu behalten, pfiff ich meinen Nachwuchs zusammen und ging zu Obermüllers. Meinen Beobachtungsposten am Fenster konnte ich getrost aufgeben, denn Michael beteiligte sich nach bewährter Methode schon wieder am Ausladen der Möbel und würde weitere Informationen sammeln. Der Gesprächsstoff für diesen Tag war gesichert!

Wie zu erwarten, zeigte Rolf großes Interesse an unserer neuen Nachbarin und brannte darauf, sie kennenzulernen. Bisher hatte er sie lediglich bruchstückweise gesehen. Einmal den Kopf, als sie ihn aus dem Autofenster streckte, ein andermal die Beine, als er vom Kellerfenster einen Blick auf sie erhaschen konnte, aber das wohlproportionierte Mittelstück fehlte noch.

»Ob sie wohl eine echte Blondine ist?« rätselte er.

»Wohl eher eine Brünette mit großem Geheimnis«, sagte ich schnippisch.

»Wie alt schätzt du sie?«

»Angeblich hat sie kürzlich ihren fünfunddreißigsten Geburtstag gefeiert. Fragt sich nur, zum wievielten Mal. Sie tut für ihr Äußeres Dinge, für die jeder, der mit gebrauchten Autos handelt, sofort ins Gefängnis käme!«

»Warum bist du bloß so giftig?« fragte Rolf arglos.

Ich war überhaupt nicht giftig, ich fand es nur albern, wie sämtliche Männer der Siedlung hinter Frau Gundloff herliefen. Obermüller betätigte sich als Klempner, Schlosser und Heizungsmonteur, Friese brachte so ziemlich jeden Abend ein Sortiment Kosmetika ins Nebenhaus, Wittinger versorgte sie mit Reiseprospekten, und sogar Herr Straatmann hatte irgendeinen Vorwand gefunden, unserer Galionsfigur einen Besuch abzustatten. Natürlich hatte sich auch Brauer in den Reigen männlicher Bewunderer eingereiht und stieg mehr oder weniger regelmäßig mit seiner Whiskyflasche über den Zaun. Dabei hatte er zu Hause etwas viel Besseres. Frau Brauer war eine ausgesprochene Schönheit, sehr jung, sehr blond und sehr schüchtern. Mit dem etwas unkonventionellen Lebensstil ihres Mannes hatte sie sich offenbar abgefunden, aber einen sehr glücklichen Eindruck machte sie nicht.

Jedenfalls war Rolf Feuer und Flamme, als uns Frau Gundloff telefonisch zu einem »kleinen Cocktailstündchen« bat. »So gegen fünf, nur auf ein paar Martinis.«

»Das wurde ja auch langsam Zeit«, murmelte er, während er unschlüssig zwischen seinen Krawatten kramte, »paßt die blaugestreifte?«

»Stell dich nicht so an, wir gehen zu keinem Staatsempfang!« Auf der einen Seite war ich froh, daß die offizielle Konfrontation jetzt endlich stattfinden sollte, auf der anderen hatte ich gewisse Bedenken. Wie alle Männer hatte Rolf ein Faible für attraktive Frauen, und daß Frau Gundloff zu dieser Kategorie zählte, ließ sich nicht bestreiten.

»Hast du Blumen?« wollte er wissen.

»Nein. Aber oben steht der Kaktustopf, den mir Felix neulich mitgebracht hat. Er ist noch so gut wie neu!«

Rolf warf mir einen wütenden Blick zu. »Den hat er dir ja nicht umsonst geschenkt! Aber mal im Ernst: Irgend etwas müssen wir zum Einstand mitnehmen. Im Keller stehen doch eine ganze Menge Scheußlichkeiten herum, mit denen uns deine Verwandtschaft immer beglückt. Kannst du davon nichts entbehren? Ich denke da zum Beispiel an diesen Alptraum von Sammeltasse.«

»Ausgeschlossen!« protestierte ich. »Die ist so geschmacklos, daß sie in ein paar Jahren bestimmt eine begehrte Antiquität sein wird. Bring der Dame eine Flasche Schnaps mit, dafür hat sie wenigstens Verwendung!«

Frau Gundloff (»Sagen Sie doch einfach Isabell!«) trug etwas Honiggelbes aus reiner Seide und bewegte sich darin mit einer Grazie, die Katzen erst nach jahrelangem Üben beherrschen. Mit Kennermiene begutachtete sie den Calvados, den Rolf ihr überreichte, und bat uns ins Wohnzimmer – eine sehr teure, sehr kühle und sehr unpersönliche Anhäufung moderner Innenarchitektur. Futuristische Plastikkugeln verbreiteten gedämpfte Dunkelheit. Rolf wurde in einen Fernsehsessel aus Fast-Leder im Cockpit-Design gebeten, ich durfte auf einem Stahlrohrgebilde ohne Armlehnen Platz nehmen. Dann bekamen wir Gläser in die Hand gedrückt mit einer undefinierbaren Flüssigkeit, die Isabell als eigene Kreation mit dem beziehungsreichen Namen »Mona-Lisa-Cocktail« bezeichnete. Dazu gab es Hors d'œuvres genannte Appetithäppchen, die bei mir das absolute Gegenteil bewirkten und auch Rolf sofort an sein in solchen Fällen bewährtes Magengeschwür erinnerten. Er mag keine hartgekochten Eier, und die bräunlich schimmernde Paste erinnerte ihn wohl zu sehr an Sonnencreme. So nuckelte er nur lustlos an seinem Cocktail und bemühte sich redlich, Isabells Geplapper die nötige Aufmerksamkeit zu schenken. Leute, deren Gespräch es an Tiefe fehlt, gleichen das oft durch Länge aus, und Isabells ausführlich vorgetragene Ansichten über moderne Kunst und alte Religionen entbehrten jeder Grundlage.

»Dann glauben Sie also an gar nichts?« Ich wollte dieses unergiebige Thema endlich beenden.

»Nur an das, was ich mit meinem Verstand erklären kann.«

Das kommt ja wohl auf dasselbe heraus, dachte ich im stillen, schenkte unserer Gastgeberin ein besonders reizendes Lächeln und ermunterte meinen Gatten zum Aufbruch. Er hatte auch nichts dagegen, lud Isabell aber für einen der nächsten Abende zum Gegenbesuch ein. »Selbstverständlich zum Essen«, betonte er.

»Davon hat sie nämlich keine Ahnung«, begründete er zu Hause seine in meinen Augen übertriebene Gastfreundschaft. »Und diese Cocktails waren auch das Letzte! Jetzt weiß ich wenigstens, warum sie ›Mona Lisa‹ heißen: Nach zwei Gläsern wird man das komische Grinsen nicht mehr los!«

Am nächsten Tag – es war ein Sonntag – klingelte kurz vor elf das Telefon: »Könnte Ihr Mann nicht mal ein paar Minuten herüberkommen und nach meiner Stehlampe sehen?«

»Fragen Sie ihn doch selbst!« knurrte ich bissig und gab den Hörer weiter.

Rolf verstand absolut gar nichts von Elektrizität, denn als er unlängst mein Bügeleisen repariert hatte, mußte ich ein neues kaufen, weil der Elektriker später behauptet hatte, nunmehr sei es irreparabel.

»Wieviele Schraubenzieher besitzt denn Ihr Mann?« hatte er gefragt.

»Keine Ahnung, jedenfalls eine ganze Menge.« Darauf der Elektriker: »Dann gebe ich Ihnen einen guten Rat – verstecken Sie sie!«

Aber natürlich bot Rolf sofort seine Hilfe an und begab sich ins Nebenhaus. Als er nach zweieinhalb Stunden zurückkam, hatten wir bereits gegessen, das Geschirr war gespült, und aus lauter Wut hatte ich sogar das Küchenfenster geputzt.

»Ich hab mich wirklich beeilt«, behauptete Rolf, »aber als ich die Lampe doch nicht reparieren konnte, haben wir noch ein bißchen was getrunken und geklönt, und plötzlich war es halb zwei.«

»Gegessen haben wir um zwölf!«

»Es macht gar nichts, wenn ich eine Mahlzeit überspringe«, sagte Rolf fröhlich, »Isabell meint auch, ich könnte ruhig ein paar Pfund abnehmen.«

»Wenn du dich öfter von ihr zum Essen einladen läßt, wirst du das mühelos schaffen!«

Er lachte. »Bist du etwa eifersüchtig?«

»Natürlich nicht! Ich finde es völlig normal, wenn mein Mann, den ich manchmal eine ganze Woche lang nicht sehe, auch die Sonntage woanders verbringt!«

»Nun hab dich nicht so wegen dieser zwei Stunden! Isabell ist doch auch viel allein, seitdem ihr Freund den Tourneevertrag unterschrieben hat. Wir sollten sie ab und zu mal einladen.«

Aber das war gar nicht nötig.Meistens lud sie sich selber ein, trank drei bis sieben Kognaks, nach dem fünften weinte sie ein bißchen, weil sie doch immer so allein sei, und danach mußten wir sie rüberbringen und ihr die Haustür aufschließen.

Endlich kam Bärchen zurück, und der ewige Pendelverkehr hörte auf. Ich stand nun nicht mehr länger im Mittelpunkt aller Gerüchte, die sich innerhalb der Siedlung ausgebreitet hatten. Sogar Frau Vogt hatte mir und den bedauernswerten Kindern Asyl angeboten, wenn ich mir die Eskapaden meines Mannes nicht mehr gefallen lassen sollte. »Wir Frauen müssen schließlich zusammenhalten. Am besten sollten wir versuchen, diese leichtlebige Person« – ein beziehungsreicher Blick wanderte zum Haus Nr. 5 – »zu entfernen. Sie bringt uns ja alle in Verruf!«

Zum Glück ahnte Frau Vogt nicht, was in dieser Hinsicht noch auf uns zukommen sollte.

5.

Nach Ansicht der meisten Psychologen erkennt man eine vorbildliche Ehefrau an ihrem Bemühen, nicht nur Haushalt und Kinder in Schuß zu halten, sondern auch die Interessen ihres Mannes zu teilen. Letzteres ist nicht immer ganz einfach. Welche Frau hat schon Spaß daran, auf einer Düne am Strand herumzurobben und durch das Fernglas Bikini-Schönheiten zu betrachten? Auch passionierte Bastler können auf die Dauer anstrengend sein. Entweder liegen sie in ölverschmierten Overalls rücklings unter einem defekten Auto und erwarten, daß man ihnen den Achterschlüssel, das kleine Ritzel und die dreieinhalb Zoll Steckschraube zureicht, oder sie haben sich auf Holz verlegt und bauen unentwegt Gewürzregale, Blumenständer und Bücherstützen, die man nicht mal mehr in der Verwandtschaft los wird.

Rolfs Interesse kreist um die Malerei. Meins nicht, aber ich bemühe mich pflichtschuldigst und kann auch schon einen Monet von einem Picasso unterscheiden.

Mit Beginn der Heizungsperiode erschöpften sich meine damaligen Interessen ohnehin nur noch im Keller. Wenige Tage nach unserem Einzug hatte mein Sparsamkeitsapostel entsetzt festgestellt, daß unser Koksvorrat, den er wie eine Löwin ihr Junges verteidigte, erheblich geschrumpft war. Umgehend ließ er in der Küche und im Bad Durchlauferhitzer installieren, und die Heizung wurde erst einmal abgestellt. Jedesmal, wenn Rolf in den Keller ging, inspizierte er zufrieden die Kokshalde und pries seine Klugheit, die uns von dem kostbaren Brennstoff vorerst unabhängig machte.

Dann kam die nächste Stromrechnung, und dann entdeckte Rolf, daß sie dem Gegenwert von fünfzehn Zentnern Koks entsprach. Er ordnete Sparsamkeit an. Eine Zeitlang rannte er ständig hinter mir her und kontrollierte, ob ich auch überall das Licht ausgemacht hatte. Einmal schrie er mich an, weil die Fünfundzwanzig-Watt-Funzel auf der Toilette brannte, obwohl ich das Örtchen nachweislich vor mindestens zehn Minuten verlassen hätte. Ärgerlich brüllte ich zurück: »Gott sprach: Es werde Licht!«

»Das hat er aber gesagt, bevor sie es durch den Zähler laufen ließen«, ergänzte Rolf und knipste die Lampe aus.

Dann wurde es kalt. Zähneklappernd forderte ich, daß endlich die Heizung in Betrieb genommen würde, schließlich sei sie dazu da. Rolf war dagegen, erzählte etwas von übertriebener Empfindlichkeit, die wir auch nur der Zivilisation zu verdanken hätten, er selbst habe in seiner Jugend noch die Eisschicht vom Waschwasser aufklopfen müssen, und überhaupt komme ja bald die Sonne durch. Er stieg in den Wagen, stellte das Warmluftgebläse an und fuhr los.

Ich kramte unseren Heizlüfter hervor, stellte ihn stundenweise in jedem Raum auf, Rolfs Zimmer natürlich ausgenommen, und fror auch nicht mehr. Als er am Abend seinen Eiskeller betrat, zuckte er zwar merklich zusammen, sagte aber kein Wort und hielt es heroisch zwei Stunden lang in diesem Gefrierschrank aus.

Am nächsten Tag war er erkältet. Am übernächsten beschloß er, Grippe zu haben und im Bett zu bleiben. Da war es wenigstens warm. »Ruf mal einen Arzt an!« befahl er.

Ich kannte noch keinen, hielt ihn im Moment auch für völlig überflüssig, denn nach meiner Erfahrung ist ein Arzt der einzige Mensch, der kein unfehlbares Mittel gegen Schnupfen parat hat.

»Ich will aber einen Arzt haben!« quengelte Rolf.

Also erkundigte ich mich bei Frau Obermüller nach den Qualifikationen der hier in der Gegend ansässigen Medizinmänner und erhielt die Adresse ihres Hausarztes, der immerhin die Mittelohrentzündung von Michael sowie den eingewachsenen Zehennagel von Herrn Obermüller zufriedenstellend kuriert hatte. Ich rief an und schilderte der Sprechstundenhilfe die bedrohlichen Symptome, als da wären Husten, Schnupfen und Heiserkeit.

»Wir haben zur Zeit eine Masernepidemie, und ich glaube kaum, daß der Herr Doktor vor morgen mittag bei Ihnen vorbeikommen kann.«

»Bis dahin ist mein Mann bestimmt schon tot!« sagte ich voll Überzeugung.

»Oh«, meinte die Dame, »Sie können den Termin jederzeit rückgängig machen!«

»Dann hol eben den Brauer rüber!« flüsterte Rolf mit ersterbender Stimme. Die Mißachtung seines lebensbedrohenden Zustandes paßte ihm gar nicht. »Vielleicht hat der in Bengasi noch etwas anderes gelernt als Saufen. Schließlich ist er Arzt, und seinen Whisky kann er ruhig mitbringen. Alkohol tötet alle Bazillen!«

Brauer kam, diesmal ohne Flasche, und fragte als erstes: »Ist eure Heizung kaputt?«

»Nein, wir sparen bloß!«

»Ihr habt einen herrlichen Vogel! Draußen sind sechs Grad über Null!«

»Das erzählen Sie mal meinem Mann!«

Offenbar hatte er es getan. Jedenfalls bekam ich den Auftrag, umgehend den Heizkessel in Gang zu setzen, und damit begann mein bis zum Frühjahr andauerndes Martyrium.

Nach Herrn Obermüllers damaligen Anweisungen brauchte man zunächst einmal Papier und Holz. Papier hatte ich, die örtliche Tageszeitung taugte ohnehin zu nichts Besserem, aber woher Holz nehmen? Ich entsann mich des verschnörkelten goldenen Bilderrahmens, den Rolf als zu pompös abgelehnt und in eine Kellerecke verbannt hatte, zerhackte ihn in handliche Teile, suchte Streichhölzer, die wir nicht hatten, fand ein Feuerzeug, das nicht funktionierte, stöberte endlich ein noch intaktes auf und stapelte sämtliches Zubehör um mich herum auf. Sven und Sascha verfolgten erwartungsvoll mein ungewohntes Treiben. »Wird's nu endlich warm?«

»In einer halben Stunde ist das ganze Haus gemütlich«, versprach ich und öffnete die Ofentür. Heraus rieselte Asche. Auf dem Rost lagen zusammengeklumpte Schlackenteile, pfundschwere Brocken, die ich zum Teil erst zerkleinern mußte, um sie überhaupt herauszukriegen.

»Hol mal einen leeren Eimer!« Sven trabte ab.

»Is keiner da«, sagte er, als er wieder zurückkam und eine breite Aschenspur hinter sich herzog.

»Dann hol den Mülleimer!«

»Der is voll!« meldete Sven aus der Küche.

»Kipp ihn aus und bring ihn runter!«

Endlich kam der Eimer. Er war zu klein, um alle Asche zu fassen, und die Schlacke ging schon gar nicht hinein. Staubschwaden wogten durch den Keller. Hustend stolperte ich mit dem vollen Eimer nach oben, leerte ihn in die Mülltonne und tastete mich wieder abwärts. Sascha war inzwischen in die Kohlen gefallen und sah aus wie ein Lokomotivheizer. Sven spielte mit dem Feuerzeug.

»Raus hier, aber dalli!«

Die Knaben trollten sich. Auf den Treppenstufen knirschte der Koks. Ich stopfte Papier in den Ofen, legte die Hälfte des Bilderrahmens darauf, häufelte ein paar Koksstückchen darüber und zündete den ganzen Aufbau an. Sofort flammte das Papier auf, brannte lichterloh, ein kleines Flämmchen züngelte sogar noch an einem Stück Holz entlang, aus irgendwelchen Ritzen drang Qualm – dann war es wieder dunkel.

Hatte Obermüller nicht etwas von Abzug gesagt? Nach längerem Suchen entdeckte ich einen Hebel, drehte ihn in die hoffentlich richtige Richtung, und dann begann ich ein zweites Mal mit den Präliminarien des Feueranzündens. Diesmal brachte ich sogar das Holz zum Brennen, aber entweder schippte ich den Koks zu früh in den Ofen, oder aber es war zu viel, jedenfalls ging das Feuer wieder aus. Nach dem dritten Versuch war das Holz alle. Ich heulte, brüllte die Kinder an, als sie nach einer Stunde die versprochene Wärme reklamierten, und dann schickte ich Sven zu Obermüller. Kurz darauf bullerte der Ofen verheißungsvoll, und der erste Hauch von Wärme zog durchs Haus. Zufrieden stellte ich mich unter die nun zentralbeheizte Dusche.

Zwei Stunden später fing ich an zu frösteln. Heiliger Himmel, der Ofen! Ich raste in den Keller, öffnete die schwere Eisentür und stierte in das schwarze Loch. Nichts! Kein wärmeverheißendes Prasseln, keine feurige Glut – nur die sattsam bekannten Schlackenreste.

»Jeder Ofen geht aus, wenn man nicht nachlegt«, dozierte Rolf, bei dem ich mitfühlendes Verständnis erhofft hatte, und wickelte sich etwas fester in sein Deckbett. »Nun sieh mal zu, daß du das Ding wieder in Gang bringst. Im Radio haben sie eben gesagt, wir kriegen heute nacht bis zu drei Grad Kälte!«

»Vielleicht könntest *du* mal versuchen . . .«

»Ich kann nicht, ich bin krank!« sagte Rolf, hustete demonstrativ und drehte mir den Rücken zu.

Also zog ich wieder in den Keller und versuchte zum viertenmal, Ofen anzuheizen. Es klappte, aber erst, nachdem ich eine halbe Tasse Brennspiritus über die Kohlen gekippt und hinter der feuersicheren Tür abgewartet hatte, ob das ganze Ding wegen der unerwarteten Energiezufuhr nun in die Luft fliegen würde. Später lernte ich, daß der Ofen zwecks Ankurbelung seines Kreislaufs hin und wieder eine explosive Vitaminspritze brauchte. Notfalls tat es aber auch Salatöl.

Und dann begann das, was man heute vermutlich als Jogging bezeichnen würde: Pünktlich alle zwei Stunden, also jedesmal, wenn der Wecker klingelte, ließ ich Kochtopf, Staubsauger oder Sascha fallen, spurtete in den Keller, griff zur Schaufel, belud sie mit Koks, jonglierte sie die sechs Meter zum Ofen, setzte sie ab, öffnete das Türchen, schippte die Kohlen hinein, machte das Türchen zu, holte eine neue Ladung, machte das Türchen auf . . . und so weiter, bis das gefräßige Ungetüm für die nächsten zwei Stunden gesättigt war.

Künftig richtete sich mein Tagesablauf nach Ofen. Zum Einkaufen ging ich nur noch zwischen zwei Füllungen, zum Friseur und ähnlichen luxuriösen Zielen kam ich nur, wenn Rolf zu Hause war und die Ofenwache übernahm, aber selbst dann war nicht sicher, daß es warm blieb, weil er meistens vergaß, den Wecker wieder einzustellen, und bei meiner Rückkehr im Keller hockte und in der Schlacke bohrte. Waren wir eingeladen, dann bekamen Obermüllers den Hausschlüssel. Ich war mir zwar nie ganz sicher, ob sich ihre Tätigkeit wirklich nur auf den Keller beschränkte und sich nicht vielleicht auch noch auf eine kleine Inspektion der übrigen Räume ausdehnen würde – bei dem allgemeinen Mangel an Neuigkeiten nur zu verständlich! –, aber alles das war mir lieber als ein kaltes Haus und der zermürbende Kampf mit dem erloschenen Ofen.

Etwa zwei Stunden nach der letzten Fütterung war der Koks so weit heruntergebrannt, daß man ihn für die Nacht präparieren konnte. In klatschnasses Zeitungspapier gewickelte Briketts garantierten genügend Glut, so daß man am nächsten Morgen relativ mühelos das Feuer wieder anfachen konnte – vorausgesetzt natürlich, man stand früh genug auf! Sonntags ausschlafen kam nicht mehr in Frage – der Ofen wollte sein Recht. Und weil mein Gatte sich ja die ganze Woche über im Dienste der Familie abgerackert hatte, während ich mein beschauliches Hausfrauendasein führen konnte, war *ich* es natürlich, die im weißen Bademantel in den Keller schlurfte (und im grauen wieder nach oben kam), Asche ausräumte, Kohlen schippte und dabei überlegte, weshalb ich unbedingt hatte heiraten wollen.

Weil ich abends nun so gut wie gar nicht mehr aus dem Haus kam, und wenn, dann nur in erreichbarer Nähe des Ofens, also bestenfalls zu Obermüllers, genehmigte Rolf die Anschaffung eines Fernsehapparates. Bisher hatte er es abgelehnt, so einen Kasten aufzustellen, weil der nach seiner Ansicht aus dem Kreis der Familie einen Halbkreis machen würde. Wozu gab es denn Nachbarn, bei denen man Fußballspiele und ähnliche kulturelle Ereignisse in fachmännischer Runde genießen konnte?

Der Fernseher kam also, und fortan saß mein kritischer Mann in jeder freien Minute davor, um mir hinterher erklären zu können, weshalb er dagegen war.

»Eine Anhäufung von albernen Fragespielen, unglaubhaften Familienserien, Mord und Totschlag, Brutalitäten, Schießereien . . .«

»Au fein, Papi«, unterbrach ihn Sven, »an welchem Tag kommt das?«

Ich sah mir oft nur die Nachrichten an, bei denen ich am meisten schätzte, daß sie sich nicht auf dem Wohnzimmertisch anhäuften, wenn ich mal nicht dazugekommen war, sie abzupassen.

Saschas Lieblingssendung wurde das Werbefernsehen, von dem ich annahm, es würde ihn wohl nicht negativ beeinflussen. Bedenken kamen mir erst, als er mich einmal spontan umarmte und rief: »Mami, ich hab' dich so lieb, du bist so mild, so sahnig und so frisch!«

Danach genehmigte ich nur noch das Kinderprogramm.

Jedenfalls setzte das neue Heimkino dem Frischluftfanatismus der Jungen ein Ende. Jeden Nachmittag hockten sie vor der Röhre, und ich kam zu der Erkenntnis, daß man unter einem Kind ein Geschöpf zu verstehen hat, das etwa in der Mitte steht zwischen einem Erwachsenen und einem Fernsehgerät.

Eines Morgens klingelte es zu ungewohnt früher Stunde an der Haustür. Davor stand ein unglaublich schmutziges kleines

Mädchen von etwa vier Jahren mit dünnen rotblonden Haarsträhnen, einem tränenverschmierten Gesicht und sehr ausdrucksvollen grünen Augen. Ich hatte die Kleine noch niemals vorher gesehen.

»Wer bist du denn?«

»Püppi!« schluchzte das Mädchen.

»Und wo wohnst du?« forschte ich weiter.

»Bei Ta-hante Lei-Leiher«, sagte Püppi und schniefte.

Eine Tante Leiher kannte ich nicht. Ob vielleicht eine von den beiden schrulligen Damen in Nr. 12 so hieß?

»In welchem Haus wohnt sie denn?«

»Weiß nich!« antwortete Püppi prompt.

Was sollte ich nun mit diesem Unglückswurm anfangen? Ins Haus wollte ich es nicht lassen, denn inzwischen hatte ich festgestellt, daß Püppi auch die Hosen vollhatte.

»Sven, komm mal runter!« Es konnte ja sein, daß mein kontaktfreudiger Sohn dieses Schmutzbündel kannte. Er betrachtete Püppi sehr eingehend. »Wer is 'n das? Die stinkt ja!«

Das ließ sich nicht leugnen. Vorsichtig hielt ich Püppi an der Anorakkapuze fest, die war noch am saubersten, und schob sie vor mir her – Marschrichtung Obermüller. Wenn jemand wußte, wo die Kleine hingehörte, dann Frau Obermüller.

Sie war auch gar nicht weiter überrascht. »Ist sie diesmal bei Ihnen gelandet? Sie gehört zu Frieses, aber sie türmt dauernd. Frau Leiher ist schon ganz verzweifelt.«

Jetzt entsann ich mich der Haushälterin, die dort seit ein paar Tagen das Zepter schwingen sollte. Ich hatte sie aber noch nicht kennengelernt und beschloß, das sofort nachzuholen.

Tante Leiher war etwa 45 Jahre alt, sah sehr resolut aus, schien vor dem bei Frieses herrschenden Chaos aber bereits kapituliert zu haben. Resigniert sagte sie: »Vor einer Stunde habe ich Püppi von Kopf bis Fuß sauber angezogen, und jetzt sehen Sie sich dieses Ferkel an!«

Das Ferkel kannte ich bereits, mich faszinierte viel mehr die seltsame Dekoration, mit der das Haus Friese geschmückt war. Überall hingen Handtücher – auf dem Treppengeländer, auf der Brüstung, über den Türklinken. Eine Leine war sogar quer durch den Flur gespannt und mit Frottiertüchern bestückt. Ich staunte.

»Was soll ich machen?« sagte Tante Leiher. »Draußen trocknet das Zeug doch nicht mehr, und der Keller ist schon randvoll. Früher haben Frieses die Handtücher zum Waschen weggegeben, aber nun haben sie das ja nicht mehr nötig und laden sie bei mir ab. Jeden Tag mindestens fünfzig Stück. Die Maschine läuft den ganzen Vormittag, und wenn ich nicht aufpasse, schmeißt mir Achim seine vollgemachten Hosen auch noch dazu.«

»Wieso Achim? Ich dachte, Püppi ist ein Mädchen?« fragte ich verwundert.

»Ist sie ja auch, aber zur Familie Friese gehört noch Achim, der hoffnungsvolle Stammhalter!«

»Da haben Sie es ja wirklich nicht leicht mit zwei Kleinkindern«, sagte ich mitfühlend.

»Von wegen Kleinkind! Achim ist sieben und offensichtlich etwas zurückgeblieben. Oder finden Sie es normal, daß er seine dreckigen Hosen hinter den Kleiderschrank stopft?«

Es stellte sich heraus, daß Achim Friese die Toilette lediglich als Planschbecken für seine Badeente benutzte, am liebsten Pommes frites mit Himbeersaft aß und bereits in der ersten Klasse sitzengeblieben war.

»Der kann heute noch nicht 3 und 7 zusammenzählen, und ich bezweifle ernsthaft, daß er es jemals lernt!« beendete Tante Leiher ihren aufschlußreichen Bericht. »Hätte ich geahnt, was hier auf mich zukommt, dann wäre ich im Warenhaus bei meinen Handtaschen geblieben. Aber ich bin gerne Hausfrau und mag Kinder, deshalb hatte ich ja auch geglaubt, das hier würde das richtige für mich sein. Aussteigen kann ich nicht mehr, weil ich mich für mindestens zwei Jahre verpflichtet habe. Und dabei hat mir Herr Friese auch noch eingeredet, dieser Vertrag wäre eine Sicherheit für *mich,* weil er mir ja nicht kündigen könnte und so weiter.«

Von oben tönte Gebrüll. »Hoffentlich ist Püppi nicht wieder in die Badewanne gefallen, da habe ich vorhin die ganzen Unterhosen eingeweicht. – Entschuldigen Sie bitte, aber ich muß rauf!«

Am Halsband zerrte Tante Leiher die winselnde Mausi zurück, die jetzt endlich ihre Knochenlieferantin entdeckt hatte und mich unbedingt ablecken wollte, und schloß die Tür. Dafür öffnete sich die von nebenan. Frau Obermüller winkte mich zu sich: »Allmählich komme ich mir vor wie in den Slums von Kalkutta! Haben Sie die Flaggenparade gesehen?«

»Hm.«

»Frau Leiher tut mir leid. Sie hat irgendwann mal ein paar Semester Pädagogik studiert und wahrscheinlich geglaubt, bei den Kindern eine Lebensaufgabe zu finden. Die brauchen aber keinen Pädagogen, sondern einen Irrenarzt! – Haben Sie Zeit für einen Kaffee?«

Aber mir war soeben eingefallen, daß die Fütterungszeit für Ofen schon längst überschritten war.

»Ein anderes Mal!« versprach ich, rannte nach Hause und kam gerade noch rechtzeitig, um Sven die Kohlenschaufel zu entreißen.

»Der Ofen geht aus!« erklärte mein Sohn.

»Dann laß ihn ausgehen! Ich habe dir schon hundertmal gesagt, daß du im Heizungskeller nichts zu suchen hast!«

»Aber der Wecker hat doch geklingelt!«

»Das war wegen des Kuchens!« Den hatte ich natürlich total vergessen. Er war schwarz, als ich ihn aus der Röhre zog, und so wanderte er gleich mit der nächsten Koksfuhre in die Heizung. Das war der einzige Vorteil dieser antiquierten Feuerstelle. Man konnte von Kartoffelschalen bis zu alten Schuhen nahezu sämtliche Abfälle verbrennen, was auch nötig war, denn unsere beiden Mülltonnen faßten kaum die täglich anfallenden Aschenberge. Damit, daß überall in der Küche eine leichte Staubschicht lag, hatte ich mich längst abgefunden.

»Irgendwann hört diese Heizerei ja mal auf«, tröstete mich Rolf, stieg vorsichtig über den nassen Lappen, der auf der obersten Kellerstufe lag, und seine Sohlen verteilten Koks und Asche gleichmäßig auf dem Küchenboden.

Wir schrieben aber erst Dezember, täglich wurde es kälter, auch innerhalb des Hauses – dann fiel der erste Schnee, und dann begriffen wir endlich, weshalb es bei uns nie richtig warm wurde. Auf dem Flur, direkt vor der Haustür, bildete sich Glatteis. Wenn es windig war, stiebte munter der Schnee herein und türmte sich zu kleinen bizarren Schneewehen auf. Auch die Wand glitzerte verdächtig.

»Das darf doch einfach nicht wahr sein!« sagte Rolf, als Sven die ersten Schneebälle durch den Flur warf, hängte sich ans Telefon und forderte bei der Baugesellschaft sofortige Abhilfe. Die wurde zugesichert, und schon zwei Tage darauf erschien eine Expertenrunde voll Brillen und Krawatten, die nach zehnminütiger Beratung feststellte, daß die Tür nicht richtig abdichtete und eine neue erforderlich sei.

»Haben sie eigentlich gesagt, wann sie die bringen?« erkundigte ich mich bei Rolf, nachdem die Experten unseren letzten Armagnac getrunken und die herrliche Aussicht bewundert hatten.

»Ich glaube, sie meinten heute nachmittag«, sagte Rolf, »schließlich haben sie ja gesehen, daß es reinschneit.«

Sie kamen aber nicht heute nachmittag und auch nicht morgen nachmittag, sie reagierten weder auf schriftliche noch auf telefonische Drohungen, und schließlich erklärte uns die Sekretärin keß: »Wir sagen Ihnen Bescheid!«

Da wußten wir Bescheid!

»Ist am Wochenende nicht wieder große Fremdenführung?« fragte Rolf. »Dann hätte ich nämlich eine Idee!«

Noch immer waren nicht alle Häuser der Siedlung verkauft, und besonders für die sechs letzten, die inzwischen auch nahezu fertiggestellt waren, hatten sich noch keine Interessenten gefunden. Deshalb hatte die Baugesellschaft wieder einmal in sämtlichen Tageszeitungen inseriert und für den kommenden Sonntag neben der üblichen Besichtigungstour kostenlosen Glühwein und »für unsere jüngsten Besucher viele bunte Luftballons« versprochen.

Rolf äußerte sich jedoch nicht näher, stieg ins Auto und fuhr weg. Bald war er wieder zurück. In seiner Begleitung befand sich ein mir unbekannter Mann, der über einem schmutzigen Anzug eine ebensolche Schürze trug, von Rolf mit Jupp angeredet wurde und Unmengen von Bier vertrug. Jupp hantierte mit einem Zollstock, maß vor der Tür und hinter der Tür irgend etwas aus, trank Bier, lächelte verschmitzt, nickte bereitwillig zu allem, was Rolf ihm zuflüsterte, trank wieder Bier, schlug einen imaginären Pfosten in den Boden, grinste, trank noch mal Bier und ließ sich wieder zurückfahren.

»Spätestens am Freitag haben wir eine neue Tür!« versprach Rolf. Sein Gesicht war mit Wonne bestrichen wie ein Stück Brot mit Marmelade. Das war am Montag. Am Dienstag gegen Mittag hielt ein Pritschenwagen vor unserem Haus, beladen mit alten Brettern, morschen Holzpfosten und ähnlichem Gerümpel, das möglicherweise mal eine Gartenlaube gewesen war oder vielleicht auch ein Angelsteg.

»Ist *das* etwa das bestellte Anmachholz?« fragte ich entsetzt, denn Jupp und ein schmächtiges Knäblein, wahrscheinlich so eine Art Lehrling, luden den ganzen Krempel ab.

»Das wird die neue Tür!« frohlockte Rolf.

»Ich hab's ja kommen sehen! Irgendwann dreht hier jeder mal durch! Gestern hat Frau Wittinger drei Blumentöpfe aus dem Fenster geschmissen, und vorige Woche hat Frau Straatmann eine ganze Stunde lang die Internationale gesungen. Mit Klavierbegleitung! Jetzt ist anscheinend bei dir eine Sicherung durchgebrannt!«

Alle Abweichungen vom Normalen wurden von uns als »Siedlungskoller« bezeichnet. Dabei war es völlig gleichgültig, ob nun Dr. Brauer seine leeren Whiskyflaschen kopfüber in den Boden rammte und so seinen Vorgarten einzäunte, ob Frau Vogt ihre Mülltonne mit Sidol auf Hochglanz polierte oder ob Isabell Gundloff barfuß durch den Schnee hüpfte. Am Siedlungskoller litt Herr Obermüller, der um Mitternacht am Fuß einer Straßenlaterne schlafend aufgefunden worden war; Siedlungskoller bedeutete, daß Wittinger jeden zweiten Tag seiner Frau einen riesigen Präsentkorb ins Haus schicken ließ, selber aber seit einer Woche nicht mehr erschienen war, und unter Siedlungskoller fiel sicher auch die Angewohnheit der Damen Ruhland, jeden Abend ihre Fenster mit Zeitungspapier zu verhängen. Rolf meinte allerdings, letzteres könnte man schon als Verfolgungswahn bezeichnen, aber er sollte lieber still sein. Immerhin hatte der Siedlungskoller ja nun auch *ihn* erwischt.

Jupp und sein Adlatus hatten ihren Sperrmüll abgeladen und tranken Bier. Dann griffen sie zu Hacke und Spaten und hoben Löcher aus. Oben brüllte Sascha, weil Sven seinen Finger in der Schreibtischschublade eingeklemmt hatte, und als ich Erste Hilfe geleistet, die Holzwolle aus dem zerfledderten Teddy eingesammelt, die Scherben vom Alpenveilchentopf aufgehoben und das aufgeräufelte Wollknäuel wieder zusammengedreht hatte, konnte ich schon die ersten Ergebnisse von Jupps geräuschvollem Tun bewundern.

Am Fuß der Außentreppe, direkt neben dem Windschutz, stak ein dicker Pfosten im Boden. Genau gegenüber ein zweiter, ein dritter befand sich dort, wo auf der anderen Seite die Windschutzmauer war. Parallel dazu nagelte Jupp Bretter an die Pfosten, so daß unser Eingang jetzt von beiden Seiten begrenzt war. Eine grob zusammengehämmerte Tür, kreuz und quer verstärkt durch verschieden langes Abfallholz, lehnte bereits an der Hausmauer. Der Lehrling schlug gerade die Türangeln an den rechten Pfosten.

»Seid ihr denn verrückt geworden??«

»Nö«, sagte Rolf, »das wird höchstens die Bauleitung!« Versuchsweise hängte er die Holztür ein. »Paßt!«

Das Ding hing windschief in den Angeln, bewegte sich quietschend bei jedem Luftzug und erinnerte irgendwie an jene herzchenverzierten Bretterbuden, die man in sehr ländlichen Gegenden auch heute noch findet. Jupp schraubte einen Haken an die Tür, damit man sie auch von innen schließen konnte, und nun war der Eindruck eines Baubudenklosetts perfekt.

Immerhin hatten wir jetzt zwei Türen – die richtige, und drei Meter davor das Provisorium.

»Wir brauchen noch etwas zum Klopfen. An die Klingel kommt jetzt ja niemand mehr heran.« Rolf verschwand im Haus und tauchte mit dem hölzernen Fleischklopfer wieder auf. Mit einem Stück Wäscheleine band er ihn fest. Dann begutachtete er das Ganze. »Sieht großartig aus! Es muß bloß noch ein Schild hin, ›Bitte kräftig klopfen‹ oder so ähnlich. Das mache ich nachher noch.«

Während die drei Handwerker ihr fertiges Bauwerk begossen, erschienen die ersten Neugierigen. Allen voran Obermüller.

»Wat soll denn der Karnickelstall bedeuten? Is det 'ne Veranda, oder wollt ihr hier bloß die Kohlen abladen? Als architektonische Verbesserung würde ick den Anbau aba nich bezeichnen. Is der überhaupt jenehmigt?«

»Der steht nicht lange!« versicherte Rolf und schilderte seinen vergeblichen Kampf mit der Bauleitung um eine neue Tür, auf die wir nach den bisherigen Erfahrungen vermutlich noch im Frühjahr warten würden.

»Wenn die aber am Wochenende ihren Volksauftrieb haben, muß dieser Bretterverschlag natürlich verschwunden sein. Jedem Besucher springt das Ding doch ins Auge. Für die nötigen Erklärungen werden schon Sven und Sascha sorgen. Außerdem spekuliere ich auf Michaels Informationsbedürfnis.«

Das war aber gar nicht nötig. Schon am nächsten Tag erschien der Bauleiter und forderte die Beseitigung dieses »Schandflecks«. Rolf weigerte sich: »Solange es bei mir reinschneit, bleibt die Behelfstür stehen!«

Der verzweifelte Baumensch drohte mit Polizei, Staatsanwalt und Gerichtsvollzieher, er versprach eine handgeschnitzte Eichentür, wahlweise auch eine mit schmiedeeisernen Beschlägen, machte Rolf für den Ruin der Baufirma und den daraus resultierenden Hungertod sämtlicher Angestellter verantwortlich, er bettelte, beschwor, drohte . . . es nützte alles nichts.

»Erst die neue Tür, dann der Abbau!« verlangte Rolf.

»Wo soll ich denn jetzt eine herkriegen?« jammerte der Parlamentär. »Das Werk ist in Ludwigshafen.«

»Sie haben ja zwei Wochen lang Zeit gehabt, eine Tür zu besorgen«, sagte Rolf unbarmherzig. »In dieser Zeit hätte ich sie zu Fuß holen können. Und jetzt entschuldigen Sie mich bitte, aber im Flur liegt schon wieder Schnee!« Nachdrücklich knallte er die Brettertür zu, hakte sie fest und stapfte zurück ins Haus.

Am Samstag morgen kam die neue Tür, eskortiert von zwei Tischlern, die so lange hobelten, feilten und abdichteten, bis sich nicht mal mehr ein angezündetes Streichholz im Luftzug bewegte.

Zwei Stunden, bevor die ersten Besucher zum Musterhaus pilgerten, hatten Rolf und Obermüller den Bretterverschlag abgebaut. Das Holz durften wir behalten. Der Ofen freute sich. Ich weniger, denn mein Gatte behauptete, noch niemals Holz gehackt zu haben, und delegierte diese Arbeit gewohnheitsmäßig an mich.

»Was hat der ganze Spaß eigentlich gekostet?« fragte ich, während ich den letzten Pfosten in den Keller schleppte.

»Nichts«, sagte Rolf. »Der Jupp hat eine Privatfehde mit der Baugesellschaft und einen Heidenspaß daran gehabt, denen eins auszuwischen. Angeblich haben sie ihn übers Ohr gehauen, als sie seinerzeit ein Stück Bauland von ihm gekauft haben. Ich hab' aber dem Lehrling zwanzig Mark in die Hand gedrückt, das ist mir die Sache wert gewesen. – Hier mußt du übrigens noch das Sägemehl zusammenfegen!« Er klopfte sich die Hosenbeine ab und begab sich zum Musterhaus. Schließlich müsse er sich ja für die neue Tür bedanken, meinte er, und außerdem gebe es dort Glühwein.

Den hatte er sich ja auch redlich verdient!

Frau Vogt lud zur Geburtstagsfeier. Ihr Karsten werde nunmehr sechs Jahre alt, komme Ostern in die Schule, und weil dann auch Sven, Riekchen und die Brauer-Zwillinge eingeschult würden, sei es vielleicht ganz gut, wenn sich die Kinder schon vorher ein bißchen näher kennenlernen könnten. Der reinliche Knabe spielte ja niemals draußen, verließ die vier Wände nur an der Hand seiner Mutter, und seine Annäherungsversuche erschöpften sich im gelegentlichen Zungeherausstrecken.

»Während die Kinder oben spielen, werden wir Damen gemütlich Kaffee trinken, und es wäre schön, wenn die Herren später zu einem kleinen Kognäkchen dazustoßen würden«, erläuterte Frau Vogt den geplanten Programmablauf.

»Das Kognäkchen wird auf Häkeldeckchen kredenzt, vielleicht dürfen wir sogar ein Zigarettchen rauchen und ein Salzstängelchen knabbern – nee danke! Ohne mich!« sagte Rolf. »Ich bin ja gar nicht so vergnügungssüchtig. Und ich dachte immer, *du* bist auch gegen jede Art von Kaffeeklatsch?«

»Wenn ich nicht hingehe, bin ich es, über die geklatscht wird. Außerdem ist es ja gar keiner, sondern eine Geburtstagsfeier.«

Angestrengt überlegte ich, ob die Kinder über eine diesem feierlichen Anlaß gemäße Garderobe verfügten. Ich hatte schon einige Kinderparties hinter mir, die regelmäßig damit geendet hatten, daß ich die kleinen Gäste mit Waschbenzin und Fleckenwasser bearbeiten mußte, bevor ich sie wieder ihren Eltern aushändigen konnte. Sonntagskleidung hielt ich bei Kindergeburtstagen für ausgesprochen hinderlich, aber Frau Vogt war sicher anderer Meinung.

Entsprechend unbehaglich fühlten sich Sven und Sascha auch, als sie in weißen Hemden und hellgrauen Hosen, bewaffnet mit Blümchen und einem garantiert ruhigen Puzzlespiel, bei Vogts vor der Tür standen.

»Da sind ja unsere kleinen Gäste«, lächelte Frau Vogt, diesmal in etwas Weinrotes gehüllt, und überantwortete die Kinder einem farblosen jungen Mädchen mit Eulenbrille, das mir als ihre Nichte vorgestellt wurde. »Hannelore wird sich oben um die Jugend kümmern, während wir hier unten gemütlich plaudern können. Haben die Kinder ihre Hausschuhe mitgebracht?«

Nein, hatten sie nicht. »Nun, dann wird Hannelore etwas Passendes heraussuchen. Wir haben immer welche in Reserve.«

Saschas lautes Protestgeschrei bewies, daß Hannelore bereits ihres Amtes waltete.

Im Wohnzimmer saß Frau Obermüller. »Die Damen kennen

sich ja wohl schon«, ulkte Frau Vogt, nahm auf einer Sesselkante Platz und sah vorwurfsvoll zur Uhr. »Frau Brauer scheint die Sitten des Orients übernommen zu haben, denn soviel man weiß, spielt doch Pünktlichkeit in diesen Ländern überhaupt keine Rolle.« Es war drei Minuten nach vier!

Wenig später waren auch die letzten Gäste erschienen, und ich wunderte mich wieder einmal über die verblüffende Ähnlichkeit der beiden Mädchen. Bisher war es mir noch nicht gelungen, auch nur das geringste Unterscheidungsmerkmal zu entdecken. Die Zwillinge glichen sich wie ein Ei dem anderen. Nur Sven wußte immer schon nach wenigen Augenblicken, wen er vor sich hatte. Einmal verriet er sein Rezept:

»Ich ziehe sie einfach an den Haaren. Wenn sie ›dämlicher Hund‹ sagt, ist es Sabine. Susi sagt immer ›blöder Affe‹.«

Frau Brauer sah bezaubernd aus und taute im Laufe des Nachmittags zunehmend auf. Ohne ihren Mann war sie charmant, witzig und überhaupt nicht schüchtern. Ich nahm mir vor, unsere noch sehr flüchtige Bekanntschaft zu vertiefen.

Frau Vogt servierte Kuchen, der ausgezeichnet schmeckte, und Kaffee, der dünn und lauwarm war. Dazu bekamen wir einen Likör und einen genauen Bericht über ihre Gallenblase, die man ihr im vergangenen Frühjahr entfernt hatte.

Von den Kindern hörten wir nichts.

»Sie brauchen sich keine Sorgen zu machen. Hannelore hat ein paar Ratespiele vorbereitet, und Papier zum Malen ist auch genügend vorhanden«, beruhigte mich Frau Vogt, nachdem ich ihr den Höllenspektakel geschildert hatte, der regelmäßig Svens und Saschas Geburtstagsfeiern untermalte.

Wie auf Kommando kam denn auch Riekchen die Treppe herunter und fragte vorwurfsvoll: »Wenn das da oben vorbei ist, dürfen wir doch spielen, nicht wahr?«

Als ich um halb sechs kurz nach Hause ging, um Ofen zu füttern, saß Rolf gemütlich vor dem Fernseher. »Du bist schon da? Weshalb kommst du dann nicht rüber?«

»Ich denke gar nicht daran!« sagte er angeekelt.

»Aber du kannst doch Frau Vogt nicht so vor den Kopf stoßen!«

»Blödsinn, davor hat sie sowieso ein Brett!« antwortete mein Gatte ungerührt, versprach dann aber, mich nachher abzuholen.

Obermüller war schon da, stierte mißmutig in seinen Kaffee

– ein für ihn sichtlich ungewohntes Getränk – und unterhielt sich mit Herrn Vogt über Schädlingsbekämpfung. Bisher hatten wir zwar noch keine, aber nach Herrn Vogts Ansicht waren Garten und Wühlmäuse untrennbar, weshalb er sich schon hinreichend über die verschiedenen Abwehrmöglichkeiten informiert hatte.

Wittingers kamen. Beatchen gehörte zwar noch nicht zu den schulpflichtigen Kindern, aber »man kann die Eltern deshalb doch nicht von unserer kleinen Geselligkeit ausschließen«, hatte Frau Vogt am Nachmittag erläutert. Sie räumte das Kaffeegeschirr weg und verteilte kleine Schälchen mit Erdnüssen und Salzbrezeln. Die Häkeldeckchen hatte sie schon vorher entfernt. Nun brachte sie einen künstlichen Adventskranz und entzündete feierlich drei Kerzen.

»Ach, ist das schön«, staunte Frau Wittinger, »künstliche Tannenzweige sind ja viel grüner als echte. Und sie nadeln überhaupt nicht.«

Die Herren waren weniger begeisterungsfähig. »Det muß doch nach Weihnachten *riechen*, aba bei so 'n Plastikjestrüpp is det nich drin!« Obermüller erntete einen strafenden Blick von seiner Frau.

Zusammen mit Brauer erschien nun auch Rolf, und das war offenbar das Zeichen, mit dem gemütlichen Teil des Tages zu beginnen. Die Weinbrandflasche wurde aus dem Büfett geholt, Frau Vogt überprüfte die ohnehin blitzenden Gläser, indem sie sie einzeln gegen das Licht hielt und nicht vorhandene matte Stellen mit einer Serviette polierte, und dann schenkte Herr Vogt ein. Brauer kippte den Inhalt seines Glases auf einen Zug hinunter und wartete. Umsonst. Nachschub gab es nicht.

Bei manchen Menschen fühlt man sich wie zu Hause, bei anderen wünscht man sich, man wäre es. Brauer zündete sich eine Zigarette an, worauf Frau Vogt stillschweigend die Terrassentür öffnete.

»Ich verkneife mir das schon seit anderthalb Stunden«, flüsterte ich ihm zu, »hier wird nicht geraucht. Drücken Sie gefälligst den Glimmstengel wieder aus!«

Suchend sah er sich um. »Wo denn?«

»Weiß ich auch nicht. Aschenbecher stehen nirgends. Schmeißen Sie die Kippe einfach in den Garten.«

Aber Frau Vogt hatte die Tür schon wieder geschlossen.

Vorsichtig retirierte Brauer rückwärts, bis er an den Gummibaum stieß. Mit auf dem Rücken verschränkten Fingern bohrte er ein Loch in die Erde und versenkte das Corpus delicti im Blumentopf.

»Und wie geht's nun weiter?« fragte er leise. »Sehen Sie eine Möglichkeit, an die Flasche zu kommen?«

Die stand auf dem Tisch. »Keine Chance, Alex. Am besten beteiligen Sie sich ein bißchen an der gepflegten Unterhaltung, und dann sagen Sie einfach, Sie müßten Ihre Schnecken füttern. Jeder wird das bezweifeln, aber niemand wird Ihnen widersprechen.«

»Gute Idee. Und wenn ich weg bin, haben die wenigstens wieder ein Gesprächsthema.« Angewidert blickte er zu den Anwesenden hinüber. »Eine Ansammlung komprimierter Stupidität. In einer Million Jahren wird die Erde vielleicht von intelligenten Wesen bevölkert sein, die sich dann ziemlich empört gegen die Theorie verwahren werden, sie stammten vom Menschen ab.«

Ich musterte ihn kurz vom unrasierten Kinn bis zu den karierten Socken. »Sollte man jemals Ihre mumifizierten Überreste ausgraben, könnte ich die Empörung unserer Nachkommen sogar verstehen.«

Zwei Stunden später trafen wir uns alle beim Schneeschippen wieder, jener Tätigkeit, die neben Ofenheizen die regelmäßigste Beschäftigung während der Wintermonate war. Zwar hat sich die Sonnenenergie bisher nirgends so gut durchgesetzt wie beim Schneeräumen, aber nachts bleibt sie ja bekanntlich wirkungslos.

Ich mußte auch mit ran! In seiner nun schon zur Regel gewordenen Hilfsbereitschaft fegte Rolf Frau Gundloffs Straßenabschnitt. Die Ärmste war so stark erkältet und Bärchen mal wieder nicht da.

Seitdem er seinen zwar verantwortungsvollen, aber ziemlich brotlosen Job beim Wuppertaler Stadtorchester aufgegeben und gegen den eines Schlagzeugers bei einer Tanzkapelle eingetauscht hatte, war er fast jeden Abend abwesend und Isabell allein. Eine Zeitlang hatte sie bei Brauer Trost gesucht (und gefunden), aber seine streng wissenschaftlichen Vorträge über Schneckenzucht waren wohl doch nicht so ganz das gewesen, was sich Isabell unter dem gewünschten Zeitvertreib vorgestellt hatte. Dann hatte Brauer ihr sogar seine Studienobjekte vorgeführt, und danach war es mit Isabells Begeisterung für den »unwahrscheinlich interessanten Mann« ausgewesen. Seidenrockwehend hatte sie bei uns Sturm geklingelt.

»Stellen Sie sich vor, der Doktor hat den ganzen Keller voller Schnecken!! Überall kriechen die herum, direkt widerwärtig! Wenn die mal ausbrechen . . .«

»Dann werfen Sie sie am besten in den Kochtopf!« hatte Rolf gesagt.

Neuerdings tauchte Isabell auch dann bei uns auf, wenn Bärchen zu Hause war, was unschwer an den musikalischen Darbietungen zu erkennen war, mit denen wir manchmal stundenlang überschüttet wurden. Die Zwischenwand war ziemlich dünn und Bärchens Ausdauer bemerkenswert.

Anfangs glaubte ich, er würde lediglich seine Geige stimmen, und bemühte mich, das merkwürdige Gekratze zu überhören. Dann hoffte ich, es würde sich nur um Fingerübungen handeln, die ja selten sehr melodisch klingen. Schon damals, als ich die mir von meiner Großmutter aufgebrummten Klavierstunden nehmen mußte, hatte ich mit meinen Fingerübungen alle halbwegs musikalischen Familienmitglieder in die Flucht geschlagen. Aber dann erzählte uns Isabell, daß Bärchen an einem Oratorium arbeite, einem modernen selbstverständlich, womit sich weitere Erklärungen erübrigten. Offenbar komponierte er gleichzeitig den Klavierpart, denn manchmal vermischten sich die Geigentöne mit Klavierakkorden.

Es war aber auch möglich, daß Isabell lediglich versuchte, das Violingewimmer zu übertönen, denn eine Komposition setzt doch wohl voraus, daß alle Instrumente mehr oder weniger harmonisch zusammenklingen. Aber von moderner Musik verstehe ich ja nichts, und Stockhausen ist bekanntlich auch angefeindet worden, bevor man seine Werke als Kunst erkannte.

So ertrugen wir das bisher noch unentdeckte Genie, bis Isabell es eines Tages hinauswarf – ob aus musikalischen oder anderen Gründen, blieb ungeklärt.

Zuerst flogen zwei Koffer auf die Straße, dann der Geigenkasten, ihm folgte ein Schlafanzug und zuletzt Bärchen. Er sammelte seine Habseligkeiten zusammen und entschwand für immer.

Seitdem lese ich gewissenhaft alle Berichte über die Schwetzinger Festspiele und ähnliche Veranstaltungen, die sich der experimentellen Musik verschrieben haben, aber bisher habe ich seinen Namen noch nirgends gefunden. Es soll jedoch auch Komponisten geben, die aus naheliegenden Gründen ein Pseudonym verwenden!

Nichts gegen die moderne Musik, bloß warum mußte sie ausgerechnet zu unserer Zeit kommen?

6.

Weihnachten sollten wir in diesem Jahr bei Omi verbringen. Normalerweise war sie sonst wenige Tage vor dem Fest zu uns gekommen, aber diesmal schob sie Rheuma vor oder Hexenschuß (es kann auch ein anderes bewegungshemmendes Leiden gewesen sein, so genau weiß ich das nicht mehr) und befahl uns zum Familientreffen nach Braunschweig.

»Wie ich Mariechen einschätze, will sie nur den Kaffeetanten endlich ihre Enkelkinder in natura vorstellen. Bisher kennen die doch bloß Fotos«, sagte Rolf mürrisch. Er haßte Weihnachten, er haßte winterliche Autofahrten auf überfüllten Straßen (zu den unergründlichen Rätseln dieser Welt gehört ja die Tatsache, daß ein Autofahrer, der weiß, wie man mit Eis und Schnee fertig wird, immer hinter einem hängt, der keine Ahnung davon hat), und er haßte Omis Freundinnen, weil er ihnen in feierlichem Aufzug gegenübertreten und sie mit Handkuß begrüßen mußte. Omi wollte das so!

Genau wie sie selber waren auch die Kränzchenschwestern mit höheren Staatsbeamten verheiratet gewesen, und da hielt man noch auf Etikette. Die Ehemänner waren samt und sonders in den Beamtenhimmel eingegangen – der letzte vor drei Jahren –, aber die Damen erfreuten sich noch bester Gesundheit und einer ebensolchen Pension.

»Wenn Mariechen sagt, sie hat Rheuma, dann hat sie welches, und wir müssen hin!« Ich war deshalb gar nicht böse, denn Omi konnte fabelhaft kochen, und der traditionelle Gänsebraten, den ich jedes Jahr auf den Tisch bringen mußte, war noch nie ein überzeugender Beweis meiner Kochkunst gewesen. Oben war er meistens schwarz und innen roh. Das mußte irgendwie am Herd liegen.

Also fuhren wir nach Braunschweig, bepackt mit Geschenken, die wir größtenteils wieder mit zurücknehmen müßten, und in Begleitung zweier murrender Knaben, denen meine ständigen Verhaltensmaßregeln langsam zum Halse heraushingen.

»Wie lange müssen wir denn bleiben?« Sven liebte seine Omi zwar heiß und innig, aber ansonsten verabscheute er ältere Damen. »Die küssen immer so rum!«

Mariechens Haus lag in einer Straße, die früher mal zu einem gutbürgerlichen Wohnviertel gehört hatte, nun aber ähnliche Alterserscheinungen zeigte wie der Großteil seiner Bewohner.

»Und jetzt auch noch drei Treppen hoch!« Mit einer wahren Märtyrermiene griff Rolf nach den beiden Koffern und begann den Aufstieg. Beladen wie Packesel folgten wir.

Auf unser Klingeln öffnete niemand. Mariechen war ganz offensichtlich nicht da.

»Ich denke, sie hat Rheuma?« wunderte sich Rolf und untermalte das melodische Ding-Dong-Dang der Klingel mit weniger melodischen Faustschlägen gegen die Tür.

»Vielleicht hat sie bloß ihren Hilfsmotor nicht eingeschaltet«, erinnerte ich ihn an Omis gelegentlich ausbrechenden Sparsamkeitstick, wenn der Batterievorrat für das Hörgerät mal wieder zur Neige ging.

»Unsinn, sie weiß doch, daß wir kommen!«

Plötzlich öffnete sich die Tür zur Nachbarwohnung, und eine sehr alte Dame in einem sehr jugendlichen Kleid, die grauen Kringellöckchen hellviolett getönt, strahlte uns an.

»So ein Pech, aber Frau Direktor Sanders ist vor fünf Minuten noch schnell zum Einkaufen gegangen. Sie wird sicher bald zurück sein. Wenn Sie möchten, können Sie gerne bei mir warten.« Einladend gab sie den Weg frei. »Ach, und das sind die beiden reizenden Enkel! Nein, wie groß ihr schon seid? Aber ganz unverkennbar der Vater!«

Das stimmte nun ganz und gar nicht! Außer seinem Dickkopf haben sie nichts von Rolf geerbt!

Weil er nicht wußte, ob die Frau Obermedizinalrat Steinbrink (das blankgeputzte Messingschild neben der Klingel hatte ihm Namen und Titel des sicher auch schon selig Verstorbenen verraten) ebenfalls zu Omis Freundinnen gehörte, begrüßte er sie vorsichtshalber mit Handkuß (und mußte später erfahren, daß das nicht nötig gewesen wäre, weil Frau Steinbrink nur in die höheren Kreise eingeheiratet, lediglich einen einfachen Schreinermeister zum Vater gehabt hatte und nicht mal Bridge spielen konnte, wie uns Omi kopfschüttelnd verriet). Auch Sven benahm sich mustergültig, wohl hauptsächlich deshalb, weil er nicht abgeküßt worden war, und lediglich Sascha blamierte mal wieder die Innung, als er sich interessiert erkundigte: »Hast du immer so bunte Haare?«

Frau Obermedizinalrat überhörte die Frage, aber bevor Sascha nachstoßen konnte, kam Omi und erlöste uns.

Mariechen Sanders war eine kleine zierliche Person mit dem Porzellangesicht einer Teepuppe und einer Vorliebe für Pastelltöne. Heute trug sie Zyklam Größe 36, Lippenstift und Nagellack eine Spur heller.

»Noch jugendlicher darf sie jetzt aber nicht mehr werden«, sagte Rolf leise, und dann, etwas lauter: »Was macht dein Rheuma?«

»Das ist wie weggeblasen!« Zum Beweis schwenkte sie Sascha in die Luft und gab ihm einen herzhaften Kuß.

»Nich immer so naß!« protestierte ihr Enkel.

Bereits am Nachmittag kam – rein zufällig natürlich – Frau Himmelhan vorbei, weil sie gerade auf dem Weg zum Friedhof gewesen war und der lieben Marie-Luise eine Kostprobe der Rhododendrontaler bringen wollte . . . »Das Rezept von meiner Großtante, du weißt doch, mein Liebes!«

Natürlich blieb Frau Himmelhan zum Kaffee, und natürlich fanden sich auch noch Frau Knesebeck und Frau Schmidtchen und Frau Premmel und Frau Lippschütz ein – alle ganz zufällig und alle gar nicht neugierig. Rolf verteilte Handküsse und Komplimente, reichte den Kuchenteller herum und die Likörgläser, hob Handtaschen auf, suchte die verlegte Brille von Frau Knesebeck, holte den gehäkelten Umhang von Frau Lippschütz und flüchtete schließlich unter dem Vorwand, seine Zigaretten seien alle.

»Der reinste Mumienkonvent«, knurrte er erbittert, als ich ihn an der Tür einholte. »Gegenüber ist eine Kneipe. Da kannst du mich finden, wenn die Invasionstruppen wieder abgezogen sind!«

Die dachten aber gar nicht an Aufbruch. Ich trichterte frischen Kaffee (Weihnachten war erst übermorgen, und die Kaffeemaschine lag noch eingewickelt im Koffer), arrangierte eine neue Ladung von Omis Selbstgebackenem kunstvoll auf der durchbrochenen Kuchenplatte, wechselte die Kerzen auf dem Adventskranz aus und ließ mich weiter begutachten.

Anscheinend fanden die Damen nichts Wesentliches an mir auszusetzen, denn Frau Knesebeck äußerte die Hoffnung, daß ich am nächsten Bridgeabend teilnehmen würde.

»Tut mir leid, aber ich kann nur Schwarzer Peter und Quartett!«

»Ach nein, wie reizend«, lachte Frau Himmelhan. »Da sieht man doch wieder einmal, was eine richtige Mutter ist.«

Hatte die eine Ahnung! Meine Söhne waren über das Schwarze-Peter-Alter längst hinaus! Sie spielten Mau-Mau, und Sven hatte gerade von Michael Pokern gelernt. Vorläufig verlor er nur weiße Bohnen, aber wenn seine Spielernatur erst einmal richtig zum Durchbruch käme . . . Kann man sich dagegen eigentlich auch haftpflichtversichern?

Als ich Rolf aus seinem selbstgewählten Exil erlöste, mußte ich zwei Bier und sechs Steinhäger bezahlen und dankte dem Himmel, daß bei unserer Rückkehr nur noch Frau Himmelhan da war, Omis Busenfreundin, die das wenig repräsentable Auftreten des Herrn »Werbedirektors« betont auffällig übersah. Schließlich hatte er sich ja anderthalb Stunden lang untadelig benommen!

Zwei Tage vor Silvester waren wir wieder zu Hause, und nun konnte ich endlich auch mein Geschenk in Empfang nehmen, das ich unter dem Weihnachtsbaum nur in Prospektgröße hatte bewundern können: Eine Waschmaschine. Sie war während unserer Abwesenheit geliefert worden, stand zellophanumwikkelt vor der Haustür und sperrte den Zugang. Wir schoben sie zur Seite und stellten fest, daß sie ziemlich schwer war.

»Wo soll das Ding hin?« fragte Rolf.

»In den Keller, wohin denn sonst?« fragte ich zurück.

»Das schaffen wir nicht allein!« Er begab sich auf die Suche nach kräftigen Männern und kam erst mal nicht wieder.

In der Zwischenzeit leierte ich Ofen an, brachte die Kinder zu Bett, packte die Koffer aus und malte mir die Freuden künftiger Waschtage aus.

Schon lange hatte ich Rolf um eine Waschmaschine gebeten, aber immer war etwas anderes wichtiger gewesen: Erst der

Umzug, dann die neuen Kinderzimmermöbel, dann die blöden Durchlauferhitzer, die wir jetzt gar nicht brauchten, und als sie schon in Sichtweite gewesen war, hatte Rolf seinen Wagen an eine Gartenmauer gesetzt, und die Waschmaschine hatte sich in einen Kotflügel und in eine neue Stoßstange verwandelt.

»Es gibt heute so viele arbeitssparende Geräte, daß ein Mann sein Leben lang arbeiten müßte, um sie zu bezahlen«, hatte mein Gatte erklärt und darauf hingewiesen, daß mit der Hand gewaschene Wäsche viel länger halte.

»Wer hat dir denn das eingeblasen?«

»Mariechen«, sagte Rolf und gab zu verstehen, daß die hausfraulichen Qualitäten seiner Mutter nicht anzuzweifeln seien.

»Deshalb gibt sie ja auch alles in die Wäscherei«, bemerkte ich wahrheitsgemäß.

Schließlich hatte ich die Kinder eingespannt. Vor meinen Geburtstagen und ähnlichen Anlässen, die traditionsgemäß ein Geschenk verlangen, erkundigte sich Rolf meist bei Sven nach meinen etwaigen Wünschen, und der kam dann zu mir, um meine Vorschläge zu hören und weiterzugeben. Rolf wußte dann, was er kaufen sollte, und ich wußte, worüber ich überrascht sein mußte.

In diesem Jahr hatte ich Sven schon frühzeitig informiert, und der hatte auch gleich seinen Bruder ins Vertrauen gezogen. »Also vergiß nicht, Sascha, wenn Papi sagt, du sollst Mami nicht sagen, was sie von ihm zu Weihnachten kriegt, dann mußt du Papi ganz vorsichtig sagen, was uns Mami gesagt hat, was wir Papi sagen sollen, was sie sich wünscht!«

Als Rolf endlich in Begleitung von Brauer und Obermüller zurückkam, hatten sie verspätetes Weihnachten oder verfrühten Jahreswechsel gefeiert, jedenfalls wurde die Installation der Waschmaschine erst einmal verschoben. Ich kochte Kaffee, gab Ofen seine Abendmahlzeit und ging schlafen. Vorher hatte ich schnell noch die Bettbezüge gewechselt, denn ich wollte doch gleich am nächsten Morgen die Maschine ausprobieren.

Da stand sie aber immer noch als Hindernis mitten im Flur, gekrönt von einem Dutzend leerer Bierflaschen und einem Hosenträger. Wütend scheuchte ich Rolf aus dem Schlaf.

»Ich denke, ihr wolltet die Maschine anschließen?«

»Aber doch nicht mitten in der Nacht!« brummte er ärgerlich.

»Die Nacht ist vorbei!« Ich riß das Fenster auf.

»Die anderen schlafen doch auch noch!« Er rollte sich wieder zusammen. »Mach das Fenster zu, hier ist geheizt!«

»Aber nicht mehr lange. Heute bist du dran! Ich habe Ofen lediglich das Frühstück serviert.«

»Wann war das?« Rolf blinzelte zum Wecker.

»Vor zwei Stunden!«

»Verdammtes vorsintflutliches Möbel!« fluchte der Gatte, erhob sich gähnend, angelte nach seinen Pantoffeln und wickelte sich in den Bademantel. »Au, mein Kopf!«

»Den brauchst du zum Heizen nicht!« Schadenfroh sah ich zu, wie Rolf mißmutig die Treppe hinunterschlappte. Sekunden später klirrte es.

»Welcher Idiot hat denn die ganzen Flaschen . . . Hier sieht es aus wie in einer Kneipe!« Und dann: »Kannst du diese blödsinnige Maschine nicht in die Küche stellen?«

»Nein!« sagte ich.

»Weiber!« sagte Rolf, bevor er im Keller verschwand.

Zwei Stunden später räumte ich den Kühlschrank aus, damit er unter den Tisch geschoben werden konnte, denn seinen Platz brauchte die Waschmaschine. Wieder einmal hatte sich gezeigt, daß Architekten nicht denken können und Logik ein Fremdwort für sie ist.

Mühelos hatte das prompt erschienene Transportkommando die Maschine in die Küche geschleppt, aber als sie in den Keller getragen werden sollte, stellte sich heraus, daß sie gar nicht durch die Tür paßte.

Die Tür zum Keller war zwanzig Zentimeter schmaler als die zum Flur und widerstand allen Bemühungen, die Maschine längs, quer, verkantet oder kopfstehend durchzubringen.

»Ist doch logisch!« Rolf klappte den Zollstock zusammen. »Ein achtzig Zentimeter breiter Gegenstand kann nicht durch eine sechzig Zentimeter breite Tür gehen. Das ist eine feststehende physikalische Tatsache!«

»Wohl eher eine mathematische«, bemerkte Brauer, »aber sie stimmt trotzdem. Was nun?«

»Rauf ins Bad!« kommandierte Rolf.

»Kommt nicht in Frage, das ist mir zu gefährlich!« Im Geiste sah ich Sascha schon im Vorwaschgang durch die Trommel rollen. »Dann bleibt sie eben in der Küche!«

»Deshalb nun das ganze Theater! Soweit bin ich gestern

schon gewesen!« stöhnte mein Gatte und sah aufmerksam zu, wie Brauer und Obermüller die Maschine an ihren Standplatz schoben. Dann forderten sie Transportgebühren in der hierorts üblichen flüssigen Form.

Also war ich auf Sven und Michael angewiesen, und mit ihrer Hilfe zog und zerrte ich so lange an dieser verflixten Maschine, bis der Abflußschlauch endlich im Spülbecken hing. Den Zulauf schraubte Michael irgendwo hinter einem Gewirr von Rohren an, wo nach seiner fachmännischen Meinung ein Wasseranschluß saß. Bisher hatte ich mich noch nie für die Installationen interessiert. Sie waren hinter zwei Türen verborgen und kümmerten mich nicht.

»Ist in Ordnung!« verkündete Michael, nachdem er wieder aufgetaucht war. »Jetzt können Sie das Ding anstellen! Haben Sie etwas zum Waschen?«

Probehalber warf ich ein paar Geschirrtücher in die Trommel und drückte auf den Knopf. Es quirlte und strudelte auch ganz brav, die Trommel drehte sich linksrum und rechtsrum, nach einer Weile lief das Wasser ab, ich holte die Handtücher heraus und stellte fest, daß sie schmutziger waren als vorher.

»Irgendwas stimmt da nicht!« erklärte ich Sven, der als einziger genügend Interesse für unsere neue Errungenschaft aufgebracht hatte. Michael war samt Vater und zwei Mark Trinkgeld schon längst verschwunden.

»Muß da nich Waschpulver rein?« fragte mein Sohn.

»Natürlich muß Waschpulver hinein!« Ich war sehr erleichtert, daß nicht die Maschine erhebliche Mängel hatte, sondern nur ich.

Also holte ich Waschpulver, brachte auch gleich die Bettwäsche mit und zwei Oberhemden von Rolf, die kochfest sein sollten, steckte alles in die Maschine, schüttete Waschpulver dazu, stellte sie an und freute mich, als das Wasser einlief. Hat man bei einem neuen technischen Gerät erst einmal heraus, wie es funktioniert, dann dauert es nicht mehr lange, und man versteht auch die Gebrauchsanweisung.

»Schluß mit der Rubbelei!« sagte ich zu meinem Sohn. »Jetzt können wir Mensch-ärgere-dich-nicht spielen!«

»Nee, lieber Poker!«

Auf dem Weg zu Ofen kreuzte ich später die Küche, warf einen liebevollen Blick auf die Waschmaschine – und erschrak. Hinter der Glasscheibe wälzte sich in einer unappetitlichen

Brühe eine dunkelbraune Masse, die nun beim besten Willen nichts mehr mit schmutziger Wäsche zu tun haben konnte. So hatte nicht mal Saschas Bettbezug ausgesehen, als er seinem Teddy Dreiradfahren beibringen wollte und das ausgerechnet auf seinem Bett versucht hatte.

Ich schrie nach Rolf. Der kam auch, begutachtete die ganze Sache, meinte schließlich, die Maschine müsse ihr Wasser auf geheimnisvollen Wegen aus der Kanalisation beziehen, und ich sollte lieber gar nichts tun, sondern auf einen Fachmann warten.

Der kam aber erst nach vier Tagen, weil er vor Silvester keine Zeit mehr hatte und nach Silvester keine Lust, aber was er dann sagte, behalte ich lieber für mich. Jedenfalls habe ich mich nie wieder als Installateur versucht!

»Mich würde bloß mal interessieren, wie Wittingers ihre Maschine in den Keller gekriegt haben«, murmelte Rolf, als er sich wieder einmal das Schienbein an der vorspringenden Kante gestoßen hatte. »Bei denen steht sie nämlich unten.«

Dann kam ihm die Erleuchtung: »Wahrscheinlich haben sie das Haus drum herum gebaut.«

»Was macht ihr Silvester?«

Brauer hatte seine Morgenbesuche mit der Whiskyflasche unterm Arm wiederaufgenommen und in letzter Zeit einen dankbaren Partner gefunden für die tiefsinnigen Gespräche über Lebensphilosophie im allgemeinen und die der Nachbarn im besonderen. Rolf interessierte sich zwar weniger für Brauers Tiraden, aber er brachte neuerdings irischen Whisky mit, und der war für den Etat eines freien Werbeberaters zu teuer. Spätestens zur Mittagszeit hatten die beiden Männer die Flasche geleert und sämtliche Weltprobleme gelöst.

»So geht das aber nicht weiter!« hatte ich mich erst kürzlich bei Frau Brauer beklagt, als sie auf der Suche nach ihrem Mann erst Isabell aus dem Schönheitsschlaf gescheucht und dann bei uns geklingelt hatte. »Langsam, aber sicher züchten wir uns Alkoholiker heran!«

Frau Brauer zuckte mit den Achseln. »Alex ist doch schon einer! Haben Sie das noch nicht mitgekriegt?«

Eigentlich nicht. Ich war immer der Meinung gewesen, daß Alkoholiker unter Arbeitern zu suchen seien, die freitags mit der vollen Lohntüte in die Kneipe zogen und mit der leeren wieder nach Hause, Frauen und Kinder verprügelten und aus dem Mobiliar Kleinholz machten. Fernsehen ist bildend, und Familientragödien erfreuten sich damals besonderer Beliebtheit.

Nunmehr aufgeklärt, sah ich Brauer mit anderen Augen und entdeckte nichts Verdächtiges. Er hatte meistens strahlende Laune, war aufgekratzt, amüsant und ganz genau das, was man sich als Belebung einer öden Party wünscht. Und die erwartete uns Silvester.

Felix hatte seinen Besuch angekündigt. Das wäre nicht weiter schlimm gewesen, aber er wollte seine neue Freundin mitbringen, eine »aus gutem Hause«, und diese Damen kannte ich. Entweder erröteten sie schon bei so harmlosen Worten wie Doppelzimmer und Kinderwagen, oder sie fielen ins andere Extrem und veranstalteten nach dem dritten Glas Sekt einen gekonnten Striptease. Außerdem hatte Felix seine Angebetete erst vor wenigen Tagen kennengelernt, und in diesem Stadium pflegte er sie mit Kalbsaugen anzuhimmeln und alles außergewöhnlich zu finden, was sie sagte oder tat.

»Also, was ist nun? Geht ihr Silvester weg, oder feiert ihr zu Hause?« hakte Brauer nach, schenkte nochmals die Gläser voll und schüttelte entsetzt die Flasche, als es nur noch tröpfelte. »Früher war in so einer Pulle auch mehr drin! Jetzt nehmen sogar schon die Iren das dicke Glas. Betrüger sind das, allesamt!«

»Wir kriegen Besuch«, beantwortete ich seine Frage.

»Was? Ach so, morgen. Verwandtschaft oder vernünftige Leute?«

»Ein Freund mit Freundin.«

»Sonst noch jemand?«

»Nein.«

»Dann kommt ihr rüber!« bestimmte Brauer. »Gemeinsam besäuft es sich besser. Den Freund könnt ihr von mir aus zu Hause lassen, aber die Dame bringt ihr mit! Ist sie hübsch?«

»Sie hat vorstehende Zähne und schielt!« sagte ich wütend.

»Macht nichts«, antwortete Brauer, »man kann sich auch in eine häßliche Frau verlieben, nur nicht auf den ersten Blick.«

Begeistert war ich nicht gerade, aber Frau Brauer redete mir gut zu: »Sie würden mir einen großen Gefallen tun, wenn Sie kämen, sonst wird Alex unberechenbar. Er hat schon unsere ganzen Bekannten rausgeekelt – wir haben kaum noch welche. Dabei kann er das Alleinsein überhaupt nicht vertragen.«

Natürlich blieb Felix nicht zu Hause; er war vielmehr als erster vor Brauers Tür und schwenkte unternehmungslustig den Blumenstrauß. Eigentlich hatte er ihn mir mitgebracht, dann aber sofort wieder aus der Vase gefischt, in das zerknüllte Papier gewickelt, und nun überreichte er ihn artig Frau Brauer.

Sie trug einen weißen golddurchwirkten Hosenanzug und sah einfach umwerfend aus. In meinem drei Jahre alten Cocktailkleid kam ich mir neben ihr wie eine Vogelscheuche vor und beschloß, meinen Ehemann schon morgen nachdrücklich auf die Diskrepanz zwischen seinem Einkommen und meiner Garderobe hinzuweisen. Brauers Wohnzimmer erinnerte an eine chinesische Opiumhöhle. Die steifen Bambussessel waren entfernt und gegen Polster und Kissen ausgetauscht worden, die überall auf dem Boden herumlagen und sehr bequem aussahen. Die Lampenschirme hatte man gegen bunte Lampions ausgewechselt, überall hingen Papierschlangen, sogar der Weihnachtsbaum hatte welche abgekriegt, aber trotz der schummrigen Beleuchtung konnte ich die Flaschenbatterie erkennen, die spielend den Bedarf einer mittelgroßen Bar gedeckt hätte.

»Womit fangen wir denn nun an?« überlegte Brauer, nachdem die Begrüßung überstanden war und wir uns mehr oder weniger graziös zwischen den Kissen eingerichtet hatten. »Ich schlage zum Aufwärmen meine spezielle Kreation ›Stürmische Nacht‹ vor.«

»Bezieht sich das aufs Wetter oder auf die Folgen?« fragte ich mißtrauisch.

Statt einer Antwort bekam ich ein randvolles Glas in die Hand gedrückt, dessen Inhalt nicht genau zu identifizieren war. Vorsichtig probierte ich. Es schmeckte barbarisch!

»Das ist so ähnlich wie mit Gulaschsuppe«, lachte Brauer. »Nach dem ersten Löffel glaubt man, es verbrennt einem die Kehle, dann gewöhnt man sich daran, und schließlich schmeckt sie großartig.«

Wenig überzeugt von dieser Prognose, stand ich vorsichtig auf, tastete mich zur Küche durch und kippte das Zeug ins Spülbecken.

»Etwas Besseres hätten Sie gar nicht tun können!« Ich hatte

gar nicht gemerkt, daß mir Frau Brauer gefolgt war. »Diese Mischung ist höllisch!«

»Was ist denn da drin?«

»Ein Drittel Whisky, ein Drittel Wodka, ein Drittel Gin. Das haut jeden um!«

»Dann scheint das ja ein reizender Abend zu werden!« prophezeite ich.

Das wurde es auch! Um neun waren wir bei Brauers aufgekreuzt, um zehn hatte Felix bereits unser Oma ihr klein Häuschen versoffen, um halb elf mußte ich seine Freundin zu uns nach Hause bringen und ins Bett stecken, weil ihr schlecht geworden war, um elf riß Brauer die Terrassentür auf und schrie »Prosit Neujahr!«, und zehn Minuten später beschloß Rolf, für alle Pizza zu backen.

Frau Brauer hatte zwar kalte Platten vorbereitet, und ich hatte schon am Nachmittag eine Schüssel Heringssalat bei ihr abgeliefert, weil der nach Rolfs Ansicht zu einer Silvesterfeier gehört wie Waldmeister zur Maibowle, aber Pizza ißt er noch lieber. Allerdings muß es selbstgemachte sein.

Er verschwand in der Küche, öffnete die Tür nur noch einmal ganz kurz, um Felix hindurchschlüpfen zu lassen, und schloß ab. Frau Brauer war schon vor einiger Zeit nach oben gegangen, um nach den Kindern zu sehen, und so war ich die einzige, der Alex die Probleme des innerdeutschen Handels erläutern konnte. Nach einer Weile hatte ich genug.

»Vielen Dank für die großartige Vorlesung. Die Schwierigkeiten der Handelsbeziehungen sind mir zwar immer noch unklar, aber doch auf einer viel höheren Ebene.«

Ich begab mich auf die Suche nach einem etwas unterhaltsameren Gesprächspartner. Um die Küche machte ich einen Bogen. Die beiden Köche schienen sich in die Haare gekriegt zu haben, denn die anfangs verbale Auseinandersetzung wurde immer mehr durch Geräusche übertönt, die eigentlich nur auf Handgreiflichkeiten zurückzuführen waren. Plötzlich öffnete sich die Tür und heraus torkelte Felix, dem Rolf kurzerhand den Sektkübel samt seinem schon flüssigen Inhalt über den Kopf gestülpt hatte. »Hier in der Küche gibt es nur zwei Meinungen!« donnerte er. »Meine und die falsche!«

Noch während ich Felix von seinem Helm befreite, erschien Obermüller und wünschte uns allen ein frohes neues Jahr. Wir hatten den Jahreswechsel verpaßt!

»Prosit Neujahr! Jetzt ist mein Auto wieder tausend Mark weniger wert, und die Kleider meiner Frau sind allesamt vom vorigen Jahr!« sagte Brauer.

»Habt ihr jewußt, det Wittingers 'ne Kellerbar hab'n?« dröhnte Obermüller, auch nicht mehr nüchtern, und schwenkte ein himmelblaues Papierhütchen. »Kommt doch mit rüber, da is 'ne dolle Stimmung!«

Mir reichte die hier schon, ich war ja gar nicht so vergnügungssüchtig! Frau Brauer blinzelte mir zu und deutete zur Küche. Heimlich verschwanden wir und verkrochen uns im Heizungskeller. Nebenan saßen die Schnecken – sympathisch nur tot, und dann mit Kräuterbutter!

Das Versteckspiel wäre aber gar nicht nötig gewesen, denn unsere Mannen zogen ab und kümmerten sich nicht mehr um uns.

»Gott sei Dank, die sind weg!« sagte Frau Brauer erleichtert. »Hoffentlich sind die Kinder von dem Radau nicht aufgewacht.« Aber die schliefen fest, und auch Sven und Sascha rührten sich nicht, als ich vorsichtig in ihre Zimmer schlich. Am liebsten hätte ich mich dazugelegt.

»Was jetzt?« fragte Frau Brauer. »Gehen wir noch in die Katakombe, oder sollen sich die Männer allein vollaufen lassen?«

Frau Gundloff nahm uns die Entscheidung ab. Sie stand plötzlich vor uns, nur mit einem zitronengelben Babydoll und einem dazu passenden Mützchen bekleidet, und fiel mir um den Hals.

»Prosit Neujahr, ihr Süßen, ich hab' euch ja noch gar nicht gesehen! Bringt ihr Isabellchen zu den netten Männern zurück? Isabellchen weiß nicht mehr, wo die sind.«

Isabellchen hatte entschieden zuviel getrunken! Aber ins Bett wollte sie noch nicht, obwohl sie schon danach angezogen war.

»Bringen wir sie zurück, sonst holt sie sich noch eine doppelseitige Lungenentzündung!« entschied Frau Brauer.

Wittingers Haustür stand sperrangelweit offen. Gelächter und Gesang zeigten uns, daß man hier tatsächlich im Keller feierte. Isabell hüpfte fröhlich die Treppe hinunter und wurde von einem vielstimmigen »Aahh!« begrüßt.

»Unsere Venus ist wieder da!« grölte Brauer. »Komm her, Babydoll, ich habe schon immer für Rubens geschwärmt!«

Vorsichtig schielte ich um die Treppenbiegung. Dort, wo bei uns Kartons, Kinderwagen und die große Truhe standen, die Rolf schon seit Jahren mit Bauernmalerei aufmöbeln wollte, hatten Wittingers eine komplette Bar eingerichtet mit Theke, Barhockern und wachsbekleckerten Chiantiflaschen, in denen flackernde Stearinkerzen qualmten. Nahezu die gesamte Siedlung hatte sich hier eingefunden, denn mit Ausnahme eines jungen Mannes im Smoking kannte ich alle, die mehr oder weniger (meistens mehr!) angeheitert durcheinanderquirlten. Rolf flirtete mit Frau Obermüller, ihr Mann fütterte Frau Wittinger mit Kartoffelchips, Felix schlief schon wieder, und nur Vogts saßen sittsam auf zwei Klappstühlen und drehten Papierschlangen zu kleinen Röllchen.

Plötzlich entdeckte mich Herr Friese, und nun half alles nichts, ich mußte auch in den Keller kommen, bekam ein Glas lauwarmen Sekt in die Hand gedrückt und sollte mit allen Brüderschaft trinken. Vernünftige Leute vergessen derartige Verbrüderungszenen am nächsten Tag, aber die meisten hier sahen nicht so aus, als würden sie sich daran halten. Frau Brauer war wirklich die einzige, mit der ich mich gern geduzt hätte, aber die war verschwunden. Kluge Person!

Irgendwann platzte ein neuer Gast in unsere Runde, ein Herr mit grauen Schläfen, den niemand kannte, der aber trotzdem ein Glas bekam und bereitwillig mit jedem anstieß. Dann trank er noch ein zweites Glas und ein drittes, knöpfte seinen Mantel auf, setzte den Hut ab und unterhielt sich angeregt mit Frau Obermüller über seelisch bedingte Kreislaufstörungen. Schließlich fragte sie neugierig: »Wo gehören Sie eigentlich hin? Ich meine, in welches Haus?«

Da schien bei ihm etwas zu dämmern. »Du meine Güte«, sagte er entsetzt, »ich bin ja bloß hergekommen, weil irgendein Auto die Zufahrtsstraße blockiert. Meine Frau sitzt draußen im Wagen und wartet, daß ich den Schuldigen finde!«

Johlend zogen alle zu den Garagen. Da saß doch tatsächlich eine beleibte Dame mit Blümchenhut in einer jener Luxuslimousinen, die Michael immer als Bonzenschleudern bezeichnete, weil sein Vater nur einen klapprigen Opel fuhr. Die Dame sah gar nicht lustig aus, bedachte ihren auch schon ziemlich angeheiterten Mann mit einem Blick, der Bände sprach, und forderte energisch die sofortige Entfernung »dieses Blechhaufens, der da so verkehrswidrig parkt«.

Felix streichelte sein geschmähtes Vehikel, das immer noch »Karoline« hieß, obwohl die betreffende Dame schon längst zu seinen Verflossenen gehörte, und grunzte böse: »Immerhin l-läuft der Wagen auf allen v-vier Rädern und n-nicht auf W-Wechseln, w-was man von den m-meisten Autos nicht be-behaupten kann!«

Dann suchte er nach seinen Wagenschlüsseln, fand sie nicht und erinnerte sich endlich, daß er sie seiner Freundin gegeben hatte.

»W-wo is die eigentlich?«

»Sie schläft!« beruhigte ich ihn.

»W-wieso schläft sie? Sie hat nicht zu schlafen!«

»Sie war müde, und du hast sie ja auch gar nicht vermißt!«

»S-sie war ja gar nich da, w-wie kann ich sie dann v-vermissen?« beharrte Felix eigensinnig.

Es war hoffnungslos! Ich lief zum Haus, rannte die Treppen hinauf, durchsuchte Bärbels Handtasche, dann den Mantel, die Kostümjacke – nichts! Vorsichtshalber durchwühlte ich auch noch Felix' Manteltaschen, förderte aber nur einen angebissenen Apfel und zwei Eintrittskarten für ein Catcherturnier zutage. Also zurück zum Schauplatz der Tragikomödie.

»Ich kann die Schlüssel nirgends finden«, japste ich. »Du mußt sie doch bei dir haben!«

»Hab' ich aber nicht!«

»Denn müssen wir eben schieben! Hoffentlich hat er nich die Handbremse anjezogen!« Obermüller äugte durch die beschlagenen Scheiben. »Ick werd varückt!« jubelte er los. »Da stekken ja die Schlüssel! Een Jlück, det hier bloß ehrliche Menschen wohnen!«

Nachdem der unbekannte Fremde mit seiner inzwischen versteinerten Gattin abgefahren war, löste sich die Gesellschaft auf. Brauer wollte zwar unbedingt noch jedem eine Kostprobe seiner »Stürmischen Nacht« servieren, fand aber nur noch bei Obermüller Zustimmung, und dann wollte der plötzlich auch nicht mehr. Isabell klapperte mit den Zähnen und schien erst jetzt zu bemerken, daß sie so gut wie gar nichts anhatte. »Alf, gib mir dein Jackett!«

Der sehr jugendliche »Neffe« zog gehorsam die Smokingjakke aus, hüllte Isabell ein und führte sie sorgsam fort. Felix stakste hinterher. »Nicht vergessen, Babydoll, du hast mich zum Frühschoppen eingeladen!«

Irgendwie gelang es mir, meine beiden Männer ins Haus und dann sogar in die Betten zu verfrachten, d. h., für Felix mußte ein Sessel genügen. Auf der Couch schlummerte Bärbel, und ich war einfach zu müde, die Luftmatratze aus dem Keller zu holen oder irgendeine andere Liegestatt zu improvisieren.

Als ich endlich das Licht ausknipste, schlug in der Ferne die Kirchturmuhr viermal. Spätestens um halb acht würden die Jungs durchs Haus toben. Kinderlachen ist doch etwas Herrliches – besonders am Neujahrsmorgen!

7.

Der kostenlose Glühwein der Baugesellschaft hatte sich rentiert. Gleich nach Neujahr sichteten wir wieder Handwerker, und dann wußte auch schon Michael, daß das Haus Nr. 8 in Kürze bezogen werden sollte.

»Hatten wir da nicht die Klotür geklaut?« fragte Rolf.

»Nee, die hatte ja nicht gepaßt. Aus Nummer acht stammt bloß der Duschkopf!«

»Weißt du denn schon, wer einzieht?«

Aber Michael wußte es nicht, was außergewöhnlich war, denn angeblich hatte sein Vater die künftigen Bewohner schon mehrmals durch das Haus geführt. »Der Mann hat mich aber jedesmal rausgeschmissen!« begründete Michael seine mangelnden Informationen. Auch das war außergewöhnlich.

Pünktlich am 15. Januar kämpfte sich wieder ein Möbelwagen über die Zufahrtsstraße, gefolgt von einem Pkw der oberen Mittelklasse, und pünktlich stand ich wie die meisten Nachbarn hinter der Gardine, um den Einzug der neuen Nachbarn zu beobachten.

Als erstes sah ich einen Dackel. Dann sah ich einen etwa zehnjährigen Jungen, der hinter dem Dackel herlief. Dann folgte eine Dame unbestimmbaren Alters, die hinter Kind und Dackel herlief, und dann folgte ein Herr, der hinter Frau, Kind und Dackel herzulaufen versuchte, die Sache aber aufgab und ins Haus trottete. Und dann sah ich Michael mit Dackel auf dem Arm, verzweifelt bemüht, seinen zappelnden Anknüpfungspunkt festzuhalten und sich damit Eintritt in die noch unbekannte Familie zu verschaffen. Es schien ihm gelungen zu sein, denn wenig später schleppte er die ersten Stühle ins Haus.

Auch ich hatte mir vorgenommen, meine nachbarlichen Pflichten zu erfüllen. Eine Schulfreundin, die in Amerika verheiratet ist und unlängst ihr eigenes Heim bezogen hatte, hatte mir begeistert geschrieben, wie nett und hilfsbereit die Nachbarn gewesen waren. Dreimal hatte man sie zum Essen eingeladen, Blumen hatte man gebracht und Himbeerkuchen, und überhaupt gehe »drüben« alles viel herzlicher und viel weniger förmlich zu.

An eine Einladung zum Mittagessen traute ich mich nicht heran. Vielleicht war die neue Nachbarin eine ausgezeichnete Köchin, was ich von mir nicht behaupten konnte, sicher machte sie das Gulasch ganz anders als ich, und die Kartoffeln hätten sowieso nicht gereicht. Aber mein Kaffee war immer gelobt worden, Marmorkuchen der einzige, bei dem nie etwas schiefging, und am Nachmittag würde der Möbelwagen sicher schon abgefahren und etwas Ruhe eingekehrt sein.

Um die Mittagszeit klingelte es. Michael wollte für seinen Vater eine Kopfschmerztablette holen. »Der war heut nacht mal wieder auf Tour!« erklärte er, wechselte aber sofort das Thema. »Das sind vielleicht komische Typen, die da einziehen. So was ganz Feines. Der Junge – Hendrik heißt der, hab' ich noch nie gehört! – hat meiner Mutter sogar die Hand geküßt und gnädige Frau zu ihr gesagt. So was Dusseliges! Erst hab' ich geglaubt, nun hätte ich jemanden zum Spielen, aber mit so einem Fatzken gebe ich mich nicht ab. Sein Vater ist genauso blöd. Der rennt doch mitten beim Umzug mit einem Schlips herum! Und seine Frau sagt immer Schätzchen zu ihm. Also das ist kein Umgang für uns, nicht wahr, Frau Sanders?«

»Gute Erziehung ist nicht unbedingt ein Manko«, bremste ich den altklugen Knaben, »du könntest auch ein bißchen gebrauchen!«

»Na schön, dann kriegen Sie jetzt auch immer Handküsse von mir!« versprach Michael.

»Wasch dir aber vorher die Hände!«

Das hatte er nicht mehr gehört. Er spurtete nach Hause. Die Tabletten hatte er natürlich vergessen. Vermutlich waren sie auch nur ein Vorwand gewesen.

Mit Selbstbewußtsein nicht gerade gesegnet, hatte ich plötzlich nicht mehr den Mut, meine unbekannten Nachbarn so einfach anzusprechen und zum Kaffee einzuladen. Andererseits war der Tisch gedeckt, der Kuchen auch nicht ein kleines bißchen verbrannt und der Kaffee fertig. Also rief ich

Sven, bleute ihm haargenau ein, was er sagen sollte, und schickte ihn los.

Eine Zeitlang tat sich gar nichts. Endlich kam er in Begleitung jener Dame zurück.

»Hoffentlich habe ich das richtig verstanden«, lachte sie, »aber Ihr Sohn stand plötzlich vor mir und sagte wörtlich: ›Meine Mutter hat Kuchen gebacken, der nicht angebrannt ist, und Kaffee gekocht. Jetzt sollen Sie kommen!‹«

»Sinngemäß ist das schon richtig, nur die Formulierung sollte etwas anders klingen«, versicherte ich. »Vor allen Dingen galt die Einladung auch für Ihre übrige Familie.«

»Davon hat er nichts gesagt, aber mein Mann wird sich freuen. Bei uns ist der Herd noch nicht angeschlossen, wo der Tauchsieder ist, weiß ich nicht, ich hab' ihn noch nicht gefunden, wir ernähren uns seit Stunden von Cola, Zwieback und Marzipankartoffeln, die noch von Weihnachten übriggeblieben sind. Sie glauben gar nicht, wie ich mich auf eine Tasse richtig heißen Kaffee freue!«

Sven wurde noch einmal losgeschickt, und bald saß Familie Heinze – nein, nicht am Kaffeetisch, sondern auf dem Boden vor den Heizkörpern. Dackel Conni lag darunter.

Auch Herr Heinze hatte den Kampf mit dem Ofen bald aufgegeben und schon erwogen, die kommende Nacht in einem Hotel zu verbringen und darauf zu hoffen, daß sich morgen jemand finden würde, der im Umgang mit Holz und Kohlen einigermaßen geschult war. Natürlich bot ich meine Hilfe an, denn inzwischen konnte ich mich durchaus als Fachmann bezeichnen. Seit Tagen schon war Ofen nicht mehr ausgegangen, nicht mal am Sonntag, als ich verschlafen hatte. Den Salat mußten wir zwar ohne Öl essen, aber es war warm dabei gewesen, und Rolf hatte kaum gemeckert.

Schade, daß er jetzt nicht da war. Herr Heinze hatte mir erzählt, daß er Leiter einer Düsseldorfer Werbeagentur sei, und als ich ihm sagte, daß er und Rolf Kollegen seien, war er gleich Feuer und Flamme.

»Ich dachte schon, hier wohnen lauter Verrückte. Erst ist mir eine Frau über den Weg gelaufen, die hatte den Kopf voller Lockenwickler und an der Hand ein Kind mit vollen Hosen, dann kam ein Dr. Sowieso mit einer Whiskyflasche und drei Gläsern, aber wir hatten ja alle noch nichts gegessen, und schließlich klingelte eine grauhaarige Dame und fragte, ob wir einen Teller Suppe haben wollten. Das war ja wirklich nett von ihr, aber die Suppe . . . brrrh!«

»Frau Straatmann ist Vegetarierin und kocht ihre Suppen auf der Grundlage von Olivenöl und Brennesseln«, erklärte ich. »Wenn Sie wollen, kann ich Ihnen das Rezept geben.«

»Wo kriegt sie denn mitten im Winter Brennesseln her?« staunte Hendrik.

(Er hatte übrigens auf den Handkuß verzichtet und sich auch die »gnädige Frau« verkniffen, aber sicher nur deshalb, weil ich immer Hosen trug und nie so seriös aussah wie Frau Obermüller.)

»Wahrscheinlich waren es getrocknete, und deshalb hat die Suppe beim Essen auch so geknirscht«, vermutete seine Mutter. »Aber das war ja gar nicht so schlimm. Viel entsetzlicher waren die Viecher, die dort überall herumstehen und einem auf den Teller starren. Wie kann ich in Ruhe essen, wenn hinter mir ein ausgestopfter Affe die Zähne fletscht? Stimmt es denn, daß die ein lebendes Krokodil in der Badewanne haben?«

»Wer hat Ihnen das erzählt?«

»Dieser Michael. Übrigens ein sehr netter, hilfsbereiter Junge«, lobte Frau Heinze. »Kennen Sie ihn näher?«

Während ich noch überlegte, ob ich sie über Michaels Hilfsbereitschaft aufklären sollte, mahnte ihr Mann zum Aufbruch. Auch gut, sollte sie lieber selbst dahinterkommen. Erfahrung ist etwas, was man zu haben meint, bis man mehr davon hat.

Im Laufe der nächsten Tage entwickelte sich ein reger Verkehr zwischen unserem Haus und Nr. 8. Ich half mit Schraubenziehern, Büchsenmilch und Anmachholz aus, zeigte Heinzes, wie man den Ofen behandelt und die Mutter von Köbes, damit man frische Eier kriegt, und machte sie nach und nach mit den übrigen Bewohnern der Millionärssiedlung bekannt. Dafür genoß ich den Vorzug, ein paar Tage lang meine täglichen Einkäufe per Auto erledigen zu können, denn Herr Heinze hatte Urlaub genommen und stand jederzeit als Chauffeur zur Verfügung. Einmal fuhren wir sogar nach Düsseldorf, wo seine Frau einen neuen Staubsauger kaufte und ich ein Cocktailkleid, das Rolf später entsetzlich fand:

»Entweder ist das Ding zu kurz, oder du bist nicht ganz drin!« Dann war die Woche herum, Herr Heinze reihte sich wie alle Männer morgens in die Bürorallye ein, und seine Frau mußte genau wie wir anderen den täglichen Fußmarsch nach Monlingen antreten.

»Es wird Zeit, daß meine Tochter aus England zurückkommt«, stöhnte sie, »ich bin doch kein Lastesel!«

Ich wußte gar nicht, daß sie eine hatte.

»Hab' ich Ihnen das nicht erzählt?« wunderte sie sich. »Patricia ist neunzehn und seit einem halben Jahr als Au-pair-Mädchen in London. Anfang März kommt sie zurück und mit ihr der Motorroller. Ich kann von Schätzchen schließlich nicht verlangen, daß er mir auch einen kauft.«

Mich irritierte es ein bißchen, daß Herr und Frau Heinze sich nach 22jähriger Ehe immer noch mit »Schätzchen« und »Liebchen« anredeten, sich gegenseitig Zettel mit neckischen Sprüchen unter den Frühstücksteller schoben und sich manchmal aufführten, als wären sie gerade in den Flitterwochen, aber davon abgesehen waren sie nett und sympathisch.

Zu dieser Ansicht war auch Michael gekommen, der jetzt dauernd mit Hendrik zusammensteckte. Er hatte sich davon überzeugt, daß »dieser Fatzke« ein sehr erfindungsreicher Knabe mit einem ausgesprochenen Hang zu Lausbübereien war. Erstes Opfer wurde Herr Vogt.

Eines Tages beobachtete ich verblüfft, wie er auf der menschenleeren Straße mit einer leichten Verbeugung den Hut zog und offensichtlich jemanden grüßte, der gar nicht da war. »Siedlungskoller!« dachte ich und vergaß die Sache wieder.

Zwei Tage später das gleiche Bild: Herr Vogt schritt an Heinzes Mülltonne vorbei, lüftete den Hut und ging weiter. Nun hatte ich zwar schon länger bemerkt, daß er mich niemals ansah, wenn er mich grüßte, sondern rein automatisch den Hut zog, sobald ich »Guten Tag« sagte. Aber einen Menschen mit einer Mülltonne zu verwechseln, traute ich nicht einmal ihm zu.

Beinahe täglich wiederholte sich das Spiel. Herr Vogt kam von den Garagen herauf, stiefelte den Weg entlang und grüßte die Mülltonne. Ob man nicht mal seiner Frau Bescheid sagen . . .? Seitdem es so kalt geworden war, begrüßte sie ihren Mann nicht mehr vor dem Haus, sondern wartete, bis er klingelte. Aber dann stand sie auch schon mit dem Handfeger parat und bürstete den Schnee von seinen Schuhen. Die merkwürdige Zeremonie konnte sie also noch gar nicht gesehen haben. Schließlich fragte ich Hendrik: »Habt ihr eigentlich eine besonders elegante Mülltonne?«

»Nein. Wieso?« grinste er scheinheilig.

»Weil Herr Vogt jeden Abend den Blechkübel grüßt.«

»Haben Sie das auch gesehen?« prustete er los. »Wir haben unterm Deckel einen kleinen Lautsprecher versteckt, und jedesmal, wenn er kommt, flötet einer von uns ›Guten Abend, Herr Vogt!‹ ins Mikro. Prompt zieht er den Hut und antwortet.«

»Wer ist denn ›wir‹?«

»Na, Michael und ich. Bei den beiden alten Tanten haben wir das auch schon probiert, aber die sind bloß schreiend weggelaufen, als Michael geflüstert hat: ›Wo wollt ihr beiden Hübschen denn jetzt noch hin?‹«

Kein Wunder, daß die Damen Ruhland seitdem nur noch hinten herum über den Feldweg und dann beim Köbes vorbei zur Straße gingen. Das war zwar erheblich weiter und erheblich unbequemer, aber dort standen wenigstens keine Mülltonnen mit unlauteren Absichten.

Kinder erziehen ist die einfachste Sache von der Welt – vorausgesetzt, man hat die Geduld eines Anglers, die Nerven eines Astronauten und die Gabe, mit einem Minimum an Schlaf auszukommen. Wünschenswert wäre auch ein sechsstelliges Jahreseinkommen. Sascha hatte die Badezimmerwaage kaputtgespielt, und als ich ihn energisch zur Rede stellte, fragte er bloß: »Wozu is 'n die eigentlich da?«

»Ich weiß nur, daß man sich draufstellt und davon wütend wird«, erklärte ihm Sven, womit die Fragwürdigkeit dieses Gegenstandes hinreichend definiert war.

Dann hatte ich einen Dialog zwischen Sven und Sabine Brauer darüber mitgehört, wer abends zeitiger schlafen gehen müsse, und der hatte damit geendet, daß Sven ganz entsetzt rief: »Mich steckt sie schon um acht ins Bett. Meine Mutter ist ja noch eine halbe Stunde gemeiner als deine!«

Wenig später gab es Gebrüll, weil Sascha seinem Bruder einen Bonbon stiebitzt hatte, den der unbedingt wiederhaben wollte. »Gib ihn sofort zurück! Das ist meine Lieblingssorte, die schmeckt genau wie Heuschrecke!«

Für einen halben Vormittag reichte es!

Dabei hatte es eigentlich schon in der Nacht angefangen. So gegen drei Uhr war Sascha ins Schlafzimmer gestolpert, hatte das Licht angeknipst und uns unsanft aus dem Schlaf geholt.

»Was ist denn los, Sascha? Fehlt dir etwas?«

»Nein, Mami.«

»Hast du schlecht geträumt?«

»Nein, Mami.«

»Tut dir etwas weh?«

»Überhaupt nichts.«

»Himmeldonnerwetter noch mal, weshalb kommst du dann mitten in der Nacht hier anmarschiert?«

»Ich wollte dir bloß sagen, Papi, daß du recht gehabt hast. Ich will meine Bratkartoffeln von gestern abend doch noch essen!« –

Nun hatte ich mir gerade die Haare gewaschen und wollte mich nach bewährter Methode unter die lärmende Trockenhaube setzen, um ungestört durch Kindergeschrei und Telefongebimmel die Zeitung durchzublättern, als mir einfiel, daß Samstag war und die Geschäfte in zwei Stunden schließen würden. Natürlich hatte ich noch nichts eingekauft, und natürlich hatte sich Rolf wieder rechtzeitig verdrückt.

»Ungelernte Arbeit wird immer gefragt sein – solange Ehemänner samstags zu Hause sind«, hatte er behauptet und irgendwo in der Nachbarschaft Asyl gesucht. Noch in der Haustür hatte er Sven ermahnt: »Merk dir eins, mein Sohn: Mach im Haus nie etwas, wozu du nicht für dein ganzes Leben verurteilt sein möchtest!«

Nachdem ich ihn endlich bei Brauer losgeeist hatte, weigerte er sich standhaft, seine turnusmäßige Aufgabe als Chauffeur zu übernehmen und mich nach Monlingen zu fahren.

»Wir haben aber nichts im Haus, und zu Fuß schaffe ich es nicht mehr!«

»Dann gehen wir morgen eben essen!« sagte der Gatte und blätterte in der Programmzeitschrift. (Die meisten Erfindungen haben den Menschen Zeit erspart. Dann kam das Fernsehen!)

»Warum bist du seit kurzem so großzügig?« wunderte ich mich, denn Rolf neigte neuerdings regelrecht zur Verschwendungssucht. Er hatte mir einen Teekessel gekauft, obwohl der alte nur ein ganz kleines Loch gehabt hatte, das man bestimmt noch hätte löten können; er hatte den Kindern anstandslos neue Garderobe bewilligt und sich zum erstenmal den sonst üblichen Hinweis auf seine eigene spartanische Jugend verkniffen, und er hatte nicht mal mein langes Telefongespräch nach Berlin beanstandet. Jetzt wollte er sogar ohne besonderen Anlaß mit uns essen gehen?

Irgend etwas stimmte da nicht. Mir war sowieso schon aufgefallen, daß er häufiger zu Hause und nur selten unterwegs war. Diese ungewohnte Anhänglichkeit hatte er allerdings mit den winterlichen Straßenverhältnissen begründet.

»Wir Menschen sollten uns an den Schneeflocken ein Beispiel nehmen. Nicht zwei von ihnen sind gleich, aber wie großartig halten sie zusammen, wenn es darauf ankommt – zum Beispiel den Verkehr lahmzulegen!«

Noch rätselhafter wurde die ganze Sache, als er mir jetzt vorschlug: »Warum machst *du* eigentlich nicht den Führerschein? Ich habe keine Lust, bis an mein Lebensende jeden Samstag Mehltüten und Blumenkohlköpfe nach Hause zu fahren. Andere Frauen erledigen ihre Wochenendeinkäufe ja auch selber.«

Das konnte doch einfach nicht wahr sein! Rolf bot mir freiwillig an, Fahrstunden zu nehmen, nachdem er es jahrelang abgelehnt hatte, diesen Gedanken auch nur zu diskutieren. »Frau am Steuer!« knurrte er jedesmal, wenn irgendein Wagen ihn verkehrswidrig behinderte. Meistens hatte er ja recht, aber saß wirklich mal ein Mann hinterm Lenkrad, dann sagte er ungerührt: »Dem hat wahrscheinlich seine Mutter das Fahren beigebracht!«

Und nun sollte ich . . .? Als Frau? Unmöglich!

»Weißt du denn, was so ein Führerschein kostet?«

»Bei dir einen runden Tausender! Andere bezahlen sicher weniger«, bemerkte mein Gatte liebenswürdig.

»Und den willst du so einfach opfern?«

»Bevor ich dich auf Händen trage, setze ich dich lieber in ein Auto! Ich hoffe doch, daß du diese zeitgemäßere Form eines vor Jahren unüberlegt gegebenen Versprechens akzeptieren wirst.«

Männer haben überhaupt keinen Sinn für Romantik, aber es stimmt trotzdem nicht, daß wir Frauen angeblich ständig versuchen, unsere Männer umzukrempeln. Wir wollen sie lediglich zu dem machen, was sie von Anfang an zu sein vorgaben!

Lassen wir das Thema lieber.

Es stellte sich heraus, daß Rolfs Freigebigkeit nicht auf einen grundlegenden Charakterwandel zurückzuführen war, sondern auf Mariechens Laube. Diese Laube stand auf einem Grundstück, auf dem Rolfs Vater während der Nachkriegszeit Kartoffeln und Tomaten angebaut und das er dann irgendwann in jenen Jahren für den Gegenwert von drei Sack Roggen erworben hatte. Daß der Roggen zuvor gegen die geernteten Kartoffeln eingetauscht worden war, beweist, was man damals unter Autarkie zu verstehen hatte.

Nach der Währungsreform und dem beginnenden Wohlstand auch in Beamtenkreisen wurde das Grundstück nicht mehr beackert. Es lag ziemlich weit außerhalb der Stadt, und es wäre für eine höhere Beamtengattin auch nicht schicklich gewesen, mit einem Handwägelchen Kohlrabiknollen oder Kürbisse durch die Straßen zu ziehen. Nur im Sommer spazierte Omi gelegentlich auf die Parzelle und pflückte die wildwuchernde Kamille ab, weil sie der Ansicht war, selbstgezogener Tee sei gesünder als gekaufter. Zum Transport des Grünzeugs verwendete sie eine stabile Papiertüte mit dem Aufdruck eines bekannten Braunschweiger Modehauses.

Die Laube, in deren einer Hälfte früher die zwei Klappstühle eingeschlossen worden waren und der Ersatzkaffee vor sich hin gebrodelt hatte – in der anderen Hälfte hatten die beiden Hühner gesessen –, hatte die Wirtschaftswunderzeit unbeschadet überdauert. Sie war solide wie eh und je.

Kaum hatten die Nachkriegsdeutschen ihre Städte wieder aufgebaut, als sie schon versuchten, ihnen zu entrinnen. Auch in Braunschweig suchte man nach Bauland – erst östlich davon, dann weiter südlich, nur nach Norden wollte niemand. Omi pflückte also weiter Kamille und hoffte auf das Einsehen der Stadtplaner.

Es dauerte lange, bis sich jemand für Mariechens Grundstück interessierte, und noch länger, bis sie herausfand, daß dort eine Straße gebaut werden sollte. Am längsten dauerte es, den Kaufpreis auszuhandeln, denn damit wurde ein Anwalt betraut, und der war prozentual am Erlös beteiligt. Außerdem war Mariechen der Ansicht, daß die Laube solide Handwerksarbeit und somit ein Wertobjekt sei. Das Wertobjekt mußte angemessen berechnet werden. Darüber vergingen noch mal ein paar Monate. Omi erntete zum letztenmal Kamille, nahm den Scheck in Empfang und schickte ihn Rolf mit dem Bemerken: »Bis ein Ehepaar sich wirklich Kinder leisten kann, hat es meist schon Enkel.«

Nun konnte Rolf sich gelegentliche Faulheit leisten und ich mir sogar den Führerschein.

Der Schulbank schon seit einigen Jahren entwachsen, radelte ich mit etwas gemischten Gefühlen zur ersten theoretischen Fahrstunde. Dort lernte ich als erstes, daß man am besten gar nicht Autofahren lernt, weil es gefährlich ist und man sowieso immer unrecht hat, wenn was passiert.

»Es mag ja sein, daß es den Herstellern gelingt, die Autos unfallsicherer zu machen, aber es wird schwer sein, die Fußgänger umzukonstruieren«, sagte der muntere Herr vorne neben der Tafel.

Solchermaßen moralisch aufgerüstet, bestieg ich am nächsten Tag zum erstenmal ein Auto auf der linken Seite. Mein Fahrlehrer war ein in Ehren ergrauter Fünfziger, der sich keinen Illusionen mehr hingab, was die geistige Kapazität von Fahrschülerinnen betraf. Mich schien er für besonders schwachsinnig zu halten, denn ich sollte ihm demonstrieren, ob ich links von rechts unterscheiden konnte und oben von unten. Ich konnte es. Nach der dritten Stunde konnte ich auch schon den Blinker richtig bedienen. Nach der fünften durfte ich bereits durch Monlingen fahren.

Zu Beginn des Autozeitalters waren die Leute außer sich, wenn jemand mit einer Geschwindigkeit von 25 Kilometern in der Stunde fuhr – heute sind sie es wieder. Mein Fahrlehrer (er hieß Mundlos, was nicht stimmte, denn er redete wie ein Buch, und war Junggeselle, was ich inzwischen begreiflich fand) dirigierte mich auf kürzestem Weg wieder in die Felder, wo er mir beizubringen versuchte, das Gaspedal nicht genauso zu behandeln wie ein Klavierpedal. Nach drei weiteren Übungsstunden hatte ich es begriffen. Wir wagten uns wieder in den Stadtverkehr.

Jetzt sollte ich das Einparken lernen, und dabei stellte ich mir nicht zum erstenmal die Frage: Wo finden eigentlich die Leute, die für Autowerbung zuständig sind, bloß immer die leeren Straßen, auf denen sie die Reklamespots filmen? Wir fanden nie auch nur eine Parklücke, und so beschränkten sich die vorgesehenen Übungen lediglich auf ein Rückwärts-um-die-Ecke-Fahren. Das vorschriftsmäßige Einparken trainierte ich später mit Svens Matchbox-Autos. Es war ganz leicht.

Auch auf die Präliminarien einer längeren Reise wurde ich gründlich vorbereitet.

»Nehmen wir mal an, Sie müßten heute nach Frankfurt fahren. Was würden Sie zuallererst tun?«

»Mich umziehen!«

Herr Mundlos lächelte nachsichtig und warf einen drängenden Blick auf die Benzinuhr. »Sehen Sie sich doch mal das Armaturenbrett genau an!«

Ich tat es und hatte die Erleuchtung: »Staubwischen!«

Kurz nachdem sich die ersten Frühlingszeichen auf der Landstraße zeigten (»Achtung! Bauarbeiten!«), wurde ich zur Prüfung zugelassen. Der Prüfer war ein ausgesprochen väterlicher Typ. Großzügig übersah er, daß ich mich rechts einordnete und links abzubiegen versuchte.

»Nu fahr'n Se man auch rechtsrum, is ja egal, wo wir ankommen!«

Die hart attackierte Bordsteinkante entlockte ihm nur ein mißbilligendes »Tztztztz«, aber als ich plötzlich auf der Stoßstange meines Vordermannes saß, wurde er ausgesprochen ungemütlich.

»Haben Sie denn den Wagen nicht gesehen?«

»Doch, natürlich!«

»Ja, und?«

»Ich konnte doch nicht bremsen!«

»Warum nicht?«

»Wenn man bei Schneematsch bremst, rutscht man und fährt jemanden an«, sagte ich sehr überzeugt, denn ich hatte im theoretischen Unterricht immer aufgepaßt.

»Aber Sie *haben* jemanden angefahren!« Der Prüfer machte bereits einen etwas entnervten Eindruck.

»Ich bin aber nicht gerutscht!« trumpfte ich auf.

»Sie haben zwar die Prüfung nicht bestanden«, beendete der väterliche Typ unsere Debatte, »aber dafür haben Sie Ihre Lebenserwartung beträchtlich erhöht!«

»Können Sie denn nicht ein Auge zudrücken?« bettelte ich. »Eigentlich brauche ich doch gar nicht die ganze Prüfung – nur gerade so viel, daß ich nach Monlingen zum Einkaufen fahren kann und später vielleicht noch die Kinder zur Schule.« Ich setzte mein betörendstes Lächeln auf.

Ohne mich eines weiteren Blickes zu würdigen, öffnete der Prüfer die Wagentür und stieg aus.

Charme ist eben etwas, was man so lange hat, bis man sich darauf verläßt!

Rolf grinste bloß, als ich nach Hause kam, und stellte den Sekt wieder in den Kühlschrank zurück. »Ich hab' sowieso nicht damit gerechnet, daß du es schaffst. Wunder sind heutzutage selten geworden!«

Dann bot er mir großzügig ein paar illegale Nachhilfestunden an. Zu diesem Zweck fuhr er mit mir auf einen Feldweg, wo außer einem verkrüppelten Mostapfelbaum weit und breit nichts stand, was höher als ein Grashalm war.

Leider erschöpften sich seine Fähigkeiten im Brüllen, Stöhnen und Jammern, aber daß wir dann doch den Mostapfelbaum ein bißchen angekratzt haben, war schließlich seine Schuld gewesen. Warum mußte er auch im selben Moment, als ich aufs Gas trat, die Handbremse lösen?

Etwas später verfolgte er händeringend meinen Versuch, den Wagen in die Garage zu fahren.

»Eins verstehe ich nicht. Wie kannst du einen Faden in ein winziges Nadelöhr fädeln, wenn du das Auto nicht in diese große Garage bringst?«

Herr Mundlos strahlte, als er mich wiedersah, denn ich garantierte ihm ein geregeltes Einkommen.

Im April gab es eine Schönwetterperiode, für die nächsten Tage war mit Nässe in irgendeiner Form nicht zu rechnen, und so wurde ich zum zweitenmal zur Prüfung gemeldet. Mit wieviel Optimismus mein Lehrer diesem Ereignis entgegensah, wurde mir kurz vor der entscheidenden halben Stunde klar.

»Wir haben noch ein paar Minuten Zeit. Soll ich Ihnen schnell zeigen, wie man eine Unfallanzeige ausfüllt?«

Empört lehnte ich das freundliche Angebot ab, stieg ins Auto, fuhr los – und bekam den ersten Rüffel: »Keine Frau wird die Gelegenheit versäumen, in den Spiegel zu schauen, außer wenn sie aus der Parkreihe ausschert!« bemerkte der Prüfer, der jung, energisch und gar nicht väterlich war.

Inzwischen kannte ich jedes Verkehrsschild im Umkreis von dreißig Kilometern, wußte, in welchen Intervallen die Ampeln umsprangen und wo die vorfahrtsberechtigten Straßen einmündeten. Ich fuhr traumhaft sicher, überholte sogar einen Trecker, was ich noch niemals vorher gewagt hatte, und nach zwanzig Minuten durfte ich aussteigen und den Führerschein in Empfang nehmen. Er hatte achthundertsiebenundachtzig

Mark und sechzig Pfennig gekostet. Für den Rest kaufte ich mir ein Paar Schuhe mit flachen Absätzen und ein Buch, das ich eigentlich gar nicht mehr brauchte: »Mit dem Auto auf du«.

Vor lauter Fahrstunden und Theorie-Pauken und Babysitter-Suchen waren die internen Siedlungsneuigkeiten nur an mir vorbeigeschwappt. Ich hatte andere Dinge im Kopf als Isabells neuen Neffen, der immer im Schlafanzug auf dem Balkon Zigarillos rauchte, oder Hermann Frieses neues Hobby, das rothaarig und wesentlich schlanker sein sollte als seine ihm angetraute künstliche Blondine. Obermüller hatte die beiden in einem Düsseldorfer Altstadtlokal gesichtet, wo er Zigarettenautomaten aufgefüllt hatte. Das Versicherungsgeschäft hatte er mittlerweile aufgegeben.

Natürlich hatte ich inzwischen Heinzes Tochter kennengelernt, die ihren Englandbesuch beendet hatte und nun schon seit ein paar Wochen überlegte, was sie mit ihrem weiteren Leben anfangen könnte. Nach Ansicht ihrer Mutter sollte sie heiraten, aber »von mir aus kann sie auch erst mal studieren; dann hat sie später wenigstens an etwas Vernünftiges zu denken, während sie ihre Hausarbeit macht!«

Patricia lehnte die Ehepläne strikt ab. Sie suchte noch nach dem idealen Mann und nicht nach einem zum Heiraten, was ihre Mutter aber nicht hinderte, ihren Bekanntenkreis nach möglichen Ehekandidaten zu durchforsten und die ihr geeignet Erscheinenden nacheinander einzuladen. Wenn wieder einmal so ein Jüngling in voller Montur mit den obligatorischen fünf Nelken seinen Antrittsbesuch hinter sich gebracht hatte, erschien Patricia zur Berichterstattung. »Heute war einer da, der sah ja ganz gut aus, aber er hat eine Vorliebe für klassische Musik, liest viel und geht gern ins Museum. Na ja, niemand ist eben ganz ohne Fehler!« seufzte sie und steckte sich eine Waffel nach der anderen in den Mund.

»Wenn du so weiterfutterst, bleibt von deiner Mannequinfigur nicht viel übrig!«

»Ich weiß ja, daß ich zuviel esse, aber ich habe einen ungeheuren Nachholbedarf.« Genußvoll leckte sie die Finger ab. »Wer in England einigermaßen gut essen will, muß dreimal täglich frühstücken. Sonst ist allenfalls die Tischdekoration genießbar – vorausgesetzt, es stehen überhaupt Blumen drauf.«

Dann kam sie zum Thema zurück: »Können Sie Mutti nicht

mal klarmachen, daß man mit zwanzig noch keine alte Jungfer ist, die möglichst schnell unter die Haube gebracht werden muß?«

Diese Aufgabe wäre eines geschulten Diplomaten würdig gewesen, nicht aber einer völlig unemanzipierten Hausfrau, deren offen zutage liegendes Privatleben ja so sichtbar zeigte, wie erstrebenswert Haushalt und Familie sind.

Eine Zeitlang hatte Frau Heinze sogar Felix als Schwiegersohn in Betracht gezogen, ließ sich dann aber doch überzeugen, daß der Altersunterschied von 17 Jahren etwas zu groß sei.

»Aber Sie müssen doch zugeben, *finanziell* ist er in den besten Jahren«, sagte sie bedauernd.

(Da hatte sie zweifellos recht. Bei Felix war so eine Art Wohlstand ausgebrochen. Er fuhr ein nagelneues Auto, hatte eine Putzfrau und einen Lehrling eingestellt, trug weiße Hemden statt dunkler Pullover, weil er neuerdings die Wäschereirechnungen bezahlen konnte, und plante einen längeren Urlaub in Amerika, den er im Gegensatz zu früheren Reisen steuerlich nicht einmal absetzen konnte.)

Dann zog Herr Otterbach in das letzte noch leerstehende Haus, und sofort warf Frau Heinze die Angel aus.

»Haben Sie ihn schon gesehen?« Aufgeregt kam sie in die Küche geschossen und sprudelte los: »Ein Bilderbuch von einem Mann! Groß, gutaussehend, sicher sehr tüchtig, denn er fährt einen dicken Wagen, liebenswürdig, charmant . . . genauso stelle ich mir meinen Schwiegersohn vor!«

»Und was sagt Patricia dazu?«

»Er ist nicht ihr Typ!«

»Glauben Sie nicht, daß sie sich ihren Ehemann lieber selbst aussuchen sollte?« fragte ich vorsichtig.

»Natürlich werde ich sie nicht mit Gewalt zum Standesamt schleppen, aber so ein bißchen Nachhelfen kann nichts schaden. Diese jungen Dinger haben doch überhaupt keine Menschenkenntnis. Für meine Kusine habe ich ja auch den richtigen Partner ausgesucht. Zu einem so bedeutsamen Schritt gehört Erfahrung!«

»Ich weiß. Sie veranlaßt aber auch die Menschen, neue Dummheiten zu begehen statt der alten!«

Frau Heinze überhörte die Anspielung und schmiedete Pläne. »Wie kann ich die beiden bloß zusammenbringen? Was halten Sie von einer Gartenparty? Ganz zwanglos natürlich.«

»Im April?«

»Na ja, das ist wohl in der Jahreszeit zu früh«, gab sie zu, »aber wir könnten doch offiziell unsere Bauernstube einweihen. Haben Sie die eigentlich schon gesehen?«

Nein, hatte ich noch nicht. Aber ich hätte sie ohne weiteres aufzeichnen können, denn Frau Heinze hatte mir täglich von den Fortschritten berichtet. Ursprünglich sollte das im Bauplan als »Hobbyraum« deklarierte Gelaß zur Kellerbar ausgebaut werden, aber nun hatten Wittingers schon eine, Frieses ebenfalls, und deshalb hatte sich Frau Heinze für eine individuellere Lösung entschieden. »Bauernmöbel sind viel gemütlicher als diese verchromten Barhocker«, hatte sie gesagt und Schätzchen veranlaßt, sich um das geeignete Mobiliar zu kümmern.

Jetzt war die bäuerliche Trinkstube also fertig und wartete darauf, eingeweiht zu werden.

»Brauers habe ich auch dazugebeten und Frau Obermüller«, sagte Frau Heinze, als sie uns die Einladung überbrachte, »sonst wäre es zu auffällig gewesen. Ein Glück, daß Herr Obermüller gerade verreist ist, er hätte überhaupt nicht in diesen Kreis gepaßt! Wissen Sie eigentlich, daß er bei seiner Zigarettenfirma schon wieder rausgeflogen ist und sich jetzt als Chauffeur in einem Industriellenhaushalt beworben hat? Ich glaube aber nicht, daß daraus etwas wird. Hier rennt nämlich ein Detektiv von einer Auskunftei herum und fragt alle Leute aus. Eigentlich erzähle ich solchen Klatsch ja nicht gern weiter, aber was soll man denn sonst damit machen?«

Der so sorgfältig inszenierte Abend wurde ein Fiasko, obwohl Frau Heinze sich alle Mühe gegeben hatte. Die Bauernstube war in matten Kerzenschimmer getaucht und ließ die anwesenden Damen in sehr schmeichelhaftem Licht erscheinen. Patricia sah entzückend aus. Sie hatte ein neues, sehr knapp sitzendes Sommerkleid bekommen, was ihren Vater zu der nicht unberechtigten Frage veranlaßte:

»Hast du denn nicht Angst, du könntest herauswachsen, bevor der Abend zu Ende ist?«

Der Ehrengast dieser Veranstaltung, der von seiner Rolle gar nichts wußte, erschien als letzter. Artig überreichte er seine Blümchen, artig begrüßte er die Anwesenden, artig nahm er auf dem Stuhl neben Patricia Platz, und artig beantwortete er alle Fragen. Doch, er habe sich schon eingelebt, ja, es gefalle ihm recht gut hier, nein, verheiratet sei er noch nicht, nein, auch nicht verlobt, ja, er habe auch schon gemerkt, daß es hier in der Siedlung wenig junge Leute gebe, nein, er gehe ziemlich selten aus, ja, natürlich würde er Fräulein Patricia gern ins Theater begleiten . . .

Nach einer Stunde schob er eine dringende Verabredung vor, die sich leider nicht mehr habe rückgängig machen lassen, verabschiedete sich artig und verschwand.

»Komischer Heiliger«, sagte Brauer, »irgend etwas stimmt mit dem nicht!«

»Unsinn!« Frau Heinze räumte die Weingläser fort und stellte rustikale Bierseidel auf den Tisch. »Aus Ihnen spricht nur das typisch männliche Vorurteil gegenüber gutaussehenden Geschlechtsgenossen. Herr Otterbach ist ein wohlerzogener junger Mann, nur etwas zurückhaltend, aber das finde ich gerade so sympathisch an ihm.«

Patricia äußerte sich nicht näher, und von dem Theaterbesuch wurde vorläufig auch nicht mehr gesprochen.

Nachdem ich nun endlich den Führerschein hatte, wollte ich auch Auto fahren. Rolf wollte das nicht. Er karrte mich mit ungewohnter Bereitwilligkeit jeden Samstag in die Stadt, weil ich als Anfängerin mit dem Wochenendverkehr bestimmt Schwierigkeiten haben würde, und wenn er gelegentlich schon am Nachmittag nach Hause kam, durfte ich auch nicht, denn Fahren mit Licht wolle ja erst richtig gelernt sein. Ans Steuer ließ er mich nur, wenn er danebensaß. (Schade, daß es noch keine Wagen mit automatischer Drosselklappe für Beifahrer gibt!)

Nun sind zwei Köpfe immer besser als einer – außer hinter demselben Lenkrad. Schon zehn Meter vor einer leichten Straßenbiegung kommandierte Rolf ängstlich: »Gas wegnehmen!«

Mündete irgendwo ein besserer Trampelpfad in die Straße, rief er sofort: »Aufpassen! Rechts hat Vorfahrt!« Zum Schluß war ich so weit, daß ich nicht mal mehr einen Radfahrer zu überholen wagte und auf die Bremse trat, wenn ich von weitem ein Auto sah.

Völlig verspielt hatte ich, als ich unverhofft auf eine vereiste Stelle geriet und ins Schleudern kam.

»Gegensteuern! Gegensteuern!« schrie mein Gatte entsetzt. »Hast du das denn nicht in der Fahrschule gelernt?«

»Doch«, bekannte ich kleinlaut und rekapitulierte in Gedanken schnell den Fragebogen, den ich bei der schriftlichen Prüfung hatte ausfüllen müssen. »Ich weiß bloß noch, daß die richtige Antwort (B) hieß!«

»Laß mich mal ans Steuer! Ich werde dir jetzt zeigen, wie man sich bei unverhofft auftretendem Glatteis verhält!«

Rolf rückte auf den Fahrersitz, wendete den Wagen, gab Gas, rutschte – und setzte das Auto krachend gegen einen Kilometerstein.

Der nützlichste Sinn für Humor ist der, der einem rechtzeitig sagt, worüber man besser nicht lachen sollte!

8.

Zum erstenmal in fast acht Ehejahren hatte ich nichts mit dem obligatorischen deutschen Frühjahrsputz zu tun. Den erledigte Frau Koslowski, eine Klempnerswitwe, der Rolf unlängst im Supermarkt mit voller Wucht eine Zehnkilotrommel Waschpulver auf die Füße gestellt hatte. Sie nahm seine Entschuldigung erst an, als er sie in der nahe gelegenen Espressobar bei einem Cappuccino und Kirschlikör aussprach, aber als sie hörte, daß Rolf Vater von zwei kleinen Kindern war, wollte sie den Kaffee selbst bezahlen.

»Ich dachte, Sie sind einer von den feinen Herren, die nicht heiraten und die Frauen bloß ausnützen«, knurrte sie, wobei offenblieb, welche Rückschlüsse sie nun aus dem Waschpulver zog. »Aber wenn Sie Familie haben, ist mir alles klar. Familienväter stellen sich beim Einkaufen immer dußlig an. Is Ihre Frau krank?«

Krank war ich nicht, nur scheußlich erkältet. Bei Männern heißt so etwas Grippe und erfordert Bettruhe, während Hausfrauen in der Regel zwei Aspirin kriegen, verbunden mit der besorgten Frage, ob sie am Abend wieder gesund sein würden, denn Willi und Hilde und vielleicht noch Bernd und Anneliese kämen zum Essen. »Hatte ich dir das nicht gesagt?«

Frau Koslowski, die anscheinend nichts Besseres zu tun hatte und außerdem noch nie in der Millionärssiedlung gewesen war, besuchte mich am nächsten Tag, brachte selbstgemachte Stachelbeermarmelade mit und bot mir ihre Hilfe an.

»Zweimal die Woche drei bis vier Stunden, ist Ihnen das recht?«

Und ob mir das recht war! Besonders, nachdem ich sie überzeugen konnte, daß wir keine Millionäre waren und nur den ortsüblichen Stundenlohn bezahlen würden.

Frau Koslowski startete also ein Großreinemachen, weil das erstens im Frühling so üblich ist und weil zweitens ihre Vorstellungen von einem »ordentlichen Haushalt« die meinen übertrafen. Sie trieb sogar Rolf in die Flucht, der sich wieder an die Notwendigkeit des Geldverdienens erinnerte und nun dauernd unterwegs war.

»Seitdem deine neue Perle ihren Großputz eingeleitet hat, weiß ich, warum die Wirbelstürme immer weibliche Namen bekommen!«

Vom Fensterputzen und Teppichklopfen befreit, erinnerte ich mich an den Garten und an die kleinen Tüten, die ich unlängst aus einem Tante-Emma-Laden mitgebracht und irgendwo hingelegt hatte. Aber wo?

»Frau Koslowski, haben Sie ein paar zugeschweißte Plastiktütchen gesehen?«

»Meinen Sie die mit den vertrockneten Mohrrüben drin? Die habe ich in den Mülleimer geschmissen«, tönte es von oben.

Auch gut. Ohnehin hätte ich nicht gewußt, was sich hinter den merkwürdigen Abkürzungen wie Parth. tric. oder Syr. vulg. verborgen hatte. Es hatte sehr wissenschaftlich geklungen, und im stillen hatte ich schon befürchtet, ich hätte versehentlich Ergänzungspackungen für einen Chemiebaukasten erwischt. Also delegierte ich die Gartengestaltung an Rolf, auf dessen Schreibtisch sich schon seit Wochen Samenkataloge und Preislisten stapelten. Dauernd brachte er neue mit, und weil er so viel Zeit zum Lesen brauchte, hatte er noch keine Zeit gehabt, im Garten anzufangen. Aber am Wochenende sollte es endlich losgehen.

Bei Heinzes war schon längst der Rasen eingesät, bei Vogts kam er bereits heraus, und sogar Isabells Neffe buddelte manchmal in der Erde. Es mußte übrigens ein anderer sein, denn er rauchte Pfeife.

Umgegraben war unser Garten schon. Das hatte jemand von der Friedhofsgärtnerei gemacht, abends nach Feierabend. Es war ein bärtiger Jüngling gewesen, der Geld für ein Motorrad brauchte, mit dem er nach Indien fahren und ein neues Leben anfangen wollte. Während er Torf unter den Lehmboden grub, schwärmte er von blühenden Mohnfeldern und von einer Pflanze, die Cannabis hieß, mehrere Meter hoch werden und sehr dekorativ aussehen sollte.

»Wenn Sie wollen, kann ich Ihnen ein paar Samenkörner mitbringen.« Unser Areal war aber schon bis zum letzten Quadratzentimeter verplant.

Am Wochenende regnete es. »Das ist gut für den Garten«, sagte Rolf.

»Warum?« fragte ich. »Es ist ja noch gar nichts drin!«

»Regen lockert die Erde auf«, belehrte mich der Fachmann. Ich fand sie eigentlich locker genug. Man konnte nur mit Gummistiefeln durch den Matsch waten und blieb dauernd stecken.

Schon seit Monaten hatte Rolf bei allen Leuten, die ihren Garten als Hobby und als Quell unerschöpflicher Freude bezeichneten, Ratschläge geholt, alles gewissenhaft aufgeschrieben und dabei festgestellt, daß Gartenpflege ähnlich kompliziert und vielfältig ist wie Astrophysik oder Kindererziehung. Jeder Gärtner schien sein eigenes Rezept zu haben, wie man den Boden »samengerecht« vorbereiten muß, aber keiner konnte dafür garantieren, daß seine Methode die richtige ist. (Beim Skiwachs merkt man auch erst hinterher, daß man das falsche erwischt hat.)

Bauer Köbes hatte empfohlen, etwas gelben Sand unter die Gartenerde zu mischen, weil er Eisen enthalte. Der Besitzer von Rolfs Stammkneipe hatte davor gewarnt, aus dem einfachen Grund, weil gelber Sand Eisen enthalte. Der Vertreter von Christbaumschmuck, mit dem Rolf sich in einer Autobahnraststätte unterhalten hatte, empfahl Marmorstaub (woher nehmen?), während der vierteljährlich bei uns auftauchende Scherenschleifer behauptete, es gebe nichts Besseres als abgelagerten Kuhmist.

Am Ende kaufte Rolf Kunstdünger, weil da wohl von allem ein bißchen drin sein würde.

Nach den ersten Versuchen, den Garten in vorschriftsmäßige Beete aufzuteilen, fuhr er wieder zum Friedhof und fragte den hohläugigen Jüngling, ob er das Geld für sein Motorrad schon zusammenhätte. Der wollte aber gar nicht mehr nach Indien, sondern nach Dänemark, um Korn anzubauen und alternatives Brot zu backen. Zum Glück fehlte ihm noch das Reisegeld. Daß unsere Beete später alle wie Gräber aussahen, wunderte uns natürlich nicht.

Zuerst pflanzte Rolf Sträucher. Sie kamen hinten an den Zaun und waren als Sichtschutz gedacht. Im Augenblick sahen sie noch aus wie kleine struppige Ungeheuer, aber der Gärtner hatte versichert, sie würden auch dann schnell wachsen, wenn man sich nicht darum kümmere. Das taten sie auch. Sie wurden groß und grün und spitz. Im nächsten Jahr wurden sie noch größer, grün wurden sie bloß noch oben, unten blieben sie braun, dann wurden sie auch oben braun, und im Herbst rissen wir die Lebensbäume wieder aus. Himbeeren waren ja auch viel nützlicher.

Rolf säte. Unmengen von Samen verschwanden in langen Rillen, wurden sorgfältig mit Erde überdeckt, festgeklopft und zum Schluß mit kleinen, auf Schaschlikstäbchen gespießten Zettelchen gekennzeichnet. Dann kam ein heftiger Gewitterregen mit Sturmböen. Erst im Juli, als die Petersilie noch immer nicht richtig aufgelaufen war, entdeckten wir, daß wir sie versehentlich bei den Mohrrüben gesucht hatten. Mit den Zwiebeln war es so ähnlich gewesen. Eine Zeitlang hatte ich mich über die neuartigen Zuchtergebnisse von Schnittlauch gewundert.

Nun war der Samen endlich drin, und damit begann das Warten. Rolf ließ sich überzeugen, daß am ersten und zweiten Tag bestimmt nichts wachsen würde. Außerdem regnete es, was ja gut war für den Boden, aber schlecht für die Saat. Viele Körnchen wurden herausgespült, ich mußte sie wieder in die Erde stecken (»Du bist nicht so schwer, drückst also den Boden nicht so tief ein wie ich!«) und darüber hinaus noch ein wachsames Auge auf Spatzen, Amseln und ähnliche Schmarotzer haben. In nicht eben druckreifer Form äußerte sich Rolf über die mangelnde Intelligenz von Vögeln, die nicht zwischen freigebig verteiltem Winterfutter und sorgfältig gehegtem Radieschensamen unterscheiden könnten.

Am dritten Tag entdeckte er bei seinem stündlichen Rundgang durch die Friedhofsbeete ein kleines Pflänzchen, das zusehends größer wurde – erstes Anzeichen keimenden Lebens.

Am fünften Tag diagnostizierte er es als Unkraut und riß es zögernd aus. Immerhin war es bisher das einzige Grüne im Garten.

Der nahrhafte Teil war nun erledigt. Jetzt brauchten wir noch etwas fürs Auge. Dafür war wieder ein anderer Gärtner zuständig, der sich auf das Züchten von Blumen spezialisiert hatte. Sein Name ist der Nachwelt in Gestalt einer Dahlie erhalten geblieben. Sie hatte bei einer Blumenschau in Holland einen Preis bekommen und heißt jetzt »Georgina muellerosa« oder so ähnlich.

Zu einem Blumenzüchter geht man nicht wie in einen x-beliebigen Laden, wo man Zigaretten oder Rasierwasser kauft, bezahlt und wieder verschwindet. Zum Züchter geht man nur, wenn man viel Zeit und möglichst keine Vorstellungen von dem hat, was man eigentlich mitnehmen will. Der Züchter ist ein Fachmann und weiß am besten, was wo gedeiht. Er läßt sich kurz schildern, wie der Boden beschaffen ist, ob es Sonne, Schatten oder Schnecken gibt, wie kalkhaltig das Wasser ist und ob man oft Gäste hat, die ihre Zigarettenkippen in den Blumenbeeten ausdrücken. Dann bekommt man ein paar Töpfe in die Hand gedrückt, die so gut wie gar nichts kosten, weil ein Blumenzüchter kein Geschäftsmann ist, und zieht mit seiner Ausbeute hochbeglückt nach Hause.

Dort hat man längst wieder vergessen, ob es nun das stachelige Gestrüpp war, was ein halbschattiges Plätzchen braucht, oder der mickrige dunkelbraune Stengel in dem Plastiktopf. Was schließlich herauskommt, weiß sowieso kein Mensch, weil ein normal gebildeter Mitteleuropäer ohne Gartenerfahrung sich nichts unter Acaena und Wahlenbergia vorstellen kann.

Nachdem die Hauptarbeit getan war, gab ich mich der Illusion hin, das Wachsen, Blühen und Gedeihen vom Liegestuhl aus verfolgen zu können. Die Sonne schien, die Vögel zwitscherten, und wenn es wieder mal regnete, dann war das auch nicht so schlimm. »Der Garten braucht sicher Feuchtigkeit«, tröstete ich mich und brachte die Kaffeetassen ins Trokkene.

»Der Garten braucht eine liebevolle Hand«, sagte Rolf. »Nach dem Regen ist die Erde schön locker, dann geht das Unkraut viel leichter raus. Morgen kannst du hinten bei den Tomaten anfangen!«

Weil auch die meisten meiner Nachbarinnen ihre Nachmittage überwiegend mit Hacke und Rechen verbrachten, dachte ich nichts Schlimmes und stürzte mich mit Feuereifer in die Arbeit. Als erstes rottete ich die Radieschen aus. Unten hing ja noch nichts dran, und oben sahen sie genauso aus wie Ackermelde. Beim Schnittsalat war ich etwas vorsichtiger, aber es blieb doch noch eine ganze Menge auf der Strecke. Als ich mich gerade über die Gurken hermachen wollte (Gemüse ist grün! Was gelb blüht, kann also nur Unkraut sein!), kam Rolf, entriß mir die Hacke und sagte wenig schmeichelhafte Worte, von denen »Vandalismus« noch das harmloseste war.

Der untere Teil des Gartens bestand aus Rasen. Natürlich sollte es englischer Rasen werden, grün wie ein Billardtisch und dicht wie ein Orientteppich. Rolf hatte die teuerste Sorte gekauft, aber es scheint ein Naturgesetz zu sein, daß sich aus dem besten Rasensamen das üppigste und stachligste Unkraut entwickelt. Das muß vor dem Mähen gejätet werden. Man bewaffnet sich mit einem spitzen Fleischmesser und kriecht auf der Jagd nach Löwenzahn, Klee und Huflattich so lange auf allen vieren herum, bis die gesäuberte Fläche aussieht, als hätte eine Herde Kühe darauf herumgetrampelt. Worauf man sich entschließt, das nächste Mal lieber gleich zu mähen.

Je kleiner die Rasenfläche, desto größer der Aufwand. Dünger wurde gekauft, und bald war der Rasen besser ernährt als wir. Ein Rasenmäher mußte her und ein großer Kanister mit dem zur Fütterung notwendigen Treibstoffgemisch. Dann brauchte der Rasenmäher Öl und passendes Handwerkszeug, weil er manchmal kaputtging. Später kamen noch ein Schleifstein dazu – der Scherenschleifer verstand sich nicht so gut auf Rasenmäher –, eine Spezialbürste zum Reinigen, eine Blechbüchse mit einer schwarzen Paste zum Einfetten und und und . . .

Wenn Rolf abends den Wagen in die Garage fuhr, erforderte dieses Manöver höchste Konzentration. Immerhin enthielt sie außer dem Rasenmäher nebst Zubehör noch mein Fahrrad, Svens Roller, Saschas Dreirad, diverse Gartengeräte, ein Go-Kart, zwei Eimer mit weißer Farbe, weil ich noch nicht dazu gekommen war, die Terrassenmöbel zu streichen, Spinnen, Asseln, ein Dutzend Pappkartons mit unbekanntem Inhalt und einen Feuerlöscher, für den wir im Haus keinen geeigneten Platz gefunden hatten.

Als Rolf zum erstenmal den Rasen mähte, rief er die ganze Familie zusammen, einschließlich Frau Koslowski, die er vom Geschirrspülen weggeholt hatte. Er erwartete von uns, daß wir die kultische Handlung mit gebührender Hochachtung verfolgten. Wir taten ihm den Gefallen. Nur Frau Koslowski trottete kopfschüttelnd in die Küche zurück. »Da soll nun was dabei sein! Das kann doch jede Kuh!« Was wohl absolut wörtlich zu verstehen war.

Nach dem zweiten Schnitt wurde das Rasenmähen an mich delegiert, weil ich ja viel mehr Zeit hätte! Neidisch sah ich zu Frau Heinze hinüber, die von der Terrasse aus zusah, wie ihr Mann mit dem Mäher durch den Rasen pflügte.

»Ich hab' ihm das Ding zum Geburtstag geschenkt!« frohlockte sie. Etwas wehmütig antwortete ich: »Und ich habe zum Muttertag einen Schraubenschlüssel bekommen, damit ich den Deckel vom Benzintank leichter aufkriege!«

Mit fortschreitender Jahreszeit und fortschreitenden Temperaturen muß gegossen werden. Das macht man morgens oder abends. Am besten abends, es könnte ja sein, daß es im Laufe des Tages doch noch regnet.

Am besten eignet sich Regenwasser zum Gießen. Man muß es in alten Teertonnen auffangen, die weder dekorativ noch praktisch sind.

Bis sie so voll sind, daß man ohne artistische Verrenkungen die Gießkanne füllen kann, muß es sehr viel geregnet haben. Aber dann braucht man ja nicht zu gießen, weil sowieso schon alles naß ist.

Garten*besitzer* gießen mit dem Schlauch, Garten*liebhaber* nehmen die Kanne, weil leicht angewärmtes Wasser besser ist für die Pflanzen. Warmes Wasser gibt es in der Küche, und was kümmert es den engagierten Gärtner, wenn der Parkettfußboden im Wohnzimmer schon nach kurzer Zeit schwimmt. Er bedauert höchstens, daß er nicht zwei Gießkannen hat. Nach der siebenunddreißigsten Kanne blickt er neiderfüllt zu seinem Nachbarn, der schon seit einer halben Stunde im Liegestuhl hängt und Zeitung liest. Der Nachbar hat einen Schlauch. Genau betrachtet wächst es bei ihm auch nicht schlechter.

Rolf stellte die Gießkanne in die Garage und kaufte einen Gartenschlauch. Nun konnte er in verhältnismäßig kurzer Zeit die Beete sprengen, den Rasen, die Hauswand, Dackel Conni, alle Familienmitglieder und am ausgiebigsten sich selbst. Wenn er bis auf die Haut durchnäßt war, erklärte er zufrieden, der Garten habe genug, und ging sich trockenlegen.

Irgendwann entdeckt der Gärtner Blattläuse. Natürlich weiß er, daß es dagegen verschiedene Pulver und Gifte gibt, die bei richtiger Anwendung verhältnismäßig unschädlich sind. Die Blattläuse überleben häufig, und auch die Rosen überstehen den Vernichtungsfeldzug. Es kann natürlich passieren, daß Blätter und Knospen dabei verbrennen, aber die kommen im nächsten Jahr wieder. Desgleichen die Blattläuse! Im Laufe eines Jahres kommt der Zeitpunkt, an dem etwas ge- oder beschnitten werden muß, wilde Ranken zum Beispiel, verdorrte Zweige oder Rosen. Dazu braucht man eine besondere Schere. Sie ist teuer und im Gegensatz zu anderen Scheren sehr scharf. Dann braucht man noch ein paar Meter Verbandmull, Leukoplast und Whisky zur innerlichen Desinfektion. Er ist auch zur Schockbekämpfung nützlich, wenn man nämlich dem Hobbygärtner schonend beizubringen versucht, daß er statt eines störenden Seitentriebes den Hauptstamm abgesäbelt hat.

Jeder erntet, was er gesät hat – nur der Gartenliebhaber nicht. Den Salat fraßen die Schnecken. Sie waren anspruchsloser als wir und hatten an den hochaufgeschossenen Stengeln nichts auszusetzen.

Die Rettiche waren holzig, die Karotten dünn wie Bleistifte, und die Kohlrabi haben wir erst gar nicht wiedergefunden. Vielleicht waren es auch keine gewesen, sondern diese spinnenbeinigen Blumen, die auf der Samentüte so herrlich ausgesehen hatten und in natura einem Drahtverhau ähnelten.

»Hoffentlich werden meine Tomaten wenigstens so groß wie meine Blasen«, hatte Rolf gesagt, nachdem er Pfähle in den Boden gerammt und die Pflänzchen daran festgebunden hatte. Aus den Pflänzchen wurden Pflanzen, dann kleine Bäume, aber die Früchte wurden nie größer als Murmeln.

»Vielleicht sind das gar keine Tomaten, sondern Kartoffeln«, zweifelte ich. Eine gewisse Ähnlichkeit ist den beiden Gewächsen ja wirklich nicht abzusprechen.

»Natürlich sind das Tomaten! Das weiß doch jedes Kind!«

Warum blätterte er dann bloß dauernd im Samenkatalog?

»Sieh sie dir doch an! Die Struktur der Blätter ist ganz anders als Kartoffelkraut!«

Seufzend betrachtete er das farbenprächtige Foto, auf dem Stauden mit dicken roten Früchten abgebildet waren. Dann klemmte er sich das Heft unter den Arm und marschierte mit energischen Schritten in den Garten. »Das will ich jetzt mal meinen Tomaten zeigen!«

Das einzige, was wir in großen Mengen ernteten (und was außer Rolf keiner von uns aß), war Spinat. Er ist zwar gesund, läßt sich aber aus Oberhemden und Krawatten nur sehr umständlich entfernen und wird nie alle. Rolf beschloß, im nächsten Frühjahr keinen mehr anzubauen.

Überhaupt wollte er auf Gemüsekulturen weitgehend verzichten und auch den Rasen sich selbst überlassen. Wir hatten im Laufe der Monate festgestellt, daß man unter »Rasen« sehr widerstandsfähiges Gras zu verstehen hat, das auf unbebautem Gelände großartig gedeiht, auf Wegen und in den Fugen der Terrassenplatten geradezu üppig wuchert, auf großer Fläche jedoch dank der liebevollen Fürsorge des Gartenliebhabers langsam zugrunde geht.

Das einzige, was in jenem ersten Jahr bei uns wirklich gewachsen ist, waren das Unkraut und die Wasserrechnung.

Nun bestand der Alltag ja nicht *nur* aus Gartenarbeit, aber irgendwie drehte sich alles um sie. Man mag dabei berücksichtigen, daß es unser erster Garten war. Die Begeisterung legte sich bei mir aber genauso schnell, wie sich auch mein anfänglicher Enthusiasmus für Säuglingspflege gelegt hatte (mir ist heute noch unklar, wie ich es geschafft habe, gleich fünf großzuziehen!). Im Krankenhaus werden einem die Babys sauber und frisch gewickelt präsentiert, die Kinderschwester bringt das temperierte Fläschchen, man braucht nur den Schnuller in das winzige Mäulchen zu schieben und zuzusehen, wie der Nachwuchs zufrieden nuckelt.

Zu Hause sieht die Sache dann schon ganz anders aus. Das Baby brüllt morgens um fünf zum ersten- und abends um zehn zum letztenmal. Es will gebadet, gefüttert, gewickelt, gehätschelt und in Ruhe gelassen werden. Es schreit, wenn man gerade Fenster putzt, und es schläft, wenn man es stolzgeschwellt der Verwandtschaft vorführen möchte. Es bringt den ganzen Tagesablauf durcheinander und kostet viel Zeit.

Mit einem Garten ist es so ähnlich. Da rührt man gerade einen Biskuitteig an, der zumindest bei mir immer größte Aufmerksamkeit erfordert, und plötzlich verdunkelt sich die Küche. Gewitterwolken ziehen auf, die ersten Böen wirbeln Papierfetzen hoch, darunter auch die heutige Zeitung, weil jemand (wer wohl?) sie auf der Terrasse liegengelassen hat, und dann fällt einem siedendheiß ein, daß der Rasenmäher noch draußen steht und der Sonnenschirm aufgespannt ist. Während die ersten dicken Tropfen an die Scheibe klatschen, stürzt man mit wehenden Haaren in den Garten und rettet, was noch zu retten ist. Der Schirm torkelt durch die Blumen und hat schon drei Gladiolen geknickt. Die anderen erledigt der Wind. Man tut, was man kann, aber es nützt nichts mehr.

Kaum wieder im Haus und notdürftig getrocknet, entdeckt man, daß der Sturm das halbe Himbeerspalier abrasiert hat. Die losgerissenen Ranken pfeifen wie Peitschen durch die Luft. Man sucht händeringend die Bastrolle, findet sie natürlich nicht, nimmt den sonst verpönten Bindfaden und stürzt sich erneut in die Sintflut.

Klatschnaß und verdreckt, von oben bis unten zerrupft und zerstochen, schwankt man nach den provisorischen Rettungsmaßnahmen zurück ins Haus. In diesem Augenblick kommt die Sonne hervor und bescheint die Katastrophe. Nicht nur die Gladiolen, nein, auch die Dahlien hat es erwischt. Zwei abgebrochene Sonnenblumen haben melancholisch die Köpfe gesenkt, die zusammengeflickten Himbeeren sehen aus wie Stacheldraht. Daß der Kuchenteig inzwischen auch im Eimer ist, muß man als weiteren Schicksalsschlag hinnehmen.

Abends kommt der Gatte nach Hause, inspiziert sein demoliertes Reich und sagt vorwurfsvoll: »Du kriegst aber auch alles kaputt! Hättest du nicht vorher ein bißchen . . . Schließlich ist es ja auch *dein* Garten!«

Als ausgesprochen positive Folge der überall in der Siedlung ausgebrochenen Gartenleidenschaft empfand ich die Tatsache, daß sich auch die Gesprächsthemen gewandelt hatten. Mitunter blickten wir zwar neidisch in Isabells Garten, wo die Besitzerin im Liegestuhl schmorte, während wir Unkraut jäteten, aber das geschah weniger wegen der aufreizenden Badeanzüge, von denen sie ungefähr ein Dutzend besaß, sondern mehr aus »beruflichem« Interesse. Isabell hatte den schönsten Rasen, die üppigsten Blumen, obwohl sie sich kaum darum kümmerte, und als einzige von uns allen eine herrliche Birke. Die mußte bei den Bauarbeiten glatt übersehen worden sein.

Nachbarliche Kontakte spielten sich fast nur noch in den Gärten ab. Wollte ich mir von Frau Heinze eine Probe von dem hundertprozentig wirkenden Schneckengift holen, dann stieg ich hinten über unseren Zaun, überquerte den Gehweg, stieg vorne über ihren Zaun und fand sie mit ziemlicher Sicherheit irgendwo zwischen Maggikraut und Tausendschönchen.

»Ich komme gleich!« rief sie über die Schulter hinweg. »Ich muß das hier nur noch schnell umsetzen!«

Nach einiger Zeit erhob sie sich, machte mir die Hände schmutzig und sagte strahlend: »Kommen Sie mal schnell mit, das *müssen* Sie einfach sehen!«

Gehorsam trabte ich hinterher und bewunderte pflichtgemäß ein bescheidenes Blümchen, das sich heroisch gegen eine Phalanx von Dickblattgewächsen zu behaupten suchte.

»Was ist denn das?«

»Keine Ahnung«, sagte Frau Heinze, »aber ich habe es selbst gezogen.« Worauf wir uns in ein Fachgespräch stürzten über die Vermehrung von Szillen, über Kunstdünger, Wanderameisen und Kletterrosen. Zum Schluß zog ich mit zwei Blumenzwiebeln ab, die wir noch nicht hatten, und einem Samenkatalog, den wir auch noch nicht hatten. Ihm entnahm ich später, daß die schönsten und dankbarsten Blumen diejenigen waren, die nicht in unserem Garten standen.

Auch bei den Männern, samt und sonders Gartenneulinge und deshalb bestrebt, möglichst schnell das Gegenteil zu beweisen, drehte sich alles nur noch um Grünzeug. Wenn sie sich nach Einbruch der Dunkelheit auf irgendeiner Terrasse zum Feierabendschoppen zusammenfanden, ließen sie sogar ihre vollen Gläser stehen und kletterten statt dessen über drei Zäune, um hinter dem vierten im schwachen Schein einer Taschenlampe die Dianthus musalae zu bestaunen. Und weil man gerade unterwegs war, konnte man auch gleich noch einen Blick auf die purpurrote Nachtkerze von Herrn Wittinger werfen. Wirklich, ein selten schönes Exemplar. Duftete es auch? Vier männliche Hinterteile ragten in die Höhe.

Bliebe noch zu bemerken, daß Gärtnern nur etwas für Erwachsene ist. Kinder interessieren sich für einen Garten nur insoweit, als sie dort Regenwürmer ausgraben können, die sie – aus welchen Gründen auch immer – aufsammeln und in den Kühlschrank legen wollen und es auch wirklich tun!

Aber so weit fortgeschritten in der Jahreszeit waren wir ja noch gar nicht. Zunächst kam erst mal Ostern.

Rolf freute sich in diesem Jahr ganz besonders auf seine Rolle als Osterhase, denn er wollte die Eier im Garten verstekken und zusammen mit seinen sonntäglich gekleideten Söhnen auch die blühenden Forsythien knipsen. Natürlich in Farbe. Für Sven mußte ich deshalb ein hellblaues Hemd kaufen und für Sascha einen roten Pullover.

Karfreitag hatten wir herrliches Wetter; auch der Ostersamstag entsprach der amtlichen Wetterprognose, nämlich heiter bis bewölkt, aber in der Nacht öffneten sich sämtliche Schleusen, und es goß wie aus Eimern. In der Regenrinne gurgelte es, morgens um vier wischte ich den Parkettboden im Wohnzimmer auf, weil die Terrasse überlief, aber zwei Stunden später ging der Regen in ein sanftes Nieseln über, um sieben hörte er schließlich ganz auf, um acht schien strahlend die Sonne.

»Na also!« sagte Rolf befriedigt, klemmte sich die beiden Plastiktüten voll Süßigkeiten unter den Arm und machte Anstalten, in den Garten zu gehen.

Ich sah wohl nicht recht! »Bist du wahnsinnig geworden? Draußen ist doch alles aufgeweicht! Du kannst unmöglich in dieser Pampe die Eier verstecken!«

»Das bißchen Nässe«, sagte der Osterhase abfällig. »Das meiste davon ist sowieso schon versickert.«

Auf Zehenspitzen überquerte er die klatschnassen Fliesen. »Quaaatsch« machte es, als er nach dem ersten Schritt mit dem Schuh halb im Boden versank, und noch mal »Quaaatsch«, als der zweite Schuh steckenblieb.

»Ich glaube, das ist nur hier vorne«, sagte Rolf optimistisch. »Weiter hinten wird es trockner sein. Aber vielleicht gibst du mir doch lieber die Gummistiefel raus!«

Vorsichtshalber fragte ich: »Paßt denn Rot zu Gelb?«

»Wieso?«

»Weil Saschas Stiefel gelb sind.«

Rolf sagte gar nichts, zog seine Elbkähne an und stapfte wieder los.

Natürlich war der Boden hinten genauso aufgeweicht wie vorne, aber das konnte er ja nicht zugeben. Unverdrossen begann er, die Eier zu verstecken.

Jetzt kam die zweite Schwierigkeit: es gab keine Verstecke. Bis auf ein paar Sträucher war der Garten leer, und selbst die waren noch nicht grün. Die versuchsweise hineingesteckten bunten Eier leuchteten wie Verkehrsampeln.

»Komm zurück!« rief ich. »Das hat doch keinen Zweck!«

Rolf ließ sich nicht beirren. »Dann buddle ich sie eben ein bißchen ein. Ist ja Stanniolpapier drum!«

Tatsächlich fing er an, kleine Vertiefungen zu graben, in die er die Eier legte und sorgfältig mit Erde bedeckte. Training hatte er ja schon!

»Nun markiere wenigstens die Stellen, sonst können wir nachher mit einer Wünschelrute herumrennen!« empfahl ich.

»Daran habe ich schon gedacht!« Rolf winkte mit kleinen Stöckchen, die er irgendwo aufgelesen hatte. »Ich stecke überall eins rein. Hoffentlich kommen die Kinder nicht so schnell dahinter!«

Die krakeelten in der Küche herum. Ich hatte sie dort eingesperrt, weil es der einzige Raum im Haus war, von dem aus man nicht in den Garten sehen konnte.

Endlich war Rolf fertig. Während die beiden kleinen Zappel ihre Gummistiefel anzogen, kontrollierte er noch einmal den Fotoapparat. »Alles klar, es kann losgehen!«

Jubelnd stürmten die Kinder los. Jubelnd entdeckte Sascha den blauen Osterhasen in den Forsythienzweigen, und immer noch jubelnd flog er der Länge nach in den Dreck.

»Macht nichts«, sagte Rolf, »das ist ein prima Bild geworden!«

Sven hatte inzwischen den Garten abgesucht – einmal längs und einmal quer –, außer einem Schokoladenei und einer ertrunkenen Feldmaus aber nichts gefunden. »War das schon alles?«

»Ihr müßt *suchen*!« sagte Rolf, immer noch den Apparat vorm Auge. »Hasen vergraben doch alles!« (Zoologie fällt nicht unbedingt in das Wissensgebiet eines Werbeberaters!).

»Du meinst, wir müssen hier herumbuddeln?« erkundigte sich Sven ungläubig. Er sah sowieso schon aus wie ein Grubenarbeiter.

»An eurer Stelle würde ich es mal versuchen!« Rolf drückte auf den Auslöser und erwischte seinen Jüngsten, wie der erwartungsvoll in eine Tulpenzwiebel biß.

Eine Stunde später: Die Sanders', vier an der Zahl, zwei davon heulend, eingehüllt in wasserdichte Kleidung, stapften durch den Garten und suchten in strömendem Regen die vergrabenen Ostereier. Bei dem voraufgegangenen Hin- und-her-Gerenne hatten die Jungs die kleinen Markierungsstöckchen in die weiche Erde getreten, wo sie von den überall herumliegenden anderen kleinen Stöckchen nicht mehr zu unterscheiden waren.

Zu seinen Fotos ist Rolf aber doch noch gekommen. Herr Heinze hatte von seinem Fenster aus einen ganzen Film verknipst. Das schönste Bild zeigte Rolf, die hellgrauen Hosen bis zum Knie voll Lehm, wie er einen toten Maulwurf auf dem Spaten hat.

9.

Die Schulzeit ist die glücklichste Zeit unseres Lebens – vorausgesetzt natürlich, unsere Kinder sind schon schulpflichtig! Sven war endlich soweit. Zusammen mit Riekchen, Karsten Vogt und den Zwillingen wurde er eingeschult.

Die Schule lag im Zentrum von Monlingen. Schüler der umliegenden Dörfer wurden mit dem Bus geholt und zurückgebracht. Es fehlten zwar noch ein paar hundert Meter bis zur gesetzlich festgelegten Mindestentfernung, die einen Schulbus amtlich rechtfertigte, aber die Stadtverwaltung hatte ein Einsehen und richtete am Ende unserer Zufahrtsstraße extra eine Haltestelle für unsere fünf I-Dötzchen ein. Michael und Hendrik durften auch mitfahren. Dann mußten sie noch in einen zweiten Bus umsteigen, weil Monlingen kein Gymnasium hatte.

Zu den ersten Dingen, die Sven in der Schule lernte, gehörte, daß alle anderen mehr Taschengeld bekamen. Sie durften auch länger aufbleiben, öfter fernsehen und alles das tun, was er schon seit Jahren sehr nachdrücklich forderte. Etwas verunsichert machte ich einige Zugeständnisse, und von da an gefiel es ihm in der Schule großartig. Die täglichen Tischgespräche kreisten jetzt um ein neues Thema.

»Was habt ihr denn heute in der Schule gelernt?«

»Schreiben!«

»Das ist ja prima«, sagte Rolf. »Und was hast du geschrieben?«

»Das weiß ich nicht«, lautete die Antwort, »ich kann noch nicht lesen.«

Als ich eines Morgens von der Haltestelle zurückkam – es war etwas spät geworden, und ohne Antreiber hätte Sven mal wieder nur die Rücklichter vom Bus gesehen –, stieß ich knapp vor unserer Haustür mit einem Herrn zusammen. Er war großgewachsen, hatte schwarze Haare, schwarze Augen und einen bronzefarbenen Teint. In dieser Umgebung wirkte er wie eine Kokospalme am Südpol. Ihm folgte eine Dame, die nur etwas kleiner war, dunkle Mandelaugen hatte und einen schwarzen Farbtupfer über der Nasenwurzel.

»Guten Tag«, sagte ich verblüfft.

»Gutten Tack«, sagte der Herr, verbeugte sich leicht und legte die Hände aneinander, als wolle er beten. »Ich sein Ransome Botlivala. Wohnen nebenann.« Er lächelte, verbeugte sich und zeigte nach rückwärts. Das Musterhaus? Aber warum eigentlich nicht? Alle anderen waren verkauft, sogar die halbfertigen in der letzten Reihe. Deshalb wurden diese Häuser wohl auch nie ganz fertig.

»Dann sind Sie also in Nummer sechs eingezogen?«

Herr Botlivala lächelte und nickte.

»Wie schön! Allmählich werden wir international«, freute ich mich. Legte man ihre nicht ganz alltäglichen Gewohnheiten zugrunde, so konnte man Brauer und Straatmanns zumindest als halbe Afrikaner bezeichnen.

»Si si, hier wohnen.« Botlivala deutete wieder eine Verbeugung an.

»Und das ist sicher Ihre Frau!« Ich streckte der mandeläugigen Schönheit die Hand entgegen. Sie lächelte, berührte mit den zusammengelegten Händen ihre Stirn und verbeugte sich.

»Ihre Frau, si«, lächelte auch Herr Botlivala und verbeugte sich. Langsam ging mir das auf die Nerven.

»Sind Sie schon lange in Deutschland?« Irgend etwas mußte ich sagen, und Geistreicheres fiel mir nicht ein.

»Deutschland, si, si«, antwortete Herr Botlivala lächelnd mit einer etwas weniger tiefen Verbeugung.

Allmählich begriff ich, daß seine Sprachkenntnisse eine flüssige Unterhaltung noch nicht gestatteten. Anscheinend sprach er Spanisch, aber das wiederum konnte ich nicht. Mir fiel lediglich die spanische Bezeichnung für Damentoilette ein, und diese Vokabel erschien mir im gegenwärtigen Stadium unserer Bekanntschaft nicht recht geeignet.

Ob ich es mal mit Englisch versuchen sollte? Halb Asien ist schließlich mal Kronkolonie gewesen, da müßte doch eigentlich etwas hängengeblieben sein. »Where did you come from?«

Herr Botlivala verbeugte sich. Du lieber Himmel, aus welcher Ecke unserer guten Mutter Erde stammte er bloß? Thailand? Vietnam? Korea? Hatten dort nicht mal die Franzosen gesessen? Ach nee, das war ja Algerien gewesen, und arabisch sah mein Gegenüber nun wirklich nicht aus. Trotzdem probierte ich es.

»Avez-vous des enfants?« Kinder sind immer ein gutes Gesprächsthema, abgesehen von der blamablen Tatsache, daß ich mit der französischen Sprache nie ein sehr inniges Verhältnis eingegangen war.

Zur Abwechslung legte Herr Botlivala wieder einmal die Hände an die Stirn, bevor er sich verbeugte.

Zum Kuckuck noch eins! Wie kam ich jetzt bloß weg? Ich konnte doch nicht den halben Vormittag hier auf der Straße stehen und wie ein Stehaufmännchen auf und nieder wippen. Ich hatte mich nämlich dabei ertappt, wie ich mich synchron zu Herrn Botlivala ebenfalls leicht verbeugte. Jetzt versuchte ich es mal mit lächeln. Herr Botlivala lächelte zurück. Mein Lächeln wurde zur Grimasse. Herr Botlivala lächelte immer noch gleichmäßig schön. Ich verbeugte mich. Herr Botlivala verbeugte sich auch.

Endlich zwitscherte seine Frau Unverständliches, worauf sich Herr Botlivala noch einmal verbeugte und von dannen schritt. Mandelauge hinterher. Dann drehte sie sich noch einmal um. »Danke.«

Kaum waren sie hinter den Garagen verschwunden, da machte ich auf dem Absatz kehrt und ging zu Obermüllers. »Ich habe da eben einen Asiaten getroffen, der . . .«

»Ach, der Kamasutra oder wie er heißt«, feixte Obermüller, während er sich einen Doppelkorn ins Schnapsglas goß. »Det sind Inder. Jestern einjezogen. Sprechen keen Wort Deutsch und jrinsen bloß. Janz ulkije Type. Willste ooch 'n Korn?«

Dankend lehnte ich ab. »Ich hab' noch nicht mal gefrühstückt.«

»Ick ooch nich. Jenau jenommen bin ick jrade dabei.« Er kippte den Schnaps hinunter. »Wenn du Dorle suchst, die is in 'n Jarten. Irjendwo mang de Erdbeern.«

Obwohl ich zu Obermüller weiterhin ›Sie‹ sagte, duzte er mich seit der Silvesternacht. »Is doch Quatsch! Wir sind hier 'ne jroße Familje, und inne Verwandtschaft jibts keene Förmlichkeiten.«

Daß ich auf diese familiären Bindungen keinen großen Wert

legte, schien er nicht zu bemerken. Zum Glück war seine Frau ganz anders. Sie mochte ich wirklich.

Dorle hängte im Garten Wäsche auf. »Bist du aus dem Bett gefallen?«

»Im Gegenteil. Deshalb mußte ich auch Sven auf Trab bringen, sonst hätte er den Bus verpaßt. Auf dem Rückweg hatte ich dann eine sehr einseitige Konversation in verschiedenen Sprachen mit einem Vertreter der ostasiatischen Rasse.«

»Botlivala!« lachte sie. »Die wohnen nur vorübergehend hier, bis die Wohnung von ihren Vorgängern frei wird. Er ist Praktikant bei einer Maschinenbaufirma oder so ähnlich und soll jetzt deutsches Know-how lernen. Miete zahlt er auch nicht, das wird alles von höherer Warte aus geregelt.«

»Aha. Und in welcher Sprache hat er dir das denn erzählt? Oder kannst du Hindi?«

»Sayonara«, antwortete sie.

»Das ist japanisch.«

»Weiß ich, klingt aber auch so schön orientalisch.«

»Jetzt mal im Ernst: Wie hast du dich mit diesen exotischen Vögeln verständigt?«

»Überhaupt nicht!« Dorle klammerte die letzten beiden Handtücher fest. »Die Tante von der Baufirma hat es uns erzählt, als sie die Schlüssel brachte. Aus irgendwelchen Gründen ist das Musterhaus nicht verkauft worden, sondern möbliert vermietet. Und wie es scheint, zahlen die Inder recht gut.« Sie griff nach dem Wäschekorb. »Kommst du noch mit rein?«

»Um Himmels willen, nein! Ich muß nach Hause, sonst stellt Sascha wieder die ganze Bude auf den Kopf. Gestern hat er die Geflügelschere in die Waschmaschine geworfen, und ich habe mir eine Stunde lang den Kopf zerbrochen, was da so klappert. Rangetraut habe ich mich aber auch nicht, weil ich dachte, das ganze Ding fliegt mir um die Ohren. Endlich bin ich auf die Idee gekommen, die Hauptsicherung auszuschalten!«

Seitdem Sven vormittags in der Schule war, langweilte sich Sascha und war ständig auf der Suche nach Unterhaltung. Kaum hatte ich das Zahnpastagemälde vom Toilettendeckel entfernt und die Erbsen aus dem Badewannenabfluß, dann raste ich schon in die Küche hinunter, weil es brenzlig roch. Sascha toastete Plastikteller.

Dabei war ich sogar froh, wenn es irgendwo klirrte oder

zischte, dann konnte ich meist noch das Schlimmste verhüten. Die lautlosen Tätigkeiten waren – jedenfalls von Saschas Standpunkt aus – viel erfolgreicher. Einmal hatte er Rolfs nagelneuen Shetlandpullover und ein Badehandtuch zur Altkleidersammlung gegeben, weil »die Tüte noch ganich richtich voll war«. Entdeckt haben wir es erst drei Tage später. (Merke: Wohltätig ist, wer weggibt, was er selbst noch gebrauchen kann!)

Oder kurz vor Weihnachten, als ich Geschäftsfreunde von Rolf zum Adventskaffee einladen mußte. Der Tisch hatte wirklich hübsch ausgesehen mit seiner Dekoration aus Kerzen und Tannenzweigen. Sogar einen dreiarmigen Leuchter hatte ich noch gekauft, weil wir nur versilberte besaßen (Hochzeitsgeschenk von Tante Lotti), die immer wie Altarschmuck aussahen. Dorle hatte mir eine alte handgeschnitzte Holzschale für das Gebäck geliehen, und nach einer letzten Inspektion meines Gesamtwerks war ich zufrieden nach oben gegangen, um mich in das unauffällig-elegante Jackenkleid zu werfen. Rolf hatte diesen feierlichen Aufzug angeordnet. Ich war gerade in die Schuhe geschlüpft, als er mit den Gästen erschien. Während ich in der Küche die mitgebrachten Blumen in die Vase stellte, führte Rolf den Besuch ins Wohnzimmer.

»Ach nein, wie originell!« hörte ich das etwas gequält klingende Entzücken der Dame. »Richtig winterlich!«

Winter? Was denn für Winter? Leicht beunruhigt lief ich ins Zimmer, und dann sah ich auch schon die Bescherung! Über den ganzen Tisch verteilt lag eine weiße Substanz, die eine gewisse Ähnlichkeit mit Puderzucker hatte. Sascha hatte nicht gespart! Auf den Zweigen, auf den Löffeln, auf den Keksen, in den Tassen – überall häufte sich das Zeug. Daß es auch in die Schlagsahne geraten war, merkten wir erst beim Essen.

Vorsichtig tauchte ich einen Finger in das weiße Gekrümel und probierte. Es war Waschpulver!

»Sascha!!!«

»Ich hab' gar nichts gemacht!« klang es dumpf von oben, wo er sich vorsichtshalber im Bad verbarrikadiert hatte.

»Du kommst sofort herunter!« forderte sein Vater mit letzter Selbstbeherrschung.

Zum Glück ahnte Sascha, daß es ernst wurde. Er kam postwendend anmarschiert, begrüßte artig die Gäste und warf nur einen ganz verstohlenen Blick auf den verschandelten Kaffeetisch.

»Würdest du mir bitte erklären, was das bedeuten soll?« Rolf war wütend und sprach deshalb sehr akzentuiert.

Mit unschuldigem Augenaufschlag sah ihn Sascha an. »Da hat noch der Schnee gefehlt! Is doch bald Weihnachten! Und wo Mami doch die ganzen Tannenzweige hingelegt hat . . .«

»Das hast du sehr hübsch gemacht«, lobte die Besucherin, »aber du weißt ja sicher, daß man keinen Schnee essen soll. Deshalb gehört er auch nicht auf einen Tisch. In Zukunft machst du das nicht mehr, gell?«

»Nein«, versprach Sascha. »Aber schön sieht's aus, nich wahr?«

Während wir gemeinsam in der Küche das Waschpulver von den Lebkuchen bürsteten, erzählte mir Frau Kayser, daß sie drei erwachsene Kinder und fünf Enkel habe. Von da an verstanden wir uns prächtig. Den erhofften Auftrag hat Rolf später auch noch bekommen.

An Herrn Botlivala hatte ich gar nicht mehr gedacht, als Isabell abends um zehn Sturm klingelte.

»Also, ich muß schon sagen, es ist unverantwortlich von Ihnen, ein Baby stundenlang schreien zu lassen!«

»Wie bitte?« Ich verstand kein Wort.

»Bei Ihnen schreit doch ein Baby!«

»Unsinn! Wo sollte das denn herkommen? Aber wenn Sie mir nicht glauben, dann treten Sie ein und überzeugen sich selber!«

Sie tat es. »Merkwürdig«, sagte sie dann zögernd, »ich hätte schwören können, daß Sie ein Baby haben!«

»Eins? Ich hab' drei, auch wenn sie inzwischen aus den Windeln heraus sind.«

»Dann muß ich Halluzinationen haben«, sagte Isabell, »dabei habe ich überhaupt noch nichts getrunken.«

Wenigstens zog sie wieder ab, ohne Rolf guten Abend gesagt und den obligatorischen Schlummertrunk hinuntergekippt zu haben.

Gleich darauf war sie wieder da. »Jetzt kommen Sie mit rüber und hören sich das an! Das *ist* ein Baby!«

»Es wird eine Katze sein«, beruhigte ich sie, stapfte aber hinterher, um zu verhindern, daß sie wieder nach männlichem Schutz Ausschau hielt. Der Neffe war ja inzwischen abgereist.

Die vermeintliche Katze war wirklich ein Baby. Ganz deutlich hörte man ein klägliches Wimmern, unterbrochen von trockenen Schluchzern.

»Das kommt von der anderen Seite. Die Inder müssen ein Kind haben! Legen Sie mal das Ohr an die Wand!«

Isabell drückte ihre ondulierte Haarpracht an die rosa Stofftapete. »Tatsächlich! Aber die sind gar nicht da. Ich habe sie vor zwei Stunden weggehen sehen.«

»Dann kommen sie sicher bald zurück. Gewöhnlich schlafen Kinder um diese Zeit. Wer weiß, wovon es aufgewacht ist.« Ich wandte mich zum Gehen.

»Aber wenn es nun immer weiter schreit? Ich hab' doch so gar keine Erfahrung mit Babys.«

»Wir können doch sowieso nichts machen«, sagte ich. »So außergewöhnlich ist es nun wirklich nicht, daß ein Kind nachts mal schreit. Wenn es sich müde gebrüllt hat, schläft es wieder ein!«

»Aber es ist sehr störend«, meinte Isabell ungnädig. »Es klingt auch sehr unmelodisch.«

»Nicht jeder hat einen bühnenreifen Sopran!«

Sofort lebte Isabell auf. »Haben Sie den Unterschied auch schon gemerkt? Es ist doch erstaunlich, wieviel ich schon aus meiner Stimme herausholen kann! Dabei habe ich erst seit acht Wochen Gesangsunterricht. Der Professor meint, in gut zwei Jahren könnte ich schon mit meinem ersten Engagement rechnen.«

Auch das noch! Nicht nur, daß Isabell stundenlang Klavier spielte – wobei sie mehr Pedal- als Fingerarbeit leistete und besonders schwierige Passagen einfach unter den Tisch fallen ließ –, nein, sie sang auch noch dazu! »Mei-hein Herr Marquis, ei-hein Mann wie Sie . . .«

Vom Komponisten nicht vorgesehene Koloraturen fügte sie selbst ein, und was manchmal durch die leider sehr hellhörigen Wände drang, war eine Mischung von Butterfly, Hello Dolly und Königin der Nacht.

»Wen vergewaltigt sie denn jetzt wieder?« rätselte Rolf, wenn es uns trotz größter Aufmerksamkeit nicht gelang, den Urheber des Liedes herauszubringen. Und nun standen diese Gesangsdarbietungen sogar unter fachmännischer Obhut! Besser wurden sie dadurch zwar auch nicht, aber bedeutend länger.

Etwas wehmütig erinnerte ich mich an Tante Else, die bei uns zu Hause eine Zeitlang das Zepter geführt und beim Kartoffelschälen so richtig schöne Küchenlieder gesungen hatte. Wenn sie weinte, wußte ich nie, ob das von den Zwiebeln kam oder weil Sabinchen ins Wasser gehen wollte.

Auch an den nächsten beiden Abenden holte mich Isabell ins Haus, damit ich mir das Babygeschrei anhören sollte. Dann platzte mir der Kragen.

»Warum kommen Sie eigentlich immer zu uns? Beschweren Sie sich doch bei Botlivalas!«

»Erstens kann man mit denen nicht reden, und zweitens sind sie nie zu Hause!«

Das stimmte nicht. Jeden Morgen hängte Mandelauge Bastmatten über das Geländer, zupfte an ihnen herum, beträufelte sie mit einer farblosen Flüssigkeit, und nach einer Weile holte sie sie wieder herein, schloß die Tür und ward nicht mehr gesehen.

»Soll ich mal mit ihr sprechen?« schlug ich vor.

Dankbar nickte Isabell. »Ach ja, wenn Sie das tun würden? Sie haben viel mehr Erfahrung, und so von Mutter zu Mutter redet es sich leichter.«

Vorausgesetzt, man spricht Indisch. Am folgenden Tag paßte ich auf, wann Mandelauge ihre Matten vom Balkon pflückte, wartete einen Augenblick und ging hinüber. Sie trug einen mattgelben Sari, in dem sie entzückend aussah, und lächelte freundlich.

»Sie haben ein Baby«, begann ich vorsichtig.

»Si, Baby«, lächelte Mandelauge. »Sehen wollen?«

»Natürlich, gerne«, sagte ich sofort, obwohl ich der Wahrheit halber zugeben muß, daß mich weniger das Baby interessierte als eine indische Wohnung. Deshalb war ich auch ziemlich enttäuscht, als sich das orientalische Interieur als europäische Dutzendware entpuppte. Anscheinend hatte die Baufirma die ursprünglich nur zu Anschauungszwecken hingestellten Möbel im Musterhaus belassen und gleich mitvermietet. Das Baby lag in einer Art Körbchen und – schlief!

»Das Indira«, sagte Mandelauge stolz.

Indira war ein knappes halbes Jahr alt, hatte schwarze Haare und den verkniffenen Gesichtsausdruck eines Finanzbeamten mit chronischem Magengeschwür.

»Nachts schreit Indira sehr viel«, sagte ich betont freundlich.

»Indira schreit viel«, echote Mandelauge bereitwillig.

»Indira schreit auch, wenn Sie nicht zu Hause sind. Abends. Nachts.«

Aufmerksam verfolgte Mandelauge meine Gesten. Ich hielt mir die Augen zu, um den Begriff Dunkelheit zu demonstrieren, malte einen Halbmond in die Luft, trippelte zur Tür und zeigte wieder auf das Baby. »Wenn Sie weggehen, schreit Indira.«

Mandelauge hatte nichts verstanden. Höflich folgte sie mir zur Tür.

So ging es also nicht! Langsam begriff ich, weshalb manche Menschen Ausländer behandeln, als hätten sie Schwachsinnige vor sich. Jetzt versuchte ich es auf die gleiche Tour: »Du gehen weg, wenn dunkel. Wenn Nacht. Dann Indira schreien! Viel lange! Nicht gut für Baby. Indira nicht allein lassen, wenn dunkel!«

Nun hatte Mandelauge begriffen. Eifrig nickte sie, trat ans Fenster und zog vorsichtig die Übergardinen zu. »Dunkel«, sagte sie mit einem Blick zu dem schlafenden Säugling.

»Das meine ich doch gar nicht«, murmelte ich erschöpft. »Jetzt paß mal auf, du wunderhübsche, aber leider ziemlich begriffsstutzige exotische Blüte, du! Ich verklicker dir das Ganze noch mal, und wenn du dann wieder nichts kapierst, komm ich dir mit Goethe!«

Ich riß mich zusammen und sagte ganz langsam und deutlich: »Du Mama! Mama gehen weg! In der Nacht. Indira schreien. Du« – damit deutete ich auf sie – »nicht gute Mama!«

»Gute Mama«, flüsterte Mandelauge verträumt und strich mit der linken Hand sanft über ihren Bauch. »Wieder Mama.«

Ach du liebe Zeit, etwa noch eins? Isabell würde durchdrehen! Meine Kommunikationsversuche gab ich jedenfalls erst einmal auf und versuchte mein Glück abends bei Papa Botlivala, aber dem hatte Mandelauge wohl schon von meinem Besuch erzählt, denn als er mich sah, strahlte er. »Indira schön Baby?«

»Ein sehr schönes Baby«, versicherte ich, »aber es schreit zu viel.«

»Schreit, ja. Gesund«, sagte Herr Botlivala, verbeugte sich lächelnd und schloß die Tür.

Indira brüllte also weiter und trieb Isabell aus dem Haus, die bei uns Trost und Armagnac suchte. Rolf fing an, sich an unseren täglichen Gast zu gewöhnen. Er kam pünktlich nach Hause, brachte Blümchen für den Couchtisch mit und Räucherlachs fürs Abendessen und erwähnte immer häufiger, welch ein aufmunternder Anblick eine gutgekleidete, gutgelaunte Frau für einen ermüdeten, gestreßten Mann doch sein könne.

Die gutgelaunte, gutgekleidete Isabell hatte ja auch nicht fünf Minuten vorher Tomatenketchup vom Küchenboden wischen und Schokoladenstreusel von der Butter kratzen müssen – ganz zu schweigen von der hektischen Suche nach Saschas Schlafanzug, der sich endlich im Kasten mit den Bauklötzen wiedergefunden hatte, wo ihn natürlich niemand vermuten konnte.

Dabei versuchte ich jeden Abend, wenigstens das größte Chaos zu beseitigen, bevor Rolf kam. Aber wohin mit den Legosteinen, wenn er schon die Autotür zuschlug? Mit beiden Händen zusammenraffen und unter die Couch schieben. Ebenfalls das Feuerwehrauto und Svens Latschen; die Buntpapierschnipselei in die Ecke vom Fensterbrett, da hängt die Gardine vor, Stehlampe anknipsen, und fertig war das traute Heim. Nur für mich selbst reichte die Zeit nicht mehr, weil ich entweder noch schnell den Wellensittich einfangen oder Sascha aus der Badewanne fischen mußte, in der er meine Seidenbluse mit Scheuersand schrubbte, oder …

Isabell ging mir auf den Geist, aber Indira schrie immer noch, und Botlivalas fuhren weiterhin jeden Abend weg. Ich konnte sie ja schlecht mit vorgehaltenem Revolver daran hindern.

Schließlich wandte ich mich an Frau Straatmann. Jahrelang hatte sie kleinen Wilden die Heilige Schrift erläutert, dann würde sie doch wohl ausgewachsenen zivilisierten Indern klarmachen können, daß sie abends gefälligst zu Hause bleiben oder wenigstens einen Babysitter engagieren sollten.

Zuversichtlich machte sich Frau Straatmann auf den Weg. Sie blieb fast eine Stunde bei Mandelauge, und als sie zurückkam, hatte sie fünf verschiedene Teesorten in der einen Hand und in der anderen eine Tuschezeichnung von Indiras Urgroßvater.

»Eine reizende junge Frau«, schwärmte Frau Straatmann, »und eine ganz hervorragende Köchin. Sie hat mir eine Kostprobe von ihrem Currygemüse gegeben – also ein Gedicht! Das Rezept hat sie mir auch aufgeschrieben, leider in ihrer Sprache.

Aber am Sonntag wird es mir Bruder Benedikt sicher übersetzen können. Er ist nämlich häufig in Indien gewesen.«

»Haben Sie Frau Botlivala die Sache mit dem Baby erklären können?«

»Sie versteht ja so wenig Deutsch. Dabei ist sie so ein reizendes Geschöpf.« Mit einem freundlichen Kopfnicken eilte Frau Straatmann nach Hause.

Vielleicht konnte Alex Brauer helfen? Der radebrechte immerhin diverse Sprachen, und außerdem ist Nordafrika von Indien nicht so weit weg wie Deutschland. Aber Indisch sprach er trotzdem nicht.

»Dazu braucht man eine Kastratenstimme«, sagte er lachend. »Ist ja möglich, daß sich der Palmwein negativ auf die männlichen Hormone auswirkt. Hast du das Zeug schon mal getrunken?«

»Nein.«

»Da hast du auch nichts versäumt. Schmeckt wie aufgewärmtes Haarwasser. Scotch ist besser. Willste einen?«

Brauer saß im Liegestuhl, vor sich eine Tabelle mit endlosen Zahlenkolonnen, neben sich die halbgeleerte Flasche. Es war elf Uhr vormittags, und ich überlegte, ob er noch frühstückte oder schon das Mittagessen vereinnahmte. Ich wurde einfach nicht klug aus ihm. Anscheinend arbeitete er intensiv, denn manchmal sah man ihn tagelang nicht, weil er im Keller mit seinen Schnecken experimentierte und alles um sich herum vergaß. Dann wieder lag er von morgens bis abends in der Sonne, kippte pausenlos Whisky in sich hinein und brüllte seine Frau an. Er konnte charmant, liebenswürdig und geistreich sein, er konnte aber auch zum Ekel werden.

Seit der Silvesterparty duzten wir uns. Meinen zaghaften Versuch, wieder zum Sie zurückzukehren, hatte er kurzerhand abgeblockt:

»Kommt nicht in Frage, Mädchen, ich sieze nur Leute, die ich nicht leiden kann – also meine Schwiegermutter und den Gerichtsvollzieher. Aber wenn der noch öfter zu uns kommt, werden wir vielleicht auch noch Freunde.«

Helfen konnte mir Alex aber auch nicht. – Er konnte kein Hindi, hatte auch keine Lust, sich mit »diesen braunen Affen« abzugeben, und empfahl mir Schlaftabletten.

»Für ein sechs Monate altes Baby dürfte das wohl kaum das richtige sein«, protestierte ich.

»Wer redet von dem Schreihals? *Du* sollst sie nehmen!«

»Blödsinn! Ich höre das Gebrüll ja gar nicht. Babydoll ist die Leidtragende, und weil sie so zarte Nerven hat, kommt sie jeden Abend zu uns, weint sich aus und verdreht Rolf den Kopf.«

»Diese abgetakelte Fregatte? Mach dich doch nicht lächerlich, Mädchen! Die ist mindestens ein Dutzend Jahre älter als du, saublöd und Nymphomanin. Oder glaubst du etwa das Märchen von der liebenden Tante, die ständig ihre Neffen zu sich einlädt? Demnach müßte sie mindestens sechs Geschwister mit ausschließlich männlichen Nachkommen haben. Dieses Weib ist mannstoll, und wenn Rolf das noch nicht gemerkt hat, tut er mir leid. Schmeiß sie doch einfach raus!«

Das tat ich dann auch. Isabell war beleidigt, aber weil Botlivalas kurze Zeit später auszogen, hatte sie keinen triftigen Grund mehr, uns jeden Abend auf den Wecker zu fallen. Zu meiner Überraschung war Rolf sogar froh, denn nun konnte er wieder seine alten Pantoffeln und die ausgeleierte Strickjacke tragen und brauchte sich nicht mehr in den kleidsamen, aber leider viel zu engen Blazer zu zwängen. –

Nach Indien kam Schottland. Die McBarrens waren ein älteres Ehepaar ohne Kinder, und wenn Mr. McBarren nicht eine ungewohnte Vorliebe für großkarierte Sakkos gehabt hätte, würde man ihn für einen Beamten des Einwohnermeldeamtes oder der Bundesbahnverwaltung gehalten haben. Deutsche Beamte geben sich aber dezenter.

Wie ihre Vorgänger hatten auch die McBarrens keine Ahnung von der Landessprache, und deshalb grüßten wir uns nur oder winkten uns zu, wenn wir uns begegneten.

Es muß im Juni oder Juli gewesen sein, als Mrs. McBarren mich unverhofft besuchte. Sie wollte wissen, ob ich ihr eine Putzfrau besorgen könnte. Deutschland gefalle ihr, ganz besonders sei sie von der hinreichend bekannten Ordnung und Sauberkeit beeindruckt, und nun hätte sie es auch gerne so.

(Wahrheitsgemäß muß ich zugeben, daß sich dieses Gespräch eine Stunde lang hinzog und nur mit Hilfe eines Wörterbuchs zu Ende geführt werden konnte, denn meine Englischkenntnisse sind nicht gerade umfassend, und Schottisch verstand ich schon überhaupt nicht.)

Ich versprach Frau McBarren, daß ich mich umhören würde. Frau Koslowski hatte keine Lust. Sie fühlte sich bei uns schon überfordert bzw. unterbezahlt, und Schotten sind bekanntlich geizig. Eine zweite Putzstelle wollte sie auf keinen Fall annehmen. Weshalb sie überhaupt noch bei uns war, wußte ich ohnedies nicht. Jedesmal erzählte sie mir, daß sie das Geld gar nicht nötig habe, jede Arbeit Gift für ihre Arthritis sei und an ihrer Wiege niemand gesungen habe, daß sie mal ihr Brot als Putzfrau verdienen müßte. Trotzdem kam sie immer wieder. Vielleicht deshalb, weil sie sich mit Tante Leiher so gut verstand und ihr beim Zusammenlegen der Frottiertücher half; vielleicht auch, weil sie jede Woche einen Schwung Romanheftchen bekam, die Rolf von dem Verlag, für den er die Werbung machte, stapelweise mitbrachte; vielleicht kam sie aber auch nur, weil sie sich zu Hause langweilte.

Dann fiel ihr plötzlich ein, daß ihre Freundin eventuell »auf die Stellung reflektieren täte«. Mit der hatte sie früher immer zwischen zehn und zwölf Uhr Kaffee getrunken. Wenn Frau Koslowski aber bei uns war, konnte sie nicht Kaffee trinken, und angeblich hatte die Freundin das schon häufig beklagt.

Emma Kiepke, geborene Nägele, war 157 cm groß und ungefähr 75 cm breit. Sie hatte ein rundes Apfelgesicht, schüttere graue Haare und ein bemerkenswertes Temperament.

»Ha, wisset Se, ich bin net von do! Ich komm aussem Schwäbische, aus Grunberg, des isch bei Waiblinge, mitte im Hohenlohensche. Arg schön isch's do, und ich hab erscht gar net wegwolle, awer wie ich mei Karle kenneglernt hab – des war mein seliger Mo, müsset Se wisse –, grad uf dr Hochzich von meiner Schweschter isses gwäse, do hab ich wähle gmüßt zwische dem Karle seiner Arbeitsstell un dem Häusle, wo mei Vater mir die Hälfte hätt vererbe gwollt. Do hab ich halt de Karle gnomme un bin do hergzoge. Akkurat zweiunddreißig Johr isch des jetzt her.«

Natürlich sprach auch Emma Kiepke kein Englisch, aber sie meinte, das sei nicht so schlimm, als gute Hausfrau wisse sie schon, was zu tun sei. »Vorschrifte laß ich mir koine mache, scho gar net von so herglaufene Leit, wo sowieso net wisse, was Ordnung isch.«

Ich machte Emma mit ihrer künftigen Brötchengeberin bekannt. Sie akzeptierte alle Bedingungen einschließlich des beachtlich hohen Stundenlohnes, und Emma schritt besitzergreifend in das Haus.

Fünf Minuten später war sie wieder da. »Ha no, des isch jo

unmeglich bei dene do drüwe. Die hend koi Teppich, die hend koi Vorhäng, die hend koi Putzlumpe, die hend jo net emol en Kutteroimer!«

»Was ist denn das?«

»Kutteroimer?« Emma plumpste auf einen Küchenstuhl. »Ha no, en Abfallkiewel hab ich gmoint. Die tun ihrn Dreck in en oifache Pappkarton. Un wie ich en Putzlumpe hawe wollt, hat mir de Fra en alde Unnerrock gewe. Mit so ebbes ko ma doch koi Fenschder putze!«

»Natürlich nicht, aber das läßt sich ja alles besorgen!« beschwichtigte ich die aufgeregte Emma. »Frau McBarren hat vielleicht noch keine Zeit zum Einkaufen gehabt. Sie wohnt ja noch nicht lange hier.«

Das ist ein relativer Begriff, und Emma legte ihn auch prompt zu Mrs. McBarrens Gunsten aus.

»Des wird's soi! Sage Se ihr ruhich, daß ich mitkomm zum Eikaufe, weil ich hab do so mei Spezialputzmittel, wo sie ja net kennt. Un en Mop brauch ich un en Blocker un . . .«

»Blocker? Wofür?«

»Ha, für de Parkettböde zum Bohnere.«

»Aber die sind doch versiegelt!«

»Des isch egal. Parkett ghört gbohnert!«

Zum Glück schienen Mrs. McBarren Emmas Wünsche keineswegs übertrieben, und das nötige Kleingeld hatte sie auch. Emma bestieg am nächsten Morgen stolz das kakaofarbene Schlachtschiff der McBarrens und ließ sich in ein großes Haushaltswarengeschäft nach Düsseldorf fahren. Später half ich beim Ausladen. Vom Bohnerbesen bis zur dreiarmigen Zentralheizungsbürste fehlte nichts, und mit der Batterie von Flaschen, Dosen, Tuben und Tüten voller Reinigungsmittel wäre ich drei Jahre ausgekommen.

Emma machte sich an die Arbeit. Morgens klingelte sie bei mir und schleppte mich ab, damit ich Mrs. McBarren klarmachen konnte, was Emma heute tun *wollte* und was Frau McBarren tun *sollte:* nach Möglichkeit verschwinden.

»Ich ko nix schaffe, wenn allweil jemand rumsteht un mir uf de Finger guckt. Schwätze ko ma nix mit ihr – so ebbes ko ich net brauche!« Schließlich einigten sich die beiden Frauen dahingehend, daß Mrs. McBarren in einem der oberen Zimmer bleiben würde, bis Emma sich unten ausgetobt hatte, und dann würde man einen Stellungswechsel vornehmen.

»Do könnet Se ihr a gleich sage, daß leere Flasche net in die Toilette gstellt ghöre, sondern in de Kutteroimer. Un de Kaffeetasse kommet in die Küch un net in de gute Stubb. Do stellet ma nur des richtige Porzellan hi. Un an de Fenschder müsset Vorhäng, was solle sonsch de Leit denke?«

Es stellte sich heraus, daß die Gardinen in der Wäscherei waren und die von Emma beanstandeten Kaffeetassen zu einem Wedgewood-Service gehörten.

»So? Die sehe awer gar net wertvoll aus mit dene merkwürdige Muschder druff. Mei guts Porzellan isch rein weiß mit so kloine Blümlen am Rand.«

Nach drei Wochen hatte Emma »des Gröbschde gschafft« und ihre Herrin bestens erzogen. Die zog sich schon vor der Haustür die Schuhe aus, kaufte eine zweite Mülltonne und setzte unter Emmas Anleitung sogar zwanzig Salatpflänzchen vor das Rosenbeet, weil »des isch e arge Verschwendung, wenn ma en Garte hat un nix ernte tut. Für Kohl un Tomate isch es jetzt zu spät, awer für de Salat tät's noch reiche. Des annere mache wir dann im nächschde Frühjohr.«

Es muß irgendwann im Hochsommer gewesen sein, als Mrs. McBarren mir erzählte, daß ihre Schwiegereltern zu Besuch kämen – direkt aus Schottland. Sie waren noch nie von ihrer Insel heruntergekommen, seien sehr gespannt auf Deutschland und würden furchtbar gern eine richtige deutsche Familie kennenlernen. Ob wir nicht an einem der nächsten Abende ein Stündchen Zeit für sie hätten. Nein, Deutsch könnten die Schwiegereltern natürlich nicht, aber sie seien sehr gesellig, und es würde bestimmt ein netter Abend werden.

»Was soll ich denn da?« murrte Rolf, als ich ihm die Einladung überbrachte. »Ich kann kein Englisch, und einen ganzen Abend lang herumsitzen und Keep-smiling machen, ist nicht mein Fall.«

Der Ärmste hatte ein humanistisches Gymnasium besucht, kann heute noch den halben Cäsar auswendig und den ersten Gesang der Odyssee im Originaltext, aber Englisch ist ihm ein Buch mit sieben Siegeln geblieben.

Am nachhaltigsten hatte er es zu spüren bekommen, als er Anfang der fünfziger Jahre ein paar Tage in London gewesen war. Aus Ersparnisgründen hatte er sich selbst beköstigt. Im

»Handbuch für England-Touristen« hatte er zwar so nützliche Redewendungen gefunden wie: »Ich führe einen Hund mit mir, wo befindet sich der Veterinär?«, aber wo man Hartspiritus für einen transportablen Kocher bekam, stand nirgends verzeichnet. So mußte er auf kalte Küche umsteigen und hatte sich todesmutig in einen Selbstbedienungsladen gestürzt. Als er später sein Abendessen auspackte, entpuppten sich die vier Joghurtbecher als saure Sahne und der Erbseneintopf als Gemüsemais. Nicht zu vergessen die Margarine, die billiges Bratfett gewesen war.

Seitdem vertritt Rolf die Ansicht, daß humanistische Bildung zwar ethisch wertvoller, ansonsten aber ziemlich überflüssig sei.

»Die McBarrens wollen eine deutsche *Familie* kennenlernen. Dazu gehören mindestens zwei«, erklärte ich ihm. »Du brauchst ja gar nicht zu reden. Ich sage einfach, du seist stark erkältet und heiser. Bei der Begrüßung krächzt du bloß ein bißchen herum, dann wird jeder Mitleid mit dir haben. Außerdem kannst du dich kostenlos besaufen!«

Ob diese Hoffnung den Ausschlag gegeben hatte oder die Aussicht, einen echten Schotten im Kilt herumlaufen zu sehen und endlich die Frage klären zu können, ob man nun darunter . . . oder ob man nicht, weiß ich nicht, jedenfalls erklärte sich Rolf zum Mitkommen bereit.

Ich hatte ein ganz anderes Problem: Worüber redet man mit Schotten, die nie aus Schottland herausgekommen waren? Natürlich über Schottland. Und was wußte ich über Schottland? Gar nichts! Abgesehen von Nessie, jenem prähistorischen Ungeheuer, das in einem schottischen See und jeden Sommer durch die deutschen Illustrierten schwimmt. Dann fiel mir noch ein, daß man in Schottland Dudelsack spielt und Whisky brennt. Aus.

Also wälzte ich das Lexikon, las mich durch die Geschichte Schottlands, paukte mir die Namen der großen Clans ein (ein McBarren-Clan war nicht darunter), lernte die Hebriden-Inseln auswendig und fühlte mich in die Schulzeit zurückversetzt, wenn ich für eine Geographiearbeit büffeln mußte. Ganz nebenbei bezweifelte ich allerdings, daß unter einem geselligen Abend das Herunterleiern von Geschichtszahlen zu verstehen sei.

»Was weißt du über Schottland?« fragte ich Alex in der

Hoffnung, er könnte vielleicht früher auch mal die nördliche Halbkugel bereist haben.

»Da gibt es hervorragenden Whisky!« lautete die prompte Antwort.

Wie hatte ich bloß etwas anderes erwarten können?

»Sonst nichts?«

»Ist das nicht genug?«

»Nein. Ich brauche einen abendfüllenden Gesprächsstoff!« Ich erzählte ihm von der Einladung.

»Mach dir deshalb keine Sorgen, Mädchen. Wenn's echte Schotten sind, machen sie das Maul sowieso bloß zum Saufen auf. In Bengasi kannte ich einen, das war irgendso ein vertrottelter Oberst, der noch aus der Kolonialzeit übriggeblieben war. Der soff wie ein Loch, und wenn er richtig voll war, spielte er Dudelsack. Mir hat's dabei immer die Schuhe ausgezogen! Weißt du übrigens, weshalb Dudelsackpfeifer meistens im Gehen spielen? Nein? Ganz einfach: Weil bewegliche Ziele schwerer zu treffen sind!«

Ich konnte nicht mal darüber lachen. Je näher der bewußte Abend kam, desto nervöser wurde ich. Rolf begriff das nicht.

»Du hast doch wirklich einen herrlichen Vogel! Wenn diese Schotten schon nach Deutschland kommen, dann wollen sie doch nichts über Schottland erfahren, sondern etwas über die hiesigen Verhältnisse. Erzähle ihnen, was ein Pfund Butter kostet oder wie viele Hunde es in Deutschland gibt.«

»Woher soll ich das wissen?« Ich ließ mich nicht davon abbringen, daß man mit Schotten über Schottland spricht. In der Monlinger Leihbücherei trieb ich ein Buch über Großbritannien auf, und als ich auch ein Kapitel über Schottland entdeckte, nahm ich es mit. Nach gründlichem Studium der 37 Seiten wußte ich endlich, daß man in Schottland hochwertige Schafe züchtet, Fischfang betreibt, Whisky brennt und zwischen den Lowlands und den Highlands zu unterscheiden hat. Der echte Schotte stammt aus den Highlands. Weil ich nicht wußte, wo die McBarrens ansässig waren, beschloß ich vorsichtshalber, dieses Thema auszuklammern.

Der gefürchtete Abend war da. Rolf hatte vergessen, Blumen zu besorgen, und inspizierte den Garten. »Ob ich ein paar Wicken abschneide?«

»Die sehen so popelig aus. Du wirst dich wohl von den Nelken trennen müssen!«

»Aber mehr als fünf Stück kommen nicht in Frage! Die blühen doch erst seit drei Tagen, ich hab' sie noch gar nicht richtig genießen können.«

»Wer hat eigentlich das Gerücht aufgebracht, nur Schotten seien geizig?« fragte ich hinterhältig.

Rolf knurrte, schnitt noch zwei Blümchen ab und wickelte den Strauß in hellbraunes Seidenpapier. Es stammte aus einem alten Schuhkarton und war schon etwas zerknittert.

Die alten McBarrens sahen gar nicht schottisch aus, trugen ganz normale Kleider und begrüßten uns mit vielen netten Worten, von denen ich nicht eins verstand.

Rolf krächzte ein höfliches »How do you do, glad to meet you« und versank in dem angebotenen Sessel, aus dem er nur immer dann auftauchte, wenn er nach seinem Glas griff.

Auf dem eckigen Couchtisch standen Salzmandeln, Aschenbecher und Wassergläser. Frau McBarren jun. kam mit Eiswürfeln, Herr McBarren sen. schälte eine dickbauchige Flasche aus dem echt schottischen Einwickelpapier.

»It's the finest we have!« erklärte er und goß die Gläser dreiviertel voll. »Cheers!« Er kippte den Inhalt auf einen Zug hinunter. Mit schottischen Sitten nicht vertraut, nahm ich an, daß ich mein Glas nun auch austrinken müßte. Also lächelte ich freundlich, sagte »Cheers!« und trank. Das Zeug brannte wie Feuer. Ich bekam einen Hustenanfall, kriegte keine Luft mehr, aber McBarren sen. klopfte mir nur hilfreich auf den Rücken und sagte verständnisvoll: »It's the finest we have!«

Viel mehr sagte er später auch nicht. Dafür redete ich! Schon nach kurzer Zeit spürte ich die Wirkung des Whiskys, verlor alle Hemmungen, quasselte wie ein Wasserfall ohne Rücksicht auf grammatikalische Regeln oder besonders elegante Redewendungen der englischen Sprache, kam von König Duncan über die Schafzucht zur wirtschaftspolitischen Lage Schottlands und weidete mich an Rolfs ungläubigem Staunen.

Er hatte mich ja schon immer unterschätzt! Aber daß ich so gut Englisch sprach, hatte ich selbst nicht gewußt.

Dann trank ich mein zweites Glas Whisky, und dann war plötzlich alles aus. McBarren sen. hatte zwei Gesichter bekommen, die dauernd ineinanderliefen, unser kümmerlicher Nelkenstrauß wuchs sich zu einem riesigen Bukett aus, aber was viel schlimmer war – ich hatte mein Gedächtnis verloren! Mir fiel keine englische Vokabel mehr ein. Totaler Blackout!

McBarren legte meine plötzliche Schweigsamkeit falsch aus und schenkte nach. »Cheers!«

Nun war schon alles egal! Entschlossen griff ich nach dem Glas. Vielleicht würde mich sein Inhalt wieder erleuchten.

Keine Spur von Erleuchtung. Mir wurde bloß schwindlig.

Die McBarrens warteten und schwiegen.

»Und nun wollen wir alle zusammen singen!« hörte ich mich plötzlich auf deutsch sagen.

Weshalb ich das unbedingt wollte, weiß ich nicht. Ich kann überhaupt nicht singen, und außerdem habe ich mich seit jeher mokiert, wenn irgendwo ein feuchtfröhlicher Abend mit dem Absingen gemeinsamer Lieder beendet wurde. Trotzdem legte ich los: »My heart is in the Highlands . . .«

Etwas anderes fiel mir nicht ein, und ich hoffte bloß, daß es schottisch war.

Nach anfänglichem Staunen fielen die McBarrens ein und sangen alle Strophen herunter. Ich kannte bloß die erste. Dann sangen sie noch etwas Gälisches, aber bevor sie ihr gesamtes Repertoire an Heimatliedern herunterspulen konnten, mahnte Rolf zum Aufbruch. Ich hatte nichts dagegen und erhob mich.

Hoppla! Meine Beine waren aus Gummi, mein Kopf ein aufgeblasener Luftballon, und meinen Orientierungssinn hatte ich auch verloren. Vorsichtig peilte ich die Tür an. »Da mußt du durch!« sagte ich zu mir. »Und zwar genau in der Mitte!«

Wie ich es geschafft habe, weiß ich nicht mehr. Angeblich soll ich mich sogar noch für den reizenden Abend bedankt haben. Aber kaum hatte sich die Haustür hinter uns geschlossen, sackte ich zusammen. »It's the finest we have!« sagte Rolf und brachte mich nach Hause.

Ich kann nur hoffen, daß die McBarrens vor ihrer Rückreise nach Schottland noch eine andere deutsche Familie kennengelernt haben. Das Fremdenverkehrsamt möge mir verzeihen, aber gegen selbstgebrannten schottischen Whisky ist kein Kraut gewachsen!

10.

Tante Lotti machte ihre Drohung wahr. Sie rief mich eines Morgens aus Celle an, wo sie die betagte Kränzchenschwester ihrer schon längst verstorbenen Tante besucht hatte, und erklärte rundheraus, daß diese Dame senil und keineswegs das sei, was sie sich unter einer verwitweten Juweliersgattin vorgestellt habe.

»Denk dir, Liebes, sie trägt Kittelschürzen und schneidet die Kartoffeln mit dem Messer! Natürlich werde ich meinen Aufenthalt hier sofort abbrechen. Hildchen Bergdoll – du kennst doch sicher die entzückende Tochter meiner Nachbarin? Sie ist seit drei Jahren verheiratet und wohnt jetzt in der Nähe von Wiesbaden –, also Hildchen erwartet mich in vierzehn Tagen, im Augenblick ist sie noch im Urlaub in Österreich . . . wo war ich stehengeblieben? Ach ja, wie gesagt, zu Hildchen kann ich erst Mitte des Monats weiterfahren, und da dachte ich, nun könnte ich endlich mein Versprechen wahrmachen und zu euch kommen. Morgen früh um elf bin ich in Düsseldorf. Rolf wird mich sicher vom Bahnhof abholen. Ich freue mich schon sehr, Liebes, und du weißt ja: Keinerlei Umstände meinethalben. Ich stelle überhaupt keine Ansprüche!«

Die stellte sie nie. Trotzdem schaffte sie es regelmäßig, die gesamte Familie in Trab zu halten. Das fing beim Pfefferminztee an, den sie morgens am Bett serviert wünschte (»Mein Magen braucht etwas zum Anlaufen!«), und endete Punkt 22 Uhr mit einem Glas lauwarmer Milch, damit der Magen beruhigt schlafen gehen konnte. Zwischendurch benötigte er, der bei entsprechenden Gelegenheiten aber auch Gänsebraten und Schweinshaxe vertrug, geschlagene Bananen, Rotwein mit Ei, Biskuits oder auch mal ein dünnes Stüllchen mit Kalbsleberwurst. »Und keine Alkoholika, Liebes, die sind Gift für den

Magen! Höchstens mal ein Gläschen Portwein oder Sekt, aber nur ganz trockenen!«

Rolf sagte zunächst gar nichts, als er von dem bevorstehenden Besuch hörte. Erst als ich ihn bat, mir beim Transport von Saschas Kinderbett in Svens Zimmer zu helfen, moserte er: »Wie lange bleibt sie denn?«

»Voraussichtlich zwei Wochen.«

»Zwei Tage sind schon zuviel! Ich hab' ja nichts gesagt, als deine liebeskranke Freundin sich im vergangenen Jahr bei uns eingenistet und mir stundenlang erzählt hat, auf welche Weise sie sich umbringen will. Ich habe auch die merkwürdige Tante mit ihrem verfetteten Pekinesen ertragen, obwohl ich dieses asthmatische Vieh am liebsten ersäuft hätte. Ich habe stillschweigend zugesehen, wie dein Onkel Henry drei Abende lang aus meinem teuren ›Côte du Rhône‹ seinen Glühwein zusammengepanscht hat, aber diese Logiergäste sind wenigstens nach ein paar Tagen wieder abgereist. Manche Gäste kommen einem ja sehr entgegen, wenn sie wieder gehen. Aber Tante Lotti ist kein Gast, sie ist eine Heimsuchung! Es ist überhaupt ein Nachteil der Düsenflugzeuge, daß es jetzt keine entfernten Verwandten mehr gibt!«

»Sie kommt mit dem Zug, und du sollst sie abholen!«

»Ich denke gar nicht daran! Fahr doch selber!«

Eigentlich sah er es nicht gern, wenn ich mich allein in den Großstadtverkehr wagte, aber die möglichen Folgen erschienen ihm wohl weniger schrecklich als die Aussicht, mindestens eine Stunde lang mit Tante Lotti in einem Auto eingesperrt zu sein.

»Du mußt unterwegs noch tanken!« rief er mir nach, als ich vorsichtig vom Garagenhof fuhr. Damals gab es noch keine Selbstbedienungs-Tankstellen, kein Herumfummeln am verklemmten Tankschloß, kein Hantieren mit dem Benzinschlauch, der entweder zu kurz ist oder sich beim versehentlichen Loslassen wie eine Kobra aufbäumt – damals kam ein netter Tankwart, der das Auto tränkte, die Windschutzscheibe putzte und einen freundlich auf die angezogene Handbremse aufmerksam machte, wenn der Wagen unbegreiflicherweise zu bocken anfing.

Am Ortsende von Monlingen gab es eine Tankstelle. Den Tankwart kannte ich, er hatte meine Fahrversuche vom ersten Tag an verfolgt und mich gelegentlich ermuntert: »Jeder Trottel kriegt irgendwann den Führerschein, Sie werden es auch mal schaffen!«

Die Tankstelle war mir also bekannt. Nicht bekannt war mir die Tatsache, daß man unlängst neben die Einfahrt einen Grenzstein gesetzt hatte. Es knirschte häßlich, ein bißchen schepperte es auch, aber zum Glück erschien niemand, um mit teilnahmsvoll grinsendem Gesicht die Schleifspur am Wagen zu besichtigen. Das Nummernschild war auch ein bißchen verbogen, aber die kleine Beule am Kotflügel mußte nicht unbedingt von mir stammen. Wer weiß, wo Rolf die geholt hatte. Langsam setzte ich zurück, bemüht, das widerliche Kratzen zu überhören, dann fuhr ich mit neuem Anlauf los und kurvte elegant vor die Zapfsäule.

»Bitte volltanken!«

Der Tankwart wischte sich die Hände an einem Lappen ab, musterte mit bedenklicher Miene die frische Schleifspur und sagte zweifelnd: »Tja, ich weiß nicht, ob ich Ihnen noch Benzin geben soll. Sieht aus, als hätten Sie schon genug!«

»Diese Bemerkung kostet Sie das Trinkgeld!« sagte ich hoheitsvoll.

Er griente. »Das kriege ich von Ihrem Mann, wenn ich ihm erzähle, *wie* Sie das geschafft haben!«

Tante Lottis Zug hatte Verspätung. Nervös lief ich auf dem Bahnsteig hin und her, sah dauernd auf die Uhr und überlegte, was ich machen sollte. Ich stand im Parkverbot, und außerdem würde im Backofen die Ente anbrennen. Die gefüllte Blumenvase für Tante Lottis Zimmer hatte ich in der Badewanne vergessen, Sascha hätte ich noch sagen müssen, daß er sich ein sauberes T-Shirt anziehen soll . . .

Immer, wenn man eine Telefonzelle sucht, findet man keine. Endlich entdeckte ich sie. Natürlich besetzt. Ein weiblicher Teenager wollte von jemandem wissen, ob sie Harry einen Plüschaffen oder lieber eine Dreiklanghupe schenken solle. Nach fünf Minuten hatte man sich auf zwei Paar Tennissocken geeinigt, und die Anruferin räumte das Feld. Ich nahm gerade den Hörer ab, als der verspätete D-Zug angekündigt wurde. Was jetzt? Ente oder Tante Lotti? Ich wählte die Ente. Tante Lotti würde wütend sein, aber wenigstens nicht ankokeln können.

Sven war am Apparat. »Ruf mal ganz schnell Papi ans Telefon!«

»Der ist nicht da!« erklärte mein Sohn.

»Wo ist er denn?«

»Er ist draußen und sucht mich!«

Heiliger Himmel! Kaum läßt man Mann und Kinder allein . . . Wieso war Sven eigentlich schon zu Hause? Notfalls hätte der ja auch die Ente . . . Egal, dann würde es eben Eierkuchen geben. Die wären für Tante Lottis Magen sowieso bekömmlicher.

Sie thronte auf ihrem großen Koffer am hintersten Ende des Bahnsteigs und sah mir mit anklagender Miene entgegen. Um sie herum stapelten sich noch ein mittelgroßer Koffer und ein kleiner Koffer und zwei Hutschachteln. In einer davon befand sich immer der Reiseproviant sowie eine Thermosflasche mit Kamillentee.

»Der Zug hatte über eine Viertelstunde Verspätung. Wäre er pünktlich gewesen, dann würde ich jetzt schon seit zwanzig Minuten hier warten. Ein derartiges Verhalten ist lieblos. Würdest du jetzt bitte einen Gepäckträger besorgen? Oder gibt es hier auch nur diese unhandlichen Wägelchen?«

»Gepäckträger sind genauso ausgestorben wie Hutschachteln!« Mißmutig betrachtete ich das umfangreiche Gepäck. »Warum schleppst du denn deine gesamte Garderobe mit?«

»Ich bin seit vier Wochen unterwegs, mein Liebes, und es hat ja nicht jeder eine Waschmaschine. Ich hoffe doch, daß du eine besitzt, denn ich habe kaum noch etwas Sauberes zum Anziehen.«

Auch das noch! Tante Lotti trug mit Vorliebe Spitzenblusen, weil die sie am vorteilhaftesten kleideten, aber das Bügeln überließ sie nach Möglichkeit anderen. Ihre Arthritis verbot allzu langes Stehen.

In drei Etappen schleppte ich die Koffer zur Treppe – Tante Lotti trug die Schachtel mit Kamillentee –, dann schleifte ich sie einzeln die Treppe hinunter, lud sie auf einen Kofferkarren, fuhr damit zum Parkplatz, wuchtete das Gepäck ins Auto, entfernte den Strafzettel von der Windschutzscheibe (wo sind die Zeiten geblieben, als das Autofahren noch mehr Geld kostete als das Parken?), half Tante Lotti beim Einsteigen, klaubte den Inhalt der heruntergefallenen Handtasche auf, schloß die Tür, ging um den Wagen herum, stieg selber ein, suchte nach den Schlüsseln und – fand sie nicht.

»Ich hab' die Autoschlüssel verloren!«

»Wo denn?« fragte Tante Lotti.

»Wenn ich das wüßte, hätte ich sie ja wohl nicht verloren!«

Angestrengt überlegte ich. Es konnte eigentlich nur oben an der Treppe gewesen sein, als ich mir den großen Koffer auf den Fuß gestellt und hinterher versucht hatte, den weißen Schuh notdürftig mit einem Taschentuch zu säubern.

»Ich muß noch mal zurück, Tante Lotti, vielleicht liegen sie auf der Treppe.«

Dort lagen sie nicht, auch nicht auf dem Bahnsteig. Und die Reserveschlüssel hingen zu Hause am Schlüsselbrett, damit sie auch immer griffbereit waren! Was jetzt? Autowerkstatt? Sinnlos, die haben alle Mittagspause. Plötzlich hatte ich eine Erleuchtung: Schlüsseldienst!

Wo war der nächste? Eilmarsch zur Telefonzelle. Diesmal war sie leer. Und was lag dort auf dem zerfledderten Telefonbuch? Erleichtert griff ich nach dem Etui und rannte zurück zum Parkplatz.

Tante Lotti unterhielt sich angeregt mit einem Polizisten. »Und Sie meinen, Schloß Benrath ist wirklich sehenswert? Dann werde ich meine Nichte bitten, mich einmal dort hinzufahren. Es war sehr liebenswürdig von Ihnen, mich darauf aufmerksam zu machen, Herr Wachtmeister!«

Sie kurbelte das Fenster wieder hoch. »Ein äußerst zuvorkommender Mensch!«

»Wahrscheinlich hat er sein Soll an Strafzetteln schon erfüllt. Ich habe auch einen gekriegt.«

»Warum hast du mir das nicht früher gesagt? Verlorene Schlüssel sind höhere Gewalt, das hätte ich ihm schon begreiflich gemacht.«

»Da kennst du aber die Parkplatzhyänen schlecht!«

Wütend trat ich aufs Gaspedal und fädelte mich in den Verkehr ein.

Während der Heimfahrt erging sich Tante Lotti in anklagenden Schilderungen der letzten drei Tage. Der Tee war zu dünn und die Juwelierswitwe zu geschwätzig gewesen; die Aufwartefrau hatte nicht einmal das Bett richtig aufgeschüttelt, keine Schuhe geputzt und strikt abgelehnt, Tante Lottis Morgenrock zu waschen.

»Der Begriff ›Gastfreundschaft‹ scheint allmählich auszusterben. Wenn ich an die Zeit meiner Jugend zurückdenke . . . Manchmal hatten wir wochenlang Hausgäste, mitunter recht anspruchsvolle, aber nie ist uns irgend etwas zu viel geworden. Jeder Wunsch wurde erfüllt! Einmal hat der Kommerzienrat Petersen zu Papa gesagt, er fühle sich bei uns heimischer als in seinem eigenen Haus.«

Ob Tante Lotti wohl jemals begreifen würde, daß mit den Kommerzienräten auch die herrschaftlichen Villen samt ihren Gästezimmern, Hausmädchen und Köchinnen ausgestorben sind? Frau Koslowski würde kaum bereit sein, Tante Lottis Gesundheitstreter zu putzen oder ihr den Tee hinterherzutragen.

Rolf hatte sich selbst übertroffen! Der Tisch war gedeckt, die Ente genau richtig, die Jungs hatten saubere Hände und die Servietten eine dekorative Form.

»Hast du prima gemacht, vielen Dank!« flüsterte ich ihm zu, bevor er leise fluchend die Koffer ins Haus schleppte.

»Bedank dich bei Dorle!« flüsterte er zurück. »Wenn sie nicht eingesprungen wäre, hätten wir jetzt gegrillte Holzkohle. Wie kannst du mich mit einem halbfertigen Vogel und zwei halbfertigen Kindern allein lassen? Wo habt ihr bloß so lange gesteckt? Ich dachte schon, es ist was mit dem Wagen!«

Die Schramme auf der anderen Seite hatte er noch nicht bemerkt, aber der Zeitpunkt zum Beichten war momentan denkbar ungünstig.

Inzwischen hatte Tante Lotti das Haus von außen besichtigt und war nun bereit, auch das Innere in Augenschein zu nehmen. Als erstes mißfiel ihr die Treppe.

»Ich nehme an, mein Zimmer befindet sich im oberen Stock. Das ist natürlich sehr beschwerlich für mich, weil ich Treppensteigen nach Möglichkeit vermeiden soll. Aber vielleicht kann ich mein Mittagsschläfchen hier im Wohnzimmer halten. Oder bei schönem Wetter auf der Terrasse. Ihr habt doch sicher einen bequemen Liegestuhl?«

»Haben wir alles, Tante Lotti, auch Kissen, Decken, Schlaftabletten und Kamillentee! Möchtest du dich vor dem Essen noch ein bißchen frisch machen? Sven wird dir dein Zimmer zeigen.«

»Is ja gar nich ihrs! Is ja Sascha seins!« korrigierte der höfliche Knabe. Er konnte Tante Lotti nicht ausstehen, weil sie ständig seine Tischmanieren tadelte und ihm schon seit drei Jahren die ihrer Meinung nach einzig richtige Form der Begrüßung beizubringen versuchte. »Ein wohlerzogener junger

Mann macht einen Diener, wenn er jemandem die Hand reicht!«

Sven zog es vor, selbige in der Hosentasche zu vergraben, sobald Tante Lotti auftauchte. Womit auch ein weiterer Angriffspunkt, nämlich die ewig schmutzigen Hände, verborgen blieb.

Wenigstens das Zimmer gefiel Tante Lotti. Es lag direkt neben dem Bad, was für ihre schwache Blase recht angenehm war, es hatte Sonne, was wiederum der Arthritis guttat, und bei geöffneter Tür gestattete es uneingeschränkte Sicht auf alles, was sich oben und zum Teil auch unten abspielte. Nur das Deckbett war ein bißchen zu dünn.

»Tante Lotti, wir haben Hochsommer! Außerdem habe ich dir eine Rheumadecke eingezogen. Du wirst ganz bestimmt nicht frieren!«

»Liebes, ich bin an Daunen gewöhnt! Du weißt ja, mein Rheuma . . .«

»Also gut, dann hole ich nachher das Federbett vom Boden«, versprach ich.

»Und wenn du vielleicht noch ein Kopfkissen mitbringen würdest . . . Ich muß doch hoch schlafen, weil ich sonst nicht genügend Luft bekomme.«

Zwei Kissen lagen bereits auf Tante Lottis Bett, aber ich opferte auch noch mein eigenes und begnügte mich mit einem kleinen Couchkissen. Es verlor sich in dem riesigen Bezug.

Endlich nahm Tante Lotti am Mittagstisch Platz. Von der Ente bitte nur ein Stückchen Brust, ohne Haut selbstverständlich, und vielleicht zwei Löffelchen von der Füllung. Nein, keinen Rotkrautsalat, da würde der Magen rebellieren. Kartoffeln? Lieber nicht, aber ein Scheibchen Weißbrot, wenn es keine Mühe macht. Und ob sie eventuell ein paar Preiselbeeren haben könnte? »Aber das muß nicht sein, Liebes, nur bin ich es von zu Hause gewöhnt, Ente mit Preiselbeeren zu essen.«

Dessert? Ja, bitte gern, es darf ruhig ein bißchen mehr sein, Weinschaumcreme verträgt auch der empfindlichste Magen. Und zum Abschluß etwas Käse, einen milden Holländer vielleicht, wenn's recht ist. Nur in Scheiben? Nicht ganz comme il faut, aber wir sind ja schließlich entre nous.

Das Mahl war beendet, Tante Lotti zog sich zurück. »Heute werde ich in meinem Zimmer schlafen, denn ich bin doch ziemlich erschöpft. Sollte ich zum Tee noch nicht unten sein,

Liebes, dann wäre ich dir dankbar, wenn du mir ein Täßchen hinaufbringen würdest.«

Ungewohnt schweigsam hatten die Kinder das Mittagessen über sich ergehen lassen, aber kaum war Tante Lotti verschwunden, da platzte Sven heraus: »Die tickt wohl nich mehr ganz richtich?«

»Sven!!!«

»Na ja, is doch wahr! Hier is doch kein Restaurant mit 'n festbezahlten Ober. Wann fährt 'n die wieder ab?«

»Ich will euch mal etwas sagen, Kinder«, dozierte ich mit einiger Selbstbeherrschung. »Tante Lotti ist eine arme alte Frau, die . . .«

»Arm isse bestimmt!« fiel Sascha ein. »Nich mal was mitgebracht hat se uns!«

»Ich meine das nicht wörtlich. Sie hat ein recht gutes Einkommen und braucht keine Not zu leiden. Aber sie ist arm, weil sie ganz allein leben muß, kaum noch Verwandte und nur wenige Freunde hat, keine Kinder, die sie besuchen, und so freut sie sich natürlich, wenn sie mal rauskommt.«

»Aber die freut sich doch gar nich, die meckert ja bloß!«

»Weißt du, Sven, ich glaube, das merkt sie überhaupt nicht. Sie stammt aus einer sehr angesehenen und wohlhabenden Familie, hat immer Personal gehabt, und auch ihre ganzen früheren Freunde hatten alle Köchinnen und Dienstmädchen. Das war damals selbstverständlich. Nun ist sie alt geworden und kann sich nicht daran gewöhnen, daß die Zeiten sich geändert haben.«

»In der Vergangenheit zu leben hat einen gewaltigen Vorteil – es ist billiger!« bemerkte Rolf anzüglich.

»Hm«, sagte Sven und dachte scharf nach, »nu müssen wir alle Dienstmädchen spielen?«

»So schlimm wird es schon nicht werden. Aber es wäre nett von euch, wenn ihr mir ein bißchen helft. Schließlich wissen wir alle, daß Tante Lotti bald wieder abfährt.«

»Aber spinnen tut sie doch!« behauptete Sascha abschließend und rutschte vom Stuhl. »Können wir nu gehen?«

»Ja, aber bitte nach draußen! Laßt Tante Lotti erst mal schlafen!«

Die Knaben schwirrten ab. Nachdenklich zündete Rolf eine Zigarette an. »Da hast du dir ja einiges vorgenommen! Mich betrifft das Ganze weniger, weil ich mich im Notfall immer verdrücken kann und es bestimmt auch tun werde, aber wie du deine karitativen Anwandlungen durchhalten willst, ist mir schleierhaft. Sogar verschrobene alte Jungfern sollten einsehen, daß man die Zeit nicht ein halbes Jahrhundert zurückdrehen kann. Tante Lotti ist ja nicht dumm!«

»Du wirst sie auch nicht mehr ändern! Soll sie die Zeit hier ruhig genießen, vielleicht ist es das letzte Mal. In ihrem Alter kann doch beinahe täglich etwas passieren.«

»Ach wo, die überlebt uns alle noch, kriegt an ihrem hundertsten Geburtstag vom Senat einen Blumenstrauß und wird Ehrenbürgerin von Berlin. So, und jetzt muß ich noch nach Bochum rüber. Es kann spät werden. Zum Abendessen bin ich bestimmt nicht da.«

Zum Frühstück war er es auch nicht mehr. Er hatte Sven zur Schule gebracht und war dann gleich weitergefahren. Dafür erschien gegen neun Uhr eine ausgeschlafene und strahlend gelaunte Tante Lotti in der Küche und bestellte Tee.

»Zur Feier des Tages kannst du mir ausnahmsweise schwarzen Tee aufgießen. Warum soll ich nicht auch mal sündigen?« Sie musterte den Frühstückstisch. »Wie ich sehe, hast du schon gefrühstückt?«

»Natürlich, ich bin seit halb sieben auf den Beinen.«

»Aber du wirst mir doch sicher bei einem Täßchen Tee Gesellschaft leisten?«

»Gerne, Tante Lotti, ich muß nur vorher noch das Fleisch aufsetzen.«

»Tu das, Liebes. Was wirst du uns denn Schönes kochen?«

»Gemüseeintopf.«

»Das ist recht!« lobte sie, »Kinder sollen ja viel Gemüse essen. Nur für mich ist das nicht das richtige. Bohnen vertrage ich nicht, Sellerie schon gar nicht« – flink prüfte sie die vitaminreiche Farbenpracht auf dem Tisch – »und Paprika verursacht mir regelrechte Koliken. Wenn du vielleicht ein kleines Kalbsschnitzelchen für mich hättest und ein wenig Kartoffelbrei – du weißt ja, ich brauche nicht viel und bin ganz anspruchslos.«

Das bekam ich in den kommenden Tagen noch oft zu hören. Das Eichen morgens mußte aber wachsweich sein – »nur knapp drei Minuten nach dem Kochen« –, der Toast nur goldbraun, und die Diätmargarine durfte nicht im Kühlschrank stehen, sondern im Keller, weil sie dann gesünder war. Frisches Brot vertrug der Magen nicht, und fettes Fleisch nicht die Galle; der

Blasentee – pünktlich um 18 Uhr serviert – hatte lauwarm zu sein und das Hühnersüppchen zum zweiten Frühstück kochendheiß. Manchmal knirschte ich heimlich mit den Zähnen, während ich Kalbsleberwurst auf hauchdünne Weißbrotscheiben strich, mühsam die Haut von den Tomaten entfernte und das ganze Arrangement dann auch noch mit geschälten Apfelstückchen garnierte, aber ich hielt durch. Tante Lotti revanchierte sich, indem sie immer für frische Blumen sorgte und rückhaltlos alle Beete plünderte.

Am dritten Tag drückte sie mir einen Zettel in die Hand. »Hier habe ich dir aufgeschrieben, welche Zeitungen ich immer lese und wann sie erscheinen. Es macht dir doch sicher nichts aus, mir die jeweiligen Blätter mitzubringen.«

»Natürlich nicht, Tante Lotti.« Den Zettel stopfte ich in die Einkaufstasche und holte ihn erst in der Buchhandlung wieder heraus. Nach einem flüchtigen Blick ließ ich ihn wieder verschwinden.

Tante Lottis Lektüre umfaßte nahezu sämtliche Produkte der Regenbogenpresse, und ich hatte erst unlängst mit der Buchhändlerin über diese Zeitungen und ihren Leserkreis gelästert. Also konnte ich jetzt unmöglich ein ganzes Sortiment dieser Blättchen kaufen. Was sollte Frau Fritsche von mir denken? So nahm ich nur ein Handarbeitsheft mit, in das ich voraussichtlich nie hineinschauen würde, und erkundigte mich betont uninteressiert nach einem anderen Zeitungsladen.

»Gibt es nicht«, strahlte Frau Fritsche. »Ich hab' eine Monopolstellung. Hinten im Industrieviertel steht noch ein Kiosk, aber der ist keine Konkurrenz für mich. Der lebt von BILD und Bockwürsten.«

»Wie schön für Sie«, murmelte ich lauwarm, packte meine Strickmuster ein und verließ das Geschäft. Zum Teufel mit Tante Lottis blaublütigem Fimmel!

Als ehemalige Dame der Gesellschaft, die sogar einmal bei Hof vorgestellt worden war, interessierte sie sich für alles, was mit Fürsten, Grafen und Königen zu tun hatte, selbst wenn die inzwischen degeneriert, verarmt oder – quel malheur! – bürgerlich verheiratet waren. Ihre Informationen bezog Tante Lotti aus eben diesen Zeitschriften. Wenn mal wieder eine größere Fürstenhochzeit ins Haus stand, erstellte sie einen regelrechten Stammbaum, um dann zu verkünden, daß das Brautpaar Cousin und Cousine fünften Grades seien, weil nämlich die Ururgroßmutter des Bräutigams und der Ururgroßvater der Braut . . . und so weiter. Bedauerlicherweise gab es außer der Berliner Nachbarin, also der Mutter von Hildchen, niemanden, der sich für Tante Lottis Adelskalender interessierte, aber das hielt sie nicht davon ab, ihre jeweiligen Gastgeber mit endlosen Tiraden über vergangene, gegenwärtige und bestimmt noch einmal kommende Monarchien zu langweilen. »Spanien ist ja auch zum angestammten Königshaus zurückgekehrt, und wenn unser Prinz Louis Ferdinand eines Tages wieder . . .«

Ich machte Tante Lotti mit Frau Vogt bekannt. Vielleicht hatte die etwas für Monarchien übrig.

Nach einem recht ausgedehnten Plauderstündchen kehrte Tante Lotti mit einem neuen Häkelmuster und dem Rezept für Karottenpüree zurück, aber »Frau Vogt wußte nicht einmal, daß Friedrich der Große verheiratet gewesen ist. Ich bitte dich, Liebes, so etwas *muß* man einfach wissen!«

Aber dann kam die große Wende. Auf dem Rückweg von Bauer Köbes, bei dem sie Eier geholt hatte, um »mal wieder Stalluft schnuppern« zu können, war Tante Lotti den beiden Damen Ruhland begegnet und hatte sie in ein Gespräch gezogen.

»Sie sahen so distinguiert aus, so ganz anders als die übrigen Bewohner dieser Siedlung. Und was soll ich dir sagen, Liebes, sie sehen nicht nur so aus, sie sind es auch! Wußtest du, daß sie in Estland ein großes Gut besessen haben?«

Woher hätte ich das wissen sollen? Ich hatte noch kein Wort mit den beiden ältlichen Fräulein gewechselt, und sie machten auch nicht den Eindruck, als ob sie Wert darauf legten.

»Sie leben völlig zurückgezogen, was man in dieser Umgebung ja auch verstehen kann!«

Sehr intelligent muß ich wohl nicht ausgesehen haben, denn Tante Lotti wurde sofort deutlicher: »Du mußt das verstehen, Liebes, in unseren Kreisen kamen wir ja so gut wie gar nicht mit der bürgerlichen Mittelschicht zusammen. Natürlich verkehrten bei uns auch Ärzte, Sanitätsrat Clausen zum Beispiel und der Geheimrat Wunderlich, aber ein Dr. Brauer wäre bestimmt nicht empfangen worden. Genausowenig wie ein einfacher Agent.«

»Und wen meinst du damit?«

»Na, diesen Obermeier, oder wie er sonst heißen mag. Er hat doch etwas mit Versicherungen zu tun, oder irre ich mich da?«

»Doch, doch, das stimmt schon«, bestätigte ich, obwohl es keineswegs mehr stimmte. Obermüller hatte sich seit unserem Einzug in mindestens einem halben Dutzend Berufen versucht und war überall gescheitert. Im Augenblick tat er gar nichts, sondern ließ sich von Dorle ernähren, die halbtags für einen Monlinger Steuerberater arbeitete.

»Die Damen Ruhland haben mich für morgen nachmittag zum Tee eingeladen. Was meinst du, soll ich das hellgraue Seidenkleid anziehen? Oder lieber die cremefarbene Spitzenbluse?«

»Das Kleid macht dich viel jünger!« behauptete ich sofort, denn die Bluse hätte ich bestimmt erst noch bügeln müssen.

»Du wirst mir bitte morgen ein Biedermeiersträußchen in der Gärtnerei binden lassen«, ordnete Tante Lotti an. »Oder meinst du, ich müßte jeder Dame eins mitbringen?«

»Keinesfalls! Du kannst doch nicht mit zwei Sträußen losziehen!« Ich dachte an mein ohnehin schon übermäßig strapaziertes Haushaltsbudget.

»Da hast du recht. Aber ein Schächtelchen Pralinees scheint mir doch angebracht. Ich glaube sogar, ich habe noch eins im Koffer.«

Auch mir hatte Tante Lotti eine Packung Kognakbohnen mitgebracht, die leider schon völlig ausgetrocknet waren. Da sie selbst keine Schokolade aß, hob sie die gelegentlichen Aufmerksamkeiten, die man ihr in Form von Pralinen oder anderen Süßigkeiten überreicht hatte, sorgfältig auf, um sie bei passender Gelegenheit weiterzuverschenken. Der so Beglückte mußte dann auch noch gute Miene machen und das klebrige vertrocknete Zeug sogar essen.

Tante Lotti lebte förmlich auf. Manchmal verzichtete sie auf ihr Mittagsschläfchen, weil sie mit ihren neuen Freundinnen einen Spaziergang machen oder den Kölner Dom besuchen wollte. Das Taxi zahlten Ruhlands, den Fünfuhrtee im Dom-Hotel Tante Lotti.

»Nie hätte ich geglaubt, ausgerechnet hier so reizenden und kultivierten Damen zu begegnen«, schwärmte sie. »Wenn ich meinen Besuch bei Hildchen nicht schon fest terminiert hätte, würde ich sogar noch ein Weilchen bei euch bleiben.«

Bloß nicht! Auf dem Küchenkalender hatte Rolf schon Tante Lottis Abreisetag rot umrandet und für die darauffolgende Woche alle Auswärtstermine abgesagt. Und die Kinder maulten auch jedesmal lauter, wenn sie Tante Lottis Schal aus ihrem Zimmer, die Lesebrille von der Terrasse, die warme Decke aus dem Schlafzimmer, die Fußbank aus der Küche oder die Tabletten aus dem Bad holen sollten.

»Svennilein, du bringst doch der Tante Lotti sicher gern die Zeitschrift, die sie im Garten liegengelassen hat?«

»Ich bin doch kein Baby mehr!« Aufgebracht knallte Svennilein die Illustrierte auf den Tisch. »Ich heiße Sven, und überhaupt muß ich jetzt Hausaufgaben machen!«

»Das ist recht, man kann im Leben nie genug lernen! Aber erst holst du mir noch die Zuckerdose, nicht wahr?«

Sascha wurde übrigens nicht mehr zu Vasallendiensten herangezogen, seitdem er auf der Suche nach dem Brillenetui das Zahnputzglas mit Tante Lottis Reservegebiß entdeckt hatte. Innerhalb weniger Stunden wußte es die ganze Nachbarschaft:

»Meine Tante hat sich verprügelt, und nu hat se ihre rausgefallenen Zähne im Wasserglas. Jeden Morgen probiert se, ob se wieder anwachsen!«

Endlich packte Tante Lotti ihre Koffer, das heißt, ich packte ein, und sie packte wieder aus, weil die Handschuhe zu den Blusen kamen und die Unterwäsche in den Koffer mit Nachthemden und Morgenrock gehörte. »Irgendwie finde ich es unschicklich, ein Kleid neben die Schlüpfer zu legen.«

Hierarchie im Wäscheschrank!

Schon eine ganze Weile hatte Tante Lotti herumgedruckst, bevor sie zaghaft fragte:

»Würde es dir viel ausmachen, Liebes, wenn ich die beiden Damen heute abend zu einem Glas Wein herüberbitte? Ich bin so oft Gast in ihrem Haus gewesen, und es gehört sich einfach, diese Einladungen wenigstens einmal zu erwidern. Selbstverständlich gehen Speisen und Getränke auf meine Kosten.«

Speisen? Wieso Speisen? »Denkst du an eine Einladung zum Abendessen?«

»Aber nein, das würden sie auch gar nicht annehmen. Käsegebäck, ein paar Waffeln – na ja, eben das, was man zu einem leichten Mosel reichen kann.«

»Von mir aus lade sie ruhig ein«, sagte ich bereitwillig, denn ich würde ja hoffentlich wie weiland das erste Zimmermädchen nach dem Servieren verschwinden dürfen. Ein bißchen neugierig war ich natürlich auch.

»Ich kann mir nur nicht vorstellen, daß die beiden überhaupt kommen werden!«

Sie kamen. Und sie entpuppten sich als zwei reizende Damen, die viel ins Theater gingen, sehr belesen waren und mir sofort anboten, jederzeit bei ihnen Bücher auszuleihen.

»Die ganz Modernen werden Sie bei uns allerdings nicht finden, aber wir haben eine recht gesunde Mischung von allem, was man gemeinhin als Literatur bezeichnet.«

Sogar Rolf, der sich in seinen Bau verziehen und nur herunterkommen wollte, um die Gäste zu begrüßen, redete sich fest. Er fand in Fräulein Charlotte Ruhland endlich eine gleichgestimmte Seele, die sich für Rilke begeisterte und den »Cornet« auswendig konnte. Er selbst schaffte ihn nur zur Hälfte, aber sein Pathos hätte durchaus für den ganzen gereicht.

Es war schon weit über Tante Lottis übliche Schlafenszeit hinaus, als sich die Gäste verabschiedeten. In der Haustür drehte sich Fräulein Margarete noch einmal um:

»Den ganzen Abend bedrückt es mich schon, daß wir Ihnen seinerzeit die Tür gewiesen haben, als Sie Ihren Antrittsbesuch machen wollten. Es ist sehr unhöflich von uns gewesen, und später hat es uns auch wirklich leid getan, aber wir hatten dann nicht mehr den Mut, Sie noch einmal anzusprechen. Vielleicht haben Sie uns für verschroben oder überängstlich gehalten. Beides ist nicht richtig. Nur mußten wir, bevor wir nach Monlingen zogen, sehr viele Demütigungen einstecken – speziell von Nachbarn und einigen scheinbar hilfsbereiten Mitmenschen –, daß wir uns vorgenommen haben, nie wieder einen nachbarschaftlichen Kontakt einzugehen. Wir haben auch Freunde, nur nicht hier in der Siedlung. Bisher war uns das nur recht, aber das kann sich ja ändern. Dürfen wir Sie in den nächsten Tagen zu einer Tasse Kaffee erwarten?«

Und ob!

Weshalb Rolf sich angeboten hatte, Tante Lotti zum Bahnhof zu fahren, weiß ich nicht, wahrscheinlich wollte er ganz sicher sein, daß sie auch wirklich abreiste.

Nach einem tränenreichen Abschied und dem Versprechen, im nächsten Jahr ganz bestimmt und dann sogar für länger wiederzukommen, stieg sie ins Auto. Dann stieg sie wieder aus, weil sie Dorle gesehen hatte und ihr noch auf Wiedersehen sagen wollte. Immerhin hatte die sie ja mit den von mir leider immer wieder vergessenen Zeitschriften versorgt.

Endlich fuhr der Wagen vom Garagenhof. Erleichtert winkte ich hinterher.

»Weißt du, Dorle, ich liebe Kerzenlicht, und ich liebe die Lichter der Großstadt. Aber am meisten liebe ich Schlußlichter!«

11.

Seit Jahren schon kämpfen Gewerkschafter und Eigenheimbesitzer für die 35-Stunden-Woche. Die einen, weil sie dafür bezahlt werden, die anderen, weil sie am langen Wochenende endlich das aufarbeiten wollen, wozu sie während der vergangenen fünf Tage vor lauter Arbeit nicht gekommen sind. (Der Nachteil eines Hauses ist, daß man, wo man auch sitzt, immer etwas sieht, was man eigentlich jetzt tun müßte.)

Für mich ist das zweitägige Wochenende allerdings das Äußerste, was ich gerade noch ertragen kann.

Den Freitag liebe ich. Man kann mit ruhigem Gewissen später zu Bett gehen, denn das ganze Wochenende liegt ja noch vor einem. Und selbst wenn man für den Samstagvormittag ein paar kleinere Arbeiten einplant (manche muß man ja ein dutzendmal verschieben, bevor man sie endgültig vergißt), so macht das auch nichts. Man wird dann eben am Nachmittag so richtig faulenzen.

»Morgen früh werde ich als erstes den Rasen mähen!« verkündete Rolf am Freitag abend (noch vor einer Generation brauchten die Menschen nach der Arbeit Ruhe; heute brauchen sie Bewegung, um etwas für ihre Gesundheit zu tun und nicht ganz einzurosten!).

»Und ich werde endlich die Wäsche wegbügeln«, versprach ich leichthin, obwohl es sich dabei um ein tagesfüllendes Programm handelte.

»Ihr habt uns schon so lange einen Ausflug mit Picknick versprochen«, erinnerte Sven an die seit dem Frühjahr geplante und bisher immer wieder verschobene Freiluftveranstaltung. »Können wir das nicht morgen machen?«

»Das ist eine großartige Idee! Ich brauche nicht zu kochen und komme endlich auch mal raus!«

»Ich dachte, Picknick is was zum Essen?« maulte Sascha.

»Wir nehmen ja auch etwas zum Essen mit«, beruhigte ich ihn. »Morgen früh schiebe ich schnell zwei Hühnchen in den Backofen, mache ein bißchen Salat, und wenn Papi den Rasen gemäht hat und ich mit der Wäsche fertig bin, fahren wir gleich los.«

»Au prima!« jubelten die Knaben und gingen ohne Murren ins Bett.

»Sind eigentlich meine Jeans gewaschen? Ich würde sie morgen gern anziehen. Man sieht die Grasflecken nicht so.«

»Das wollte ich morgen früh machen, aber ich kann sie auch jetzt schnell in die Maschine stecken. Dann trocknen sie über Nacht und können gleich mitgebügelt werden.«

Für eine einzige Hose lohnt sich ein ganzer Waschvorgang nicht, also suchte ich noch die Anoraks der Kinder zusammen, Rolfs dunkelbraune Cordjacke und die blaue Decke, die schon längst eine Wäsche nötig hatte.

»Ich muß den Wagen noch in die Garage fahren«, rief mein Gatte und enteilte. Etwas erschöpft kam er zurück.

»Wir müssen endlich etwas von diesem Gerümpel in der Garage loswerden. Ich krieg das Auto kaum noch rein. Was ist eigentlich in diesen entsetzlich vielen Pappkisten drin?«

»Woher soll ich das wissen? *Du* hast sie doch dort abgestellt und behauptet, du müßtest sie erst einmal durchsortieren.«

»Dann mach ich das morgen früh, während du die Wäsche bügelst. Eine Stunde Arbeit, und der ganze Kram ist vergessen!«

Der Himmel segne Rolfs Freitagabendlaune! Seit Wochen bat ich ihn vergebens, die Garage zu entrümpeln, und nun bot er sich freiwillig dazu an. Es hat doch etwas für sich, ein Wochenende minuziös zu planen.

»Man muß nur systematisch vorgehen!« erklärte Rolf selbstbewußt und gähnte. »Ich glaube, ich gehe jetzt auch schlafen. Kommst du mit?«

Ich konnte noch nicht. Die Waschmaschine hatte gerade den ersten Spülgang eingeschaltet. Außerdem mußte ich noch die Bügelwäsche einsprengen.

Die Katastrophe setzte ein, noch bevor der Morgen richtig angebrochen war – weil wir nämlich die Frage nicht geklärt hatten, wann wir eigentlich aufstehen wollten. Die Kinder waren der Ansicht, daß man von dem schönen freien Tag auch nicht eine Minute versäumen durfte, und tobten schon im Morgengrauen herum. Wir Eltern erklärten einander leise – und den Jungs lauter –, daß der Samstagmorgen zum Ausschlafen da sei, worauf die beiden in die Küche marschierten, um uns das Frühstück ans Bett zu bringen.

Nach einer halben Stunde emsigen Wirkens öffnete sich die Tür. Ich war gerade wieder eingeduselt, als sich Sascha lautstark erkundigte: »Willste Kaffee oder Tee? Wir haben beides gekocht.«

Rolf fuhr hoch, überblickte angewidert das Stilleben von mittelschwarzem Toast, Knäckebrot sowie Marmeladespuren an Tassen, Tellern und Tablett und floh ins Bad.

Während ich meinen lauwarmen – aber schon sehr lauwarmen – Kaffee trank, tauchte der Gatte mit kurzer Unterhose und vorwurfsvollem Gesicht wieder auf. Himmel ja, die Jeans!

»Mache ich gleich als erstes«, versprach ich, wickelte mich in meinen Bademantel und eilte, leicht paniert mit Toastkrümeln, in die Küche.

Die erste Spur einer bösen Vorahnung zeichnete sich ab, als ich den Haufen Bügelwäsche sah, der über den Wäschekorb quoll. Tapfer kämpfte ich um den Erhalt meines guten Mutes und sagte mir: »Das sieht ja bloß so viel aus, dazu brauchst du höchstens zwei Stunden, und früher sind die Hühner sowieso nicht gar!«

Die Kinder kreuzten auf und forderten nun ihrerseits Frühstück. »Könnt ihr euch das nicht auch allein machen? Die Corn-flakes stehen im Wandschrank, und wo die Milch ist, wißt ihr ja.«

Eine Zeitlang war nichts zu hören als das Zischen des Dampfbügeleisens und das Knistern der Corn-flakes, wie sie auf den Küchenboden fielen.

An einem ganz normalen Wochentag wäre Rolf jetzt schon in salonfähigem Aufzug auf dem Weg zu irgendeinem Kunden, Sven in der Schule und ich auf der täglichen Einkaufstour. Aber der Samstag hat ja etwas Besonderes zu sein, und so war ich, als es neun schlug, noch immer ungewaschen und trat barfuß auf die Knusperflocken am Boden.

Zwei Stunden später war ich immerhin schon angekleidet und hatte beim flüchtigen Aufräumen in der Küche entdeckt, daß sich die Corn-flakes-Spuren bis ins Wohnzimmer zogen.

Ich präparierte gerade die Hühner, als Sven mit mürrischem Gesicht erschien: »Wann fahren wir denn nu endlich los?«

»Bald«, versprach ich ihm. »Die Hühner müssen erst in den Ofen, und Papi ist ja auch noch nicht fertig. Eigentlich könntet ihr ihm ein bißchen helfen.«

Draußen verfluchte Rolf fortwährend den Rasenmäher, der noch immer nicht funktionierte.

Eigentlich müßte ich erst mal die Küche aufwischen, weil ich dauernd mit den Sohlen am Fußboden klebte. Andererseits war es idiotisch, damit anzufangen, bevor die Hühner im Ofen steckten. Während ich die Corn-flakes vom Wohnzimmerteppich saugte, überlegte ich, was ich zuerst machen sollte.

Ausgerechnet in diesem Augenblick klingelte das Telefon. Tante Lotti war dran. Sie wollte sich noch einmal für die reizende Fürsorge bedanken und vor allen Dingen das Rezept durchgeben, auf das die Damen Ruhland so erpicht waren. Sie erklärte – wirklich unnötig lange –, wie man das Kaninchen spicken müsse, woraus sich die Beize zusammensetze und daß man keinesfalls Buttermilch nehmen dürfe. Danach berichtete sie – wirklich unnötig lange –, wie interessant es im Spielkasino gewesen sei. Als sie endlich den Hörer auflegte, roch es angebrannt.

Die Hühner! Dabei hatte ich den Herd doch nur auf »volle Kraft« gestellt, damit er erst einmal richtig heiß wurde. Die schönen schwarzen Stücke würde ich natürlich selbst essen.

Der Briefträger brachte eine Ansichtskarte aus Italien. Heinzes waren in die Ferien gefahren, und seitdem herrschte himmlische Ruhe. Kein Motorroller knatterte, kein Conni kläffte, und das ferngesteuerte Modellflugzeug von Hendrik hatte vorübergehend Startverbot. Etwas neidisch betrachtete ich Meer und Palmen. Auf der Rückseite stand: »Wie bekommt Ihnen unser Urlaub?«

Die lieben Kleinen erschienen, diesmal mit Riekchen und den Brauer-Zwillingen im Gefolge, und behaupteten, halb verhungert zu sein. Ein Blick auf die Uhr sagte mir, daß Mittagszeit war. Warum sollten wir das Picknick nicht zum Abendessen umfunktionieren und jetzt schnell eine Kleinigkeit essen? Also schmierte ich ungefähr 14 Weißbrotscheiben mit Nougatcreme und rührte zwei Krüge Schokoladenmilch an. In einem Gewoge von Geräusch und Bewegung aßen die Kinder und verschwanden wieder.

Inzwischen war es eins. Der Gatte kreuzte auf. Halb gemäht war der Rasen schon, aber nun brauchte der fleißige Gärtner ein Bier und einen Imbiß.

»Was hast du bloß die ganze Zeit gemacht?« fragte er kauend. »Die Küche sieht aus wie ein Saustall!«

Bevor ich noch zu einer Rechtfertigung ansetzen konnte, bemerkte Rolf die Anzeichen einer bevorstehenden Explosion, griff nach der letzten Brotscheibe und entfernte sich schleunigst.

Ehe wir abfahren würden, müßte ich ja wenigstens noch die Betten machen und ein bißchen das Wohnzimmer aufräumen. Letzteres fiel aus. Eine flüchtige Zählung ergab sieben Kinder, die auf dem Fußboden lagen und ein Kartenspiel spielten, über dessen Regeln sie sich offenbar nicht einigen konnten. Wo Püppi Friese hockte, war der Teppich feucht. Ich forderte Achim auf, seine Schwester nach Hause zu bringen. Nun waren es noch fünf. Dann waren es wieder sieben, weil Michael und Riekchen dazukamen.

Halb drei. Der Rasenmäher stand verlassen hinten im Garten. Rolf war nirgends zu sehen. Der Gute! Er räumte sicher schon die Garage aus. Also griff ich nach Besen und Kehrschaufel, um wenigstens beim Abschluß der Entrümpelungsaktion zu helfen.

Die Garage war verschlossen. Nach längerem Suchen fand ich meinen Gatten auf Brauers Terrasse. Er löffelte Apfelkuchen. Nachdrücklich erinnerte ich ihn an die Pappkisten.

»Ich komme ja schon! Die paar Minuten spielen nun auch keine Rolle mehr!« Mit einem bedauernden Blick auf Alex und den zweiten Liegestuhl erhob er sich.

Die Garagentür klemmte. »Das liegt an der einen Schraube, die wollte ich schon längst richtig anziehen. Hol mal einen Schraubenzieher!«

Bereitwillig lief ich zurück ins Haus. Die lieben Kleinen hatten sich nunmehr ins Obergeschoß begeben und aus sämtlichen Fenstern Klopapierrollen gehängt. Es sah aus wie bei einer Flottenparade. Nachdem ich die Fensterbeflaggung weggeräumt und den Schraubenzieher gefunden hatte, eilte ich wieder zur Garage. Rolf hämmerte den Stiel von der Harke fest.

»Hat das nicht noch Zeit? Wolltest du nicht erst einmal die Kartons . . .?«

»Ban buß systebatisch vorbehen«, murmelte er, den Mund voller Nägel. Ich hatte den Eindruck, daß er jetzt lieber allein sein wollte; außerdem hatte die eingesprengte Bügelwäsche schon mittags ein bißchen muffig gerochen.

Um vier Uhr versuchte ich, mit einigen Kniebeugen den Kreislauf wieder in Gang zu bringen. Dann warf ich den Rest der Bügelwäsche in die Waschmaschine und verteilte nach allen Seiten Zwieback und Getränke in dem Bemühen, die vorwurfsvollen Stimmen zu beruhigen, die sich nach dem Picknick erkundigten.

»Papi ist noch nicht ganz fertig«, erklärte ich standhaft, »aber ich werde ihm jetzt helfen.«

In der Garage schaufelte Rolf mit dem Kehrblech Rasendünger in Pappkartons. »Der verdammte Sack ist geplatzt, als ich ihn zur Seite schieben wollte. Hol mal irgend etwas, wo ich den ganzen Papierkram reinpacken kann!«

Erst jetzt entdeckte ich ein Durcheinander von Briefkopien, Aktenordnern, Fotos, Stoffresten und anderem Krimskrams, das in einer Ecke übereinandergestapelt lag.

»Ich hab' die Kartons ausgekippt. Wo sollte ich sonst mit dem Dünger hin?« Ächzend hob er den soeben gefüllten Karton an, um ihn auf einen anderen zu setzen. Da klappte der Boden auf.

»Verdammte Schei . . .«

Blitzartig entfernte ich mich. Nun wußte ich mit Sicherheit, daß Rolf lieber allein sein wollte!

Nach einer weiteren Stunde – Sven hatte den früheren Inhalt der Kartons in zwei leere Kartoffelsäcke gestopft – wagte ich einen erneuten Vorstoß zur Garage. Nur undeutlich konnte ich Rolf durch den Staub sehen, den er beim Fegen aufwirbelte. Aber hören konnte ich ihn. Er fluchte im Takt vor sich hin. Auf Zehenspitzen schlich ich wieder fort.

Durch die Küche hatte ein Tornado getobt. Auf der Suche nach Nahrung hatten die Kinder sich an die übliche Notverpflegung erinnert und die Corn-flakes gleichmäßig über Tisch, Herd, Spülbecken und Fußboden verteilt. Als farbliche Ergänzung zogen sich Spuren von Kakaopulver über die Kunststoffplatten.

Während ich mit dem Schrubber Ordnung schaffte – die geeigneteren Requisiten befanden sich in der Garage –, tauchte mein Gatte schweigend in der Küche auf. Kleider, Gesicht und

Hände waren von der gleichen graubraunen Farbe, mit Ausnahme zweier kleiner, unheilverkündender roter Flecke, die drohend in seinem versteinerten Gesicht brannten.

Nun fanden sich auch die Kindlein wieder ein und sagten, daß es Zeit sei, zu packen. Draußen brach langsam die Dämmerung herein.

»Wißt ihr was?« rief ich mit gewaltsam fröhlicher Stimme. »Wie wär's, wenn wir das Picknick einfach bei uns im Garten abhalten? Das wird bestimmt lustig!«

Die Knaben, mehr hungrig als verständnisvoll, stimmten bereitwillig zu. Im Handumdrehen saßen wir auf dem halbgemähten Rasen und kauten angebranntes Huhn.

»Aber die Garage ist fertig!« sagte Rolf befriedigt. »Das bißchen Durchsortieren von dem ganzen Papierkram ist nur noch eine Kleinigkeit. Das mache ich am nächsten Wochenende!«

»Die halbe Bügelwäsche habe ich auch auf die Seite gekriegt«, freute ich mich. »Die andere Hälfte war sowieso nicht so eilig.«

»So ist's richtig!« Herr Straatmann äugte über den Zaun. »Picknick im Garten. Sie verstehen es wenigstens, das Wochenende zu genießen!«

»Für den nächsten Samstag stellen wir aber wirklich ein vernünftiges Programm auf«, meinte Rolf und fischte eine Ameise aus seinem Bierglas, »kein bißchen mehr, als wir wirklich verkraften können!«

Wütend schlug er auf seinen Arm. »Warum, zum Kuckuck, hat Noah die beiden Mücken nicht umgebracht, als die Gelegenheit so günstig war? Jetzt fressen uns die Viecher auf! – Kommt, laßt uns reingehen! Am besten gleich ins Bett. Ich bin hundemüde. Zum Glück ist ja morgen auch noch Wochenende!«

Verstehen Sie jetzt, warum ich gegen die 35-Stunden-Woche bin?

»Kunst am Bau« hieß ein Schlagwort der fünfziger Jahre. In irgendeinem Ministerium mußte ein verständnisvoller Mensch auf den Gedanken gekommen sein, endlich auch die bildenden Künstler am deutschen Wirtschaftswunder teilnehmen zu lassen. Die Filmschaffenden schwammen damals munter auf der

Heimatschnulzenwelle und verdienten großartig; Autoren fingen an, die Vergangenheit zu bewältigen, und verdienten auch nicht schlecht. Nur Maler und Bildhauer waren noch benachteiligt. Der deutsche Durchschnittsbürger kaufte sich erst einmal einen Fernsehapparat, einen Nierentisch und Hängeschränke für die Küche, fuhr im Sommer nach Alassio oder Rimini, und wenn er dann noch Geld übrig hatte, schaffte er sich einen Kabinenroller an oder sogar schon ein richtiges Auto. Der »Abendfriede« über dem Wohnzimmersofa konnte ruhig noch ein bißchen länger hängenbleiben, bevor er gegen ein zeitgemäßeres Ölgemälde ausgewechselt werden würde. Die Künstler hatten es also schwer und die Minister ein Einsehen. Künftig sollte ein gewisser – allerdings verschwindend geringer – Prozentsatz der jeweiligen Gesamtkosten der künstlerischen Ergänzung öffentlicher Bauprojekte dienen. In welcher Form die »Kunst am Bau« zum Ausdruck kommen sollte, bestimmten meistens die Bauherren, und die hatten so ihre eigenen Vorstellungen von Kunst im allgemeinen und der für ihr Objekt geeigneten im besonderen. Der Künstler selbst wurde nicht gefragt; er war froh, wenn er den Auftrag bekam.

Mir ist bis heute noch nicht klar, wer eigentlich festlegt, was Kunst nun überhaupt ist. Eine Bekannte von mir sammelt Elefanten und hält alles, was vier Beine und einen Rüssel hat, für Kunst – auch die sandfarbene Elfenbeinimitation mit dem Porzellansockel. Sie freut sich jedesmal, wenn sie ihre Elefantenherde abstaubt, und würde sie niemals für eine Skulptur von Henry Moore eintauschen. Obwohl die ja nun allgemein anerkannte Kunst ist.

Ich werde mich aber hüten, ein Werturteil abzugeben, denn im Familienkreis gelte ich als absoluter Kunstbanause, der einen Chagall nicht von einem Château unterscheiden kann. Aber einmal will ich es doch loswerden: Nach meiner ganz unmaßgeblichen Meinung entsteht moderne Kunst dann, wenn ein Maler aufhört, sich hübsche Mädchen anzusehen, weil er sich einredet, er hätte einen besseren Einfall!

Vor unseren Häusern und parallel zur Zufahrtsstraße befand sich eine größere Rasenfläche, die uns allen gehörte und folglich auch von allen gepflegt werden sollte. Herr Vogt hatte einmal den Versuch gemacht, seinen Anteil – also etwa ein Achtzehntel – des Areals zu mähen in der Hoffnung, wir anderen würden seinem Beispiel folgen, aber es fand sich niemand mehr. Der Rasen wurde zur Wiese, auf der die Kinder Fußball spielten, Wildblumen pflückten und Zelte aus Bettlaken aufschlugen. Ein paar Tage lang gab es auch so etwas wie Solidarität unter den Anwohnern, als wir abwechselnd auf der Lauer lagen, um den Maulwurf zu erwischen. Aber der ist dann doch klüger gewesen und vorsichtshalber ausgewandert. Insgeheim habe ich noch immer den Verdacht, daß Sven ihn heimlich ausgebuddelt und umgesiedelt hat. Er fand ja auch Wühlmäuse ausgesprochen niedlich.

Eines Tages nun versammelte sich auf der Wiese ein Gremium würdig aussehender Herren, die eine sehr gestenreiche Debatte führten. Mittelpunkt dieses Stehkonvents war ein gar nicht würdig aussehender Mann mit Wallehaaren und ebensolchem Bart. Trotz der kühlen Witterung ging er barfuß und trug einen kurzärmeligen blaugestreiften Metzgerkittel, der ihm bis zum Knie reichte. Der Mann schritt die Wiese einmal längs ab und einmal quer, hockte sich hin, stellte sich auf die Zehenspitzen, prüfte den Sonnenstand, maß die Schatten aus, die von den Garagen auf die Wiese fielen, und gebärdete sich, als würde er seinem staunenden Auditorium verkünden, er habe soeben das Perpetuum mobile gefunden. Geraume Zeit später zogen die Herren wieder ab, und ich vergaß die ganze Sache.

Es mochten etwa zwei Monate vergangen sein, als ein Maurer erschien, einen Zementsack von seinem Wagen lud, Schaufel, Thermoskanne, Tageszeitung und Bierflaschen auf die Wiese warf und nach einem prüfenden Blick in die Runde zur Tat schritt: Er machte Mittagspause.

Bis zum Abend hatte er sogar schon ein etwa zwei Quadratmeter großes Viereck aus dem Rasen gestochen. Dann lud er sein Handwerkszeug wieder auf den Lastwagen und verschwand unter Hinterlassung des Zementsacks und der zwei geleerten Bierflaschen.

Die Siedlungsbewohner besichtigten den Schauplatz. »Vielleicht pflanzen die endlich ein paar Büsche hierhin«, hoffte Herr Heinze.

»Und wer muß det Jrünzeuch denn jießen? An uns bleibt det doch hängen, und machen tut's doch keener!«

»Seit wann braucht man dazu Zement?«

»Da haste ooch wieda recht, Hermann!« Obermüller betrachtete intensiv das kleine Häufchen aufgeworfene Erde.

»Wär ja ooch 'n bißchen flach für's Jebüsch. Det sieht mir eher aus, als wenn da 'n Fundament oder sowat hinkommt.«

»Ich hab's!« frohlockte ich. »Das wird ein Spielplatz!«

Allen Kaufinteressenten hatte man damals versichert, daß auch »an die kleinen Bewohner« gedacht und nach Abschluß der Bauarbeiten ein Spielplatz errichtet werden würde. Bisher hatte sich zwar noch nichts getan, aber Frau Heinze hatte unlängst gemeint, wir würden ja voraussichtlich auch mal Enkel bekommen.

Zwei Tage lang diente das Erdloch als Murmelbahn. Am dritten endlich kam der Maurer wieder; ihm folgte ein zweiter Maurer, und als sie gefrühstückt hatten, schalten sie Bretter ein, rührten in einer rostigen Schubkarre eine blubbernde Masse an und kippten das fertige Zeug in die Miniatur-Baugrube. »Betreten verboten!« stand auf dem leeren Zementsack aus Papier, der – von einem Stein beschwert – nach Beendigung der Arbeit neben dem Produkt deutscher Handwerkertüchtigkeit die Wiese verschandelte.

Nun warteten wir auf das Klettergerüst. Oder die Schaukel. Oder die Wippe. Wir warteten umsonst. Das Gras überwucherte langsam wieder den Betonklotz, Conni pinkelte dreimal täglich die rechte vordere Ecke an, und Sascha holte sich ein blutiges Knie, als er quer über die Wiese rannte und über den Steinsockel stolperte.

Das feierliche Aufstellen der »Kunst am Bau« ist mir leider entgangen, weil ich ausgerechnet an diesem Tag nicht zu Hause war. Bei meiner Rückkehr war es schon dunkel gewesen, und so entdeckte ich erst am nächsten Morgen den unförmigen Holzklotz, der plötzlich das Betonfundament verunzierte.

»Wo habt ihr denn das Ding aufgetrieben?« fragte ich Sven. »Das muß doch ein ziemliches Gewicht gehabt haben.«

»War'n wir ja gar nich. Das soll'n Denkmal sein oder so was. Is gestern aufgestellt worden. Aber was es is, weiß keiner. Nich mal die Leute, die es gebracht haben. Einer hat gesagt, es sieht aus wie eine verkehrtherumene Badewanne.«

»Es ist eine Schöpfung dieses Rasputin, der vor einer halben Ewigkeit hier herumgehüpft ist«, klärte mich Frau Heinze später auf. »Das Ding heißt ›Liegende Frau‹ oder so ähnlich, aber das ist ja Wurscht, weil man sowieso nichts erkennt. Beim Anatomie-Unterricht muß der Künstler gefehlt haben!«

»Sie verstehen eben nichts von moderner Kunst«, sagte ich.

»Ein moderner Bildhauer ist ein Mann, der einen unbehauenen Klotz aus Stein oder Holz hernimmt und wochenlang bearbeitet, bis er aussieht wie ein unbehauener Klotz aus Stein oder Holz.«

Die Gemüter beruhigten sich bald wieder. Ab und zu hatte Kunigunde, wie Obermüller die aber schon sehr deformierte hölzerne Dame getauft hatte, einen Blumenkranz auf dem Kopf oder eine leere Whiskyflasche im Arm; nach dem ersten Schneefall hatte ihr eine mitleidige Seele einen alten Schal um den Hals gewickelt, aber im Laufe der Zeit gewöhnten wir uns an das Kunstwerk. Sascha behauptete sogar, es sei besser als jedes Klettergerüst, weil es keine harten Kanten gebe, an denen man hängenbleiben könnte.

Nur Conni brachte das zum Ausdruck, was wir insgeheim alle bei dem täglichen Anblick von Kunigunde dachten: Er pinkelte jetzt alle vier Ecken an!

»Was is 'n die Schnittmenge, wenn das hier die Restmenge ist?« Sven kaute auf seinem Bleistift und sah mich hilfesuchend an.

»Verstehe ich nicht!«

»Ich auch nicht, deshalb frage ich ja!«

Erwachsenenbildung wird es geben, solange Kinder Hausaufgaben machen. Natürlich hatte ich mir bei Svens Einschulung vorgenommen, täglich mit ihm Lesen zu üben, seine kümmerlichen Schreibversuche zu kontrollieren und das kleine Einmaleins abzuhören. Ich hatte Rechenhefte gekauft und Schreibhefte mit Doppellinien, hatte eine Rechenmaschine mit bunten Holzkugeln besorgt, zum Geburtstag hatte er ein Rechenlotto bekommen und ein Lernspiel für Erstkläßler – er war also bestens gerüstet.

Schon nach dem zweiten Schultag hatte er zwei Kästchen aus dem Ranzen geholt, die gefüllt waren mit bunten Klötzen und rechteckigen Stäben verschiedener Länge.

»Du sollst doch keine Spielsachen mit in die Schule nehmen!« sagte ich ärgerlich.

»Die haben wir doch in der Schule gekriegt!« verteidigte sich Sven.

»Wozu denn bloß?«

»Damit sollen wir rechnen lernen!«

Die Katastrophe nahm ihren Lauf. Obwohl Sven mir ein dutzendmal Sinn und Zweck dieser logischen Blöcke erklärte, begriff ich sie nicht und kam zu dem Schluß, daß nur Kinder über die nötige Intelligenz verfügen, damit fertig zu werden. Wenn er aber doch mal Schwierigkeiten hatte, schickte ich ihn zu seinem Vater, der seit jeher auf dem Standpunkt steht, Frauen könnten nicht logisch denken. Das sei ja auch kein Wunder, denn schließlich sei das männliche Gehirn 180 Gramm schwerer als das weibliche.

»Und in diesen 180 Gramm stecken ausgerechnet sämtliche Fähigkeiten zum logischen Denken? Das ist doch unlogisch!«

An diesem Punkt der Debatte pflegte Rolf meistens das Thema zu wechseln. Aber die Sache mit den Klötzchen begriff er auch nicht.

»Mit diesem Kleinkinderkram wirst du doch wohl selbst fertig werden!« donnerte er seinen Sohn an. »Zu mir kannst du kommen, wenn du Mathematik lernst!«

»Aber das ist doch Mathematik!«

»Das ist Spielerei!« sagte Rolf.

Zu diesem Schluß mußte wohl auch Sascha gekommen sein. Eines Tages räumte er Svens Ranzen aus, schleppte die hübschen bunten Steinchen in eine Sandgrube und brachte nur die Hälfte wieder mit nach Hause. Ich schenkte ihm den Rest und kaufte einen neuen Kasten. Da fehlten dann aber auch bald ein paar Stäbe, die kleinen geometrischen Plättchen landeten teilweise im Staubsauger, hin und wieder auch im Mülleimer – jedenfalls wurden es mit der Zeit immer weniger, und daran wird es wohl gelegen haben, daß Sven schließlich während der gesamten Schulzeit ein reichlich gestörtes Verhältnis zur Mathematik gehabt hat.

Seine pädagogischen Talente erprobte Rolf bei Michael. Der Knabe war zwar intelligent, aber faul, außerdem war er in seiner Freizeit noch immer damit beschäftigt, Neuigkeiten zu sammeln und weiterzugeben, so daß er seine Hausaufgaben in die Abendstunden verlegte. Seinen Vater ging er erst gar nicht um Hilfe an, weil der um diese Tageszeit selten in der Lage war, auch nur zwei und zwei zusammenzuzählen, und Dorle hatte erklärt, sie habe sowieso kein Verhältnis zu Zahlen.

Obwohl es Rolf oft genug gar nicht in den Kram paßte, fühlte er sich aber doch ziemlich geschmeichelt, wenn Michael bei uns auftauchte – mit seinem Mathebuch unterm Arm und flehenden Hundeblick im Gesicht: »Haben Sie einen Augenblick Zeit?«

Erst das ist wahre Konzentration, wenn der Erwachsene die Schularbeiten machen kann, während der Schüler neben ihm vorm Fernsehapparat sitzt.

»Paß mal auf, Michael, das ist doch eigentlich ganz einfach: Wenn A hundertzehn Mark verdient und B hundertfünfzig ausgibt . . . du, geh vielleicht lieber zu meiner Frau, die versteht das doch besser!«

Ich warf einen vernichtenden Blick auf Rolf und dann ins Mathebuch: »Das ist eine Dreisatzaufgabe!«

»Natürlich, das weiß ich auch«, sagte Rolf unwirsch, »aber weißt du noch, wie der Dreisatz geht?«

»Nein. Lerne ihn lieber, solange du noch Gelegenheit dazu hast, Sven kommt auch mal in die fünfte Klasse!«

Unsere gemeinsamen Bemühungen nützten aber doch nicht viel. Michael blieb kleben. Sven beinahe auch. Sein erstes Zeugnis überreichte er mir kalt lächelnd mit den Worten: »Hier hast du den Wisch – und fernsehen mag ich sowieso nicht mehr!«

Als sein Vater das Dokument in die Hand bekam, schüttelte er bloß den Kopf: »Schade, daß es keine Zensur für Mut gibt. Du hättest eine Eins dafür verdient, mit so etwas nach Hause zu kommen!«

Dann sah er mich fragend an: »Von wem könnte er dieses geistige Manko haben?«

»Ich weiß, von dir nicht! Du würdest nur an Vererbung glauben, wenn er lauter Zweier mitgebracht hätte.«

Es gehört zweifellos zu den merkwürdigsten Gesetzmäßigkeiten der Vererbung, daß unerwünschte Eigenschaften immer vom anderen Elternteil stammen.

Die Zweien hatte Karsten Vogt. Tagelang trug seine Mutter das Zeugnis ständig mit sich herum, um es allen Nachbarn zeigen zu können.

»Klassenbester ist er, hat mir die Lehrerin gesagt«, verkündete sie stolz.

»Ein Muttersöhnchen ist er!« knurrte Sven. »Hab' ich dir eigentlich schon erzählt, daß er sein Pausenbrot immer auf eine Serviette legt, bevor er es auswickelt? Seine Mutter will das so. Er hat auch immer ein Stück Seife und ein eigenes Handtuch mit. Sogar Klopapier! Die ganze Klasse lacht über ihn, dabei kann er ja gar nichts dafür. Abschreiben läßt er auch keinen, weil das seine Mutter verboten hat. Die ist richtig hohl! Ein Glück, daß du ganz anders bist.«

Mein Hochgefühl hielt nicht lange an. Quasi als I-Tüpfelchen fügte Sven hinzu: »Bloß in Mathe bist du eine richtige Niete!«

12.

»Was hältst du von einer richtig zünftigen Gartenparty?«

Alex polierte sorgfältig jedes einzelne Messer und prüfte seinen Glanz, bevor er es auf den Tisch legte. Beim Abtrocknen stellte er sich recht geschickt an.

Seit kurzem hatte er seine Morgenvisiten bei mir wiederaufgenommen – nunmehr von allen toleriert, denn wir kannten ihn inzwischen zur Genüge. Die obligatorische Whiskyflasche brachte er jetzt aber nicht mehr mit, vielmehr stellte er sie schon morgens in den Himbeerstrauch oben am Zaun und holte sie erst später nach einem verstohlenen Rundblick wieder heraus. Manchmal war sie nur halb voll, aber er hatte sich daran gewöhnen müssen, allein zu trinken, und dieses Quantum genügte ihm bis zum Mittagessen. Wenn ich Kartoffeln schälte oder Fenster putzte, setzte er sich einfach irgendwohin, notfalls auf den Kühlschrank oder auf die Treppenstufen und redete . . . redete . . . redete . . .

Über die politische Lage, über Dattelpalmen, über Segeljachten, über Frauen, über Kindererziehung, über Kalbsgulasch mit Rahmsoße – es dürfte wohl kaum ein Thema geben, über das ich mir nicht Alex' Meinung habe anhören müssen. Mitunter wechselte er sie auch von einem Tag zum anderen, hauptsächlich dann, wenn der Whisky alle und nur noch Gin im Haus war.

Anfangs hatte ich seiner Frau angeboten, ihn rauszuwerfen, sobald er vor der Tür stand, aber sie schien ganz froh zu sein, daß sie ihn eine Weile los war.

»Wenn er dir natürlich auf den Wecker fällt, dann ist das etwas anderes«, meinte sie nur.

»Ich finde ihn eigentlich ganz amüsant.«

»Das ist er ja auch! Jedenfalls bei anderen!«

»Dann verrate mir doch mal, weshalb du ihn überhaupt geheiratet hast?«

»Damals bin ich neunzehn gewesen und er vierunddreißig. Genügt das?«

Doch, das genügte. Den Rest konnte ich mir selbst zusammenreimen. Welcher Neunzehnjährigen imponiert es nicht, von einem so viel älteren Mann umworben zu werden? Irgend etwas schien hier aber schiefgegangen zu sein, obwohl ich einfach nicht begreifen konnte, weshalb Alex seine bildhübsche, charmante Frau behandelte, als sei sie überhaupt nicht vorhanden. An ihrer Stelle hätte ich ihn längst vor die Tür gesetzt. –

»Sehr begeistert bist du offenbar nicht von meiner Idee?« bohrte er nach.

»Ich hab' nicht richtig zugehört, entschuldige bitte! Welche Idee?«

Er stärkte sich mit einem Schluck aus der Flasche. »Von einer Gartenparty habe ich gesprochen. So richtig schön nostalgisch mit Lampions, flotter Musik und hübschen Mädchen.«

»Wo willst du die denn hernehmen? Außer deiner Frau und Patricia gibt es hier weit und breit nur Mittelalter bis Spätherbst.«

Er grinste. »Frauen sind am bezauberndsten zwischen fünfunddreißig und vierzig, wenn sie schon ein bißchen Lebenserfahrung gesammelt haben und ihre Möglichkeiten kennen. Und da nur wenige Frauen älter als vierzig werden, kann diese Zeit der größten Reizentfaltung manchmal sehr lange dauern! – Aber mal im Ernst: Langsam versauert man hier. Die anderen sind ja doch zu träge oder zu dämlich, um etwas auf die Beine zu stellen, also müssen wir eben den Anfang machen. Der Rest zieht dann schon mit!«

»Wo soll denn die ganze Sache stattfinden?« Im allgemeinen blieb so etwas meistens an mir hängen, und ich sah mich schon wieder zu endlosem Küchendienst verdonnert, um Gläser zu spülen und Brötchen zu schmieren, während die zahlreichen Gäste sich amüsierten und dabei den Rasen zertrampelten.

Alex zuckte die Achseln. »Na, überall! Wir können doch die ganzen Gärten einbeziehen. Jeder inszeniert etwas anderes, und zum Schluß haben wir eine einzige große Festwiese.«

Der Gedanke war gar nicht schlecht. Die winzigen Zäune boten kein nennenswertes Hindernis, und wenn jede Familie ihren eigenen Garten ein bißchen dekorierte, könnte das recht hübsch aussehen.

»Glaubst du, es machen alle mit?«

»Na klar«, sagte Alex. »Die saufen doch viel zu gern, als daß sie so eine Gelegenheit vorübergehen lassen würden.«

Genau das befürchtete ich auch. »Zum Schluß artet die ganze Sache doch bloß wieder in ein Riesenbesäufnis mit weinseliger Verbrüderung aus. Lassen wir's lieber bleiben!«

Aber Alex war nicht mehr zu bremsen. »Blödsinn! Wer die Nase voll hat, der macht seinen Laden dicht und verschwindet. Das soll doch eine ganz zwanglose Party werden.«

»Und wann soll der Rummel steigen?«

»Spätestens am Samstag. Bis dahin hält sich das atlantische Hoch, haben die Wetterfrösche im Fernsehen behauptet. Und wenn nicht, dann findet die Feier im Saale statt! Wir haben ja genug Partykeller.«

Richtig erwärmen konnte ich mich für diese Festlichkeit noch immer nicht, aber Dorle zerstreute meine Bedenken. Sie entwarf bereits kalte Platten, plante eine mitternächtliche Gulaschsuppe und wollte von mir wissen, ob ich schon mal Artischocken gegessen hätte.

»Geschmeckt haben sie mir nicht, aber auf einem kalten Büfett sehen sie sehr dekorativ aus!«

»Die sind viel zu teuer«, winkte ich ab. »Wenn ich Alex richtig verstanden habe, dann soll jeder ein bißchen was zum Essen und Trinken bereitstellen. Wir müßten uns nur vorher absprechen, sonst haben wir nachher acht Schüsseln Kartoffelsalat, haufenweise gekochte Eier und keinen Krümel Käse.«

»Soll denn ooch jeschwooft werden? Weil det uff den Rasen nämlich nich jeht. Ick kann ja mal mit die Maurer reden, vielleicht hab'n die 'n paar Bretter übrig. Die könn' wa denn bei uns in 'n Jarten lejen, da wird wenigstens det Unkraut mal plattjewalzt!«

Obermüllers Garten war mein heimliches Entzücken und Herrn Vogts ständiges Ärgernis. Niemals habe ich Obermüller mit dem Rasenmäher gesehen, denn er vertrat die Ansicht, »det man allet nach de Natur wachsen lassen soll«. Das tat er dann auch, und Dorle kämpfte einen beinahe aussichtslosen Kampf, um wenigstens ihre beiden Erdbeerbeete von Löwenzahn freizuhalten. Am meisten regte sich aber Herr Vogt auf.

»Als Grundstücksbesitzer hat man auch Rücksicht auf seine

Nachbarn zu nehmen! Beim geringsten Windhauch wird der ganze Unkrautsamen in meinen Vorgarten geweht. Ich kann den Rasen kaum noch sauberhalten!« hatte er sich einmal beschwert.

»Zweemal die Woche feucht wischen und zwischendurch tüchtig saugen!« hatte Obermüller empfohlen.

Ironie war an Herrn Vogt verschwendet; er nahm grundsätzlich alles für bare Münze. Deshalb konnten wir uns das Lachen auch nicht verbeißen, als er am nächsten Tag tatsächlich den Staubsauger in den Garten schleppte und Jagd machte auf die versprengten Fallschirmtruppen von Obermüllers Pusteblumen. Später lernte er seine Frau an, die von da ab freitags nicht nur das ganze Haus, sondern auch noch den Garten saugen mußte.

Mit der Party sei sie, wie sie sagte, grundsätzlich einverstanden, was in der Praxis bedeutete, daß sie auf keinen Fall etwas tun würde, um Terrasse und Garten möglichen Besuchern zu öffnen. Ein paar Torten werde sie aber gern backen, auch Papierservietten stiften, und vielleicht würde ihr Mann eine Bowle machen. Er verstehe das ganz ausgezeichnet.

»Unlängst hatten wir eine Pfirsichbowle, und obwohl wir alle tüchtig zugegriffen haben, haben wir kaum eine Wirkung gespürt. Dabei ist die Bowle wirklich köstlich und außerordentlich erfrischend gewesen.«

»Wat kannste ooch von Konservenobst mit Selters erwarten?« Obermüller schüttelte sich. »Die kenn' Wein doch bloß in Form von Trauben. Müssen die eijentlich det Fest mitmachen?«

»Keiner muß müssen, aber wir können sie ja nicht übergehen. Wieviel werden denn überhaupt zusammenkommen?« Alex sah uns fragend an.

Wir hatten uns in Heinzes Bauernstube versammelt, um die Einzelheiten der Party zu besprechen. Wir – das waren neben Heinzes noch Obermüllers, Herr Wittinger, Hermann und Roswitha Friese, Alex und ich.

»Also bei die Jetränke klammern wa den Vogt aus! Soll seine Frau ruhig Kuchen backen, denn hab'n wa wenigstens Sonntag wat für 'n Kaffee!«

»Wenn alle mitmachen, dann wären wir ungefähr zwanzig Personen«, sagte ich. »Straatmanns sind verreist, die Damen Ruhland kommen sowieso nicht, Babydoll scheint auch nicht dazusein, und ob Otterbach jemanden mitbringt, weiß ich nicht. Vorher sollten wir aber noch klären, wie wir es mit den Neuen halten wollen.«

Die »Neuen« waren Herr und Frau Tröger nebst Sohn Rupert und Tochter Angelika, beide im gehobenen Teenageralter, beide sehr schüchtern und alle vier ziemlich unauffällig. Sie waren während der Sommerferien in das Haus Nr. 6 gezogen, nachdem die McBarrens es Hals über Kopf verlassen hatten, weil Mr. McBarren versetzt worden war. Er schickte uns sogar eine Ansichtskarte aus Edinburgh mit Grüßen an Frau Kiepke, die er trotz Gehaltsverdoppelung und Zusicherung eines sechswöchigen Heimaturlaubs mit bezahlter Flugkarte nicht hatte bewegen können, nach Schottland mitzukommen.

»Ha, was denkt sich der Kerle denn? Ich hab' ja schon do nix mit em schwätze könne. Des hätt mir grad noch gfehlt, in e Land zu gehe, wo mi reinwegs koin Mensch verschteht. Arg nette Leit sind's jo un a gar net geizig, wie allweil gschwätzt wird, awer ich bleib do! Die neie Mieter wellet mi jo bhalte. Se zahle a net schlecht.«

Von Emma Kiepke stammten auch die spärlichen Informationen, die über unsere neuen Nachbarn durchgesickert waren. Demnach besaßen sie einen kleineren Textilgroßhandel in der Nähe von Köln, der aber doch so viel abwarf, daß die Kinder aufs Internat gehen konnten. Sie kamen nur in den Ferien nach Hause. Ihre Eltern lebten ziemlich zurückgezogen, und Frau Kiepke wußte auch nichts Außergewöhnliches zu berichten.

»Arg fleißig sind se – und recht ordentliche Leit!« Also so ganz nach ihrem schwäbischen Herzen.

Sie bedankten sich sehr höflich für die Einladung, bedauerten aber, absagen zu müssen, weil sie für das Wochenende schon anderweitige Verpflichtungen hätten.

»Irjendwie sind wa zu wenich«, stellte Obermüller fest, als wir uns am Donnerstag zu einer letzten Lagebesprechung trafen. »Da jehn wa uns nach zwee Stunden jejenseitig uff'n Keks! Wir sollten alle noch wen einladen, der in den Verein hier rinpaßt, sonst wird det Janze 'ne Art Familjenfeier!«

»Also planen wir vorsichtshalber noch zehn bis zwölf Gäste zusätzlich!« Alex hatte wieder die Buchführung übernommen. »Wie steht's nun mit den leiblichen Genüssen?«

»Von uns kommen die kalten Platten!« verkündete Wittinger. »Das ist alles schon in die Wege geleitet!«

»Übernimm dir nich, Rudi! Dreißig Mäuler zu stopfen, det wird 'ne teure Schmiere.«

»Ach was, das kann ich mir noch leisten! Den Sekt auch! Ich habe zwanzig Flaschen bestellt!«

Angeber! Niemand mißgönnte ihm seinen Lottogewinn, hätte er nur nicht seinen Wohlstand so offensichtlich zur Schau gestellt. Selbst wenn sie nur zum Eierholen ging, trug Frau Wittinger elegante Nachmittagskleider, während ihr Mann mit Vorliebe im Tennisdreß herumlief und wie zufällig seine vier Schläger im Garten liegenließ. Karin Brauers Einladung, doch mal ein paar Sätze mit ihr zu spielen, hatte er allerdings immer abgelehnt.

»Meine Rückhand läßt noch zu wünschen übrig. Der Trainer meint aber, in drei bis vier Wochen ist sie grandios!«

Rolf hatte sich bisher aus den ganzen Diskussionen herausgehalten. Nun wollte er uns aber auch etwas Gutes tun:

»Vielleicht serviere ich gegen Mitternacht ein paar Bleche Pizza.«

»Aber nur, wenn es nicht die übriggebliebenen von Silvester sind«, sagte Brauer hinterhältig. »Damals hast du sie ja nicht fertiggemacht. Wenn du deine kulinarischen Fähigkeiten unbedingt beweisen willst, dann mach eine kalte Ente! Die Damen werden dir dankbar sein.«

»Was ist eine kalte Ente?« wollte Wittinger wissen.

»Wat zum Trinken! Aba ohne Sekt, und deshalb kennste det wahrscheinlich nicht!«

Gegen Mitternacht trennten wir uns. Ich hatte die Order bekommen, ein paar Salate zu machen, Dorle bestand nach wie vor auf ihrer Gulaschsuppe, Karin Brauer wollte für Würstchen sorgen, und Frau Heinze plante »etwas Deftiges«. Sie wußte nur noch nicht genau, was.

Hermann Friese war zuständig für Bier. »Aber vom Faß!« versprach er. »Das ist doch wenigstens ein Männergetränk. Mir ist von eurem labbrigen Zeug schon jetzt ganz flau!«

»Wenn das nur gutgeht!« zweifelte Rolf, als er sich lauthals gähnend ins Bett legte. »Am besten wäre es, wenn es übermorgen regnen würde.«

Es regnete nicht. Vielmehr schien es ein strahlend schöner und für September auch außergewöhnlich warmer Tag zu werden.

Man hätte zum Baden fahren können oder ins Sauerland, man hätte in der Sonne liegen und endlich mal das Buch lesen können, über das alle Welt sprach – statt dessen stand ich in der Küche und schnippelte Zwiebeln für den Salat, während Rolf auf die Leiter hinauf und hinunter turnte und die Weihnachtsbaumbeleuchtung an die Terrassenwände nagelte. Die nicht ganz zeitgemäßen Kerzen sollten später von Lampions verdeckt werden. Ab und zu schielte er über die Trennwand, wo Babydoll in einem winzigen Bikini herumhüpfte und Unmengen von Kreppapier stapelte.

»Sie helfen mir doch nachher beim Dekorieren, nicht wahr?«

Dem schmachtenden Augenaufschlag konnte Rolf natürlich nicht widerstehen. Dem Schlag ans Schienbein aber auch nicht!

»Natürlich, gerne . . . wenn ich dann noch Zeit habe«, knirschte er mit zusammengebissenen Zähnen. Isabell bekam ein sonniges Lächeln, ich nur einen finsteren Blick. Stumm nagelte er weiter.

»Ich hab' Sie ja so lange nicht gesehen. Waren Sie verreist? Haben Sie Ihre Neffen besucht?« Das war gemein von mir, aber ich konnte Isabell nun mal nicht ausstehen.

»Habe ich Ihnen das denn nicht erzählt? In Ägypten bin ich gewesen, drei Wochen lang, und alles inklusive. Sehr exotisch das Ganze, aber gefallen hat es mir trotzdem nicht. Nur die Filme auf dem Hin- und Rückflug waren gut.«

Die Leiter fing an zu wackeln, weil Rolf einen Hustenanfall bekam. »Und deshalb sind Sie nach Afrika gefahren?« keuchte er.

Isabell staunte. »Wieso Afrika? In Ägypten bin ich gewesen. Übrigens habe ich in Kairo einen zauberhaften Mann kennengelernt, einen Franzosen. Also so etwas von Charme und Eleganz – das gibt es hier bei uns gar nicht. Bei Gelegenheit muß ich Ihnen mal ganz ausführlich davon erzählen.«

Nur zu oft erweitert Reisen nicht den Horizont, sondern nur die Gespräche. Ich verzog mich lieber wieder in meine Küche.

Es klingelte. Alex brauchte Klebstoff. Und einen Drink. Den brauchte Rolf natürlich auch. Um zwölf kam Karin, um ihren Mann abzuholen.

Das dauerte bis eins. Danach war Rolf leicht beschwipst und ich total erschöpft. Dabei hatte die Party noch nicht mal angefangen!

Mittagessen gab es aus Dosen. Die vielen kochfertigen Gerichte sind für uns Hausfrauen ganz bestimmt ein Segen, aber wir brauchen trotzdem noch eine halbe Stunde, bis die Familie am Tisch sitzt.

»Können wir nicht ein bißchen was von den Salaten kriegen?« maulte Sven.

»Doch, aber erst heute abend.«

Um zwei Uhr kam Felix. Allein. Auf meine erstaunte Frage, wo er denn seine derzeitige Freundin gelassen habe, antwortete er lakonisch: »Wieso Freundin? Nimmst du denn Bier mit, wenn du nach München fährst?«

Offenbar hatte er sich einiges vorgenommen. Er trug einen eleganten hellen Anzug, den ich noch gar nicht kannte, und zum erstenmal harmonierte auch das modische Zubehör.

»Wenn Taschentuch, Socken und Krawatte zusammenpassen, trägt der Mann meistens ein Geschenk.«

»Quatsch!« sagte Felix, während er sich geschmeichelt im Spiegel betrachtete. »Bisher hatte ich nur noch nicht das Geld, um meinen individuellen Geschmack bezahlen zu können. Wie gefallen dir übrigens meine Schuhe? Neuestes Modell!«

Beifallheischend hielt er mir seine glänzenden Slipper entgegen. »Sehr schön! Aber eitel bist du gar nicht, nicht wahr?«

»Ach wo«, lachte Rolf, »aber er nimmt keine heiße Dusche mehr, weil da der Spiegel beschlägt!«

Beleidigt verzog sich Felix auf die Terrasse. Wenig später hörten wir ihn fluchen und hämmern. Isabell hatte ihre rotlakkierten Krallen nach ihm ausgestreckt.

»Da ist er wenigstens gut aufgehoben«, sagte Rolf, bevor er sich zu einem kleinen Nickerchen zurückzog, um sich für die Strapazen des Abends zu stärken.

Bei Obermüllers wurde der Tanzboden aufgeschlagen. Unter Anleitung des Hausherrn nagelten Friese und Wittinger robuste kalkbespritzte Bretter zusammen, die sie vorher von einem Baugerüst demontiert hatten.

»Also Tango und Walzer is nich drin, da kriejen wa alle Splitter in die Beene, aber für det moderne Jehopse wird's schon jehn!« Prüfend trampelte er auf den Brettern herum. »Wackeln tut's ooch. Ob wa nich doch lieber 'n paar Türen aushängen und aneinanderlejen? Die Klinken müssen wa natürlich erst abschrauben.«

Bei Wittingers fuhr ein Lieferwagen vor, der das Firmenschild eines bekannten Düsseldorfer Delikatessengeschäfts trug.

»Da kommen ja endlich die kalten Platten«, rief Wittinger laut, damit wir es auch alle hören konnten, und eilte davon.

»Der schmeißt det Jeld aba wirklich zum Fenster raus! Möchte wissen, wie lange det jutjeht. Seit Monaten arbeetet er doch janich mehr.«

»Aber er geht doch jeden Morgen pünktlich aus dem Haus«, wunderte ich mich.

»Aba nich zur Arbeet. Der hat doch in Düsseldorf 'ne Freundin, und der hat er sojar 'ne kleene Wohnung einjerichtet. Weeßte denn det nich?«

Offenbar war ich mit dem Siedlungsklatsch mal wieder nicht auf dem laufenden. »Was sagt denn seine Frau dazu?«

»Gloobste denn, die weeß det? Die hat doch von nischt 'ne Ahnung. Wir haben 's ja ooch bloß rausjekriegt, weil Hermann 'ne Kundin hat, die janz zufällig in detselbe Apartmenthaus wohnt. Irjendwie tut mir die Jerlinde ja leid, aba ick misch mir jrundsätzlich nich in andre Leute ihre Anjelejenheiten.«

Gegen sechs Uhr waren alle Vorbereitungen beendet, und ich konnte mich einem nicht minder wichtigen Problem widmen: Was sollte ich anziehen? *Zu* festlich durfte es nicht sein, schließlich handelte es sich nur um eine interne Gartenparty, und wenn ich dann auch noch an unseren Tanzboden dachte . . . Wittingers Hifi-Anlage dröhnte bereits durch die ganze Siedlung. Ich fürchtete für Karsten Vogts ungestörte Nachtruhe. Erwartungsgemäß hatte seine Mutter das eigene Grundstück zur Bannmeile erklärt, »weil der Junge doch seinen Schlaf braucht!«

»Aber alle Kinder dürfen doch bis zehn Uhr mitmachen«, hatte ich ihr entgegengehalten. »Vorher können sie bei dem Radau ja doch nicht einschlafen. Und dann werden sie hoffentlich müde genug sein!«

»Karsten darf noch vom Balkon aus ein Weilchen zusehen, aber spätestens um halb neun muß er ins Bett. Das weiß er auch!«

Armer Kerl. Anscheinend war Frau Vogt niemals Kind gewesen. Sie mußte schon als Erwachsene und mit moralisch erhobenem Zeigefinger zur Welt gekommen sein.

Lange überlegte ich, ob ich nun das geblümte Sommerkleid mit dem tiefen Ausschnitt anziehen sollte oder lieber das hochgeschlossene aus Chiffon, das so unanständig durchsichtig war. Ich wollte ja nicht nur den Männern gefallen, sondern auch ein bißchen meine Nachbarinnen ärgern. Wozu sonst zieht man sich an?

Es klopfte an der Schlafzimmertür. »Darf ich reinkommen?« Frau Heinze war in mitternachtsblauen Frottee gehüllt. Bodenlang. Beim näheren Hinsehen entpuppte sich das Gewand als Bademantel.

»Wissen Sie auch nicht, was Sie anziehen sollen? An Ihrer Stelle würde ich das Schwarze nehmen, dann haben die anderen wenigstens was zum Klatschen!« Sie zeigte auf das Chiffonkleid. »Tolle Kreation! Sieht so richtig schön verworfen aus!«

Suchend sah sie sich um und ließ sich aufs Bett fallen. »Ich muß mich erst mal setzen! Seit einer halben Stunde probiere ich, was mir am besten steht. Gefunden habe ich noch nichts. Die Mädchen werden heutzutage einfach zu schnell groß. Du machst deinen Schrank auf, und dein schönstes Kleid ist fort.«

»Das kann mir nicht passieren, ich hab' nur Jungs!« lachte ich.

»Wer weiß, was die in zehn Jahren tragen! Patricia zieht ja sogar Oberhemden und Pullover von ihrem Vater an. Lediglich seine Hosen sind momentan vor ihr noch sicher.«

Inzwischen hatte ich meine Toilette beendet. Frau Heinze musterte mich kritisch. »Einfach großartig! Die Männer werden begeistert sein, die Frauen werden Sie hinter Ihrem Rükken zerreißen. Morgen erzähle ich Ihnen, was sie gesagt haben!«

Seufzend stand sie auf. »Langsam werde ich mich wohl auch fertigmachen müssen. Am besten ziehe ich mein graues Jerseykleid an. Das ist schon acht Jahre alt und wird allmählich wieder modern.«

Rolf steckte seinen Kopf durch die Tür. »Beeil dich ein bißchen, die Prozession formiert sich schon! Als erstes ist ein Rundgang . . .« Da sah er Frau Heinze. »Entschuldigung, ich wußte nicht, daß ihr beide schon fertig seid. Sie sehen übrigens entzückend aus!«

Weg war er.

»War das jetzt ein Kompliment oder eine Frechheit?«

Die Klärung dieser Frage verschoben wir auf später. Frau Heinze eilte die Treppe hinunter. »In zehn Minuten bin ich fertig!«

Es dauerte dann aber doch noch eine halbe Stunde, bevor sie, ganz in Weiß, zu uns stieß, die wir gerade Obermüllers Garten bewunderten. Überall zwischen den Unkräutern standen kleine Windlichter, vom Balkon hingen Luftballons und Papierschlangen – es sah eigentlich mehr nach Fasching aus als nach Sommerfest. Am eindrucksvollsten aber war die Tanzfläche. Die Bretter waren mit blauer Plastikfolie überzogen – »wejen die Splitterjefahr!« wie uns Obermüller erklärte – und unter Verwendung von vier kleineren Gerüstleitern und drei aneinandergehefteten hellgrünen Bettlaken sogar überdacht.

»Sieht aus wie 'n jroßet Himmelbett, nich wahr?« freute er sich. »Is bloß nich janz so bequem. Ihr braucht det also janich erst ausprobieren!«

Bei Frieses ging es bayrisch zu. Ein großes Bierfaß stand auf der Terrasse, daneben ein Holzhammer, drum herum stapelten sich die von uns allen zusammengepumpten Gläser – angefangen bei Bleikristall und endend bei Keramikhumpen mit silbernen Gamsbartdeckeln (die stammten garantiert von Vogts!). Blauweiße Papiergirlanden hingen überall da, wo Friese etwas zum Befestigen gefunden hatte, und das war nur bei seinen Stachelbeersträuchern der Fall gewesen. Die bekränzten Büsche sahen aus wie ein Ehrenspalier zum Empfang des bayrischen Ministerpräsidenten.

»Jetzt kannst du die Beleuchtung einschalten, Gerlinde!« rief Wittinger ungeduldig über den Zaun. »Wir kommen!«

Im selben Augenblick wurde der ganze Garten in gleißendbuntes Neonlicht getaucht. Zwischen den Blumen mußten überall Lampen verborgen sein, die in unregelmäßigen Abständen aufflammten und wieder verloschen. Die Terrasse, ohnehin schon mit Infrarotheizung ausgestattet, hatte noch zusätzliche Neonstrahler bekommen, und in dem gespenstisch grellgrünen Licht sahen wir alle aus wie Wasserleichen.

»Wie haste det bloß fertigjekriegt, Rudi? Sonst kannste doch nich mal'n Stecker zusammenschrauben.«

»Ich habe heute früh einen Elektriker kommen lassen«, sagte Wittinger.

»Ach so. Den hab' ick rumkriechen jesehn. Ick hab' aba jejloobt, du hast wieder 'n Järtner anjeheuert, damit der die Blattläuse von deine Rosen sammelt.« Obermüller warf einen anerkennenden Blick auf das kalte Büfett. »Sieht zwar allet 'n bißchen wie Seetang und Sülze aus, aba wenn de nachher die

Tanzschuppenbeleuchtung ausmachst, wer'n wa ja sehn, wat de Schönet uffjefahrn hast.«

Übrigens trug Wittinger als einziger einen Smoking und Gerlinde – auch als einzige – ein großes Abendkleid.

Als nächstes war unser Garten dran. Die Christbaumkette mit den bunten Lampions machte sich wirklich gut. Hinten am Zaun hatten wir auch noch welche aufgestellt, und ganz zum Schluß hatte Rolf einen lachenden Vollmond in Isabells Birke gehängt.

Plötzlich fiel mir ein, daß ich Babydoll noch gar nicht gesehen hatte. Und Felix auch nicht mehr. Nur das entnervende Gehämmer hatte bis zum Einbruch der Dämmerung angedauert.

Wie auf Kommando äugten die beiden um die Trennwand. »Ihr hättet keine Minute früher kommen dürfen, wir sind gerade erst fertig geworden. Darf ich euch einladen in die Welt von Tausendundeiner Nacht?«

Zuvorkommend reichte mir Felix die Hand. Neugierig stieg ich über den Zaun.

»Ach du liebe Zeit!« war alles, was ich sagen konnte.

Die ganze Terrasse war mit bonbonrosa Kreppapier verkleidet, rosa Papierampeln hingen von der Decke, auf dem Boden lagen Berge von Kissen, und mittendrin saß Isabell, eingehüllt in einen sackartigen Kaftan mit viel Silber dran. Auf der schwarzen Perücke prangte ein glitzerndes Diadem, die grüngeschminkten Augen waren mit Goldstaub beklebt, und in der Hand hielt sie einen riesigen Fächer aus rosa Federn. Ich war einfach überwältigt! Die anderen auch, denn es herrschte allgemeines Schweigen. Dann platzte Obermüller heraus:

»Doll! Wie im Puff!«

Mit hoheitsvoller Geste faltete Isabell ihren Fächer zusammen.

»Du hast wohl noch nie etwas von Kleopatra gehört?«

»Doch. Aber wo is Cäsar? Noch mit die Elefanten über die Alpen unterwegs?«

»Das war Hannibal, du Trottel! *Mein* Cäsar kommt erst nachher.« Sie erhob sich, was ihr etwas schwerfiel und nur mit Felix' Hilfe gelang, und verschwand im Haus.

»Jetzt habt ihr sie beleidigt«, sagte Felix vorwurfsvoll. »Dabei ist sie so stolz auf ihre rosa Kemenate.«

»Die gehört nun wiederum in die Ritterzeit«, bemerkte Rolf. »Aber Geschichte ist ja noch nie deine Stärke gewesen.«

»Wozu auch? Geschichte ist nichts anderes als die Umwandlung mächtiger Eroberer in kleine Fußnoten.«

Nach diesem orientalischen Volltreffer fanden die übrigen Gärten nur noch sparsamen Beifall. Brauers hatten sich für Bambusmatten und chinesische Lampions entschieden, und Heinzes hatten die Bauernmöbel aus dem Keller geholt und auf die Terrasse gestellt. Auf Wärmeplatten dampften Rippchen und Sauerkraut, daneben standen Körbe mit Bauernbrot. Erst jetzt merkte ich, daß ich riesengroßen Hunger hatte.

»Ob ich die Freßorgie einfach eröffne?« fragte ich Rolf leise.

»Untersteh dich! Das ist Sache der Hausfrau!«

Die dachte aber gar nicht daran. Während des Ankleidens hatte sie noch die Nachrichten gehört und erörterte gerade mit Alex die weltpolitische Lage. »Was bringen denn diese ewigen diplomatischen Konferenzen? Überhaupt nichts! Die finden doch nur statt, damit man sich gemeinsam auf das Datum der nächsten diplomatischen Konferenz einigt.«

»In der Politik gibt es doch sowieso immer nur einen Weg: den anderen!« pflichtete Alex bei.

Mein Magen hatte mit Politik nichts im Sinn. Er knurrte. Möglichst unauffällig angelte ich nach einer Scheibe Brot und kaute verstohlen darauf herum. Heinze hatte es trotzdem bemerkt.

»Worauf warten wir eigentlich noch? Greift zu, bevor es ganz kalt wird!«

Wittinger protestierte: »Wollen wir nicht erst mit den kalten Platten anfangen? Es ist wirklich genug da!«

»Nee, erst brauchen wa 'ne solide Jrundlage. Wat du hast, is wie 'n Weihnachtsteller. Dreimal abbeißen, und denn kannste von dem Zeuch nischt mehr sehn!«

Während ich mit bestem Appetit auf meinem Rippchen kaute, konnte ich endlich in Ruhe die auswärtigen Gäste betrachten. Dorles Schwester und ihren Mann hatte ich schon am Nachmittag kennengelernt. Beide sahen sehr solide aus, waren sympathisch und schienen sich bereits wie zu Hause zu fühlen.

Frieses hatten drei Kegelbrüder eingeladen, die sich sehr jovial gaben und im Laufe des Abends nie weiter als fünf Meter vom Bierfaß entfernt angetroffen wurden.

Wittingers wußten noch nicht, ob ihre Gäste überhaupt kommen würden, weil sie zwei Kinder besaßen und um fünf noch immer keinen Babysitter gefunden hatten, und Brauers Studienfreund wurde jeden Moment erwartet.

Frau Heinze hatte ihre Nichte nebst Verlobtem eingeladen und natürlich einen möglichen Heiratskandidaten für Patricia. Er wohnte in Leverkusen, sah ziemlich nichtssagend aus und wurde von der potentiellen Braut kaum eines Blickes gewürdigt.

Auch Herr Otterbach hatte sich noch nicht sehen lassen. Als möglicher Schwiegersohn war er von Frau Heinzes Liste längst gestrichen worden, nachdem sie festgestellt hatte, daß er in seinem Haus häufig Herren, niemals jedoch Damen empfing.

»Hätten Sie das von dem geglaubt?« hatte sie mich eines Tages gefragt, als Otterbach seinem Begleiter fürsorglich die Wagentür geöffnet und erst dann hinter dem Steuer Platz genommen hatte. »Er sieht doch nun wirklich sehr männlich aus und hat einen ganz normalen Beruf. Soviel ich weiß, ist er Volkswirt.«

»Na und? Ein Volkswirt ist bloß ein Mann, der mehr vom Geld versteht als der, der es hat. Rückschlüsse auf das Privatleben kann man daraus bestimmt nicht ziehen.«

Jedenfalls kam Otterbach als Bewerber nun nicht mehr in Betracht, was ihm anscheinend nur recht war. Er wurde zusehends gesprächiger und ein angenehmer, hilfsbereiter Nachbar. Ohne ihn hätte ich niemals die verstopfte Regenrinne saubergekriegt. Und das mitten im schönsten Wolkenbruch.

»Sag mal, gibt's hier nirgends was zu trinken?« Felix würgte an seinem Sauerkraut und sah sich suchend um.

»Was willst du denn haben? In Nummer zwei gibt's Bier, in Nummer drei Sekt, bei uns kalte Ente, bei Alex Whisky, ob Babydoll Kamelmilch ausschenkt, weiß ich nicht.«

»Die hat bloß Cocktails. Passend zur Dekoration. Ich fang' lieber mit Bier an.« Er verschwand Richtung Bayern.

Fast alle Männer hatten schon das Weite gesucht; dann begannen auch die Frauen mit dem Rückzug. Lediglich Conni und Mausi blieben sitzen, zum erstenmal einträchtig nebeneinander, ohne sich gleich an die Kehlen zu gehen. Sie hatten wohl eingesehen, daß die Knochen für beide reichen würden.

Als ich mit einem Tablett leerer Teller das Wohnzimmer kreuzte, hörte ich Patricia schimpfen:

»Findest du nicht, daß Muttis Kleid viel zu jugendlich ist?«

»Mach dir nichts draus«, antwortete ihre Kusine, »ich wette, meine Mutter tut noch jünger als deine!«

Dumme Gören! Dabei stehen sie selbst zwei Stunden vor dem Spiegel, um sich zurechtzumachen wie Fünfundzwanzigjährige, und wenn sie dann fünfundzwanzig sind, brauchen sie wieder zwei Stunden, damit sie wie neunzehn aussehen!

Auf der Suche nach Rolf lief ich Alex über den Weg. Bereits etwas schwankend umarmte er mich. »Du kommst wie gerufen! Darf ich dich mit meinem Freund bekannt machen? Er heißt Przibulszewski, sag also lieber gleich Wolfgang zu ihm. Er wohnt am Ende der Welt irgendwo oben in Nordfriesland, ist 42 Jahre alt, Junggeselle, Mediziner, Sartre-Fan, Liebhaber von Kreuzfahrten und Pfeifenraucher. Nun such dir ein Gesprächsthema aus. Du wirst sicher gut mit ihm auskommen, er regt sich über dieselben Dinge auf wie du. Mich müßt ihr entschuldigen, ich muß noch 'ne Kiste Whisky aufmachen.«

Soweit ich es bei der diffusen Beleuchtung sehen konnte, war der pfeiferauchende Wolfgang ein großer, gutaussehender Mann, der mir durchaus hätte gefallen können, wenn Rolf nicht auch ein großer, gutaussehender Mann gewesen wäre. Einen Angriff auf meine Tugend fürchtete ich ohnehin nicht, denn Pfeifenraucher sind fast durchweg solide, zuverlässige Mitbürger. Sie haben an ihren Pfeifen so viel zu säubern, zu stopfen und herumzuhantieren, daß ihnen gar keine Zeit bleibt, auf Abwege zu geraten.

»Sind Sie wenigstens ein guter Schwimmer?« Eine dämliche Frage, aber etwas Besseres fiel mir im Moment nicht ein.

»Nein, überhaupt nicht. Meine Mutter hatte schon Angst, ich würde ertrinken, wenn ich nur vor einem Glas Wasser saß. Weshalb fragen Sie?«

»Weil Wasser keine Balken hat.«

Er lachte. »Schiffsreisen sind längst nicht mehr so gefährlich wie früher. Die Kapitäne sind nämlich nicht mehr berechtigt, an Bord Trauungen vorzunehmen.«

»Sind Sie deshalb noch nicht verheiratet?«

»Nein, deshalb nicht. Junggeselle bin ich aus Berufung. Die Ehe ist doch nur eine Institution, bei der der Mann seine Freiheit aufgibt und die Frau die Hoffnung, noch einen Besseren zu finden.«

Ich schwieg beeindruckt. Soviel Schlagfertigkeit war ich

nicht mehr gewöhnt. In Monlingen bewegten wir uns eigentlich mehr in einem geistigen Niemandsland. Außerdem wäre ein unverfänglicheres Thema sicherlich besser.

»Hat Alex Sie schon mit den anderen Gästen bekannt gemacht, oder soll ich das übernehmen?«

Wir waren bei den Garagen angelangt. Ich wollte gerade zu Obermüllers Garten abbiegen, aber Wolfgang hielt mich zurück.

»Muß das denn unbedingt sein? Eigentlich bin ich nur Karin zuliebe gekommen. Ich hasse nämlich diese programmierte Fröhlichkeit. Die Partys von heute sind die Salons des achtzehnten Jahrhunderts – nur: die Rolle des Esprit übernehmen die Getränke. Haben Sie übrigens . . .«

Ohrenbetäubender Lärm setzte ein. Gleichzeitig hörte man rhythmisches Stampfen, was mich vermuten ließ, daß nunmehr Obermüllers geniale Bretterkonstruktion ihrer Bestimmung zugeführt wurde.

Vorsichtig spähten wir um die Ecke. Das Ehepaar Friese versuchte sich an einem Boogie-Woogie, Obermüller und Gerlinde tanzten Foxtrott.

»Das ist doch ein Cha-Cha-Cha!« rief Babydoll ungeduldig, griff sich den erstbesten Herrn und entdeckte beim nächsten Windlicht, daß sie ausgerechnet Rolf erwischt hatte. »Sie können doch überhaupt nicht tanzen!« (Woher wußte sie das??) Unwillig schob sie ihn zur Seite. »Alex, komm du mal her!«

»Ich kann das auch nicht!« schrie der entsetzt und flüchtete.

»Dann mußt du dich opfern!« Ehe Felix protestieren konnte, sah er sich auf den Bretterboden gezerrt. Es war ein umwerfender Anblick! Mit der linken Hand hielt Isabell ihr ägyptisches Gewand gerafft, mit der rechten hatte sie Felix' Schulter umklammert, ständig bemüht, ihn am Weglaufen zu hindern. Er hüpfte wie ein Känguruh mit Gleichgewichtsstörungen.

»Der Unterschied zwischen Ringkampf und Tanzen besteht darin, daß einige Griffe beim Ringkampf verboten sind«, kommentierte Wolfgang.

»Daraus muß ich folgerichtig schließen, daß Sie auch fürs Tanzen nichts übrig haben?«

»Viel jedenfalls nicht. Aber wenn Sie etwas Gutes tun wollen, dann verraten Sie mir, wo es etwas zu trinken gibt.«

Ich leierte noch einmal die Getränkekarte herunter und

wunderte mich gar nicht, daß er sich für die kalte Ente entschied. Langsam spazierten wir zum Haus zurück.

Das Bowlengefäß war nur noch halb voll, aber nirgends gab es Anzeichen, daß sich jemand bei uns häuslich niedergelassen hatte. Soweit ich sehen konnte, tummelte sich momentan alles in den beiden vorderen Gärten.

Ich hatte Wolfgang gerade unsere farbenprächtigen Dahlien gezeigt, weil er sich angeblich auch für Blumen interessierte, und stand noch mit ihm oben am Zaun, als ich im Halbdunkel ein paar Gestalten zur Terrasse schleichen sah.

»Ist noch keiner da«, flüsterte die erste.

»So schnell kommen die auch noch nicht«, antwortete die zweite, und das war Sven. In Sekundenschnelle hatte sich auch das übrige Jungvolk eingefunden, bewaffnet mit Pappbechern, die Michael jetzt eilig füllte.

»Das Zeug schmeckt wirklich prima!« stellte er sachkundig fest.

»Aber Cola is noch besser!« erklärte Sascha.

»Viel besser!« pflichtete ein Brauer-Zwilling bei und schluckte tapfer die kalte Ente.

Erstaunt hatte Wolfgang die Prozession beobachtet. »Wo kommen denn die ganzen Kinder her?« Er fühlte sich gestört. Ich mich auch. Wann wird man schon mal mit der majestätischen Grazie einer Dahlie verglichen?

»Zwei davon gehören mir, die anderen sind nur Gefolgschaft.«

»*Sie* haben schon Kinder? Ich dachte, Sie seien ein etwas reifer Backfisch.«

»Kerzenlicht wirkt sich immer sehr schmeichelhaft auf Frauen aus! Es tut mir ja selber leid, ausgerechnet jetzt die schöne Illusion zu zerstören, aber ich muß unsere potentiellen Alkoholiker zur Räson bringen!«

Vorsichtig schlich ich mich außen herum zur Haustür, schloß auf und schaltete das Wohnzimmerlicht ein. Strahlende Helle überflutete die Terrasse und fiel auf entsetzte Gesichter.

»W-wo kommst du denn plötzlich her?« Sven sah mich völlig entgeistert an.

»W-wir wollten bloß mal probieren!« beteuerte Hendrik sofort. »Und wir haben auch gar nicht viel genommen.«

»Natürlich nicht. Ihr habt bloß die halbe Bowle ausgetrunken. Und das auf nüchternen Magen!«

»Nee, das stimmt nicht!« protestierte Michael. »Erst haben wir bei Wittingers gegessen. Aber das merkt keiner, weil wir alles ein bißchen auseinandergeschoben haben.«

»Und dann waren wir noch bei uns, da steht nämlich lauter Kuchen«, piepste ein Zwilling.

»Ihr müßt Mägen wie Mülleimer haben!« Unbemerkt war Wolfgang auf die Terrasse gekommen und wurde stürmisch von den Zwillingen begrüßt. »Onkel Wolfi, Onkel Wolfi!«

Sascha gähnte.

»Ab ins Bett«, kommandierte ich, »und du auch, Sven!«

Er maulte zwar, aber als er sah, daß seine Trinkkumpane heimlich, still und leise das Feld geräumt hatten, meuterte er nur noch der Form halber.

»Hoffentlich wird dir heute nacht gründlich schlecht! Das wäre die verdiente Strafe!«

»Ich hab' wirklich nur einen Becher voll getrunken und Sascha noch weniger. Uns hat das Zeug nämlich gar nicht richtig geschmeckt. Haste noch irgendwo 'ne Cola?«

»Sie werden es überleben«, lachte Wolfgang. »Geben Sie ihnen prophylaktisch eine Aspirintablette und ein Glas Selterswasser. Ich werde mich inzwischen um die Mädchen kümmern. Die gehören auch ins Bett. Haben Sie Karin irgendwo gesehen?«

Wie sollte ich? Seit einer geschlagenen Stunde zog ich doch schon mit diesem Partymuffel herum.

»Ich werde sie schon finden. Darf ich dann hier auf Sie warten?«

Na, aber sicher! Rolf vermißte mich sowieso nicht, und ich hatte gar keine Lust, ihn zu suchen. Wahrscheinlich flirtete er wieder mit Babydoll und war froh, daß ich es nicht sah. Sollte er doch! Schließlich war ich auch emanzipiert, laut Gesetz gleichberechtigt – nur leider hoffnungslos altmodisch. Dazu war Wolfgang ja auch noch Pfeifenraucher.

Ich brachte die Kinder ins Bett, frischte sorgfältig mein Make-up auf und begab mich wieder nach unten.

Er hockte auf der Treppenstufe und stierte melancholisch in die kalte Ente.

»Sie sitzen ja auf dem trocknen! Warum haben Sie denn noch nichts getrunken?«

»Es ist kein Glas da!«

Ein gelernter Junggeselle hätte die Kelle genommen! Demnach war er wohl immer wieder nur vorübergehend ein Single, ständig enttäuscht und weiter auf der Suche nach einer Frau, die genausogut über Sartre diskutieren wie Strümpfe stopfen konnte? Deshalb also die Vorliebe für Kreuzfahrten und die Abneigung gegen Cocktailpartys. Wer dahin geht, *läßt* Strümpfe stopfen!

Ich holte Gläser, schenkte sie voll, und als ich mich gerade neben Wolfgang auf die Stufe setzen wollte, schwankte Alex um die Ecke.

»Also hierher habt ihr euch verkrümelt? Dann will ich nicht weiter stören! Und wenn ich noch was zu trinken kriege, erzähle ich auch keinem, was ihr hier macht!«

»Alex, du bist betrunken!« sagte Wolfgang ruhig.

»Quatsch, ich bin überhaupt nicht betrunken. Aber ich hätte niemals von meinem besten Freund erwartet, daß er mich mit meiner besten Freundin betrügt.«

»Der braucht einen Psychiater!« murmelte ich, aber Alex hatte es doch verstanden.

»Das könnte dir so passen! Wo die Psychiatrie das einzige Gewerbe ist, in dem der Kunde auf jeden Fall unrecht hat.« Umständlich ließ er sich in einen Stuhl fallen. »Was trinkt ihr denn da? Ist das genießbar?«

Er nahm mir das Glas aus der Hand und probierte. »Schmeckt wie Limonade. Habt ihr nichts Besseres?«

»Mir schmeckt's!« sagte ich. »Wenn du weiterhin pro Tag eine Flasche Whisky konsumierst, wirst du dir sowieso bald die Radieschen von unten ansehen!«

»Das möchtest du wohl gern,was? Irrtum, meine Dame! Ich werde mindestens hundert. Wenn du nämlich einen Hundertjährigen fragst, dann hat er entweder sein Leben lang Alkohol getrunken oder nie einen Tropfen angerührt. Ich gehöre zur ersten Kategorie.«

Auf Isabells Terrasse raschelte es. Sekunden später schielte Babydoll über den Zaun. »Da sitzt ja wer!« schrie sie überrascht. »Komm, André, dann kann ich dich gleich vorstellen.«

Zum Übersteigen von Zäunen war ihr bodenlanges Gewand ausgesprochen hinderlich. Kurz entschlossen raffte sie es bis zum Knie, übersprang das Hindernis und landete in den Buschrosen. Laut jaulte sie auf.

»Hast du dir weh getan, Liebling?« Ein höhensonnengebräunter junger Mann im weißen Dinnerjackett setzte mit einem eleganten Sprung über den Zaun und beugte sich besorgt über Babydoll.

»Wer ist denn *das?«* staunte Alex.

»Das ist mein Cäsar!« Isabell hatte sich wieder hochgerappelt und zog ihren Begleiter auf die Terrasse. »Eigentlich heißt er Andreas Schimanski, aber heute abend ist er für mich nur mein Cäsar!«

Cäsar war Mitte Zwanzig, hatte dunkle Haare, dunkle Augen und sicher auch einen dunklen Charakter. Er war viel zu schön, um auch noch positive Eigenschaften zu haben. Formvollendet verbeugte er sich vor Alex und Wolfgang, die ihn nur anstarrten, und formvollendet begrüßte er mich mit einem Handkuß. »Enchanté, Madame.«

»Lackaffe!« knurrte Alex vernehmlich.

Der Lackaffe zog es vor, nichts gehört zu haben.

»Warum macht ihr denn so trübsinnige Gesichter?« Isabell gab sich betont fröhlich.

»Weil du störst!«

Sie warf Alex einen vernichtenden Blick zu. »Dann können wir ja wieder gehen! Komm, André, hier sind wir überflüssig.«

»Wir kommen mit!« Kurz entschlossen stand ich auf. »Ich habe überhaupt noch nicht getanzt.«

»Na, wenn Sie auch den ganzen Abend nur hier herumsitzen . . .«, stichelte Isabell.

»Darf ich um den ersten Tanz bitten?« fragte Cäsar-André höflich.

Eigentlich hatte ich gehofft, daß Wolfgang mich auffordern würde, aber der unterhielt sich angeregt mit Babydoll. Also doch! Fliegt auf ein angemaltes Puppengesicht genauso schnell herein wie alle anderen. Dabei hatte die bestimmt keine Ahnung, wer Sartre war, und Strümpfe stopfen konnte sie auch nicht!

André übte sich in Konversation. Nach einem Kompliment über mein Aussehen und mein »elegant-raffiniertes« Kleid schwärmte er von der letzten Theaterpremiere, die er besucht, und dem Skiurlaub, den er in St. Moritz (er sagte »Moriss«) verbracht hatte. Er schilderte seine Taten auf dem Tanzparkett, auf dem Sportplatz und als begehrter Gast auf zahlreichen Gesellschaften. »Ich bin das, was man als Allroundman bezeichnet«, schloß er in edler Selbstbescheidenheit. Da wurde es mir zu bunt. »Haben Sie denn schon mal ein Gruppenfoto von sich machen lassen?«

Der Hieb hatte gesessen! André erinnerte sich an seine vergessenen Zigaretten und ließ mich stehen. Ausgerechnet in Reichweite der Kegelbrüder, die mit mir Brüderschaft trinken und einen Waldspaziergang machen wollten. Bevor sie sich über die Reihenfolge einigen konnten, war ich schon geflüchtet.

Dorle verteilte Gulaschsuppe, die keiner haben wollte.

»Jetzt iß du wenigstens eine!« sagte sie und drückte mir eine Plastikschüssel in die Hand. »Vielleicht kriegen die anderen dann auch Appetit.«

»Weißt du, wo Rolf ist?« Die Suppe war kochend heiß und schmeckte hervorragend. »Ich hab' ihn seit Stunden nicht gesehen.«

»Keine Ahnung. Vorhin ist er mit Babydoll herumgezogen. Die ist aber schon vor einer Weile verschwunden, und seitdem habe ich ihn auch nicht mehr gesehen.«

Merkwürdig. Cäsar war inzwischen wieder aufgetaucht und tanzte mit Patricia. Wolfgang unterhielt sich mit Tante Leiher, Alex umbalzte Frau Heinze – nur um mich kümmerte sich niemand. Ein blödes Fest!

Von Anfang an war ich ja gegen diese Party gewesen. Was konnte schon dabei herauskommen, wenn . . .

»Tanzen wir?« Wolfgang stellte meinen Suppennapf auf die Wiese und zog mich hoch. »Aber ich muß Sie warnen, viel Übung habe ich nicht.«

Er tanzte himmlisch! Nur war inzwischen die Plastikfolie zerrissen, und wenn man nicht höllisch aufpaßte, blieb man in den einzelnen Fetzen hängen. Ich paßte natürlich nicht auf, verhedderte mich mit den hohen Absätzen rettungslos in der Plane, und bevor Wolfgang mich festhalten konnte, knallte ich mit dem Kopf an eine der Gerüstleitern.

Erst sah ich Sterne, dann sah ich gar nichts mehr, und dann sah ich riesige Sonnenblumen. Sie hingen über Obermüllers Sofa. Dorle drückte mir eine Serviette mit Eiswürfeln an die Stirn, Wolfgang fühlte meinen Puls, und die übrigen Tänzer umrahmten mein Schmerzenslager in respektvoller Entfernung.

»Ganz genau mit dem Kopf«, hörte ich Frau Friese sagen. »Ob was zurückbleiben kann? Schizophrenie oder so was?«

»Wär ooch nich so schlimm! Det is der einzije Zustand, wo zwee jenauso billig leben können wie eener!«

»Sie kommt schon wieder zu sich«, sagte Wolfgang. »Am besten gehen Sie alle wieder hinaus. Sie braucht nur ein paar Minuten Ruhe.«

Dorle sah endlich eine Chance, ihre Gulaschsuppe loszuwerden, und überließ Wolfgang die Krankenpflege, ohne zu ahnen, welch geschulten Händen sie mich überantwortete.

»Eigentlich bin ich Internist«, lächelte er, »aber Erste Hilfe habe ich auch mal gelernt. Sie werden es überleben!«

»Glauben Sie an eine Wiederkehr der Toten?« Ich weiß nicht, warum, aber ich fühlte mich schon im Jenseits.

»Wenn ich es täte, würde ich schleunigst den Beruf wechseln!« Zweifelnd sah er mich an. »Ich glaube, ich werde Sie jetzt besser nach Hause bringen. Sie brauchen eine Weile Ruhe, und die haben Sie hier nicht.«

»Aber ich fühle mich schon wieder großartig!« protestierte ich lauwarm.

»Das weiß ich besser! Gibt es hier noch einen anderen Ausgang?«

Unnötig schwer stützte ich mich auf seinen Arm, während wir via Haustür das Weite suchten. Bis zu unserer Terrasse waren es ja nur wenige Schritte. Einladend schimmerte die Christbaumbeleuchtung durch die Büsche.

»Ich hab' mir schon gedacht, daß du irgendwann einmal auftauchen wirst! Daß du noch Kinder hast, scheinst du völlig vergessen zu haben!« Rolf blitzte mich zornig an.

»Wenn ich nicht gewesen wäre, lägen deine Kinder jetzt irgendwo betrunken herum!« blaffte ich zurück.

»Blödsinn! Die schlafen. Ich bin eben oben gewesen.«

»Und wie, glaubst du, sind sie da hingekommen?«

Eine Antwort blieb er schuldig. Er hatte Wolfgang entdeckt.

»Vielleicht hast du die Freundlichkeit, mich mit dem Herrn dort bekannt zu machen.«

»Das ist Herr Pri . . . ich kann den Namen nicht behalten. Sag einfach Wolfgang zu ihm, ich sag's ja auch.«

Mir wurde schon wieder schwindlig.

»Przibulszewski«, sagte Wolfgang hilfreich.

»Und darf ich fragen, Herr Pschibu . . . also darf ich wissen, weshalb Sie hier mit meiner Frau in trauter Zweisamkeit herumziehen?«

Isabells Cocktails zeigten Wirkung. So gestelzt redete Rolf sonst nie.

Mit knappen Worten schilderte Wolfgang meinen Unfall. »Eine leichte Gehirnerschütterung ist nicht auszuschließen, deshalb muß ich als Arzt dazu raten, daß sich Ihre Frau jetzt ins Bett legt. Als Partygast bedaure ich das außerordentlich. Ich fahre allerdings erst morgen im Laufe des Tages wieder nach Hause. Darf ich mich vorher noch nach Ihrem Befinden erkundigen?«

Er reichte mir die Hand und schenkte mir ein besonders charmantes Lächeln.

Ich lächelte zurück. »Ich bitte sogar darum!« (So etwas sagt man doch in solchen Fällen, nicht wahr?)

Rolf kochte! Immerhin besaß er noch genügend Beherrschung, den Besucher zur Haustür zu bringen. Wütend kam er zurück.

»Wer war dieser Kerl?«

»Ein Studienfreund von Alex. Wenn du mehr wissen willst, dann frag ihn selber. Ich geh ins Bett. Mir ist hundeelend.«

»Vor fünf Minuten hatte ich aber gar nicht diesen Eindruck. Wo bist du eigentlich den ganzen Abend gewesen?«

»Dasselbe könnte ich dich fragen. Aber ich tu es nicht, damit du nicht zu schwindeln brauchst.«

»Mich kannst du ruhig fragen. Ich war nebenan und habe Cha-Cha-Cha gelernt.«

»*Was* hast du?« Ich hörte wohl nicht recht.

»Jahrelang hast du dich beklagt, daß ich nicht tanzen kann. Jetzt hat Isabell es mir beigebracht. Hier, sieh mal!« Er hüpfte auf der Terrasse herum. »Eins, zwei, Cha-Cha-Cha – eins, zwei, Cha-Cha-Cha. Wollen wir mal probieren?«

»Mir ist schlecht. Außerdem kann ich doch gar keinen Cha-Cha-Cha.«

»Ist egal, dann lernst du ihn jetzt!«

Also lernte ich Cha-Cha-Cha. Dabei hätte ich viel lieber langsamen Walzer getanzt. Mit Wolfgang. Aber der hatte Karin Brauer im Arm. Ich konnte die beiden ganz deutlich erkennen. Die Plastikfolie hatte man endlich entfernt. Zu spät für mich. Scheiß-Party!

Eine Gehirnerschütterung, und dann auch nur eine eventuelle, ist keine Krankheit. Folglich stand ich am nächsten Morgen wieder einsatzbereit am Kochtopf, während der Gemahl noch der wohlverdienten Ruhe pflegte. Am Abend vorher hatte er mich nach oben gebracht, mir eine Schlaftablette in die Hand gedrückt, damit ich meine Ruhe hätte, und sich erneut ins Vergnügen gestürzt. Es war schon hell gewesen, als er sich fröhlich singend ins Bett begeben hatte. Woher die Lippenstiftspuren auf dem Hemd stammten, würde er mir auch noch erklären müssen.

Die lieben Kleinen waren schon auf Beutejagd. Sie tobten durch die noch stillen Gärten und fraßen auf, was sie fanden. Es mußte eine ganze Menge gewesen sein. Aufs Mittagessen verzichteten sie freiwillig, auf Kuchen hatten sie später auch keinen Appetit, und zum Abendessen verlangten sie Pfefferminztee. Noch zwei weitere Fastentage, und ich hätte die Kosten für meine Salate wieder drin! – Wo waren die überhaupt abgeblieben??

Die erste Besucherin war Frau Heinze. Kaum hatte sie mich auf der Terrasse erspäht, als sie auch schon mit einer Thermoskanne über den Zaun stieg und sich erleichtert in den Schaukelstuhl fallen ließ.

»Hier ist Kaffee. Frisch aufgebrüht. Bloß Tassen habe ich nicht mehr. Die Küche sieht noch aus wie ein Schlachtfeld, aber ich habe meinem Mann erklärt, daß ich nicht eher nach Hause komme, bis sie wieder in Ordnung ist. Er kämpft doch ständig um seine Gleichberechtigung – jetzt hat er sie!«

»Verraten Sie mir doch mal, wie Sie Ihren Mann aus dem Bett gekriegt haben! Meiner schläft tief und fest, und das voraussichtlich noch die nächsten fünf Stunden.«

Sie lachte schallend. »Ich habe drei Stück Hundekuchen unter seinem Kopfkissen versteckt und Conni ins Zimmer gelassen.«

Ich holte Kaffeetassen und die Kognakflasche, weil Frau Heinze meinte, ich könnte jetzt einen gebrauchen und sie auch, und dann legte sie los:

»Die halbe Siedlung ist miteinander verfeindet. Wittinger und Obermüller wollten sich sogar gegenseitig an die Kehle, und wenn dieser Freund von Alex nicht dazwischengegangen wäre, hätte es noch einen Mord gegeben. Babydoll hat bei Frieses in der Kellerbar einen Striptease aufs Parkett gelegt, in der Zwischenzeit hat ihr zwielichtiger Freund bei Brauers den kleinen Jade-Buddha geklaut und später wieder aus der Jakkentasche verloren. Und als dann noch der Freund vom Otterbach mit meiner Nichte zu flirten anfing, gab es eine bühnenreife Eifersuchtsszene. Mein Mann hat den Otterbach rausgeschmissen, darauf hat der seinen Freund rausgeschmissen, und weil Babydoll ihren kriminellen Freund inzwischen auch an die Luft gesetzt hatte, hatte der Freund vom Otterbach freie Bahn und einen neuen Unterschlupf. Jetzt spricht Otterbach nicht mehr mit Babydoll, Roswitha Friese hat ihr das Haus verboten, Obermüller und Wittinger wollen vors Gericht ziehen – warum eigentlich, weiß ich nicht mal –, Vogts haben beschlossen, sich umgehend nach einem anderen Haus in einer anderen Gegend umzusehen, und ganz zum Schluß hat Alex sich noch mit seinem Freund geprügelt.«

Das konnte ich mir nun überhaupt nicht vorstellen. »Großer Gott, weshalb denn?«

»Alex war völlig betrunken und fing wieder an, seine Frau bloßzustellen. Wolfgang wollte ihn beschwichtigen, aber in diesem Zustand ist Alex ja unberechenbar. Er schlug einfach zu. Allerdings nur einmal. Dann saß er mitten in den Hagebutten. Wolfgang hat ihm noch einen Eimer Wasser ins Gesicht gekippt, und darauf zog Alex es vor, schleunigst zu verschwinden. Es wurde sowieso schon langsam hell. Zum Glück hat kaum jemand diesen effektvollen Ausklang mitgekriegt, weil die meisten schon schlafen gegangen waren. Um drei Uhr morgens hat Friese zusammen mit seinen Kegelbrüdern die hölzerne Kunigunde getauft – so richtig feierlich mit Sekt und Ansprache –, und danach haben sich alle nach und nach verkrümelt. Wir haben dann mit Brauers noch auf der Terrasse gegessen, aber es wäre wohl besser gewesen, wenn wir auch gegangen wären. *Sie* haben jedenfalls zum richtigen Zeitpunkt Schluß gemacht.«

»Nicht unbedingt freiwillig.«

»Ach, stimmt ja. Frau Obermüller erwähnte einen Sturz. Man sieht ja auch etwas! Was war denn eigentlich passiert?«

Ich gab einen detaillierten Bericht meines Unfalls, verschwieg aber die medizinische Betreuung vor und nach dem Ereignis.

»Deshalb war Ihr Mann also sauer!« Frau Heinze nickte verständnisvoll. »Er lief nämlich die ganze Zeit mit einem

Bullenbeißergesicht herum und hat jeden angeblafft, der ihm in die Quere kam. Sicher hat er sich vereinsamt gefühlt.«

Das wäre zwar zum erstenmal der Fall gewesen, aber ich ließ Frau Heinze in dem Glauben, Rolf hätte sich vor Sehnsucht nach mir verzehrt. Vielleicht hatte sie sogar recht, denn die größten Schwierigkeiten erlebt ein Mann erst dann, wenn er tun und lassen kann, was er will.

Herr Heinze kletterte über den Zaun und meldete »Klar Schiff«. Ich forderte ihn auf, Rolf aus dem Bett zu scheuchen und mit ihm zusammen seine hauswirtschaftliche Tätigkeit bei uns fortzusetzen, aber er winkte ab.

»Ich komme mir in der Küche eines anderen Menschen immer so verloren vor.« Dann wandte er sich an seine Frau: »Nächste Woche kaufe ich einen Geschirrspülautomaten, sonst werde ich noch selbst zu einem!«

Nunmehr entsann sich Frau Heinze ihrer mütterlichen Pflichten. Patricia hatte zwar in dem Besucher aus Leverkusen nicht den Mann fürs Leben gefunden, aber immerhin nächtigten die beiden unter demselben Dach, und es könnte ja sein, daß der künftige Herr Studienrat bei Tageslicht an Profil gewann. Bei einem angehenden Beamten in dann zwangsläufig gesicherter Position mit Aufstiegschancen und Pensionsberechtigung brauchte man doch nicht übermäßigen Wert aufs Äußere zu legen. Außerdem sahen Studenten meistens ein bißchen verhungert aus. Wenn sie keine Studenten mehr waren, änderte sich das ziemlich schnell.

Mir war inzwischen eingefallen, daß wir ja auch einen Logiergast hatten – es sei denn, Felix hätte noch in der Nacht die Rückfahrt angetreten. Hatte er aber nicht. Gleichmäßiges Schnarchen aus dem Arbeitszimmer bewies das Gegenteil.

Es klingelte. Dorle wollte wissen, ob ich ein bißchen Gulaschsuppe gebrauchen könne, es sei so viel übriggeblieben. Sie sei auch als Katerfrühstück zu empfehlen.

»Sind deine Männer schon auf?«

»Warum sollten sie? Die Kranke im Haus bin doch ich.«

Während ich sie an der Haustür davon zu überzeugen versuchte, daß ich physisch völlig in Ordnung und psychisch auch nicht angeknackster war als vor meinem Zusammenstoß mit der Leiter, hatte sich auf der Terrasse ein weiterer Besucher eingefunden. Wolfgang saß im Schaukelstuhl, trank meinen Kognak und rauchte Pfeife.

»Sollte ich je wieder an meiner medizinischen Qualifikation zweifeln, dann werde ich mich an diesen Augenblick erinnern«, sagte er fröhlich. »Sie sehen aufreizend gesund aus.«

»Bis auf die Beule unterm Auge.«

»Ich habe schon seit jeher für asiatische Gesichtszüge geschwärmt«, lachte er, »obwohl die asymmetrische Variante ein bißchen ungewöhnlich ist.«

Das war milde ausgedrückt. Der morgendliche Blick in den Spiegel hatte mir gereicht. Ich sah aus wie der Sparringspartner von Muhammed Ali.

Wolfgang schien meine Gedanken erraten zu haben. »Das ist doch bloß äußerlich und vergeht in ein paar Tagen. Mich hat's innerlich erwischt, und das ist viel schlimmer.«

Hoppla, jetzt wurde es kritisch. Ein Themawechsel war dringend nötig. »Wieso sind Sie noch nicht abgereist? Haben Sie keine Angst, daß Alex Sie heute zum Duell fordert?«

Er nahm die Pfeife aus dem Mund, um Platz für seine Verwunderung zu schaffen. »Wegen der kleinen Ohrfeige? Das ist nicht die erste gewesen und wird voraussichtlich auch nicht die letzte gewesen sein. Alex ist ein netter Kerl, aber er trinkt zuviel!«

»Hätten Sie das nicht wenigstens gestern verhindern können?«

»Wie denn? Sein Glas ist von Natur aus leer. Außerdem hat ein erwachsener Mensch das Recht, sich auf jede ihm genehme Weise umzubringen. Nur hätte er das zweckmäßigerweise schon in Bengasi tun sollen, dann bekämen Karin und die Kinder jetzt wenigstens eine anständige Rente.«

»Ihr Zynismus gefällt mir nicht.«

»Mir auch nicht. Reden wir also von etwas anderem. Was machen Sie heute abend?«

»Kalte Umschläge!«

»Die sind bestimmt nicht nötig. Solch eine kleine Schwellung klingt auch von allein ab.«

»Ich rede nicht von mir, sondern von meinem verkaterten Mann und seinem nicht minder verkaterten Freund.«

Mit einem resignierenden Lächeln klopfte Wolfgang die Pfeife aus. »Also treusorgende Ehefrau ohne Fehl und Tadel? Schade, aber ich hätte mir denken können, daß Sie einen sehr gefestigten Charakter haben.«

(Die meisten Frauen sagen, wie kleine Kinder, gern nein.

Und die meisten Männer nehmen das, wie Schwachsinnige, ernst.)

Also sagte ich in edler Selbsterkenntnis: »So charakterfest bin ich gar nicht, ich bin nur ziemlich schmerzempfindlich. Und die schmerzhaftesten Wunden sind Gewissensbisse.«

Er hatte verstanden. Zögernd stand er auf und gab mir die Hand.

»Vielleicht sehen wir uns doch irgendwo einmal wieder?«

»Möglich ist alles. In Zukunft werde ich mich an jedem Preisausschreiben beteiligen, das als Hauptgewinn eine Kreuzfahrt zu bieten hat.«

»Gewinnen Sie oft?«

»Nein, nie!«

Er ging. Und mit ihm gingen ein paar beunruhigende Gedanken.

Dann rief ich mich energisch zur Ordnung: Dumme Gans! Du bist kein sentimentaler Backfisch mehr, sondern zweiunddreißig Jahre alt, verheiratet, zweifache Mutter und überhaupt nicht unzufrieden. Und jetzt wirf endlich deinen Mann aus dem Bett!

Was mir in Stunden nicht gelungen war, schaffte Alex in wenigen Minuten. Auf der Suche nach einem ebenbürtigen Gesprächspartner, mit dem er die gestrigen Ereignisse aus rein männlicher Sicht durchhecheln konnte, war er zuerst bei uns gelandet.

»Rolf schläft noch?« hatte er ungläubig gefragt. »Das hat er aber die längste Zeit getan!«

Unternehmungslustig stürmte er das Schlafzimmer (ich hinterher), sah sich suchend um, entfernte den Asternstrauß aus der Vase und kippte ihren Inhalt kurzerhand über Rolfs Kopf. Dann ging er schleunigst in Deckung. Folglich landete das klatschnasse Kissen in meinem Gesicht, wo es nach Rolfs Ansicht auch hingehörte. »Hier hört der Spaß eben auf!« donnerte er wütend.

»Wasserscheu ist er auch noch!« feixte Alex.

Mein Gatte wälzte sich fluchend von seiner feuchten Lagerstätte, angelte nach seinen Hausschuhen, fand sie nicht, suchte den Bademantel, fand ihn auch nicht, warf einen Blick in den Spiegel und schreckte zurück. »Ogottogott! Ich bezweifle, daß wir vom Affen abstammen, ich glaube eher, wir entwickeln uns dahin! – Wann bin ich eigentlich ins Bett gekommen?«

Mit mürrischer Miene wandte er sich an Alex. »Wieso bist du um diese Zeit schon so unverschämt munter?«

»Es ist halb zwei Uhr mittags, die Sonne scheint, die Vöglein singen, ich hab' zwei Flaschen Bier gefrühstückt, Gulaschsuppe und eine Portion Krabbensalat. Mir geht's großartig!«

»Mir nicht«, sagte Rolf und schlurfte ins Bad. »Ist Felix schon auf?«

»Nein.«

»Hast du noch irgendwo eine Vase?« Alex war ausgesprochen tatendurstig.

Die kalte Dusche blieb Felix erspart. Völlig verknautscht und verkatert, die weinrote Seidenkrawatte wie einen Henkerstrick um den Hals gewürgt, kam er durch die Tür geschlichen.

»Seid ihr denn wahnsinnig? Wie könnt ihr zu so unchristlich früher Stunde solch einen Höllenspektakel machen?« Er schüttelte den Kopf und drehte sich wieder um. »Ich geh noch mal schlafen. Zum Essen könnt ihr mich ja wecken.«

»Zu welchem?« fragte ich hinterhältig. »Nachmittagskaffee oder Abendbrot?«

»Wieso?« Felix kratzte sich ratlos hinterm Ohr. »Wie spät ist es denn?«

»Gleich zwei.«

»Auch das noch!« stöhnte er entsetzt. »Um eins war ich mit Hannelore im Alten Turm verabredet. Was mache ich denn jetzt?«

»Anrufen«, schlug ich vor. »Wenn du Glück hast, ist sie schon da. Für eine Frau ist es ja nie zu spät, eine Verabredung einzuhalten.«

Wenig überzeugt stolperte Felix die Treppe hinunter. »Wo ist das Telefonbuch?«

»Neben dem Apparat!«

»Da ist es eben nicht«, klagte er.

Mit einem maliziösen Lächeln bemerkte Alex: »Es wird wohl noch auf der Terrasse liegen.«

»Und wie ist es dahin gekommen?« fragte ich verständnislos.

»Weil dein Mann gestern im ›Watussi‹ anrufen und ein

halbes Dutzend Barfrauen herbestellen wollte! Sie sollten unserer Party neuen Schwung geben!«

»*Was* wollte ich?« Mit surrendem Rasierapparat stand Rolf hinter uns. »Sag das noch mal!«

»Weißt du das wirklich nicht mehr?« Alex amüsierte sich köstlich.

»Wenn dieser Schuppen nicht schon zugewesen wäre, hättest du die Weibsbilder tatsächlich kommen lassen. Du hattest ja schon Geld fürs Taxi gesammelt. Zum Glück war wohl nur ein etwas vertrottelter Kellner am Apparat, der gar nicht richtig mitgekriegt hat, was du eigentlich von ihm wolltest.«

»Davon habe ich keine Ahnung!« beteuerte Rolf. »Das mußt du mir glauben!« Er sah mich ganz zerknirscht an. »Irgendwo fehlen mir ein paar Meter Film. Ist ja auch kein Wunder. Erst das widerlich süße himbeerrote Gesöff von Isabell, und dann der Whisky. Diese Mischung haut den stärksten Eskimo vom Schlitten!«

»Ist alles bloß Übungssache!« Alex zeigte nicht das geringste Verständnis. »Dann weißt du wohl auch nicht mehr, wie du Babydoll zu einem Spaziergang überredet hast, weil du ihr hinter Köbes' Scheune die karierten Maiglöckchen zeigen wolltest?«

»Ist sie mitgegangen?« fragte Rolf entsetzt.

»Nee. Du bist über den Liegestuhl gestolpert und vorsichtshalber gleich drin sitzen geblieben.«

»Tu mir den Gefallen und hör auf!« jammerte Rolf. »Erzähl mir das nachher, wenn ich wieder aufnahmefähig bin. Oder noch besser, behalt es ganz für dich!«

»Kommt gar nicht in Frage«, protestierte ich. »Mich interessiert das nämlich brennend.«

»Widerwärtiges Klatschweib!« schimpfte Rolf, bevor er die Badezimmertür hinter sich zuschlug.

»Damit hat er doch wohl nicht mich gemeint?« fragte Alex verwundert. Unten wurde der Hörer auf die Gabel geknallt. »Anscheinend ist sie schon weg«, klagte Felix. »Aber zu Hause ist sie auch nicht.«

»Entschuldige dich mit ein paar Zeilen und schick ihr einen Rosenstrauß!« riet ich.

»Glaubst du, das hilft? Aber ich werde lieber Nelken nehmen. Um diese Jahreszeit sind sie billiger.«

Eine halbe Stunde später saßen die drei Partylöwen einträchtig auf der Terrasse, löffelten Gulaschsuppe und renommierten mit ihren Heldentaten.

»Wo bist du eigentlich abgeblieben, Felix?« examinierte Rolf. »Ich hab' dich überhaupt nicht mehr gesehen. Ungefähr zum gleichen Zeitpunkt ist Dorle auch verschwunden.«

»Aber nicht mit mir!« wehrte der empört ab. »Ich habe bloß ein bißchen mit der niedlichen Krabbe von gegenüber geflirtet. Patricia heißt sie, oder so ähnlich. Mitten beim Tanzen fragte sie plötzlich, wie alt ich bin, und ich Idiot habe prompt die Wahrheit gesagt. Darauf sie: ›Für Ihr Alter haben Sie sich aber ganz passabel gehalten!‹ Was denkt dieses Gör sich eigentlich?«

Rolf grinste. »Im Leben eines Mannes gibt es drei Abschnitte: Jugend, Mannesalter und die Zeit, wo die Leute sagen: ›Sie sehen aber gut aus!‹«

Felix streckte ihm die Zunge raus. »Ekel!«

»Alles in allem war es aber doch eine gelungene Sache«, behauptete Alex. »Ich hab's ja immer gesagt: Man soll die Feste feiern, wie sie fallen.«

Davon war ich nun gar nicht überzeugt. Mir fiel Frau Heinzes Morgenvisite ein und ihre blumenreiche Schilderung der vergangenen Nacht. Vielleicht sollte man das Sprichwort ein bißchen abwandeln, etwa so: Man soll die Feiern fallenlassen, bevor sie feste ausarten!

13.

Die Gemüter beruhigten sich wieder. Eine Zeitlang waren sich die jeweiligen Kontrahenten aus dem Weg gegangen oder hatten sich geflissentlich übersehen, aber so nach und nach einigten sie sich auf die nicht zu widerlegende Version, daß man wohl allgemein ein bißchen zuviel getrunken habe und folglich Anspruch auf den Paragraphen einundfünfzig Komma zwo erheben könne. Schließlich lud Babydoll die verfeindeten Parteien zu einem Versöhnungsabend ein, an dem dann die letzten Streitigkeiten beseitigt und zu später Stunde neue angefangen wurden. Aber auch die lösten sich in bierseliger Verbrüderung wieder auf, und im Morgengrauen verkündeten alle Teilnehmer dieser Party mehr laut als melodisch, daß so ein Tag, so wunderschön wie heute, nie vergehen dürfe und alle, alle in den Himmel kämen. Ich war allerdings vom Gegenteil überzeugt. Wegen des Radaus hatte ich die ganze Nacht kaum ein Auge zugemacht und die Sangesbrüder allesamt zum Teufel gewünscht.

Die Siedlung hatte ein neues Gesprächsthema. Frau Heinze hatte beschlossen, den Führerschein zu machen – und zwar heimlich. Schätzchen durfte nichts davon wissen, hatte er doch seiner Frau die Zustimmung mit dem Hinweis verweigert: »In deiner Hand wäre das keine Fahrerlaubnis, sondern ein Waffenschein! Kommt nicht in Frage!«

»Nun erst recht!« sagte Frau Heinze und begab sich auf die Suche nach einer Fahrschule, die kleine Autos und abgeklärte Lehrer zu bieten hätte. Ich empfahl ihr Herrn Mundlos, der ja sogar mir das Fahren beigebracht hatte.

»Aber was erzähle ich Schätzchen, wenn ich abends zum theoretischen Unterricht muß? Ich kann ja nicht zweimal pro Woche ins Kino gehen!«

»Sagen Sie doch ganz einfach, Sie machen einen Nähkurs oder lernen Bauernmalerei. Sie können ja auch plötzlich Ihre Liebe zur Töpferei entdeckt haben.«

»Das glaubt er mir nie! Ich kann ja nicht mal einen Fensterrahmen streichen.«

Nach längeren Beratungen einigten wir uns auf die Behauptung, daß jeder pflichtbewußte Bürger einen Erste-Hilfe-Kurs absolviert haben sollte, um gegebenenfalls zu Schaden gekommenen Mitmenschen mit guten Ratschlägen und/oder den entsprechenden Handgriffen helfen zu können. Herr Heinze fand das dann auch sehr nützlich, wenn ihn auch die humanitären Anwandlungen seiner Frau etwas irritierten. »Schaden kann es auf keinen Fall«, meinte er, »und sei es auch nur, damit du endlich mal weißt, wozu die fünfundneunzig Tablettenschachteln in unserer Hausapotheke eigentlich gut sind.«

»Ich beabsichtige kein Medizinstudium«, erklärte Frau Heinze pikiert, »und außerdem steht alles auf den Packungen drauf. Die meisten hat mir Alex geschenkt.«

»Dann wirf sie sofort weg! Ich laß mich doch nicht mit Vitaminpillen für Schnecken umbringen!«

Frau Heinze hatte also ein Alibi für den Theorieunterricht, einen Fahrlehrer, der mit gottergebenem Blick die zweite Schülerin aus der Millionärssiedlung akzeptieren mußte, und das Geld für die Anzahlung. Wo sie den weitaus größeren Rest hernehmen sollte, wußte sie nicht.

»Ich kann meiner rheumakranken Tante ja nicht schon wieder eine Garnitur Angorawäsche schenken«, jammerte sie. »Schätzchen hat schon beim letztenmal gesagt, daß meine verwandtschaftlichen Gefühle seine finanziellen Möglichkeiten übersteigen. Aber die Bluse, die ich mir für das Geld gekauft habe, hat ihm gefallen. Zum Glück hat er überhaupt keine Ahnung, was Spitzen kosten. Er hat mir doch tatsächlich geglaubt, daß ich die Kreation beim Sommerschlußverkauf auf dem Wühltisch gefunden habe!«

»Haben Sie denn keine stillen Reserven?« fragte ich eingedenk der Tatsache, daß versierte Hausfrauen angeblich immer einen Sparstrumpf unter der Matratze aufbewahren. Meine Großmutter hatte auch einen besessen, allerdings in Form einer Zuckerdose ohne Henkel, die im Bücherschrank hinter Band 5 von Meyers Konversations-Lexikon stand. Von einem Sparbuch hatte sie nicht viel gehalten. »Geld auf der Bank ist wie Zahnpasta«, pflegte sie zu sagen, »leicht herauszubekommen, aber kaum wieder zurückzubringen.« Außerdem waren ihr Zahlen zu abstrakt. In der Zuckerdose vermehrte sich das Geld wenigstens sichtbar, und im Notfall war es auch immer zur Hand.

Mir ist es nie gelungen, einen Sparstrumpf oder ein anderes Geldreservoir anzulegen. Etwaige Reserven gingen immer für Unvorhergesehenes drauf, also für einen schicken Badeanzug oder für zwei neue Oberhemden, weil ich einen roten Socken von Sascha mit in die Maschine geworfen und die gesamte Wäsche rosa changierend wieder herausgezogen hatte. Wenn das Haushaltsgeld mal wieder überhaupt nicht reichte und ich am Monatsende der meuternden Familie tagelang Variationen in Hackfleisch servierte, blockte ich alle Proteste mit dem Hinweis ab, daß wir ja bekanntlich eine schleichende Inflation hätten.

»Was is 'n das?« wollte Sven wissen.

»Zuviel Geld bei anderen Leuten!« sagte Rolf und zerteilte lustlos seinen falschen Hasen. »Den hatten wir doch gestern auch schon?! Kannst du einem nicht wenigstens Zeit lassen, ein paar Abwehrstoffe dagegen zu bilden?«

Jedenfalls hatte Frau Heinze schon die dritte Fahrstunde hinter sich gebracht und noch immer keine Ahnung, wovon sie diese bezahlen sollte. Ich riet ihr, es doch mal mit Lottospielen zu versuchen. Immerhin gab es ja in unmittelbarer Nachbarschaft Leute, die das erfolgreich probiert hatten. In letzter Zeit hatten wir allerdings schon mehrmals eine sehr amtlich aussehende Person gesichtet, die jedesmal zielstrebig das Haus von Wittingers ansteuerte und erst nach mehrmaligem Läuten eingelassen wurde.

»Steuerfahnder oder Jerichtsvollzieher«, mutmaßte Obermüller, der ja immerhin auf ein abwechslungsreiches Berufsleben zurückblicken konnte und behauptete, jeden Beamten schon auf fünfzig Meter Entfernung erkennen zu können. Da wir alle noch nie die persönliche Bekanntschaft eines Steuerfahnders oder gar eines Gerichtsvollziehers gemacht hatten und sich der Lebensstil von Wittingers auch in keiner Weise änderte, vermuteten wir in dem Besucher mit Aktenköfferchen lediglich einen Versicherungsvertreter oder einen Reisenden in Tafelsilber.

Frau Heinze beschloß, daß ihr selbst und natürlich auch

sämtlichen Familienmitgliedern eine Diätkur guttun würde, setzte ihren Lieben hartgekochte Eier und Salatplatten vor – beides lieferte Bauer Köbes frisch, reichlich und preiswert – und stellte nach vierzehn Tagen fest, daß die Ausgaben für Fleisch und Wurst rapide gesunken, die für Kuchen und Gebäck aber auf das Doppelte gestiegen waren. Gespart hatte sie keinen Pfennig.

»Von irgendwas muß man ja schließlich satt werden!« begründete sie den enormen Verbrauch von Sahnetorte und Butterkeksen. »Abgenommen habe ich zwar nicht ein Gramm, seitdem ich die Kalorien zähle, aber ich kann jetzt wesentlich besser rechnen. Unklar ist mir nur noch, weshalb man von *einem* Pfund Konfekt *zwei* Pfund zunimmt.«

Als sie schon drauf und dran war, ihrem Mann die heimlichen Fahrstunden zu beichten, kam ihr der Zufall zu Hilfe. Ihre Putzfrau, die pünktlich jeden Morgen um neun gekommen und um zwölf Uhr wieder gegangen war, kündigte. Ihr Schwiegersohn hatte endlich die Mansarde in seinem Häuschen ausgebaut und somit Platz geschaffen für Oma und Opa, die dringend als Babysitter, zum Kochen und fürs Grobe gebraucht wurden, »weil ja die Tochter nun wieder arbeiten gehen muß, sonst können sie den Kredit nicht zurückzahlen. Am Freitag komme ich zum letztenmal!«

Erst klagte Frau Heinze in jammervollen Tönen, daß sie den Haushalt niemals alleine schaffen würde und Patricia bis auf weiteres ihr Studium der Kunstgeschichte abbrechen müßte, damit sie ihr zur Hand gehen könnte, denn Putzfrauen seien mittlerweile ja noch seltener geworden als ein Lottogewinn . . . dann aber jubelte sie plötzlich los: »Das ist ja *die* Lösung! Ich werde Schätzchen von meiner desertierten Putze gar nichts sagen, sondern weiterhin das Geld für sie kassieren und davon die Fahrstunden bezahlen. Bis ich den Führerschein habe, werde ich schon eine neue finden. Sie können sich ja auch mal umhören!«

Zuständigkeitshalber gab ich diesen Auftrag an Frau Koslowski weiter, die aber nicht bereit war, Frau Heinze die notwendigen Empfehlungen auszustellen. »Die is viel zu pingelig!«

Das stimmte allerdings. Als erstes kaufte sie einen langen Kokosläufer, der die spiegelblanken Steinplatten im Flur schützen sollte. Besucher wurden angewiesen, ja nicht vom rechten Pfad abzuweichen, und wer trotzdem mal versehentlich auf die Platten trat, erntete finstere Blicke und ein vorwurfsvolles »Ich habe vorhin erst alles gebohnert!«

Hendrik nutzte jede Gelegenheit, sich bei mir oder bei Obermüllers die Hände zu waschen, weil er zu Hause nach jeder Benutzung das Waschbecken wieder scheuern und polieren sollte. Da ihm auch nach dem Duschen eine derartige Prozedur zugemutet wurde, verzichtete er nach Möglichkeit (und gar nicht so ungern) auf die häusliche Hygiene und beschränkte sich auf Vollbäder im nahe gelegenen Baggersee.

»Mutti rennt neuerdings hinter jedem Staubkrümel her!« beschwerte er sich bei mir. »Früher hat es ihr doch nie etwas ausgemacht, wenn ich mal mit dreckigen Schuhen die Treppe raufgelaufen bin.«

»Da hat sie ja auch nicht alles allein machen müs . . .« Erschrocken verbesserte ich mich: »Alles noch mal saubermachen zu müssen, wenn die Putzfrau gerade aus dem Haus ist, macht ja nun wirklich keinen Spaß!«

Ein paar Wochen lang ging alles gut. Zwar hatte Herr Heinze seine Perle noch niemals gesehen, aber er verließ ja auch immer schon um halb acht das Haus und kam selten vor sechs Uhr abends zurück. Außerdem interessierten ihn häusliche Belange herzlich wenig. Ihm reichte es völlig, wenn er jeden Freitag den Wochenlohn für die Putzfrau hinblättern mußte – auf eine persönliche Bekanntschaft legte er gar keinen Wert. Frau Heinze bezahlte pünktlich ihre Fahrstunden, und als sie in der normalerweise etwas hausbackenen Schaufensterauslage des Monlinger Modesalons ein »ganz entzückendes Trachtenkostüm« entdeckte, zahlte sie an, erhöhte kurz entschlossen den Stundenlohn ihrer Putzfrau (»Es wird eben alles teurer, Schätzchen!«) und redete ihrem Mann ein, das Kostüm sei ein schwer verkäufliches und daher herabgesetztes Einzelstück gewesen.

Eines Tages rief Herr Heinze am frühen Vormittag an und bat seine Frau, ihm einen Handkoffer zu packen, weil er kurzfristig für zwei Tage verreisen müsse. Seine Maschine gehe um elf Uhr, und vorher werde er den Koffer noch abholen.

Natürlich hatte ausgerechnet an diesem Tag die Putzfrau telefonisch abgesagt, weil sie dringend zum Zahnarzt mußte. Herr Heinze bedauerte sein armes Liebchen, das nun ganz ohne Hilfe zurechtkommen mußte, und ließ der Putzfrau gute Besserung wünschen.

»Das wäre beinahe schiefgegangen!« japste Frau Heinze, als Schätzchen samt Koffer im Auto und sie bei mir am Küchentisch saß. »Hoffentlich kommt so etwas nicht noch mal vor!«

Es kam aber! Diesmal waren es Besprechungsunterlagen, die er liegengelassen hatte und unbedingt noch am Vormittag brauchte.

»Kommen Sie bloß schnell rüber! Wir müssen meinen Mann irgendwie ablenken! Er darf auf keinen Fall nach oben gehen!«

»Und warum nicht?«

»Ich kann doch meine Putze nicht schon wieder krank sein lassen! Dann kriegt er es fertig und schmeißt sie raus!«

Etwas verstört bezog ich Posten am Badezimmerfenster, um Frau Heinze rechtzeitig Bescheid sagen zu können, wenn der Wagen ihres Mannes auf den Garagenhof fuhr. In der Zwischenzeit schleppte sie alles ins Wohnzimmer, was sie auf dem Schreibtisch an Papieren fand, und breitete die Aktenstöße auf dem Eßtisch aus.

»Ist das nicht ein bißchen zu auffällig?« fragte ich zweifelnd.

»Ich mach das schon!« sagte Frau Heinze und schaltete die Kaffeemaschine ein.

Ein dunkelgrüner Wagen bremste vor den Garagen. »Ich glaube, er kommt!«

»Dann gehen Sie jetzt in die Küche und schreiben irgendein Rezept ab! Wir müssen einen Vorwand für Ihr Hiersein haben. Kochbuch und Papier habe ich schon zurechtgelegt. Ich mache jetzt hier oben weiter!«

Gehorsam trabte ich in die Küche und begann, die recht langatmige Zubereitung von Cordon bleu abzuschreiben, während Frau Heinze den Wasserhahn der Badewanne aufdrehte und anschließend den Staubsauger im Arbeitszimmer einschaltete. Bei dem Radau hätte ich beinahe das Klingeln überhört, aber sie kam schon die Treppe heruntergefegt und öffnete.

»Nanu, Schätzchen«, rief sie überrascht, »du bist ja schon da! So schnell habe ich gar nicht mit dir gerechnet!«

»Ich hab' dir doch gesagt, daß ich es eilig habe!« Er warf einen fragenden Blick auf die obere Etage. »Was ist denn das für ein infernalischer Krach?«

»Die Putzfrau, was denn sonst?« Frau Heinze schrie nach oben: »Machen Sie doch mal die Tür zu!«

Begreiflicherweise tat sich nichts, und so lief sie eilig die Treppe hinauf und schloß mit einem »Entschuldigen Sie, aber man versteht unten sein eigenes Wort nicht mehr!« nachdrücklich die Tür.

Inzwischen hatte Heinze auch mich entdeckt. »Wie ich sehe, bin ich in so eine Art Hausfrauen-Tornado geraten. Lassen Sie sich nicht stören, ich hole nur schnell meine Unterlagen von oben und verschwinde wieder.«

»Die habe ich dir schon heruntergebracht, Schätzchen«, beteuerte seine Gattin. »Du trinkst jetzt eine schöne Tasse Kaffee, suchst dir in aller Ruhe zusammen, was du brauchst, und dann fährst du hübsch vorsichtig wieder ins Büro.«

Entgeistert prallte Schätzchen zurück, als er die Papierstapel sah. »Was soll denn das?«

»Frau Oelmann putzt gerade dein Zimmer, und sie wird immer sehr ungemütlich, wenn man sie mittendrin stört«, versicherte Frau Heinze eilig.

»Blödsinn! Wie soll ich jetzt bei diesem Durcheinander den richtigen Schnellhefter finden? Er hat links auf dem Schreibtisch gelegen, gleich neben der Wanderkarte und dem Garantieschein für die Trockenhaube.« Knurrend machte er sich an die Suche. Zwischendurch trank er seinen Kaffee, den ich vorsichtshalber auf Babyflaschentemperatur abgekühlt hatte, und meuterte: »Wie lange will die da oben eigentlich noch saugen?«

»Wir machen doch heute gründlich!« erklärte seine Frau entschuldigend.

»Man kann doch aber nicht gleichzeitig saugen und baden!«

»Kein Mensch badet!«

»Und warum läuft dann das Wasser?«

»Himmel, meine Gardinen!« Frau Heinze enteilte treppauf. Kurz danach verstummte das Plätschern.

»Ich denke, heutzutage kann man auch Gardinen in der Maschine waschen?«

Segnungen der Fernsehwerbung! Angestrengt suchte ich nach einer Ausrede. »Gewaschen werden sie maschinell, aber die Nikotinrückstände bekommt man auf diese Weise nicht heraus. Es gibt da so ein spezielles Bleichmittel, mit dem man die Gardinen nach dem Waschen noch extra behandelt.«

Heinze schluckte auch das! Außerdem hatte er das Gesuchte endlich gefunden. »Wenn ich schon hier bin, dann könnte ich auch gleich . . .« Er setzte bereits seinen Fuß auf die unterste Treppenstufe.

»Nicht raufkommen!« schrie seine Frau entsetzt. »Mir ist die Badewanne übergelaufen, hier schwimmt alles!«

»Ich geh ja schon!«

»Frau Oelmann!« trompetete Frau Heinze oben über den Flur, »wischen Sie doch erst mal das Bad auf!« Mit einem Achselzucken winkte sie ihrem Mann zu. »Sie hört nicht! Kann sie ja auch nicht bei dem Krach! Also auf Wiedersehen, Schätzchen, und laß es heute abend nicht so spät werden!«

»Bis sechs werdet ihr doch hoffentlich fertig sein!« Heinze öffnete die Haustür. »Auf Wiedersehen, Frau Oelmann!« schrie er in Richtung Obergeschoß.

»Ich werde es ihr sagen«, versprach seine Frau und schloß aufatmend die Tür. Dann raste sie wieder die Treppe hinauf. Gleich darauf verstummte der Staubsauger.

»Gott sei Dank, ich bin bald wahnsinnig geworden! Jetzt brauche ich erst mal einen Schluck!«

»Wollen wir nicht vorher die Überschwemmung im Bad beseitigen?« schlug ich vor.

»Da ist ja überhaupt nichts passiert. Aber ich konnte doch nicht zulassen, daß Schätzchen nach oben geht!« Aufatmend sank sie in einen Sessel. »Hoffentlich lassen die mich bald in die Prüfung. Lange halten meine Nerven das nicht mehr durch!«

Immerhin hatte die so unermüdlich und vor allem so geräuschvoll tätige Putzfrau Herrn Heinze von ihren Qualitäten überzeugt, und so war er selbstverständlich auch bereit, ein angemessenes Geburtstagsgeschenk für sie zu bezahlen und natürlich auch ein Kistchen Zigarren für den Ehemann der Putzfrau, der zwei Wochen danach seinen Sechzigsten feierte. Später mußte dann noch ein Weihnachtsgeschenk besorgt werden, im Januar beging die Putzfrau ihren dreißigsten Hochzeitstag, und im Februar brach sie sich endlich den Knöchel und gab ihre lukrative Tätigkeit auf. Frau Heinze hatte eine neue, diesmal wirklich existierende Hilfe gefunden. Schätzchen bezahlte noch ein Abschiedsgeschenk für Frau Oelmann, das sich flugs in ein paar blaßblaue Cordhosen verwandelte, und wenn Frau Oelmann nicht gestorben ist, wird sie wohl heute noch von Frau Heinze gelegentliche Liebesgaben empfangen.

»Ist ja eigentlich gar kein Wunder, daß unsere Perle so plötzlich gekündigt hat«, erklärte mir später Patricia, die von dem ganzen Schwindel auch nichts mitgekriegt hatte. »Mutti hat sie anscheinend behandelt, als gehöre sie zur Familie.«

Jedenfalls konnte Frau Heinze mühelos ihren Unterricht bezahlen, und da sie offensichtlich viel intelligenter war als ich, wurde sie nach erheblich weniger Fahrstunden zur Prüfung geschickt. Zweifellos würde sie die auch auf Anhieb bestehen, und was dann kommen würde, kannte ich ja aus eigener Erfahrung. Hüte dich vor Sonntagsfahrern, die schon am Samstag unterwegs sind! Es erschien mir also ratsam, Sascha wieder einmal mit den allgemeinen Verkehrsvorschriften bekannt zu machen. Er hatte zu seinem fünften Geburtstag neben einer Schildkröte namens Lady Curzon ein Fahrrad bekommen, mit dem er ohne Rücksicht auf Verkehrsregeln durch die Gegend gurkte.

»Du mußt immer auf der rechten Seite fahren!« predigte ich ihm zum hundertsiebenundzwanzigsten Mal.

»Ja, Mami!« sagte Sascha und fuhr zum hundertachtundzwanzigsten Mal auf der linken Seite.

»Du sollst rechts bleiben!« brüllte Sven und rettete sich mit einem Sprung in den Straßengraben.

»Ich bleibe ja rechts!« versicherte Sascha und bewegte sich links von der Mitte.

»Rechts halten!« schrie Rolf, stellte sich schützend vor sein Auto und wies gestikulierend auf die gegenüberliegende Fahrbahnseite. »Ja, Papi!« sagte Sascha, fuhr gegen den Bordstein und ließ sich vorsichtshalber fallen.

»Himmel noch eins! Wenn du zu blöd bist, um rechts und links auseinanderzuhalten, dann nehme ich dir das Rad wieder weg!«

»Ich w-will ja r-rechts fahren«, schluchzte Sascha, »aber wo is 'n r-rechts eigentlich?«

»Mit welcher Hand ißt du deine Corn-flakes?«

Gehorsam streckte Sascha seinen rechten Arm aus.

»Na also«, sagte Rolf besänftigend, »das ist rechts! Und wo *die* Hand ist, mit der du ißt, da ist auch die richtige Straßenseite.«

»Aber die Gabel nehme ich doch in die andere Hand!«

»Nein!! Oder vielmehr ja!! Aber du sollst dort fahren, wo du mit dem Löffel ißt!!!«

Sven fand endlich eine Eselsbrücke. »Auf der rechten Seite vom Fahrrad hast du doch die Handbremse, Sascha. Und auf dieser Seite muß auch immer der Straßenrand sein. Kapierst du das?«

Sascha behauptete, das kapiert zu haben. Fortan hielt er sich wenigstens annähernd rechts und veranlaßte nur noch jeden dritten Passanten zu abrupten Seitensprüngen. Auf die verkehrsreiche Durchgangsstraße durfte er nicht.

Als er bei einem vergeblichen Ausweichmanöver gegen einen Laternenpfahl gesaust und Dorle Obermüller vor die Füße geschlittert war, stopfte sie ihm schnell ein Bonbon in den Mund und versuchte ihn abzulenken, bevor das ohrenbetäubende Wehgeschrei losgehen würde. »Du hast ja ein wunderschönes Fahrrad! Das ist doch bestimmt ganz neu?«

»Ist es auch«, schniefte Sascha. »Aber dem Sven seins is noch schöner.«

»Stimmt doch gar nicht. Deins glänzt ja viel mehr!«

»Aber Svens hat rechts 'ne Bremse und links 'ne Bremse. Der kann überall fahren!«

Morgens um zehn begossen wir Frau Heinzes Führerschein. Freudestrahlend war sie mit dem grauen Ausweis und einer Flasche Sekt unterm Arm via Terrasse in unser Haus gestürmt und schnurstracks zum Telefon gelaufen. »Frau Obermüller muß mitfeiern! Wen können wir denn noch einladen? Vielleicht Babydoll?«

Sie ließ sich überzeugen, daß Isabell um diese Zeit erstens noch schlafen und zweitens mühelos ganz allein eine Flasche Sekt austrinken würde. Frau Heinze sah das ein. »Außerdem tratscht sie viel zuviel!«

Das stimmte nun ganz und gar nicht; vielmehr bot sie für uns andere ein unerschöpfliches Gesprächsthema. Der Zulauf gutaussehender »Neffen« hatte zwar aufgehört, dafür tauchte jetzt häufig ein kleiner, dicker Mann mit Glatze auf, der Isabell Blumen und Geschenke mitbrachte und meistens gegen zehn Uhr abends wieder verschwand.

»Keen Wunda, det der Babydoll so verwöhnt. Sie ist sexy, und er is sechzig!« hatte Obermüller sachkundig festgestellt.

Während wir an unseren Sektgläsern nippten, beratschlagten wir, wie Frau Heinze ihrem Mann am schonendsten die bestandene Fahrprüfung beibringen könnte.

»Mir wird schon irgend etwas einfallen. Nur die Geschichte mit der Putzfrau darf Schätzchen nicht erfahren. Ich werde ihm einfach sagen, daß ich mir jahrelang etwas vom Haushaltsgeld zurückgelegt habe.«

»Ob er das glaubt?«

»Das *muß* er einfach glauben! Er wird mich sogar wegen meiner Sparsamkeit bewundern, und dann werde ich ihm erklären, daß er jetzt auch mal ein bißchen sparen und mir einen kleinen Gebrauchtwagen kaufen soll. Was nützt mir denn ein Führerschein, wenn ich kein Auto habe?«

Sie bekam ein Auto. Es war ein zitronengelber Mini, der zwar wenig Raum, aber immerhin vier Räder hatte und bei nicht allzu großen Ansprüchen an die Bequemlichkeit sogar Platz für einen Mitfahrer bot. »Alle suchen einen Wagen, der nicht qualmt. Ich hab' einen gesucht, der nicht säuft!« hatte sie erklärt. »Das Benzin muß ich nämlich von meinem Taschengeld bezahlen.«

Bald war das gelbe Autochen stadtbekannt. Es keuchte hinter dem Schulbus her, wenn Hendrik mal wieder zu spät aufgestanden war; es parkte vor dem Supermarkt, wenn Frau Heinze unsere schweren Einkaufstaschen abholte, die wir nur zu gern an der Kasse hatten stehenlassen; es tuckerte zum Bäckerladen, wenn wir nachmittags plötzlich Appetit auf Sahnetorte bekamen, und was Frau Heinze bisher telefonisch erledigt hatte, machte sie jetzt persönlich. Einmal wurde ich Zeuge, wie sie ins Elektrogeschäft stürmte und wortgewaltig einen kleinen Defekt an ihrem neuen Kühlschrank reklamierte.

Beschwichtigend unterbrach sie der Verkäufer: »Aber Sie hätten doch nur anzurufen brauchen, wenn es etwas zu beanstanden gibt.«

»Was heißt beanstanden?« wetterte sie. »Das hätte ich wirklich am Telefon machen können! Ich bin ja gekommen, um Krach zu schlagen!«

Wenn sie nicht *im* Wagen saß, stand sie davor und pflegte ihn. Jeden dritten Tag wurde er gewaschen und poliert. Als sie wieder einmal mit einer gewöhnlichen Gießkanne das Autodach begoß, rief Obermüller grinsend: »Det hat ja doch keenen Zweck – det Ding wächst bestimmt nich mehr!«

Unbeeindruckt erwiderte sie: »Dafür läßt es sich viel leichter parken, braucht wenig Benzin und ist im Handumdrehen gewaschen. Die Raten sind viel niedriger, und Schätzchen mußte nur ganz wenig anzahlen. Das sind alles unübersehbare Vorteile!« Nach kurzem Überlegen setzte sie hinzu: »Der einzige Nachteil ist nur, daß er so *klein* ist.«

An einem verkaufsoffenen Samstag lud sie mich ein, mit ihr

nach Düsseldorf zu fahren. »Schätzchen läßt mich nicht alleine weg, aber wenn ich einen Beifahrer mit Führerschein habe, wird er mir wohl seinen Segen geben.«

Rolf hatte auch nichts gegen meinen Abstecher in die große weite Welt einzuwenden, wünschte uns viel Vergnügen sowie gute Fahrt und fragte hinterhältig, ob wir auch genügend Telefongroschen bei uns hätten, um notfalls Abschleppdienst und Reparaturwerkstatt alarmieren zu können. Frau Heinze schenkte ihm einen vernichtenden Blick und tuckerte los.

»Am besten nehmen wir die Autobahn, da weiß ich wenigstens, wie wir vom Zubringer ins Zentrum kommen.«

Beruhigt stellte ich fest, daß sie zwar langsam, aber verhältnismäßig sicher fuhr. Erst als wir uns auf der Autobahn befanden, wurde sie unruhig. Obwohl wenig Verkehr herrschte, sah sie dauernd in den Spiegel und wendete sogar mehrmals den Kopf, um aus dem Rückfenster zu sehen.

»Was ist denn los?«

»Eine leere Autobahn macht mich nervös«, sagte sie. »Ich kriege da immer Angst, die anderen könnten etwas wissen, was ich nicht weiß.« Nach einer guten Stunde hatten wir endlich das Stadtzentrum von Düsseldorf erreicht und den Wagen in einem Parkhaus abgestellt. Parklücken, die sich parallel zur Fahrbahn fanden, hatte Frau Heinze angeblich immer erst zu spät entdeckt, was mich vermuten ließ, daß sie auch nicht rückwärts einparken konnte. Es scheint sich hierbei um eine ausschließlich weibliche Erbkrankheit zu handeln.

»Was machen wir jetzt?« fragte ich, nachdem ich mich aus dem Wagen geschält und mein zerknittertes Äußeres wieder etwas restauriert hatte.

»Erst Schaufensterbummel, dann Einkäufe und zum Schluß Essen gehen!« bestimmte Frau Heinze.

»Wollen Sie etwas Bestimmtes kaufen?«

»Conni braucht einen neuen Trinknapf!«

Nun hatten wir wenigstens ein Ziel, auch wenn wir es nur auf Umwegen ansteuerten. Es gab einfach zu viele Schaufenster.

»Ein Gutes haben die hohen Preise ja«, sagte Frau Heinze beim Anblick eines teuren Modellkleides. »Wenn man nichts kauft, spart man eine Menge Geld.«

Trotzdem betrat sie energisch ein sehr luxuriös ausgestattetes Modehaus und ließ sich Pullover vorlegen. Mit einem verschwand sie in der Kabine, äugte aber gleich wieder durch den Vorhang und fragte kleinlaut: »Haben Sie nicht etwas Breiteres in derselben Größe?« Eine Verkäuferin mit Plisseelächeln bedauerte.

»Dann eben nicht!« sagte Frau Heinze. »So gut, daß er mich zum Abspecken bewegen könnte, gefällt mir der Pulli nun auch wieder nicht.«

»Wozu wollen Sie überhaupt abnehmen?« fragte ich, als wir wieder draußen waren. »Sie haben doch eine erstklassige Figur.«

»Früher war ich 1,68 groß und trug Größe 36. Jetzt bin ich 1,66 und brauche Größe 40. Mathematik ist zwar nie meine Stärke gewesen, aber irgendwo stimmt da etwas nicht mit der Proportionalrechnung.« Wir bummelten weiter und blieben vor einem Pelzgeschäft stehen. »Ich könnte auch einen neuen gebrauchen«, seufzte sie. »Wie alt meiner schon ist, habe ich neulich gemerkt, als ich ihn ausbessern lassen wollte und nirgends ein Ersatzfell kriegen konnte. Wahrscheinlich ist das Tier längst ausgestorben.«

»Heutzutage trägt man doch gar keine Mäntel mehr aus den Fellen einer bedrohten Gattung!« Dann fügte ich hinzu: »Und die bedrohte Gattung, die die Mäntel bezahlen muß, wird wohl auch erleichtert sein.«

Nach einem zweistündigen Fußmarsch durch die City streikte ich. »Wenn ich geahnt hätte, daß ich Leistungssport betreiben soll, hätte ich mir keine Schuhe mit hohen Absätzen angezogen.«

Frau Heinze warf einen Blick auf meine Füße. »So was zieht man nur ins Theater an«, bemerkte sie fachmännisch. »Da kann man wenigstens sitzen.«

»Können wir jetzt nicht auch mal ein paar Minuten . . .«

»Sofort! Ich muß nur noch den Futternapf kaufen. Gleich um die Ecke ist eine Zoohandlung.«

Der Verkäufer zeigte uns eine Auswahl von Schüsselchen und Näpfchen, und als sich Frau Heinze für einen hellgrünen Trinknapf entschieden hatte, erkundigte er sich, ob sie darauf eine Inschrift »Für den Hund« wünsche.

»Nicht nötig«, erwiderte sie trocken. »Mein Mann trinkt kein Wasser, und der Hund kann nicht lesen.«

Mühsam verbiß ich mir das Lachen und prustete erst los, als wir wieder vor der Tür standen. »Müssen Sie immer so entsetzlich direkt sein?«

»Was hätten Sie denn auf eine so dämliche Frage geantwortet?« Suchend sah sie sich um. »Irgendwo hier in der Nähe ist ein China-Restaurant. Mögen Sie chinesische Küche?«

»Sogar leidenschaftlich gern.«

»Ich auch. Man kann beim besten Willen nicht feststellen, ob das, was man bestellt, dick macht oder nicht. Gehen wir also ins Hongkong Inn!«

Von Haifischflossensuppe bis zu Lichi-Früchten aßen wir uns durch sehr farbenfreudige Gerichte, ließen uns anschließend wieder durch kundenrührende Kaufhausdrehtüren schleusen, verzichteten in edler Selbstbescheidenheit auf den Kauf verführerischer Negligés oder atemberaubender Cocktailkleider und erstanden Praktisches für die Familie. »Der Pullover hier ist genau das richtige für Schätzchen!« Prüfend hielt Frau Heinze etwas Grobgestricktes in dunkler Wolle hoch. »Den kann er anziehen, wenn die Gartenarbeit wieder losgeht. Im vorigen Jahr hat er anderthalb Wochen lang wie ein Wilder geackert, und für den Rest des Jahres hatte er es dann im Kreuz!«

Für Sven und Sascha fand ich auch zwei hübsche Pullover, und nachdem wir für Hendrik noch ein weißes Oberhemd gekauft hatten (»Anziehen wird er es ja doch nicht!« hatte Frau Heinze beim Bezahlen orakelt.), trotteten wir ins Parkhaus.

»Zurück fahren wir aber über die Dörfer. Jetzt ist die Autobahn zu voll«, bestimmte meine Chauffeuse, fädelte sich in den Verkehr ein, bog plötzlich ab und landete verkehrt herum in einer Einbahnstraße. Sofort tauchte ein Polizist auf, zückte seinen Kugelschreiber und füllte den Strafzettel aus – im Rheinland übrigens »Knöllchen« genannt. Er ließ sich weder durch Frau Heinzes wortreiche Entschuldigungen erweichen noch durch meinen Hinweis, daß wir Ortsfremde seien. »Einbahnstraßen gibt es überall, und die Schilder gelten auch für Analphabeten. Ich habe aber das Datum vom Montag geschrieben, damit ich Ihnen nicht das Wochenende verderbe.« Freundlich lächelnd reichte er das Knöllchen in den Wagen, tippte an seine Mütze und bezog wieder Posten hinter der Litfaßsäule.

»Wer behauptet eigentlich, daß es Raubritter nur im Mittelalter gegeben hat?« Frau Heinze stopfte die Zahlkarte ins Handschuhfach, steuerte in die nächste Seitenstraße und schlich im Schneckentempo vorwärts.

»Treten Sie doch mal ein bißchen aufs Gas!« empfahl ich. »Wenn Sie nicht schneller fahren, kriegen wir noch ein Strafmandat – diesmal aber für falsches Parken.«

Endlich hatten wir die Ausfallstraße erreicht und quälten uns mühsam voran. Der Wochenendverkehr hatte eingesetzt.

»Der Unterschied ist der«, stellte ich mit einem Blick auf die Blechlawine fest: »Wenn Lemminge runter zum Meer drängen, kommen sie nicht zurück!«

»Gibt es denn hier keine Abkürzung?«

»Doch, aber die kürzeste Verbindung zwischen zwei Punkten ist gewöhnlich wegen Bauarbeiten gesperrt.«

Das war sie dann auch. Sogar die Umleitung war umgeleitet worden, und so kamen wir erst bei Einbruch der Dämmerung wieder nach Hause, wo wir unsere Ehemänner in heller Verzweiflung antrafen. Triumphierend flüsterte Frau Heinze: »Eine Stunde früher, und wir hätten nichts als Vorwürfe bekommen. Jetzt sind sie aus dem Wo-um-alles-hast-du-denn-gesteckt?-Stadium heraus und mitten drin im Gott-sei-Dank-daß-du-da-bist-Zustand. Das müssen wir öfter mal machen!«

Rolf verbot mir zwar nicht direkt den weiteren Umgang mit Frau Heinze, beschwor mich aber, künftige Ausflüge in die Zivilisation nur noch mit ihm zusammen oder allenfalls allein zu unternehmen. Soviel Angst wie heute hatte er angeblich nicht mal an seinem Hochzeitstag ausgestanden, als er mit erheblicher Verspätung auf dem Standesamt erschienen war und die ganze Zeit über befürchten mußte, ich könnte mir die Sache inzwischen überlegt und die Flucht ergriffen haben.

14.

Beinahe über Nacht war wieder der Augenblick gekommen, der einem noch gestern lange Zeit gelassen hatte, Gefrierschutzmittel in den Kühler zu tun. Die ersten Flocken fielen, und ich stellte erneut fest, daß der Grad der Freude, die einem der Anblick frisch gefallenen Schnees bereitet, sich umgekehrt proportional zum Lebensalter verhält. Die Kinder waren selig und tobten in jeder freien Minute draußen herum. Auf den Heizkörpern zischten nasse Handschuhe und durchgeweichte Skihosen. Lediglich im Garten gefiel mir der Schnee. Unser Rasen sah endlich genauso schön aus wie der von Vogts.

Statt auf der Terrasse trafen wir uns nun alle wieder beim Schippen vor der Haustür (die frisch gefallene weiße Pracht weiß nur der richtig zu würdigen, der keine lange Garagenzufahrt hat!). Aus den sommerlichen improvisierten Kaffeestündchen am geöffneten Küchenfenster wurden offizielle (und meistens gräßlich langweilige) Einladungen zu Punsch und Partygebäck, und Abwechslungen gab es überhaupt nicht mehr. Das Leben der Siedlungsbewohner spielte sich zwangsläufig hinter verschlossenen Türen ab und bot deshalb kaum noch Gesprächsstoff. Nicht mal Babydoll hatte Mitleid mit uns. Anfang Dezember fuhr sie mit ihrem kahlköpfigen Begleiter in die Karibik. »Da sind zwei Eiswürfel im Glas das einzige Stück Winter, das ich zu sehen bekomme«, hatte sie gesagt und jedem von uns eine Ansichtskarte versprochen. Kurz nach Weihnachten trudelten sie ein. Nachdem ich ausgiebig Palmen, Meer und Sonnenuntergang betrachtet hatte, reichte ich das prächtige Farbfoto an Rolf weiter. Der warf nur einen kurzen Blick darauf. »Der billigste und in vielem auch der beste Winterkurort ist der eigene Kamin!«

Wir hatten aber keinen! Statt knisternder Buchenscheite

schaufelte ich wieder Koks in Ofens gefräßiges Maul, schleppte zentnerweise Asche zu den Mülltonnen und wartete auf den Frühling.

Anfang Januar zog Herr Otterbach aus. Er flüchtete in die Anonymität der Großstadt, wo man seinem nicht so ganz normalen Privatleben etwas weniger Aufmerksamkeit schenken würde. Auch gut! Vielleicht bekämen wir zur Abwechslung mal richtig solide Mieter. Aber die hatten wir ja auch in der Familie Tröger vermutet, jenen Textilgroßhändlern, die nach den Schotten in das ehemalige Musterhaus gezogen waren. Eines Tages hatten sie Emma Kiepke eröffnet, daß sie nicht mehr gebraucht werde, weil man nunmehr ein Dienstmädchen eingestellt habe, und so verschwand mit Emma auch unsere Nachrichtenquelle. Das neue Mädchen war jung, hübsch und verschwiegen. Nicht mal Dorle, die fast jeden zum Reden bringen konnte, brachte mehr heraus als die Tatsache, daß der dienstbare Geist Heidi hieß, von seiner Herrschaft jedoch Jeannette gerufen wurde, weil das vornehmer klang. Und vornehm war man nun wirklich geworden! Nicht nur, daß dem Textilgroßhandel ein exklusives Modegeschäft angegliedert worden war, in dem angeblich die High-Society von Köln und Bonn ihren Bedarf deckte – nein, man stellte seinen neuerworbenen Reichtum auch sichtbar zur Schau. Der Sohn bekam ein Auto, die Tochter eine Vespa, die Gattin einen Nerz. (Kommentar von Rolf: »Ich hab's ja schon immer gesagt! Hinter jedem erfolgreichen Mann steht eine Frau, die noch keinen Pelzmantel hat!«) Der Herr des Hauses stieg vom Mittelklassewagen auf einen Renommierschlitten jener Sorte um, die in der Regel nur Ölscheichs und Staatsoberhäuptern vorbehalten ist. In erster Linie schien es sich hierbei allerdings um eine räumliche Notwendigkeit zu handeln. Erfolg steigt den Menschen vielfach zu Kopf, am schlimmsten wirkt er sich aber gewöhnlich auf die Bauchpartie aus. Wir konnten direkt zusehen, wie Herr Tröger in die Breite ging, und mindestens drei Kinne rauften sich ständig um einen Platz auf seinem Kragen. Deshalb band er auch immer eine große Serviette um den Hals, sobald er sich hinter das Lenkrad gequetscht hatte. Zweifellos hätte es seiner Reputation geschadet, wenn er vor der erlauchten Kundschaft mit durchgeweichtem Hemd erschienen wäre. Von Bauer Köbes pachtete er eine Wiese, auf der sich wenig später zwei Reitpferde tummelten, und die

Kinder wurden in ein näher gelegenes Internat umgeschult, damit sie nun zum Wochenende nach Hause kommen und ihre Pferde bewegen konnten.

Da die übrigen Bewohner der Millionärssiedlung keine Millionäre waren und auch nicht den Eindruck machten, als ob sie jemals welche werden würden, verzichtete die Familie Tröger auf den Umgang mit uns Unterprivilegierten und ließ sich höchstens zu einem gemessenen Kopfnicken herab.

Als aus den zwei Pferden sechs geworden waren und Köbes' altersschwacher Stall den gestiegenen Ansprüchen nicht mehr genügte, ließ Herr Tröger einen neuen bauen. Und weil er schon mal dabei war, wurde auch gleich ein komfortabler Bungalow am Ufer des Baggersees errichtet. Den Einzug hat der Bauherr allerdings nicht mehr erlebt. Bevor die gigantische Seifenblase platzte und Haus, Reitstall und Fuhrpark unter den Hammer kamen, erlitt Herr Tröger einen Herzinfarkt, starb ganz einfach und überließ es seiner Familie, sich wieder in das Heer der gewöhnlichen Arbeitnehmer einzureihen. Vorher räumte sie aber noch ihr Quartier und zog nach Süddeutschland, wofür ich volles Verständnis hatte. Leider verschwand damit aber auch unser letztes Gesprächsthema.

»Papi, wie geht eine Uhr?«

Zum Geburtstag hatte Sven seine erste Armbanduhr bekommen. Anderthalb Tage lang wurde ich viertelstündlich unterrichtet, wie spät es gerade war, aber dann versiegten seine Zeitangaben ganz plötzlich. Anscheinend interessierte ihn jetzt das Innenleben des Chronometers.

Normalerweise hätte Rolf seinem Filius geantwortet, er solle seine Mutter fragen, aber er hatte gerade mal wieder ein neuerschienenes und angeblich sehr nützliches Werk über Kinderpsychologie gelesen (nützlich für wen?), in dem dringend empfohlen wurde, die Wißbegier des Kindes zu ermutigen. Also holte er Papier und Bleistift und malte eine Skizze vom Hemmungsmechanismus, zeichnete sorgfältig Uhrfeder, Rädchen und Unruhe ein, erklärte langatmig ihre verschiedenen Funktionen, und zwischendurch versuchte er immer wieder, seinen gelangweilten Sohn an der Flucht zu hindern. Das Dumme an der Kinderpsychologie ist ja, daß Kinder nichts davon verstehen.

Endlich war Rolf fertig. »Siehst du, Sven, das ist es, weshalb deine Uhr geht!«

»Wie kommt es dann aber, daß sie nicht geht?«

Ich deckte gerade den Abendbrottisch und sagte beiläufig: »Vielleicht mußt du sie mal aufziehen!«

Sven zog die Uhr auf und hielt sie erwartungsvoll ans Ohr. Dann verkündete er seinem Vater strahlend: »Mami hat viel mehr Ahnung als du!«

»Setz dich hin und iß, bevor ich dich verhaue!« sagte zähneknirschend der Psychologe.

Nun ist es ja mit der Technik überhaupt so eine Sache für sich. Wenn die Sicherheitsnadel erst heute erfunden worden wäre, hätte sie vermutlich sechs bewegliche Teile und zwei Transistoren und müßte zweimal im Jahr nachgesehen werden. Genaugenommen lassen sich leblose Gegenstände in drei Hauptkategorien einteilen: Solche, die kaputtgehen, solche, die verlorengehen, und solche, die überhaupt nicht gehen. Als einfache Faustregel für die erste Kategorie gilt, daß ein Gegenstand immer dann kaputtgeht, wenn er am dringendsten gebraucht wird. Ein typisches Beispiel dafür ist das Auto, und als wahre Glückseligkeit empfinde ich die Entdeckung, daß das entnervende Klappergeräusch dann doch bloß aus dem Handschuhfach kommt. Autos geben niemals ihren Geist auf, wenn man gerade an einer Tankstelle hält; sie warten damit, bis man eine belebte Kreuzung erreicht hat oder sich zu nächtlicher Stunde auf einer gottverlassenen Landstraße befindet. Auf diese Weise verursachen sie ein Höchstmaß an Unbequemlichkeit und Ärger und verkürzen so die Lebenszeit ihrer Besitzer.

Wir waren endlich mal wieder im Theater gewesen. Schon tagelang hatte ich Rolf gequält, Karten für das neue Stück von Tennessee Williams zu besorgen, von dem alle Leute (oder um es präziser auszudrücken: Frau Heinze und die Damen Ruhland) sprachen. Gefallen hatte es mir dann aber doch nicht. Beim Hinausgehen sagte ich enttäuscht zu Rolf: »Wenn ich deprimiert sein wollte, hätte ich auch zu Hause bleiben und Wäsche bügeln können!«

»Aber *du* warst es doch, die unbedingt hingehen wollte!«

»Na ja, *einen* Nutzen habe ich ja auch daraus gezogen. In der Pause habe ich nämlich festgestellt, daß mein Kleid inzwischen völlig unmodern geworden ist. Für festliche Gelegenheiten brauche ich unbedingt ein neues!«

»Aber du hast doch schon einen ganzen Schrank voll nichts anzuziehen!«

»Das stimmt ja auch! Die meisten Sachen sind ganz aus der Mode.«

»Quatsch!« sagte mein Gatte und deutete auf seine silbergraue Krawatte, die für den derzeitigen Modetrend viel zu schmal war. »Soll ich die vielleicht wegwerfen? Ich hab' sie mir extra zu unserer Hochzeit gekauft und höchstens ein halbes dutzendmal getragen. Die ist ja noch wie neu!« Er schob mich ins Auto. »Mode ist nichts weiter als jener seltsame Vorgang, bei dem allen plötzlich etwas gefällt, was ihnen gestern noch nicht gefallen hat und was ihnen morgen schon wieder nicht mehr gefallen wird. Und wenn dieses ewige Auf und Ab von Rocksäumen und Dekolletés so weitergeht, werden Saum und Ausschnitt über kurz oder lang zusammenstoßen!«

Bevor ich protestieren konnte, meinte er versöhnlich: »Im übrigen siehst du großartig aus, und deshalb werden wir jetzt noch irgendwo eine Kleinigkeit essen gehen und uns anschließend in das Düsseldorfer Nachtleben stürzen.«

Der Form halber schmollte ich noch ein bißchen, aber meine Lebensgeister hoben sich sofort wieder, als wir das kleine exklusive Feinschmeckerlokal betraten. Ein blasiert aussehender Ober nahm uns die Mäntel ab.

»Ich komme mir vor wie Aschenbrödel«, flüsterte ich Rolf zu, nachdem ich einen flüchtigen Blick auf die kostbar gewandeten Damen geworfen hatte, die bei Kerzenschein ihre Speisen löffelten und alle sehr elegant aussahen.

»Fängst du schon wieder neuen Streit an?« zischte Rolf.

»Ich bin noch immer beim alten!« zischte ich zurück.

Er verschwand hinter der Speisekarte. Sie war sehr groß, sehr dick und erforderte die Kenntnisse eines diplomierten Dolmetschers.

»Was hältst du von dem dritten Gericht auf Seite sechs? Bouchée à la reine avec sauce hollandaise au fourn . . . wie heißt das?«

»Was du nicht aussprechen kannst, kannst du dir auch nicht leisten!« giftete ich. »Nimm doch etwas Einfacheres!«

Er blätterte weiter. »Weißt du noch, wie dieses italienische Zeug heißt, auf das ich so wild bin?«

»Claudia Cardinale«, sagte ich eisig.

Geduld ist die Kunst, nur langsam wütend zu werden. Mein

Gatte übte sich in derselben, bestellte etwas, das sich später als Eierkuchen entpuppte, im Hinblick auf den Preis aber mindestens von Hühnern mit adeligem Stammbaum stammen mußte, und verlangte die Weinkarte. Sie war noch dicker als das ledergebundene Speisenjournal.

Wer kein Weinkenner ist, lasse sich vom Kellner die Sorte aufschwatzen, die er gerade loswerden will. Auf diese Weise ist wenigstens einer zufriedengestellt. Der Wein war aber trotzdem gut; mühelos ließen sich die »Crêpes« damit hinunterspülen.

»Trink nicht so viel!« mahnte Rolf. »Du weißt ja: Kein Alkohol am Steuer!«

»Wenn man scharf bremsen muß, schwappt alles über«, kicherte ich albern. »Was geht mich überhaupt die Fahrerei an? *Du* hast doch die Schlüssel!«

»Nein, die habe ich extra aus meiner Tasche genommen und dir gegeben, als uns der Ober die Mäntel abnehmen wollte.«

»Dann müssen sie in der Handtasche sein!« Kurzerhand kippte ich ihren Inhalt auf den Tisch, fand auch zwischen Lippenstift, Taschentuch, Büroklammern (in Notfällen vielseitig verwendbar) und Puderdose die längst verlorengeglaubte Adresse einer Schulfreundin – nur die Autoschlüssel fand ich nicht.

Rolf winkte dem Kellner. Er näherte sich gemessenen Schrittes und zog verstohlen die zusammengefaltete Rechnung aus der Jacke. »Der Herr möchte zahlen?« Anscheinend hielt er uns für Zechpreller, die gerade die Präliminarien zur leider vergessenen Brieftasche abspulten.

»Der Herr hat seine Autoschlüssel verloren«, korrigierte ich. »Sind vielleicht welche gefunden worden?«

Der Ober bedauerte. Ihm sei nichts bekannt, aber selbstverständlich werde er nachfragen.

»Lassen Sie die Rechnung ruhig hier, mir ist der Appetit ohnehin vergangen«, sagte Rolf. Kein Wunder, es war ja auch nichts mehr da.

»Und was jetzt?« fragte er wütend.

»Taxi«, murmelte ich verschlafen, denn ich war plötzlich sehr müde geworden. »Du lädst mich zu Hause ab, holst die Reserveschlüssel und läßt dich wieder zurückfahren.«

»Weißt du, was das kostet?«

»Nicht so viel wie Bouchée à la reine und die Flasche Chablis.«

»Die Herrschaften hatten Crêpe Suzette«, bemerkte der

Ober konsterniert, half mir aber trotzdem in den Mantel. In der linken Tasche klapperte es. Was immer da von Liebe, Lust und Leidenschaft gefaselt wird – das höchste der Gefühle bleibt die Entdeckung, daß die Autoschlüssel doch nicht weg sind.

Die Heimfahrt verlief schweigsam. Zumindest bis zu dem Augenblick, da der Motor Keuchhusten bekam. Es handelte sich um einen akuten Anfall, der zwar vorüberging, dann aber chronisch zu werden begann. Der Motor japste nach Luft, bekam Atemnot und verröchelte. Rolf ließ den Wagen ausrollen, stieg fluchend aus, öffnete die Motorhaube und vertiefte sich in das Kabelgewirr, von dem er ohnehin nichts verstand. »Komm doch auch mal her!« verlangte er schließlich. »Du hast doch erst vor ein paar Monaten den Führerschein gemacht, also mußt du doch auch noch mehr Ahnung haben als ich.«

»Ich hab' nie welche gehabt«, sagte ich und kuschelte mich auf dem Sitz zusammen. Es würde sich wohl um einen etwas längeren Aufenthalt handeln.

»Ohne Werkzeug ist da nichts zu machen«, behauptete Rolf fachmännisch, nachdem er hier ein bißchen gedreht und dort ein bißchen geschraubt und zu guter Letzt noch Benzin und Öl überprüft hatte. »Was machen wir denn jetzt?«

»Warten, bis jemand vorbeikommt«, sagte ich schläfrig.

»Es ist kurz vor Mitternacht, und wir befinden uns auf einer Landstraße dritter Ordnung, die überwiegend von Treckern und Kühen benutzt wird.«

»Dann warten wir eben auf eine Kuh, die kann uns nach Hause ziehen!« Mühsam rappelte ich mich hoch. »In einschlägigen Romanen kämpft sich in solchen Situationen der Held durch Eis und Schnee oder dichte Nebelbänke, um irgendwo Hilfe zu holen. Du brauchst ja gar nicht zu kämpfen. Der Mond scheint, und weniger als fünf Grad unter Null haben wir bestimmt nicht.«

»Willst du denn nicht mitkommen?«

Das wollte ich nun überhaupt nicht. In lebhaften Farben malte Rolf meinen vermutlichen Kältetod aus und vergaß auch nicht, die anderen Möglichkeiten zu erwähnen. »Immerhin könnte es ja sein, daß *doch* jemand vorbeikommt, und wenn du hier so mutterseelenallein . . .«

Gerade, als ich mich entschlossen hatte, meinen Gatten auf seiner Nachtwanderung zu begleiten, hörten wir Motorengeräusch, und dann kam auch schon ein Sportflitzer herangeschossen. In letzter Sekunde konnte Rolf zur Seite springen, sonst hätte er sein Leben als Kühlerfigur ausgehaucht.

Bremsen quietschten, der Wagen schleuderte, fing sich aber wieder und kam zum Stehen. Ihm entstieg eine atemberaubende Schönheit in hellgrauem Nappaleder. »Sind Sie lebensmüde oder nur betrunken? Beinahe hätte ich Sie überfahren!«

»Ist das aber eine gutaussehende Kuh!« staunte ich. »Ich möchte zu gern wissen, ob sie den Hosenanzug passend zum Wagen gekauft hat oder umgekehrt.«

»*Was* haben Sie gesagt?«

Rolf beeilte sich, das Mißverständnis mit dem Rindvieh aufzuklären. Das dauerte unnötig lange. »Natürlich werde ich mich in jeder Weise erkenntlich zeigen, wenn Sie uns irgendwie weiterhelfen«, versprach er schließlich und versprühte eine ungebremste Ladung Charme.

Die Schönheit zögerte. »Ich könnte Sie bis zum nächsten Ort mitnehmen.«

Rolf war sofort einverstanden.

»Und was wird mit mir?« protestierte ich.

»In spätestens einer halben Stunde bin ich zurück!« sicherte mein Gatte zu und machte Anstalten, in das dunkelgrüne Kabrio zu steigen. Keine Rede mehr von Frostbeulen und eventuellem Sittlichkeitsdelikt. »Ich bleibe auf keinen Fall allein!« sagte ich. »Lieber laufe ich nach Hause!«

»Aber das sind ungefähr noch zwölf Kilometer.«

»Mir egal! Bis Sven zur Schule muß, werde ich wohl da sein!«

Zögernd kam Rolf zurück. »Du weißt nie, was du willst!« schimpfte er ärgerlich.

Doch, das wußte ich genau! Ihn auf keinen Fall mit dieser attraktiven Frau allein lassen! »Könnten Sie uns nicht abschleppen?«

»Ich habe kein Seil!« beteuerte sie sofort.

»Irgendwo habe ich mal gelesen, daß Strumpfhosen denselben Zweck erfüllen«, sagte ich, obwohl ich diese Behauptung immer angezweifelt hatte. Ich zog mir gerade den zweiten Schuh aus, als sich Rolf daran erinnerte, daß er ja selbst ein Abschleppseil im Kofferraum liegen hatte. Mit ausgesprochener Freude registrierte ich, daß er sich selten dämlich anstellte und auch gar nicht mehr so weltmännisch-überlegen aussah, nachdem er das Seil endlich befestigt hatte. Schöner war er durch den beschmutzten Anzug und die Ölspuren an Gesicht und Händen auch nicht geworden.

Die Dame hatte das wohl ebenfalls bemerkt. Ungnädig trieb sie ihn zur Eile an, und sehr ungnädig klemmte sich Rolf hinter das Lenkrad. Seinen Vorschlag, ich könnte doch das Steuer übernehmen, während er unserer Samariterin lieber hilfreich zur Seite stehen würde, lehnte ich glatt ab. »Im Schlepptau fahren kann ich nicht! Da brumme ich euch höchstens hinten rein.«

Endlich siegte der sparsame Ehemann über den Don Juan. Der Abend war auch so schon teuer genug gewesen.

Vor einer Gastwirtschaft im fünf Kilometer entfernten Bornfeld stoppte unser Vordermann. Drinnen brannte noch Licht. Vor lauter Eifer, möglichst schnell aus dem Wagen zu springen, fuhr Rolf zu dicht auf und prallte an die Stoßstange.

»Das ist allein meine Schuld!« beteuerte er sofort. »Ich übernehme alle Kosten! Wenn Sie mir vielleicht Ihre Adresse geben . . .«

»Nicht nötig«, sagte die Dame mit einem beziehungsreichen Lächeln. »Mein Mann hat eine Reparaturwerkstätte, und das hier ist ein Vorführwagen. Aber wenn Sie in Kürze vielleicht ein neues Auto brauchen« – dabei musterte sie unseren schon leicht angerosteten Veteranen –, »dann kommen Sie ruhig mal bei uns vorbei. Wir handeln auch mit preisgünstigen Gebrauchtwagen.«

Sie drückte Rolf eine Visitenkarte in die Hand, nickte uns freundlich zu, stieg in ihren Flitzer und brauste davon. Mit langem Gesicht sah Rolf hinterher. »So ein Auto müßte man haben«, seufzte er sehnsüchtig. »Das Ärgerliche an Sportwagen ist nur, daß man meistens nicht mehr hineinpaßt, wenn man endlich das Geld dafür hat.«

Der Zufall wollte es, daß in der Gastwirtschaft ein Monlinger Mitbürger saß, der uns später mitnahm. Als wir endlich zu Hause waren und Rolf die letzten Ölspuren vom Gesicht geschrubbt hatte, sagte er grimmig: »Du hättest wirklich besser zu Hause bleiben und bügeln sollen!«

Dorle Obermüller amüsierte sich königlich, als ich ihr am nächsten Tag unser nächtliches Abenteuer schilderte. »Ich verstehe gar nicht, weshalb du dir solche Sorgen gemacht hast.

Männer in Rolfs Alter laufen den Mädchen doch bloß noch dann hinterher, wenn es bergab geht!«

Der Sohn des Hauses kreuzte die Küche. Sofort schoß er auf mich zu. »Frau Sanders, haben Sie eigentlich zu Ihrer Zeit in der Schule auch so etwas wie einen Sexualkundeunterricht gehabt?«

»Leider nicht. Das einzige, worauf wir uns damals freuen konnten, waren die Pausen.«

Achselzuckend meinte er: »Schade. Dann hat es ja auch keinen Zweck, daß ich Sie zu diesem Thema etwas frage.« Er verschwand wieder.

Dorle lachte. »Seitdem er sich nicht mehr mit Bienen und Schmetterlingen abgeben muß, hat sich sein Interesse an den Biologiestunden enorm gesteigert.«

»Kommst du nicht manchmal in Verlegenheit, wenn er irgendwelche heiklen Fragen stellt?«

»Überhaupt nicht. Davon verstehe ich schließlich mehr als vom Bruchrechnen oder der Geographie Hinterindiens. Wenn man's genau nimmt, ist Sex schließlich nichts anderes als die Vorstufe zur Hausarbeit. Das habe ich ihm letzlich auch deutlich klargemacht.«

»Wo ist dein Mann?« fragte ich und kam damit zum eigentlichen Grund meines Vormittagsbesuchs. »Seit Tagen tropft unser Wasserhahn. Wahrscheinlich ist wieder einmal nur ein Dichtungsring defekt, aber ich habe keine Ahnung, wie man da rankommt.«

»Hans auch nicht! Vorgestern hat ihn Frau Leiher gerufen, weil das Klo übergelaufen war. Das Wasser plätscherte schon die Treppe runter. Nachdem Hans ein Weilchen herumexperimentiert hatte, kam es sogar aus dem Badewannenabfluß. Weiß der Kuckuck, wie er das geschafft hat. Wir konnten gar nicht so schnell aufwischen, wie es nachströmte. Ich hab' ihm gesagt, er soll es wenigstens wieder so hinkriegen, wie es war, bevor er mit dem Reparieren angefangen hat. Und dann hab' ich den Notdienst angerufen. Also wenn ich dir einen guten Rat geben soll, dann laß Hans nicht ins Haus und hol einen Klempner.«

»Das versuche ich ja schon seit einer Woche. Selbst wenn ich alle Handwerker Deutschlands der Länge nach aneinanderlegen würde, bis zu unserem Haus würden sie doch nicht reichen.«

»Dann laß es weitertropfen! Das ist immer noch billiger als die Do-it-yourself-Methode.«

Es tropfte bis zum Frühjahr. Da endlich brauchte der Monlinger Installateur einen Prospekt über Sanitärartikel, erinnerte sich des hierorts ansässigen Werbeberaters und kam sogar freiwillig ins Haus.

15.

Das Hübsche am Frühling ist, daß er kommt, wenn er am dringendsten gebraucht wird. Den Winter hatte ich so satt und war selig, als ich kleine Gänseblümchen entdeckte, die sich die Schneereste aus den Augen zwinkerten. Krokusse waren auch schon da und Preislisten für Blumenzwiebeln, aber Rolf warf sie kurz entschlossen alle in den Papierkorb. »In diesem Jahr will ich meinen Garten genießen!« sprach er, ebnete die Gemüsegräber ein und säte Rasen. Für Büsche und Bäume orderte er säckeweise Kunstdünger, der dann auch annähernd so viel kostete wie unsere Lebensmittel für einen halben Monat. Als ich wenig später zwei kleine Mandelbäumchen mitbrachte, um damit eine häßliche Lücke am Zaun zu füllen, jammerte er: »Noch zwei Mäuler zu stopfen!«

Mit dem Frühling kamen auch wieder neue Nachbarn. In Otterbachs ehemalige Bleibe zog ein älteres Ehepaar, das Körngen hieß, aber »Körnchen« ausgesprochen wurde und sofort regen Kontakt zu Vogts aufnahm. Nun ja, schließlich wohnte man nebeneinander, Frau Vogt hatte schon immer eine Außenseiterrolle gespielt und war sicher froh, endlich eine nette und vor allem solide Nachbarin gefunden zu haben. Die schien sich aber nicht einseitig orientieren zu wollen; nacheinander besuchte sie uns alle, brachte kleine Aufmerksamkeiten mit in Form von Selbstgebackenem oder auch Gekauftem, und jedem erzählte sie, daß sie bald Silberhochzeit habe und natürlich alle Nachbarn einladen werde.

»Verwandte haben wir nicht, unser Sohn besucht uns nur ganz selten, aber so eine Silberhochzeit ist doch etwas Einmaliges, und deshalb werden wir sie ganz groß feiern. Sie kommen doch auch, nicht wahr?«

Festlegen wollte ich mich nicht. »Bis zum Juni dauert's ja

noch ein Weilchen«, sagte ich und beschloß, das erst einmal mit Dorle zu besprechen.

»So viel Zeit bleibt gar nicht mehr«, meinte Frau Körngen eifrig, »das Fest muß doch gründlich vorbereitet werden.«

Und sie bereitete es vor. Täglich berichtete sie uns der Reihe nach von den Fortschritten, bat um Ratschläge, welche Torten denn wohl genehm wären und wieviel verschiedene Weinsorten sie besorgen müßte, und wenn jemand von uns zum Einkaufen ging, schloß sie sich meistens an. Am liebsten begleitete sie Frau Heinze. »Sie kennt ja jedes Geschäft und fast alle Ladenbesitzer persönlich. Man wird dann ganz anders behandelt.«

Mir war nur aufgefallen, daß die Kassiererinnen, mit denen ich sonst immer ein bißchen herumgealbert hatte, betont sachlich und reserviert wurden, sobald ich mit Frau Körngen zusammen den Supermarkt betrat. Dorle hatte das auch schon bemerkt.

»Als ich gestern sechs Brötchen eingetütet hatte, mußte ich sie an der Kasse einzeln auspacken. Das ist mir noch nie passiert! Ich war richtig empört! Wenn ich sage, da sind sechs Brötchen drin, dann sind es auch sechs!«

»Vielleicht haben die einen neuen Filialleiter bekommen. Die Angestellten können doch nichts dafür, wenn jetzt ein schärferer Wind weht. Sie tun ja nur ihre Pflicht«, vermutete Frau Heinze, und damit hatte sie wohl recht. Trotzdem wurde ich das Gefühl nicht los, als ob ich neuerdings von allen Verkäuferinnen, und das nicht nur im Supermarkt, mißtrauisch beobachtet wurde.

Eines Tages kam Michael mit der Neuigkeit zu mir, die Millionärssiedlung würde nunmehr um eine Zirkusfamilie bereichert werden. »Sie zieht in das dritte Haus von der letzten Reihe, direkt neben die beiden Krankenschwestern.«

»Glaub' ich nicht! Zirkusleute leben doch in ihren Wohnwagen.«

»Aber irgendwo müssen sie ja auch im Winter bleiben.«

»Jetzt geht es doch erst mal in den Sommer!«

»Na, und wenn schon. Vielleicht stellen sie auch nur ein paar Möbel ab oder so. Jedenfalls haben sie schon im Garten Futter für die Ponys und Lamas angebaut«, behauptete Michael. »Oder haben Sie das große Feld mit der Luzerne noch nicht gesehen?«

Aufgefallen war es mir schon, aber ich hatte das Viehfutter mangels einschlägiger Kenntnisse für eine neue Art von Rasen gehalten. Viel mehr als grüne Spitzen waren ja auch noch nicht aus dem Boden gekommen, als ich vor Wochen einmal hinter der letzten Häuserzeile spazierengegangen war. Obwohl inzwischen vier von den sechs Häusern bezogen waren, kannte ich noch nicht einmal die Namen ihrer Bewohner. Ich sah sie kaum, weil wir ja keinen Blickkontakt hatten, und wir »Alteingesessenen« unternahmen auch gar keine Kommunikationsversuche. Anfangs hatte sich wenigstens noch Frau Heinze für ihre »Hintermänner« interessiert, aber sie waren wohl doch nicht das gewesen, was sie sich erhofft hatte. Vielleicht waren die Zirkusleute mehr nach ihrem Geschmack.

»Der Michael ist so blöd, wie er lang ist!« sagte sie kopfschüttelnd. »Eine alte Dame zieht dort ein mit zwei erwachsenen Söhnen. Ich habe sie schon kennengelernt.«

»Aber was bedeutet dann das Pferdefutter?«

»Ökologie. Oder Agronomie. So genau habe ich das nicht mitgekriegt. Der eine Sohn studiert nämlich Landwirtschaft und hat gelernt, daß die Aussaat von Luzerne die beste Bodenvorbereitung ist für Rasen und Zierpflanzen. Unkraut soll dann auch nicht mehr wachsen.«

»Erzählen Sie das bloß nicht meinem Mann!« sagte ich erschrocken. »Der kriegt es fertig und fängt noch mal ganz von vorne an. Dabei habe ich mich gerade entschlossen, auch das Unkraut zu lieben, damit ich wenigstens in diesem Jahr mal unseren Liegestuhl benutzen kann.«

Ein paar Tage später kam sie morgens aufgeregt über die Terrasse ins Wohnzimmer gestürzt. Ich schälte Kartoffeln und hörte mir nebenher im Radio eine Sendung zur kommenden Bundestagswahl an. Wahlen finde ich herrlich! Was sich da alles für Männer um uns Frauen bemühen . . .!

Energisch drückte Frau Heinze den Ausschaltknopf. »Wissen Sie, wen ich eben gesehen habe? – Meinen Schwiegersohn!«

»Welchen? Den Künstler oder den Steuerberater?«

Unwillig winkte sie ab. »Der Steuerberater hat ein uneheliches Kind, aber das habe ich erst später rausbekommen. Und der Maler hat mir zwar rein menschlich am besten von allen gefallen, aber irgendwie ist die Malerei eine zu unsichere Sache. Bestimmt ist er ein ganz großes Talent, nur hat es wohl noch niemand entdeckt. Zwei Ausstellungen hat er schon gehabt und noch kein Bild verkauft! Aber wenigstens hat man eins geklaut!«

»Picasso hat mal gesagt: Ein Maler ist ein Mann, der das malt, was er verkauft. Ein Künstler dagegen ist ein Mann, der das verkauft, was er malt.«

Sie überlegte. »So? Na, wenn er recht hat, dann ist Thomas wohl keins von beidem. Ist ja auch egal, er kommt sowieso nicht mehr in Frage. Seitdem ich den anderen Sohn von Frau Harbich kennengelernt habe, weiß ich genau: Das ist der Richtige!«

»Und wer ist Frau Harbich?«

»Die mit der Luzerne im Garten. Ich hab' Ihnen doch erzählt, daß sie zwei Söhne hat – den Landwirt und den anderen. Zahnarzt ist er, hat gerade sein Staatsexamen gemacht und will in Kürze promovieren. Und aussehen tut er – einfach fabelhaft! So eine Mischung zwischen James Mason und Gary Cooper. *Der* wird mein Schwiegersohn! Das spüre ich rein intuitiv!«

Die vielgepriesene weibliche Intuition ist nichts als Schwindel. Sie ist albern, unlogisch, gefühlsbedingt, lächerlich – und fast absolut zuverlässig. Trotzdem erkundigte ich mich vorsichtig: »Was hält denn Patricia von ihm?«

»Die hat ihn ja noch nie gesehen, aber ihren Geschmack kenne ich ganz genau.«

Ich weiß nicht mehr, der wievielte Schwiegersohn es war, den Frau Heinze jetzt ins Auge gefaßt hatte, aber ihre Hartnäkkigkeit, Patricia nun endlich unter die Haube zu bringen, war beeindruckend. Dabei schien die es gar nicht so eilig zu haben. Seit fast einem Jahr studierte sie an der Düsseldorfer Kunstakademie, fuhr morgens zusammen mit ihrem Vater in die Stadt, kehrte auch meistens brav wieder mit ihm zurück, und wenn sie es nicht tat, dann übernachtete sie bei einer Freundin, die von Frau Heinze schon längst gründlich unter die Lupe genommen und für zuverlässig befunden worden war.

Entgegen ihrer sonstigen Gewohnheit, Heiratskandidaten nur einzuladen und dann abzuwarten, ob sich »etwas daraus entwickeln« würde, ging sie diesmal ganz zielstrebig vor. Sobald sie Harbich von weitem erspähte – »Er heißt übrigens Tassilo, das klingt so richtig gediegen!« –, lief sie in den Garten und machte sich an ihren Blumenbeeten zu schaffen, um ihn in ein belangloses Gespräch verwickeln zu können. Einmal wurde ich sogar Zeuge eines derartigen Unternehmens.

Wir saßen in Heinzes Wohnzimmer, stierten gelangweilt in den Nieselregen und unterhielten uns über ein Buch, das erst kürzlich auf den Markt gekommen und gleich ein Bestseller geworden war. Mir gefiel es nicht besonders. »Ich hab's noch nicht mal zur Hälfte durch, aber wenn es überhaupt einen richtigen Helden hat, dann sollte er den Autor totschlagen!«

»Finde ich nicht!« widersprach Frau Heinze. »Diese Dreiecksgeschichte . . . Achtung! Da kommt er!« rief sie plötzlich, griff nach einer bereitliegenden Gartenschere und stürmte hinaus in den Mairegen. Während sie die letzten, schon fast verblühten Tulpen abschnitt, redete sie lebhaft auf ihr Gegenüber ein. So hatte ich genügend Zeit, den neuen Favoriten zu betrachten. Gut sah er wirklich aus, auch wenn ich James Mason anders in Erinnerung hatte. Ein bißchen groß geraten war er, und seine Frisur hätte ruhig etwas weniger konservativ sein können, aber vielleicht gefiel er Frau Heinze gerade deshalb so gut. Erst neulich hatte sie sich über Hendrik aufgeregt: »Bei ihm geht alles, was er ißt, in die Haare!«

Endlich kam sie wieder zurück. Die Tulpen warf sie in den Mülleimer, und während sie die Haare mit einem Handtuch trockenrieb, fragte sie atemlos: »Spielen Sie Bridge?«

»Nein. Das hat mir meine Schwiegermutter schon mal beibringen wollen, aber nach dem dritten Versuch hat sie es aufgegeben. Sie meinte, mein Verständnis für Karten beschränke sich wohl mehr auf den geographischen Bereich.«

»Das ist dumm!« Frau Heinze überlegte angestrengt. »Ich habe den Harbich nämlich gefragt, ob er sich nicht an unseren Canasta-Abenden beteiligen will, aber da hat er bloß abgewinkt. Das sei ihm zu langweilig, hat er gesagt. Er spielt nur Bridge, und nun habe ich ihn für Dienstag zum Bridgespielen eingeladen. Da ist Schätzchen nämlich in Frankfurt. Natürlich habe ich angenommen, Sie können es!«

»Können Sie's denn?«

»Nein.«

Das war wieder einmal typisch für sie! Aber es schien sie nicht im geringsten zu erschüttern. »Wir haben noch fünf Tage Zeit. Bis dahin wird sich wohl jemand gefunden haben, der uns dieses blödsinnige Spiel beibringt. Meine Tante hat es noch nach ihrem zweiten Schlaganfall gespielt. Da war sie stocktaub und senil, aber zum Gewinnen hat es immer noch gereicht.«

Da entsann ich mich der Damen Ruhland. Sie sahen genauso aus, wie ich mir die Vertreterinnen des englischen Landadels vorstellte, denn wenn man Shaw und Agatha Christie glauben darf, wird hauptsächlich in diesen Kreisen Bridge gespielt.

Ich hatte mich nicht getäuscht. Im Rahmen einer gemütlichen Teestunde lernte ich die Regeln dieses gar nicht so unkomplizierten Spiels und gab das, was ich behalten hatte, an Frau Heinze weiter. Die unterwies dann noch Dorle Obermüller, weil wir einen vierten Mann brauchten und Patricia sich geweigert hatte, mitzumachen. »Wenn ich überhaupt etwas spiele, dann höchstens Schach.«

»Ausgezeichnet!« lobte ihre Mutter. »Schach setzt Intelligenz voraus. Das wird einen guten Eindruck machen.«

»Die meisten Mädchen möchten aber lieber hübsch als intelligent sein, weil die meisten Männer besser sehen als denken können«, warf Dorle ein.

»Zum Glück ist es bei uns genau umgekehrt«, behauptete ich. »Oder habt ihr schon mal eine Frau gesehen, die einen Idioten heiratet, nur weil er schöne Beine hat?«

»Patricia ist jedenfalls hübsch, und dumm ist sie auch nicht. Der Mann, der sie einmal bekommt, kann froh sein. Und ein Zahnarzt in der Familie ist Gold wert. Wenn ich allein an die Kosten für künstliche Gebisse denke . . .«

Der Abend wurde eine Katastrophe – zumindest, was die Bridgepartie betraf. Harbich war zu gut erzogen, um sich abfällige Bemerkungen über unser stümperhaftes Spiel zu erlauben, aber sein Gesichtsausdruck versteinerte zusehends, und es muß ihn ziemliche Beherrschung gekostet haben, die Karten nicht einfach auf den Tisch zu werfen. Nach dem ersten Rubber schlug er eine kleine Pause vor.

Das war unser Stichwort! Wie auf Kommando erhoben wir uns und folgten Frau Heinze in die Küche. Harbich blieb allein zurück, wohlversehen mit Bier und Schwarzwälder Kirschwasser.

»Jetzt muß ich ganz unauffällig Patricia ins Zimmer schikken«, erläuterte Frau Heinze ihren Schlachtplan. Die Ärmste hatte sich den Kupplungsversuchen ihrer Mutter rechtzeitig entzogen und war auf ihr Zimmer geflüchtet, nachdem sie den Gast nur kurz begrüßt hatte.

»Patricia, Liebes«, rief Frau Heinze so laut, daß man es auch im Wohnzimmer deutlich hören konnte, »leiste doch Herrn Harbich ein bißchen Gesellschaft. Wir wollen nur schnell etwas zu essen machen!«

Eine geschlagene Dreiviertelstunde lang dekorierten wir zu dritt Käsewürfel, Salzstangen und Essiggürkchen. Zwischendurch versuchten wir beide vergebens, Frau Heinze vom Lauschen abzuhalten. Auf Strümpfen schlich sie mehrmals zur Zimmertür und horchte. »Verstehen kann ich nichts, aber sie scheinen sich sehr angeregt zu unterhalten.«

Es wurde dann doch noch ein recht netter Abend, vor allem, nachdem wir endlich die Karten weggeräumt hatten. Obwohl Patricia nicht mehr als ein höfliches Interesse gezeigt hatte, war Frau Heinze zufrieden.

»Da wird was draus!« versicherte sie uns noch an der Haustür. »Ich werde die Sache schon forcieren.«

Der große Tag war angebrochen. Schon ganz früh am Morgen flatterte Frau Körngen wie ein aufgescheuchtes Huhn durch ihren Garten und plünderte die Blumenbeete. Um halb zehn holte sie von mir ein paar Vasen – »Dauernd werden neue Sträuße bei uns abgegeben, es ist phantastisch!« –, und ab elf Uhr paradierte sie in vollem Staat über die Gehwege, angetan mit einem cremefarbenen Abendkleid und einem Silberkrönchen auf den frisch gelockten grauen Haaren.

»Wie bei Königs!« stichelte Dorle. »Kannst du mir mal sagen, weshalb die jetzt schon in diesem Aufzug herumläuft? Ich glaube kaum, daß eine Abordnung des Gemeinderats zum Gratulieren kommen wird.«

Wir waren erst zum Nachmittagskaffee geladen, hatten aber beschlossen, daß Hendrik und Michael bereits am späten Vormittag das gemeinsame Präsent überbringen sollten. Allzuviel Geld war bei der Haussammlung nicht herausgekommen, aber für eine winzige Teppichbrücke, die Isabell dank weitreichender Beziehungen günstig besorgen konnte, hatte es gereicht.

»Eijentlich finde ick det nich richtich, det een Jeschenk von mir mit Füßen jetreten wird«, hatte Obermüller gemeckert, »aba wenn der Lappen wirklich echt is, denn können se den ja ooch an die Wand hängen. Da wird er wenigstens nich abjenützt.«

Erst bei den tagelangen Beratungen über Art und Umfang der Silberhochzeitsgabe war herausgekommen, daß noch niemand von uns das Haus von Körngens betreten hatte. Wir wußten also gar nicht, wie sie eingerichtet waren, und hatten deshalb auch die Keramikbowle abgelehnt sowie den beleuchteten Tischspringbrunnen, für den Frau Vogt in so beredten Worten plädiert hatte. Überhaupt stellte sich heraus, daß wir über Körngens so gut wie gar nichts wußten. Bestimmt waren beide schon über die Fünfzig hinaus, und wenn sie auch im großen und ganzen ein bißchen hausbacken wirkten, so besaß zumindest Frau Körngen eine verhältnismäßig teure Garderobe. Ich hätte zwar keine ihrer blümchen- und bortenverzierten Blusen haben wollen, aber die hochwertigen Stoffe hätte ich sofort genommen. Ihr Mann schien als eine Art Vertreter zu arbeiten. Ähnlich wie Rolf war er häufig zu Hause, dann wieder sah man ihn tagelang nicht, aber im Grunde genommen war es ja auch egal, ob er nun Kinderspielzeug oder Druckmaschinen verkaufte. Offenbar konnte er recht gut davon leben.

»Was ziehst du eigentlich an?« wollte ich von Dorle wissen, als ich den ausgeliehenen Pfefferminztee zurückbrachte. Sie sortierte gerade Kinderwäsche, und das mußte bei mir wohl eine Art Assoziation ausgelöst haben.

»Anziehen? Wann?« Prüfend hielt sie ein Oberhemd von Michael hoch und legte es auf einen Stapel anderer Kleidungsstücke. »Alles zu klein geworden! Früher bekam die Sachen, aus denen ein Junge herausgewachsen war, der jüngere Bruder. Heute kriegt sie die Schwester.« Sie faltete den letzten Pullover zusammen und steckte alles in eine Plastiktüte. »Was hattest du eben gefragt?«

»Ich wollte wissen, was du nachher anziehst.«

»Weiß ich noch nicht. Frau Körngen rennt mit Schleppe rum, aber ich käme mir wirklich zu albern vor, wenn ich am hellichten Tag was Langes anziehen müßte. Außerdem habe ich gar nichts. Ich könnte höchstens mein schwarzes Perlonnachthemd nehmen und behaupten, es stamme aus Paris und sei der letzte Schrei.«

»Wer sagt denn überhaupt, daß wir in großer Toilette erscheinen müssen? Wir gehen ja nicht zur Nobelpreisverleihung.«

»Der Bräutigam trägt einen Smoking«, gab Dorle zu bedenken.

»Laß ihn doch! Ich glaube trotzdem nicht, daß unsere Männer sich freiwillig in diese Zwangsjacken werfen. Rolf hat seinen zum letztenmal beim Presseball getragen. Ich weiß das noch deshalb so genau, weil ich schon fertig angezogen war und mich wahnsinnig geärgert habe, daß ich mit frischlackierten Nägeln noch einmal Svens Windeln wechseln mußte.«

Wir einigten uns darauf, daß ein dezentes Nachmittagskleid dem feierlichen Anlaß wohl genügen würde.

»Holt mich ab, bevor ihr rübergeht«, bat ich Dorle, denn mit eigenem Begleitschutz konnte ich nicht rechnen. Nach Rücksprache mit Alex, der seine Teilnahme verweigert und behauptet hatte, seinen Whisky könne er immer noch selber bezahlen, hatte auch Rolf abgelehnt, sich in das Defilee einzureihen. »Sag einfach, ich sei verreist oder krank oder gestorben, dir wird schon etwas einfallen.«

»Warum müßt ihr Körngens so brüskieren?« versuchte ich es erneut. »Alle anderen kommen doch auch.«

»Eben drum!« beschied mich mein Gatte. »Wenn sie einzeln oder meinethalben auch paarweise auftreten, sind unsere Nachbarn durchaus erträglich. In komprimierter Form möchte ich sie lieber nicht noch einmal erleben. Ich hab' noch vom Sommerfest die Nase voll.«

»Dann kommt doch wenigstens am Abend rüber. Herr Heinze wird auch erst später aufkreuzen. Wenn ihr zu dritt seid, fällt es gar nicht auf.«

»Mal sehen«, sagte Rolf. »Allenfalls der Hunger könnte mich hintreiben. Hast du absichtlich nichts zum Abendessen gekauft?«

Es klingelte. Vor der Tür stand eine sehr verlegene Frau Vogt, die mich um einen Meter Gummiband bat. Gerade, als sie ihr Kleid aufbügeln wollte, sei doch in der Taille das Band . . . und ausgerechnet jetzt habe sie festgestellt, daß sie keinen Ersatz . . . schrecklich peinlich sei ihr das, und wenn noch genug Zeit wäre, würde sie ja sofort in die Stadt . . . aber dann könnte sie nicht pünktlich . . .

»Kommen Sie doch herein, Frau Vogt«, unterbrach ich ihre Tirade, »meine Kinder sind Reißwölfe, und Gummiband dürfte mit das einzige sein, was ich immer vorrätig habe.«

»Nein, nein«, sagte sie erschrocken, »ich will Ihnen keine Mühe machen, und mit den Schuhen bin ich gerade erst durch unseren Garten gelaufen. Wir haben es ja auch beide eilig.«

Während ich im Nähkasten herumsuchte und ein Sortiment Gummibänder verschiedener Breiten zusammenstellte, unterhielt sie mich durch die weit offenstehende Haustür mit ihren Vermutungen über Isabell Gundloffs »neuen Herrn«. Hoffentlich hielt die sich nicht gerade in der Küche auf. Oft genug schon hatten wir Beweise für die Hellhörigkeit unserer Häuser erhalten.

Ich lief zurück zu Frau Vogt und drückte ihr meine Ausbeute in die Hand. »Irgend etwas Passendes wird schon dabeisein!«

»Aber so viel brauche ich doch gar nicht, mir würde ja schon dieses graue Stückchen genügen, es wird auch die ungefähre Länge . . .«

»Nun nehmen Sie schon alles mit und suchen zu Hause das Richtige heraus. Den Rest können Sie mir ja morgen zurückgeben.«

»Auf keinen Fall! Ich werde Karsten herschicken, sobald ich . . .«

»Nicht nötig!« winkte ich ab. »Heute brauche ich es bestimmt nicht mehr.« Dann schloß ich nachdrücklich die Tür.

Aufatmend tauchte Rolf aus der Küche auf. »Na endlich! Ich dachte schon, die geht überhaupt nicht mehr! Aber sie gehört ja auch zu den Frauen, die zwanzig Minuten vor der Tür schwatzen, weil sie keine Zeit haben, hereinzukommen. Jedenfalls hat sie in mir den Wunsch verstärkt, einen geruhsamen Nachmittag zu Hause zu verbringen.«

»Du könntest ruhig auch mal über deinen Schatten springen!« sagte ich wütend. »Wie sieht das denn aus, wenn ich als einzige ohne Mann komme?«

»Sehr emanzipiert«, grinste der Gatte und schlappte auf die Terrasse, wo er sich im Liegestuhl häuslich einrichtete. Ich ging nach oben und schlief prompt in der Badewanne ein. Erst als Rolf ins Bad polterte und mir mitteilte, daß Obermüllers mich abholen wollten, wurde ich wieder munter. Aber dafür übertraf ich mich selbst. Schon nach zwanzig Minuten war ich fertig und bereit, mich ins Vergnügen zu stürzen.

Obermüllers saßen im Wohnzimmer, tranken Sherry und warteten geduldig. »Wer schläft, sündigt wenigstens nich«, sagte Hans und erhob sich galant.

»Bleib sitzen, trink aus, und dann laßt uns gehen. Es tut mir leid, daß ich so spät dran bin, aber ich kann's jetzt nicht mehr ändern.«

»Janz ejal, wie man et macht, verkehrt is et sowieso immer. Kommste zu früh, denn biste übereifrig. Kommste pünktlich, denn heißt et, du bist ’n Pedant. Kommste zu spät, denn sagen se, du bist arrogant, und wenn du überhaupt nich kommst, denn haste keene Manieren!« Zögernd fügte er hinzu: »Muß ick denn unbedingt welche haben? Ick würde nämlich viel lieber hier sitzen bleiben. Die Flasche is ooch noch fast voll.«

»Du kommst mit!« befahl Dorle.

»Viel Spaß«, wünschte Rolf, »und vergiß nicht, ich erwarte Geschäftsbesuch aus Belgien.«

»Wat denn«, empörte sich Obermüller. »Nich jenuch, det dein Mann sich einfach drückt, jetzt willste ihn ooch noch entschuldijen?«

»Er kommt ja später nach«, behauptete ich und schob den protestierenden Obermüller zur Tür hinaus. Auf dem Weg zu Körngens sammelten wir noch Frau Heinze ein. Einigkeit macht stark, und also sahen wir gefaßt dem Kommenden entgegen.

Körngens Haustür war halb geöffnet. Stimmengewirr sagte uns, daß wir wenigstens nicht zu den Übereifrigen gehörten. Dorle drückte auf die Klingel. Sofort verstummte das Gemurmel, die Tür öffnete sich in voller Breite, und vor uns stand das Silberpaar. Es sah wahrhaft majestätisch aus – vor allem die Braut. Das vormittägliche Abendkleid hatte sie gegen ein nachmittägliches ausgewechselt, diesmal in Korallenrot, aber das Krönchen trug sie immer noch. Ihrem Mann hatte sie ein Silbersträußchen ans Revers gesteckt. Ein bißchen seltsam sah es zu dem Smoking ja aus, aber es paßte haargenau zu dem silberfarbenen Ziertaschentuch.

»Ach, wie reizend, daß Sie an unseren Ehrentag gedacht haben«, freute sich die Silberbraut scheinbar überrascht und hatte offenbar vergessen, daß sie seit Wochen von nichts anderem mehr geredet hatte.

»Wirklich, ganz reizend«, echote der Bräutigam und verschwand in den Hintergrund, um uns die Wohnzimmertür aufzuhalten. Ein Smoking und zwei dunkle Anzüge erhoben sich, was bei dem zusammengewürfelten Mobiliar, mit dem das Zimmer vollgestopft war, etwas schwierig wurde. Frieses Stuhl kollidierte mit dem dahinterstehenden Teewagen, Herr Straatmann stieß mit dem Kopf an den tiefhängenden Kronleuchter, und Herr Vogt verharrte trotz Smoking in demutsvoller Haltung, weil er den schweren Eichentisch vor dem Bauch hatte und sich nicht völlig aufrichten konnte.

»Wat soll denn det Theater? Sonst seid ihr ja ooch nich so förmlich, also setzt euch wieda hin!« Obermüller ließ sich in einen Sessel fallen, sprang aber sofort wieder auf. »Aua, det piekt ja! Hab' ick mir etwa uff'n Kaktus jesetzt?«

Es war kein Kaktus. Nur die blecherne Silbergirlande, mit der man diesen Sessel dekoriert hatte, war ins Rutschen gekommen.

»Für 'n Thron fühl ick mir nich königlich jenuch!« Obermüller wechselte aufs Sofa. Indigniert raffte Frau Vogt ihren fliederfarbenen bodenlangen Taftrock zusammen und rückte zur Seite; für Obermüller hatte sie noch nie etwas übriggehabt.

Wir Neuankömmlinge wurden auf die noch freien Sitzgelegenheiten verteilt, mußten aber gleich wieder aufstehen und das Kuchenbüfett bewundern, wo von Sachertorte bis zu Teegebäck alles aufgebaut war, was eine gutbesuchte Konditorei in drei Tagen umsetzt.

»Nehmen Sie die Himbeertorte, die ist erstklassig!« empfahl Roswitha Friese. »Ich hab' schon zwei Stücke gegessen.« Sie musterte die süßen Köstlichkeiten und entschied sich für ein Sahnebaiser.

»Ich denke, zur Zeit sind Sie auf dem Hungertrip?« wunderte ich mich. Nötig hatte sie es wirklich. In dem schwarzen Satinkleid sah sie aus wie eine vollgestopfte Blutwurstpelle.

»Man kann doch mal eine Ausnahme machen. Ich bin ja schon fast wieder auf das Gewicht herunter, das ich eigentlich nie überschreiten wollte. Ich passe ja auch ganz genau auf, was ich esse – aber essen tu ich's.«

Frau Körngen zwängte sich durch die Gäste. Mit der einen Hand raffte sie ihr Kleid, in der anderen hielt sie die Kaffeekanne. Ihr Mann reichte Sahne und Zucker herum.

»Es ist doch etwas eng geworden«, sagte sie entschuldigend, stellte die Kanne auf einen Hocker und begann mit ihrem Spitzentüchlein den Kaffeefleck auf Frau Straatmanns Bluse zu bearbeiten. »Ich habe ja gleich gesagt, Arthur, daß wir für die Feier einen Saal mieten sollen.«

Arthur sagte nichts. Er verschwand halb hinter der Zimmerlinde und tauchte alkoholisch gestärkt wieder auf. Ich konnte ihn nur zu gut verstehen. Krampfhaft bemüht, irgendein Gespräch in Gang zu bringen, erkundigte ich mich bei Frau Körngen, wie viele Gäste sie denn noch erwarte.

»Ich weiß es nicht. Aber mein Sohn wird auf jeden Fall auch noch kommen.«

Bei dem Wort »Sohn« hatte Frau Heinze instinktiv aufgehorcht. »Wie alt ist er denn?«

»Vierundzwanzig«, sagte Arthur.

»Schon verheiratet?«

»Ach nein, das hat noch Zeit. Er wird von sehr vielen jungen Damen umschwärmt, weshalb sollte er sich jetzt schon für eine entscheiden?« Stolz klang aus Frau Körngens Stimme.

»Ihnen kann das doch egal sein«, flüsterte ich leise, »*Sie* haben sich Ihren Schwiegersohn doch schon ausgesucht.«

Frau Heinze lachte. »Das muß ich ihm bloß noch klarmachen.«

»Wollen Sie das nicht lieber Patricia überlassen?«

»Die weiß doch nicht, wie man das macht. Immerhin ist es ja ihre erste Ehe.«

Arthur erschien mit einem Tablett und sammelte Teller und Tassen ein. Frau Körngen verteilte Gläser.

»Nu kommt der jemütliche Teil«, freute sich Obermüller, der zu seinem Bedauern immer noch nüchtern war.

»Wo bleiben eigentlich Wittingers?« fragte ich ihn, denn die würden sich doch bestimmt nicht die Gelegenheit entgehen lassen, uns endlich wieder einmal ihre Abendgarderobe vorzuführen. »Es sollte mich wundern, wenn er nicht einen Frack anzieht.«

»Ick würde mir viel mehr wundern, wenn die überhaupt kommen. Die haben doch 'n Kopp voll und den Jerichtsvollzieher im Jenick. Oder weeßte det ooch wieda nich?«

»Ich weiß gar nichts. Mir erzählt ja niemand was!«

Obermüller rückte ein Stück näher und begann mit halblauter Stimme: »Wie det Finanzamt neulich Vermöjenssteuer kassieren wollte, is rausjekommen, det überhaupt keen Vermöjen mehr da is. Schon lange nich mehr. Der Rudi hat allet uff'n Kopp jehauen. Jerlinde hat er erzählt, det er Repräsentant jeworden is und viel uff Reisen is. Na ja, det war er ja denn ooch, bloß haben die Fahrten in Baden-Baden oder Travemünde jeendet. Da hat er denn det Jeld am Spieltisch vajubelt. Und wie det alle war, hat er Hypotheken uff det Haus uffjenommen. Und nu is die Bombe jeplatzt! Zahlen kann er nich, Arbeet hat er ooch keene, überall is er vaschuldet, und wenn nich 'n Wunda jeschieht, denn sitzt er in Kürze uff der Straße. Um ihn is det nich schade, aber Jerlinde und die Kleene tun mir leid. Die könn' doch wirklich nischt dafür, det der Kerl so 'n Windhund is. Von seine Frauenjeschichten will ick erst jarnich reden.«

»Und kein Mensch hat etwas gemerkt«, sagte ich fassungslos. »Von wem hast du denn das alles?«

»Von Jerlinde natürlich. Die weeß ja nich mehr, wat se machen soll. Det muß schon 'ne janze Weile so jehn, aba sie hat ja mit keenem hier jeredet. Aba wie der Jerichtsvollzieher die janzen Möbel jepfändet hat, da hat's denn bei ihr ausjerastet, und sie hat sich bei Dorle ausjeheult. Erzähl det aba nich weiter! Die janze Jeschichte wird noch früh jenug durchjehechelt.«

Zum erstenmal zeigte Obermüller Diskretion, ein Beweis dafür, daß ihm Frau Wittinger wirklich leid tat. Mir ja auch. Sie war noch so jung und wohl auch gar nicht in der Lage gewesen, mit dem plötzlichen Reichtum fertig zu werden. Jetzt stand sie vor dem Nichts. »Wenn sie wenigstens einen anständigen und zuverlässigen Mann hätte . . .«

»Det hab' ick ihr ooch jesacht. Wenn de vernünftig bist, Jerlinde, hab' ick jesacht, denn läßt de dich scheiden – je schneller, desto besser. Alleene kommste mit der Kleenen immer durch, aba nich, wenn de den Hallodri am Rockzippel hast. Ick jloobe, sie hat ooch jenuch von ihm. Roswitha hat ihr ja schon vor Wochen jesteckt, det er so 'n Weibsbild in Düsseldorf hat.«

Was ist paradox? Wenn man auf einer Silberhochzeit über Scheidung spricht. Zum Glück hatte uns niemand zugehört. Die anderen Gäste unterhielten sich über Kohlsorten und Kochrezepte.

». . . und als ich die vielen Gläser mit der Babynahrung in meinen beiden Einkaufstaschen endlich verstaut hatte«, kicherte Frau Straatmann, »da fragte doch die Kassiererin neugierig: ›Kriegt jemand in Ihrer Familie etwa Zwillinge?‹ – ›Nein‹, habe ich gesagt, ›aber mein Mann bekommt in der nächsten Woche ein Gebiß!‹«

Dem brüllenden Gelächter konnte Herr Straatmann nur ein gequältes Grinsen entgegensetzen.

Die Party wurde zunehmend munterer und erreichte ihren

vorläufigen Höhepunkt, als Isabell ihren großen Auftritt hatte. In eine hellblaue Chiffonwolke gehüllt, schwebte sie über die Schwelle, grüßte hoheitsvoll nach allen Seiten und verkündete in das plötzlich ausgebrochene Schweigen: »Ich habe eine Überraschung mitgebracht!«

Die Überraschung war klein, dick und kahl, trug auch einen Smoking und war zumindest mir flüchtig bekannt.

»Darf ich Ihnen Dr. Heribert Gundloff vorstellen?«

»Det is ja 'n echter Verwandter!« staunte Obermüller.

»Wie man's nimmt«, sagte Isabell hintergründig. »Er war es mal, und er wird es bald wieder.«

»Nach fünf Steinhägern kann ick keene Rätsel mehr raten.«

»Ich hab's!« schrie Frau Heinze. »Das ist Ihr Geschiedener, und Sie wollen ihn noch mal heiraten!«

»Wat denn, det is der Zahnklempner mit die jroße Praxis? Den haste doch nich nötig, Babydoll, du hast doch janz prima Beißerchen.«

»Die sind ja auch von mir«, sagte Heribert bescheiden.

Von Silberhochzeit war keine Rede mehr. Jetzt feierten wir Isabells Verlobung. Mit Körngens Sekt. Wir feierten so lange, bis Michael erschien. »Mutti, könntest du mal eben rüberkommen? Püppi ist schlecht. Sie hat den ganzen Teppich vollgekotz . . . vollgespuckt, meine ich, und Karsten hat Bauchweh, und Sascha heult, und wer die Schlagsahne auf den Sessel geschmiert hat, weiß ich nicht.«

Aus Platz- und wohl auch aus anderen Gründen hatte Frau Körngen angeregt, daß die Kinder ihre Kuchenschlacht möglichst fern von uns austragen sollten, und Dorle, diese hoffnungslose Optimistin, hatte ihr Haus zur Verfügung gestellt und geglaubt, mit Michael und Hendrik als Babysitter könnte eigentlich nicht viel passieren. Dabei sind Babysitter nichts anderes als Teenager, die sich wie Erwachsene benehmen wollen, während die Erwachsenen ausgehen und sich wie Teenager benehmen.

Michaels Hiobsbotschaft löste den allgemeinen Aufbruch aus. Bei dem Versuch, ihren Liebling so schnell wie möglich unter die mütterlichen Fittiche zu nehmen, verwickelte sich Frau Vogt in ihren langen Rock und umarmte hilfesuchend die Standuhr. Die blieb aber wirklich stehen. Nur der Perpendikel fiel herunter – genau auf Männe Frieses Lackschuh. Mit schmerzverzerrtem Gesicht rieb er seinen Fuß und wurde von

Frau Heinze glatt überrannt. Es war eine filmreife Slapstick-Szene.

Straatmanns als einzige Nichtbetroffene erhoben sich nur zögernd, setzten sich jedoch sofort wieder hin, als die Silberbraut zu jammern anfing: »Warum wollen Sie denn alle schon gehen? Wir haben doch noch so viel zu essen und zu trinken da, und wenn mein Sohn nachher kommt . . .«

»Jetzt müssen wir uns erst einmal um die Kinder kümmern«, sagte Dorle. »So, wie es aussieht, haben sie sich schlichtweg überfressen. Sie haben ja auch viel zuviel Kuchen gebracht.«

»Ich habe es doch nur gut gemeint. Könnten Sie denn nicht nachher noch mal kommen, wenn die Kinder im Bett sind?« bettelte sie hoffnungsvoll. »Wir sind doch sonst ganz allein, und wo man doch nur einmal im Leben Silberhochzeit feiert . . .« Sie weinte beinahe.

»Doch, wir kommen nachher wieder!« versprach Dorle und zog mich aus der Tür.

Sehr munter sah unser Nachwuchs wirklich nicht aus. Er war ungewohnt ruhig und nur allzu gern bereit, sofort ins Bett zu gehen. Rolf übernahm die Mutterpflichten, während ich Dorle beim Aufräumen half. Mit einem kurzen Blick hatte Obermüller festgestellt, daß seine Anwesenheit weder erwünscht noch erforderlich war, und sofort begab er sich zurück an die Quelle, aus der so reichlich sein Lebenselixier sprudelte. »Denn also tschüs, bis nachher!«

»Müssen wir da wirklich noch mal hin?« Ich hatte überhaupt keine Lust mehr, hauptsächlich deshalb, weil Rolf noch immer nicht mitkommen wollte.

»Ich hab' es ihnen doch versprochen!« Dorle bearbeitete den Teppich mit Seifenschaum, ich schrubbte auf dem Sessel herum. »Die beiden tun mir ganz einfach leid. Gesetzt den Fall, ihr Sohn kommt nun doch nicht, dann hocken sie womöglich wirklich allein da und kommen noch auf irgendwelche dummen Gedanken. Ich finde es sowieso merkwürdig, daß sich der einzige Sohn nicht öfter blicken läßt. Hast du ihn schon mal gesehen?«

Ich schüttelte den Kopf. »Vielleicht kann er das mit seinem Beruf nicht vereinbaren. Weißt du, was er macht?«

»Keine Ahnung. Sie hat mir nur erzählt, daß er ziemlich viel Geld verdient und gerne teure Autos fährt. – Ob ich es mal mit Benzin versuche?«

Es war schon nach neun, als wir uns erneut auf den Weg zu Körngens machten. Straatmanns saßen noch immer auf denselben Plätzen, auf denen sie schon seit Stunden thronten, und strahlten mit den Mayonnaisebrötchen um die Wette. Obermüller war in ein tiefsinniges Gespräch mit Herrn Heinze versunken, was man in diesem Fall durchaus wörtlich nehmen konnte, denn ihre Köpfe sanken immer tiefer in die Weingläser. Vogts hatten es vorgezogen, nicht wiederzukommen. Auch das junge Brautpaar fehlte, und das Ehepaar Friese war nur noch durch den männlichen Teil vertreten. Männe trank Bier und pries seiner Gastgeberin die Vorzüge von Perücken.

»Sie werden ein ganz anderer Mensch! Das können Sie mir ruhig glauben. Ein ganz anderer Mensch werden Sie. Ich habe genau das Richtige für Sie. Pechschwarz. Kommt aus China. Ich mache Ihnen auch einen Vorzugspreis. Nicht wiedererkennen werden Sie sich!«

Frau Körngen versprach, sich die Sache zu überlegen, aber eigentlich sei sie mehr für Silberblond. Schwarz sei zu ordinär. »Wenn überhaupt, dann nehme ich aber nur garantiert echte Haa . . .« Es klingelte. Wie elektrisiert sprang sie auf. »Das wird wohl Detlev sein!« Mit wehender Schleppe eilte sie zur Tür.

Es war Detlev. Eins neunzig groß, zwei Zentner schwer, kantiges Gesicht, tiefliegende dunkle Augen und ein Bart wie weiland Dschingis-Khan. Die dunkelblonden Haare hatte er mit Brillantine bearbeitet und in schwungvollen Wellen auf dem Kopf festgeklebt.

»Ob das ein Findelkind ist? Oder wie sonst sollten die kleinen Körngens zu diesem lebenden Kleiderschrank kommen?« wisperte Dorle. »Er sieht aus, als ob er seine Brötchen als Catcher verdient!«

Detlev gab uns allen artig die Hand, wirbelte seine Mutter einmal kurz durch die Luft, küßte sie herzhaft und setzte sie mitten auf dem Tisch wieder ab. Dann zog er ein kleines Etui aus der Tasche, öffnete es, entnahm ihm etwas Blitzendes und steckte es ihr an den Finger.

»Alles Gute für die nächsten fünfundzwanzig Jahre, Muttchen!«

Muttchen strahlte. Jetzt durfte sie auch den Tisch wieder verlassen und uns reihum ihre Hand vorzeigen, damit wir alle den Ring bewundern konnten. Bewundernswert war er wirklich: ein großer Rubin, umgeben von kleinen Brillanten und eingefaßt in Weißgold. Einfach herrlich.

Väterchen erhielt eine goldene Armbanduhr, die er nur zögernd gegen seine bisherige auswechselte. Nachdem er solchermaßen seine Pflicht erfüllt hatte, warf sich Detlev in einen Sessel, orderte Bier und »was zwischen die Zähne« und ließ sich bestaunen. Als das allgemeine Schweigen peinlich zu werden begann, ergriff Frau Heinze das Wort:

»Wie schön, daß Sie doch noch gekommen sind. Ihre Mutter hat schon den ganzen Nachmittag auf Sie gewartet.«

»Humpf!« kaute Detlev. »Sie weiß ja, daß ich abends nicht wegkann. Heute nachmittag konnte ich auch nicht. Muttchen, gib mir mal noch 'n Kaviarbrötchen! Ich wäre ja früher gekommen, aber die Lilo hat Sperenzchen gemacht. Ich hab' sie erst zusammenstauchen müssen!«

Dann wandte er sich wieder an Frau Heinze: »Wissen Sie, es ist nämlich so: Ich hab'n Laden, wo ich drin für Ordnung sorgen muß. So 'n paar Mädchen gehören auch dazu, und mit denen gibt es manchmal Knies.«

Frau Heinze nickte etwas ratlos. Wahrscheinlich überlegte sie, um welche Art von Laden es sich handeln mochte. Mir war das ziemlich klar. Besitzer gutgehender Nachtbars pflegen selten zu den armen Leuten zu gehören und können sich kostspielige Geschenke leisten.

»Wo liegt denn Ihr Lokal? In der Altstadt?« fragte Heinze interessiert. Zum heimlichen Zorn seiner Frau mußte er gelegentlich mit erlebnishungrigen Kunden durch das Düsseldorfer Nachtleben ziehen, und nun erhoffte er sich wohl eine Bar, in der er Vorzugspreise erwarten konnte.

»Nee, nicht in der Altstadt«, berichtete Detlev. »Hinterm Bahndamm. Is nicht sehr groß, aber wirklich gute Kundschaft.«

»Ich glaube, die Gegend kenne ich gar nicht«, überlegte Heinze. »Wie heißt denn das Lokal?«

»Fledermaus«, sagte Detlev und köpfte eine neue Bierflasche. Friese schüttelte den Kopf. »Noch nie gehört. Dabei habe ich immer geglaubt, ich kenne die ganzen Nepplokale.« Auch er verfügte über einschlägige Erfahrungen in den Vergnügungsvierteln.

»Nepp gibt's bei mir nicht! Wir haben solide Preise, und die Damen sind alle erste Klasse!«

»Ist gemacht! Nach dem nächsten Kegelabend gucken wir mal bei Ihnen rein!« versprach Friese. »Muß ja nicht immer Altstadt sein. Unsere Frauen haben sich sowieso schon beschwert, weil sie bereits alle Kneipen kennen.«

Detlev zögerte. »Ich glaube, es wäre besser, wenn Sie ohne Ihre Frauen kämen.«

Dorle gluckste verstohlen, und auch mir ging langsam das richtige Licht auf. Heinze und Obermüller wechselten verstehende Blicke, und über Frieses Gesicht zog ebenfalls ein Leuchten. Nur Frau Heinze war noch ahnungslos. »Wie viele Bardamen sind denn bei Ihnen angestellt? Man hört doch immer, daß die meisten von ihnen grundanständige und sehr solide Frauen sind. Stimmt das eigentlich?«

Da konnte ich einfach nicht mehr! Ich brach in ein schallendes Gelächter aus, Dorle fiel ein, und dann wurden auch die anderen angesteckt. Sogar Detlev grinste.

»Hab' ich was Falsches gesagt?«

Frau Heinze ahnte noch immer nichts. Mit einem Seitenblick auf Straatmanns, die unseren Heiterkeitsausbruch mit verständnislosem Lächeln verfolgten, flüsterte Heinze seiner Frau etwas ins Ohr. Sie bekam Augen wie Teetassen, nickte und platzte dann mit ungläubigem Staunen heraus: »Na, so was – einen Zuhälter habe ich mir immer ganz anders vorgestellt! Aber ich habe ja auch noch nie einen kennengelernt.«

In diesem Augenblick betrat Frau Körngen das Zimmer. Sie hatte Getränkenachschub geholt und von der ganzen Unterhaltung glücklicherweise nichts mitbekommen. Zufrieden lächelte sie. »Ich freue mich ja so, daß Sie sich alle so gut unterhalten! Nun ist es doch noch ein richtig schöner Abend geworden!«

Trotzdem hatten wir es plötzlich alle eilig. Innerhalb von wenigen Minuten verabschiedeten wir uns, bedankten uns artig und machten, daß wir hinauskamen. Nur Straatmanns blieben noch, aber in ihrem Urwald hatten sie wohl auch keine Gelegenheit gehabt, Kenntnisse über die verschiedenen Zweige der Vergnügungsindustrie zu sammeln.

»Ick jloobe, die Mutter weeß jarnich, uff welche Weise ihr Sohn det Jeld verdient«, sagte Obermüller, nachdem wir uns endlich beruhigt hatten und nicht mehr von Lachsalven geschüttelt wurden. »Die betet dieset Riesenbaby doch förmlich an. Laßt se man in dem Jlauben, det er 'n anständijer Mensch is. So brav und bieder, wie die aussieht, tut die sich jlatt wat an, wenn se die Wahrheit erfährt. Mir tut's ja bloß leid, det Vogts det eben nich miterlebt hab'n. Ick hätte zu jern die Jesichter von denen jesehn!«

Wir nahmen uns also vor, über die ganze Geschichte zu schweigen, den ohnehin sehr lockeren Kontakt zu Körngens aber langsam einschlafen zu lassen.

»Jejen die beeden Alten hab' ick ja nischt, aba irjendwie färbt die janze Atmosphäre denn doch uff uns ab. Meine Mutter hat mir schon früher immer jepredigt: Zeije mir, mit wem du umjehst, und ick sage dir, wer du bist.«

»Verallgemeinern kann man das aber auch nicht«, sagte ich. »Judas zum Beispiel hat vorbildliche Freunde gehabt.«

Ganz so einfach war es aber doch nicht, Frau Körngens Anhänglichkeit zu ignorieren. Nach wie vor mußte sie auch gerade dann zum Einkaufen gehen, wenn wir mit unseren Taschen losmarschierten. Natürlich konnten wir ihre Begleitung nicht ablehnen, ohne sie ernsthaft zu brüskieren, und so änderte sich eigentlich gar nichts. Allerdings habe ich nie wieder ihr Haus betreten, und soweit ich mich erinnern kann, auch keine meiner Nachbarinnen. Im übrigen hofften wir alle, daß den durchweg soliden Bewohnern Monlingens die Existenz jener »Fledermaus« gar nicht bekannt war, und wenn doch, daß wenigstens niemand auf die Idee kommen würde, den Besitzer dieses Etablissements mit unserer Siedlung in Verbindung zu bringen.

Anscheinend war aber etwas durchgesickert. Anders konnte ich mir die Zurückhaltung und die betonte Förmlichkeit nahezu sämtlicher Geschäftsbesitzer nicht erklären. Sie waren höflich, aber reserviert, und hatten wir uns früher oft über Monlinger Tagesklatsch unterhalten, so ließen sie sich jetzt nicht mal mehr auf ein Gespräch übers Wetter ein.

»Stehen wir eigentlich unter Quarantäne und wissen nichts davon?« Dorle war gerade von ihrer Einkaufstour zurückgekommen und knallte das mitgebrachte Suppenhuhn auf den Tisch. »Weißt du, was mir eben passiert ist? Ich wollte meine Pullover von der Reinigung holen, und weil es so wahnsinnig voll war, bin ich wie üblich an den Ständer gegangen und habe mir die Sachen schon mal zusammengesucht. Da faucht mich doch diese hysterische Ziege hinter dem Ladentisch an: ›Nehmen Sie Ihre Hände da weg! Sie haben hier überhaupt nichts anzufassen!‹ Sag mal, die muß doch verrückt geworden sein! Immerhin habe ich noch im vergangenen Jahr zwei Wochen lang bei ihr ausgeholfen, als sie diese scheußliche Kieferoperation gehabt hatte. Und jetzt behandelt sie mich, als sei ich aussätzig!«

Dorles Empörung dauerte nur noch ein paar Tage, dann platzte endlich die Bombe. Und natürlich war ich es, die zum Räumkommando gehörte. Frau Körngen hatte mich wieder einmal zum Supermarkt begleitet und sehr erfreut vernommen, daß Frau Heinze mit dem Wagen folgen und später unsere Einkäufe mit nach Hause nehmen würde.

»Wenn ich nicht alles zu tragen brauche, dann kann ich ja gleich ein paar Vorräte kaufen. Ich habe immer gern etwas im Haus.«

Während ich mich um Blumenkohl und Marmelade kümmerte, verschwand Frau Körngen hinter dem Regal für finanzkräftige Kunden. Dort konnte man von russischem Kaviar bis zu kanadischem Lachs alle Delikatessen finden, die sich in Dosen konservieren lassen. An der Kasse trafen wir wieder zusammen. Als ich meine gerade bezahlten Einkäufe in die Plastiktüten packte, legte Frau Körngen nur eine Tube Senf und zwei Gurkengläser auf das Transportband.

Plötzlich stand der Geschäftsführer vor uns. »Würden Sie mir bitte in mein Büro folgen?«

Entgeistert sah ich ihn an. »Weshalb denn?«

»Wir sind angewiesen, Stichproben zu machen. Im übrigen meine ich nicht Sie, sondern die Dame neben Ihnen.«

Mit einem sonnigen Lächeln erklärte sich Frau Körngen zum Mitkommen bereit. Vorher drückte sie mir noch ihre Strohtasche in die Hand. »Stellen Sie die doch bitte schon ins Auto. Da sind nur die beiden Brote und der Hefezopf vom Bäcker drin.«

Wir waren noch gar nicht beim Bäcker gewesen!

»Auf diese Tasche kommt es mir aber gerade an«, sagte der Geschäftsführer, nahm sie und kippte ihren Inhalt auf das Transportband.

Ich traute meinen Augen nicht! Neben Büchsen mit Artischockenböden, Kaviar und Nordseekrabben kamen auch Pralinen zum Vorschein, ein Glas Hummermayonnaise und Gänseleberpastete – alles Dinge, die gut und teuer waren.

Angesichts des so sichtbaren Beweises half auch die Ausrede nichts mehr, daß sie die Sachen selbstverständlich habe bezahlen wollen, nur sei ihr völlig entfallen, daß sie sie überhaupt eingepackt hatte.

»Hab' ich also doch recht gehabt!« triumphierte Frau Heinze, nachdem ich ihr während der Heimfahrt alles erzählt hatte. »Vor ein paar Tagen war sie mit, als ich mir Strümpfe gekauft habe. Ganz genau habe ich es nicht gesehen, aber ich wäre jede Wette eingegangen, daß sie zwei Büstenhalter geklaut hat. Ich hab's nur nicht glauben wollen!«

Die Geschäftsleute übrigens auch nicht. Obwohl sie uns später im Brustton der Überzeugung versicherten, daß sie natürlich niemals uns, sondern immer nur Frau Körngen in Verdacht gehabt hätten, war ich davon keineswegs überzeugt. Vermutlich haben sie angenommen, wir hätten alle unter einer Decke gesteckt. Was konnte man auch anderes von Leuten erwarten, die quasi in einem Getto lebten?

Ein paar Wochen später verschwanden Körngens genauso unauffällig, wie sie gekommen waren. Noch wochenlang haben wir uns den Kopf darüber zerbrochen, ob die Delikatessen, die wir auf der Silberhochzeit vorgesetzt bekommen hatten, auf ähnlich preisgünstige Weise beschafft worden waren.

»Wenn ja, denn möchte ick zu jerne mal wissen, wie se det mit den Torten jedreht hat! 'ne Dose Lachs kannste dir in de Manteltasche stecken, aba 'ne janze Biskuitrolle . . .?«

16.

»Urlaub ist der kürzeste Abstand zwischen zwei Gehaltszahlungen«, sagte Frau Heinze. »In diesem Jahr bleiben wir zu Hause und genießen den Garten. Herr Harbich verreist auch nicht. Er will jetzt endlich seine Doktorarbeit fertigschreiben.«

»Haben Sie die Hoffnung noch immer nicht aufgegeben?« Wir saßen auf ihrer Terrasse und schnippelten frisch geerntete Bohnen, die Frau Heinze in riesigen Mengen angepflanzt hatte und nun einwecken wollte. »Gläser brauche ich noch«, überlegte sie, »und die Gummiringe werden auch nicht reichen.«

Hendrik brachte neue Bohnen. »Spätestens zu Weihnachten können Sie die Dinger nicht mehr sehen!« prophezeite ich. »Glauben Sie wirklich, daß Sie durch die Einkocherei so viel Geld sparen?«

»Na klar! Stellen Sie sich bloß mal vor, ich würde statt dessen jetzt einen Einkaufsbummel machen!« Dann kam sie auf meine Frage zurück. »Wenn wir nicht verreisen und Harbich den ganzen Tag über seinen Büchern hockt, hat er ja zwangsläufig Patricia dauernd vor Augen. Sie rennt doch bei jedem Sonnenstrahl sofort in den Garten. Dieser Mensch müßte einen Blindenhund beantragen, wenn er dann nicht endlich anbeißen würde. Ihren Urlaub können die beiden ja nachholen – während der Flitterwochen. Venedig ist auch im Herbst noch schön.«

Im vergangenen Jahr hatten wir aus Geldmangel auf eine Reise verzichten müssen; sehr viel rosiger sah es auch jetzt nicht aus, aber nach Rolfs Ansicht würde es für drei Wochen Allgäu gerade noch reichen. Damals war ein Urlaub in Deutschland noch preiswert und längst nicht so teuer wie Alassio oder Mallorca. Aber auch nicht so vornehm. »Selbst wenn die Raumfahrt einmal etwas Alltägliches ist, wird es immer noch Leute geben, die sich einen Urlaub nur auf der Nachtseite des Mondes leisten können«, sagte Rolf, nachdem er lange stöhnend über dem Reisebudget gesessen hatte.

Ich versuchte ihn zu trösten. »Du mußt das mal von der positiven Seite nehmen! Sei froh, daß wir nur blank sind und nicht arm!«

Sein Blick sprach Bände. »Ich wäre aber viel lieber mit euch ans Meer gefahren.«

»Als Frau fährt man entweder in die Berge, um die Aussicht zu genießen, oder an den Strand, um Aussicht zu bieten. Eine Badeschönheit bin ich aber nicht mehr, also ist mir das Gebirge sowieso lieber.« Die letzte Behauptung war absolut falsch. Ich bin nicht schwindelfrei, habe fürs Wandern nichts übrig, finde Berge zwar beeindruckend, aber nur von unten, und weil ich keine Kuh bin, können mich auch die saftigen Wiesen nicht reizen. Weshalb es unbedingt das Allgäu sein mußte, verstand ich ohnehin nicht. Das Sauerland hätte den gleichen Zweck erfüllt, und es lag näher dran.

Urlaub ist, wenn man drei Koffer, zwei Reisetaschen, zwei Kinder, einen Goldhamster und noch eine Menge Diverses ins Auto packt und sagt: »Wie gut, mal alles hinter sich zu lassen!«

Dann hängt man stundenlang auf der Straße, vor sich mit ihren Wohnwagenanhängern wedelnde Autos, hinter sich streitende Kinder, denen dauernd schlecht wird, und wenn man eine Raststätte anfährt, ist sie hoffnungslos überfüllt, und man kriegt nichts zu essen. Schließlich fragte Rolf den Kellner: »Was haben wir eigentlich verbrochen? Seit einer Stunde sitzen wir hier bei Wasser und Brot.«

Trotz unseres langen Aufenthalts im Restaurant war die Autobahn nicht leerer geworden. Alles kroch nach Süden, beladen bis zum Dach und noch darüber hinaus. Seit die Fußgänger langsam rarer werden, haben manche Autofahrer Boote gekauft und machen nun wohl Jagd auf Schwimmer.

Erst lange nach Einbruch der Dunkelheit erreichten wir unser Ziel, eine kleine Pension etwas außerhalb eines bekannten Ferienortes. Der Mond schien, die Wiesen waren nicht grün, sondern silbrig, und ruhig war es auch. Mißtrauisch schnupperte Rolf in die ungewohnt klare Luft. »Hier kann man ja nicht mal *sehen*, was man atmet!«

Im Morgengrauen weckten uns Kühe – genauer gesagt, ihre

Glocken. An sich pflegen auch Kühe ziemlich geräuschlos zu speisen, aber im Gegensatz zu anderen Wiederkäuern tragen sie speziell in Urlaubsgebieten mehr oder weniger laute Bimmeln um den Hals, vermutlich deshalb, weil die Feriengäste diesen Anblick von ihren Milchdosen her gewohnt sind. Da sieht es ja auch sehr hübsch aus. Leider gehören Kühe zu den Frühaufstehern. Wir wurden auch welche!

Nun ist ein Morgen im Gebirge etwas Wunderschönes. Man braucht nur bei Luis Trenker nachzulesen oder bei Ganghofer. Es muß sehr beeindruckend sein, wenn sich der feurige Sonnenball hinter den majestätischen Berggipfeln erhebt . . . Wir haben es leider niemals gesehen. Es regnete nämlich. Es regnete morgens, es regnete mittags; abends nieselte es manchmal nur noch, aber nachts regnete es wieder. Wir steckten die Köpfe aus den Fenstern, atmeten die gesunde feuchte Luft und verschoben den Spaziergang auf später. Wir plünderten das örtliche Spielwarengeschäft und wurden Dauerkunden in der Leihbibliothek. Leider war sie mit Kinderbüchern nur sehr mangelhaft ausgestattet. Einmal brachte ich Sven die »Reise um die Erde in achtzig Tagen« mit. Mein Sohn las den Titel und legte das Buch gelangweilt zur Seite. »Dieser Jules Verne muß zu Fuß gegangen sein.«

Nach einer Woche Dauerregen beschloß Rolf, das Angenehme (?) mit dem Nützlichen zu verbinden und einen Kunden zu besuchen, der ganz in der Nähe wohnen sollte. Inzwischen hatten wir Anschluß gefunden an ein etwa gleichaltriges Ehepaar, das sogar drei Kinder hatte und auch nicht wußte, wie es sie beschäftigen sollte. Als er nun auf fünf Köpfe angewachsen war, stellte der Nachwuchs fest, daß Regen herrlich und ein Bauernhof interessant ist. Von da ab sahen wir sie nur noch zu den Mahlzeiten.

Rolf fuhr also zu dem bewußten Kunden und nahm seinen neuen Bekannten mit. Wir Frauen blieben getreu unserer vorgeschriebenen Rolle zurück und hüteten die Kinder. Ab und zu sahen wir mal aus dem Fenster, aber den Anblick kannten wir nun schon. Es regnete.

»Die Einheimischen sagen, der Regen sei dringend nötig«, sagte Frau Dombrowski.

»Na schön, er ist gut für die Bauern. Zahlen die aber auch jeden Tag sechzig Mark?« Mißmutig rührte ich in meiner Kaffeetasse. »Wer sagt eigentlich, daß man niemals alles zugleich haben kann? Wir haben doch jetzt Nachsaisonwetter zu Hochsaisonpreisen!«

Die Wirtin rief mich ans Telefon. Am anderen Ende der Strippe war aber nicht Rolf, sondern Frau Heinze. Vor der Abreise hatte ich ihr unsere Ferienadresse gegeben, damit sie uns in Katastrophenfällen benachrichtigen könnte.

»Nun kriegen Sie keinen Schreck! Ihr Haus steht noch, und der Wasserrohrbruch bei Babydoll hat bloß Ihre ganzen Buschrosen ersäuft. Aber deshalb rufe ich ja gar nicht an. Ich wollte Ihnen nur erzählen, daß sich Patricia vor zwei Stunden verlobt hat!«

»Herzlichen Glückwunsch«, sagte ich matt, »und was die Rosen betrifft . . .«

»Ein paar sind ja noch übriggeblieben. Aber was sagen Sie nun zu meiner Tochter? Hinter meinem Rücken haben die das eingefädelt! Hier zu Hause haben sie getan, als kennen sie sich kaum, und dabei haben sie sich immer heimlich in Düsseldorf getroffen. Patricia hat mir alles erzählt. Ich bin schon ganz runter mit den Nerven. Geheiratet wird im Oktober. Nach Venedig wollen sie aber nicht. Tassilo ist ein Wintersportfanatiker, der möchte in die Schweiz fahren. Jetzt muß Patricia auch noch Skilaufen lernen. Schätzchen bringt heute abend Skier mit, dann kann sie schon mal ein bißchen im Garten trainieren.«

»Wieso? Liegt denn in Monlingen Schnee?«

»Ach, bewahre! Wir haben herrliches Wetter. Sie auch?«

»Doch, natürlich!« log ich eisern und beschloß, gleich morgen eine Höhensonne zu kaufen.

Endlich ging Frau Heinze der Atem aus. »Ich muß jetzt Schluß machen. Wir sind heute abend bei Tassilos Mutter eingeladen. Nur zu einer ganz kleinen Feier. Die richtige findet erst in zehn Tagen statt. Außerhalb natürlich, denn Harbichs haben offenbar ziemlich viel Verwandtschaft. – Wann kommen Sie eigentlich zurück?«

»Nächste Woche.«

»Na wunderbar! Dann erzähle ich Ihnen alles ganz ausführlich.« Sie legte auf.

Ich fühlte mich ja schon so gut erholt, daß ich lieber heute als morgen nach Hause gefahren wäre, rauf nach Norden, der Sonne entgegen.

Als ich Rolf am Abend von Frau Heinzes Anruf erzählte,

zuckte er nur mit den Schultern. »Nun hat sie es ja endlich geschafft! Anscheinend gehört sie auch zu den Frauen, die sich am liebsten an die einfachen Dinge des Lebens halten: Männer!«

Übrigens machte er einen sehr zufriedenen Eindruck. Der Seitensprung ins Geschäftliche mußte wohl erfolgreich gewesen sein.

Eine Woche später waren wir wieder zu Hause. Damit uns der Abschied nicht allzu schwer fiel, hatten wir etwas Vertrautes mitgenommen: den Regen. Kaum hatten wir die Signalflaggen gehißt, d. h. die Jalousien aufgezogen, als auch schon der erste Besucher klingelte. Es war Dorle.

»Gott sei Dank, daß ihr wieder da seid! Ich bin beinahe verrückt geworden! Seitdem Patricia den Brillanten am Finger hat, gibt es für ihre Mutter kein anderes Gesprächsthema mehr. Die anderen sind alle verreist, also kommt sie sechsmal pro Tag zu mir und schildert die Hochzeitsvorbereitungen. Wenn der englische Kronprinz mal heiratet, gibt es in London bestimmt nicht halb soviel Wirbel!«

»Ich denke, erst kommt die Verlobung?«

»Die ist übermorgen, also schon fast überstanden. Aber was bis zur Hochzeit auf uns zukommt, kann nur der ahnen, der die vergangene Woche miterlebt hat.«

Noch am selben Abend holte uns Frau Heinze ab, damit wir die Geschenke bewundern könnten. Sie waren schon recht zahlreich eingetroffen und deshalb in der Bauernstube aufgebaut worden.

»Wie kommt es nur, daß zwei Menschen nie dasselbe denken, außer wenn sie Verlobungsgeschenke kaufen?« seufzte die Braut und zeigte auf die drei Toaströster.

»Den von Obermüllers kannst du sicher gegen einen Kaffeekessel umtauschen«, schlug ihre Mutter vor.

»Laß das lieber bleiben!« warnte Hendrik. »Kauf niemals was, wo ein Griff dran ist. Das bedeutet immer Arbeit.« Er hatte wohl so seine Erfahrungen.

»Am besten gefallen mir ja die Kochtöpfe mit den Glasdekkeln, die du von Tante Hermine bekommen hast. Da kannst du wenigstens durchsehen und zugucken, wie das Essen anbrennt!«

»Mutti, du bist wirklich ekelhaft!«

»Nur ehrlich, mein Kind, nur ehrlich!« lachte Frau Heinze. »Ich weiß noch ganz genau, wie sich dein Vater lange nach unseren Flitterwochen gewundert hat, als das Hühnerfrikassee plötzlich anders schmeckte als sonst. Mir war nämlich zum erstenmal der Reis *nicht* angebrannt.«

»Wann sind die Flitterwochen eigentlich vorbei, Vati?« fragte Hendrik neugierig.

»Wenn der Mann nicht mehr beim Abwaschen hilft, sondern es allein macht. Die modernen Ehefrauen stellen heutzutage keine Haushaltshilfe mehr ein – sie heiraten eine!«

Frau Heinze lächelte süßsauer und wechselte das Thema.

Den Bräutigam lernten wir später auch noch kennen, d.h., ich kannte ihn ja schon. Er brachte den Ring zurück, der ein bißchen zu groß ausgefallen und enger gemacht worden war. Stolz zeigte uns Patricia das hübsche Schmuckstück.

»Schätzchen hat mir auch einen Ring zur Verlobung geschenkt.« Frau Heinze hielt mir ihre linke Hand entgegen. »Er meinte nämlich, ich hätte ihn mir redlich verdient.«

Leise flüsterte mir Rolf ins Ohr: »Grenzt es nicht ans Wunderbare, daß die Natur einen herrlichen Diamanten hervorzaubern kann, indem sie einen Mann nimmt und ihn einem ungeheuren Druck aussetzt?«

Bevor wir mit einem Glas Sekt auf das glückliche Brautpaar anstießen, enteilte Frau Heinze. »Ich muß Ihnen noch etwas zeigen«, hatte sie gesagt, »aber das liegt oben.« Nun kam sie mit einer Zeitschrift zurück. Eifrig blätterte sie. Endlich hatte sie die gesuchte Seite gefunden.

»Hier, ist das nicht zauberhaft?« Ich sah eine wunderschöne Braut in einer Woge von Seide und Tüll, die mit professionellem Lächeln die neueste Création des Hauses Dior präsentierte. Zumindest wurde das in der Bildunterschrift behauptet.

»Genauso wird Patricias Kleid aussehen! Ich weiß auch schon eine Schneiderin, die das haargenau kopieren kann.«

Entsetzt blickte Heinze auf das Hochglanzfoto. »Ich hab' ja nichts dagegen, daß der Tassilo sie bekommt, aber muß es denn unbedingt in einer Geschenkpackung sein?«

»Ich nehme sie auch ganz ohne!« beteuerte der.

Sein Schwiegervater runzelte die Stirn. »Das glaube ich dir gerne! Eure Mütter sind noch so altmodisch, daß sie sich genau erinnern können, wann und wo sie von ihrem Mann den ersten

Kuß bekommen haben, aber ihre Töchter können sich oft genug nicht mal mehr an ihren ersten Mann erinnern!«

»Aber doch nicht Patricia!« empörte sich Frau Heinze.

»Natürlich nicht!« Heinze bekam einen hochroten Kopf. »Das sollte nur eine ganz allgemeine Feststellung sein.«

Ein grundlegender und unausrottbarer Widerspruch in der männlichen Natur: Kein Vater von vierundvierzig will, daß seine Tochter tut, was die Töchter anderer Väter tun sollten, als er zweiundzwanzig war!

Es wurde doch ziemlich spät, als wir endlich ins Bett kamen. Und selbst dann war an Schlafen nicht zu denken. Rolf zündete sich eine Zigarette an, was gleichbedeutend war mit der Einleitung zu einem längeren Gespräch. »Kennst du eigentlich Süddeutschland?« begann er denn auch.

»Und ob ich es kenne! Berge, Wiesen, Kuhglocken und vor allem Regen.«

»Unsinn! Ich rede doch nicht vom Weißwurstäquator. Was ich meine, ist zum Beispiel Stuttgart. Eine wunderhübsche Stadt, gemütlich, sauber, herrlich gelegen, sogar Weinberge gibt es. Hast du schon mal einen Weinberg gesehen?«

»Nein. Wein*flaschen* sind mir lieber.« Ich gähnte herzhaft. »Was soll das Gequassel überhaupt? Könntest du den Geographieunterricht nicht auf morgen verschieben? Ich bin müde.«

Zwei Augenblicke lang war Ruhe. Dann: »Manchmal fehlt dir die Großstadt ja doch, nicht wahr?«

»Natürlich. Besonders jetzt! Dann könnte ich nämlich ins nächste Hotel gehen und schlafen.«

»Entschuldige!« Er drückte seine Zigarette aus, zündete aber sofort eine neue an.

»Du weißt genau, daß ich es nicht leiden kann, wenn du das Schlafzimmer vollqualmst!«

»Entschuldigung!« Die Zigarette wurde im Aschenbecher zerquetscht. »Mach doch endlich das Licht aus!« Maulend drehte ich mich auf die andere Seite.

Der Schalter klickte. Himmlische Ruhe.

»Den Heuss hast du doch immer gerne reden gehört?«

Mit einem Ruck saß ich aufrecht. »Jetzt reicht's mir langsam! Papa Heuss war ein netter alter Herr, und ich hörte ihn auch gerne reden, aber nicht mitten in der Nacht!«

»Ich meine doch nur – ich wollte sagen, du findest den schwäbischen Dialekt also auch hübsch?«

»Ja, verdammt noch mal!« Was wollte dieser Mensch eigentlich?

»Weißt du überhaupt, daß die Schwaben ein ganz besonders tüchtiger Menschenschlag sind? Fleißig, genügsam, arbeitsfreudig, sparsam, immer bestrebt, sich etwas zu schaffen, aufzubauen . . .«

»So was nennt man Bienen! Willst du Imker werden?«

»Quatsch! Aber . . .« Die nächste Zigarette. »Nun paß mal auf, aber geh nicht gleich wieder die Wände hoch!« Rolf gab sich einen energischen Ruck. »Dieser angebliche Kunde, den ich in der vorigen Woche besucht habe, ist gar keiner gewesen. Ich war nämlich in Stuttgart. Eine namhafte Druckerei will mich als Werbeleiter und Repräsentant für Baden-Württemberg haben. So ein Angebot kriegt man nicht alle Tage. Anständiges Gehalt, großzügige Spesen, Provisionen, sogar einen Wagen bekäme ich gestellt. Du könntest also unseren ganz allein für dich haben. Der einzige Pferdefuß bei der Sache: Wir müßten nach Stuttgart ziehen.«

Jetzt angelte ich auch nach einer Zigarette. »Und wann?«

»Möglichst schon vorgestern. Aber so Hals über Kopf geht es natürlich nicht. Ich denke, zwei bis drei Monate haben wir noch Zeit. Es kommt auch darauf an, wie schnell wir eine Wohnung finden.«

»Du glaubst also nicht, daß es länger dauert als drei Monate?«

»Auf keinen Fall. Warum?«

Ich holte tief Luft: »Weil unsere Tochter dann ein Schwobemädle wird!«

»Unsere – waaas???« Jetzt hatte ich *ihn* aus der Ruhe gebracht.

»Wer wollte denn mindestens drei Kinder haben?«

Mit gespieltem Entsetzen raufte er sich die Haare. »Aber doch nicht stückweise! Weißt du denn nicht, daß ein erhöhter Produktionsausstoß die Kosten senkt? Wenn ich zwanzigtausend Kataloge drucken lasse, ist der Einzelpreis erheblich niedriger als bei nur fünftausend Exemplaren.«

Ich schwieg beeindruckt. Dann fragte ich zögernd: »Wie hattest du dir denn das mit der Massenproduktion vorgestellt?«

Rolf grinste. »Na ja, vielleicht zweimal Zwillinge oder auch

Drillinge mit eventuell einer Nachbestellung.« Zärtlich sah er mich an.

»Wann ist denn mit der Lieferung zu rechnen?«

»Im Februar. Eigentlich hab' ich es dir ja noch gar nicht sagen wollen, aber nachdem du mich so erschreckt hast, ist es nur recht und billig, wenn ich mit gleicher Münze zurückzahle.«

Er nahm mir die Zigarette aus der Hand und drückte sie aus. »Geraucht wird nicht mehr!« Dann löschte er das Licht und zog mich in seinen Arm. »Glaubst du wirklich, daß es ein Mädchen wird.«

»Auf jeden Fall! Die männliche Vorherrschaft in dieser Familie muß endlich gebrochen werden!«

»Kleine Mädchen sind süß«, sagte er verträumt. »Sie sind viel anschmiegsamer als Jungs und viel zärtlicher. Wenn sie größer sind, muß man sie ausführen, sie brauchen hübsche Kleider . . . Schwierig wird es nur sein, den richtigen Mann für sie zu finden. Aber wenn es soweit ist, werde ich mich selbst darum kümmern! Wie, sagtest du doch, hat Frau Heinze die Sache mit Patricia eingefädelt . . .?«

Nachwort

oder, um es mit Schiller zu sagen:
Du sprichst von Zeiten, die vergangen sind.

»Sie haben sich in all den Jahren wirklich kein bißchen verändert!« rief ich enthusiastisch, als ich Frau Heinze die Tür öffnete.

»Wollen Sie etwa behaupten, ich hätte schon in Monlingen diese Tränensäcke unter den Augen gehabt?«

Dabei hatte sie gar keine. Sie sah im Gegenteil immer noch sehr jugendlich aus, war noch genauso lebhaft, wie ich sie in Erinnerung hatte, und machte auch gar kein Hehl aus ihrem Alter. »Seit kurzem trage ich sogar eine Brille. Die Neugier hat endlich über die Eitelkeit gesiegt!«

Ein Zufall hatte uns wieder zusammengebracht, nachdem wir die Verbindung verloren und 15 Jahre lang nichts mehr voneinander gehört hatten. Und selbst dann hatte es immer noch Monate gedauert, bis den vielen Telefongesprächen endlich ein Wiedersehen gefolgt war. Nun saß sie tatsächlich auf unserer Terrasse, vor sich ein Glas Campari, neben sich einen Stoß Fotografien, und befahl: »Jetzt erzählen Sie mal!«

Was sollte ich denn erzählen? Unseren auf fünf Köpfe angewachsenen Nachwuchs hatte sie bereits besichtigt und für recht gelungen befunden. »Mir ist bloß unklar, wie Sie das unbeschadet durchgehalten haben. Ich bin ja schon bei meinen beiden verrückt geworden, aber gleich fünf . . .? Haben Sie überhaupt mal ein paar Minuten für sich alleine?«

»Doch«, sagte ich prompt, »wenn ich in die Küche gehe und Geschirr spüle!«

Sie lachte. »Patricia geht es so ähnlich. Sie sagt immer,

Mutterglück sei das, was sie empfindet, wenn ihre Kinder abends im Bett seien.«

Nun mußte ich mir Fotos von den Enkelchen ansehen. Es waren eine ganze Menge Aufnahmen, und alle zeigten zwei niedliche Mädchen, die große Ähnlichkeit mit ihrer immer noch sehr hübschen Mutter hatten. Auch Bilder von Tassilo waren dabei und vom Haus, das von einer gutgehenden Praxis und dem daraus resultierenden Wohlstand zeugte.

Dann folgten Aufnahmen von Hendrik. Auch er hatte sich zu einem stattlichen Jüngling gemausert und blickte würdevoll in die Kamera.

»So blasiert sieht er sonst niemals aus, aber als die Fotos gemacht wurden, war er gerade Referendar geworden. Jetzt steht er schon dicht vor dem Assessor-Examen«, erläuterte seine Mutter. »Wenn er und mein Schwiegersohn mal zusammen bei uns sind und sich über Dinge unterhalten, von denen ich nichts verstehe, komme ich mir immer richtig dumm vor. Das kommt davon, wenn man plötzlich lauter Akademiker in der Familie hat. Andererseits werde ich nie vergessen, daß die beiden Geistesheroen im letzten Herbst einen halben Tag gebraucht haben, um unsere Doppelfenster einzuhängen.«

Schätzchen hätte ich trotz der langen Zeit, die vergangen war, auf Anhieb wiedererkannt. Er hatte sich tatsächlich kaum verändert – nur einen Teil seiner Haare hatte er lassen müssen. »Wie ein Opa sieht er wirklich nicht aus«, sagte ich und gab die Fotos zurück.

»Er ist aber einer! Sogar viel zu gerne! Ich hab' ja schon immer gesagt, daß Babys ihre Väter zu Männern machen und ihre Großväter zu Kindern!«

Es dauerte nicht lange, und wir hatten die Gegenwart vergessen und waren in die Vergangenheit getaucht.

»Wissen Sie noch, wie mich der Brauer mitten in der Nacht rausgeklingelt und mir zwei Dutzend Austern in die Hand gedrückt hat, weil ich ihn doch ein paar Stunden vorher wegen seines unmöglichen Benehmens rausgeschmissen hatte? Ganz zerknirscht stand er mit seiner Versöhnungsgabe vor der Tür und wünschte ›Guten Appetit‹. Wo er die Dinger um diese Zeit hergekriegt hat, ist mir noch heute ein Rätsel. Dämlicherweise hatte er die Schalen schon alle geöffnet, und so blieb mir nichts anderes übrig, als meinen Mann zu wecken und ihm zu erklären, daß und warum wir jetzt Austern essen müßten. Da saßen wir also nachts um zwei im Bett, schlürften die glibbrigen Viecher und tranken Brause dazu. Sekt wäre natürlich stilvoller gewesen, aber den hatten wir nicht im Haus.« Frau Heinze lachte noch im nachhinein.

»Übrigens sind Brauers kurz nach Ihnen weggezogen. Man hatte ihm eine Stellung am Tropeninstitut in Hamburg angeboten. Lange ist er dort aber nicht geblieben. Seine Frau hat sich dann doch endlich scheiden lassen, und danach soll er nach Mozambique gegangen sein. Genau weiß ich das aber nicht. Seitdem Karin wieder verheiratet ist, haben wir keinen Kontakt mehr.«

»Wissen Sie eigentlich, was aus Vogts geworden ist?«

Frau Heinze stärkte sich mit einem neuen Schluck. »Nicht direkt. Herr Vogt ist gestorben, als Karsten gerade fünfzehn geworden war. Drei Jahre lang soll er noch brav zur Schule gegangen sein und sogar ein glänzendes Abitur gebaut haben. Dann hat er sich angeblich Haare und Bart wachsen lassen, zog Jeans und Parka an und übersiedelte in eine Wohngemeinschaft. Was er jetzt macht, weiß ich nicht. Vielleicht ist er Berufsdemonstrant oder Hausbesetzer. Wundern würde es mich nicht. An dem armen Kerl ist in seiner Kindheit viel zuviel herumerzogen worden.«

Auch über Babydoll oder Familie Friese konnte Frau Heinze nichts sagen. »Wir haben ja auch nicht mehr lange in Monlingen gewohnt. Als Schätzchen mit dem Gedanken spielte, sich selbständig zu machen, wollte er das natürlich nicht in Düsseldorf tun. Ihm schwebte Frankfurt vor. Da kann man aber nur arbeiten und nicht wohnen, also sind wir in den Taunus gezogen. Der einzige Nachteil ist, daß wir Patricia so selten sehen, denn Tassilo konnte natürlich seine Praxis nicht einfach verlegen!«

Wir kamen vom Hundertsten ins Tausendste. Die ganze damalige Zeit wurde noch einmal lebendig: Indira und die McBarrens, der Aufmarsch von Isabells Neffen, die Gartenparty und Körngens Silberhochzeit . . . Wir schwelgten in Nostalgie, wischten uns zwischendurch die Lachtränen aus den Augen und bedauerten nur, daß Dorle nicht bei uns war. »Ich habe keine Ahnung, was aus ihr geworden ist«, sagte Frau Heinze. »Das Haus gehörte ja Obermüllers Vater, aber soviel ich weiß, haben sie es nach dessen Tod verkauft. Wo die Familie dann abgeblieben ist, kann ich beim besten Willen nicht sagen.«

Wochen waren seit Frau Heinzes Besuch vergangen, und noch immer ließ mir unser Gespräch keine Ruhe. Ob ich nicht doch mal versuchen sollte . . .?

Die Dame von der Telefonauskunft zeigte sich trotz der späten Stunde dienstbereit. Doch, ein Hans Obermüller sei in Monlingen registriert; ob ich die Nummer haben wolle? Eigentlich war es ja schon zu spät für einen Anruf, andererseits hatten Obermüllers nie zu den Hühnern gehört, die bei Sonnenuntergang schlafen gehen. Kurz darauf hatte ich Dorle an der Strippe, und sechs Wochen später fuhr ich nach Monlingen.

Ich erkannte es nicht wieder. Aus dem verschlafenen Nest war eine kleine Großstadt geworden, was sich besonders daran zeigte, daß es von so ziemlich allen namhaften Versandhäusern Filialen gab.

Zahlreiche Supermärkte, noch mehr Boutiquen und sogar ein Steakhouse zeugten vom Bevölkerungszuwachs. Hatte es früher nicht mal eine Realschule gegeben, so besaß Monlingen nun sogar zwei. Ferner ein Gymnasium und ein Pudding-College, wie Riekchen die Hauswirtschaftsschule nannte, die sie zwei Jahre lang besucht hatte. (Jetzt bekochte sie ihren Freund. Ihm scheint das zu gefallen, denn er will sie noch in diesem Jahr heiraten.) Kindergärten hatte man ebenfalls eingerichtet und sicher auch ein Altersheim. Monlingen hatte sich dem Trend der Zeit angepaßt.

Zum Wiesengrund fand ich gar nicht hin. Ich gab die Suche auf, fragte mich zur Weidenstraße durch und stand vor einem dreistöckigen Wohnhaus. Wenigstens Obermüllers hatte ich gefunden.

Nachdem wir Familiäres und Berufliches durchgekaut und abgehakt hatten, erzählte ich von meiner Irrfahrt durch die Stadt. »Ihr könnt mich totschlagen, aber ich weiß noch immer nicht, *wo* genau ich jetzt bin.«

»Aba ick! Wo du jetzt stehst, da war mal Köbes sein Hof. Der is 'n kleener Millionär jeworden, als seine janzen Äcker zu Bauland erklärt wurden. Jetzt hat er sich drüben in Bornfeld 'n dollen Schuppen hinjestellt und macht in Schweinezucht. So, und nu komm mal mit!«

Ich folgte Obermüller auf den Balkon und blickte direkt auf den Baggersee. »Weeßte jetzt Bescheid?«

»So ungefähr. Aber wenn hier schon der See ist, dann muß der Wiesengrund doch auch ganz in der Nähe sein.«

»Isser ja ooch. Wenn du aus 'm Küchenfenster guckst und dir die janzen Häuser dazwischen wegdenkst, dann kannste 'n beinahe sehen.«

Unter Dorles kundiger Führung machte ich später einen nostalgischen Spaziergang. Wir schlenderten durch unsere ehemalige Straße, die ihren Namen nun wirklich nicht mehr verdient. Abgesehen von den manikürten Rasenflächen, von denen jedes Haus einige Quadratmeter aufweisen kann, gibt es kaum noch etwas Grünes. Sogar die Gemeinschaftswiese ist zubetoniert. Kunigunde hatte parkenden Autos weichen müssen.

»Wahrscheinlich hat sie ein pietätloser Mensch verheizt! Die Bungalows da hinten haben alle offene Kamine.« Dorle zeigte in die ungefähre Richtung, wo früher mal Köbes' Scheune gestanden hatte. Ich sah asphaltierte Straßen, Reihen von Fertiggaragen, Betonklötze für Mülltonnen, Parkplätze und Häuser, Häuser, Häuser . . .

Ich war erschüttert. »War das hier wirklich einmal alles grün? Wenn man diese Steinwüste sieht, kann man sich beim besten Willen nicht mehr vorstellen, daß das mal der Vorort eines Vorortes gewesen ist.«

»Das findest du doch überall«, sagte Dorle. »Wenn man endlich die letzte Rate für sein Häuschen im Grünen bezahlt hat, stellt man fest, daß das Grüne schon dreißig Kilometer weiter hinausgerückt ist. Deshalb haben wir uns damals auch für eine Wohnung entschieden. Wenn auch das letzte Stückchen Natur zugebaut ist, ziehen wir woanders hin.«

Langsam bummelten wir zurück. »Wohnt eigentlich noch jemand von der ursprünglichen Belegschaft hier?«

Dorle schüttelte den Kopf. »Außer Straatmanns niemand mehr. Sie müssen beide schon ziemlich klapprig sein, denn seit kurzem lebt eine Pflegerin bei ihnen. Gesehen habe ich sie schon lange nicht.«

»Und Babydoll?«

»Die hat tatsächlich ihren Ex-Mann zum zweitenmal geheiratet und ist wieder zu ihm gezogen. Ich glaube, sie wohnt jetzt in der Nähe von Godesberg.«

Ich fragte weiter. Dorle entpuppte sich als ein lebendes Einwohnermeldeamt. »Frieses sind bald nach euch weggegangen. Nachdem Frau Leiher eines Morgens ganz einfach verschwunden war, haben sie keine neue Hausangestellte mehr gefunden. Da kam Roswitha auf die Idee, daß *ich* doch tagsüber ihren reizenden Nachwuchs betreuen könnte. Nun bin ich ja wirklich kinderlieb, das weißt du, und das Geld hätte ich damals auch recht gut gebrauchen können, aber Püppi und Achim? Nee danke. Also mußten Oma und Opa wieder ran. Die wollten aber ihre Wohnung nicht aufgeben, und so sind Frieses in die Stadt gezogen. Wohin genau, weiß ich nicht. Wir haben ja schon vor ihrem Auszug nicht mehr miteinander gesprochen.«

Zu Hause wartete Michael. »Der ist extra deinetwegen gekommen, obwohl er sich nur noch dunkel an dich erinnern kann«, lachte Dorle, stellte sich auf die Zehenspitzen und drückte ihrem Sohn einen Kuß auf die Wange.

»Ich habe Torte mitgebracht. Der Kaffee ist auch schon fertig!«

Michael balancierte Kanne und Kuchenteller durch die Gegend, setzte beides unsanft auf den Tisch und sprudelte los: »Beim Bäcker habe ich eben Frau Weise getroffen, und die hat mir erzählt, daß der Fischhändler . . .«

»Das darf doch nicht wahr sein!« unterbrach ich ihn lachend. »Bist du denn immer noch das Monlinger Tageblatt?«

»Wat jloobste denn, warum der Jura studiert? Der sammelt sich doch seine künftigen Mandanten schon jetzt uff der Straße zusammen! Nu erzähl mal, wat is denn mit dem Fischhändler?« Obermüllers Neugierde hatte sich aber auch nicht gelegt!

Wir überließen Vater und Sohn den Tagesneuigkeiten und verkrümelten uns in Dorles Zimmer. »Du hast mich vorhin nach Wittingers gefragt«, nahm sie das unterbrochene Gespräch wieder auf. »Viel gibt es von denen nicht zu erzählen. Das Haus mußten sie natürlich räumen, es wurde versteigert, und nachdem alle Schulden bezahlt waren, blieben nur noch ein paar tausend Mark übrig. Die hat Gerlinde bekommen.

Mir hat sie gesagt, daß sie mit dem Kind wieder zu ihren Eltern ziehen wollte. Die hatten im Bergischen Land ein kleines Ausflugslokal. Vielleicht hat sie das inzwischen übernommen. Von ihrem Mann hat sie sich nach langem Hin und Her dann doch scheiden lassen, aber es hat eine Ewigkeit gedauert, bis sie ihn überhaupt gefunden hatte. Das Jugendamt hat ihn schließlich aufgestöbert. In einer Bahnhofswirtschaft irgendwo in Norddeutschland hat er als Aushilfskellner gearbeitet. Ich bezweifle aber, daß seine Trinkgelder auch nur annähernd so hoch gewesen sind wie die, die er in seiner großen Zeit überall so großzügig verteilt hatte. Kannst du dich noch an den Stapel Zehnmarkscheine erinnern, der immer auf dem Dielentischchen lag? Jeder Lieferant bekam einen in die Hand gedrückt, auch wenn er bloß sechs Brötchen oder eine Flasche Hustensaft gebracht hat. Die sind ja sogar liebend gern wegen dreier Suppengrünstengel in die Siedlung hinausgefahren.«

Und schon waren wir wieder mitten in der Vergangenheit. Stundenlang ging es »Weißt du noch?« und »Als wir damals im Sommer . . .«

Nach drei Flaschen Wein und unzähligen Zigaretten gluckste Dorle: »Sch-schade, daß niem-niemand von uns T-Tagebuch geführt hat. Ein g-ganzes B-Buch könnte man über die Sie-Siedlung schreiben. So viele v-verrückte L-Leute auf einem Hauf-Haufen hat es bestimmt n-nicht noch mal geg-gegeben!«

Mit Fünfen ist man kinderreich

Der Autorin ist es auch nach fünfzehnjährigem Aufenthalt in Schwaben nicht gelungen, die Landessprache zu erlernen. Sie ist zwar durchaus in der Lage, Gesprächen der Ureinwohner zu folgen, sieht sich aber außerstande, an den Unterhaltungen teilzunehmen, wenn sie im einheimischen Dialekt geführt werden.
Aus diesem Grund werden etwaige Leser aus dem baden-württembergischen Raum um Entschuldigung gebeten, weil die in dem Buch enthaltenen schwäbischen Texte vermutlich alles andere als schwäbisch klingen.

1.

Er war Schriftleiter einer Jugendzeitschrift und stellte mich als Redaktionssekretärin ein. Ausschlaggebend hierfür schien in erster Linie meine Fähigkeit gewesen zu sein, anständigen Kaffee zu kochen. Das benutzte Geschirr hatte ich später auf der Toilette zu spülen. Woanders gab es keine Wasserleitung. Wenn ich gelegentlich mit unseren Graphikern kollidierte, die Pinsel und Farbtöpfe wuschen, dann hatten die Kaffeetassen Vorrang.

Eine nicht minder verantwortungsvolle Tätigkeit war das Aufspüren ständig verschwundener Manuskripte, Feuerzeuge, Telefonnummern und Krawatten, die bei Redakteuren nicht unbedingt zur Arbeitskleidung gehören und nach Möglichkeit sofort abgelegt wurden.

Darüber hinaus hatte ich das Telefon zu bedienen und Termine zu überwachen. Letztere waren überwiegend privater Natur und betrafen meinen Chef. Offensichtlich billigte er sich die unverbrieften Rechte eines Junggesellenstatus zu und wechselte seine Freundinnen ebenso häufig wie seine Hemden und seine Wohnungen. Ob er die Miete nicht bezahlt hatte oder die Nachforschungen abgelegter Bräute erschweren wollte, weiß ich nicht. Jedenfalls hatte ich mich schon mit der Absicht getragen, die polizeilichen Anmeldeformulare fotokopieren zu lassen und nur die neue Anschrift jeweils handschriftlich einzufügen, als er plötzlich seßhaft wurde und die Dinger nicht mehr brauchte.

Nachdem ich meine Fähigkeiten als Telefonistin hinreichend bewiesen und darüber hinaus organisatorisches Talent gezeigt hatte, indem ich die Zusammenkünfte zwischen dem »Don Juan« und seinen Damen so koordinierte, daß eine nichts von der anderen erfuhr, hielt man mich größerer Dinge für fähig, und ich avancierte nebenbei zur Briefkastentante.

Jetzt durfte ich Teenager trösten, die Schauspielerin, Primaballerina oder Stewardeß werden wollten, und liebeskranken Backfischen erklären, daß ein verpatztes Rendezvous nicht unbedingt ein Selbstmordgrund sei. Zwischendurch suchte ich weiter nach Krawatten, Manuskripten und verlegten Telefonnummern neuer Favoritinnen.

Übrigens konnte ich die Damen, die sich meinem Chef in so reicher Zahl an den Hals warfen, sogar verstehen. Die gesamte weibliche Belegschaft unseres zwölfköpfigen Redaktionsteams – ich eingeschlossen – schwärmte ein bißchen für ihn. Er sah gut aus, war nicht dumm, hatte unverschämt viel Charme und schien auch noch sein Metier zu beherrschen. Zumindest ließen die ständig steigenden Auflagenziffern unserer Zeitschrift derartige Vermutungen zu.

Wohl nicht zuletzt aus diesem Grunde hatte er bei unserem Verleger absolute Narrenfreiheit. Außerdem residierte der Gewaltige im Erdgeschoß des Pressehauses, während wir im siebenten Stock thronten. Dazwischen lagen immerhin 128 Treppenstufen. Natürlich gab es auch einen Lift, aber der Herr Verleger lehnte die Benutzung dieses zugegebenermaßen reichlich antiquierten Gehäuses ab, seitdem er einmal in dem Käfig steckengeblieben war und zwei Stunden auf seine Befreiung warten mußte.

Äußerte er jetzt die Absicht, sich wieder einmal auf unseren Olymp zu begeben, dann setzte prompt das telefonische Frühwarnsystem ein. Wir hatten also genügend Zeit, Anzeichen außerdienstlicher Beschäftigungen wie Nagellackflaschen oder gerade getippte Privatbriefe verschwinden zu lassen und intensive Arbeit im Sinne unserer Anstellungsverträge vorzutäuschen.

Es wurde aber auch wirklich gearbeitet! Denn uns machte unsere Tätigkeit viel Spaß. Außer einem grämlichen Oberlehrertyp, der uns bald verließ und das Archiv einer Fachzeitschrift übernahm, wo er vermutlich mit seinen Zeitungsausschnitten langsam verstaubte, gab es in unserem Team kein Mitglied über dreißig. Wir waren also alle noch ziemlich unverbraucht und idealistisch genug, gelegentliche Überstunden als unvermeidlich hinzunehmen. Davon waren im allgemeinen aber nur der Redaktionsleiter und die Graphiker betroffen, die sowieso nie rechtzeitig fertig wurden. Das ist bei ihnen eine Berufskrankheit! Und ich blieb freiwillig länger, um sie zwecks

Hebung der Arbeitsmoral mit Kaffee und notfalls auch mit belegten Broten zu versorgen.

Eines Tages wurde mir aber klar, daß ich bei meinen kulinarischen Hilfsdiensten keineswegs nur das leibliche Wohl meiner Kolleginnen im Auge hatte. Meine anfangs harmlose Schwärmerei für unseren Chef ging inzwischen so tief, daß ich kurzerhand meinem damaligen Tennisplatzflirt den Laufpaß gab – übrigens zum großen Mißfallen meiner Eltern, die in dem jungen Bankkaufmann einen potentiellen Schwiegersohn mit soliden Karriereaussichten gesehen hatten – und auf ein außerredaktionelles Privatleben weitgehend verzichtete.

In Anerkennung aufopferungsvoller Tätigkeit im Dienste der Zeitung wurde ich eines Tages ausersehen, unseren Chef nach Belgien zu begleiten. Dort sollte irgendein Vertrag ausgehandelt werden, und obwohl ich kaum ein Wort Französisch sprach, während er es fließend beherrschte, bestand unser Boß auf meiner angeblich notwendigen Anwesenheit.

Also fuhr ich mit. Und weil der geschäftliche Teil der Reise schneller als erwartet erledigt war, und weil ich Brüssel noch nicht kannte, und weil sowieso ein arbeitsfreies Wochenende bevorstand, fuhren wir erst zwei Tage später wieder nach Hause.

Am nächsten Ersten habe ich gekündigt.

Meinen Chef habe ich allerdings behalten! Rolf und ich sind nun seit zwölf Jahren verheiratet, haben fünf Kinder und ziehen gerade zum siebenten Mal um.

2.

Als ich in den heiligen Stand der Ehe trat, war ich 24 Jahre alt, perfekt in der Handhabung von Telefon und Schreibmaschine, aber ohne die geringsten Erfahrungen in hauswirtschaftlichen Tätigkeiten. Meine Kochkenntnisse beschränkten sich auf die Zubereitung von Kaffee oder allenfalls Spiegeleiern, und ein Bügeleisen hatte ich nur dann in die Hand genommen, wenn es sich nicht umgehen ließ. Vom Nähen oder Stopfen hatte ich überhaupt keine Ahnung. Meine Abneigung gegen jede Art von Handarbeit stammte noch aus der Schulzeit. Aber zum Glück fanden sich immer noch begabtere Klassenkameradinnen, die meine verschandelten Werke wieder in Ordnung brachten und mir dadurch wenigstens die Drei im Zeugnis garantierten. Zum Dank dafür schrieb ich ihnen ihre Deutschaufsätze.

Ursprünglich hatten wir erwogen, Rolfs derzeitiges Junggesellen-Appartement mit meinen eigenen Möbeln vollzustopfen und dort erst einmal zusammenzuwohnen. Sein Mobiliar bestand aus einer Schlafcouch, zwei nicht zueinanderpassenden Sesseln – einer davon mit Blümchenmuster –, einem Tisch, der vollgepackt war mit Büchern, Zeitschriften, Manuskripten und Krawatten, einem Schreibtisch, auf dem es ähnlich aussah, ein paar ständig überquellenden Aschenbechern sowie einem riesigen Gummibaum, den ein Freund einmal untergestellt und nie wieder abgeholt hatte. Dann gab es noch eine winzige Dusche und eine ebenso winzige Kochnische.

Nun hatte ich nicht gerade von einer Zehn-Zimmer-Villa nebst Butler und Dienstmädchen geträumt, aber die augenblickliche Behausung entsprach doch in keiner Weise meinen Vorstellungen vom eigenen Heim. Außerdem hatten wir uns davon überzeugt, daß wir meine Möbel nur mit Mühe und Not in dem Zimmer würden unterbringen können – vorausgesetzt, wir selber blieben draußen!

Glücklicherweise fanden wir ziemlich schnell eine kleine Mansardenwohnung, bestehend aus zwei Zimmern nebst Küche und Bad. Schräge Wände mögen in Möbelkatalogen ihren Reiz haben, in der Praxis sind sie hinderlich. Ich habe mich jedenfalls nie daran gewöhnen können, mit eingezogenem Kopf vom Sessel aufzustehen oder in halbgebückter Haltung im Kochtopf zu rühren. Außerdem war das Bad so klein, daß man sich kaum darin herumdrehen konnte. Den meisten Platz beanspruchte nämlich ein mittelalterlicher Badeofen. Wollte man um sechs Uhr ein Bad nehmen, so fing man zweckmäßigerweise um vier Uhr an, ihn mit Holz und Kohlen zu füttern. Neben heißem Wasser spendete er gleichzeitig eine derartig große Hitze, daß wir es zumindest im Sommer vorzogen, kalt zu baden – ein ziemlich zweifelhaftes Vergnügen, auf das wir dann auch meistens verzichteten.

Aber wenigstens hatte ich jetzt »Trautes Heim, Glück allein« und darüber hinaus einen völlig neuen Wirkungskreis.

Zunächst lernte ich eine weitere Fähigkeit meines Mannes schätzen: Er konnte kochen! Nach dem Ursprung seiner Kenntnisse fragte ich lieber nicht; vermutlich gab es mal eine Freundin mit kulinarischen Ambitionen. Außerdem ist meine Schwiegermutter eine hervorragende Köchin.

Der frischgebackene Ehemann sah sich also gezwungen, seine völlig unwissende Gattin in die Geheimnisse der Kochkunst einzuweihen, und ich bemühte mich redlich, Begriffe wie etwa »Farce«, »Fond« oder »legieren«, die mir bis dato in einem ganz anderen Zusammenhang geläufig gewesen waren, mit dem Küchen-Abc in Verbindung zu bringen. Jedenfalls war ich damals froh, daß wenigstens einer von uns beiden mit Kochtopf und Bratpfanne umgehen konnte.

Heute bin ich von Rolfs sporadischen Einbrüchen in mein Küchenrevier nicht mehr so begeistert. (Er pflegt mich bei seinen Gastspielen zu allen subalternen Tätigkeiten wie Kartoffelschälen und Zwiebelschälen heranzuziehen und mir nach Beendigung seines Wirkens die nicht unerheblichen Aufräumungsarbeiten zu überlassen.) Übrigens ist er der Meinung, daß jeder Mensch kochen kann, wenn er die nötigen Grundbegriffe beherrscht. Alles andere sei lediglich eine Sache des Geschmacks. Recht hat er! Unsere Meinungen über die Zubereitung von Hühnerfrikassee gehen auch heute noch ziemlich auseinander, aber seins schmeckt trotzdem besser! Dafür stimmten wir in einem anderen Punkt völlig überein: Wir wollten Kinder, mindestens zwei, am besten drei. Ich bin ein Einzelkind und bedaure das heute noch. Ständig war ich Mittelpunkt elterlicher und großelterlicher Fürsorge, und so verfügte ich im Alter von vier Jahren zwar über einwandfreie Tischmanieren, muß aber sonst ein ziemlich unausstehliches Balg gewesen sein. Die Fama berichtet, daß meine charakteristischsten Merkmale Egoismus und despotische Herrscherallüren waren, denen sich meine Spielkameraden zu unterwerfen hatten. Taten sie das nicht, dann drehte ich ihnen den Rücken (oder sie mir!) zu. Später muß ich mich wohl doch ein bißchen geändert haben, denn viele Freundschaften, die zu Beginn meiner Schulzeit begründet wurden, bestehen heute noch.

Rolf ist auch ein Einzelkind und hatte ähnliche Erfahrungen gemacht.

Außerdem waren wir uns darüber im klaren, daß sich der geplante Nachwuchs möglichst bald einzustellen hatte, denn Rolf wollte mit seinen Söhnen (!) noch Fußball spielen, bevor das altersbedingte Zipperlein derartige Vorsätze zunichte machen könnte.

Bis Sven geboren wurde, hatte ich mir die notwendigen Kenntnisse über die »Aufzucht« von Babys aus Büchern zusammengelesen und war der Ansicht, eventuell auftretende Schwierigkeiten ohne weiteres meistern zu können. Die Praxis sah aber dann ganz anders aus. So wurde zum Beispiel in dem Buch »Mein erstes Kind« dringend empfohlen, Säuglinge regelmäßig und zu ganz bestimmten Zeiten zu füttern. Mein Sohn war da völlig anderer Meinung. Er fing bereits zwei Stunden vor der fälligen Mahlzeit an zu brüllen, und wenn er endlich die Flasche bekam, schlief er nach den ersten Schlucken ein. Derartige Vorkommnisse wurden in dem Buch nicht behandelt. Also griff ich zur Selbsthilfe, weckte Sven mit einem kalten Waschlappen auf, dann nuckelte er auch brav ein paar Augenblicke weiter und schlief danach wieder ein. Auf diese Weise zogen sich die Mahlzeiten oft über eine Stunde lang hin, was mit den Angaben im Baby-Leitfaden keineswegs übereinstimmte. Trotz meiner unvorschriftsmäßigen Behandlung gedieh der Bursche prächtig, bekam runde Backen und einen blonden Lockenschopf, und ich war jedesmal empört, wenn mich jemand fragte, wie alt denn »die Kleine« sei. Als der mädchenhafte Knabe ein halbes Jahr zählte, bekamen wir durch Zufall eine Dreizimmerwohnung mit Balkon angeboten und griffen zu.

In einem jener klugen Bücher hatte ich gelesen, daß der Altersunterschied zwischen Geschwistern möglichst gering sein soll. Warum der Autor der Ansicht war, weiß ich nicht mehr, vielleicht fand er es praktisch, wenn man gleich für zwei Kinder Windeln waschen kann. Jedenfalls hielt ich damals alles Gedruckte, das mit psychologischen Thesen durchsetzt war, für das Nonplusultra, und so wurde zwanzig Monate nach Sven unser Sascha geboren. Er kam übrigens fast drei Wochen zu früh und sprengte beinahe eine Verlobungsparty, weil ich mitten beim Kaffeetrinken fragte, wer von den anwesenden Autobesitzern mich in die Klinik fahren könnte. Rolf stieß erst abends wieder zu der Gesellschaft und übernahm ab Mitternacht die weiteren Kosten der Feier, nachdem ihm telefonisch die Ankunft seines zweiten Sohnes mitgeteilt worden war.

Sascha war ein ausgesprochen ruhiger Bürger, der selten schrie, anstandslos alles hinunterschluckte, was man ihm in den Mund schob, und das erste halbe Jahr seines Lebens überwiegend schlafend verbrachte. Das änderte sich allerdings schlagartig, als er anfing, herumzukrabbeln. Ich weiß nicht mehr, wie viele Bücher er damals zerrissen und wieviel Geschirr er zertrümmert hat. Jedenfalls mußten wir bald alles Zerbrechliche auf Schränken und Regalen übereinandertürmen, so daß unsere Wohnung manchmal aussah wie ein Auktionshaus kurz vor Beginn der Versteigerung. Außerdem entwickelte Sascha einen ungeahnten Bewegungsdrang, und auch diese Wohnung wurde schließlich zu klein.

Also zogen wir wieder einmal um. Diesmal in ein Reihenhaus mit Garten am Stadtrand. Hier wuchsen die Kleinkinder zu unternehmungslustigen Knaben heran, die ständig Hosen zerrissen und ihre Mutter zwangen, sich endlich fundierte Kenntnisse im Umgang mit Nadel und Faden anzueignen. Während ich Lederherzen auf durchgewetzte Hosenbeine nähte, träumte ich von einem kleinen Mädchen, das Kleidchen trägt und mit Puppen spielt statt mit rostigen Blecheimern.

Als Sven sechs Jahre alt war und Sascha gerade vier, kam Stefanie auf die Welt, ein Bilderbuchbaby mit schwarzen Lokken, dunklen Kulleraugen und Grübchen am Kinn. Sie war ein

Sonntagskind in doppeltem Sinn: Allerheiligen ist in einigen Teilen der Bundesrepublik ein gesetzlicher Feiertag, darüber hinaus fiel der 1. November in ihrem Geburtsjahr auf einen Sonntag. Mein Arzt, der morgens um zehn aus einer Tennishalle herantelefoniert werden mußte, hat mir das nie verziehen!

Kurz nach Stefanies Ankunft stand uns ein neuer Tapetenwechsel bevor. Rolf mußte aus beruflichen Gründen seinen Wohnsitz nach Süddeutschland verlegen, und so zogen wir zum viertenmal um, und zwar nach Stuttgart. Dort wurde Sven eingeschult, und Sascha kam in den Kindergarten. Beide Institutionen schlossen mittags ihre Pforten. Nachmittags tobten die Kinder auf der Straße herum, und jedesmal, wenn Autoreifen quietschten oder ein Krankenwagen mit Sirenengeheul vorbeifuhr, zuckte ich zusammen und sah in Gedanken einen meiner beiden Helden verletzt am Straßenrand liegen. Im Laufe der Zeit wurden diese Wahnvorstellungen beängstigender als mein Horror vor einem erneuten Umzug. Also mieteten wir eine Doppelhaushälfte in einem schon etwas ländlichen Vorort. Sven wurde umgeschult, Sascha lernte in dem neuen Kindergarten eine andere Variante des schwäbischen Dialekts, und Stefanie beendete ihre ersten Gehversuche in einem Misthaufen.

Als wir angefangen hatten, uns in der neuen Umgebung heimisch zu fühlen, starb unser Hauswirt. Seine Erben begründeten die Kündigung des Mietvertrags mit Eigenbedarf. Während wir noch die Möglichkeit etwaiger gesetzlicher Schritte überlegten, bekam Rolf das Angebot, die Werbeleitung eines größeren Betriebes zu übernehmen unter der Voraussetzung, daß er sich bereit fände, »vor Ort« zu wohnen. (Er hatte seine journalistische Tätigkeit inzwischen an den Nagel gehängt und in der Werbebranche Fuß gefaßt, aber das ist wieder ein anderes Kapitel.) Wir zogen also erneut um, diesmal in eine Kleinstadt am Rande des Schwarzwalds.

Allmählich wurde das Packen zur Routine. Hatte ich früher noch Strickwolle, volle Marmeladengläser und Bettwäsche kurzerhand in einer Kiste verstaut, so besaß ich inzwischen genügend Übung, um das spätere Chaos beim Auspacken auf ein Mindestmaß zu beschränken. Übrigens soll kein Mensch behaupten, Umzüge hätten nicht auch ihr Gutes. Bei uns stehen keine Dinge herum, für die niemand so recht Verwendung hat, und die man nur aufhebt, weil sie angeblich zu schade zum Wegwerfen sind. Vor jedem Wohnungswechsel wurde immer gründlich aussortiert, und manchmal wanderten auch Sachen in die Mülltonnen, die später verzweifelt gesucht wurden. So hatte ich einmal den Entsafter von meinem Dampfkochtopf weggeworfen, weil ich ihn noch niemals benutzt und für überflüssig gehalten hatte. Im darauffolgenden Jahr bekamen wir Unmengen von schwarzen Johannisbeeren geschenkt... Dann wieder war ich es irgendwann leid, ständig die alten Bücher aus meiner Jungmädchenzeit ein- und wieder auszupacken, und ich verschenkte sie. Zehn Jahre später kaufte ich für Stefanie neue, zum Teil waren es die gleichen, die ich seinerzeit weggegeben hatte!

Nun wohnten wir also am Schwarzwald. Sven überstand auch die zweite Umschulung einigermaßen unbeschadet, obwohl er wieder neue Lehrbücher bekam und sich erneut an ein völlig neues Unterrichtssystem gewöhnen mußte. Sascha besuchte nun den katholischen Kindergarten und verlangte plötzlich von uns, die wir alle protestantisch sind, daß wir uns vor den Mahlzeiten bekreuzigten. Zum Glück wurde er bald darauf eingeschult. Und Stefanie, mein Traumbild im rosa Kleidchen mit Puppe im Arm, entwickelte sich zunehmend zum dritten Jungen in unserer Familie! Sie spielte Fußball mit alten Blechbüchsen, sie stahl ihren Brüdern Autos, Indianerfiguren und Spielzeugeisenbahnen, sie weigerte sich, Kleider zu tragen, und wünschte sich zu ihrem vierten Geburtstag einen Indianerkopfschmuck und Fußballstiefel. Als mir ein Nachbar erzählte, er habe gerade unseren Jüngsten aus seinem Apfelbaum geholt, auf Steffi zeigte und anerkennend hinzufügte: »Der Kleine klettert wie ein Affe!«, wurde mir endgültig klar, daß Stefanie offenbar nur rein anatomisch gesehen ein Mädchen war. Immerhin bestand noch die vage Möglichkeit, daß ihre Fehlentwicklung auf den ständigen Umgang mit größeren Brüdern zurückzuführen war. Wenn sie noch eine Schwester bekäme, würde sie sich vielleicht ändern, mütterliche Instinkte könnten erwachen...

Die Eröffnung, sie werde bald eine kleine Schwester haben, quittierte Stefanie mit Ablehnung. »Ich will lieber einen kleinen Bruder, Mädchen finde ich doof!« Entsprechend groß war ihre Empörung, als sie sich gleich mit zwei Schwestern abfinden mußte.

Ich war darüber nicht empört, sondern schlichtweg entsetzt! Zwillinge! Und ganz ohne Vorwarnung! Irgendwo hatte ich mal gelesen, daß man Zwillingsgeburten früh genug diagnostizieren kann, um ihre Eltern rechtzeitig und in homöopathischen Dosen auf das bevorstehende doppelte Ereignis vorbereiten zu können. Anscheinend hatte ich den falschen Arzt erwischt, denn er war genauso überrascht wie ich. Und als Rolf mich zum ersten Male besuchte, zeigte seine Miene auch nicht gerade überschäumendes Vaterglück.

Nun waren wir also – statistisch gesehen – eine Großfamilie. Im Dritten Reich hätten mir das Mutterkreuz sowie ein Pflichtjahrmädchen zugestanden; jetzt stand uns lediglich ein staatliches Kindergeld zu, von dem weniger kinderreiche Mitbürger vermuteten, es würde uns ein sorgenfreies Leben auf Rentenbasis ermöglichen. Dabei reichte es gerade, um die jetzt unerläßliche Haushaltshilfe zu bezahlen. Wir standen ohnehin kurz vor dem finanziellen Ruin. Der bereits gekaufte Kinderwagen mußte gegen einen doppelt so teuren Zwillingswagen umgetauscht werden. Das schon zehn Jahre alte Körbchen kam zurück auf den Boden, statt dessen wurden zwei Kinderbetten gekauft. Eine komplette zweite Babyausstattung war nötig, und was die beiden Neubürger im Laufe eines Monats an Säuglingsnahrung verbrauchten, warf alle finanziellen Kalkulationen über den Haufen.

Außerdem wurde wieder einmal die Wohnung zu klein! *Einen* Neuzugang hätten wir räumlich noch verkraften können, aber zwei waren zu viel! Nach nächtelangen Diskussionen, die immer irgendwann in den frühen Morgenstunden endeten (ich weiß gar nicht mehr, wann wir damals eigentlich geschlafen haben), kamen wir zu folgendem Entschluß: Rolf würde seine zwar gesicherte, für unsere gestiegenen Ansprüche aber zu gering dotierte Stellung aufgeben und sich selbständig machen. Darüber hinaus würden wir umziehen müssen (zum siebenten Mal!), und zwar in eine Gegend, von der aus man die industriellen Schwerpunkte Süddeutschlands möglichst schnell erreichen kann.

Wir beschlossen also den Erwerb eines Hauses – über die Finanzierung wollten wir uns später den Kopf zerbrechen –, das erstens bereits fertig sein mußte, zweitens genügend Platz für die zahlreichen Familienmitglieder und ihre inzwischen noch zahlreicheren Hobbys zu bieten hatte, und drittens außerhalb einer Stadt, aber noch innerhalb einigermaßen zivilisierter Gebiete liegen mußte.

Überraschenderweise fanden wir sehr schnell das ideale Domizil. Allerdings konnten wir es nicht kaufen, sondern nur mieten, aber das paßte uns sogar noch besser ins Programm. Man soll einen neuen Lebensabschnitt nicht unbedingt mit Schulden beginnen.

Und nun war es mal wieder soweit. Wir saßen auf den gepackten Kisten und den zusammengerollten Teppichen und warteten auf den Möbelwagen, der schon vor anderthalb Stunden hätte dasein sollen.

3.

»Sie kommen!«

Sascha verließ seinen Beobachtungsposten auf dem Garagendach via Regenrinne und stürmte ins Haus.

»Sie kommen, und sie bringen mindestens einen Güterwagen mit!« Tatsächlich bog der längst überfällige Möbelwagen unter Mitnahme einiger Heckenrosenzweige in die Einfahrt, setzte dann wieder zurück, weil der Anhänger schon das Garagentor eingebeult hatte, fuhr erneut an, rasierte einen weiteren Teil der Rosenkultur ab und kam endlich zum Stehen. Vier lebende Kleiderschränke stiegen aus, die sich vor mir aufbauten und ihre Verspätung mit der am Abend zuvor besuchten Richtfestfeier begründeten. Ganz nüchtern schienen sie noch immer nicht zu sein, zumindest ließen ihre Fahrkünste entsprechende Rückschlüsse zu.

Dafür waren sie aber bereit, die verlorene Zeit nach Kräften wieder aufzuholen. Um ein freies Arbeitsfeld zu bekommen, hob einer der Muskelmänner die Flurtür aus den Angeln und stellte sie sorgfältig an die Wand, worauf der zweite in Unkenntnis der innenarchitektonischen Veränderung dagegen stieß und die Tür umwarf. Der dritte trat noch drauf, und der vierte fegte anschließend die Scherben zusammen. Dann erklärten sie mir, daß ich mir wegen der Kosten keine Sorgen zu machen brauchte, denn für derartige Schäden würde die Versicherung aufkommen. Wohlweislich verschwiegen sie dabei, daß die spätere Bewältigung der Fragenflut eine abendfüllende Beschäftigung sein würde.

Sascha kam an und wollte Bier.

»Wozu?«

»Für die Möbelmänner, die haben Durst.«

»Aber die sind doch gerade erst gekommen!«

»Den Durst haben sie noch von gestern!«

Sascha pflegte seit jeher eine intensive Freundschaft mit Bauarbeitern, und die Rituale von Richtfesten einschließlich ihrer Folgen sind ihm durchaus geläufig.

»Von mir aus hol das Bier. Aber jeder bekommt nur eine Flasche, sonst stehen wir heute abend noch hier!«

Sven tauchte auf, bewaffnet mit einer Liste und einem angeknabberten Bleistiftrest. »Da läuft alles schief, die machen das überhaupt nicht so, wie ich es geplant habe!«

Als Ältester unserer Nachkommenschaft hatte er schon die meisten Umzüge miterlebt und fühlte sich als Experte. Nach seiner Ansicht sollte man die Möbel zweckmäßigerweise Zimmer für Zimmer ausräumen und in den Möbelwagen stellen, weil sie dann noch während des Ausladens in geordneter Folge wieder eingeräumt werden könnten. Zu diesem Zweck hatte er die einzelnen Zimmer numeriert und das dazugehörige Mobiliar sowie die jeweiligen Kisten mit den entsprechenden Zahlen versehen. Leider waren die Möbelmänner nicht im geringsten geneigt, seinen organisatorischen Anordnungen zu folgen und den Teewagen neben das Bücherregal und dazwischen den Gummibaum zu stellen. Während er ihnen noch auseinandersetzte, daß der Schlafzimmerschrank absolut nicht zur Waschmaschine gehört, brachte der nächste Schwerathlet den Schreibtisch. Darauf kapitulierte Sven und suchte sich ein neues Betätigungsfeld. Er fand es im Keller, wo er die aufgescheuchten Spinnen einfing und zu dressieren versuchte!

Stefanie kam, wollte Kakao und ihr Feuerwehrauto, gab sich aber mit Milch zufrieden und spazierte dann zu einer Nachbarin, die schon die Zwillinge betreute und ihre Fürsorge im Laufe des Vormittags auf die ganze Familie ausdehnte.

»Hast du einen Schraubenzieher?« Sascha war schon wieder da.

»Nein. Wozu überhaupt?«

»Bei Lohengrin geht die Tür ab!«

Hier ist vermutlich eine Erklärung nötig: Eines Tages saß auf unserer Terrasse ein Tier, das ich als Ratte klassifizierte und mit einem »Igittigitt, pfui Deibel!« fassungslos anstarrte. Da ich ähnliche Schreie auch beim Anblick von Spinnen und Nachtfaltern von mir gebe, erschien sofort Sven auf der Bildfläche, zu dessen Pflichten als Hobby-Zoologe die Beseitigung derartiger Lebewesen gehört.

»Hast du denn jetzt schon Angst vor Goldhamstern?« Mein Sohn bückte sich kopfschüttelnd zu der vermeintlichen Ratte, hob sie auf und klärte mich weit ausholend über Herkunft und Charaktereigenschaften des Findlings auf. Die waren mir aber völlig egal, ich verlangte die sofortige Entfernung des Untiers, stieß auf erbitterten Widerstand und erklärte mich – wie immer bei Auseinandersetzungen über vierbeinige Hausgenossen – zu einem Kompromiß bereit. Sven würde das Vieh zunächst in den alten Vogelkäfig setzen und versuchen, den Besitzer ausfindig zu machen. Im übrigen war ich mir völlig darüber im klaren, daß er sich bei seinen Nachforschungen keine allzu große Mühe geben würde.

Sascha registrierte den neuen Hausbewohner mit »Was frißt der denn? Müssen wird das Futter etwa von unserem Taschengeld bezahlen?« Und Stefanie strahlte: »Das ist aber ein niedliches Mäuschen!« Womit Hamsters Verbleiben im Familienverband eine beschlossene Sache war!

Den Namen Lohengrin verdankt er Rolf. Der bekommt manchmal seinen »klassischen Fimmel«, wie Sven derartige Anwandlungen respektlos bezeichnet, redet einen ganzen Abend lang in Hexametern oder zitiert mit dem Pathos eines Alexander Girardi Schillers Balladen. So klärte er denn auch bereitwillig seine Söhne über den Gralsritter auf und erläuterte ihnen ausführlich die Parallelen, die nach seiner Ansicht zwischen dem klassischen Lohengrin und unserem aus dem Nichts erschienenen Hamster bestanden. Die Knaben fanden die ganze Geschichte zwar ziemlich verworren, akzeptierten Hamsters künftigen Namen aber anstandslos, »weil der so schön heldenhaft klingt!«

Später habe auch ich mich mit der »Ratte« angefreundet, zumal sie meine Leidenschaft für Tee mit Rum teilte.

Irgendwann gegen Mittag hatten die Muskelmänner den ersten Teil ihres Werkes vollbracht. Bis auf ein paar Kleinigkeiten war die Wohnung leer, und ich fing an, die Reste von Holzwolle, Bindfäden, Papier und Brötchenkrümeln zusammenzufegen.

»Hast du den Zettel mit den Adressen gesehen?« Sascha kroch auf allen vieren durch die Zimmer und prüfte jedes Papierstückchen.

»Welchen Zettel mit welchen Adressen?«

»Die von meinen Freunden! Ach, da ist er ja!« Erleichtert fischte er ein zerrissenes Löschblatt aus dem Abfallhaufen und steckte es in die Tasche. »Ich habe denen doch versprochen, daß ich mal schreibe.«

Ausgerechnet Sascha, der Bleistifte allenfalls zum Malen benutzt und jede Tätigkeit vermeidet, bei der man etwas schreiben muß. Weihnachtswunschzettel pflegt er grundsätzlich mit Abbildungen aus Versandhauskatalogen zu bekleben, die nach seiner Auffassung denselben Zweck erfüllen wie handgeschriebene, und die unumgänglichen Danksagungen für erhaltene Geschenke erledigt er überwiegend telefonisch. Daß die Oma in Berlin wohnt und die Patentante in Düsseldorf, spielt dabei überhaupt keine Rolle. »Die Telefonrechnung kann Papi doch von der Steuer absetzen«, erklärt er auf entsprechende Vorhaltungen. Die näheren Zusammenhänge kennt er zwar nicht, aber er muß diesen Satz schon ziemlich oft von uns gehört haben!

Seine Abneigung gegen jede Schreibarbeit hatte Sascha bereits im zweiten Schuljahr bewiesen, als er über das Thema »Was ich in den Ferien machen werde« einen Aufsatz verfassen sollte. Nachdem er drei Löschblätter bemalt, ein Mickymaus-Heft durchgeblättert und zwei Indianerfiguren mit Schnurrbärten versehen hatte, war ihm offenbar endlich etwas eingefallen. Er hatte zu schreiben begonnen, um nach genau vier Minuten das Heft zuzuklappen und aufatmend im Ranzen zu verstauen. Das Thema hatte er kurz und erschöpfend mit dem einen Satz abgehandelt: Das weiß ich doch jetzt noch nicht!

Sven erschien, in einer Hand den mit Draht reparierten Vogelkäfig samt Lohengrin, in der anderen eine Sprudelflasche, unter dem Arm eine Ladung Comics als Reiselektüre, und verkündete, daß der Möbelwagen bereits verschlossen und die Besatzung abfahrbereit sei. »Wir dürfen mit den Möbelmännern mitfahren, haben die gesagt, und du sollst noch die restlichen Bierflaschen rausbringen. Außerdem ist die große Vase kaputtgegangen, aber das ist nicht so schlimm, sagt der eine, weil...«

»Ja, ich weiß, zahlt alles die Versicherung!«

Der Möbelwagen setzte sich schließlich schwerfällig in Bewegung, nahm die noch übriggebliebenen Rosenzweige mit und schaukelte davon.

Endlich tauchte auch Rolf wieder auf, der Umzüge verabscheut und sich unter dem nicht zu widerlegenden Vorwand, noch geschäftliche Dinge abwickeln zu müssen, den ganzen Vormittag über verdrückt hatte. Wir machten unsere Abschiedsrunde bei den Nachbarn, nahmen die noch verbliebenen Kinder sowie einen Korb mit Äpfeln und zwei hausgemachte Leberwürste in Empfang, stellten wunschgemäß Briefe und gelegentlichen Besuch in Aussicht, stopften die vergessene Heckenschere und den halbvollen Sack mit Rasendünger in den Kofferraum, stiegen in den Wagen, räumten die Rollschuhe von den Vordersitzen und fuhren endlich los.

Ade, Schwarzwaldstädtchen, in dem es zwar meist kalt und windig war – neu zugezogene und noch nicht akklimatisierte Mitbürger behaupten, dort herrsche neun Monate im Jahr Winter, und während der restlichen drei sei es kalt –, in dem man einen Dialekt spricht, den ich auch nach zweijährigem Aufenthalt kaum verstanden habe, das aber wenigstens elftausend Einwohner, zwei Kinos, vier Tankstellen, eine Buchhandlung und viele schöne Geschäfte hat...

Heidenberg ist ein Örtchen, das man auf keiner Landkarte findet. Es liegt irgendwo zwischen Stuttgart und Heilbronn, verfügt über eine sogenannte Hauptstraße, die sich zwischen den Häusern entlangschlängelt, besitzt ein Gemeindehaus, das meistens nur anläßlich der einmal jährlich stattfindenden Schutzimpfungen für Kleinkinder benutzt wird, ein Gasthaus, in dem gleichzeitig der einzige Krämerladen des Dorfes untergebracht ist, und einen ehemaligen Weinkeller, der jeweils zur Faschingszeit zum örtlichen Vergnügungszentrum umfunktioniert wird. Das Dominierende an und um Heidenberg sind jedoch die Weinberge, und vorwiegend nach ihnen richten sich die Lebensgewohnheiten der Bevölkerung. Sascha lernte schon sehr bald den Unterschied zwischen normalen Sterblichen und Weinbauern kennen, denn oft genug, wenn er einen seiner neugewonnenen Freunde zum Spielen abholen wollte, bekam er die Antwort: »Heut nicht, wir ganget ins Spritzen.« Was je nach Jahreszeit auch »Rebenbinden«, »Hacken«, »Triebeschneiden« oder last but not least »Lesen« heißen konnte. Denn die Weinlese ist ein Ereignis, das auch den letzten Greis und die sonst bettlägerige Oma in die Weinberge treibt. Sascha fand die Zeit wunderbar, denn es gab aus diesem Anlaß ein paar schulfreie Tage, die mein Sohn allerdings als private Ferien betrachtete. War er am ersten Morgen noch erwartungsvoll zusammen mit seinem Freund Gerhard und dessen gesamter Familie in die Weinberge gezogen, so merkte er doch sehr schnell, daß die im Fernsehen so leicht aussehende Tätigkeit des Traubenpflückens harte Knochenarbeit bedeutet. Prompt erschien er kurz vor dem Mittagessen wieder zu Hause und schimpfte: »Das ist eine ekelhafte Schinderei, und außerdem schmecken die Trauben überhaupt nicht.« Den Rest der Weinleseferien verbrachte er dann überwiegend in seinem Baumhaus, von dem aus er mit einem ausrangierten Operngucker fachmännisch die Fortschritte in den Weinbergen verfolgte.

Unsere »Residenz« lag etwas außerhalb des Dorfes, soweit man den Begriff »außerhalb« überhaupt anwenden kann. Von der Hauptstraße, die auf beiden Seiten von Häusern flankiert war, zweigten in mehr oder weniger regelmäßigen Abständen Seitenwege ab, die nach ein paar Metern vor einer Hofeinfahrt endeten oder sich zu einfachen Feldwegen verjüngten, um sich irgendwo in der Ferne zu verlieren. Lediglich einer dieser Seitenwege tat das nicht. Er beschrieb eine Kurve, stieg etwa 200 m lang ziemlich steil bergan und endete vor einer Unkrautplantage. An einem etwas seitlich gelegenen Hang stand unser Haus. Der Garten fiel zur Straße hinab, zog sich aber um das ganze Haus herum und war zum Teil eingeebnet. Trotzdem wackelten immer die Gartenmöbel, und wir hatten ständig einen Stapel Reclam-Heftchen griffbereit, um die Höhenunterschiede auszugleichen. (Die Herren Lessing und Kleist mögen mir verzeihen!)

Der Architekt hatte von seinem Bauherrn offenbar künstlerischen Freiraum erhalten, denn vielleicht läßt es sich so erklären, daß er die Wohnräume und die Küche in die erste Etage verlegte. Folgerichtig lag auch die Terrasse, die an das Wohnzimmer grenzte, im ersten Stock, und wollte man sie vom Garten aus betreten, so mußte man erst eine hühnerleiterartige Stiege erklimmen. Für Leute mit Asthma oder Rheumatismus war das Haus denkbar ungeeignet, für Leute mit empfindlichem Gehör ebenfalls. Wenn unser lebhafter Nachwuchs samt Freunden die Treppen hinauf- oder hinunterpolterte –

und das geschah ungefähr dreißigmal pro Tag –, dann hatte man oft den Eindruck, eine Herde Elefanten stürmte das Haus.

Sagte ich schon, daß Heidenberg 211 Einwohner zählte? Ungefähr ein Fünftel davon hatte sich um den Möbelwagen geschart, wich aber in respektvolle Entfernung zurück, als unser Pkw um die Ecke bog.

»Da seid ihr ja endlich!« begrüßte uns Sven und zog Lohengrin an einem Bindfaden hinter sich her. »Wir sind schon seit einer halben Stunde da, das Bier ist alle, und Hunger haben wir auch!«

Sascha ergriff die Initiative. »Mal sehen, ob ich rauskriege, wo man hier etwas zu essen holen kann.« Damit steuerte er auf einen strohblonden Knaben zu, der hingebungsvoll in der Nase bohrte. »Ich heiße Sascha, und du?« – »Häh?« – »Wie du heißt!« – »Kinta.« – »Wie?« – »Kinta.«

Sascha sah sein Gegenüber an und kam kopfschüttelnd zurück. »Die haben aber komische Namen hier.«

»Der heißt sicher Günther«, erläuterte einer der Möbelmänner, offenbar recht gut vertraut mit den diversen schwäbischen Dialektfärbungen.

Sascha trottete zurück. »Heißt du Günther?« Der Strohblonde nickte. »Wie als bist du?« examinierte Sascha weiter.

»Nein.«

»Ich meine, wieviel Jahre bist du alt?«

»Ha, nein.«

»Mensch, ist der blöde!« Sascha brach seine Verständigungsversuche zunächst einmal ab. Vierundzwanzig Stunden später hatte er seine Meinung gründlich geändert und uns dahingehend informiert, daß »Kinta« neun Jahre alt sei, ebenfalls in die vierte Klasse gehe, ein Indianerzelt besitze und infolgedessen einer zumindest vorübergehenden Freundschaft würdig sei.

Unsere Goliaths leisteten Schwerarbeit und schleppten unermüdlich Möbel ins Haus. Während ich mich bemühte, möglichst schnell das Zimmer der Zwillinge in einen bewohnbaren Zustand zu bringen, hatte Sven in der Haustür Aufstellung genommen und dirigierte die Muskelmänner. »Der grüne Sessel gehört in Stefanies Zimmer, das Regal da in unseres, und der Schreibtisch muß ins Studio.« Gegenstände, die er nicht genau unterzubringen wußte, beorderte er zunächst einmal in den Keller, wo sich die einzelnen Familienmitglieder im Laufe der nächsten Tage ihre vermißten Habseligkeiten zusammensuchten.

Rolf hatte inzwischen im Gasthaus »Zum Löwen« sein Hauptquartier aufgeschlagen, wo er mit Recht die Befehlszentrale von Heidenberg vermutete. Von dort schickte er uns einen Tischler, der nebenbei auch als Elektriker werkelte und das Kunststück fertigbrachte, meinen Herd so anzuschließen, daß ich den Backofenschalter andrehen mußte, um die Schnellkochplatte in Betrieb zu setzen. Ein Herr Fabrici erschien, Landwirt und Besitzer einer Bohrmaschine, als solcher abkommandiert, um Dübel für diverse Hängeschränke zu setzen.

Während dieses ganzen Durcheinanders stolperte Stefanie die Treppe herauf und setzte aufatmend ein Körbchen mit Eiern ab. »Die hat mir eine Frau geschenkt. Die wohnt da drüben« – sie deutete wahllos in die Gegend –, »weil sie doch eine Eierfarm hat.«

»Hühnerfarm meinst du wohl?«

»Ja, Hühner hat sie auch. Kriege ich jetzt ein Ei?«

Allmählich lichtete sich das Chaos. Sven sammelte in sämtlichen Räumen leere Pappkartons zusammen und schleppte sie in den Garten, wo er ein loderndes Augustfeuer entzündete. Das lockte dann auch noch die restlichen minderjährigen Einwohner Heidenbergs an, die Sascha nach bewährtem Schema sofort zur Arbeit einteilte. »Du und du und du« – damit pickte er sich drei Jungs aus der Schar heraus –, »ihr könnt mitkommen.« Ein weiteres knappes Dutzend, das sich ihnen anschließen wollte, wurde energisch zurückgewiesen. »Euch brauche ich noch nicht.«

Die drei Auserwählten wurden von Sascha in sein Zimmer geführt, wo sie unter seiner Anleitung die Kisten auspackten. Dann begannen sie mit dem Aufbau der Autorennbahn. Ich wollte gerade ein Machtwort sprechen, als ich meinen Filius in einem seltenen Anflug von Vernunft protestieren hörte: »Nee, Leute, das geht jetzt nicht. Von mir aus könnt ihr morgen wiederkommen und damit spielen. Oder besser übermorgen«, korrigierte er sich in der weisen Vorahnung, ich würde mit einer so frühen Masseninvasion von Jung-Heidenbergern wohl doch nicht ganz einverstanden sein.

Der Möbelwagen war schließlich wieder abgefahren, es wurde langsam dunkel, und nach und nach verschwanden auch die vielen Zaungäste. Nur ein etwa vierjähriges Mädchen rührte im Garten gedankenverloren in den kalten Aschenresten herum. In diesem Augenblick keifte auch schon eine Stimme los: »Komm aus dem Dreck, Carmen, du Schwein!«

Carmen, das Schwein, blickte auf, wischte sich mit seinem Rockzipfel durch das Gesicht, schrie »Ha no« und flitzte davon.

Heimatklänge? Die hätte ich in diesem gottverlassenen Nest nun wirklich am allerwenigsten erwartet, obwohl man Berliner bekanntlich in jedem Winkel der Erde antreffen kann.

»Na warte, dir kriege ick schon!« hörte ich die keifende Stimme, aber als ich ihre Besitzerin sah, schien mir diese Behauptung doch reichlich kühn. Knapp zwei Zentner Lebendgewicht, eingewickelt in eine Kittelschürze undefinierbarer Farbe und zweifelhafter Sauberkeit, setzten sich watschelnd in Bewegung, hielten aber sofort wieder an. »Könn' Se denn nich uffpassen? Sie ha'm doch jesehn, det die Kleene da inne Asche wühlt. Nu muß ich ihr schon wieder waschen!«

(Diese Prozedur hätte ich ohnehin für dringend notwendig gehalten, aber ich scheine nach Ansicht meiner Söhne ein übertriebenes Reinlichkeitsempfinden zu haben. Jedenfalls halten sie meine ständigen Ermahnungen, sich doch gelegentlich auch mal Hals und Ohren zu waschen, für durchaus überflüssig. »Die werden doch in der Badewanne sauber«, pflegt Sascha regelmäßig zu erwidern, wobei er aber vergißt, daß er auch die nur widerwillig benutzt. Für ihn ist Wasser eigentlich nur im Freibad akzeptabel, womit das Problem Sauberkeit zumindest im Winter ein noch ungelöstes ist.)

Ich beschloß, diesem unverfälscht berlinernden Phänomen in den nächsten Tagen einmal auf den Grund zu gehen. Im Augenblick hatte ich keine Zeit dazu.

Irgendwie gelang es mir, die gesamte Familie zu einem improvisierten Abendessen zusammenzutrommeln und anschließend in die Betten zu verfrachten. Abgesehen von einer mitternächtlichen Unterbrechung, als ich Stefanie heulend auf dem Flur entdeckte, weil sie die Toilette nicht fand, verlief die erste Nacht im neuen Heim ausgesprochen ruhig.

Es sollte nicht immer so bleiben!

Nach ein paar Tagen hatten wir unser Haus so ziemlich eingerichtet und lebten wieder aus Schränken und Kommoden statt aus Koffern und Kisten. Rolf war überwiegend damit beschäftigt, Blumen und Blattpflanzen zu gruppieren, umzutopfen und aufzubinden, wobei er ständig nach meiner Assistenz schrie und mir auftrug, eimerweise Wasser herbeizuschleppen, Blumenerde, Dünger und Bambusstöcke aufzutreiben und mittels einer geliehenen Wasserwaage festzustellen, ob das jeweilige Gewächs auch genau senkrecht im Topf stand. Für mich blieben die nebensächlichen Arbeiten wie das Auspacken der 14 Bücherkisten, das Verstauen des Geschirrs, der Wäsche, Schuhe und was dergleichen Kleinigkeiten mehr sind.

Ursprünglich hatte ich auf die Mithilfe meiner beiden Söhne gehofft, aber die hatten ja Ferien und pflegten sofort nach dem Frühstück ihre Räder zu besteigen und zu irgendwelchen Erkundungsfahrten aufzubrechen. Hin und wieder tauchten sie auf und berichteten von ihren Entdeckungen. So sollte es irgendwo einen Moorsee geben, in dem »meterlange« Karpfen lebten, die man angeln könnte, und auf einem Hügel stünde eine Burgruine, in der angeblich Götz von Berlichingen einige Jugendjahre verbracht haben soll. Nun gibt es hier in der Gegend und vor allem neckaraufwärts alle paar Kilometer eine alte Burg, und in jeder soll der Götz wenigstens einmal genächtigt haben. Wenn das tatsächlich zutrifft, dann müßte der gute Mann sein Nachtquartier alle paar Tage gewechselt haben, was ich unter Berücksichtigung der damaligen Verkehrsbedingungen für unwahrscheinlich halte! Schließlich kam der Tag, an dem wir das letzte Bild aufgehängt und den letzten Hammer an seinen hoffentlich letzten Platz gelegt hatten. Der normale Alltag konnte beginnen.

Er begann damit, daß Rolf sich in die Küche stellte, um »endlich mal wieder ein vernünftiges Essen« zu kochen. Auch ich war das ewige Konservenfutter langsam leid, aber aus Zeitmangel hatte ich meine Lieben bisher aus Dosen beköstigen müssen. Nach bewährter Methode forderte er meine Mithilfe als Küchenmädchen an und war über meine Ablehnung einigermaßen überrascht. Sollte er doch mal seine Salatkräuter selber hacken! Ich mußte erst die Zwillinge baden und abfüttern.

Ähnliche Vorkommnisse häuften sich. Ich hatte keine Zeit mehr, Geschäftsbriefe zu schreiben, ich konnte keine Abrechnungen mehr machen, und ich sah mich auch nicht mehr in der Lage, seitenlange Manuskripte abzutippen.

»Wir brauchen unbedingt ein Mädchen!« stellte mein Gatte fest, als ich wieder einmal vergeblich versuchte, zum selben Zeitpunkt Stefanies Knie zu verpflastern, den kleinen Handkoffer vom Boden zu holen, den ausgebrochenen Lohengrin an der Flucht in den Garten zu hindern und das Auto in die Garage zu stellen.

Diese Erkenntnis war mir auch schon gekommen! Ich bezweifelte nur, daß wir jemals jemanden finden würden, der sich in dieser ländlichen Einöde begraben ließ. Junge Mädchen haben bekanntlich andere Interessen als kinderreiche Mütter, die abends lediglich ein ungeheures Schlafbedürfnis verspüren und selbst bei einem Überangebot an kultureller Abwechslung herzlich wenig Lust haben, sich noch festlich anzuziehen und in ein Theater zu gehen. Junge Mädchen – und nur ein solches käme ja wohl in Betracht – brauchen zu ihrem Wohlbefinden wahrscheinlich italienische Eisdielen, Diskotheken und einen Friseur. Das alles gab es nicht in Heidenberg.

»Gib dich keinen Illusionen hin«, erklärte ich meinem zuversichtlichen Gatten. »Ein Mädchen finden wir nie! Mir genügt fürs erste schon eine Putzfrau.«

»Wir können es wenigstens mal versuchen.«

Rolf bleibt in jeder Lebenslage Optimist. Auch dann, wenn es am Abend vor einem geplanten Wochenendausflug Bindfäden regnet und der Wetterbericht eine zweite Sintflut prophezeit. »Bis morgen hat sich das alles längst verzogen.« Am nächsten Tag kann man vor lauter Nebel nichts erkennen. »Na also, der verschwindet bald, und dann wird es schön. Wir fahren!« Also fahren wir. Zuerst durch Nebel, dann durch Regen, anschließend durch ein kleines Gewitter, und wenn wir abends müde und schlecht gelaunt wieder zu Hause sind, haben wir außer dem tristen Schankraum eines ländlichen Gasthauses nicht sehr viel gesehen.

Der Optimist gab also in der einschlägigen Tageszeitung ein Inserat auf, in welchem von einem großen Haus in einer der landschaftlich schönsten Gegenden die Rede war, von guterzogenen Kindern (darüber konnte man geteilter Meinung sein!), von Mithilfe im Haushalt und Familienanschluß. Dann warteten wir. Allerdings vergebens.

»Vielleicht muß man den Text anders abfassen«, schlug ich

vor. »Lassen wir doch die Kinder weg. Oder wenigstens ein paar davon. Wenn sich jemand meldet, kann ich ja immer noch sagen, daß die Zwillinge eigentlich noch gar keine Arbeit machen.«

Nun suchten wir also ein kinderliebes Mädchen mit Führerschein, das auch Hausaufgaben beaufsichtigen kann. Rolf war der Meinung, es sei vorteilhaft, wenn man auch gewisse geistige Fähigkeiten voraussetzt.

Anscheinend hatte er recht. Telefonisch meldeten sich zwei weibliche Wesen, die ein gemäßigtes Interesse bekundeten. Eine der Damen fragte übrigens gleich, ob sie auch über Nacht wegbleiben dürfte.

Am Nachmittag des folgenden Tages stellte sie sich vor, wasserstoffblond, mit sorgfältig manikürten Fingernägeln und einem unglaublich stupiden Gesichtsausdruck. Nein, vom Haushalt hätte sie keine Ahnung, kochen könnte sie auch nicht, Englisch hätte sie in der Schule nicht gehabt, und eigentlich wollte sie ja nur die feine Küche erlernen. Bitte schön, aber nicht bei mir!

Die andere hieß Anneliese, war 17 Jahre alt und hatte bisher in einer Vorabendkneipe Bier und heiße Würstchen serviert. Aber die Tatsache, daß ihr dieser Job nicht mehr gefiel, sprach zumindest zu ihren Gunsten. Außerdem machte sie einen halbwegs intelligenten Eindruck und schien auch willig zu sein. Also versuchten wir es mit ihr.

Nach 14 Tagen waren wir jedoch bedient. Daß sie grundsätzlich nur das tat, was man ihr sagte, und nicht einen Handschlag mehr, wäre noch zu ertragen gewesen. Auch ihre Vorliebe für Romanhefte, Marke »Ihr Herz schrie vor Sehnsucht«, hätte mich nicht weiter gestört, Hemingway ist schließlich nicht jedermanns Sache. Aber als die männliche Dorfjugend anfing, wie verliebte Kater um unser Haus zu streichen und Einlaß zu begehren, kamen mir die ersten Zweifel, ob unsere Wahl richtig gewesen war. Und als Rolf einmal lange nach Mitternacht von einer Reise zurückkam und Anneliese mit dem Dorf-Casanova in flagranti erwischte, warf er beide kurzerhand hinaus.

»Jetzt kann uns nur noch Frau Häberle helfen«, erklärte er am nächsten Morgen und machte sich auf zum »Löwen«.

Auf diese Idee hätte ich auch kommen können! Frau Häberle befehligt in ihrer Eigenschaft als Schankmaid nicht nur die

Zusammenkünfte der Eingeborenen, sie gilt darüber hinaus auch als örtliches Tagblatt, das die jeweiligen Neuigkeiten schon kennt, bevor die Betroffenen selbst etwas davon wissen. Morgens trägt sie die 73 Exemplare der Tageszeitung aus und sammelt dabei Informationen, die sie von Haus zu Haus weitergibt. Als Stefanie die Windpocken bekam, selbst aber noch gar nichts davon merkte, verkündete Frau Häberle bereits im ganzen Dorf: »Ha, die Kleine von den Neuen da drobe hat die rote Fleck'!« Die Kleine erkrankte zwei Tage später, und ich bin bereit, Frau Häberle hellseherische Fähigkeiten zu bescheinigen.

»Ich glaube, es klappt!« triumphierte Rolf, als er nach geraumer Zeit mit leichter Schlagseite auftauchte. »Morgen früh wird sich eine Putzfrau vorstellen.«

So kam Wenzel-Berta ins Haus.

»Ich heiße Wenzel, Berta«, begrüßte mich das muntere Frauchen im Sonntagsstaat, »und was die Frau Häberle ist, die hat gesagt, daß ich mal vorbeikommen tun soll wegen Putzen und so.« Damit schritt sie besitzergreifend ins Haus und plauderte fröhlich weiter. »Das können Se wirklich nicht allein schaffen mit all die vielen Kinder und so. Und weil doch nu die Renate aus'm Haus ist und verheiratet, und der Sepp is bei der Bundeswehr, da hat der Eugen gesagt – Eugen is mein Mann, wissen Se –, ja, da hat der gesagt, tu man die Leute ein bißchen helfen, Berta, hat er gesagt, Zeit haste, und ein bißchen was verdienen kannste dir auch.«

Gepriesen seien Eugen und die Bundeswehr!

»Haben Sie Angst vor Goldhamstern?« fragte ich vorsichtig. Wenzel-Berta sah mich verständnislos an. »Goldhamster?« Kenne ich nich, aber was mein Sepp is, der hatte früher Meerschweinchen. Aber die stinken!«

Diese Klippe war also umschifft. Anneliese hatte nämlich eine panische Furcht vor Lohengrin gehabt und sich standhaft geweigert, ihr Zimmer zu verlassen, sobald Sven seinen Liebling mal wieder in die Hemdentasche gesteckt hatte und mit ihm durchs Haus spaziert war. Erst als Rolf seinem Filius angedroht hatte, er werde den Hamster eigenhändig in der Toilette ersäufen, hatte Sven auf seinen vierbeinigen Begleitschutz verzichtet. Obwohl Lohengrin fortan in seinen Käfig verbannt worden war, hatte Anneliese sich weiterhin gesträubt, Svens Zimmer zu betreten.

Alle weiteren Fragen erübrigten sich. Daß Wenzel-Berta zufassen konnte, sah man ihr an, und daß sie wußte, *wo* sie zufassen mußte, konnte man voraussetzen.

»Ihre Kinder kennt ja nu schon das ganze Dorf«, erzählte sie weiter, als wir es uns bei einer Tasse Kaffee gemütlich gemacht hatten, »bloß der Schorsch hat noch immer eine Mordswut auf die Jungs, weil die ha'm dem Schorsch sein Schwein in den Hühnerstall gelassen, und da sind die Hühner verrückt geworden und das Schwein auch.«

Ich hatte zwar keine Ahnung, wer Schorsch ist, und die Schweinejagd war mir völlig neu, aber Wenzel-Berta klärte mich auch ungefragt über alles Notwendige auf. »Der Schorsch ist nämlich unser Nachbar, weil der hat nach uns gebaut und seinen Misthaufen an unseren Garten gesetzt, wo er das ja eigentlich erst nach drei Metern darf. Aber da hat ihm der Sepp irgendwas Chemisches reingetan – der Sepp war auf'm Schymnasium, und da hat der so was gelernt –, und da ist der Schorsch mit seinem Mist weg. Der kann uns nämlich nich leiden, weil wir Flüchtlinge sind, wo die Herren in Bonn immer sagen, daß wir mal nach Hause zurück sollen. Aber ich gehe nich, und die Renate geht auch nich, weil die is jetzt verheiratet in Heidelberg mit einem von der Verwaltung. Und was der Sepp is, der wo die Besitzansprüche erben tut, der will ja auch nich wieder weg. Der geht doch mit der Bärbel vom Löwenwirt, und die macht nu ganz bestimmt nich weg aus'm Schwäbischen.«

Wenzel-Berta stärkte sich mit einer weiteren Tasse Kaffee. »Ihr Mann is ja wohl Maler oder so was Ähnliches, nich wahr?« forschte sie dann.

Noch ehe ich fragen konnte, was sie denn auf diese Idee gebracht haben mochte, klärte sie mich auf.

»Dem Kroiher sein Jüngster war ja auch hier so rumgestanden bei Ihr'm Einzug, und der hat denn später erzählt, daß beim Ausladen so viele Pinsel und so dabeigewesen sind und auch so viel großes Papier, also alles Zeug, was 'n Maler so braucht. Malt er denn nu wenigstens Bilder, wo man was drauf erkennen kann, oder so Sachen, wo man nich weiß, wie rum man die aufhängen soll?«

Sie war sichtlich beruhigt, als ich sie über Rolfs Beruf aufklärte. Von Kunstmalern schien sie nicht viel zu halten, und hoffentlich würde sie nicht doch fahnenflüchtig werden, wenn sie zum erstenmal in Rolfs Zimmer kam. Er malt nämlich tatsächlich, allerdings nur aus Liebhaberei, und auch nur Aquarelle, bei denen man garantiert weiß, wo oben und wo unten ist.

Nach einer weiteren halben Stunde kannte ich alle bedeutungsvollen Ereignisse aus Wenzel-Bertas 47jährigem Leben, angefangen von der Schulzeit (»uns hat ja noch der Herr Kantor gelernt, aber so was gibt's ja nu nich mehr«) über die Hochzeitsreise ins Riesengebirge bis zu Eugens Blasenkatarrh im vergangenen Jahr. So ganz nebenbei wurden wir uns aber auch über Wenzel-Bertas künftige Mithilfe einig, und nachdem sie noch Nicole und Katja bewundert (»könn' Se die denn auseinanderhalten?«) und das Kaffeegeschirr gespült hatte (»lassen Se mich das man schnell machen, das brauchen Se auch nich bezahlen«), zog sie hochbefriedigt von dannen, um sofort im Dorf zu verkünden, daß »die Neuen da oben ganz normale Leute« sind.

4.

Wir waren nach Heidenberg gezogen, um den Kindern Großstadtlärm, Autoabgase und die Suche nach einem Spielplatz zu ersparen. Außerdem wollten wir wieder ein bißchen Natur genießen. Die hatten wir nun in ausreichender Menge! Sie reichte in Gestalt eines riesigen Brennesselfeldes sogar bis an das Haus heran. Unser Grundstück grenzte an sogenanntes Bauerwartungsland, und dessen Eigentümer sah keine Veranlassung mehr, den ursprünglichen Acker weiterhin landwirtschaftlich zu nutzen. So wucherten dort alle nur denkbaren Unkräuter bunt durcheinander und erreichten dank der jahrelangen Bodendüngung ungeahnte Höhen. Nebenbei diente dieser Mini-Urwald allen heimischen Insektenarten als Unterschlupf – von gelegentlichen Mutationen ganz zu schweigen – und hätte jeden Entomologen in helles Entzücken versetzt. Mich allerdings weniger! Ich habe seit jeher einen Abscheu vor allem, was kriecht und krabbelt, und mich nie damit abfinden können, wenn aus dem Waschlappen im Bad ein Ohrenzwicker fiel, oder ich in der Küche ein halbes Dutzend Asseln zusammenfegen mußte.

Eine Zeitlang war Sven pausenlos damit beschäftigt, alles, was er an vier- und sechsbeinigem Getier einfing, zu konservieren und zu katalogisieren, dann gab er es auf, weil er mindestens ein Drittel des Gewürms nicht identifizieren konnte und es auch in keinem seiner zahlreichen Nachschlagewerke fand. Und als er eines Morgens auf seinem Kopfkissen eine riesige Kreuzspinne entdeckte, war's auch bei ihm mit seiner Tierliebe vorbei. Fortan beteiligte er sich wie alle anderen Familienmitglieder an der Vernichtungsaktion, aber der Erfolg war ungefähr genauso groß, als hätten wir versucht, die Sahara mit einem Teelöffel wegzuschaufeln. Zwangsläufig gewöhnte ich mich daran, Tiere in der Größenordnung bis zu 1 cm Durchmesser zu ignorieren und erst umfangreichere Exemplare mittels zusammengefalteter Zeitungen, Hausschuhen, Topfdeckeln oder anderer massiver Gegenstände zu erschlagen. Als Stefanie mir einmal atemlos erzählte, sie habe gerade ein kleines Krokodil gesehen, war ich drauf und dran, ihr sogar *das* zu glauben. Dabei hatte sie nur eine Eidechse gefunden.

Unser Haus lag ja etwas außerhalb des Dorfes auf einer kleinen Anhöhe, was einerseits den Vorteil hatte, daß sich selten Zeitschriftenwerber oder ambulante Teppichverkäufer zu uns verirrten, uns aber andererseits auch von einigen Segnungen der Zivilisation fernhielt. Das einmal wöchentlich erscheinende Fischauto entdeckte ich meist erst dann, wenn es wieder wegfuhr, und den Gemüsehändler, der sogar jeden zweiten Tag kam, konnte ich nur ab und zu einmal abpassen.

Das Einkaufen erwies sich ohnehin als ein gewaltiges Problem. Es gab im Dorf zwar einen richtigen Tante-Emma-Laden, aber ich wurde nie den Eindruck los, daß dieses Lädchen mehr als Kommunikationszentrum für die Dorfbewohner diente als seiner eigentlichen Bestimmung. Schickte ich Sven los, um Zucker, Büchsenmilch, Pfefferkörner und Haferflokken zu holen, kam er prompt mit dem Zucker zurück und begründete den fehlenden Rest mit »Haferflocken sind alle, Büchsenmilch kommt übermorgen wieder rein, und Pfeffer gibt's nur weißen. Und der ist gemahlen.«

Das Nachbardorf konnte ich zwar in drei Kilometer Entfernung liegen sehen, und dort gab es auch eine ganze Reihe annehmbarer Geschäfte, aber um dahin zu kommen, mußte man eine sehr kurvenreiche, schmale Straße bewältigen. Wobei die Bezeichnung Straße sogar reichlich übertrieben ist, denn genaugenommen handelte es sich um einen notdürftig verbreiterten Feldweg mit tiefen Fahrrinnen, der nach mehrstündigem Regen sofort den Charakter einer Sumpflandschaft annahm. Dreimal täglich befuhr diese Straße ein klappriger Postbus, der schon längst Anspruch auf einen Platz im Museum für vaterländische Altertümer hätte erheben können. Wer nicht gerade im Morgengrauen oder zur Mittagszeit dieses Vehikel besteigen konnte oder wollte, war auf eine andere Fahrgelegenheit angewiesen. Befand sich Rolf – und mit ihm das Auto – wieder einmal tagelang auf Reisen, mußte ich zu Fuß gehen und war froh, wenn mich unterwegs ein Treckerfahrer auflas und seinen Anhänger besteigen ließ. Damals lernte ich nachhaltig den Unterschied von Getreidesäcken, Langholzbrettern und Kuhfutter kennen. Außerdem entdeckte ich wieder die Freuden des Radfahrens, vorausgesetzt, ich fuhr mir nicht gleich nach dem ersten Kilometer einen Nagel in den Schlauch oder verlor durch die ständigen Erschütterungen nicht ein halbes Dutzend Schrauben. Dann nämlich zerfiel das Rad unweigerlich in seine Bestandteile.

Die erste Anschaffung im neuen Haus bestand also aus einer Tiefkühltruhe, die wir freitags mit dem voraussichtlichen Bedarf der kommenden Woche vollstopften. Mit Aufschnitt kann man das allerdings schlecht machen, und wenn ich vergessen hatte, rechtzeitig ein frisches Paket Butter aufzutauen, gab es zum Frühstück Margarine. Als Rolf wieder einmal lustlos auf dem Inhalt der letzten Dose Corned beef herumkaute – Frischwurst war alle –, kam ihm der naheliegende Gedanke: »Du mußt selbst einen Wagen haben!«

Eine Woche später stand Hannibal vor der Tür. Er war ein winziger Fiat unbestimmten Baujahres, der zwar schon einmal bessere Tage gesehen hatte, nach Ansicht meines Ernährers aber völlig ausreichen würde, den geplanten Nahverkehr zu bewältigen. Seinen hochtrabenden Namen, den ihm Sven – aus welchen Gründen auch immer – verpaßt hatte, trug er allerdings völlig zu Unrecht. Er hätte niemals auch nur den Taunus erklimmen können, geschweige denn die Alpen. Ich war froh, wenn er die kleine Anhöhe zu unserem Domizil schaffte. Andererseits war diese Gefällstrecke beim Starten notwendig, um Hannibal in Gang zu setzen. Bevor er ansprang, mußte er erst eine bestimmte Geschwindigkeit erreicht haben, notfalls durch Anschieben. Aus diesem Grunde hatte ich entweder einen Beifahrer mit oder eine Handvoll Zehnpfennigstücke, um eventuell jugendliche Hilfskräfte mobilisieren zu können. Wir haben es auch mit einer neuen Batterie versucht, deren Erwerbs- und Einbaukosten in keinem Verhältnis zu Hannibals Anschaffungspreis standen, und eine Zeitlang tuckerte das Autochen dann auch brav mit 55 km Höchstgeschwindigkeit über die Straßen, aber kurz vor Weihnachten ging es an Altersschwäche zugrunde. Fortan diente es, vor einer nicht mehr benutzen Scheune abgestellt, der Dorfjugend als Spielzeug und erfreute sich großer Beliebtheit.

Als weiteres Ärgernis erwies sich die Postzustellung. Bisher hatten wir immer ein Postfach gemietet, aus dem wir uns ab acht Uhr morgens unsere Briefe abholen konnten. In Heidenberg gab es aber gar kein Postamt, lediglich eine öffentliche Fernsprechzelle, die jeden dritten Tag kaputt war. Briefmarken verkaufte Frau Häberle, Geldüberweisungen erledigte – manchmal mit mehrtägiger Verzögerung – der Briefträger, und hatte man ein Päckchen zu befördern, gab man es jemandem mit, der gerade in die Stadt fuhr. Erstaunlicherweise klappte diese Methode reibungslos, und ich selbst bin oft genug mit einem halben Dutzend Pakete fremder Herkunft von zu Hause weggefahren. Nur mit der Briefzustellung haperte es. Natürlich hatten wir einen Briefträger, der auch pünktlich nach Ankunft des Postautos seine Runde begann, aber auf halber Strecke kehrte er zu einer Verschnaufpause ins Wirtshaus ein, und es war nie vorauszusehen, wie lange diese Pause dauern würde. Das kam auf das Wetter an, auf die schon vorhandenen Gäste, auf die Menge der dörflichen Neuigkeiten, die diskutiert werden mußten, und nicht zuletzt auf die Anzahl der konsumierten »Viertele«. Hin und wieder geschah es auch, daß der Briefträger den »Löwen« nicht mehr auf seinen eigenen zwei Beinen verlassen konnte, dann trug eben seine Frau zwischen Nachmittag und Abend die restliche Post aus.

Anfangs war ich etwas befremdet, wenn mir Herr Mögerle schon von weitem entgegenrief: »Sie habet eine Karte ausch Holland kriegt, aber da rägnet's ganz arg, und bei uns scheint d'Sonne, ha, so isches äbe!« Später gewöhnte ich mich daran und bat die Verwandtschaft, familiäre Neuigkeiten lieber in verschlossenen Briefen mitzuteilen.

Aber natürlich hat das Landleben auch seine Vorteile. Niemanden stört es, wenn man höchst mangelhaft bekleidet und mit Lockenwicklern im Haar beim Nachbarn Eier holt. Und als Sascha in der Tombola des Schützenvereins ein lebendes Kaninchen gewann, war auch das kein Problem. Er gab es zu einem Freund in Pension, wo es kräftig half, den schon vorhandenen Karnickelbestand zu vermehren. Unsere Milch bezogen wir direkt von der Erzeugerin, Salat gab es gratis von den Nachbarn, Obst bekamen die Kinder körbeweise geschenkt, und Küchenkräuter sowie Tomaten zogen wir selber. Letztere in so großen Mengen, daß ich sie unter Wenzel-Bertas Anleitung zu Ketchup verarbeitete. Irgend etwas muß da aber falsch gelaufen sein, jedenfalls gingen die Flaschen hoch, und wir mußten eine Kellerwand neu weißeln lassen. Daraufhin kauften wir Ketchup wieder im Laden, das war billiger.

Von der vielgepriesenen ländlichen Ruhe haben wir auch nicht allzuviel gemerkt. Natürlich gab es keinen Großstadtlärm, und während der ersten Zeit unterbrach die abendliche Stille allenfalls ein Hund, der den Mond anbellte, oder ein Fensterladen, der geräuschvoll zugeklappt wurde. Mit Beginn der Erntezeit änderte sich das schlagartig und führte die deutsche Lesebuch-Idylle vom dörflichen Abendfrieden ad absurdum.

Morgens um fünf ging es schon los. Da ratterte der erste Traktor den Hohlweg hinter unserem Haus vorbei, in unregelmäßigen Abständen folgten die nächsten, dann wurden muhende Kühe auf die Weide getrieben, manchmal waren es auch Schafe, die blökten noch lauter, zwischendurch keuchte ein altersschwacher Lastwagen die Steigung herauf, jaulte kurz auf und klapperte weiter, dann kam der Bauer vom Aussiedlerhof mit einem Dutzend scheppernder Milchkannen... und lange nach Sonnenuntergang wiederholte sich das Spiel in umgekehrter Reihenfolge. Erst kam der Bauer, dann kamen die Kühe und dann die Trecker.

Eines Abends hörten wir ein fremdes Geräusch, das klang wie zehn Traktoren zusammen, vermischt mit einem eigenartigen Knirschen und untermalt von schrillen Pfeiftönen. Alles stürzte los, und wir kamen gerade noch rechtzeitig, um ein abenteuerlich beleuchtetes feuerrotes Monstrum zu bestaunen.

»Is bloß 'n Mähdrescher«, beruhigte uns Sven, »jetzt ist wohl das Weizenfeld da drüben dran.«

»Mitten in der Nacht?«

»Die Dinger werden doch stundenweise vermietet, und wenn es nicht anders geht, wird es auch nachts eingesetzt. Hat ja Scheinwerfer.«

Das Feld »da drüben« war knapp zweihundert Meter entfernt, der Mähdrescher in Aktion noch entschieden geräuschvoller als im Ruhestand, und kurz vor Mitternacht konnten wir endlich schlafen gehen. Die anderen Felder in unmittelbarer Nachbarschaft waren zum Glück mit Zuckerrüben bepflanzt.

Nach der Ernte ging es weiter. Jetzt wurden die Felder umgepflügt, geeggt (eine vorbeifahrende Egge macht ungefähr den gleichen Krach wie ein halbes Dutzend schrottreifer Fahrräder, die man auf eine Schüttelrutsche gelegt hat), gedüngt (in Heidenberg bevorzugte man Naturdünger, und manchmal konnten wir stundenlang kein Fenster öffnen), neu eingesät und ich weiß nicht, was noch alles. Erst im Winter wurde es ruhig, aber dann kam der Schneepflug. Wenn er kam!

Langsam dämmerte mir die Erkenntnis, daß unser Hang zur ländlichen Idylle vielleicht doch ein bißchen übertrieben war, zumals unser Haus auch nicht das hielt, was es bei der ersten Besichtigung versprochen hatte. Zugegeben, es sah sehr eindrucksvoll aus mit der großen Terrasse, dem zur Straße hin abfallenden Garten und vor allem der riesigen Fensterfront. Aber wer einmal versucht hat, oben am Hang die Rosen vor dem Verdursten zu schützen, während sich unten bei den Astern ein Morast bildet, der lernt ziemlich schnell ebene Flächen zu schätzen. Wenigstens erreichte unsere Wasserrechnung keine astronomischen Höhen. In ganz Heidenberg gab es keine einzige Wasseruhr; man zahlte eine Jahrespauschale und konnte so viel Wasser verbrauchen, wie man wollte. Vorausgesetzt, man hatte welches! Unser ländliches Zwischenspiel fand statt in einem jener heute so legendären Sommer, in denen es wochenlang nicht regnete, Rasensprengen und Wagenwaschen durch Regierungsdekret verboten waren und in sämtlichen Talsperren Ebbe herrschte. Ich weiß nicht, woher Heidenberg sein Trinkwasser bezog, jedenfalls waren wir auf unserem Hügel immer die ersten, bei denen es versiegte. Manchmal bemerkte ich den nachlassenden Wasserdruck in der Küche noch frühzeitig genug, um im unteren Stockwerk die Badewanne vollaufen zu lassen – da tröpfelte es noch, wenn oben nichts mehr aus der Leitung kam –, aber meistens saßen wir auf dem trocknen und mußten das kostbare Naß eimerweise von tieferliegenden Häusern heranschleppen. Zum Zähneputzen und Kaffeekochen benutzten wir Selterswasser, und die Waschmaschine setzte ich vor dem Schlafengehen in Betrieb, denn nachts funktionierte die Wasserzufuhr. Sascha transportierte übrigens als einziger ohne Murren sein vorgeschriebenes Quantum an Wassereimern, wußte er doch, daß nur ein geringer Teil davon zur täglichen Körperpflege vorgesehen war.

Trotz alledem hatte das Haus auch einen nicht zu unterschätzenden Vorteil: Es gab haufenweise Platz. Jedes Kind hatte sein eigenes Zimmer, wir verfügten über zwei Bäder und vier Toiletten, hatten genügend Abstellfläche für Schuhschränke, Regale und die hundert Kleinigkeiten, die man normalerweise nie richtig unterbringen kann. Sogar für Rolf gab es neben dem üblichen Arbeitszimmer noch einen Raum mit Wasseranschluß, den er sofort zur Dunkelkammer umfunktionierte, und in dem ich im Laufe der Zeit meine vermißten Küchengeräte wiederfand. Die Holzlöffel brauchte er zum Umrühren des Entwicklers, die Gefrierschalen zum Wässern der Fotos, zum Trocknen die Wäscheklammern und einmal sogar meinen Handmixer zum Mischen irgendwelcher Flüssigkeiten.

Das Familienleben, soweit es gemeinsam stattfand, spielte sich im Wohnraum ab oder, richtiger gesagt, in der Wohnhalle. 64 qm groß mit holzgetäfelter Decke, die schräg nach oben zog und an ihrem höchsten Punkt annähernd sechs Meter erreichte, erschien der Raum mit seinen zwei von oben bis unten verglasten Fensterfronten wirklich beeindruckend. Als ich ausrechnete, daß ungefähr 45 m Gardinen nötig waren, um diese Fronten zu bedecken, fand ich das noch viel beeindruckender. Die Stores wurden also von vornherein gestrichen, außerdem konnte uns sowieso niemand in die Fenster sehen. Dazu wucherten unsere vormals spärlichen Blattpflanzen auf den tiefen Fensterbänken mit ungeahnter Heftigkeit, und wer von außen unsere Fenster sah, mußte glauben, wir wohnten in einem Treibhaus.

Es war auch eins! Im Hochsommer, wenn die Sonne von zehn Uhr bis zum Untergehen auf die Scheiben knallte, verwandelte sich der Wohnraum in eine Sauna, aus der jedes Lebewesen flüchtete. Sogar die Fliegen wurden erst abends wieder munter. An manchen Tagen ging ich in das Wohnzimmer nur, um die Insektenleichen aufzusaugen und die Blumen zu gießen. Dann schloß ich hinter mir die Tür und kam mir vor wie meine Urgroßmutter, die ihre gute Stube auch nur zum Saubermachen betreten hatte – Ostern und Weihnachten ausgenommen.

Meine ursprüngliche Begeisterung für unser attraktives Heim erhielt einen weiteren Dämpfer, als wir zum ersten Male Fenster putzen wollten. Vierzehn Meter Glas, mindestens zweieinhalb und an höchster Stelle sechs Meter hoch, und das Ganze mit einer einfachen Haushaltsleiter! Als ich Wenzel-Berta sah, die auf der höchsten Sprosse balancierte und mit einem über den

Besen gewickelten Ledertuch an der obersten Scheibe herumwerkelte, kamen mir ernsthafte Bedenken. Von da an wurde die Säuberung unseres Treibhauses einer Firma übertragen, die auf die Reinigung von Fabrikhallen spezialisiert war. Dementsprechend sah dann auch das Ergebnis aus, wenn der Mann samt Feuerleiter und Scheibenwischer wieder abgezogen war. Manchmal kam er auch bei Regenwetter – »ha, i han mei Terminplan!« –, und von dem Erfolg seiner Bemühungen war schon nichts mehr zu sehen, wenn er noch am letzten Fenster herumwischte.

Die Größe des Hauses verursachte in zunehmendem Maße Kommunikationsschwierigkeiten. War ich in der Küche und wollte einen meiner Söhne sprechen, so mußte ich entweder aus dem Fenster brüllen (im Sommer war das manchmal erfolgreich, weil auch die Jungs sämtliche Fenster geöffnet hatten), oder ich schrie durchs Haus, und das meist umsonst. Also Küchentür auf, Gang entlang, Treppe hinunter (19 Stufen), nächste Tür auf, kleineren Gang entlang, noch eine Tür auf und Ziel erreicht. Oder auch nicht, wenn nämlich die Knaben durch das Fenster entwischt waren, um sich den entschieden längeren Weg zur Haustür zu ersparen. Manchmal war das Mittagessen kalt, bevor ich die einzelnen Familienmitglieder aus ihren Zimmern zusammengetrommelt hatte. Wir installierten eine Sprechanlage nach unten, aber die nützte auch nicht viel. Entweder war niemand da, was ich von oben nicht sehen konnte, oder das Ding war nicht eingeschaltet, oder ein Kabel hatte sich gelockert, oder die Batterien waren leer. Funktionsfähig war der Apparat höchst selten.

Trotz Landluft, kuhwarmer Milch und tagesfrischer Eier nebst genügend Bewegung und nicht dem geringsten Anflug von Langeweile – also trotz aller Voraussetzungen, die einem vom ärztlichen Standpunkt aus ein gesundes Wohlbefinden garantieren –, hatte ich von allem die Nase bald restlos voll.

»Du bis jetzt nur so gereizt wegen der ständigen Hitze«, tröstete mich Rolf, als ich wieder einmal einen markstückgroßen Käfer erschlagen und heulend in den Mülleimer geworfen hatte. »Wirst schon sehen, der Herbst hier draußen wird bestimmt wundervoll.«

»Wer hat heute Babysitter-Dienst?« fragte ich nach dem Mittagessen.

»Sascha!« klang es irgendwo aus dem Garten zurück.

»Stimmt nicht, ich war gestern dran!« protestierte es heftig aus dem unteren Stockwerk. »Heute muß Steffi.«

»Ich kann nicht, ich habe Bauchschmerzen.«

Jeden Tag das gleiche Theater! Ich habe zwar immer vermieden, die drei Großen als Kindergärtner zu verpflichten, aber im Augenblick hatte ich den Ausnahmezustand verhängt. Es war nicht zu übersehen: Die Zwillinge wurden größer; und sie wurden vor allem selbständiger. Hatte ich sie bisher doch unbesorgt in den Garten setzen können mit der Gewißheit, sie in einer halben Stunde an derselben Stelle wiederzufinden. Als ich Nicki entdeckte, wie sie hingebungsvoll am Gartenschlauch nuckelte, während Katja im Blumenbeet herumkroch und Dahlien aß, wurde mir klar, daß es ohne Aufsicht nicht mehr ging. Abends tagte der Familienrat.

»Laufställchen geht nicht mehr, das ist zu klein«, überlegte Rolf, »aber vielleicht zwei?«

»Unmöglich, dann brüllen sie von morgens bis abends, weil sie zusammensitzen wollen. Sie sind es ja nicht anders gewöhnt.«

»Wir könnten doch eine Tür reinmachen, so wie bei Löwenkäfigen«, schlug Sascha vor.

»Wie wär's mit Anleinen? Strick um den Bauch und irgendwo festbinden. Ich habe das mal bei einer Ziege gesehen.« Sven fand seine Idee ausgezeichnet.

»Du bist ja selten dämlich! Dann wickeln sie sich den Strick um den Hals und hängen sich auf!«

Bevor der brüderliche Umgangston noch herzlicher wurde, unterbrach Rolf die fruchtlose Diskussion mit dem Vorschlag, erst einmal mit dem Tischler sprechen zu wollen.

Nun hatte ich zu dem guten Herrn Kroiher seit dem Debakel mit meinem Elektroherd kein allzu großes Vertrauen mehr, aber vielleicht beherrschte er sein eigentliches Metier besser. Elektriker war er ja nur so nebenbei.

Nach zweistündiger Beratung, einem halben Dutzend Bleistiftskizzen und diversen Gläsern württembergischen Weins war man sich einig geworden. Herr Kroiher würde ein großes Holzgitter bauen, ungefähr sechs Meter im Quadrat, das fest im Rasen verankert werden sollte. Bis zur Fertigstellung des Rohbaus in Form eines Lattenzaunes vergingen fünf Tage. Der Lackanstrich war im Gegensatz zur schriftlichen Gebrauchsanweisung nicht nach 24 Stunden trocken, sondern erst nach einer

Woche, und in der Zwischenzeit wurden Sven, Sascha und Stefanie stundenweise zum Babysitten abkommandiert.

Dabei hätte ich ein freiwilliges Kindermädchen haben können! Carmen, das Schwein, hatte eine rührende Anhänglichkeit entwickelt und hockte fast täglich bei uns im Garten. Leider stopfte sie den Zwillingen wahllos Kaugummi, Hundekuchen und unreife Pflaumen in den Mund und offerierte ihnen Dauerlutscher, die sie vorher selbst gründlich abgeleckt hatte. Einmal drückte sie Katja zum Spielen einen Regenwurm in die Hand!

Ich hatte bisher vergeblich versucht, Stefanie und Carmen zusammenzubringen. Sie waren annähernd gleich alt und ergänzten sich großartig, weil Carmen zurückhaltend war, bewundernd zu Steffi aufschaute und sich bedingungslos deren manchmal reichlich diktatorischen Anordnungen unterwarf. Aber von gelegentlichen Ausnahmen abgesehen, lehnte Steffi eine Freundschaft mit Carmen ab. »Die stinkt!« erklärte sie kurz und bündig.

Dem war ja abzuhelfen. Also steckte ich Carmen eines Tages kurzerhand in die Wanne, opferte eine Handvoll von meinem Badesalz, schrubbte sie ab, wusch ihr die Haare (was mit erheblichem Geschrei und anschließender Überschwemmung des Badezimmers verbunden war) und zog ihr nach beendeter Vollreinigung eines von Steffis Kleidern an. Aus der unscheinbaren Raupe war ein niedlicher Schmetterling geworden. Sogar Wenzel-Berta hatte die Verwandlung nicht gleich durchschaut und vom Küchenfenster herunter gefragt: »Die Kleine kenn ich ja gar nicht, is wohl nicht aus'm Dorf hier?«

Dabei hatte ich sie erst ein paar Tage vorher um Aufklärung gebeten. Im allgemeinen kümmerte mich der Dorfklatsch herzlich wenig, aber der Zusammenhang zwischen dem ständig herumstreunenden, schwäbelnden Mädchen und der Berliner Schlampe, die mich gleich bei unserem Einzug beschimpft hatte, interessierte mich nun doch.

Wenzel-Berta war in ihrem Element. »Also die Carmen is ja hier geboren, weil ihre Mutter is die Tochter vom Schmied unten im Dorf. Der lebt aber nich mehr. Und wie eines Tages die Catcher-Truppe in Aufeld war, da hat sich doch die Christa in den Obercatcher verknallt, und denn haben se ja auch bald geheiratet. Das war ja man damals eine sehr schöne Hochzeit. Erst is die Christa immer noch mit über die Jahrmärkte und so, aber wie denn die Carmen da war, ging das nich mehr. Nu hat die Christa zu Hause gesessen, und der Mann war immer weg. Emil der Blutrünstige hat er sich genannt, bloß mit Künstlernamen natürlich. Wenn der wirklich mal zu Hause war, dann war er aber auch mehr in der Kneipe, da hat er denn angegeben mit seiner Blutrünstigkeit und so. Vor'm Jahr ungefähr oder so is ihm denn die Christa durchgebrannt mit dem Klempner drüben von Aufeld. Kann man ja verstehen. Aber der Klempner war nu eigentlich auch nichts Besonderes, gesoffen hat er auch, bloß nich so viel. Na ja, und denn is die Frau Krüger gekommen, was die Carmen ihre Oma is, also die Mutter von dem Emil. Die stammt irgendwo aus'm Osten, so aus der Gegend von Berlin. Aber viel kümmern tut die sich nich um die Carmen, gerade man, daß sie ihr was zu essen gibt.«

Abends hatte ich Frau Krüger persönlich auf dem Hals. Sie wedelte mit Steffis Kleid vor meinem Gesicht herum und legte los:

»Wenn Se glooben, det wa Almosen brauchen, denn sind Se schief jewickelt. Ick kann die Carmen so ville Kleider koofen, wie ick will, aber ick will ja janich. Die macht ja doch allet wieda mistig. Und baden tun müssen Se ihr ooch nich. Die Carmen kommt jeden Sonnabend inne Wanne, aba am nächsten Tach is se doch wieda dreckig. Also lassen Se det jefälligst!« Damit warf sie mir das Kleid vor die Füße und watschelte gravitätisch davon.

Rolf hatte den Krügerschen Monolog vom Treppenabsatz aus verfolgt und grinste mich jetzt schadenfroh an. »Kriegst du wieder deinen humanitären Fimmel? Vor drei Jahren waren es die italienischen Gastarbeiterkinder, die du unbedingt integrieren wolltest, vor zwei Jahren hast du streunende Katzen gesammelt und gefüttert, vergangenes Jahr wolltest du einen privaten Kindergarten gründen, und jetzt fängst du wieder an!«

Er hat ja recht, der Ärmste. Ich werde also meine gelegentlich ausbrechenden sozialen Anwandlungen künftig innerhalb der Familie austoben. Am besten fange ich gleich damit an:

»Will jemand ›Mensch ärgere dich nicht‹ mit mir spielen?«

Den Namen ›die Mäuse‹ verdanken unsere Zwillinge einer Bekannten, die trotz zehnjährigem Aufenthalt im schwäbischen Musterländle ihre Münchener Herkunft nicht verleugnen konnte und bei der ersten Begutachtung unseres jüngsten Nachwuchses spontan ausrief: »Dös san aber zwoa herzige

Meisle!« Von da an hießen die Zwillinge, wenn wir von ihnen als Einheit sprachen, nur noch »die Mäuse«. Manchmal führte diese Bezeichnung auch zu kuriosen Mißverständnissen. So stand ich einmal mit Sven beim Metzger und wartete. Wie immer war es voll, und wie immer hatte ich keine Zeit. Außerdem mußte ich noch die Wochenration Fertigbrei für die Zwillinge besorgen. Also drückte ich Sven Geld in die Hand und bat ihn: »Hol doch inzwischen in der Drogerie eine Dose Mäusefutter.« Darauf drehte sich eine andere Kundin zu mir um und fragte mitleidig. »Ach, haben Sie auch welche? Wir haben schon Fallen aufgestellt!«

Die Zwillinge hatten inzwischen ihren großen Laufstall – Mäusekäfig genannt – im Garten bezogen und fühlten sich ausgesprochen wohl darin. Daß sie ihren Vitaminbedarf von nun an vorwiegend mit Gras und Klee deckten, konnte ich nicht mehr verhindern, aber das Kuhfutter bekam ihnen offenbar ausgezeichnet. Bis weit in den Herbst hinein krebsten sie in ihrem Stall herum, waren braun gebrannt und putzmunter. Aber schon im nächsten Frühjahr war der Mäusekäfig zum nutzlosen Dekorationsstück geworden. Die Zwillinge hatten ziemlich schnell entdeckt, daß sie – mit einem umgestülpten Sandeimer oder mehreren übereinandergestapelten Spielsachen als Podest – ohne Schwierigkeiten das Gitter überwinden konnten, und ich habe sie oft genug einfangen müssen, wenn sie in Richtung Dorf krabbelten.

Aber es gab ja auch Regentage! Bekanntlich kann man schon *ein* Kleinkind, das anfängt, seine Umwelt zu erkunden, kaum ständig beaufsichtigen, bei zweien ist das unmöglich. Also versuchten wir, das Kinderzimmer »mäusefest« zu machen. Tisch und Stühlchen flogen erst einmal hinaus, weil der Nachwuchs die Möbel als Wurfgeschosse und Kletterhilfen mißbrauchte. Das leichte Regal für die Spielsachen wurde ebenfalls entfernt, nachdem die Zwillinge – Einigkeit macht stark! – es umgekippt und sich selbst darunter begraben hatten. Die Steckdosen bekamen Schutzdeckel, die Wandlampen wurden abmontiert, und zum Schluß bestand die ganze Einrichtung nur noch aus den beiden Betten, der Wickelkommode und dem Kleiderschrank. Ich lief nur noch wie eine Haushälterin längst vergangener Zeiten mit einem Schlüsselbund in der Hosentasche herum. Für den Staubsauger brauchte ich Strom; um an eine Steckdose zu kommen, mußte ich mit einem Spezialhaken die Schutzkappe entfernen. Die Balkontür bekam ein Sicherheitsschloß, denn an dem einfachen Hebelverschluß erprobten die Mäuse laufend ihre ständig wachsenden Kräfte. Außerdem war es empfehlenswert, die Schranktürschlüssel abzuziehen. Vergaß ich das einmal, konnte ich den Inhalt der unteren Fächer in allen vier Ecken zusammensuchen.

Ein Problem wurde die Wickelkommode. Sie hatte einen Magnetverschluß, und es gab keine Möglichkeit, ein normales Schloß anzubringen. Also band ich um die beiden Griffe Einweckgummi. Dieser primitive Mechanismus kostete mich zwar manchen Fingernagel, aber es dauerte sehr lange, bis die Zwillinge auch diese Nuß geknackt hatten. Dann allerdings waren sie begeistert über die Zellstoffwindeln hergefallen. Wäre ein Schneesturm durch das Zimmer gefegt, es hätte nicht schlimmer aussehen können...

Eines Tages hatte ein Zwilling einen neuen Zeitvertreib entdeckt. Vermutlich war es Nicole, sie hat entschieden die größere Geduld. Irgendwo mußte sich ein kleines Stückchen Tapete gelöst haben, und wenn man lange genug daran zog und kratzte, wurde das Stückchen größer und ließ sich abreißen. Das machte Spaß, und man sah endlich mal einen Erfolg seiner Bemühungen! Daraufhin begann Katja an der gegenüberliegenden Wand. Ich versuchte verzweifelt, diesen Zerstörungstrieb einzudämmen, zumal die Mäuse jetzt statt Grünfutter Kalk und gelegentlich Tapete aßen. Es half alles nichts. Im Frühjahr kam der Maler!

Und schließlich kam auch der Tag, an dem die Zwillinge freudestrahlend in die Küche marschierten. Sie hatten die letzte Schranke auf dem Weg in die Freiheit, nämlich die Kinderzimmertür, überwunden. Die immerhin noch verhältnismäßig ruhige Zeit war endgültig vorbei.

5.

Langsam gingen die Ferien zu Ende, und es wurde Zeit, daß wir uns um die geistige Weiterbildung unseres inzwischen total verwilderten Nachwuchses kümmerten.

Sven hätte mit Beginn des neuen Schuljahres eigentlich das Gymnasium besuchen müssen, aber wir hatten beschlossen, noch ein Jahr zu warten und ihn dann mit Sascha zusammen in dieselbe Klasse zu stecken. Nach Rolfs Ansicht würde diese Regelung für die Beteiligten erhebliche Vorteile mit sich bringen. »Die beiden können sich dann gegenseitig auf die Sprünge helfen!« Die Praxis sah später anders aus: Sven erledigte mit der ihm eigenen Gründlichkeit seine Hausaufgaben, während sich Sascha draußen herumtrieb, um dann abends heimlich die Hefte seines Bruders zu kassieren und in einer halben Stunde alles Erforderliche abzuschreiben. Es nützte auch nichts, wenn Sven seine Hefte versteckte; Sascha fand sie mit unfehlbarer Sicherheit.

Wir hatten inzwischen erfahren, daß sich die Grundschule in unserem Nachbardorf Aufeld befand, während die Hauptschule in der 12 km entfernten Kreisstadt lag. Bewältigt wurde der Pendelverkehr mittels eines alten Lieferwagens, in den man ein paar Sitzreihen montiert hatte. Da meistens einige Fahrgäste aus Krankheits- oder auch Faulheitsgründen fehlten, reichte der Platz aus. Waren aber einmal alle Schüler vollzählig, dann hockten sie wie Ölsardinen auf ihren Bänken. Das klappernde Vehikel spuckte seine Fracht vor der Grundschule aus, wo ein normaler Schulbus den Weitertransport der Haupt-, Real- und Oberschüler übernahm.

An sich klappte dieses Beförderungssystem ganz gut, das schwache Glied in der Kette war lediglich Karlchen. Seinen Nachnamen habe ich nie erfahren, vielleicht hatte er gar keinen. Karlchen war das Gemeindefaktotum und in dieser Eigenschaft auch Fahrer des »kleinen« Schulbusses. Außerdem las Karlchen die Stromzähler ab, fegte freitags die Dorfstraße, wusch einmal wöchentlich die schon antiquierte Feuerspritze und fungierte als Dorfbüttel. Am Ersten eines jeden Monats zog er mit einer riesigen Glocke durch das Dorf und verkündete an drei zentral gelegenen Stellen die amtlichen Neuigkeiten. Das hörte sich ungefähr so an: »Der Tierarzt wird in der ersten Septemberhälfte gegen die Maul- und Klauenseuche schutzimpfen. Der Kaminkehrer kommt am Donnerstag, die Bewohner werden gebeten, zu sagen, wo sie sind. Die nächste Gemeinderatssitzung findet am 11. des Monats in Aufeld im Gasthaus zum ›Goldenen Hahn‹ statt. Vor 22 Uhr wird kein Alkohol ausgeschenkt. Auf dem Rathaus ist eine braune Aktentasche mit einem defekten Schloß ohne Inhalt abgegeben worden. Wer nähere Angaben zu machen vermag, kann sich das Fundstück abholen!«

Karlchen war Junggeselle und deshalb mehr im »Löwen« als in seinem kleinen Häuschen anzutreffen. Vielleicht war das der Grund, weshalb er öfter mal verschlief und die deshalb keineswegs traurigen Kinder mit erheblicher Verspätung in der Schule ablieferte. Dadurch kam der ganze weitere Fahrplan durcheinander. Deshalb bewilligte man Karlchen von Amts wegen ein Telefon, und der Gemeindeschreiber mußte seinen Untergebenen täglich um halb sieben telefonisch wecken. Bis man sich zu dieser Lösung durchgerungen hatte, passierte es hin und wieder, daß sich die Schüler nach längerer Wartezeit zu Fuß auf den Weg machten, von Autofahrern mitgenommen wurden und tröpfchenweise in den Schulen eintrafen.

Ging die Hinfahrt normalerweise zügig vonstatten, so dauerte die Rückfahrt erheblich länger. Hauptsächlich deshalb, weil Karlchen aufmüpfige oder allzu temperamentvolle Fahrgäste kurzerhand aus dem Bus warf und zu Fuß gehen ließ. Sascha war meist dabei, und ich gewöhnte mich daran, sein Mittagessen automatisch in die Backröhre zu schieben, wenn Sven wieder mal allein auftauchte.

Am ersten Schultag in diesem Jahr fuhr ich also mit Sascha mit einem stotternden Hannibal nach Aufeld, während Rolf seinen Erstgeborenen in der Stadt ablieferte.

Wir hatten Sascha seinerzeit vorzeitig eingeschult, weil seine Kindergärtnerin behauptet hatte, mit ihrem Spiel- und Lernprogramm seinen geistigen Höhenflügen nicht mehr gewachsen zu sein. Ich wurde aber niemals den Verdacht los, daß sie den unternehmungslustigen Knaben gern abschieben wollte und die Schule als geeigneten Aufenthaltsort ansah, wo man seine ständigen Dummheiten nicht mehr so ohne weiteres tolerieren würde. Deshalb hatte ich Sascha damals auch mit sehr gemischten Gefühlen begleitet, als er sich dem Schulreifetest unterziehen mußte.

Den Schulpsychologen brachte er fast zur Verzweiflung, weil er sich minutenlang mit ihm herumstritt, ob ein bestimmter Bauklotz nun blau oder violett sei; dem geforderten Strichmännchen malte er versehentlich nur vier Finger an jede Hand und begründete den fehlenden fünften Finger mit der Ausrede: »Das Männchen drückt mir doch die Daumen, damit ich den Quatsch hier bestehe!« Und die Frage, wer schneller einen Baum hinaufklettern könne, eine Ameise, ein kleiner Junge oder ein Eichhörnchen, beantwortete er ohne Zögern mit »ein kleiner Junge natürlich!« Als man ihm sagte, das sei falsch, ein Eichhörnchen könne besser klettern, erwiderte Sascha in überzeugendem Ton: »Sie kennen ja auch meinen Bruder nicht, der ist bestimmt schneller!«

Darauf erklärte man meinen Sohn für schulreif, und während seiner gesamten Schulzeit blieb er der Benjamin der Klasse.

Die Schule in Aufeld umfaßte vier Klassen, das Lehrerkollegium bestand aus Herrn Dankwart und aus Fräulein Priesnitz, die die beiden unteren Jahrgänge betreute. Herr Dankwart befehligte die 3. und 4. Klasse, manchmal zusammen, meist nebeneinander, ideal war keine der beiden Alternativen. Während die eine Klasse über Rechenaufgaben brütete, bekam die andere Erdkundeunterricht, und wenn diese dann das soeben Gehörte schriftlich fixierte, wurde in der anderen deutsche Grammatik unterrichtet. Mir ist es heute noch ein Rätsel, wie Sascha nach dieser etwas fragwürdigen Grundausbildung die Aufnahmeprüfung für das Gymnasium bestanden hat.

Die Kinder liebten Herrn Dankwart, einen in Ehren ergrauten Schulmeister kurz vor dem Pensionsalter, obwohl er preußischen Drill bevorzugte und seinen Zeigestock nicht unbedingt nur für die Landkarte benutzte. Zu seinem Leidwesen war die Prügelstrafe inzwischen abgeschafft worden, was ihn aber nicht hinderte, das ministerielle Verbot gelegentlich zu vergessen. Die Eltern hatten wohl nichts dagegen.

Zum Teil hatten sie früher selbst schon von Herrn Dankwart ihre Dresche bezogen, und außerdem konnte man nach ihrer Ansicht eine Ohrfeige oder ein paar Schläge auf das Hinterteil nicht als Prügel bezeichnen. Väterliche Abreibungen sahen da ganz anders aus!

Wir hatten auf handgreifliche Erziehungsmethoden bisher verzichtet, und so war Sascha denn auch mehr überrascht als empört, als auch ihn einmal der bewußte Zeigestock erwischte. Sein Vater fand das allerdings weniger erheiternd. Er brachte seinen Sproß am nächsten Morgen selbst in die Schule und versuchte Herrn Dankwart klarzumachen, daß es nachhaltigere Strafen gäbe als ausgerechnet Prügel. Herr Dankwart zeigte sich einsichtsvoll und verdonnerte bei der nächsten Gelegenheit unseren Sohn zum Abschreiben einer beliebigen Seite aus dem Lesebuch. Sascha blätterte so lange herum, bis er eine Seite fand, auf der neben einer großen Zeichnung ein sechszeiliges Gedicht stand. Das schrieb er ab und hatte damit zumindest formell seine Auflage erfüllt.

Seine nächste Schandtat mußte er mit einem Aufsatz büßen, Thema: »Weshalb ich mich während des Unterrichts ruhig verhalten muß«. An sich sah er dazu überhaupt keinen Grund, bastelte aber doch ein paar allgemeine Weisheiten zusammen und schloß seine Ausführungen mit dem Satz: »Ich muß in der Schule ruhig sein, damit der Lehrer sein eigenes Wort verstehen kann.« Abends beschwerte er sich bei Rolf: »Die anderen haben's viel besser, die kriegen eins hinter die Ohren, und ich muß immer irgendwas schreiben!«

Besonderer Beliebtheit erfreute sich Herrn Dankwarts Prämiensystem. Er verteilte Fleißpunkte. Für sorgfältig erledigte Schularbeiten, besonderen Gehorsam oder gute Antworten (gelegentlich auch für privates Brötchenholen) gab es Punkte. Für zehn Punkte gab es einen Fleißzettel, für fünf Fleißzettel einmal Befreiung von den Hausaufgaben. Die Fleißzettel hatten die Größe von Kinokarten, waren mit dem Schulstempel versehen und mit Herrn Dankwarts Namenszug beglaubigt, was zu Saschas Bedauern eine Fälschung nahezu unmöglich machte. Da er auf reguläre Weise nie genug Punkte sammeln konnte, um einen Fleißzettel zu ergattern, geschweige denn fünf, sann er auf Abhilfe. Zunächst freundete er sich mit dem

Klassenbesten an, der in seinen Augen zwar »ziemlich doof« war, den er aber brauchte, weil dieser Musterknabe viel zu oft einen Fleißzettel kassierte. Gelegentliche Hausbesuche und kleine Geschenke in Form von ausgelesenen Comics oder Farbstiften besonders guter Qualität (in Rolfs Arbeitszimmer standen ja genug herum!) festigten schnell die Freundschaft, und so langsam konnte man zum Kern der Sache kommen. Da Peter-Michael die Fleißzettelchen nur zum eigenen Vergnügen sammelte und nie auf die Idee gekommen würde, auch nur einmal davon Gebrauch zu machen, wurde man sich schnell handelseinig. Zehn Zettel entsprachen künftig dem Gegenwert eines Matchbox-Autos. Sascha besaß eine umfangreiche Sammlung mit diversen doppelten Exemplaren. Später tauschte er auch noch andere Dinge, deren Wert jedesmal stundenlang ausgehandelt werden mußte.

Außerdem entdeckte Sascha plötzlich seine Liebe zu Klassenkameraden weiblichen Geschlechts. Im allgemeinen schätzte er Mädchen gar nicht, weil die immer so dämlich kicherten, entsetzt schrien, wenn man ihnen eine besonders schöne Raupe zeigte, und jedesmal losheulten, weil man sie im Freibad ein bißchen untergetaucht hatte.

Andererseits waren Mädchen artiger als Jungen und bekamen mehr Fleißzettel. So trug Sascha der jeweils Auserwählten, die nach seiner geheimen Buchführung über das notwendige Quantum an Fleißzetteln verfügen mußte, ein paar Tage lang die Schulmappe nach Hause und lud sie zu sich ein, wo sie verlegen in einer Ecke stand, um ihr dann bei der ersten Gelegenheit einige dieser begehrten Papierstückchen abzuschmeicheln.

Auf diese Weise hatte er immer eine gewisse Reserve, die er genau dosiert einsetzte.

Waren die Hausaufgaben zu umfangreich oder zu kompliziert oder hatte er den Nachmittag bereits anderweitig verplant, dann präsentierte er am nächsten Tag statt der erforderlichen Aufgaben fünf Fleißzettel. Ich habe nie begriffen, weshalb Herr Dankwart nicht endlich protestierte, denn schließlich mußte er am besten wissen, daß Sascha niemals auf reelle Weise an diese Hausaufgaben-Befreiungszertifikate herangekommen sein konnte. Vielleicht hatte er Respekt vor dessen Vater, der ganz offensichtlich über die Anordnungen des Kultusministeriums Bescheid wußte und möglicherweise auch ahnte, daß sich dieses zweifelhafte Prämiensystem etwas außerhalb der Legalität befand.

Sven dagegen mußte treu und brav jeden Tag seine Schularbeiten machen, die ihm zwar nicht schwerfielen, ihn aber entsetzlich langweilten.

Das augenblickliche Pensum hatte er schon zum Teil in der vergangenen Klasse bewältigt, und besonders die Oberrheinische Tiefebene scheint sich in Baden-Württemberg großer Beliebtheit zu erfreuen. In Erdkunde kaute er sie jetzt zum zweitenmal durch und bekam sie in der ersten Gymnasialklasse noch einmal.

So verbrachte er einen Teil der Schulstunden in halb schlafendem Zustand und wachte immer erst dann auf, wenn sein Klassenlehrer unterrichtete. Herr Bockewitz war neu an die Schule gekommen und hatte sich bei seiner Klasse mit den Worten eingeführt: »Damit ihr wißt, was ihr für einen Lehrer kriegt, werden wir jetzt einen Rundgang durch das Heimatmuseum machen.«

Da ein derartiger Besuch bereits von der ersten Grundschulklasse an einmal jährlich obligatorisch war, quittierten die Schüler dieses Vorhaben mit »oooch, doch nicht schon wieder...« Herr Bockewitz überhörte den Protest, schrieb an die Tafel »Lehrgang« und führte seine Schutzbefohlenen in das nächste Gasthaus, wo er sie auf eigene Kosten mit Cola und Kartoffelchips bewirtete. Künftig gingen sie für ihn durchs Feuer.

Daß er gelegentlich statt der vorgesehenen Mathestunde einen Schnellkurs in Waffenkunde einschob, akzeptierten sie mit der gleichen Begeisterung wie seine Mißachtung der herrschenden Kleiderordnung.

An sehr heißen Tagen erschien Herr Bockewitz in Shorts, zog sofort nach Betreten des Klassenzimmers sein Hemd aus, hängte es ausgebreitet als Sonnenschutz vor das Fenster und ermunterte seine männlichen Schüler, das gleiche zu tun. Nach flüchtiger Begutachtung der Oberweite gestattete er auch den Mädchen, sich an der Oben-ohne-Bewegung zu beteiligen; nur ein paar Sitzengebliebenen und folglich schon deutlich als Mädchen erkennbaren Schülerinnen verordnete er bedeckende Hüllen.

Dieser an sich harmlose Striptease in Verbindung mit einigen ebenfalls belanglosen Vorkommnissen erbitterte den größten Teil des Lehrerkollegiums. Man befürchtete offenbar den Verfall der Sitten und forderte eine sofortige Abberufung der untragbaren Lehrkraft. Die vorgesetzte Behörde reagierte erstaunlich schnell und versetzte Herrn Bockewitz in eine Großstadt, wo er die bekanntlich ständig sinkende Moral der Schüler anscheinend nicht weiter gefährden konnte.

Für den Rest des Schuljahres verschlief Sven auch die Mathe- und Biologiestunden!

6.

Es soll Ehemänner geben, die ihre erschöpften Frauen am Abend fragen, was sie denn eigentlich in den vergangenen zwölf Stunden getan haben. Das bißchen Haushalt ist doch eine Kleinigkeit und mit den vielen elektrischen Geräten eine reine Spielerei (besonders, wenn einem der Staubsaugerbeutel platzt und seinen Inhalt durch das ganze Zimmer bläst!). Ich hoffe, ein paar von diesen ahnungslosen Männern – mein eigener eingeschlossen – lesen die folgenden Zeilen, die einen ganz normalen Wochentag beschreiben:

6.15 Uhr: Der Wecker rasselt los, kriegt eins aufs Dach, gibt wieder Ruhe. Rolf murmelt »ich stehe auch gleich auf«, dreht sich herum und schläft weiter. Ich wickle mich in den Bademantel, schleiche ins Bad, putze die Zähne (man sollte immer Selterswasser benutzen, das macht wenigstens munter) und wandere in die Küche. Kochplatte an, Wasserhahn aufdrehen, hoffentlich kommt welches, gestern hatten wir mal wieder keins... es gluckst und blubbert, dann tropft eine rostrote Brühe heraus. Also erst ablaufen lassen!

Küchentür auf, Gang entlang, Treppe hinunter und so weiter. Die Jungs schlafen wie die Murmeltiere.

»Jetzt aber endlich raus, warum seid ihr noch nicht im Bad?«

»Der Wecker hat nicht geklingelt.«

»Weil ihr ihn wieder nicht aufgezogen habt! Und jetzt ein bißchen Beeilung bitte!«

»Ich kann heute nicht zur Schule, mir ist so schlecht.«

Saschas Stimme klingt tatsächlich ziemlich matt.

»Wovon ist dir schlecht?«

»Weiß nicht, vielleicht die Pflaumen von gestern.«

»Mami, ich weiß, warum dem schlecht ist«, tönt es aus dem Bad, »die schreiben heute ein Diktat.«

»Alte Petze!« Sascha blinzelt zu mir herüber und kriecht schließlich doch aus dem Bett.

Ich gehe zurück in meine Küche. Die Herdplatte glüht, das Wasser läuft endlich normal, also Teewasser aufsetzen, Kaffeemaschine fertigmachen, Babyflaschen warm stellen, Tisch dekken – inzwischen ist es zwanzig vor sieben –, Schulbrote schmieren (gestern waren doch noch drei Bananen da? Na egal, dann gibt es heute eben keine Vitamine), das Teewasser kocht, die Zwillinge brüllen, die Kaffeemaschine spuckt, weil sie verkalkt ist und ich immer wieder vergesse, sie zu reinigen...

Die Knaben erscheinen, nehmen Platz.

»Hast du meine Turnschuhe gesehen?« Sven sucht jeden Morgen etwas anderes.

»Nein.«

»Ich brauche sie aber.«

Ich suche die Turnschuhe, finde sie vor der Haustür, gepanzert mit einer zentimeterdicken Lehmschicht.

»Das habe ich doch glatt vergessen. Wollte sie gestern noch saubermachen. Die hatte ich an, als wir am Trosselbach den Stausee gebaut haben. Was mache ich denn jetzt bloß?«

»Barfuß turnen!«

Sascha malt mit dem Messer Girlanden auf die Butter.

»Iß endlich!«

»Hab' keinen Hunger.«

»Iß, oder es gibt am Nachmittag Hausarrest!« (Alberne Drohung, wird ja doch nicht in die Tat umgesetzt.)

Sascha angelt sich eine Toastscheibe, bohrt ein Loch in die Mitte, steckt den Finger durch, läßt sie rotieren, beißt schließlich hinein.

Es ist 7.10 Uhr, um Viertel fährt der Schulbus.

Die Knaben angeln sich ihre Ranzen, poltern die Treppe hinunter. Die vergessenen Pausenbrote werfe ich aus dem Fenster hinterher.

Die Zwillinge brüllen immer noch, das Wasser, in denen die Fläschchen zum Warmwerden stehen, kocht Blasen. Verflixt, man sollte sechs Hände haben! Die Schreihälse bekommen ihr Frühstück und ich endlich eine Tasse Kaffee.

Rolf erscheint im Bademantel, in einer Hand die Zeitung, in der anderen eine brennende Zigarette. Kann man ihm die Qualmerei auf nüchternen Magen nie abgewöhnen?

Jetzt schnell ins Bad. Dusche andrehen, es röhrt und zischt, dann tropft es schwärzlich. Ach so, muß man ja erst ablaufen lassen. Dauert zu lange, also Katzenwäsche. Anschließend zu den Zwillingen, die in harmonischem Einklang die geleerten Flaschen gegen die Gitter hauen. Waschen, trockenlegen, zurück in die Bettchen. Gebrüll! Sie kriegen ihre Teddybären und die Klappern, beruhigen sich, spielen.

Acht Uhr. Endlich Frühstück. Rolf ist schon fertig und liest Zeitung. »In Italien streikt das Hotelpersonal, die Gäste müssen sich die Betten selber machen.«

»Na und? Muß ich ja auch.« Der Kaffee ist lauwarm, der Toast inzwischen zäh.

Unten klappt die Haustür. Wenzel-Berta kommt, sie hat Schlüssel. »Guten Morgen! Is ja man wieder ein wunderschönes Wetter, und hier habe ich Karotten mitgebracht. Eugen hat sie gestern alle rausgemacht, aber es sind ja so viele.« Wenzel-Berta kommt selten ohne ein paar Produkte aus ihrem Garten. Vielleicht meint sie, daß man kinderreiche Familien unterstützen muß, am besten mit Naturalien.

»Haben Sie noch 'n Täßchen übrig?«

»Sicher, aber der ist fast kalt.«

»Macht nichts, heiß is ja ungesund.«

Fast jeden Morgen wiederholt sich dasselbe Ritual. Wenzel-Berta schenkt sich eine Tasse Kaffee ein, und während sie ihn trinkt, erzählt sie die Neuigkeiten, die sich während der letzten 24 Stunden ereignet haben.

Rolf türmt, und ich höre mir geduldig an, daß die Jüngste vom Schrezenmeier jetzt auch Mumps hat, und daß in der Nacht der Tierarzt zum Hagner-Bauern kommen mußte, weil die Kuh nicht kalben konnte. »Und was der Kleinschmitt is, der is vielleicht wütend. Da ha'm doch die Bengels den Bach oben gestaut, und nu is dem seine Wiese überschwemmt. Jetzt will er wissen, wer das war.« (Hoffentlich kriegt er es nicht heraus.)

Stefanie kommt. Den Pullover hat sie verkehrt herum angezogen, ein Strumpf fehlt, und gekämmt ist sie auch nicht. Ich bringe sie zurück, komplettiere die Garderobe, setze sie an den Frühstückstisch. Der Tee ist eiskalt, und außerdem »ich will lieber Milch!«

Wenzel-Berta wärmt die Milch. »Mit Zucker!« Wenzel-Berta holt die Zuckerdose. »Haben wir noch Zwieback?« Wenzel-Berta holt den Zwieback. Steffi ist endlich zufrieden.

Neun Uhr. Rolf erscheint, sucht Autoschlüssel und Sonnenbrille. Ich finde beides im Bad.

»Kommst du zum Essen nach Hause?«

»Nein, ich bin in Stuttgart.«

Auch gut, dann kochen wir heute auf Sparflamme. Karotten sind ja sehr gesund.

»Weißt du, wo der Stadtplan von Stuttgart ist?«

Weiß ich nicht, aber ich suche ihn. Nach fünf Minuten habe ich ihn auf dem Schuhregal gefunden.

»Vielen Dank, wenn ich dich nicht hätte...« Haha! Abschiedsküßchen, weg ist er.

Halb zehn. Wenzel-Berta hängt Wäsche auf, ich hole die Zwillinge, albere ein bißchen mit ihnen herum und setze sie in ihren Käfig. Protestgeheul, ich soll dableiben. Geht nicht, muß Betten machen. Stefanie verschwindet um die Hausecke, das volle Milchglas steht auf dem Tisch.

Es klingelt. Ich melde mich an der Sprechanlage.

»Ich hend Poscht für Sie.«

Nanu, so früh heute? Ach so, ist ja Mittwoch, die Kneipe hat Ruhetag.

»Dann werfen Sie's doch in den Kasten.«

»Ha, Sie müsset schon selber kommen!«

Treppe runter, Haustür auf.

»Einschreiben?«

»Nein, Sie müsset eine Nachgebühr zahlen!«

»Könnten Sie das nicht gleich sagen?« Treppe wieder rauf, Portemonnaie suchen, liegt auf dem Kühlschrank, Treppe wieder runter. »Wieviel macht's denn?«

»Dreißig Pfennige.«

Ich habe keine dreißig Pfennige, nur fünfzig. »Stimmt so.«

»Ha, ich dank auch recht schön. Grüß Gott.«

Haustür zu, Treppe wieder rauf. Kleine Zigarettenpause, nur mal schnell den Brief lesen, Regina schreibt selten genug, und nie klebt sie genug Marken drauf. Was sie schreibt, klingt wie aus einer anderen Welt. Theaterbesuch, Schaufensterbummel, Klassentreffen – selige Pennälerzeit! –, und zum Schluß fragt sie, wann ich wieder einmal nach Berlin komme. Die Ahnungslose! Na ja, wie sollte sie auch. Sie ist geschieden, hat nur ein Kind, das noch dazu von der Oma betreut wird, und einen Beruf, der ihr Spaß macht.

Halb elf. Höchste Zeit zum Einkaufen. Wenzel-Berta putzt

Karotten. Schnitzel dazu? Quatsch, zu teuer, Frikadellen tun's auch. Hannibal springt ausnahmsweise gleich beim ersten Mal an und tuckert friedlich ins Nachbardorf. Beim Metzger ist es voll. Ich werde nervös, die Zeit wird langsam knapp. Endlich bin ich dran. Als ich bezahlen will, entdecke ich, daß ich das Portemonnaie vergessen habe. Natürlich, der Briefträger! Jetzt liegt es unten auf dem Dielentisch. Die Metzgersfrau beruhigt mich. »Machet Sie sich koi Sorge, dann zahlet Sie äbe das nächste Mal.« (Auch so ein Vorteil des Landlebens. Ist man erst einmal bekannt, kann man wochenlang ohne Geld einkaufen gehen.)

Gleich halb zwölf. Jetzt aber dalli. Hannibal spuckt, hustet, bricht seinen vorgesehenen Streik aber ab, rattert los. Eigentlich brauche ich noch Brot, aber das muß Sven am Nachmittag holen, jetzt habe ich keine Zeit.

»Frau Wenzel, können Sie schnell die Frikadellen fertigmachen? Ich muß die Mäuse füttern.« Wenzel-Berta macht.

Zehn nach zwölf. Die Zwillinge bekommen ihr Gemüsebreilein, werden gewaschen, gewickelt, zum Mittagsschlaf ins Bett gelegt. Sie sind anderer Meinung und brüllen. Nach fünf Minuten schlafen sie. Gleich eins. Wenzel-Berta geht, verspricht aber, am Nachmittag noch mal zu kommen und Wäsche zu bügeln. Wenn ich Orden verleihen könnte, bekäme sie einen von mir.

Die Frikadellen brutzeln in der Pfanne, die Kartoffeln kochen, der Tisch ist gedeckt... zehn Minuten Pause. Denkste! Sven ist schon da.

»Sascha kommt später, der muß laufen.«

»Warum denn nun schon wieder?«

»Die haben Karlchen eine Knallerbse unters Gaspedal geklemmt, und da hat er sie auf halber Strecke rausgeschmissen.«

So geht das nicht weiter. Rolf muß endlich mal ein ernstes Wort mit seinem Filius reden. Leider enden derartige Strafpredigten meist damit, daß er seinem Sohn Streiche aus seiner eigenen Schulzeit erzählt, die Sascha wie ein Schwamm aufsaugt und irgendwann wieder in die Praxis umsetzt.

Halb zwei. Sascha kommt angetrödelt, läßt den Anraunzer wie kaltes Wasser ablaufen und erzählt mir strahlend:

»Du hättest bloß mal dem sein Gesicht sehen sollen, als das plötzlich losknallte!«

»Dessen Gesicht.«

»Ist doch egal, jedenfalls hat der ziemlich blöde geguckt!«

Das Mittagessen verläuft friedlich. Nur Steffi ist nicht da. Suchaktionen sind sinnlos, es gibt zu viele Möglichkeiten, wo sie sein kann. Wahrscheinlich hat sie sich wieder bei irgend jemandem selbst eingeladen.

»Wie sieht es mit Hausaufgaben aus?«

»Ich hab' keine auf.« Natürlich Sascha.

»Stimmt ja gar nicht. Günther hat mir erzählt, ihr sollt einen Aufsatz schreiben.«

»Hab' ich ganz vergessen. Und außerdem geht dich das überhaupt nichts an!«

Sven trollt sich samt Ranzen auf die Terrasse, Sascha verschwindet in Richtung Treppe.

»Hiergeblieben! Erst die Arbeit, dann das Vergnügen!« (Idiotischer Spruch, aber den habe ich früher auch immer gehört.) Sascha mault, fügt sich aber.

Viertel nach zwei. Die Zwillinge haben ausgeschlafen, werden frisch gewickelt, bekommen ihren Obstsaft, marschieren in ihren Stall. Wollen nicht alleine bleiben, brüllen. Kriegen Zwieback in die Hand gedrückt, werden friedlich.

Drei Uhr, und die Küche sieht noch aus wie ein Schlachtfeld. Spülmaschine haben wir nicht, also do it yourself.

Es bimmelt. Telefon. »Schatz, ich komme heute nicht mehr nach Hause, sondern fahre weiter nach Karlsruhe. Bin morgen am Spätnachmittag zurück. Was machen die Kinder? Was wolltest du sagen? Meine Groschen sind alle, tschüs bis morgen!« Na, nicht zu ändern, irgendwo müssen die Brötchen schließlich herkommen.

Halb vier. Auf der Terrasse ist es verdächtig ruhig. Sven schreibt Vokabeln ab und versichert mir zum zwanzigsten Mal, daß man endlich Esperanto als Universalsprache einführen sollte. Sascha ist verschwunden. Ich entdecke ihn im Garten, wo er mit dem Gartenschlauch hantiert.

»Was machst du da?«

»Die Mäuse sehen aus wie Ferkel, die muß man erst mal saubermachen.«

»Aber doch nicht mit dem Schlauch!«

Sascha dreht bedauernd den Wasserhahn zu und kommt zurück.

»Was macht der Aufsatz?«

»Ich weiß nicht, was ich schreiben soll.«

»Wie heißt denn das Thema?«

»Was ich einmal werden will.«

»Na und? Seit zwei Wochen willst du Astronaut werden, fällt dir dazu nichts ein?«

»Ach nee, immer in so 'ner Kapsel hocken ist auch nicht das Wahre. Ich werde lieber Zoodirektor. Da kann ich auch mehr drüber schreiben.«

»Schreib, worüber du willst, aber fang endlich an!«

Katja brüllt, weil Nicki ihr den Stoffelefanten in die Nase bohren will. Rettungsaktion, anschließend provisorische Reinigung der Ferkel.

Vier Uhr fünfzehn. Endlich taucht Steffi auf.

»Ich habe schon Mittag gegessen!«

Dieses Kind hat ein sonniges Gemüt, bald ist Zeit zum Abendbrot.

»Wo warst du denn?«

»Bei Schrezenmeiers.«

»Ich denke, die Karin hat Mumps?«

»Karin nicht, aber Petra.«

»Und dann bleibst du den halben Tag dort? Mumps ist ziemlich ansteckend.«

»Petras Mama sagt, ich krieg's sowieso mal!«

Jetzt brauche ich einen Kaffee! Wenzel-Berta steht schon im Eßzimmer und bügelt. Also zwei Tassen Kaffee!

Es klingelt. Frau Häberle II steht draußen. Ihre Schwester ist heute früh mit dem Blinddarm ins Krankehaus gekommen, ob sie mal telefonieren darf. Sie darf. Der Blinddarm ist ein Magengeschwür und muß operiert werden. Frau Häberle begreift das nicht, geht aber trotzdem wieder.

Fünf Uhr. Sascha präsentiert sein Heft. Seine Vorstellungen von den Aufgaben eines Zoodirektors sind reichlich abenteuerlich, vielleicht sollte er sich mal mit Dr. Grzimek unterhalten.

»Jetzt pack endlich zusammen, dann kannst du verschwinden. Aber spätestens um sieben seid ihr zurück!«

Die Zwillinge quengeln, sie werden müde, und Hunger haben sie auch. Jetzt kommt der zeitraubendste Teil des Tages, die Wasserschlacht. Wenn die beiden nur endlich groß genug wären, damit man sie zusammen baden kann... Um halb sieben habe ich sie fertig, eine halbe Stunde später sind sie abgefüttert und schlafen ein.

Sieben Uhr. Stefanie erscheint, die Jungs bleiben immer noch verschwunden. Ich stecke meine Tochter samt Ente, Krokodil und Schiffchen in die Wanne, da ist sie im Augenblick gut aufgehoben.

Halb acht. Die Knaben sind noch immer nicht da. Steffi kommt triefend an, bis auf das Gesicht ist sie sauber. Also noch mal zurück in die Wanne, abtrocknen, Schlafanzug an, Butterbrot nebst Apfel und ab ins Bett.

Acht Uhr. Sven marschiert kleinlaut die Treppe herauf. »Entschuldige, ich habe nicht auf die Uhr gesehen.« Konnte er auch nicht, er hatte keine mit. Die liegt seelenruhig am Tisch auf der Terrasse.

»Wo ist Sascha?«

»Ist der noch nicht da?«

»Nein.«

»Ich such ihn mal.«

Sven trabt wieder los, kommt nicht mehr zurück. Um halb neun mache ich mich selbst auf die Suche und finde die beiden bei Kroihers im Schweinestall.

»Guck mal, Mami, sind die Ferkel nicht süß? Die sind gestern erst geboren worden.«

Ich will keine Ferkel sehen, ich will überhaupt nichts mehr sehen, ich will endlich mal ein bißchen Ruhe haben! Die Knaben wittern Unheil, flitzen los, gehen freiwillig duschen, erklären, keinen Hunger mehr zu haben, und sind endlich in ihren Zimmern verschwunden.

Kurz nach neun. Feierabend.

Eigentlich sollte ich jetzt auch mal etwas essen. Das Brot ist alle. Na ja, Knäckebrot ist auch nahrhaft. Und was jetzt? Kurzer Blick ins Fernsehprogramm. Im ersten Programm fängt gerade ein amerikanischer Krimi an; der andere Kanal sendet ein Problemstück. Probleme habe ich selber, zusätzliche brauche ich nicht.

Ich könnte eigentlich Regina anrufen, mich für den Brief bedanken. Ihre Mutter ist an der Leitung. Regina ist leider nicht zu Hause, und wie es mir denn geht? Fünf Minuten unverbindliches Blabla.

Halb zehn. Warum soll ich nicht ins Bett gehen und noch ein bißchen lesen? Den Schiwago habe ich Ostern angefangen, ich bin immer noch auf Seite 211. Aber vorher schnell duschen, jetzt wird die Brause ja wohl in Ordnung sein. Das Bad schwimmt. Die Herren Söhne... Ist mir egal, morgen ist auch noch ein Tag!

Und wenn Rolf am Abend zurückkommt, wird er mir bestimmt wieder wortreich erzählen, wie anstrengend die letzten beiden Tage für ihn waren und wie gut ich es dagegen habe. Nur das bißchen Haushalt...

7.

»Immer während der Tagesschau!« knurrte das Familienoberhaupt, als kurz nach acht das Telefon klingelte. Sven erhob sich aus seiner horizontalen Lage vom Teppich, schlurfte zur Tür und nahm mit einem gemurmelten »Komme ja schon« den Hörer ab.

»Es ist Onkel Felix, und er sagt, es ist sehr wichtig!«

»Dann hat er wieder irgendwas erfunden!« Rolf stemmte sich aus dem Sessel hoch und ging zum Telefon. Nach drei Minuten war er zurück.

»Die kommen morgen«, verkündete er lakonisch.

»Etwa alle?«

»Alle!«

»Für wie lange?«

»Nur für einen Tag, dann wollen sie weiter nach Italien. Felix hat eine Campingausrüstung gekauft, und die will er bei uns im Garten erst mal ausprobieren, bevor er sich damit in die Öffentlichkeit wagt. Ein neues Auto hat er auch.«

»Der scheint ja mal was erfunden zu haben, womit er Geld verdienen kann«, mutmaßte Sven, »nicht so was Blödes wie die Gurkenmaschine.«

Besagte Gurkenmaschine hatte mir Felix als Hochzeitsgeschenk überreicht mit dem Hinweis, es handele sich um ein handgearbeitetes Original und sei dementsprechend kostbar. Der Apparat hatte die Größe und auch ungefähr die Form eines riesigen Fleischwolfes und diente dem Zweck, Gurken zu hobeln. Vorausgesetzt, sie waren kerzengerade gewachsen und nicht dicker als höchstens 7 cm. Man steckte die Gurke in eine Art Trichter, drehte an einer Kurbel, die öfter mal abfiel, und unten kamen dann Scheiben verschiedener Stärke heraus. Außerdem war in Kauf zu nehmen, daß ein Drittel der Gurke entweder auf der Strecke blieb oder von Hand weiterverarbeitet werden mußte. Das eine Verfahren war zu teuer, das andere zu umständlich. Also kaufte ich mir einen handelsüblichen Gurkenhobel und verstaute das Monstrum irgendwo im Keller, Immer dann, wenn Felix seinen Besuch ankündigte, wurde es aus der Versenkung geholt, ich schrubbte die Patina monatelanger Dunkelhaft ab und stellte es mitten in die Küche, wo sein Erfinder es jedesmal liebevoll bewunderte.

»Da kannst du mal sehen, was gute Handarbeit ist«, bekam ich regelmäßig zu hören, »überhaupt keine Verschleißerscheinungen!« Na ja, kein Wunder!

Aber vielleicht sollte ich erst einmal erklären, wer Felix überhaupt ist. Mit vollständigem Namen heißt er Felix Waldemar Böttcher und ist ein Jugendfreund von Rolf. Die beiden hatten sich auf der Kunstakademie kennengelernt, wo sie so lange perspektivisches Zeichnen lernten, bis Rolf seine Liebe zum Journalismus entdeckte und absprang. Felix zeichnete noch eine Weile weiter, weil ihm nichts Besseres einfiel, aber als sein Professor ihm eines Tages eröffnete: »Hören Se auf damit, werden Se lieber Zahnarzt!«, packte auch Felix seine Stifte ein und verließ die Stätte der Musen, von denen ihn offensichtlich keine einzige geküßt hatte. Zahnarzt wollte er aber auch nicht werden, also wurde er Buchbinder. Im übrigen ist er ein Meister seines Fachs. Einige seiner Werke sind in unserem Bücherschrank zu bewundern. Ihr Inhalt ist weit weniger wertvoll als ihr Einband.

Sein Meisterstück hat Felix geschaffen, als ihm einmal Rolfs zerfledderter Reisepaß in die Hände fiel. Damals hatten diese Dinger nur einen einfachen hellgrünen Pappdeckel, und wer seinen Paß häufig brauchte und darüber hinaus ein Gegner irgendwelcher schützender Hüllen war, hatte nach ziemlich kurzer Zeit fliegende Blätter in der Brieftasche. Diese fliegenden Blätter konfiszierte Felix und brachte sie zwei Tage später in weinrotes Saffianleder gehüllt wieder zurück. Die Vorderseite des Passes zierte in Goldprägung der Name des Eigentümers.

Leider gab es jedesmal Schwierigkeiten beim Grenzübertritt. Die etwas verblüfften Beamten, denen ein deutscher Paß in dieser Form noch nie vorgelegt worden war, vermuteten hinter der Luxusausgabe entweder eine Fälschung, was ziemlich zeitraubende Untersuchungs- und Aufklärungsarbeiten erforderte, oder einen Diplomatenstatus, was entschieden vorteilhafter war. Diplomaten werden nicht kontrolliert, und die Zigaretten waren damals in der Schweiz weit billiger als bei uns.

Manchmal hörten wir monatelang nichts von Felix, aber er war immer dann zur Stelle, wenn man ihn brauchte. Er wurde unser Trauzeuge, er half bei den ersten drei Umzügen – vom vierten an verhinderten die zunehmenden Entfernungen seine Mitwirkung –, er wurde Svens Patenonkel, war Saschas Verbündeter bei allen möglichen Dummheiten und wollte sogar Steffi adoptieren, weil er der Meinung war, ich eigne mich nicht zur Erziehung von Mädchen. Im übrigen war er überzeugter Junggeselle mit einem ausgeprägten Hang zur Sparsamkeit. Seine Freundinnen wählte er weniger nach dem Äußeren als vielmehr nach ihren hauswirtschaftlichen Fähigkeiten aus. Waren seine Strümpfe wieder einmal alle sauber und seine Hemdenknöpfe ordnungsgemäß mit Fäden statt mit Alleskleber befestigt, erklärte er seiner jeweiligen Wohltäterin ziemlich unverblümt, man passe wohl doch nicht so richtig zusammen und eine schnelle Trennung sei das vernünftigste.

Diese Methode klappte jahrelang, und so waren wir ziemlich überrascht, als plötzlich eines schönen Tages morgens um vier das Telefon klingelte und Felix verkündete, er habe soeben geheiratet. »Meine Güte, muß der Kerl blau sein!« war Rolfs Kommentar, nachdem er den Hörer wieder aufgelegt hatte. Aber hier irrte der Meister. Er wußte nur nicht, daß sein Freund ein paar Wochen zuvor in die Staaten gereist war, dort ein kürzlich aus Deutschland eingewandertes Mädchen kennengelernt, sich Hals über Kopf verliebt und seine Angebetete in einem kleinen Provinznest abends um zehn Uhr geheiratet hatte. Übrigens auch in Amerika eine durchaus nicht übliche Zeit für eine Trauung!

Allen gegenteiligen Prognosen zum Trotz wurde die Ehe ausgesprochen glücklich, was nicht zuletzt die inzwischen drei und vier Jahre alten Sprößlinge Max und Moritz beweisen. Felix erfindet zwar immer noch irgendwelche vermeintlich zeit- und arbeitsparende Geräte, nur beschränkt sich sein Tatendrang jetzt auf seine private Sphäre, und ich brauche seine Schöpfungen nicht mehr auszuprobieren. Ich weiß nur, daß er seit Jahren an einem System bastelt, das Babywindeln überflüssig machen soll. Vielleicht liegt hierin der Grund, daß sein Sohn Moritz noch nicht »stubenrein« ist!

Am Spätnachmittag des nächsten Tages keuchte ein abenteuerliches Gefährt den Hügel herauf, hustete kurz und blieb auf halber Höhe stehen. Heraus sprang ein bärtiger Mann, griff sich zwei herumliegende Feldsteine und klemmte sie schnell unter die beiden Hinterräder. Es war Felix! (Jetzt hatte sich dieser Mensch doch tatsächlich einen Vollbart wachsen lassen!)

»Die Handbremse ist im Eimer«, erklärte er sein merkwürdiges Tun, bevor er mich liebevoll umarmte.

»Wie gefällt dir meine neue Kutsche?« Damit wies er auf sein Vehikel, das ganz offensichtlich irgendwann einmal ein VW gewesen war, durch diverse An- und Umbauten aber mehr wie ein Mittelding zwischen Amphibienfahrzeug und Karussellauto aussah. Gekrönt wurde das Ganze von einem gefährlich schwankenden Aufbau auf dem Dach. Zu allem Überfluß war dieser rollende Blechhaufen in verschiedenen Farbtönen lakkiert, wobei auf der einen Seite Grün, auf der anderen Blau dominierten.

»Was meinst du, was das für widersprüchliche Zeugenaussagen gibt!« begründete Felix seine fahrende Litfaßsäule. Er verfügt noch aus früheren Jahren über einschlägige Erfahrungen.

Inzwischen hatte sich auch die übrige Familie aus dem vollgestopften Fahrzeug befreit. Marianne sah ziemlich mitgenommen aus, Max und Moritz guckten mißtrauisch, wollten nicht guten Tag sagen, wollten nicht das schöne Händchen geben, wollten keinen Diener machen, quengelten.

»Die sind hundemüde«, sagte Marianne. Minuten später hingen die müden Knaben mit schokoladeverschmierten Händen an meinen weißen Hosen. Die hatte ich gerade erst angezogen. Der Gäste wegen!

Sven und Sascha kamen den Berg heraufgestürmt. Sie hatten schon den ganzen Nachmittag über auf der Lauer gelegen und sich dann entschlossen, dem Besuch entgegenzugehen.

»Warum habt ihr denn nicht angehalten?« fragte Sven empört. »Ihr habt uns doch gesehen!«

»Konnte ich nicht, dann wäre die Karre nicht mehr angesprungen. Irgendwas stimmt mit der Batterie nicht. Gibt es hier eine Werkstatt?«

»Nee, nicht mal Benzin.« Sascha besah sich mit kugelrunden Augen das Fahrzeug, bevor er ungläubig fragte: »Sag mal, Onkel Felix, ist *das* da dein neues Auto?«

»Wie hast du die Mühle überhaupt durch den TÜV gekriegt?« wollte Sven wissen.

»Na ja, fabrikneu ist es natürlich nicht, aber zum TÜV muß ich erst nächstes Jahr. Und es funktionierte alles tadellos. Bis gestern«, fügte er etwas kleinlaut hinzu.

Später beim Kaffeetrinken – Max und Moritz hatten wir erst einmal ins Bett gesteckt – erzählte Felix Einzelheiten über die offenbar recht strapaziöse Reise. Danach waren sie programmgemäß um acht Uhr in Düsseldorf gestartet, nach halbstündiger Autobahnfahrt in einen Stau gekommen und endlos lange im Schneckentempo dahingekrochen. »Irgendwann hatte ich die Nase voll und bin bei der nächsten Ausfahrt runter«, erzählte er weiter. »Wir haben dann in einer Dorfkneipe etwas gegessen und sind anschließend über die Landstraße weitergefahren. Plötzlich lief der Wagen nicht mehr richtig, er kam einfach nicht auf Touren.«

»Weil dieses Kamel mit angezogener Handbremse losgefahren ist!« unterbrach Marianne. »Und als er es endlich merkte, war das Ding natürlich hin!«

Nach einem weiteren Halt (»Sag mal, müssen eure Kinder auch dauernd auf die Toilette? Ich glaube fast, Max ist blasenkrank!«) sprang der Wagen nicht mehr an. Hilfsbereite Mitmenschen schleppten das Vehikel bis zur nächsten Tankstelle, wo der Tankwart empfahl, das ganze Auto am besten auf einen Schrottplatz zu fahren und lediglich das Radio als bleibende Erinnerung zu behalten, das zweifellos das einzig Funktionierende an dem ganzen Gefährt sei. Ein entsprechendes Trinkgeld und eine gewisse Hochachtung vor der Courage des Wagenbesitzers brachten den Tankwart schließlich dazu, das Auto wieder in Gang zu bringen, aber »fahren Sie nach Möglichkeit bis zu Ihrem Ziel durch, ich glaube nicht, daß der Wagen noch mal von allein anspringt!«

»Jedenfalls haben wir es bis hierher geschafft!« endete Felix zuversichtlich. »Ich bringe das Auto morgen in eine Werkstatt, und dann werden wir auch bis in die Schweiz und noch weiter kommen!«

Nach drei Stück Buttercremetorte, vier Tassen Kaffee und einem doppelstöckigen Cognac war er bereit, nunmehr seine Umgebung in Augenschein zu nehmen.

»Wo steckt Rolf? Ich hatte ihn eigentlich beim Empfangskomitee erwartet.«

»Keine Ahnung, er wollte schon vor zwei Stunden hiersein.«

»Immer das gleiche Lied. Pünktlichkeit scheint er bei dir auch nicht gelernt zu haben. Weiß du noch, wie er sogar zu seiner eigenen Hochzeit zu spät gekommen ist?«

Und ob ich das noch wußte! Um elf Uhr sollte die standesamtliche Trauung sein, zehn vor elf wanderte ich nervös von einem Fenster zum anderen, während die zahlreich versammelte Verwandtschaft schon überlegte, wie man den Skandal vertuschen könnte und ob es noch früh genug sei, das Essen abzubestellen. Reifen quietschten, Felix jagte die Treppe herauf und zog mich am Arm wieder hinunter. »Komm bloß schnell, ich habe Rolf vor einer Viertelstunde erst aus dem Bett geklingelt. Der war gestern abend blau wie ein Veilchen und hat total verschlafen!« Herrenparty! Abschied vom Junggesellenleben!

Felix stopfte mich ins Auto und steuerte in Richtung Innenstadt. »Ich muß noch die Blumen abholen«, begründete er die vermeintlich falsche Route.

Vor dem Blumenladen gab es keinen Parkplatz, dafür haufenweise Halteverbotsschilder.

»Es hilft nichts, du mußt dir das Gemüse selber holen. Ich fahre inzwischen einmal um den Block und sammle dich dann wieder auf.«

So kam es, daß ich mir nicht nur meinen Brautstrauß selbst abholen, sondern darüber hinaus auch noch bezahlen mußte.

Mein Bräutigam lief in Strümpfen herum, suchte Manschettenknöpfe, Brieftasche, Schuhcreme. Ich putzte die Schuhe, Felix opferte seine eigenen Manschettenknöpfe, die flatternden Hemdsärmel bändigten wir mit Hilfe einer Büroheftmaschine, und mit halbstündiger Verspätung landeten wir doch noch auf dem Rathaus. Gerade rechtzeitig, um den Standesbeamten an der Rückkehr in sein Büro zu hindern. Vorher mußten wir allerdings den zweiten Trauzeugen herbeischaffen, der inzwischen eine öffentliche Telefonzelle blockierte und der Reihe nach sämtliche in Betracht kommenden Nummern anrief, um nach dem verschwundenen Brautpaar zu fahnden.

Nach diesem Auftakt ist es eigentlich kein Wunder, wenn unsere ganze Ehe mehr oder weniger turbulent verläuft.

Felix hatte sich entschlossen, die Montage seines Zeltes auf morgen zu verschieben und eine Nacht im Gästezimmer zu verbringen. Da unser Mädchenzimmer verwaist geblieben war, verfügten wir über diesen ungewohnten Luxus, und besonders ich war froh darüber, weil es mir jetzt erspart blieb, Möbel zu rücken und Bettzeug zu schleppen, wenn mal jemand auf der Couch kampieren mußte. Abgesehen davon, daß der Betreffende die Körpergröße eines Pygmäen und Umfang einer Fahnenstange haben mußte. Sven und Sascha waren allerdings enttäuscht, denn sie fieberten vor Arbeitseifer und hatten schon den gesamten Inhalt unser Werkzeugschrankes in den Garten befördert, einschließlich Bandsäge und Spitzhacke, die ein Bauarbeiter mal vergessen hatte. Aber schließlich sahen sie ein, daß die beginnende Dunkelheit das ganze Unternehmen erschweren würde.

»Können wir nicht morgen schwänzen?« bettelte Sachsa. »Jetzt so kurz nach den Ferien ist in der Schule doch sowieso noch nichts los.«

Die Ferien waren seit drei Wochen vorbei, aber die hochsommerlichen Temperaturen hielten an, und Sascha betrachtete die täglichen Schulstunden ohnehin nur als lästige Unterbrechung seiner Freizeit. Hausaufgaben machte er so gut wie nie, und wenn doch, dann abends oder im Schulbus. Entsprechend sahen sie aus. »Die nächsten Zeugnisse gibt es im Februar, und das ist noch lange hin!« war sein ständiger Kommentar, wenn ich wieder einmal an sein Pflichtgefühl appellierte.

Wir saßen alle auf der Terrasse und starrten in die untergehende Sonne, von der Marianne behauptete, sie sähe traumhaft schön aus (ich fand sie auch nicht anders als sonst, aber vermutlich hatte ich inzwischen den Blick für Naturschönheiten verloren, weil wir zu viel davon hatten), als Rolf durch den Garten kam. In einer Hand trug er einen Handkoffer, in der anderen zwei Einkaufstüten, unter den linken Arm hatte er mehrere Leitzordner geklemmt und unter den rechten ein Weißbrot.

»Ich möchte euch nur darauf aufmerksam machen, daß die allgemeine Straßenverkehrsordnung auch für ländliche Bereiche gilt! Man stellt sein Auto nicht mitten auf der Straße ab und versperrt anderen die Zufahrt!«

Felix' verröcheltes Vehikel hatten wir total vergessen! Jetzt konnten wir es nicht einmal mehr den Berg heraufziehen, weil es breit und behäbig auf der Fahrbahn stand und bestenfalls noch einem Radfahrer Platz bot. Also ließen wir es zurückrollen und schoben es so lange an die Seite, bis es mit zwei Rädern im Graben hing. Das Aus- und Abladen verschoben wir ebenfalls auf den nächsten Tag, nachdem ich Felix versichert hatte, daß es in Heidenberg nur ehrliche Menschen gäbe. Jedenfalls hatte sich noch nie jemand an unseren vergessenen Fahrrädern, Rollschuhen, Regenmänteln, Ginflaschen und Couchkissen vergriffen. Einmal hatte ich sogar den Sonntagsbraten auf der Terrasse liegenlassen, und selbst der war nur zur Hälfte von einer Katze aufgefressen worden.

Am nächsten Morgen deckte ich schlechtgelaunt und unausgeschlafen den Frühstückstisch. Wir hatten Max und Moritz abends in Stefanies Zimmer gesteckt, bekamen aber bis Mitternacht keine Ruhe. Als der Kaufladen zum zweitenmal umkippte, wurden die Zwillinge wach und brüllten los, und damit war es mit der Nachtruhe endgültig vorbei. Bis in das untere Stockwerk war der Krach offenbar nicht gedrungen, oder aber Felix und Marianne schliefen den Schlaf der Mir-ist-jetzt-alles-egal-Fatalisten, jedenfalls erschienen sie erst, als die Kinder schon in der Schule waren und Rolf am Telefon hing, um die Reparaturwerkstatt in Aufeld zu alarmieren. Steffi hatte das Kommando über Max und Moritz übernommen und stromerte mit ihnen im Dorf herum, wo sie ihnen von Kroihers Schweinestall bis zu Kleinschmitts Jauchegrube alles Sehenswerte zeigte.

Nach dem Frühstück räumten die Männer das Auto aus und schleppten das ganze Gepäck in den Garten. Danach waren sie bis zum Mittagessen total erschöpft und hatten gerade noch genug Kraft, um die vorgekühlten Bierflaschen zu köpfen. Nebenbei studierten sie die Gebrauchsanweisung für den Aufbau des Steilwandzeltes.

Nun sind Gebrauchsanweisungen, noch dazu, wenn sie mit Zeichnungen und Buchstaben verunziert sind, für mich schon immer unlösbare Rätsel gewesen. Mein Durchblick reicht gerade noch aus, das gestrichelte Dreieck auf einer Nudelpakkung zu erkennen, das ich mit dem Daumen eindrücken soll. Und dann platzt die Packung doch ganz woanders auf. Als Teenager wollte ich einmal mit einer Freundin ein Faltboot zusammenbauen, aber mal hatten wir zu viele Hölzchen, beim nächsten Versuch reichten sie nicht, ein paar gingen auch kaputt, und als wir schließlich alle Einzelteile irgendwie aneinandergesetzt hatten, sah das Boot wie ein Backtrog aus und ging auch sofort unter.

Ich habe vor jedem Fernsehtechniker mehr Hochachtung als vor einem Arzt mit drei Doktortiteln. Lateinische Namen kann schließlich jeder auswendig lernen, aber sich in einem seitenlangen Schaltplan auszukennen und A 178 dann auch noch im Fernsehapparat als stecknadelkopfgroßes Pünktchen wiederzufinden, empfinde ich als Höchstleistung menschlicher Intelligenz. Jedenfalls lehnte ich jede Meinungsäußerung ab, als sich die Zeltbauer nicht einigen konnten, ob mit dem großen D römisch IV nun das Vorzelt oder nur eine Seitenwand bezeichnet war. Schließlich falteten sie das Papier zusammen, meinten, es gehe auch ohne und holten neues Bier.

Nach dem Mittagessen hielten sie zunächst ein ausgiebiges Schläfchen, denn bekanntlich soll man nach einer Mahlzeit etwas ruhen. Außerdem hatte die Werkstatt angerufen und mitgeteilt, daß die Reparatur 1. völlig unmöglich, 2. sehr zeitraubend und 3. nur mit nicht vorhandenen Ersatzteilen durchzuführen sei. Letztere müßten erst besorgt werden, was mindestens zwei Tage dauern würde. Also schliefen Felix und Marianne auch in der nächsten Nacht im Gästezimmer, während Max und Moritz bei Sven und Sascha untergebracht wurden. Diesmal durften wir alle eine halbe Stunde länger schlafen, dann fiel Max von der Campingliege.

Am vierten Tag endlich – es war ein Sonntag, und die Werkstatt hatte mitgeteilt, daß das Auto am Montag wieder fahrbereit sein würde – wurde mit dem Aufbau des Zeltes begonnen. Nun waren auch genügend jugendliche Zuschauer gekommen, die Vorstellung konnte also beginnen. Marianne und ich hatten von vornherein jede Mitwirkung abgelehnt mit der Ausrede, uns ums Essen kümmern zu müssen. In Wahrheit hatten wir nicht die geringste Lust, wie verhinderte Pfadfinder im Garten herumzurutschen und irgendwelche Stricke um irgendwelche Haken zu wickeln.

Die Zwillinge waren auch begeistert. Sie drückten sich ihre Näschen an dem Gitterzaun platt und hatten endlich mal genügend Unterhaltung.

Sven, der einzige praktisch Veranlagte in unserer Familie, hatte ziemlich schnell das Zeltknäuel entwirrt und verglich die vorhandenen Haken mit den Schlaufen, die überall an den

Stoffrändern befestigt waren. »Da fehlt aber eine Menge Häringe«, stellte er fest.

»Bas behlt?« Felix hatte den Mund voller Nägel und die Hände voller Aluminiumstangen.

»Häringe! Notfalls kann man Vierkanthaken nehmen, aber wenn es windig wird, halten die nicht lange.«

»Was sind Heringe?«

»Häringe mit ä«, erklärte Sven geduldig. »Das sind Zelthaken, die man in den Boden schlägt.«

»Aha! Und die fehlen?«

»Ich habe jedenfalls nur vier Stück gefunden.«

»Dann müssen wir eben welche kaufen. Ich habe sowieso das Gefühl, hier fehlt noch einiges. Da hinten ist ein Loch im Zelt. Kann man das mit Fahrradflickzeug reparieren?«

»Weiß ich nicht, aber unseres ist alle. Kauf genügend von dem Zeug, das ganze Zelt sieht ziemlich mürbe aus.«

»Ich habe es aber von einem guten Kunden gekauft, und der hat behauptet, er habe nur einmal drei Wochen lang damit gezeltet.«

»Und weil es ihm so viel Spaß gemacht hat, schläft er in diesem Jahr lieber wieder in einem Hotel, nicht wahr?« Rolf grinste.

»Der schläft in überhaupt keinem Hotel, der sitzt. Hat irgendein krummes Ding mit Steuergeldern gedreht und ist trotzdem pleite gegangen.«

»Das Zelt stammt wohl aus der Konkursmasse?«

»Quatsch, das habe ich schon vorher gekauft.«

»Und du hast es noch nie aufgebaut?«

»Wo denn, auf dem Balkon vielleicht?«

Bis zum Abend war es den vier Zeltbauern einschließlich mehrerer Hilfsarbeiter aus dem Zuschauerkreis gelungen, die Wände aufzurichten und mit Hilfe von Wäscheleinen, die an Büschen und am Mäusekäfig festgebunden wurden, halbwegs zu stabilisieren. Der Reißverschluß vom Dach klemmte, aber »das liegt sicherlich daran, weil das ganze Zelt etwas schief steht«, beruhigte sich Felix. »Der Boden ist ja auch ziemlich uneben.«

Marianne befaßte sich inzwischen mit einem schwärzlichen Gegenstand, von dem ihr Mann behauptet hatte, es sei der Campingkocher. Sie drehte das Ding mehrmals herum und fragte mich ratlos: »Weißt du, wo hier oben ist?«

Sven kam.

»Kannst du damit umgehen?«

Er konnte. Er brachte sogar etwas Weißes an, das irgendwo in dieses schwarze Monstrum geschoben und dann angezündet wurde. Erst zischte es, eine Stichflamme schoß empor, und dann brachten wir den Kocher zum endgültigen Kaputtgehen in den Garten. Er gurgelte noch eine Weile friedlich vor sich hin und zerfiel dann in seine Bestandteile.

»Ich habe das Gefühl, ein normaler Hotelaufenthalt wäre uns billiger gekommen«, seufzte Marianne, als sie auf die schon ziemlich lange Einkaufsliste »Campingkocher« schrieb.

Am nächsten Tag fuhr ich mit ihr nach Heilbronn, wo wir alle einschlägigen Geschäfte abklapperten und den Kofferraum mit kleinen und großen Paketen füllten.

»Wie wollt ihr das ganze Zeug denn bloß in euren Wagen kriegen? Der war doch schon vorher krachend voll«, fragte ich Marianne, als wir endlich den letzten Einkauf, eine Angel, untergebracht hatten. »Was soll das Ding hier überhaupt?«

»Felix will sparen und das Mittagessen selber angeln!«

»Kann er das denn?«

»Keine Ahnung, versucht hat er es noch nie. Aber wenn er sich einen Hering aus der Dose holt, bildet er sich schon ein, er sei Weltmeister im Angeln. Ich bin mit einem Irren verheiratet!«

Wir gingen erst einmal ausgiebig Kaffee trinken, bevor wir langsam und vorsichtig wieder nach Hause fuhren. Rolf hatte mir in einem Anflug von Großmut seinen Wagen zur Verfügung gestellt – vielleicht hatte er auch befürchtet, Hannibal sei den Gefahren der Großstadt nicht mehr gewachsen und würde vorzeitig seinen Geist aufgeben –, jedenfalls wußte ich genau, daß mein Gatte sofort nach unserer Rückkehr seine heilige Kuh inspizieren und nach Kratzern absuchen würde.

Neben dem Hauseingang stand die wieder zum Leben erweckte »Litfaßsäule«, die ich gar nicht so schrecklich bunt in Erinnerung gehabt hatte. Felix strahlte mit dem frischgewaschenen Auto um die Wette. »Es läuft wieder wie eine Eins!« versicherte er uns und schlug zärtlich auf den Kotflügel. Darauf sprang die linke Tür auf.

Bis zum Einbruch der Dunkelheit hatte Sven die provisorischen Vierkanthaken gegen vorschriftsmäßige Häringe ausgewechselt und mit Saschas Hilfe das Zelt so weit aufgerichtet, daß es nur noch ein ganz kleines bißchen schief stand. Dann war Felix samt Luftmatratze, Schlafsack, Karbidlampe und der noch halbvollen Wodkaflasche in sein Freiluftheim gezogen.

»Ich bleibe heute nacht hier draußen. Einmal muß man sich ja daran gewöhnen.«

Marianne zog es vor, die Annehmlichkeiten der Zivilisation noch ein letztes Mal zu genießen und im Gästezimmer zu schlafen, während Max und Moritz schon vor zwei Tagen beschlossen hatten, lieber nicht weiter zu verreisen, sondern bei uns zu bleiben.

Nach dem Abendessen saßen wir noch lange auf der Terrasse und tranken Ananasbowle. Felix hatte sich zwar schon zur Nachtruhe zurückgezogen, tauchte aber noch einmal auf, um sich Mückensalbe zu holen, und war dann geblieben, weil »ich bei eurem Gequassel noch nicht einschlafen kann«. Wir schwelgten in nostalgischen Erinnerungen, und besonders Marianne hörte mit ständig länger werdendem Gesicht zu, denn die meisten der jetzt aufgewärmten Episoden hatten sich vor Felix' folgenschwerer Amerikareise abgespielt.

Mir war schon seit ein paar Minuten aufgefallen, daß Rolf sein Gegenüber nachdenklich ansah, und deshalb war ich gar nicht überrascht, als er plötzlich herausplatzte: »Jetzt ist es mir endlich eingefallen! Weißt du, Felix, mit wem du Ähnlichkeit hast? Ein früherer Nachbar von uns hatte in seinem Vorgarten einen Gartenzwerg, der sah genauso aus wie du.«

Ganz unrecht hatte er wirklich nicht. Der Vollbart hatte sich bei näherer Betrachtung als Bartkranz entpuppt, wie ihn alte Segelschiffkapitäne zu tragen pflegen, und außerdem hatte sich Felix zum Schutz gegen die Abendkühle eine rote Pudelmütze auf sein schon schütteres Haupthaar gestülpt. In Verbindung mit dem leicht glasigen Blick – die Bowle war fast alle – war eine gewisse Ähnlichkeit mit Gartenzwergen tatsächlich vorhanden.

Felix zeigte sich keineswegs beleidigt. »Gartenzwerge sind des Deutschen liebstes Kind, und ich empfinde deinen Vergleich als durchaus schmeichelhaft. Übrigens habe ich mir den Bart erst vor ein paar Tagen stutzen lassen. Vorher war er viel länger. Gottfried wollte mich sogar als Reserve-Christus nach Oberammergau schicken!«

»Gottfried? Gibt es denn den immer noch?«

»Aber sicher, was glaubst du denn, wer zu Hause den Laden schmeißt?«

Ich erinnerte mich noch ganz genau an das spindeldürre Bürschchen, das vor Jahren mal in Felix' Werkstatt herumwieselte und mir als »das ist Gottfried Pfannkuchen, mein neuer Lehrling« vorgestellt wurde. Später fragte ich Felix: »Warum nennst du den armen Kerl Pfannkuchen? An dem ist doch nun wirklich gar nichts Rundes.« – »Den nenne ich nicht so, der heißt tatsächlich Pfannkuchen mit Nachnamen.«

Gottfried Pfannkuchen war nicht nur Lehrling, sondern bald Mädchen für alles. Er kaufte ein, spülte Geschirr, und wenn sein Herr und Meister nach durchzechter Nacht seinen Kater spazierenführte, besorgte Gottfried Rollmöpse und kühlte seinem Brotherrn mittels einer mit Eis gefüllten Wärmflasche die Stirn. Nebenbei erlernte er das Gewerbe eines Buchbinders so gründlich, daß er später eine glänzende Prüfung ablegte.

Gottfried war ohne Vater aufgewachsen, mit seiner Mutter verstand er sich nicht besonders gut, und so ging er bald nur noch nach Hause, um sich frische Wäsche zu holen. Neben der eigentlichen Werkstatt lag eine kleine Kammer mit einem winzigen Oberlicht, in der die Putzfrau ihre Utensilien und Felix seine leeren Flaschen verstaute. Diese Kammer wurde geräumt, mit einem Feldbett, einem Stuhl und vier Kleiderhaken versehen – mehr ging beim besten Willen nicht hinein –, und oft genug verbrachte Gottfried dort seine Nächte. Er erblickte in Felix wohl so eine Art Vaterersatz. Jedenfalls ertrug er es klaglos, als der ihm eines Tages unter Zuhilfenahme eines Kochtopfs die Haare schnitt. Die so entstandene Frisur war zumindest recht eigenwillig! Gottfried existierte also immer noch, und wenn Felix ihm so einfach seinen ganzen Laden überließ, mußte er in seinem einstigen Lehrling einen würdigen Vertreter sehen.

Als die Mücken anfingen, uns aufzufressen, gingen wir hinein, daß heißt natürlich nur wir verweichlichten Zivilisationsgeschädigten, zu denen auch Rolf gehörte. Er hatte die Einladung, im Zelt zu schlafen, mit dem Hinweis abgelehnt, er sei über das Wandervogelalter hinaus. Felix kroch in sein Zelt, zog ostentativ den Reißverschluß zu, der immer noch klemmte, und zeigte uns damit, was er von uns angekränkelten Naturverächtern hielt.

In der Nacht wachte ich plötzlich von einem ungewohnten

Geräusch auf. Regen! Der erste seit Wochen! Es war auch nur ein kurzes Gewitter mit einem wolkenbruchartigen Regenguß, aber der genügte, um den Freiluftfanatiker auf die Terrasse stürzen und verzweifelt an die verschlossene Glastür klopfen zu lassen.

»Wer wird sich denn von so einem kleinen Schauer in die Flucht schlagen lassen?« sagte ich, als ich das zitternde Häuflein Elend ins Trockene ließ. »In Italien scheint auch nicht immer die Sonne.«

»Ach, laß mich doch in Ruhe«, knurrte Felix und goß sich einen doppelstöckigen Cognac ein. »Das Zelt ist löchrig wie ein Sieb, überall regnet es rein, die Luftmatratze hat ein Loch, ich habe sie schon zweimal aufpumpen müssen, und dann kam auch noch der Regen in wahren Sturzbächen unten ins Zelt. Alles schwimmt darin herum, die Lampe ist umgekippt, und die Taschenlampe funktioniert nicht. Dabei ist sie nagelneu. Kann ich hier drin schlafen?«

Am nächsten Morgen sahen wir die Bescherung. Das Zelt war so ziemlich in sich zusammengefallen (dabei waren die paar Windböen doch wirklich nicht so schlimm gewesen), und zwei Zeltstangen waren total verbogen. Außerdem war es innen und außen klatschnaß.

»Wer kann denn auch ahnen, daß es ausgerechnet in dieser Nacht regnet, sonst hätte ich doch einen Abflußgraben um das Zelt gezogen«, entschuldigte sich Sven. »Das mußt du dir merken, Onkel Felix, sonst säufst du beim nächsten Regen wieder ab.«

Jedenfalls wurde die Weiterreise nochmals um einen Tag verschoben, wir bauten das Zelt zum Trocknen wieder auf. Felix besorgte Imprägnierspray und nebelte seine Behausung mehrmals ein. Nachts schlief er wieder im Gästezimmer. Vorher hatte er zum sechsten oder siebenten Male seine Taschenlampe untersucht, die, wenn man ihre Größe berücksichtigte, die Leuchtkraft eines 1000-Volt-Scheinwerfers haben mußte.

»Verstehe ich einfach nicht. Im Laden funktionierte das tadellos.« Er drückte erneut auf den Schalter.

Sven nahm ihm die Lampe aus der Hand, schraubte sie auf und grinste. »Ich würde es mal mit Batterien versuchen!«

Um acht Uhr wollte Familie Böttcher zur Weiterreise starten. Um zehn Uhr band Felix den letzten Koffer auf dem Autodach fest, um halb elf hatten wir endlich Max gefunden, der nicht mitfahren wollte und sich versteckt hielt, um elf Uhr war er wieder halbwegs sauber, und kurz danach winkten wir mit Handtüchern dem gefährlich schaukelnden Auto nach. Wenzel-Berta, die gerade die Betten abzog, schwenkte ein Laken.

»Is ja man eine ulkige Familie, aber so welche muß es auch geben, wäre ja man sonst langweilig.«

Vierundzwanzig Stunden später klingelte das Telefon. Nachdem Felix alle ihm bekannten Flüche in mehreren Sprachen von sich gegeben hatte, berichtete er, daß sie jetzt in Schaffhausen festsäßen. Das Auto sei endgültig kaputt, das Zelt nachts zweimal zusammengebrochen, Marianne und die Kinder würden gleich mit dem Zug nach Hause fahren, und ob Rolf ihn nicht abholen könnte. »Ich kann doch den ganzen Krempel nicht mit der Bahn transportieren.«

Rolf fuhr also nach Schaffhausen, lud seinen gestrandeten Freund nebst Zelt, Angel und 27 Kartons ins Auto und karrte ihn zurück nach Heidenberg. Hier genoß Felix noch drei Tage lang Sonne, Gin und Landluft, dann schenkte er das Zelt den Jungs, tauschte in Heilbronn die erst kürzlich erworbenen Artikel gegen Fußballschuhe, Elektrorasierer und Fachliteratur über Camping ein, stellte Angel und 11 Kartons in den Keller (sie stehen heute noch da) und fuhr nach Hause. Den Rest der Ferien verbrachten die Böttchers in einer kinderfreundlichen Familienpension im Sauerland.

8.

Unsere Kinder sind fast alle im Winter geboren, was die Gestaltung der traditionellen Geburtstagspartys zwangsläufig einschränkt. Nur Sascha hat Glück. Sein Geburtstag ist am 12. September, und seine Chancen, daß der Himmel ein Einsehen hat und die Sonne scheinen läßt, stehen zumindest 50:50. In jenem Jahr waren sie relativ gut, wußten wir doch schon gar nicht mehr, wie Regen überhaupt aussieht. Das Spektakel würde also voraussichtlich im Freien stattfinden können.

Saschas neunter Geburtstag fiel auf einen Samstag. Wir konnten also damit rechnen, daß alle geladenen Gäste erscheinen und nicht teilweise von ihren Eltern zu Erntearbeiten aufs Feld abkommandiert werden würden. Auch Landwirte machen mal Pause!

Genaugenommen begannen die Geburtstagsvorbereitungen schon drei Wochen vor dem eigentlichen Termin, als mir Sascha die Rohfassung der Gästeliste vorlegte. Danach wollte er die gesamte männliche Dorfjugend zwischen 7 und 13 Jahren einladen, etwa zwei Drittel seiner Klassenkameraden sowie ein halbes Dutzend Mädchen, allesamt permanente Anwärter für Fleißzettel. Ich strich zunächst alle Namen aus, die ich noch niemals gehört hatte. Das war ungefähr die Hälfte und immer noch zu wenig. Dann reduzierte ich die Kandidaten so lange, bis neun übrigblieben. Das erschien mir akzeptabel. Sascha war anderer Meinung. Er kämpfte um jeden Gast mit einer Verbissenheit, als gelte es, Schiffbrüchige vor dem sicheren Tod des Ertrinkens zu retten. Schließlich einigten wir uns auf zwölf. Mit Sven und Sascha würden es also 14 Kinder sein, das ging gerade noch. Stefanie hatte ich von vornherein ausgeklammert. Seit sie sich bei einem Kindergeburtstag von Sven aus nie geklärten Gründen den Fuß verstaucht hatte und tagelang herumhinken mußte, zog sie es vor, an den turbulenten Gesellschaften ihrer Brüder nur noch als Zuschauerin teilzunehmen. Außerdem hatte ich die nicht unberechtigte Hoffnung, Sascha würde sich vielleicht in der noch verbleibenden Zeit mit einigen seiner vorgesehenen Gäste überwerfen und sie kurzerhand wieder ausladen. So etwas war schon öfter vorgekommen. Dieses Glück hatte ich jedoch in diesem Jahre nicht. Entweder war Sascha besonders friedfertig, was ich bezweifle, oder seine Kameraden bogen beginnende Streitigkeiten früh genug ab, um die schon in Aussicht gestellten Einladungen nicht zu gefährden.

Die Mädchenriege hatte ich meinem Sohn ausgeredet mit der Begründung, in seinem fortgeschrittenen Alter bleibe man zweckmäßigerweise unter sich, Mädchen würden da nur stören. Sascha fand das schließlich auch.

Eine Woche vor dem bedeutungsvollen Tag setzte er sich hin und bemalte Briefkarten. Den dazugehörigen Text überließ er mir. »Du kannst das viel besser, und mit der Schreibmaschine sieht es auch schöner aus!« Er versah die Karten später lediglich mit seinem Autogramm. Anschließend gab er keine Ruhe, bis ich Hannibal aus der Garage geholt und Sascha nach Aufeld gekarrt hatte, wo er eigenhändig die Briefe frankierte und in den Kasten warf. Meinen Vorschlag, er könne die Einladungen doch am nächsten Tag in der Schule verteilen, lehnte er ab. »Mit Briefmarke drauf sieht es doch viel wichtiger aus, und dann nehmen die Mütter das auch ernst!«

Kindergeburtstage wurden in Heidenberg im allgemeinen nicht besonders gefeiert. Das Geburtstagskind bekam ein Geschenk, natürlich auch einen Kuchen, und nachmittags kamen vielleicht Oma oder Onkel und Tante. Das war's dann auch schon. Als Stefanie doch einmal eingeladen wurde, kam sie nach einer Stunde schon wieder zurück und erzählte empört: »Das war da vielleicht doof. Wir haben Kaffee gekriegt und Kekse und Salzstangen, und dann hat sich Ulrikes Mutter an die Nähmaschine gesetzt und uns auf die Straße zum Spielen geschickt.« Anscheinend hielt man Steffis Verschwinden für durchaus normal, jedenfalls ist sie nicht zurückgeholt worden.

Nächster Punkt: Wieviel und welche Torten würden dem Herrn Sohn denn genehm sein? Er entschied sich für Buttercremetorte, Quarktorte, Schwarzwälder Kirschtorte und »noch was mit Obst obendrauf«. Bis auf den letzten Wunsch also alles

Kunstwerke, die mir regelmäßig mißlingen. Die Buttercreme gerinnt meist, die Quarktorte ist mir bisher immer zusammengefallen, und die Schwarzwälder Kirschtorte schmeckt jedesmal anders. Backen ist nun mal nicht meine Stärke.

»Kann es nicht etwas Einfacheres sein?«

Wenzel-Berta, die erst fassungslos den heruntergeleierten Wünschen des künftigen Gastgebers gefolgt war und dann mein langes Gesicht instinktiv richtig deutete, beruhigte mich. »Kaufen Se man alles ein, ich back Ihnen das Zeug schon zusammen!« Gelegentliche Kostproben von ihren Kuchen hatten mich immer neidisch werden lassen. So etwas würde ich nie hinkriegen!

Also fuhr ich am nächsten Donnerstag nach Heilbronn und besorgte von Schokoladensirup bis zu roter Gelatine alles, was Wenzel-Berta auf einer halbmeterlangen Einkaufsliste notiert hatte. Darunter auch Breschtling. Ich hatte keine Ahnung, was das ist, buchstabierte das unaussprechliche Wort vom Zettel ab und bekam eine Packung tiefgefrorene Erdbeeren ausgehändigt. Wenzel-Berta war also auch schon vom schwäbischen Dialekt infiziert!

Abends kam ich mit vollem Kofferraum und leerem Geldbeutel wieder nach Hause, lieferte meine Ausbeute bei ihr ab, entband sie für den kommenden Tag aller sonstigen Pflichten und widmete mich den weiteren Vorbereitungen.

Zum Abendessen sollte es Würstchen vom Grill geben. Rolf fand, das sei Männersache, und diesen Teil der Festgestaltung wolle er übernehmen. Zu diesem Zweck hatte er sich schon eine schwarzweiß karierte Schürze mit der Aufschrift »Küchenchef« gekauft.

Blieb noch die Getränkefrage zu klären. Kakao lehnte Sascha ab. »So 'n Babygesöff kann ich doch niemanden mehr anbieten. Koch lieber richtigen Kaffee!« Darunter verstand er Malzkaffee mit einem kleinen Zusatz von Kaffee-Extrakt. »Und für zwischendurch kaufst du am besten Apfelsaft, Traubensaft und roten Johannisbeersaft und...«

»Kommt überhaupt nicht in Frage, Sprudel genügt!« Saschas Konsumfreudigkeit stand ohnehin in krassem Widerspruch zu meinem Monatsetat, und ich sah es schon kommen, daß wir uns vom Zwanzigsten an überwiegend von Kartoffeln ernähren würden, die ich von Wenzel-Berta vorläufig noch gratis bekam.

Bei uns hatte es sich eingebürgert, daß das jeweilige Geburtstagskind sein Mittagessen selbst zusammenstellen darf. Sascha wünschte sich »das Fleisch mit dem blauen Namen und dem Käse drin«.

»Bitte, was??«

»Das haben wir doch neulich bei der Hochzeit von Tante Jutta gegessen.«

Du liebe Zeit, der Knabe meinte Cordon bleu! Das hatte ich erstens noch nie selbst gemacht, zweitens war es viel zu teuer, und überhaupt »habe ich dazu morgen gar keine Zeit!« erklärte ich meinem Sohn. Der sah das ein und wollte dann Spaghetti mit Tomatensoße.

Der ereignisreiche Tag war endlich da! Strahlend blauer Himmel, der stündlich abgehörte Wetterbericht versprach konstant anhaltendes Sommerwetter, das Thermometer kletterte am frühen Vormittag schon auf 22 Grad... es konnte also gar nichts schiefgehen!

Sascha krakeelte seit halb sechs durch das Haus und erschien eine Viertelstunde später mit vorwurfsvoller Miene im Schlafzimmer: »Wollt ihr denn nicht endlich aufstehen? Wir kommen noch zu spät zur Schule!«

Es folgten die üblichen Gratulationen mit anschließender Besichtigung des Gabentisches.

Die heißersehnte Cowboy-Ausrüstung fand Saschas volle Zustimmung. Er bemängelte lediglich das Fehlen eines Lassos, gab sich aber mit der zugesicherten Nachlieferung zufrieden. Die diversen Kleidungsstücke würdigte er keines Blickes. Etwas mußte man schließlich anziehen, und daß man ihm die ohnehin notwendigen Sachen als Geburtstagsgeschenke präsentierte, fand er überflüssig. Die beiden Bücher interessierten ihn auch herzlich wenig. Lesen mußte er in die Schule genug, und seine Freizeitlektüre beschränkte sich auf Comichefte, deren tiefsinnige Sprechblasentexte wie »Auf ihn mit Gebrüll!« oder »Kicher-kicher« seinen geistigen Ansprüchen momentan noch völlig genügten. Da war das brieftaschengroße Transistorradio doch etwas ganz anderes! (Sascha ließ es dann auch so lange laufen, bis die Batterien leer waren; Geld für neue hatte er natürlich nicht mehr, und so verschwand es erst einmal in der Versenkung. Soweit ich mich erinnere, hat er es später gegen eine Fahrradhupe mit Dreiklangton eingetauscht).

Nachdem ich das Geburtstagskind mit Mühe und Not davon abgehalten hatte, in faschingsmäßiger Wildwestverkleidung zur Schule zu gehen, verschwanden die beiden Knaben.

Wenzel-Berta erschien mit Leiterwagen, darauf vier Torten. Eine davon, in Größe und Form den amerikanischen Hochzeitskuchen nicht unähnlich, kam außerplanmäßig und war als Geschenk für Sascha gedacht. Die Herrlichkeiten verschwanden erst einmal im schnell ausgeräumten Kühlschrank.

Rolf wurde in Marsch gesetzt, mußte vom Metzger die vorbestellten Würstchen, vom Bäcker die Brötchen und vom »Löwen« den Sprudel holen. Die Sahne hatte ich vergessen, deshalb durfte er noch mal umkehren. Seine Laune sank, die Außentemperaturen stiegen!

Ich stand unterdessen auf der Leiter und versuchte, Nägel in die Terrassenwände zu schlagen. Wenn man zwei linke Hände hat, geht so etwas natürlich im wahrsten Sinne des Wortes schief. Eine halbe Packung Stahlstifte hatte ich schon krummgeklopft. Rolf murmelte etwas von »keine Ahnung haben« und »auf eine Fuge treffen« und löste mich ab. Dann schrie er nach Heftpflaster. Die Nägel waren noch immer nicht drin! Wenzel-Berta holte ihren Angetrauten. Eugen nahm die Sache in die Hand, und etwas später saßen die Nägel bombenfest (wir haben sie auch nie wieder rausgekriegt!). Wir spannten eine Wäscheleine kreuz und quer über die Terrasse und hängten Papierschlangen daran auf. Ich hatte für diese Arbeit eine gute halbe Stunde kalkuliert. Nach zwei Stunden waren wir noch immer nicht fertig!

Wenzel-Berta pustete inzwischen mit der Fußballpumpe Luftballons auf, die wollten wir zwischen die Luftschlangen hängen. Als ich den vierten befestigte, platzte der erste. Der zweite knallte auch, der dritte schrumpfte zu einer Birne mit Sorgenfalten zusammen. Die Hitze! Also hängten wir die Ballons in die Büsche im Garten, wo es Schatten gab, aber da wurden sie auch zusehends kleiner und sahen zum Schluß aus wie schlecht versteckte Ostereier. Rolf suchte Plätze für die Lampions, die später die abendliche Szenerie beleuchten sollten, fand keine, hängte sie schließlich an die Wäschespinne. Eugen begutachtete das Ergebnis, marschierte los und kam mit langen Bambusstangen wieder. »Die sind von den Bohnen. Aber die habe ich schon raus!« Mit vereinten Kräften wurden die Stangen in den Boden gerammt – mein schöner Rasen! – und waren ideale Laternenpfähle.

Mittagspause! Sven bekleckerte sich mit Tomatensoße, Steffi kam zu spät und Sascha hatte plötzlich keinen Appetit mehr auf Spaghetti – es wurde eine rundherum gemütliche Mahlzeit. Nach dem Essen holten die Jungs die Tische, die wir uns im »Löwen« geliehen hatten. Ich war schon tagelang mit dem Zentimetermaß herumgelaufen, hatte die Quadratmeter unserer eigenen Tische mit der Zahl der erwarteten Gäste multipliziert und war schließlich zu dem Ergebnis gekommen, daß der Platz auch bei minimalsten Raumansprüchen nicht reichen würde. Und ich kannte den Bewegungsdrang von Zehnjährigen! Außerdem hätten die Kinder auf verschiedenen Ebenen essen müssen.

»Bringt noch ein paar Stühle mit!« rief ich meinen Sprößlingen hinterher, denn bis zum letzten Küchenhocker waren sämtliche Sitzgelegenheiten verplant.

Die Tische kamen, die Stühle auch, und da man heutzutage keine meterlangen Tafeltücher mehr zur Hochzeit bekommt, behalfen wir uns mit Bettlaken. Außerdem hatte ich Partygeschirr aus Pappe gekauft, einmal, um den Abwasch zu sparen, zum anderen, weil mein normales Geschirr bei Kinderfesten regelmäßig um diverse Teile dezimiert worden war. Die jugendlichen Gäste waren begeistert und benutzten später ihre leeren Becher als Wurfgeschosse. Ich kam mir vor wie in einem antiautoritären Kinderladen!

Aber noch war es nicht soweit. Rolf hatte Tischkarten gezeichnet, die Sascha nun mit der Miene eines Oberhofmeisters von fürstlichen Gnaden verteilte. Die Tischordnung wurde immer wieder geändert. Rücksprachen mit Sven, der auch seine Wünsche anmeldete, machten neuerliche Umgruppierungen notwendig, und als die ersten Kinder kamen, lief Sascha noch immer mit einigen Karten in der Hand herum.Frau Kroiher, deren drei Buben zu den Gästen gehörten und die deshalb einem außergewöhnlich ruhigen Nachmittag entgegensah, brachte mir einen gefüllten Streuselkuchen. »I hab mir denkt, Sie habet au so scho genug zum schaffe, und i hab ja au scho backt, da hab ich äbe oin Kuchen mehr in de Ofen neig'schobe!« Sie bewunderte unsere Festtafel, kommentierte die Luftschlangendekoration mit »ha no, aber au so ebbes!« und zog wieder ab. Wir waren fertig, die Gäste konnten kommen!

Aber erst kamen die Spaziergänger. Im allgemeinen verirrte

sich ziemlich selten jemand auf unseren Hügel. Nur an Wochenenden beobachteten wir häufiger die Einwohner Heidenbergs, die ihren Sonntagsspaziergang mit einem kleinen Rundgang um unser Grundstück abschlossen, vielleicht in der Hoffnung, endlich einmal Näheres über die »Neuen da oben« zu erfahren. Offenbar hatte sich herumgesprochen, daß bei uns irgend etwas im Gange war, jedenfalls hatten wir noch nie so viel Spaziergänger registriert wie heute. Sie kamen die Straße herauf, kreuzten todesmutig das Brennesselfeld, bogen in den rückwärtigen Hohlweg ein und wanderten langsam wieder zurück. Dabei hatten sie ausreichend Gelegenheit, die farbenfreudig dekorierte Terrasse zu besichtigen und sich über die »spinnerten Leut« zu wundern.

Man zerbrach sich in Heidenberg noch immer den Kopf, womit Rolf eigentlich sein Geld verdiente. Die anfänglich verbrämten, später sehr direkten Fragen nach dem Beruf meines Mannes hatte ich kurz und bündig mit »er ist selbständig« abgetan, aber das genügte offenbar nicht. Und was heißt überhaupt selbständig? Ein normaler Gewerbetreibender hatte eine Schreinerei oder Reparaturwerkstatt oder doch mindestens ein Ladengeschäft, ging morgens aus dem Haus und kam abends wieder. Rolf dagegen war oft tagelang daheim, dann wieder eine Woche unterwegs – irgendwas konnte da doch nicht stimmen! Wenzel-Berta, die man natürlich ausfragte, konnte keine befriedigende Auskunft geben, weil sie sich unter der Bezeichnung Werbeberater nichts vorzustellen vermochte. Und selbst Sascha, der sonst nie um Antworten verlegen ist, beschwerte sich einmal bei seinem Vater: »Anständige Väter sind Maurer oder Landwirte oder wenigstens Kaufmannsangestellte, bloß du hast so einen komischen Beruf. Werbeberater! Was is'n das schon? Ich weiß nie, was ich sagen soll, wenn mich jemand fragt.«

Genaugenommen wußte ich das auch nicht. Als ich Rolf kennenlernte, war er Chefredakteur einer Jugendzeitung. Als wir heirateten, gehörte er dem Redaktionsstab einer Tageszeitung an. Während der sommerlichen Saure-Gurken-Zeit, wenn regelmäßig das Ungeheuer von Loch Ness fröhliche Auferstehung feiert und sogar ein entflogener Papagei als Schlagzeile herhalten muß, beorderte man meinen mir frisch angetrauten Gatten auf die friesischen Inseln, um einen ausführlichen Bericht über Seebäder zu schreiben. Der Anzeigenleiter gab ihm noch einen guten Rat mit auf den Weg: »Sieh mal zu, daß du den Kurdirektoren ein paar Inserate aus dem Kreuz leierst. Von den Provisionen kannst du zumindest deinen Schnaps bezahlen!«

Als damalige Flitterwöchnerin erschienen mir die Gefahren, die meinem noch allzu ungeübten Ehemann in Gestalt von braungebrannten Blondinen drohten, zu groß. Ich fuhr mit. Natürlich nicht auf Spesen!

Während Rolf in den Kurverwaltungen eifrig Informationsmaterial sammelte – es dauerte manchmal ziemlich lange, und die weiblichen Bürokräfte sahen nicht gerade aus wie Mauerblümchen –, inspizierte ich Hotels und Pensionen nach potentiellen Anzeigenkunden. Dort setzten wir uns abends an die Hausbar, irgendwann gesellte sich der jeweilige Besitzer zu uns, und der Rest war Routine. Rolf würde es auch schaffen, Eskimos die sprichwörtlichen Kühlschränke zu verkaufen, um wieviel einfacher war es also für ihn, Hotelbesitzer von der Notwendigkeit einer Anzeigenwerbung zu überzeugen. Mit ein paar Strichen skizzierte er das betreffende Gebäude, entwarf den in Public Relations manchmal noch ungeübten Interessenten Texte in klassischem Werbedeutsch, und zum Schluß trennten wir uns in dem allseitigen Bewußtsein, ein gutes Geschäft gemacht zu haben. Die Getränke gingen auf Kosten des Hauses!

Das Ende der Seebäderreise sah so aus: Ich bastelte einen seitenlangen Artikel über die Freuden eines Nordseeurlaubs zusammen, schrieb über Sonnenuntergänge, gesundheitsfördernde Wattwanderungen und jodhaltige Seeluft, während Rolf seine Annoncenaufträge sortierte. Nach Hause zurückgekehrt, jubelte die Anzeigenabteilung, die Redaktion war dagegen der Meinung, die permanente Sonnenbestrahlung müsse sich nachteilig auf die journalistischen Fähigkeiten meines Mannes ausgewirkt haben.

Kurze Zeit nach diesem Abstecher in die Werbebranche besuchte uns ein Bekannter. Er gehört zu den glücklichen Menschen, die so viel Geld haben, daß sie sich den Kopf darüber zerbrechen müssen, was sie damit machen könnten. Er machte etwas anderes als andere. Er kaufte ein ehemaliges Schlößchen an einem österreichischen See und ließ es zu einem Internat für die Töchter der oberen Zehntausend umbauen. Zwar hatte der gute Mann keine Ahnung, wie so ein Internat geführt werden muß, aber wenigstens kannte er einen Architekten, der zunächst einmal die Bauarbeiten in die Hand genommen hatte. Das notwendige Personal würde sich später wohl auch finden lassen. Größere Sorge bereitete ihm jetzt der vorgesehene Prospekt. Was nützt ein noch so schönes Internat, wenn die Zöglinge fehlen?

Nun gibt es genug Fotografen, die gegen entsprechendes Honorar alles ablichten, was von ihnen verlangt wird. Schwieriger ist es schon, etwas zu fotografieren, das gar nicht da ist! Das Schloß wurde derzeitig noch von Maurerkolonnen bevölkert, die auch noch eine ganze Weile dort ihr Unwesen treiben würden, von den vorgesehenen 22 Zimmern waren erst drei fertig, die Kaminhalle besaß bisher nur den Kamin und sonst nichts, und im Park standen statt der späteren Gartenmöbel im Augenblick noch Zementmischer. In einem Vierteljahr sollte zwar alles fix und fertig sein, aber dann mußten nach Ansicht des Bauherrn auch gleich die ersten Pensionärinnen einziehen. Schließlich war er kein Philanthrop, sondern Geschäftsmann. Rolf sei doch Hobby-Fotograf, und ob er nicht eine Idee hätte.

Natürlich hatte er eine. Wer läßt sich schon einen kostenlosen Urlaub entgehen, wenn man als Gegenleistung lediglich ein bißchen fotografieren muß. Außerdem sollte die Frau Gemahlin selbstverständlich mitkommen.

Als wir zum erstenmal mit dem künftigen Töchterheim konfrontiert wurden, erhielt Rolfs Optimismus einen erheblichen Dämpfer.

Aber bekanntlich wächst der Mensch mit seinen Aufgaben. Ein Maler tapezierte im Schnellverfahren die drei fertigen Räume, ein Möbelgeschäft, dem ein größerer Auftrag in Aussicht gestellt wurde, lieferte leihweise das Mobiliar für ein Jungmädchenzimmer sowie ein Dutzend Klubsessel für die Kaminhalle. Nackte Holzpfeiler, die noch auf ihre Furniere warteten, wurden mit meterhohen Blattpflanzen drapiert, statt der fehlenden Bilder kamen Teppichbrücken (25,– DM pro Stück im Warenhaus!) an die Wände ... und wenn man nun das Ganze im richtigen Blickwinkel fotografierte, die Möbel immer wieder umstellte und aus den fertigen Fotos die vorteilhaftesten Bildausschnitte vergrößerte, täuschte das Endprodukt ein komfortabel und geschmackvoll eingerichtetes Haus vor.

Nun ist ein Mädcheninternat ohne Mädchen nur eine halbe Sache. In der nahe gelegenen Stadt gab es ein Gymnasium, in dem Gymnasium gab es Mädchen! Nachdem wir den Direktor von unseren absolut lauteren Motiven überzeugt hatten, durften wir in der Prima nach freiwilligen Fotomodellen suchen. Wir fanden 17. Mehr Mädchen gab es nicht in der Klasse. Zu guter Letzt hüllte man mich in ein seriöseres Gewand als meine Jeans es waren, in denen ich dort ewig herumlief, drückte mir eine Schallplatte in die Hand und ließ mich in der Kaminhalle im Kreise der Primanerinnen als musikliebende Respektperson agieren. Im Prospekt stand dann so etwas Ähnliches wie: Unsere Erzieherinnen sind jung genug, um auch Freundinnen ihrer Schützlinge zu sein.

Der fertige Prospekt, zu dem Rolf dann auch noch den Text schrieb, wurde ein voller Erfolg. Es kamen mehr Anmeldungen als Plätze vorhanden waren, und vor lauter Begeisterung stellte der dankbare Auftragsgeber unserer damals noch gar nicht existenten Tochter einen Freiplatz in seiner Nobelherberge in Aussicht. Wir wollten in fünfzehn Jahren darauf zurückkommen!

Diesen Prospekt bekam ein Möbelfabrikant zu Gesicht, den Rolf über die allgemeine Auftragslage zu interviewen hatte. Die Auftragslage sei gut, man habe gerade ein neues Programm in die Fertigung aufgenommen, und ob Rolf nicht vielleicht hierfür auch einen Prospekt...

Rolf entdeckte, daß ihm diese Arbeit entschieden mehr Spaß machte als die Zeilenschinderei bei der Presse, sagte Zeitung und Redaktion ade und widmet sich seitdem der Propagierung von Konsumartikeln. Er fotografierte Pelzmäntel und Wohnwagen, Schaufelbagger und Modeschmuck, schrieb Werbetexte für Dosenwurst und Kopfschmerztabletten, und auf Wunsch lieferte er auch die graphische Gestaltung irgendwelcher Reklameträger. Da das Kind im Mann gelegentlich spielen will, vergrub er sich hin und wieder in seinem Arbeitszimmer – nunmehr Studio genannt – und bastelte mit Pappe, Klebstoff und Plastik Modelle von Warenaufstellern und Displays zusammen, die den Hausfrauen später in jedem Lebensmittelgeschäft begegnen und sie zum Kauf von Eiernudeln oder Ölsardinen animieren sollen. Einmal war's auch ein Aufsteller für Schokolade, und da die Herstellerfirma als Muster keine Attrappen, sondern ihre echten Erzeugnisse zur Verfügung gestellt hatte, waren die Kinder von diesem Auftrag ganz begeistert.

Bis heute ist es noch keinem Werbemenschen gelungen, die Vielfalt der einzelnen Fähigkeiten, über die so ein vermeintliches Allerweltsgenie verfügen sollte, in einer allgemein verständlichen Berufsbezeichnung unterzubringen. So packt man alles in den Oberbegriff »Werbeberater«, und wem das zu simpel klingt, der nennt sich Art Director oder Designer.

Hinter unserem Namen stand im Telefonbuch jedenfalls Werbeberater, und weil man sich darunter nichts Genaues vorstellen konnte, und wir darüber hinaus fünf Kinder hatten, was auch noch ungewöhnlich war, hielt man uns zwar für etwas unseriös, aber die Heidenberger waren trotzdem der Meinung, »es sind arg nette Leut'«.

Eigentlich wollte ich ja von Saschas Geburtstag erzählen: Der Beginn des Festaktes war für 15 Uhr vorgesehen. Eine halbe Stunde vorher waren bis auf einen Nachzügler sämtliche Gäste versammelt. Manche erkannte ich gar nicht wieder. Mit blankgewienerten Gesichtern und blütenweißen Hemden waren sie mir vorher nie begegnet. Im übrigen waren es zwei mehr als vorgesehen.

Ein Knabe hatte seinen vierjährigen Bruder mitgebracht, auf den er während der Abwesenheit seiner Eltern aufpassen mußte, der andere war »nur mal so zum Gucken« mitgekommen. Natürlich durfte er bleiben, wenn ich ihn auch in Ermangelung eines Stuhls auf eine leere Bierkiste setzen mußte. Der kleine Außenseiter wurde Stefanie anvertraut, die ihn so mit Kuchen vollstopfte, daß der arme Kerl, wie mir anderntags berichtet wurde, »die ganze Nacht kotzt hat!«

Wir warteten also nur noch auf Gerhard, der schließlich den Hohlweg entlanggestapft kam, im Garten seine dreckigen Cordhosen in die lehmbespritzten Gummistiefel stopfte, sich dreimal durch die Haare fuhr, befriedigt feststellte, »ihr hend ja doch noch nicht ang'fange« und den einen noch leeren Stuhl ansteuerte.

»I komm grad vom Feld und hab denkt, i bin zu spät!«

Mein dezenter Hinweis, doch schnell nach Hause zu gehen und sich ein bißchen luftiger anziehen, hatte nicht den gewünschten Erfolg. »I ziag mei Hemd aus, und mit denne Stiefel kann ich auf der Terrass' ja nichts dreckig mache!«

Saschas Methode war brutaler. »Entweder ziehst du altes

Ferkel (anstandshalber unterschlage ich die Originalversion) dich anständig an, oder du fliegst raus!«

Gerhard verschwand und tauchte nach verdächtig langer Zeit wieder auf, von oben bis unten geschrubbt, mit nassen Haaren und im Sonntagsstaat. Auf seiner linken Wange zeichneten sich noch Fingerspuren ab. Anscheinend hatte Frau Söhner ihrem Sohn handgreiflich klargemacht, was sie von seinen Manieren hielt!

Sascha hatte inzwischen seine Geschenke ausgepackt. Bekanntlich sind echte Schwaben sparsam, und deshalb schenkt man praktisch. Sascha nunmehriger Vorrat an Radiergummis, Buntstiften, Kugelschreibern und Anspitzern würde voraussichtlich bis zum Ende der Schulzeit reichen, Hefte hatte er jetzt auch genug, und von den sechs Quartettspielen waren zwei doppelt. Die fast jedem Päckchen beigelegten Schokoladetafeln wurden vorsortiert. Aus Mokka machte sich Sascha nichts, die legte er zur Seite als spätere Tauschobjekte; Vollmilch-Nuß und Krokant kamen zum alsbaldigen Verzehr auf einen anderen Stapel, und die Tafel Halbbitterschokolade schenkte er großzügig seiner Schwester. Stefanie mochte sie aber auch nicht und gab das angeknabberte Stück später an Wenzel-Berta weiter.

In feierlicher Prozession trugen wir die Torten auf. Die erwartete Begeisterung blieb aus.

»Quarktorte schmeckt mir nicht.«

»Sind das da Aprikosen? Dann esse ich das nicht.«

»Den Kuchen da hinten kenne ich, den hat mei Mutter backt!«

»Hen Sie koi Apfeltorte?«

Verwöhnte Bagage! Da steht man nun stundenlang und komponiert die schönsten Kunstwerke, und das ist dann der Dank! Vor lauter Ärger hatte ich total vergessen, daß ja diesmal Wenzel-Berta die Schöpferin dieser verschmähten Köstlichkeiten war. Sie selbst nahm das weniger tragisch. »Lassen Se man. Die tun immer erst meckern, und dann essen sie doch!«

Sascha zündete seine neun Kerzen an, dann blies er sie schnell wieder aus. Sie hatten sich in der Hitze verbogen und zeigten melancholisch mit dem Docht nach unten. Immerhin hatten wir knapp 30 Grad im Schatten. Also keine Illumination! War vielleicht auch besser so. Die ersten Papierservietten segelten, zu Flugzeugen gefaltet, bereits über den Tisch.

Endlich war die Kaffeeschlacht geschlagen. Ungefähr drei komplette Torten waren übriggeblieben, und obwohl ich Wenzel-Berta eine große Portion mitgab, ernährten wir uns in den folgenden Tagen überwiegend von Kuchen, bis wir keinen mehr sehen konnten.

Was jetzt? Ich hatte zwar zusammen mit Sven und Sascha in langen Beratungen ein Unterhaltungsprogramm aufgestellt, ahnte aber schon, daß ich damit keinen Erfolg haben würde. Die Knaben sprühten vor Unternehmungsgeist. Topfschlagen wurde aber noch akzeptiert. Dabei konnte man ja etwas gewinnen. Ein paar Jungs kannten das Spiel noch nicht einmal, und einer von ihnen drückte mir das soeben eroberte Matchboxauto mit bedauernder Miene wieder in die Hand.

»Gefällt es dir nicht?« fragte ich. »Vielleicht kannst du es gegen ein anderes tauschen.«

»Freilich g'fallt's mir, derf ich denn das behalte?«

»Mensch, das ist doch so eine Art Gastgeschenk«, klärte Sascha seinen Freund auf. »So was gab es doch schon bei den alten Römern.« Seitdem Sascha »Asterix« las, waren ihm die Sitten unserer Vorfahren durchaus geläufig.

Die Knaben beschlossen, Räuber und Gendarm zu spielen. Von mir aus, dann war ich sie wenigstens für eine Weile los! Die ausgelosten Räuber bekamen rote Bändchen um den Oberarm – Reste vom letzten Weihnachtsfest – und verschwanden. Die Gendarmen stärkten sich inzwischen mit Sprudel und trabten zehn Minuten später ebenfalls ab.

Himmlische Ruhe!

Eine Stunde verging. Die nächste Stunde verging. Ab und zu tauchte mal ein jugendlicher Ordnungshüter mit seinem eingefangenen Räuber auf – hauptsächlich zwecks Nahrungsaufnahme –, dann wurde der Räuber amnestiert und rannte wieder los, während der inzwischen schon etwas träge gewordene Gendarm gemütlich hinterherstiefelte.

Rolf fing an, seinen Würstchenstand aufzubauen. Die Kinder kamen nicht. Die ersten Würstchen rochen schon angebrannt. Die Kinder kamen noch immer nicht. Wenzel-Berta und ich aßen die Würstchen. Die Kinder waren noch nicht da.

Endlich tauchte die Vorhut auf, angeführt von Sascha, der aussah, als hätte er Kohlen geschippt. Dann folgte der Rest. Der hatte ihm anscheinend beim Schippen geholfen. Kurze Reinigung unter dem Gartenschlauch, dann mit Gebrüll auf die

Würstchen. Richtige Schwaben sind mehr für Handfestes. Sie gehen nicht wie normale Sterbliche nach einem Einkaufsbummel oder einem Kinobesuch einfach in eine Konditorei, nein, sie »veschpern«. Darunter versteht man eine ziemlich handfeste Zwischenmahlzeit mit Brot, hausgemachter Leberwurst, Gselchtem, manchmal auch Sauerkraut, auf jeden Fall aber mit Wein.

Kein Wunder also, daß sich unsere Gäste auf die Würstchen stürzten und Nachschub verlangten. Sven wurde in den »Löwen« geschickt, vielleicht hatte Frau Häberle noch stille Reserven. Sie hatte. Aber sie reichten nicht. Wenzel-Berta schmierte Brote und belegte sie mit allem, was sie in Kühlschrank und Keller fand, einschließlich Thunfisch und Gulasch in Dosen. Die Sprudelvorräte waren alle, jetzt mußte ich doch an den Apfelsaft heran.

»Hend Sie au Moscht?«

Nein, Most hatte ich nicht, fand das für Zehnjährige auch absolut ungeeignet.

»Ha, i trink aber immer Moscht!«

Sollte er doch. Hier gab es jedenfalls keinen.

Inzwischen war es stockdunkel geworden, und ich fand, daß man nun allmählich zum Schluß kommen sollte. Die Knaben fanden das nicht. Sie spielten Verstecken und demontierten zum Suchen die Lampions. Rolf verwandelte sich durch Ablegen seiner Schürze wieder vom Küchenchef in den Vater, sprach ein Machtwort und sammelte die Aufelder Kinder um sich. Gemeinsam marschierte er mit ihnen zum Wagen, und ehe sie richtig begriffen hatten, was das für ein neues Spiel war, saßen sie drin und wurden nach Hause gefahren.

Jetzt hatte ich nur noch Jung-Heidenberg da. Aber diese Herren waren der einhelligen Meinung, sie hätten es ja nicht weit und könnten ruhig noch eine Weile bleiben.

Ich war entschieden dagegen. Schließlich drückte ich jedem einen Lampion in die Hand und schlug ihnen vor, einen Fackelzug zu bilden, durch das Dorf zu marschieren und sich dann zu zerstreuen. Die ersten beiden Anregungen befolgten sie. Dann kamen sie geschlossen zurück, neue Kerzen zu holen.

Jetzt wurde es Rolf zu bunt. Er griff sich die fünf größten Schreihälse, stopfte sie ins Auto, lud sie bei ihren Eltern ab, kehrte um, holte den Rest und fuhr ihn ebenfalls nach Hause. Das Fest war zu Ende.

Noch Tage später war die Party *das* Gesprächsthema bei der Jugend in und um Heidenberg, und ich habe mir den heimlichen Groll diverser Mütter eingehandelt, weil deren Sprößlinge künftig auch so einen Geburtstag feiern wollten wie »dem Sascha seinen«.

9.

Wer abseits der Zivilisation lebt, sollte tunlichst die Konstitution eines kanadischen Holzfällers haben (und nach Möglichkeit geistig auf Latschen gehen). Den nächsten Arzt gab es in der Stadt, aber der war selten zu erreichen, weil er entweder bei einer Hausgeburt helfen mußte oder auf einem entfernten Bauernhof Großvaters Hand aus der Häckselmaschine befreite, oder weil er ganz einfach seine Praxis wegen Abrechnung zumachte. Dann fuhr er zum Angeln.

Dafür öffnete er jeden Mittwochvormittag seine Außenstelle in Aufeld, das heißt, er bezog ein Stübchen im Obergeschoß des Kolonialwarenladens, entnahm der mitgebrachten Tasche Rezeptblock, Kugelschreiber und Blutdruckmesser, breitete alles auf dem Schreibtisch aus und hielt Sprechstunde. Ich wurde allerdings nie den Verdacht los, daß es sich hierbei um eine Art Werbeveranstaltung handelte, um den Patientenstamm zu vergrößern. Als ich einmal mit Stefanie hinkam, die über Halsschmerzen geklagt hatte, schaute er ihr kurz in den Mund und erklärte: »Das ist nur eine kleine Entzündung, aber kommen Sie morgen lieber in meine Praxis.« Ähnliche Ratschläge erhielten auch die meisten anderen Patienten, es sei denn, sie brauchten nur ein neues Rezept. Das erhielten sie sofort, denn derlei Schreibarbeiten pflegen bekanntlich die reibungslose Massenabfertigung eines normalen Praxisalltags zu behindern.

So blieb ich lieber bei meiner bewährten Methode und rief in Krankheitsfällen zunächst einmal Jost an. Der ist auch Arzt, wohnt leider nicht in erreichbarer Nähe und erteilt bei guten Freunden auf Wunsch Ferndiagnose.

»Hör mal, was soll ich machen, Stefanie hat Fieber.«

»Wie hoch?«

»Weiß ich nicht, ich kann das Thermometer nicht finden.«
»Tut ihr etwas weh?«
»Keine Ahnung, gesagt hat sie nichts.«
»Himmeldonnerwetter, wie soll ich denn nach diesen detaillierten Auskünften eine Diagnose stellen. Fällt dir denn überhaupt nichts Außergewöhnliches auf?«
»Sie hat Schlitzaugen wie Mao und rote Flecken am Körper.«
»So ähnlich wie Mückenstiche?«
»Nein, eher wie Sonnenbrand.«
»Dann sind es wahrscheinlich Röteln.«
»Und was macht man da?«
»Gar nichts. Laß sie im Bett. Und noch etwas: Hol vorsichtshalber einen Arzt!«

Dann gab es in der Stadt noch einen Zahnarzt, der sich Dentist nannte, schon ziemlich alt war und von den modernen Errungenschaften der Zahnmedizin offenbar noch nie etwas gehört hatte. Seine Praxiseinrichtung stammte aus der Gründerzeit, genau wie das Schild an der Eingangstür. Die Emaille war halb abgeblättert, und die noch vorhandenen altmodischen Frakturbuchstaben konnte kaum jemand entziffern. Nur der Zusatz »alle Kassen« war nachträglich angebracht worden und deutlich lesbar. Sven ging einmal hin, weil ihm unten links ein Backenzahn weh tat. Als er zurückkam, tat ihm der Zahn immer noch weh, dafür fehlte unten rechts einer, der bis dahin nicht weh getan hatte. Künftig fuhren wir zu einem Zahnarzt nach Heilbronn.

Fällige Friseurbesuche wurden auch problematisch. Die Jungs vermißten sie allerdings gar nicht, sie drückten sich nach Möglichkeit davor und liefen schon damals mit schulterlangem Haar herum, obwohl das erst später modern wurde. Stefanie hatte sowieso lange Haare, da kam es auf ein paar Zentimeter mehr oder weniger nicht an, und was ihr ins Gesicht hing, schnitt ich selber ab. Die Zwillinge brauchten noch keinen Friseur, und Rolf ließ sich jedesmal woanders die Haare schneiden, schließlich war er der einzige, der regelmäßig in zivilisierte Gebiete kam. Die Leidtragende war, wie üblich, ich.

Nun gab es in Aufeld sogar einen recht ordentlichen Friseur, aber der hatte unlängst einen Hauptgewinn im Lotto gemacht und verlangte nur noch halbe Preise. Daraufhin wuchs seine

Kundschaft auf das Dreifache an, und man mußte sich vorher anmelden. Also probierte ich die Do-it-yourself-Methode, aber das Ergebnis befriedigte lediglich die Kinder, die jedesmal in Freudengeheul ausbrachen, wenn ich die Lockenwickler entfernt hatte. »Heute siehst du aus wie Struwwelpeter«, jubelten sie, oder: »Hast du dich mit der Drahtbürste gekämmt?« Als Rolf mir eines Tages vorschlug, meine Haare zu einem Dutt zusammenzudrehen und im Nacken festzustecken, weil ich das wohl am ehesten fertigbringen würde, sattelte ich Hannibal, fuhr nach Heilbronn und ließ meine ganze Haarpracht auf Streichholzlänge kürzen. Das hielt dann eine Weile vor.

Wir hatten schon immer einen großen Bekanntenkreis, aber *wie* groß der war, stellte sich erst heraus, als wir bereits einige Wochen in Heidenberg lebten und sich der neuerliche Wohnungswechsel herumgesprochen hatte.

Nun habe ich recht gern Gäste, vor allem, wenn es solche sind, die auch mal zum Abtrockentuch greifen oder mithelfen, Brötchen zu schmieren. Die meisten unserer damaligen Besucher erschien allerdings nur in der Küche, um einen Korkenzieher zu holen oder zu fragen, wo das Sonnenöl steht. Das waren aber überwiegend Rolfs Gäste. Er pflegt sich von Gelegenheitsbekanntschaften immer mit den Worten zu verabschieden: »Wenn Sie in unsere Gegend kommen, dann besuchen Sie uns doch mal.« Manchmal erkannte er sie gar nicht wieder und war überrascht, wenn ihm ein jovial aussehender Mann mit Glatze auf die Schulter schlug und freudestrahlend ausrief: »Na, alter Junge, Sie hätten wohl nicht geglaubt, daß Sie den lieben Kurt so schnell wiedersehen, nicht wahr?« Der liebe Kurt entpuppte sich dann als Gastwirt aus Bochum, bei dem Rolf irgendwann einmal genächtigt hatte.

Am schlimmsten aber sind jene Besucher, die ihre eigenen Wohnungen nur zum Schlafen benutzen und an den arbeitsfreien Wochenenden ihre sogenannten Freunde heimsuchen. Ich stelle mir immer vor, daß sie eine Liste mit den einschlägigen Adressen haben und jedesmal Häkchen machen, damit nicht einer zu oft an die Reihe kommt. Diese Art Gäste erscheint in der Regel sonntags zwischen zehn und elf, wenn man im Bademantel oder unrasiert und mit Lockenwicklern im Haar beim verspäteten Frühstück sitzt. »Laßt euch nur nicht stören, wir wollten nur mal schnell guten Tag sagen, weil wir gerade in der Nähe waren.«

Wir – das sind Ehefrau, zwei bis drei Kinder und manchmal noch Mutter oder Schwiegermutter, die sich auf die Terrasse setzen, die himmlische Ruhe, den herrlichen Garten und den schwäbischen Wein genießen, während man selbst in die Küche rast und nachsieht, ob man das Mittagessen mit einem halben Liter Wasser und zwei Händen voll Reis noch ein bißchen verlängern kann.

Oder es kamen alleinstehende Damen, die wir kennengelernt hatten, als sie noch nicht alleinstehend waren. Diese Besucherinnen mochte ich nun überhaupt nicht. Erstens sahen sie immer aus, als seien sie einem Modejournal entstiegen, zweitens wollten sie nicht nur mein Sonnenöl benutzen, sondern auch noch meine Badeanzüge (»ich habe leider keinen dabei«) und meine Dusche, und drittens tranken sie unentwegt Alkohol, so daß wir sie abends nicht mehr ans Steuer lassen und ihnen Asyl gewähren durften.

Dann waren mir schon jene Besucher lieber, die sich telefonisch anmeldeten (»Wir kommen morgen mal bei euch vorbei, ja?«), wie Heuschrecken bei uns einfielen und alles Eßbare ratzekahl wegfraßen, weil Landluft so hungrig macht.

Anfangs fand Rolf die ständig wechselnden Gästescharen ganz lustig, zumal sich seine Aufgabe darin erschöpfte, Flaschen zu öffnen und die Unterhaltung zu bestreiten. Ich stand unterdessen in der Küche, spülte Gläser, kochte Kaffee, toastete Weißbrot, spülte Tassen, schmierte Brote, spülte Teller und träumte vom Leben auf einer einsamen Insel, die nur per Hubschrauber zu erreichen ist. Wenn wir dann so zwischen 22 Uhr und Mitternacht dem letzten Besucher hinterhergewinkt hatten (»Ihr habt es doch wirklich herrlich hier, so weit ab von allem Lärm und aller Hektik!«) und ich Rolf um seinen Anteil an den noch verbleibenden Aufräumungsarbeiten bat, schützte er jedesmal dringende anderweitige Tätigkeiten vor und verschwand meistens ins Bett!

Schließlich wurden uns diese ständigen Invasionen doch zu viel, und wir ergriffen Gegenmaßnahmen. Meldeten sich Gäste telefonisch an, dann hatten wir für den kommenden Tag selbst etwas vor; kamen sie unverhofft, dann wollten wir leider gerade selber wegfahren, und waren sie noch nie in Heidenberg gewesen, dann sorgten wir dafür, daß sie uns erst gar nicht fanden. Wir hatten inzwischen festgestellt, daß es für Ortsfremde ziemlich schwierig war, unser Haus auszumachen. Wer nicht über detaillierte Angaben verfügte, fuhr garantiert an der kleinen Auffahrt, die zu unserem Hügel führte, vorbei, drehte am Ortsausgang wieder um und parkte vor dem »Löwen«, um Genaueres zu erfragen. Also instruierten wir Frau Häberle, jeden Besucher abzuwimmeln, es sei denn, sie bekäme Gegenorder. Wenn nun jemand nach dem Lindenweg Nr. 1 fragte, bekam er etwa diese Antwort: »So, zu denne da drobe wollet Sie? Ha, da habet Sie aber koi Glück, die han ich grad vor oiner Viertelstund mit dem Auto fortfahre g'sehn!« Hin und wieder kam es aber auch vor, daß die jeweiligen Besucher nicht aufgaben. Wenn sie schon nicht die Bewohner antreffen würden, dann wollten sie wenigstens ihr neues Heim sehen, suchten auf eigene Faust weiter und überraschten die angeblich abwesende Familie beim Kaffeeklatsch im Garten. Nicht immer fiel uns eine passende Ausrede ein!

Für Stadtmenschen scheint die Tatsache, daß man auf dem Dorf wohnt, gleichbedeutend zu sein mit der Vorstellung, man habe wenig oder gar nichts mehr zu tun, sei ständig zu Hause (das stimmt allerdings) und sehne sich nach Abwechslung (das stimmt auch). Trotzdem lernte ich ziemlich schnell, Telefonanrufen zu mißtrauen, die etwa so begannen: »Du bist doch morgen sicherlich daheim. Ich muß zur Dauerwelle, und da wollte ich mal fragen...« Derartige Einleitungen bedeuteten in der Regel, daß mal wieder ein Babysitter gesucht wurde.

Ich mag Kinder sehr und gönne es ihnen, wenn sie sich einmal richtig austoben können, nur müssen sie das nicht unbedingt zwischen meinen Rosen tun, wenn sie zwanzig Meter weiter ein ganzes Stoppelfeld zum Fußballspielen haben. Und warum müssen sie auf meine Wäschespinne klettern, wenn rundherum Bäume stehen mit dicken Ästen, die fast bis zum Boden reichen? Warum müssen sie bei mir erst durch Regenpfützen, dann durch Bauschutt und anschließend über meine Teppichböden stiefeln, während sie zu Hause die Wohnung nur auf Strümpfen betreten dürfen? Als ich so einen Dreckspatzen einmal energisch zur Rede stellte, bekam ich die Antwort: »Meine Mutti hat gesagt, hier brauche ich mich nicht vorzusehen, weil auf dem Dorf sowieso alles schmutzig ist!« Ha, dann sollte die Mutti mal lieber unter ihre eigenen Schränke gucken. Als mir neulich bei ihr ein Ring heruntergefallen war, habe ich ihn vor lauter Staubflocken kaum wiedergefunden!

Aber nicht nur wir Erwachsene hatten Gäste, auch unsere Kinder litten nicht gerade unter Kontaktarmut, und besonders Sascha schleppte unentwegt neue Freunde an, die sich nur dadurch unterschieden, daß manche ein bißchen weniger schmutzige Knie hatten als andere. Alle waren gefräßig, und ich habe später nie wieder solche Unmengen von Plätzchen gebacken (und gekauft!) wie in jener Zeit. Im übrigen wählte Sascha seine Freunde nach ständig wechselnden Gesichtspunkten aus, wenn man von den Fleißzettelanwärtern absieht, die er mit gleichbleibender Intensität hofierte. Als er sich entschlossen hatte, Feuerwehrmann zu werden, freundete er sich mit einem Knaben an, dessen Vater die Aufelder Freiwillige Feuerwehr befehligte. Dann entschied er sich, seinen Lebensunterhalt später als Rennfahrer zu verdienen, und wandte seine Gunst einem Klassenkameraden zu, der einen Rallye-erfahrenen Onkel hatte. Danach kam eine Zeit, während der Sascha Kriminalbeamter werden wollte und intensive Freundschaft mit einem zwei Jahre jüngeren Knirps schloß, weil dessen Mutter bei der Polizei arbeitete. Es stellte sich aber heraus, daß sie überwiegend Strafmandate für Parksünder tippte und weder über eine Pistole verfügte noch jemals Bankräuber überwältigt hatte, so daß Sascha sehr schnell das Interesse verlor.

Eigentlich hatte er während unserer Heidenberger Zeit nur einen einzigen »richtigen« Freund, und das war Oliver. Er brachte ihn eines Tages mit nach Hause; als erstes fielen mir die sauberen Knie auf. Danach erst sein Hund! Ich bin als Kind von einem Schäferhund gebissen worden und habe seitdem einen gehörigen Respekt vor allen Hunden, die größer sind als Zwergpudel. Rex war nicht nur ein Schäferhund, er war auch ein besonders großes Exemplar dieser Rasse und trug einen Maulkorb.

»Der ist auf den Mann dressiert, aber wenn ich dabei bin, tut er Ihnen nichts«, versicherte mir Oliver. Ich war mir da nie so ganz sicher, denn Rex beobachtete mich unentwegt, und als ich einmal Olivers Teller wegnahm, um ihn nachzufüllen, knurrte das niedliche Tier und fletschte die Zähne. Anfangs erschien Oliver nie ohne seinen vierbeinigen Begleitschutz, später, als er dauerndes Heimatrecht bei uns genoß, ließ er ihn zu Hause.

Olivers Eltern waren geschieden; sein Vater, bei dem er lebte, besaß in Stuttgart eine Bar und war nachts fast nie zu Hause, was die Existenz von Rex rechtfertigte. Tagsüber schlief der Vater, wobei ihm des öfteren sehr attraktive Damen zur Seite lagen. »Die wollen mich dann immer abküssen und fragen mich, ob ich denn nicht wieder eine neue Mutter haben möchte, diese Schnallen!« empörte sich Oliver. Ich weiß heute noch nicht, was es mit dem Ausdruck auf sich hat, vermute aber, daß es nicht gerade ein Kompliment bedeutet.

Jedenfalls war Oliver fast täglich bei uns, obwohl wir keinen Swimming-pool besaßen und keine Hollywoodschaukel, Dinge also, um die Sascha seinen Freund glühend beneidete. Als ich einmal beim Elternabend in der Schule Olivers Vater kennengelernt hatte und am nächsten Morgen erzählte, daß ich ihn sehr sympathisch fände, platzte Sascha heraus: »Siehste, *den* hättest du heiraten müssen, dann hätte ich jetzt auch einen eigenen Fernseher im Zimmer und eine elektrische Eisenbahn!«

Sven ist in der Auswahl seiner Freunde entschieden zurückhaltender als sein Bruder. Er findet zwar immer schnell Anschluß, aber es dauert lange, bis er richtig warm wird, und noch länger, bis er einen echten Freund gefunden hat. Den gibt er dann allerdings auch nicht so schnell wieder auf.

In Heidenberg fand er einen. Der hieß Sebastian, trug eine Brille, war lang und dürr und ausgesprochen maulfaul. Gesprächig wurde er nur dann, wenn er über Pflanzen und Tiere reden konnte. Folglich hatte er in Sven den richtigen Gesprächspartner, der sich ohnehin verkannt fühlte, weil sich niemand sonst in der Familie für zerlegte Spinnen und einbalsamierte Mistkäfer begeistern konnte. Sebastian besaß ein noch größeres Mikroskop als Sven, hatte noch mehr Fachbücher und betrieb die Insektenforschung schon seit einigen Jahren, während Sven sich erst seit kurzer Zeit intensiv damit beschäftigte. Außerdem pflegte Sven seine erlegte Beute auf Stecknadeln zu spießen und auf Papptafeln zu befestigen, während Sebastian sein Viehzeug in Spiritus konservierte. Ständig schleppte er Marmeladengläser mit irgendwelchem Gewürm an, das die beiden Forscher stundenlang sezierten, einfärbten oder sonstwie bearbeiteten. Schließlich erklärte Sascha, wenn das ganze Eingemachte nicht bis zum nächsten Morgen verschwunden sei, würde er die Gläser in die Mülltonnen werfen. Darauf packten die Amateurentomologen ihre Insektenleichen und Mikroskope zusammen, luden den ganzen Kram auf einen Leiterwagen und karrten ihn zu Sebastian, wo sie ihre Forschungen so lange fortsetzten, bis sie auch dort hinausflogen.

Das war dann wohl auch der Zeitpunkt, an dem sie beschlossen, eine Hamsterzucht zu beginnen. Sie legten ihr Taschengeld zusammen, kauften ein Hamsterweibchen, das sie folgerichtig Elsa tauften, erstanden Hamsterwatte und irgendein Kräftigungsmittel für werdende Hamstermütter, steckten alles zusammen in Lohengrins Käfig und bezogen davor Posten. Nun bin ich über das Liebesleben von Goldhamstern nicht genügend informiert, aber *mich* würden ständige Zuschauer stören. Die Hamster störte das offenbar auch, jedenfalls tat sich gar nichts. Die Begründer der künftigen Hamstergeneration nahmen nicht die geringste Notiz voneinander, und ich war darüber eigentlich ganz froh, denn eine Vergrößerung unseres Zoos hielt ich für überflüssig. Neben den beiden Hamstern beherbergten wir seinerzeit noch folgende Haustiere:

1. Die Schildkröte Amanda, Hinterlassenschaft eines Ehepaares, das nach Kanada auswanderte und die Einfuhrbestimmungen für Schildkröten nicht kannte.
2. Die getigerte Katze Frau Schmitt, so genannt, weil sie angeblich genauso hochnäsig auf ihre Umwelt herabsah wie Rolfs ehemalige Zimmerwirtin.
3. Den Wellensittich Tachchen, der so getauft wurde, weil er nie ein anderes Wort gelernt hat, obwohl man mir beim Kauf versichert hatte, er gehöre zu einer gelehrigen und redefreudigen Abart.
4. Ungefähr 25 bis 30 Goldfische. Eine genaue Zahl ließ sich nie ermitteln, weil Sven neue Fische nach ihrer Schönheit kaufte und nicht nach ihrem sozialen Verhalten. Immer waren irgendwelche Kannibalen darunter, aber wir haben nie herausgefunden, welche der vielen Guppys, Skalare und was da sonst noch herumschwamm, ihre Artgenossen auffraßen. Aber wenigstens brauchten wir uns keine Sorgen wegen einer etwaigen Bevölkerungsexplosion im Aquarium zu machen.

Dann gab es auch noch vorübergehend vierbeinige Mitbewohner wie zum Beispiel eine kleine verhungerte Katze, die wir auf einem Spaziergang gefunden und mitgenommen hatten. Ich päppelte sie mühsam auf, aber als ihre Augen wieder klar waren und ihr Fell endlich glänzte, verschwand sie und tauchte nie wieder auf. Einmal brachte Stefanie ein winziges Hundebaby mit, das sie im Straßengraben aufgelesen hatte. Es war noch zu klein oder vielleicht auch zu schwach zum Trinken, jedenfalls mußten wir es mit einer Pipette füttern; später bekam es Säuglingsnahrung. Nach ein paar Wochen hatte es bereits die Größe eines kleinen Schafes, und als Sven in dieser Promenadenmischung die typischen Merkmale eines Bernhardiners zu erkennen glaubte, schenkte ich den inzwischen sehr kräftigen Findling einem Bauern, dessen Hofhund gerade überfahren worden war. Aus der Ferne beobachtete ich jetzt, wie das einstige Hundebaby zu einem Riesenhund heranwuchs. Als es eines Tages die Größe eines Kalbes erreicht hatte, rechnete ich nach, wieviel Geld ich dank meiner weisen Voraussicht gespart hatte. Hundefutter ist teuer!

Die nachlassende Aufmerksamkeit ihrer Besitzer schien die Goldhamster animiert zu haben, sich nun doch miteinander zu befassen. Jedenfalls lagen eines Tages fünf nackte raupenähnliche Lebewesen in dem Wollnest, ganz offensichtlich Hamsternachwuchs. Am nächsten Morgen waren sie tot. Allgemeine Ratlosigkeit. Ich rief eine Tierhandlung an und erfuhr, daß man tunlichst das Hamstermännchen entfernt, wenn es seine Pflicht getan hat. Aber wie sollte man um Himmels willen feststellen, wann das war? Außerdem bezweifelte ich entschieden, daß Elsa noch einmal intime Beziehungen zu ihrem kannibalischen Gatten aufnehmen würde. Wer lebt schon gern mit einem Massenmörder zusammen? Doch Elsa schien weder mütterliche Gefühle noch ethische Grundsätze zu haben, und die kriminelle Veranlagung ihres Partners störte sie auch nicht, denn Sven, der sie täglich auf die Küchenwaage setzte, stellte bald eine rapide Gewichtszunahme fest, schmiß Lohengrin aus dem ehelichen Hamsterschlafzimmer, verordnete ihm Isolierhaft und wartete ab. Tatsächlich gebar Elsa neue Raupen, diesmal nur vier, aber die überlebten und wuchsen zu niedlichen Hamsterkindern heran. Darunter war ein fast weißes, das Sven Schneewittchen nannte, obwohl es sich einwandfrei um ein Männchen handelte.

Als Lohengrin bald darauf starb und Elsa ihm kurze Zeit später in den Hamsterhimmel folgte, wurde Schneewittchen der nächste Ahnherr der Dynastie, denn Sven gab seine Hamsterzucht erst auf, als so ziemlich jedes Kind in Heidenberg einen Abkömmling besaß und er keine weiteren Abnehmer mehr fand.

Stefanie war eigentlich die einzige, die uns nicht ständig Kinder ins Haus schleppte und als neue Freundinnen vorstellte. Sie trieb sich ohnehin lieber bei anderen Leuten herum, vorzugsweise solchen, zu deren Hauswesen auch Ställe mit brüllenden, krähenden und quiekenden Insassen gehörten. Zu Hause erschien sie fast nur noch zum Schlafen und Essen, meistens nur zum Schlafen. Als ich es leid war, jeden Tag mindestens eine Hose zu waschen und jede Woche mindestens zwei neue Hosen zu kaufen, bekam sie Krachlederne, die nach kurzer Zeit zwar in allen Farben glänzten, aber wenigstens nicht kaputtgingen.

Dann fand sie doch eine Freundin, nämlich Rita. Rita war blaß und dünn und trug am rechten Bein eine Metallstütze. Ihre Mutter erzählte mir, daß Rita ein deformiertes Hüftgelenk habe und diese Stütze noch ungefähr zwei Jahre lang benutzen müsse. Nur so bestehe Aussicht auf Heilung. Als Rita eingeschult wurde, merkte man tatsächlich nichts mehr von ihrem Gehfehler; heute ist sie ein bildhübsches Mädchen und eine gute Sportlerin.

Damals, als Steffi sie zum erstenmal mit nach Hause brachte, war sie ein gehemmtes und verschüchtertes kleines Ding, das sich kaum über die Schwelle traute und krampfhaft Steffis Hand festhielt. Die Dorfkinder spielten nicht mit ihr, denn sie konnte ja nicht richtig laufen, nicht Rollschuhfahren, nicht schwimmen, nicht Fußballspielen, ja, nicht einmal radeln. Folglich war sie »a weng bleed«, und mit Blöden will man nichts zu tun haben.

In Stefanie erwachten Beschützerinstinkte. Einmal prügelte sie sich mit einem viel älteren Mädchen herum, weil es Rita gehänselt hatte, ein anderes Mal warf sie einem Jungen einen dicken Lehmbrocken an den Kopf und drohte ihm weitere Vergeltungsmaßnahmen seitens ihrer Brüder an, »wenn du noch mal die arme Rita hinschubst!« Die arme Rita taute zusehends auf, gewann an Selbstbewußtsein, und wenn Steffi bei ihr war, ließ sie sich sogar auf kleinere Scharmützel mit Gleichaltrigen ein.

Stefanie wiederum lernte, auf ihre neue Freundin Rücksicht zu nehmen, zähmte ihren Abenteuerdrang und kam jetzt manchmal sogar halbwegs sauber nach Hause. Außerdem bekam sie Spaß an Spielen, die sie vorher abgelehnt hatte. Puppen fand sie zwar immer noch doof, aber etwas anderes war es, für Puppen zu kochen. Rita besaß einen elektrischen Kochherd, auf dem sie gemeinsam alles zusammenbrodelten, was mir Steffi vorher aus der Küche geklaut hatte. Schlimm wurde es nur, wenn ich das Endprodukt kosten und bewerten mußte. Ich kann mich noch an die köstliche Suppe erinnern, die aus Kaviar (es war nur deutscher, aber immerhin!), Haferflocken, Büchsenmilch und tiefgefrorenem Dill bestand. Viel größere Fortschritte haben Stefanies Kochkünste bis heute noch nicht gemacht, aber sie würde jetzt wenigstens nicht mehr den Zucker vergessen!

Neben den offiziellen und von allen Familienmitgliedern tolerierten Tieren gab es noch eine ganze Menge unerwünschtes Viehzeug. So suchten wir einmal vier Tage lang ein Heimchen, das irgendwo im Haus hockte und uns mit seinem ununterbrochenen Zirpen langsam wahnsinnig machte. Gefunden haben wir es nicht, wahrscheinlich hatte es hinter einem Schrank gesessen, den wir auch mit vereinten Kräften nicht wegrücken konnten.

Dann wieder hatte sich in den Keller ein Maulwurf verirrt, dem ich mit Handfeger und Kehrblech zu Leibe rückte, weil ich ihn im Halbdunkel für ein Häufchen Gartenerde hielt. Mein durchdringendes Geschrei, als sich die Erde plötzlich bewegte, muß höchste Alarmstufe signalisiert haben, denn noch niemals hatten sich die überall verstreuten Familienmitglieder so schnell zusammengefunden. Sascha hatte sich sogar mit einem Skistock bewaffnet, um den Einbrecher oder wen immer er anzutreffen erwartet hatte, in die Flucht zu schlagen.

Einmal gab es eine Ameiseninvasion. Als die Vorhut in der Küche auftauchte, nahm ich das nicht weiter tragisch, außerdem waren diese Tiere kleiner als 1 cm und fielen somit noch nicht der Ausrottung anheim. Dann wurden es mehr, ich fegte sie auf den kleinen Küchenbalkon und von dort in den Garten. Es kamen neue. Ob es dieselben waren, wußte ich nicht, jedenfalls deckte ich die Lebensmittel ab und besprühte die Ameisen mit Insektenspray. Das kannten sie noch nicht und fanden es herrlich. Ich schrie nach Sven. Der betrachtete die krabbelnden Eindringlinge mit wissenschaftlichem Interesse, behauptete, »so welche« noch nie gesehen zu haben, und verschwand nach draußen. Kurz darauf holte er mich, und gemeinsam bestaunten wir eine Ameisenkarawane, die in eine Mauerritze marschierte, um dann irgendwo in der Küche wieder aufzutauchen, vermutlich hinter dem Einbauschrank. Sven streute draußen Zucker, um die Kolonnenspitze in eine neue Richtung zu lenken, ich streute drinnen, um die bereits eingedrungenen Truppen an einer Stelle zu sammeln. Sven verbrauchte zwei Pfund Zucker, dann hatte er die beginnende Invasion abgewendet und die Aggressoren in das Brennesselfeld getrieben. Ich brauchte nur eine Tasse voll Zucker, aber ein paar Eßlöffel voll Petroleum, dann hatte ich die Küche zurückerobert.

An einem besonders heißen Abend – Rolf war nicht zu Hause, und die Knaben lagen deshalb noch vor dem Fernseher und sahen sich irgendeinen blutrünstigen Western an – saß ich in meinem Sessel, versuchte, in das Geschehen auf dem Bildschirm einen Sinn zu kriegen, gab es auf und döste vor mich hin. Plötzlich bildete ich mir ein, auf der Couchlehne eine Maus zu sehen. Blödsinn, wo sollte die denn herkommen? Anscheinend war ich ein bißchen eingeschlafen. Ich gab mir also einen Ruck, sah noch einmal genauer hin, und natürlich war keine Maus da. Ein paar Augenblicke später huschte etwas unter einem Sessel hervor und verschwand hinter dem kleinen Regal. Es war wirklich eine Maus!

Nun sind Mäuse die einzigen Tiere der Gattung Ungeziefer, die mich nicht hysterisch werden lassen; hätte es sich um eine Blindschleiche oder einen Regenwurm mittlerer Größe gehandelt, wäre ich schon längst schreiend aus dem Zimmer geflohen. Trotzdem sollte man Mäuse lieber nicht als Hausbewohner akzeptieren.

»Ich habe eben eine Maus gesehen«, erklärte ich deshalb meinen Söhnen.

»Glaube ich nicht«, sagte Sascha.

»Wo denn?« fragte Sven.

»Jetzt sitzt sie hinter dem Regal.«

»Der Film ist gleich zu Ende, dann sehen wir mal nach«, beschieden mich meine Nachkommen.

Die Maus hatte offensichtlich Langeweile. Sie kam wieder aus ihrem Versteck hervor, spazierte gemächlich zur Bücherwand und verschwand dahinter. Immerhin hatten die Jungs sie jetzt auch gesehen. Der filmische Höhepunkt war ohnehin erreicht, der Sheriff hatte seine Widersacher programmgemäß erschossen und mußte nur noch die Heldin küssen, was die Knaben zur Zeit noch reichlich blöd fanden, und so wandten sie ihre uneingeschränkte Aufmerksamkeit der Maus zu.

»Wenn die hinter den Büchern bleibt, kriegen wir sie nie!« stellte Sascha fest.

Damit hatte er recht. Die Bücherwand war fünf Meter lang und etliche Zentner schwer.

»Wir räuchern sie aus!« schlug Sven vor.

»Wie denn?«

»Wir verstopfen die Ritzen an den Seiten und blasen Rauch hinein!«

Das haben wir dann auch tatsächlich gemacht, ohne im geringsten daran zu denken, daß die Bücherwand nach vorn hin offen ist und der Rauch jederzeit abziehen konnte. So kauerten wir alle drei auf dem Boden, zogen abwechselnd an einer Zigarette und bliesen den Rauch durch Strohhalme hinter das sorgfältig abgedichtete Bücherregal. Die Knaben husteten, die Maus lachte (wahrscheinlich!). Sie saß nämlich schon längst im Papierkorb. Wir wurden erst durch das Geraschel aufmerksam, nachdem wir unsere Räucheraktion abgebrochen hatten. Sven schnappte sich den Korb, lief damit ins Bad und kippte seinen Inhalt kurzerhand in die Badewanne. Da hockte nun das Untier, klein, niedlich und sah uns mit verängstigten Knopfaugen an.

»Was jetzt?« fragte ich.

»Ich laß sie wieder laufen«, entschied Sven, griff die Maus, steckte sie in die Hosentasche, wo sie jämmerlich quiekte, spazierte in den Garten und setzte sie hinter dem Zaun aus. Vielleicht hat sie aus Dankbarkeit ihre Verwandtschaft dahingehend instruiert, unser Grundstück zu verschonen, jedenfalls haben wir bei uns kein einziges Mauseloch gefunden, während die anderen Dorfbewohner über die Wühlmausplage stöhnten.

Merke: Es lohnt sich manchmal, auch Tieren gegenüber menschlich zu sein!

10.

Der Herbst kam, und mit ihm kam der Regen. Dahlien und Astern – soweit sie nicht schon vertrocknet waren – leuchteten in allen Farben, und ich bestellte die wöchentlichen Mineralwasser-Lieferungen ab; das so lange entbehrte Naß floß nun wieder in dickem Strahl aus sämtlichen Hähnen. Notfalls hätten wir es aber auch aus dem kleinen Keller holen können, der stand nämlich unter Wasser.

Als erstes kaufte ich für sämtliche Familienmitglieder kniehohe Gummistiefel. Die Zufahrtsstraße zu unserem Haus – während der letzten Wochen hart wie Beton – hatte sich infolge des Dauerregens in einen Morast verwandelt und jeden Verkehr zum Erliegen gebracht. Hannibal verschwand für Tage in der Garage, nachdem ich zweimal mit ihm steckengeblieben war und mich hilfesuchend an Herrn Fabrici wenden mußte, damit er seinen Traktor holte und Hannibal wieder aufs Trokkene zog. Als Rolf mit seinem Wagen das gleiche Mißgeschick passierte, stürmte er am nächsten Tag die Gemeindeverwaltung und forderte Abhilfe. Schließlich bezahle er Steuern und könne deshalb erwarten, daß sein Haus auch ohne die Zuhilfenahme von Schwimmflossen und Schlauchboot zu erreichen sei. Man sicherte ihm provisorische Maßnahmen zu, erklärte aber gleichzeitig, ein regulärer Ausbau der Straße sei erst dann vorgesehen, wenn auch die übrigen Grundstücke bebaut worden seien.

Nun waren tatsächlich mal ein paar Männer aufgekreuzt, die mit Zollstock und Theodolit durch die Unkrautwüste gestapft waren und rot-weiße Stäbe in den Boden gerammt hatten. Dann waren sie unter Hinterlassung der Stangen wieder verschwunden. Wochen später beobachtete ich einen Heidenberger Mitbürger, wie er zwei Stangen aus dem Boden zog, sie abschätzend betrachtete und schließlich mitnahm. Die dritte Stange kassierte Sascha ab, der gerade als Winnetou durch die Gegend tobte und einen Speer brauchte; die übrigen Stäbe blieben danach auch nicht lange stehen. Vermißt wurden sie übrigens nie!

Zwei Tage nach Rolfs Beschwerde rollte ein mit Splitt beladener Lkw vor, kippte seine Last mitten auf den Weg und fuhr wieder ab. Gegen Abend tauchte Karlchen mit einer Schaufel auf und verteilte den Splitt, ungefähr 25 Steinchen pro Quadratmeter. Der nächste Platzregen spülte die ganze Herrlichkeit weg, womit der ursprüngliche Zustand der Straße wiederhergestellt war. Aber dann kam bald der erste Frost, und wir hatten ganz andere Sorgen.

Mit dem Regenwetter begann auch die alljährliche Erkältungswelle. Meine Großmutter hatte immer behauptet, ein Schnupfen sei durchaus heilsam, weil er alle Krankheitskeime aus dem Körper spüle, und sie hatte es immer abgelehnt, irgendwelche Medikamente zu nehmen. Deshalb verordnete ich auch unseren Kindern bei Schnupfen Papiertaschentücher statt Pillen und schickte sie an die frische Luft.

Nicht so Rolf! Bekanntlich ist ein Männerschnupfen schlimmer als Krebs, und Rolf bildet da keine Ausnahme. Wenn er dreimal hintereinander niest, stürzt er zur Hausapotheke und schluckt alles, was ihm opportun erscheint; muß er darüber hinaus auch noch ein paarmal husten, diagnostiziert er beginnende Lungenentzündung, packt sich ins Bett und tyrannisiert die Familie.

Jetzt war es wieder einmal soweit. Der Ärmste hatte nicht nur dreimal geniest, sondern sogar fünfmal, ein heftiges Räuspern hatte er als Hustenanfall bezeichnet, und als das Fieberthermometer dann auch noch genau 37 Grad anzeigte, beschloß er, ernsthaft krank zu sein. Er trug mir auf, sämtliche Termine abzusagen, Heizkissen und Wolldecke zu holen, seine Mutter von seinem bevorstehenden Ableben zu unterrichten und nicht zu vergessen, die fällige Stromrechnung zu bezahlen. Dann etablierte er sich samt Zigaretten, die er unter Aufbietung der letzten Kräfte immer noch rauchen konnte, und der Cognacflasche, deren Inhalt er zum Desinfizieren der Atemwege brauchte, auf der Couch im Wohnzimmer. Meinen Vorschlag, sich doch lieber ins Bett zu legen, lehnte er ab. Vermutlich befürchtete er, in dem etwas abgelegenen Schlafzimmer in

Vergessenheit zu geraten und nicht in regelmäßigen Abständen bedauert zu werden.

Ich rief Jost an und bat um Rat, den ich auch prompt bekam: »Mach ihm einen steifen Grog und wirf zwei Schlaftabletten rein!«

»Warum? Braucht er Ruhe?«

»Er nicht, aber du!«

Eines Tages wurde ich im Morgengrauen durch ein merkwürdiges Geräusch geweckt, das wie ein Gewehrschuß geklungen hatte. Kurz darauf knallte es wieder. Ich weckte Rolf, der, da er auch durch ein mittelschweres Erdbeben nicht wach zu bekommen ist, ungerührt weiterschlief, und erging mich in aufgeregten Vermutungen über die Ursache der Schießerei.

Seine Reaktion war ziemlich ernüchternd: »Hast du schon mal was von Fehlzündungen gehört?«

Doch, das hatte ich. Bei Hannibal geschah so etwas öfter, meist mitten in der Stadt, wo sofort alle Leute stehenblieben und mich strafend musterten.

»Das war keine Fehlzündung, das war ein Schuß!«

»Unsinn, wer soll denn hier schießen?« Damit drehte sich mein phantasieloser Gatte auf die andere Seite und schlief wieder ein.

Da knallte es erneut, und schon war ich raus aus dem Bett und am Fenster. Nichts zu sehen! Nur eine Katze strich am Zaun vorbei und verschwand im Gebüsch. Aber von hier sah man ja ohnehin nur in die Brennesseln; wenn ich ins Eßzimmer gehen würde, könnte ich vielleicht mehr entdecken. Ich zog meinen Bademantel an und öffnete leise die Tür.

Plötzlich hörte ich Geräusche an der Haustür. Polizei? Oder vielleicht Einbrecher, die erwischt worden waren und sich nun in unserem freistehenden Haus verbarrikadieren wollten? Himmel, warum mußten wir auch unbedingt mitten in die Wildnis ziehen!

Dann hörte ich Saschas Stimme: »Ich habe dir ja gleich gesagt, daß du spinnst. Von wegen Schüsse! Ich habe jedenfalls nichts mitgekriegt!«

Also hatte ich doch recht gehabt, denn Sven war offenbar auch durch die Knallerei aufgewacht! Ich lief die Treppe hinunter und entdeckte meine beiden verschlafenen Helden, die bibbernd vor Kälte in der offenen Tür standen. In diesem Augenblick knallte es wieder.

»Is'n Gewehrschuß«, erklärte Sven fachmännisch. Als fleißiger Konsument von Wildwest- und Karl-May-Filmen war er durchaus in der Lage, Gewehrschüsse von Pistolenschüssen akustisch zu unterscheiden.

»Jetzt hab' ich's auch gehört!« Sascha wollte aus dem Haus stürmen, ich konnte ihn gerade noch am Schlafanzug festhalten.

»Hiergeblieben! Es fehlte gerade noch, daß du so einem Wahnsinnigen vor die Flinte läufst!«

Eine ganze Weile standen wir noch am Wohnzimmerfenster, das den besten Ausblick auf den möglichen Amokläufer bieten würde, aber es geschah überhaupt nichts. Weder rollte ein Polizeikommando an, noch entdeckten wir maskierte Bankräuber, auf die speziell Sascha wartete, und die Dorfbewohner schienen von der ganzen Schießerei völlig unbeeindruckt geblieben zu sein. Nirgends war eine Menschenseele zu sehen. Wir gingen also auch wieder in die Betten.

An diesem Morgen wartete ich fieberhaft auf Wenzel-Berta. Frau Häberle, die bestimmt schon Einzelheiten wußte, hatte ich verpaßt, die Zeitung steckte bereits im Briefkasten.

Endlich kam Wenzel-Berta. Meine Aufregung konnte sie überhaupt nicht verstehen.

»Schießen? Hier? Wo denn?«

»Die Schüsse kamen irgendwo aus den Weinbergen.«

Da zog ein verstehendes Grinsen über ihr Gesicht. »Ach so, was Sie meinen, is man bloß der Wengertschütz.«

»Der was?«

»Der Wein-berg-schüt-ze!«

Und dann erfuhr ich, daß kurz vor der Weinlese, wenn die Trauben schon nahezu ausgereift sind, ein Mann mit Luftgewehr durch die Gegend streift und die Vögel aufscheucht.

In Heidenberg war Karlchen mit dieser Aufgabe betraut worden, aber weil er außerdem noch den Schulbus fahren mußte, hatten die Vögel wenigstens zu ganz bestimmten Zeiten Ruhe und die Möglichkeit, ihre verpaßten Mahlzeiten nachzuholen. Allerdings erzählte Sven mir später, daß Karlchen auch im Bus ständig bewaffnet war und beim Anblick eines besonders großen Vogelschwarms jedesmal abrupt auf die Bremse trat, um völlig unwaidmännisch vom Auto aus zu schießen.

Sascha beneidete ihn glühend um seinen Posten und beschloß vorübergehend, später einmal »Wengertschütz« zu werden.

Herbstzeit bedeutet Pilzzeit, und Pilzzeit bedeutet stundenlange Spaziergänge durch die umliegenden Wälder, aber nicht etwa schön bequem auf den Wegen, nein, immer quer durchs Unterholz auf der Jagd nach Maronen – notfalls auf allen vieren. Oder auf Zehenspitzen über morastige Wiesen und glitschige Abhänge hinunter, denn dort wachsen Reizker. Steinpilze findet man oft zwischen trockenen Gräsern, die aber auch Spinnen und Schnecken beherbergen, jene von mir ganz besonders verabscheuten Tierarten. Nein, ich kann dem Pilzesammeln keinen besonderen Reiz abgewinnen.

Anders Rolf. Der ist mitten im Harz aufgewachsen und kannte bereits alle einschlägigen Pilzarten, bevor er ihre Namen schreiben konnte. So fühlte er sich bemüßigt, mir, die ich in Berlin großgeworden bin, seine Kenntnisse zu vermitteln.

In den ersten beiden Ehejahren bin ich noch getreu dem Motto »wo du hingehst, da will auch ich hingehen« begeistert mit in den Wald gezogen, aber mit der gleichen Begeisterung pilgerte ich im Kielwasser meines kunstbeflissenen Gatten auch durch Museen und Ausstellungen. (Ich glaube, es hat damals in Düsseldorf und Umgebung keine Tonscherbe und keinen Saurierknochen gegeben, den ich nicht besichtigt habe, von den Gemäldesammlungen aus fünf Jahrhunderten ganz zu schweigen.) Später hat sich dieser Enthusiasmus weitgehend gelegt, und ich war froh, wenn ich Sven vorschieben konnte, um diesen zwar sehr lehrreichen, aber auch ziemlich ermüdenden Exkursionen zu entgehen. Im zarten Babyalter interessierte sich Sven nicht für Vasen von Picasso, sondern wollte pünktlich seine Flasche haben!

Nur die herbstlichen Pilzwanderungen haben nie aufgehört. Als Sven noch nicht laufen konnte, wurde er kurzerhand mitten auf eine Wiese gesetzt, während seine Eltern in Sichtweite durch die Gegend streiften und Pilze suchten; später stapfte er bereitwillig mit. Bei Sascha wiederholte sich das gleiche Spiel, nur zeigte der genau wie ich wenig Lust, querbeet zu laufen, und setzte sich auf jeden dritten Baumstumpf mit der Begründung, er müsse sich jetzt »ausruhen«. Auch Stefanie hat als Kleinkind die Herbstmonate vorwiegend im Wald verbracht.

In und um Heidenberg gab es genügend Wald, und als Rolf in unserem Garten die ersten Morcheln entdeckte, erklärte er die Pilzsaison für eröffnet und zog in jeder freien Minute mit Spankorb und Küchenmesser los. Besonders die Wochenenden standen im Zeichen der Pilze, und ob wir anderen wollten oder nicht, wir mußten mit. Spaziergänge fördern die Durchblutung, und Waldluft ist sehr gesund!

Nun ist es mit dem Pilzesammeln so ähnlich wie mit dem Roulettspielen: Hat man erst einmal angefangen, dann kann man nicht mehr aufhören! An manchen Tagen brachten wir zehn Pfund und mehr mit nach Hause. Pilze schmecken gut, aber man kann sie trotzdem nicht ständig essen. Wir taten es trotzdem. Es gab Pilzragout, Pilzpastete, Pilzsuppe, Pilze auf Toast, Fleisch mit Pilzen und Pilzomelette. Es gab so lange Pilze, bis Sven eines Tages während des Mittagessens seinen Löffel in den Teller warf (wir aßen gerade Gemüsesuppe mit Pilzen) und erklärte: »Ich kann das Zeug nicht mehr sehen!«

Die Ausbeute der nächsten Waldwanderung bekam Wenzel-Berta. Die war begeistert und nahm auch noch die nächsten vier Körbe dankbar entgegen. Den fünften lehnte sie ab mit der Entschuldigung, »der Eugen will nu nich mehr immer Pilze«. Dann kam mir der Gedanke, daß ich mich jetzt endlich einmal bei meinen Nachbarn für die in so reichem Maße gespendeten Salat- und Kohlköpfe revanchieren könnte, und kreuzte mit der nächsten Pilzladung bei Frau Kroiher auf. Die musterte meine Gabe mißtrauisch.

»Hend Sie das da selbst g'sammelt?«

»Ja natürlich, die sind ganz frisch.«

»Sind Sie mir net bös, aber das esset wir net.«

»Mögen Sie keine Pilze?«

»Ha freilich, aber i nehm nur gekaufte. Und im Winter halt welche aus der Dose.«

Weder mein Hinweis, daß wir schon seit zwölf Jahren Pilze sammeln und essen und immer noch leben, noch meine Bemerkung, auch gekaufte Pilze müsse letzten Endes irgend jemand gepflückt haben, nützten etwas. Ich wurde meine Ausbeute nicht los. Die anderen Dorfbewohner reagierten ähnlich. Alle aßen gerne Pilze, aber keiner wollte sie haben.

Also fingen wir an, die Dinger zu trocknen. Sie wurden auf Zwirnsfäden gezogen und in die Fenster gehängt. Dann kam ich auf die Idee, Pilze einzufrieren. Als wir sie später auftauten und zubereiteten, schmeckten sie wie gekochte Mullbinden. Wenzel-Berta meinte, man könne ja welche einwecken. Wir taten auch das, nur offenbar völlig unvorschriftsmäßig. Jedenfalls behauptete Rolf ein paar Wochen darauf, im Keller müsse irgendwo eine Ratte verwesen, anders könne er sich den sehr intensiven Geruch nicht erklären. Sven wurde auf die Suche nach der Ratte geschickt, fand keine, meinte aber, die eingemachten Pilze stänken erbärmlich. Kein Wunder, sämtliche Gläser waren aufgegangen.

Und dann passierte die Geschichte mit den Gallenröhrlingen! Rolf hatte bei einem seiner sonntäglichen Pirschgänge durch das Unterholz einen Herrn kennengelernt, der gleich ihm Pilzliebhaber war, und mit dem er fortan des öfteren durch die Wälder streifte, weil Frau und Kinder in zunehmendem Maße die Begleitung verweigerten.

Nach einer dieser Exkursionen kam er freudestrahlend nach Hause und kippte einen Berg junger Steinpilze auf den Tisch. »Die müssen über Nacht gewachsen sein, noch kein einziger ist wurmstichig!« Und weil gerade das Gulasch auf dem Herd brodelte, und weil wir schon seit drei Tagen keine Pilze mehr gegessen hatten, kam die ganze Ausbeute sofort in den Topf. Die Fertigstellung des Essens überließ ich Rolf. (Nach seiner Ansicht kann außer ihm niemand Pilze richtig zubereiten, aber da er sie selber putzt und sogar die dazugehörigen Zwiebeln schält, überlasse ich ihm in solchen Fällen die Küche ohne Protest.)

»Probier mal, ich finde, es schmeckt heute besonders pikant.« Der Küchenchef überreichte mir einen Teelöffel. Ich probierte und japste nach Luft. Das Zeug war gallenbitter!

»Hast du etwas Angostura reingekippt?«

»Nein, wieso? Ich habe nur ein bißchen Sojasoße genommen.«

Nun muß ich erwähnen, daß Rolf offenbar falsch programmierte Geschmacksnerven hat, die Empfindung für »bitter« ist nicht vorhanden. Er ißt bittere Mandeln genauso gerne wie Orangenmarmelade, Magen-Liköre, die ich nicht herunterbringe, bezeichnet er als delikat, und Campari trinkt er grundsätzlich pur. Vermutlich könnte ich ihm Arsen ins Essen schütten, er würde selbst das nicht merken.

Sven tauchte in der Küche auf, bekam ebenfalls einen Löffel in die Hand gedrückt, probierte, spuckte alles wieder aus.

»Pfui Teufel, das ist ja reines Opium!« (Woher weiß der Bengel, wie Opium schmeckt?)

Rolf wurde unsicher und kostete selbst noch einmal. »Na ja, ein ganz kleines bißchen bitter schmeckt es ja«, räumte er ein, »aber deshalb braucht ihr nicht gleich so zu übertreiben. An den Pilzen kann es auf keinen Fall liegen, die waren einwandfrei. Du hast sie ja selbst gesehen.« Meine Kenntnisse in der Pilzkunde waren im Laufe der Jahre so weit fortgeschritten, daß mein Urteil anerkannt wurde.

In diesem Augenblick klingelte das Telefon. Ich nahm den Hörer ab. Es meldete sich der mir noch unbekannte Pilzliebhaber, der an diesem Morgen ebenfalls die schönen jungen Steinpilze gesammelt hatte.

»Haben Sie die Pilze schon probiert? Wenn nicht, lassen Sie's lieber blieben, wir müssen da etwas Falsches erwischt haben. Das Zeug ist ganz bitter.«

Im Pilzbuch fanden wir des Rätsels Lösung. Wörtlich hieß es daß: »Der Gallenröhrling sieht, besonders bei jungen Exemplaren, dem wohlschmeckenden Steinpilz täuschend ähnlich. Er ist nicht giftig, aber infolge seines bitteren Geschmacks ungenießbar.« Zum Mittagessen gab es Ravioli aus der Dose!

Rolf ist genau wie achtundneunzig Prozent aller Männer der Ansicht, daß Frauen hinter dem Steuer eines Autos nichts zu suchen haben. Sie eignen sich bestenfalls zur Beifahrerin und dürfen gelegentlich die beschlagenen Innenscheiben abwischen und während der Fahrt nachsehen, was unter dem linken Rücksitz so unvorschriftsmäßig klappert. Mir sprach er sogar die Fähigkeit ab, Karten zu lesen. Ich hatte ihn einmal in Unkenntnis der Tatsache, daß auf Straßenkarten die Autobahn als rote Doppellinie eingezeichnet ist, zu einer Eisenbahnstrekke gelotst und dabei die gesuchte Autobahnauffahrt völlig ignoriert. Kein Wunder also, daß mein erster Versuch, Rolf die Bewilligung für Fahrstunden abzuringen, auf Ablehnung stieß. »Ich kann mir vorläufig kein neues Auto leisten, wenn du das alte zu Schrott fährst, und außerdem brauchen dich die Kinder noch!« (Man beachte die Reihenfolge!)

Dann bezogen wir unser erstes halbländliches Domizil, und damit begannen auch die abendlichen Autofahrten zum Stuttgarter Hauptpostamt.

Rolf kann immer nur dann methodisch und intensiv arbeiten, wenn er unter Zeitdruck steht, und Unterlagen, die schon längst beim Auftraggeber sein müßten, erst halb fertig sind. Dann folgen die üblichen Telefongespräche mit der Bitte um Fristverlängerung, und sind die Sachen endlich komplett, ist es schon wieder zu spät. Letzte Rettung: Der Kram muß sofort zur Post und dem Empfänger per Eilboten zugestellt werden. Als Rolf sich wieder einmal zu nächtlicher Stunde hinter das Steuer klemmte, um einen Eilbrief aufzugeben, meinte er so ganz nebenbei: »Eigentlich wäre es gar nicht so schlecht, wenn du auch fahren könntest!«

Am folgenden Tag meldete ich mich bei einer Fahrschule an, und acht Wochen später hatte ich meinen Führerschein. Mein Selbstbewußtsein erhielt aber einen erheblichen Dämpfer, als ich die erste Alleinfahrt unternahm. Noch nie war mir eine Straße so schmal erschienen und ein entgegenkommendes Auto so breit! Ich landete prompt im Straßengraben und beulte den rechten Kotflügel ein. Darauf erhielt ich zunächst einmal Fahrverbot.

Kurze Zeit später zogen wir in den Schwarzwald. Dort waren die Geschäfte bequem zu Fuß zu erreichen, und sogar bis zur Post brauchte man nur fünf Minuten. Fahren durfte ich höchstens mal auf Landstraßen dritter Ordnung, auf denen kein Verkehr herrschte und mir höchstens Fußgänger entgegenkamen. Es gab allerdings Ausnahmen: Waren wir irgendwo eingeladen, bekam ich schon vorher die Order, nur Sprudel und Orangensaft zu trinken, da ich später den Heimtransport übernehmen müßte.

Als wir nach Heidenberg zogen, hatte meine Fahrpraxis immerhin schon gewisse Fortschritte gemacht. Ich trat nicht mehr automatisch auf die Bremse, wenn mir ein Lastwagen entgegenkam, ich fuhr langsam im zweiten Gang daran vorbei.

Dann bekam ich Hannibal. Mit ihm konnte ich fahren, wann ich wollte (und wenn *er* wollte), und allmählich wurde ich eine ganz passable Fahrerin.

Dies als Vorgeschichte zu der nun folgenden Episode.

Im November kam Wenzel-Berta eines Tages wie üblich kurz nach acht die Treppe herauf, musterte meinen noch nicht salonfähigen Aufzug – ich hatte wieder mal keine Zeit gefunden, mich anzuziehen – und meinte dann erstaunt: »Ich denke, Sie sind man schon längst weg zu der Impferei.«

Himmel, das hatte ich total vergessen. Heute fand ja die Pockenschutzimpfung für Kleinkinder statt, und weil im hiesigen Gemeindehaus die Heizung nicht funktionierte, hatte man das ganze Unternehmen kurzerhand nach Aufeld verlegt und den großen Saal vom »Goldenen Hahn« zur Impfstation deklariert. Draußen regnete es Bindfäden, Rolf war nicht da, und Hannibal stand wegen eines noch nicht genau diagnostizierten Wehwehchens in der Reparaturwerkstatt.

Normalerweise hätte ich mich jetzt an eine motorisierte Leidensgefährtin gewandt, die auch mit ihrem Baby zu dem Massenauftrieb nach Aufeld mußte, aber dazu war es inzwischen zu spät geworden. Im dörflichen Einerlei bedeutet sogar etwas so Banales wie eine Schutzimpfung eine gewisse Abwechslung, und ich konnte sicher sein, daß alle vorgeladenen Mütter samt Kindern bereits seit einer halben Stunde im »Goldenen Hahn« saßen und auf den Beginn des Spektakels warteten.

»Könnte uns Ihr Mann nicht schnell rüberfahren?« Eugen war seit einem halben Jahr pensioniert und in Notfällen zu Chauffeurdiensten gern bereit.

»Das geht nich, weil der is ja nich da. Der is heute früh mit dem Kleinschmitt nach Heilbronn gefahren, weil da is Kälbermarkt, und der Otto will welche kaufen, und da is der Eugen mit, weil der versteht ja was von Rindvieh, und der Otto nich. Der is bloß eins!«

Pech gehabt, wäre ja auch zu schön gewesen!

»Da fällt mir aber was ein«, begann Wenzel-Berta wieder. »Die sind doch mit dem Kleinschmitt sein Auto weg, und dem Eugen seins steht zu Hause. Fahren Sie doch mit dem! Die Schlüssel sind auch da, weil die hängen immer neben der Kellertreppe.«

»Das geht nicht, ich kann doch nicht einfach den Wagen von Ihrem Mann nehmen.«

»'türlich geht das. Der Eugen würde das bestimmt machen, weil der sagt immer, dafür, daß Sie 'ne Frau sind, tun Sie ganz ordentlich fahren.«

Welch ein Kompliment aus berufenem Munde! Inzwischen wußte ich längst, daß Eugen während seiner Soldatenzeit dem Fuhrpark des Verpflegungstrosses zugeteilt war und Dauerwurst durch Rußlands Steppen gekarrt hatte.

»Na schön, wenn Sie meinen … aber kommen Sie lieber mit!«

Ich zog mich schnell an, machte die Mäuse ausgehfertig, dann trotteten wir zusammen, jede mit einem Zwilling auf dem Arm, zu Wenzel-Bertas Behausung.

Das grüne Auto stand tatsächlich auf dem kleinen Vorplatz, die Wagenschlüssel hingen ordnungsgemäß neben der Treppe, es konnte also losgehen.

Und dann kam die Katastrophe! Ich suchte den Schalthebel, fand keinen, suchte die Lenkradschaltung, fand keine, entdeckte statt dessen einen spazierstockartigen Hebel, der aus dem Armaturenbrett ragte. Das Auto war ein Renault und hatte die neue und mir völlig unbekannte Krückstockschaltung! Aus der Traum! »Mit dem Ding komme ich nicht zurecht, ich habe keine Ahnung, wo die Gänge liegen«, erklärte ich Wenzel-Berta.

Die sah mich erstaunt an. »Warum nich?«

Während ich ihr die verschiedenen Schaltungssysteme zu erklären versuchte, kramte sie im Handschuhfach, zog schließlich ein mehrseitiges Heft heraus. »Ich hab' doch gewußt, daß da so was ist, der Eugen schmeißt nie was weg! Hier steht alles drin.«

Gemeinsam studierten wir die bildlich dargestellten Schaltstufen. Erster Gang: Hebel nach links und dann reinschieben. Zweiter Gang: Hebel herausziehen und links heranziehen. Dritter Gang: Hebel nach rechts, ganz hinausschieben und so weiter. Schien ja gar nicht so schwer zu sein, aber trotzdem... »Nein, hat keinen Zweck, so schnell kann ich mir das nicht einprägen.«

Wenzel-Berta hatte eine Idee: »Sie sagen mir immer, was Sie brauchen, und ich sage Ihnen, wie das geht!«

Das hieß, ich würde ihr angeben, welchen Gang ich einlegen will, und sie würde mir die Schaltbewegungen sagen.

Also gut, probierten wir's. Wenzel-Berta putzte noch einmal ihre Brille und kommandierte: »Nu erst mal rückwärts raus hier. Hebel links und dann ganz nach draußen!« Ich tat wie befohlen, das Auto setzte sich in Bewegung und fuhr brav zurück. Jetzt bremsen, Lenkrad einschlagen, ersten Gang rein. »Wie geht der erste Gang?« – »Hebel rausziehen und nach links ran.«

Das Auto hopste mit einem Satz vorwärts und blieb stehen.

»Das hat nicht gestimmt, zeigen Sie mal her.« Ich besah mir die Schalttafel und stellte fest, daß ich eben den zweiten Gang erwischt hatte. Also noch mal von vorne, Hebel nach links und hineinschieben. Diesmal klappte es, wir tuckerten los und erreichten ohne Zwischenfälle die Landstraße nach Aufeld.

»Jetzt den dritten Gang.«

Wenzel-Berta prüfte ihre Unterlagen, erkundigte sich, ob das »der in der Mitte« sei, kommandierte »Hebel nach links und dann ganz rein«, worauf der Wagen ruckartig abbremste und dann weiterkroch.

»Entschuldigung«, meinte Wenzel-Berta, »ich hab' rechts gemeint und bloß vor Aufregung links gesagt!«

Wir haben es trotzdem geschafft! Dreimal blieb das Auto mitten auf der Straße stehen, ein halbes dutzendmal kreischte das gequälte Getriebe in höchsten Tönen, und ich betete im Stillen, daß Eugen nicht gerade jetzt nach Hause kommen und seinem stotternden und hüpfenden Laubfrosch begegnen würde.

Die Rückfahrt verlief so ähnlich, zusätzlich untermalt von dem zweistimmigen Gebrüll der Zwillinge, die die Impfprozedur höchst ungnädig aufgenommen und sich noch immer nicht beruhigt hatten.

Schweißgebadet brachte ich den Wagen zehn Zentimeter vor Wenzels Gartenzaun zum Stehen; sollte Eugen sein Auto lieber selbst in den Hof fahren, mir reichte es! Solche Angst wie jetzt hatte ich nicht einmal während der Fahrprüfung gehabt, als ich rückwärts einparken sollte und das erst beim dritten Anlauf schaffte. Ich kann das übrigens heute noch nicht, höchstens dann, wenn vorher ein Möbelwagen dort gestanden hat!

Eugens Zustimmung habe ich mir aber noch nachträglich geholt. Er nahm dankend die Zigarren entgegen und meinte: »War ja nur gut, daß Sie keine Anfängerin nich sind!«

11.

Als in Heidenberg der Winter begann, begriff ich zum erstenmal etwas von Einsteins Relativitätstheorie. Zweihundert Meter sind relativ wenig, wenn man diese Strecke zu Fuß oder mit dem Fahrrad zurücklegt; zweihundert Meter sind relativ viel, wenn man Schnee schippen muß!

Während noch die ersten Flocken vom Himmel fielen und eine hauchdünne Schneeschicht auf dem Boden bildeten, kramte Sven den Schneeschieber aus der Garage. Es handelte sich hierbei um ein älteres Modell, vorwiegend aus Blech bestehend, das an der angerosteten Stelle auch sofort durchbrach, als es in nähere Berührung mit einem Feldstein kam.

»Ich hole schnell einen neuen«, beruhigte mich Sven, »Frau Häberle hat sie in jeder Größe.«

Eigentlich hätte es mich stutzig machen müssen, daß es ausgerechnet in unserem kleinen Nest eine beachtliche Auswahl an Schneeschiebern gab, während man sonst nicht einmal Nähnadeln oder ähnliche alltäglichen Dinge kaufen konnte; allenfalls noch Strohbesen, die man zur samstäglichen Reinigung der Hofeinfahrten benötigte.

Ich wurde aber keineswegs stutzig, ich war im Gegenteil froh, daß ich dieses sperrige Ding nicht erst aus der Stadt heranlkarren mußte. Im übrigen hörte es bald auf zu schneien, und das neuerworbene Stück verschwand wieder in der Garage.

Ich hasse die kalte Jahreszeit, wenn es morgens noch dunkel ist und man lieber im Bett bleiben würde, statt mit klappernden Zähnen durch die eiskalten Räume zu wandern und erst einmal überall die Heizungen aufzudrehen. Ich mag die tiefhängenden Wolken nicht und nicht die Novembernebel. Ich mag auch nicht die bunten Herbstblätter, weil ich genau weiß, daß sie bald abfallen und kahle Bäume zurücklassen. Eigentlich gefällt mir an dieser Jahreszeit nur eins: Die Gewißheit, nicht mehr im Garten wursteln zu müssen!

Es gibt Leute – und wenn ich recht überlege, kenne ich gar keine anderen –, die mit einer wahren Begeisterung im Garten herumwühlen, stundenlang Unkraut jäten, Büsche setzen und wieder umpflanzen, Ableger ziehen, die sie dann in Marmeladengläsern zu Setzlingen aufpäppeln, und die Rosen kultivieren. Ich gehöre nicht dazu, und ich gebe ehrlich zu, daß ich einen Garten eigentlich nur zu einem Zweck brauche: Mich in einen Liegestuhl zu legen und von der Sonne braten zu lassen! Aber dazu reicht auch ein Balkon!

Weshalb Rolf immer so großen Wert auf einen Garten legte, ist mir nie ganz klargeworden. Seine Arbeit in demselben beschränkte sich überwiegend darauf, abends den Wasserhahn aufzudrehen und mit dem Schlauch alles, was da so wächst, gleichmäßig zu bewässern – Unkraut eingeschlossen. In Heidenberg bekamen auch die benachbarten Brennesseln regelmäßig ihren Teil ab und gediehen besonders in Zaunnähe auffallend üppig. Die etwas mühseligeren Arbeiten wie Unkrautzupfen, welke Pflanzen entfernen, Beete hacken und Rasenschneiden überließ er großzügig uns. Die Knaben aber hatten leider meine Gartenbegeisterung geerbt und zeigten nie auch nur die geringste Bereitwilligkeit, sich gärtnerisch zu betätigen, und ich selbst hatte erstens nun wirklich wenig Zeit und zweitens noch viel weniger Lust dazu. Lediglich um das Rasenmähen kamen wir nicht herum. Von mir aus hätte das Gras ruhig in die Höhe sprießen können, aber dann versteckte sich darin alles mögliche Getier, und nachdem ich zweimal auf eine Biene getreten war, wurde ich mir der Vorteile eines kurzgeschorenen Rasens bewußt. Eine Zeitlang hatten wir die Anschaffung eines Milchschafes erwogen, aber so ein Vieh will auch im Winter etwas fressen. Also kein Schaf, aber dafür einen elektrischen Rasenmäher!

Wenn künftig mal wieder auf einen Schlag sämtliche Sicherungen herausflogen, wußte ich sofort, daß einer meiner Söhne über die Zuleitung gefahren war und sie halbiert hatte. Gegen Ende des Sommers brauchten wir zwei zusätzliche Verlängerungskabel, um die ständig schrumpfende Schnur zu ergänzen. Trotzdem kamen wir nicht mehr bis ganz in die Ecken, und als dort das Gras annähernd Zaunhöhe erreicht hatte, erschien Eugen mit der Sense und holte es sich als Kaninchenfutter.

Aber wenigstens betrieben wir hier keinen Ackerbau mehr, wenn man von ein paar Küchenkräutern absieht. Als wir das erste Haus mit Garten bezogen hatten, war Rolf in einem Anfall von Besitzerstolz in die nächste Gärtnerei gefahren und hatte alles angeschleppt, was er in jener Jahreszeit noch an Setzlingen auftreiben konnte; unter anderem fünfzig Salatpflänzchen, die ausnahmslos angingen, dick und rund und später alle gleichzeitig reif wurden. Unsere Familie bestand damals aus vier Personen, von denen eine noch vorgefertigte Säuglingsnahrung aus Gläsern bekam! Mit den Tomaten, die auch im Oktober größtenteils noch grün waren, hatte Sven die Nachbarskinder beworfen, und die Kohlköpfe waren fast alle von Raupen und Schnecken gefressen worden.

Nach diesen Erfahrungen verzichtete Rolf künftig auf Gemüsekulturen und beschränkte sich auf Blumenzucht, da kann nicht viel schiefgehen.

Jetzt jedenfalls hatten wir den Garten winterfest gemacht, die letzten Kräuter eingefroren, die Rosen abgedeckt, den Rasenmäher eingemottet, und ich hatte Sven gebeten, das Wasser im Garten abzustellen. Er wollte das auch gelegentlich mal tun!

Ein paar Tage später gab es im ganzen Haus kein Wasser mehr, und ich hing wieder einmal am Telefon, um mich bei der Gemeindeverwaltung zu beschweren. Man versicherte mir zwar, die allgemeine Wasserzufuhr sei in Ordnung, versprach aber, beim Wasserwerk einen Suchtrupp anzufordern, der nach dem vermutlichen Rohrbruch fahnden würde. Und dann kam Sven und beichtete, daß er sich vor ein paar Stunden an meine überfällige Anweisung erinnert und die Leitung im Garten abgestellt hatte. Zu diesem Zwecke hatte er dann gleich den Haupthahn zugedreht!

Mitte November fing es dann wirklich an zu schneien. Dicke Flocken kamen vom Himmel, und bald konnten wir vor lauter fallenden Wattebäuschen das Dorf nicht mehr erkennen. Nach zwei Stunden lag der Schnee bereits mehrere Zentimeter hoch. Sven und Sascha benahmen sich wie junge Hunde, tobten in der weißen Herrlichkeit herum und erklärten übereinstimmend, der Winter auf dem Lande sei ganz große Klasse.

Sie hatten recht! In der Stadt kennt man Schnee nur als grauen Matsch, der durch die Schuhsohlen sickert und von mißgelaunten Straßenkehrern am Fahrbahnrand zusammengefegt wird. Ab und zu sieht man auch mal ein dunkelweißes Häufchen, garniert mit leeren Zigarettenpackungen und Kaugummipapier, doch mit Schnee hat das nur noch entfernte Ähnlichkeit.

Hier nun hatten wir richtigen weißen Schnee, der Häubchen auf die Zaunpfähle setzte, mitleidig die kahlen Äste der Bäume zudeckte und einen gleichmäßigen Teppich über Straßen, Felder und faustdicke Steine legte. Wo die Straße endete und die ehemalige Unkrautplantage anfing, merkte ich erst, als ich in den dazwischen liegenden schmalen Graben getreten war. Sieben Eier und eine Flasche Himbeersirup mußte ich durch diesen Ausrutscher als Verlust abbuchen, dafür gab es den geschwollenen Knöchel gratis!

Am ersten Tag prügelten sich die Jungs um den Schneeschieber und wachten eifersüchtig darüber, daß nicht einer etwas mehr Schnee schaufelte als der andere. Am zweiten Tag kaufte ich einen zweiten Schneeschieber, weil wir es mit einem allein nicht mehr schafften. Es schneite ununterbrochen. Hatten die Knaben anfangs noch die ganze Straßenbreite vom Schnee befreit und zusätzlich Trampelpfade rund ums Haus geschaffen, so schippten sie am zweiten Tag nur noch einen knapp bemessenen Durchgang. Am dritten Tag streikten sie.

Rolf, der abends den Wagen nicht in die Garage fahren konnte, weil die Einfahrt zugeschneit war, verspürte einen ungewohnten Drang zu körperlicher Betätigung, griff sich einen Schneeschieber und ging ans Werk. Zwanzig Minuten später war er wieder im Haus und am Telefon. Dabei ging das gar nicht! Eine Leitung war durch die Schneemassen gebrochen. Jetzt konnte er nicht einmal an maßgeblicher Stelle seinen geplanten Protest wegen Mißachtung der Räumpflicht loswerden!

Aber wenigstens hörte es jetzt zu schneien auf. Dafür kam ein Kälteeinbruch und verwandelte den Pulverschnee in einen Eispanzer. Nun kriegten wir ihn überhaupt nicht mehr weg. Und dort, wo wir ihn weggeschaufelt hatten, bildete sich eine Schlitterbahn, auf der man hätte streuen müssen. Hätte!

In einem ölbeheizten Haus gibt es keine Asche. Der Sand, den wir von einer nahe gelegenen Baustelle hätten holen können, war von einer Schneeschicht bedeckt und außerdem steinhart gefroren. Frau Häberles Vorrat an Streusalz war längst aufgebraucht. Tagelang glichen unsere auf ein Minimum beschränkten Ausflüge ins Dorf einer Gletschertour, und mir ist es heute noch unbegreiflich, daß sich niemand von uns die Knochen gebrochen hat.

Wir hatten ursprünglich unsere Hoffnung auf den Schneepflug gesetzt, der in mehr oder weniger – überwiegend weniger – regelmäßigen Abständen die Hauptstraße entlangfuhr und die Schneemengen zur Seite schaufelte. Dieser Schneepflug war städtisches Eigentum und wurde nur eingesetzt, um den Verkehr zwischen den einzelnen Dörfern zu ermöglichen. Innerhalb der Ortschaften hatten die Gemeinden für Abhilfe zu sorgen, was in der Praxis bedeutete, daß jeder selbst sehen mußte, wie er mit dem Problem fertig wurde. Rolfs Vorstoß bei der Verwaltung hatte ihm lediglich die Gewißheit erbracht, daß von dort keine Hilfe zu erwarten war. Man hatte unsere Zufahrtsstraße kurzerhand als Privatweg deklariert, da es ja außer uns noch keine weiteren Anlieger gäbe, und für Privatwege sei man nicht zuständig. Unser Hauswirt, der in Stuttgart lebte und sich nie bei uns sehen ließ, wußte auch keinen Rat. Er erklärte am Telefon, der Ausbau der Straße sei ihm seinerzeit zugesichert worden, aber er könne schließlich nichts dafür, wenn die anderen Grundstücke nicht bebaut würden. Ob sie denn überhaupt schon verkauft seien?

Ende November taute es endlich, aus der Eisbahn wurde wieder ein Sumpf, der beim nächsten Frost die Wagenspuren zu messerscharfen Hindernissen werden ließ. Ab und zu fror auch die Garagentür zu, so daß Rolf sein Auto über Nacht im Freien stehenlassen mußte und am nächsten Morgen fluchend Schnee und Eis von der Karosserie kratzte, während wir anderen mit einer antiquierten Petroleumfunzel die Garagentür wieder auftauten.

Ich hatte inzwischen auch die letzten Reste von Begeisterung für das Landleben verloren! Es gab zwar keine Insekten mehr um diese Jahreszeit – wenn man von den Spinnen absieht, die das ganze Jahr über aus allen möglichen Winkeln in das Haus krochen –, aber unser Wohnzimmer konnten wir immer noch nicht benutzen. Jetzt war es zu kalt! Offensichtlich waren die Fenster nicht richtig abgedichtet, denn obwohl wir rollenweise die garantiert schützenden Klebestreifen verbrauchten, bildeten sie bei entsprechendem Wind kleine Schneeverwehungen auf den Fensterbrettern und anschließend muntere Rinnsale in Richtung Teppichboden. Ich stellte Gefäße auf, und manchmal hörten wir stundenlang ein vielstimmiges Kling-kling-kling, wenn es in die Schüsseln tropfte. Bekanntlich kann man schon von *einem* tropfenden Wasserhahn wahnsinnig werden, die Wirkung von einem halben Dutzend ist noch viel durchgreifender. Ab und zu trat auch mal jemand versehentlich in ein Schüsselchen hinein, und schließlich räumte ich die Dinger wieder weg und ließ das Tauwasser auf den Boden tropfen. Das war nicht so laut, und *mein* Teppichbelag war es ja sowieso nicht.

Ich glaube, zu ungefähr dieser Zeit geschah es auch, daß ich Rolf zum erstenmal etwas von »verwünschte Einöde« und »wenn ich das vorher gewußt hätte« murmeln hörte. Ich bemühte mich redlich, das winzige Flämmchen der Unzufriedenheit zu schüren. Für mich stand ohnehin fest, daß ich keinen zweiten Winter in diesem Haus verbringen würde, am besten erst gar nicht einen zweiten Sommer. Ich hatte noch vom letzten genug! Trotzdem sehnte ich mich manchmal nach unserem Treibhaus zurück, das jetzt trotz voll aufgedrehter Heizkörper bestenfalls 16 Grad Innentemperatur aufwies und nur an Tagen mit Sonneneinstrahlung ohne winterfeste Kleidung zu bewohnen war. Manchmal genügte es sogar, wenn wir nur einen Pullover trugen, meistens brauchten wir aber zusätzlich noch eine Jacke.

Ich hatte mich bei der ersten Besichtigung des Hauses schon über den riesigen Öltank gewundert, der einen ganzen Keller ausfüllte und 10 000 Liter faßte. Aber da in diesem Haus alles sehr groß bemessen war, mußte es der Tank zwangsläufig auch sein. Wir ließen bei unserem Einzug 3000 Liter Öl anfahren und hatten bis Mitte Oktober so gut wie nichts verbraucht. Dann drehten wir die Heizungen an, und nach drei Wochen zeigte der Ölstandmesser ein Absinken des Heizöls von ungefähr zweihundert Litern an; in den beiden darauffolgenden Wochen verbrauchten wir nur hundert Liter, und in der fünften Woche war der Ofen aus! Die rote Lampe signalisierte Brennerstörung, also wurde ein Heizungsmonteur alarmiert. Der kam, von der frierenden Familie herzlich begrüßt, sogar am Samstag vormittag und diagnostizierte Ölmangel.

»Aber es ist doch noch genügend im Tank«, protestierte ich.

Der Fachmann begehrte einen Zollstock, schob ihn in die Tanköffnung, zog ihn wieder heraus und hielt ihn mir vor die Nase.

»Sehen Sie selbst, das sind knapp vier Zentimeter, also ungefähr 300 Liter, und die werden nicht mehr angesaugt.«

»Aber der Ölstandmesser...«

»Der taugt nichts, kaufen Sie lieber einen vernünftigen!«

Mit diesen Worten wischte sich der Herr Monteur die Hände ab, packte seine Tasche zusammen, schrieb eine Rechnung über »Kontrolle des Brenners« nebst Arbeitszeit und Kilometergeld aus und verschwand.

Rolf rief den Heizöllieferanten in Aufeld an. Der war über das Wochenende verreist. Rolf telefonierte in die Stadt, dort gab es zwei. Beim ersten meldete sich niemand, der zweite erklärte, er könne erst am Montag kommen. Rolf holte sich das Branchen-Telefonbuch und versuchte es in Heilbronn. Der dritte, den er erreichte, und den er unter Zusicherung ewiger Dankbarkeit, ständiger Kundentreue und künftiger Einbeziehung in das Nachtgebet zum sofortigen Kommen bewegen wollte, sagte zu und erschien tatsächlich am Sonntag morgen. Wir waren inzwischen halb erfroren und vor dem Ableben nur durch Wenzel-Berta bewahrt worden. Sie war mit zwei altersschwachen Heizöfen angerückt, die wir stundenweise in den Zimmern verteilten. Die nächste Stromrechnung war dann auch entsprechend!

Die Heizölrechnung übrigens auch. Und es war längst nicht die letzte. Der angeblich geringe Ölverbrauch erwies sich sehr schnell als Illusion, die wir im wahrsten Sinne des Wortes teuer bezahlen mußten.

Weihnachten nahte, und damit die Zeit, in der ich regelmäßig an Auswanderung denke, möglichst in eine Gegend, wo es Winter und Weihnachten nicht gibt, beispielsweise Burma oder Thailand. Untrügliche Anzeichen der beginnenden Festlichkeiten sind neben den vermehrten Reklamesendungen (weshalb soll ich mir ausgerechnet zu Weihnachten ein 72teiliges Besteck mit Bambusgriffen zulegen?) die tannenzweigverzierten Einladungskarten zu irgendwelchen Weihnachtsfeiern. So ziemlich jede Firma, für die Rolf einmal tätig gewesen war, versicherte ihm schriftlich, daß sie sich freuen würde, »Sie und Ihre Frau Gemahlin bei unserer kleinen Feier begrüßen zu können«.

Einmal haben wir solch eine Feier besucht, zwei Stunden in

einer ungemütlichen Betriebskantine herumgesessen, während dunkelgekleidete Herren mit Wohlstandsbäuchen gegenseitig ihre Verdienste lobten, hatten als Präsent einen Aschenbecher mit Firmenaufdruck in Empfang genommen und uns vor dem gemütlichen Teil der Veranstaltung verdrückt. Seitdem bin ich gegen Weihnachtsfeiern allergisch! Auch gegen solche, die in kleinem Kreis stattfinden, sehr förmlich beginnen und in weinseliger Verbrüderung enden.

Künftig teilten wir Einladungen in drei Kategorien ein: Erstens ›unwichtige‹, die sofort in den Papierkorb flogen; zweitens ›nicht ganz so wichtige‹, die mit einer gedruckten Karte und den üblichen konventionellen Floskeln beantwortet wurden; drittens ›wichtige‹, auf die wir mit einer formellen Entschuldigung wegen anderweitiger Verpflichtungen reagierten.

Viel sympathischer finde ich die Betriebe, die statt Einladungen Geschenke schicken. Als die Handelsbeziehungen zwischen der DDR und Westdeutschland umfangreicher wurden, hatten wir von drei verschiedenen Firmen original Dresdner Christstollen bekommen. In einem anderen Jahr schienen sich alle Unternehmen verschworen zu haben, ihren Mitarbeitern Likörflaschen zu schenken. Dann wieder waren es Zimmerpflanzen oder Tischfeuerzeuge (wir besitzen nunmehr sieben Stück, fünf davon sind kaputt!). Einmal bekamen wir sogar einen kleinen Elektrobohrer, sinnigerweise von einer Firma, die Fischkonserven herstellt.

Ich weiß nicht, wer die Behauptung aufgestellt hat, die vorweihnachtlichen Wochen seien die geeignete Zeit zur Besinnung. Besinnung worauf? Wem man noch unbedingt ein Päckchen schicken muß? Oder daß man in diesem Jahr nicht wieder vergessen darf, Tante Elisabeth zu gratulieren? (Warum muß sie auch ausgerechnet am 25. Dezember Geburtstag haben?)

Für mich bestehen die Adventswochen nur aus hektischer Betriebsamkeit, und obwohl ich jedes Jahr in der Silvesternacht heilige Eide leiste, das nächste Mal meine vorweihnachtliche Aktivität auf ein Mindestmaß zu beschränken, wird die Plätzchenproduktion jedesmal wieder in vollem Umfang aufgenommen, werden Kuchen gebacken, die kein Mensch ißt, werden Unmengen von Lebensmitteln gekauft, die teilweise zu Ostern noch in der Kühltruhe liegen, werden Geschenke besorgt, die viel zu teuer sind, und entgegen aller guten Vorsätze artet das Weihnachtsfest wieder in eine Freßorgie aus!

Einziger Lichtblick in dieser anstrengenden Zeit ist die Ankunft von Omi. Omi ist Rolfs Mutter und das Ideal einer Schwiegermutter. Sie mischt sich niemals in familiäre Streitigkeiten ein, sie bemängelt weder meine Erziehungsmethoden noch meine manchmal sehr unorthodoxe Haushaltsführung, und sie akzeptiert meine Vorliebe für Hosen mit der gleichen Toleranz, die sie auch für meine gelegentlichen Temperamentsausbrüche aufbringt. Noch niemals habe ich von ihr den Satz gehört, für den ältere Damen berüchtigt sind: »Zu meiner Zeit hätte es *das* nicht gegeben!«

Dabei stammt sie aus den berühmten höheren Kreisen, hat das in ihrer Jugendzeit obligatorische Schweizer Pensionat besucht und bis zur standesgemäßen Heirat mit einem herzoglich-braunschweigischen Staatsbeamten alle Künste erlernt, die man als Dame von Stand beherrschen mußte. In späteren Jahren hat sie dann zwar sehr unstandesgemäß Kartoffeln vom Feld geklaut und mit dem Leiterwagen heimlich organisierte Kohle durch die Straßen gekarrt, aber – wie mir glaubhaft versichert worden ist – niemals ohne Hut auf dem Kopf, weil eine Dame ohne Hut eben nicht korrekt gekleidet ist. Im übrigen raucht sie, liebt Kriminalromane und Platten von Louis Armstrong. Gelegentliche Anzüglichkeiten ihres Sohnes wischt sie mit einem Achselzucken beiseite.

»Filterzigaretten gab es damals noch gar nicht, und von Armstrong hatte noch kein Mensch etwas gehört. Wir mußten auf dem Klavier Brahms und Haydn üben, dabei fand ich die schon immer ziemlich langweilig!«

Omi erscheint meist immer schon zwei Wochen vor Weihnachten und übernimmt stillschweigend die Haushaltsführung, »damit du auch mal ein bißchen Zeit für dich hast!« Wenn ich aufstehe, ist das Frühstück fertig, und Omi hat schon – bereits vollständig angekleidet und frisiert – die Jungs auf Trab gebracht. Die morgendliche Kaffeestunde ist ein Genuß und keine nebensächliche Notwendigkeit mehr, und sogar Sascha erscheint ein paar Wochen lang unaufgefordert mit sauberen Händen am Tisch, seit ihm seine Großmutter einmal statt eines Sets einen Bogen Zeitungspapier unter seinen Teller gelegt hatte mit der Begründung, er würde sonst die Tischdecke schmutzig machen.

Am meisten freue ich mich darüber, daß ich nicht mehr zu kochen brauche! Ich habe es zwar inzwischen gelernt, aber ich kann nicht behaupten, daß ich es sehr gern tue. Mir macht es Spaß, gelegentlich etwas ganz Neues auszuprobieren oder für ein paar gute Freunde etwas zusammenzubrutzeln, aber diese tägliche Verpflichtung, mittags etwas Eßbares auf den Tisch stellen zu müssen, hängt mir manchmal zum Hals heraus. Sascha mag keinen Auflauf, Steffi lehnt alles ab, was Tomaten enthält. Rolf ißt ungern Kartoffeln, und Sven streikt, wenn es Hülsenfrüchte gibt. Und die Zwillinge – damals allerdings noch auf Fertignahrung programmiert – essen keinen Kohl! Jeder Küchenchef würde solche Gäste hinauswerfen, *ich* soll sie alle zufriedenstellen.

Deshalb ärgere ich mich auch immer, wenn im Fernsehen irgendwelche Berühmtheiten interviewt werden und größtenteils behaupten, leidenschaftlich gern zu kochen. Etwas später sieht man sie im Nachmittagskleid mit Tändelschürzchen, wie sie – des Farbeffekts wegen – eine rote Paprikaschote zerschneiden oder Petersilie von den Stengeln zupfen. Die Küche ist makellos sauber und aufgeräumt, auf dem leeren Tisch steht ein großer Blumenstrauß, auf dem Abtropfbrett ein gefüllter Obstkorb, und während die Berühmtheit zwei ohnehin saubere Kaffeetassen unter fließendem Wasser abspült, versichert sie lächelnd, daß sie natürlich auch den ganzen Abwasch erledigt. Dann präsentiert sie das inzwischen fertige Gericht, meist eine sehr farbenfreudige Komposition mit ausländischem Namen, legt die Petersilie an den Plattenrand und meint mit bedauerndem Blick in die Kamera: »Leider habe ich viel zu selten Zeit zum Kochen!«

Omi dagegen kocht wirklich gern. Darüber hinaus ist sie froh, endlich wieder einmal mit größeren Mengen hantieren zu können, denn »für mich allein lohnt sich die ganze Kocherei ja gar nicht, manchmal esse ich drei Tage lang das gleiche«. Außerdem berücksichtigt sie auch die ausgefallensten Menüvorschläge und hat Sven tatsächlich einmal den gewünschten Milchreis mit Schokoladensoße serviert.

Das Telegramm »Ankomme Freitag Heilbronn 17 Uhr« löste also helle Begeisterung aus. Sven beschloß, nach der Schule zum Friseur zu gehen, denn wenn Omi auch seine verwaschenen Jeans und die ausgeleierten T-Shirts stillschweigend akzeptiert, so hatte sie seine wallende Lockenpracht schon immer bemängelt. »Du siehst aus wie ein Indianer!« hatte sie ihrem Enkel erklärt. »Aber wie ein degenerierter!«

Sven hatte sich das Wort übersetzen lassen, aber es schien ihn damals nicht sehr beeindruckt zu haben.

Trotzdem stand er am Ankunftstag mit wesentlich kürzeren Haaren als üblich in seiner zweitbesten Hose auf dem Bahnsteig, bewaffnet mit einem Blumenstrauß und Pfefferminzplätzchen, Omis kalorienreichem Laster. Ich kurvte inzwischen in Bahnhofsnähe herum und suchte einen Parkplatz. Natürlich gab es keinen, also blieb ich mit laufendem Motor im Halteverbot stehen und hoffte nur, daß der Zug keine Verspätung haben würde. Er hatte keine, und bald erschien eine strahlende Omi mit einem riesigen Paket im Arm und neuem Hütchen auf dem Kopf, eskortiert von dem paketbeladenen Sven und einem Gepäckträger, der zwei Koffer schleppte.

»Ich hätte die Geschenke ja auch hier kaufen können«, entschuldigte sie sich, als wir die Koffer und Schachteln endlich untergebracht hatten, »aber in Braunschweig weiß ich, wo ich das Richtige bekomme, und das meiste habe ich sowieso schon im Oktober besorgt, da kann man noch in Ruhe aussuchen!«

Typisch Omi. Einmal hatte sie im Winterschlußverkauf einen herrlichen Kaschmirpullover erstanden, den sie mir elf Monate später unter den Weihnachtsbaum legte. »So etwas wird nie unmodern!«

Die Mitteilung, daß Rolf sie leider nicht hatte abholen können, weil er wieder mal seiner Grippe pflegte, nahm sie mit Gleichmut auf. »Kuriert er sich mit Cognac oder Rum?«

Im Gegensatz zu vielen Müttern einziger Söhne sieht Omi in ihrem Abkömmling keineswegs die Krone der Schöpfung, die auf einen Denkmalsockel gehört und von weniger vollkommenen Mitmenschen bewundert werden muß. Sie betrachtet Rolf vielmehr als das, was er wirklich ist: Ein liebenswerter Durchschnittsmann mit vielen guten Eigenschaften und mindestens ebenso vielen Fehlern.

Deshalb musterte sie ihren Einzigen auch ziemlich mitleidlos und schnitt seine gekrächzten Begrüßungsworte kurzerhand ab.

»Wenn du krank bist, gehörst du ins Bett. Wenn du dich nicht ins Bett legen willst, bist du auch nicht krank. Also zieh diesen albernen Fummel aus (gemeint war der Hausmantel) und komm in einem normalen Aufzug wieder!«

Rolf verschwand tatsächlich, flüsterte mir aber vorher noch zu: »Man kommt sich in ihrer Gegenwart immer wie ein Schuljunge vor!«

Übrigens hätte er gar nicht zu flüstern brauchen. Omi hat nämlich ein Leiden, das sie zwar ziemlich erfolgreich kaschiert, aber Verwandte und Freunde wissen natürlich Bescheid. Omi ist schwerhörig und benutzt ein Hörgerät. Dieses ist sehr geschickt in dem Bügel einer modischen Brille verborgen und wird von Batterien gespeist, die in regelmäßigen Abständen ausgewechselt werden müssen. Omi selbst merkt in den seltensten Fällen, wenn ihre Batterie schwächer wird, aber uns fällt ihre zunehmende Schweigsamkeit natürlich auf, und Sascha pflegt in derartigen Fällen mit dem ihm eigenen Takt loszubrüllen: »Omi, dein Hilfsmotor pfeift auf dem letzten Loch!«

Immer dann, wenn Omi ihre fest terminierte Rückreise plötzlich vorzuverlegen wünscht, wissen wir genau, daß ihr mitgebrachter Batterievorrat zur Neige geht. Aber ebenso regelmäßig händigt sie Rolf schließlich mit unwirscher Miene das Rezept aus, mit dem er Nachschub besorgen kann. »Sei nicht so empfindlich, Mutter, Schwerhörigkeit ist doch keine Schande.«

»Ein besonderer Vorzug aber auch nicht!«

Mit Omis Ankunft kehrte allmählich ein bißchen Ruhe in unseren quirligen Haushalt ein, und sogar unser Nachwuchs besann sich auf die ihm früher einmal eingetrichterten Umgangsformen. Sven brachte seine Wünsche wieder in Form einer Bitte vor und nicht mehr im sonst üblichen Befehlston, Sascha strich vorübergehend die Kraftausdrücke aus seinem Vokabular, und Stefanie begehrte plötzlich, Kleider zu tragen. »Omi sagt immer Max zu mir!«

Omi überwacht unermüdlich die Gehversuche der Zwillinge, Omi las Steffi zum 37. Mal das Märchen von den sieben Geißlein vor, Omi bewunderte mit sichtlichem Interesse Svens zoologische Experimente und ließ sich willig den Unterschied zwischen einem Fliegen- und einem Wespenauge erklären. Omi entfernte stillschweigend Tintenflecke aus Saschas Pullover und festgeklebte Kaugummis aus seinen Hosentaschen, Omi bedauerte mit verständnisvoller Miene ihren total überarbeiteten Sohn, entzog ihm den Whisky und empfahl ihm statt dessen, lieber vor Mitternacht ins Bett zu gehen. Für mich hatte sie auch einen guten Rat: »Fahr doch mal zwei oder drei

Wochen lang weg und laß deine Familie allein zurechtkommen. Du wirst dich wundern, wie zuvorkommend du nach deiner Rückkehr behandelt wirst.«

Ich hatte ein bißchen Angst gehabt vor der ersten Begegnung zwischen Omi und Wenzel-Berta, denn zwei verschiedenere Charaktere als die beiden konnte man sich gar nicht denken. Wenzel-Berta, die niemals ein Blatt vor den Mund nahm und ungeniert ihre Meinung äußerte, und Omi, die bei aller Toleranz und ungekünstelter Liebenswürdigkeit doch sehr distinguiert ist und immer eine gewisse Distanz wahrt. Als ich die beiden aber bei einem fachmännischen Disput über Strickmuster erwischte, wußte ich, daß das Eis gebrochen war.

Wenzel-Berta erklärte mir dann auch bei der ersten Gelegenheit: »Ihre Schwiegermutter, das ist 'ne hochfeine Frau.« Und Omi kam mit einem ähnlichen Resultat: »Du weißt gar nicht, was du an Frau Wenzel hast, solche Perlen gibt es doch heute gar nicht mehr.«

Das wußte ich recht gut, und ich hatte mir schon seit Tagen den Kopf zerbrochen, womit ich ihr zu Weihnachten eine Freude machen könnte. Rolf war der Meinung, ein Geldschein sei das Beste. Ich war dagegen. Omi auch.

»Ihr könnt Frau Wenzel nicht so unpersönlich abspeisen, außerdem braucht sie das Geld gar nicht. Schenkt ihr ein kleines Schmuckstück, dann fühlt sie sich nicht als Dienstbote behandelt und hat gleichzeitig ein Andenken an euch.« Omis Vorschlag fand allgemeine Zustimmung, und ich besorgte eine kleine goldene Anstecknadel. Wenzel-Berta zerfloß förmlich vor Rührung.

»Nee, so was Schönes aber auch. Und ganz echt! Nu kann ich endlich das bunte Ding wegschmeißen, was mir meine Schwägerin zur Silberhochzeit geschenkt hat, weil das hat mir nie gefallen, und drei lila Steine fehlen auch schon.«

Omi übernahm auch die restliche Weihnachtsbäckerei. Meine Kenntnisse reichten damals gerade für die Fabrikation von Haferflockenplätzchen und ›Ausstecherles‹, das heißt, ich durfte den Teig vorbereiten, den Rest besorgten die Kinder. Anfangs benutzten sie die dafür vorgesehenen Formen, später bauten sie aus einzelnen Teigstücken phantasievolle Gebilde zusammen, die sie als Schlitten oder Schornsteinfeger deklarierten und die sich in den seltensten Fällen zusammenhängend vom Blech lösen ließen. Zum Schluß klebten alle Schränke vom Zuckerguß, Mehlspuren zogen sich bis in die hintersten Zimmer, und überall trat man auf Mandeln oder Schokoladenstreusel.

Omi warf kurzerhand alle Unbeteiligten hinaus, erklärte die Küche zum Sperrgebiet und fabrizierte Köstlichkeiten, die auch noch genauso aussahen wie die Abbildungen in den Kochbüchern. Zum Leidwesen der Zaungäste verschwanden die ganzen Sachen in Blechbüchsen, die Omi jeden Tag an einer anderen Stelle versteckte, so daß die Suchtrupps niemals fündig wurden.

Während die Vorbereitungen für ein nahrhaftes Weihnachtsfest beinahe abgeschlossen waren, focht ich mit Rolf den sich alljährlich wiederholenden Streit um die Geschenke für die Kinder aus. Er ist der Meinung, Weihnachten sei das Fest der Einzelhändler, und er sähe keinen Grund, sich dem allgemeinen Kaufzwang zu unterwerfen. Sein größtes Weihnachtsgeschenk sei einmal eine Dampfmaschine gewesen, und mit der habe er jahrelang gespielt.

»Dann kauf doch eine! Die billigste kostet 89 Mark.«

»Ich bin doch nicht blöd. *Du* würdest das natürlich machen, obwohl du genau weißt, daß Sascha das Ding in drei Tagen kaputtkriegen würde!«

»Immer ich! Wer hat ihm denn letztes Jahr das ferngesteuerte Auto gekauft, das nicht einmal bis Silvester gehalten hat?«

Als wir schließlich das Stadium erreicht hatten, in dem gewöhnlich die Türen knallen, mischte sich Omi ein.

»Warum fahrt ihr nicht zusammen nach Stuttgart und seht euch dort um? Ihr könnt dann an Ort und Stelle weiterstreiten und braucht nicht vorher eure Kräfte zu vergeuden.«

Der Geschenkerummel endete dann auch genauso wie im vergangenen Jahr und in den Jahren davor: Rolf hätte am liebsten die ganzen Spielwarenläden leergekauft, ohne Rücksicht auf Stefanies Abneigung gegen Puppen und Svens Desinteresse an mechanischen Dingen. Als wir kurz vor Geschäftsschluß das letzte Paket im Wagen verstaut hatten, ging der Kofferraumdeckel nicht mehr zu und mußte mit einem Bindfaden verschlossen werden.

Die Feiertage konnten beginnen!

Vorher erwartete uns allerdings noch ein großes kulturelles Ereignis: Die vierte Grundschulklasse in Aufeld plante die Aufführung eines weihnachtlichen Krippenspiels. Die Vorstellung sollte im Gemeindesaal stattfinden, der Eintrittspreis war auf eine Mark pro Person festgesetzt, und um einen entsprechend großen Zuschauerkreis zu garantieren, wirkten selbstverständlich sämtliche 32 Viertkläßler mit.

»Ich habe sogar eine Sprechrolle bekommen!« verkündete Sascha beim Mittagessen.

»Spielst du den Ochsen oder den Esel?« erkundigte sich Sven.

Sascha ignorierte die Beleidigung, weigerte sich allerdings, Einzelheiten über sein bevorstehendes Theaterdebüt mitzuteilen. Den Vorbereitungen nach mußte es sich aber um eine sehr bedeutende Rolle handeln, denn er fehlte bei keiner Probe, und ich durfte ihn zweimal wöchentlich nachmittags nach Aufeld fahren. Manchmal lud ich auch noch die anderen Mitglieder des Heidenberger Ensembles ins Auto, so daß Hannibal in allen Fugen krachte und ich tausend Ängste ausstand, wir könnten einer Verkehrsstreife begegnen.

Eines Tages entdeckte ich Sascha, wie er vor Rolfs geöffnetem Kleiderschrank stand und den Inhalt kritisch musterte.

»Wir brauchen noch Mäntel und Hüte«, erklärte er und zerrte den Popelinemantel vom Bügel.

»Du weißt genau, daß Papi keine Hüte besitzt, und den Mangel hängst du schleunigst zurück. Vor zweitausend Jahren hat man so etwas noch nicht getragen.«

»Aber wenn man ein ganz kleines bißchen Dreck drüberstreut, kann man ihn bestimmt als Hirtenmantel nehmen!« Sascha war absolut nicht davon zu überzeugen, daß Achselklappen und Lederknöpfe nicht ins frühchristliche Zeitalter passen.

»Hast du dann wenigstens ein Nachthemd für Maria?«

»Maria war eine arme Frau und hat keine Perlonhemden getragen. Außerdem hatte sie ein Kleid an. Glaube ich wenigstens«, fügte ich vorsichtshalber hinzu. Meine Bibelkenntnisse sind nicht sehr zuverlässig.

»Sie bekommt ja auch noch eine blaue Übergardine als Umhang, aber irgendwas braucht sie noch für drunter.«

Das Problem wurde dann anderweitig gelöst, denn mein Schrank blieb von weiteren Durchsuchungen verschont.

Unnötig, zu erwähnen, daß Saschas Berufswünsche eine neue Richtung bekamen und er sein künftiges Heil nunmehr auf der Bühne sah. »Ich gehe nicht aufs Gymnasium, ich bleibe auf der Hauptschule, dann bin ich mit 14 Jahren fertig und kann Schauspieler werden. Ich werde mindestens so berühmt wie Pierre Brice!«

Ein blonder Winnetou wäre wirklich mal etwas Neues!

Jedenfalls beherrschte Sascha bald den gesamten Text des Krippenspiels und hätte bei dem plötzlichen Ausfall eines Mitspielers jeden beliebigen Part übernehmen können, einschließlich den der Maria. Aber wir wußten noch immer nicht, welche Rolle er nun eigentlich spielte.

»Das soll eine Überraschung werden!«

Endlich war der vierte Adventssonntag da, endlich war das Mittagessen vorbei, und Sascha trieb mich zur Eile an.

»Wir haben um drei Generalprobe!«

»Na und? Du hast noch anderthalb Stunden Zeit.«

»Aber wir müssen uns doch umziehen und schminken und Stühle aufstellen und...«

»Schon gut, ich bringe dich rüber!«

Vor der Tür des Gemeindehauses verabschiedete er sich hastig. »Fahr ruhig wieder nach Hause, wir werden nachher von Herrn Kroiher abgeholt.«

Um sechs Uhr war er wieder da, schlang etwas Eßbares in sich hinein, griff sich noch ein paar Äpfel und trabte wieder los. Vorher hatte er uns aber noch ermahnt, nicht zu spät zu kommen, es würde sicher voll werden. »Wir dürfen bloß zwei Plätze reservieren, und ihr wollt doch alle kommen. Also beeilt euch!«

Rolf hatte schon den ganzen Tag nach einer plausiblen Ausrede gesucht, um sich vor dem Theaterbesuch drücken zu können. Zwar hatte er mit viel Liebe und Zeitaufwand die Einladungen entworfen und drucken lassen, aber nach seiner Ansicht hatte er damit genug getan. Seine Anwesenheit bei der Aufführung hielt er für völlig unnötig. Und als Sascha ihm auch noch erzählte, daß eine offizielle Danksagung vor versammeltem Publikum geplant war, hätten ihn keine zehn Pferde mehr in den Gemeindesaal gebracht. So war er heilfroh, als Wenzel-Berta sich erkundigte, ob wir sie mitnehmen könnten. »Aber wenn Sie wen für die Mädchen zum Aufpassen brauchen, bleibe ich da, weil im Fernsehen kommt ja auch was Schönes.«

Rolf beteuerte wortreich, daß er gerne als Babysitter zu Hause bleiben würde. Außerdem hätte er noch zu arbeiten. (Haha, *die* Arbeit kenne ich! Ruhestellung auf der Couch, rechts einen Teller mit Weihnachtsgebäck, links ein Glas Wein, Plattenspieler mit Gershwin-Melodien in Reichweite, und auf dem Tisch die noch nicht gelesenen Zeitungen der vergangenen Woche!)

Trotzdem würde Sascha mit vier Claqueuren rechnen können, denn Omi wollte sich die Bühnenpremiere ihres Enkels natürlich auch nicht entgehen lassen und hatte sogar die noch gar nicht ganz verbrauchten Batterien in ihrem Hörgerät ausgewechselt. Sven stolzierte bereits im Sonntagsstaat herum und fühlte sich sehr unbehaglich, aber Sascha hatte uns festliche Kleidung vorgeschrieben. »Und komm bloß nicht wieder in Hosen!« hatte er mich nachdrücklich ermahnt.

So stand ich also vor dem Kleiderschrank und überlegte, welches Kleid dem feierlichen Anlaß wohl angemessen sei. Ich entschied mich für das schwarze Kostüm, das mir immer einen so seriösen Anstrich verleiht und deshalb offiziellen Gelegenheiten vorbehalten ist wie Beerdigungen und privaten Unterredungen mit Lehrern. Omi kam in Silbergrau, und Wenzel-Berta erschien in dunkelblauem Taft. Wir sahen alle sehr feierlich aus!

Der Gemeindesaal war schon ziemlich voll, total überheizt und stockdunkel. Lediglich der Weihnachtsbaum im Vorraum spendete zaghaftes Kerzenlicht und beleuchtete zwei Herren in schwarzen Anzügen, die am Sicherungskasten herumwerkelten. Die zusätzlich montierten Scheinwerfer hatten das Stromnetz zusammenbrechen lassen. Zum Glück befanden sich die beiden ansässigen Elektriker schon unter den Zuschauern, und nach einer halben Stunde brannten zumindest die Scheinwerfer wieder. Die Saalbeleuchtung hatte man vorsichtshalber abgeschaltet.

Links von der Bühne stand ein zweiter Weihnachtsbaum, rechts davon hatte man die vier Oleanderbäume aufgestellt, die sonst bei Hochzeiten das Kirchenportal schmücken. Die Feuerwehrkapelle schmetterte Marschmusik, aber als es wieder hell wurde und die Noten endlich zu erkennen waren, gingen die Musiker zu Weihnachtsliedern über.

Sascha hatte kurzerhand vier Plätze in Beschlag genommen – zwei davon standen eigentlich Olivers Angehörigen zu, aber die kamen ohnehin nicht –, und Herr Dankwart geleitete uns persönlich zur dritten Reihe, nachdem er bedauernd zur Kenntnis genommen hatte, daß Rolf wegen des unverhofften Besuchs eines Geschäftsfreundes leider hatte zu Hause bleiben müssen.

Die Kapelle schwieg noch. Im Gänsemarsch erschienen dann weißgekleidete Mädchen mit Blockflöten, angeführt von Fräulein Priesnitz, die ein Akkordeon schleppte. Man formierte sich im Halbkreis, dann wurde »Vom Himmel hoch...« intoniert. Danach betrat ein himmelblau gekleideter Engel die Bühne, knickste und begann ein Weihnachtsgedicht. Nach der dritten Zeile stockte der Engel, blickte hilfesuchend zu Fräulein Priesnitz, bekam gezischte Regieanweisungen und begann noch einmal von vorne. Diesmal klappte es bis zur fünften Zeile, dann verhaspelte sich der Engel wieder, schniefte ganz unengelhaft und rannte schluchzend hinter den Vorhang. Die Damenkapelle flötete noch einmal etwas Weihnachtliches und marschierte wieder ab.

Nun erschien Herr Dankwart, begrüßte die zahlreich Versammelten, bedankte sich bei den vielen ungenannten Helfern, die in verschiedenster Weise zum Gelingen des Abends beigetragen hatten (Rolf hätte ruhig mitkommen können!), und gab die Bühne frei.

Das Krippenspiel begann mit dem Einzug von Maria und Josef in Bethlehem und endete mit dem angekündigten Kindermord und der Flucht der heiligen Familie. Herr Dankwart hatte den Text selber geschrieben, und zwar in Versform. Eine Prosafassung wäre vielleicht besser gewesen, dann hätten einige Mitwirkende sicher ihren Part nicht so eintönig heruntergeleiert. Aber die Begeisterung, mit der die Schauspieler agierten, machte gelegentliche Holperreime wett.

Das Stück war bereits zur Hälfte vorbei, und wir warteten immer noch auf Saschas Auftritt. Sven vermutete seinen Bruder in dem wattebärtigen Oberhirten, aber der war mindestens 15 cm größer als Sascha. Wenzel-Berta tippte auf den »Schwarzen von die Könige«, aber das war unzweifelhaft Oliver, den erkannte ich an seiner teuren Armbanduhr.

»Da kommt doch gleich noch ein Verkündigungsengel«, flüsterte die bibelfeste Omi, »vielleicht ist er das!«

»Die Engel werden alle von Mädchen gespielt«, flüsterte ich zurück.

Jetzt war das Stück fast zu Ende, und noch immer hatte ich meinen Sohn nicht entdeckt. Eigentlich konnte es nur einer der Hirten sein. Aber Sascha hatte uns versichert, er habe eine Sprechrolle, und die meisten Hirten waren stumm. Es sprachen nur drei, und die in unverfälschtem Schwäbisch.

Maria und Josef bereiteten schon ihre Flucht vor, der Esel in Gestalt eines grauverhangenen Schaukelpferdes wurde hereingeführt, das Jesuskind quäkte unprogrammgemäß ›Mama‹, als es in die Puppentragetasche gelegt wurde, und begleitet von den Abschiedsrufen der neun Personen ›Volk von Bethlehem‹ verließ die Heilige Familie die Bühne. Das Volk blieb zurück, sah sich hilfesuchend an, blickte in die Kulisse, räusperte sich, wartete. Plötzlich Radau hinter der Bühne, ein schwerer Gegenstand krachte gegen eine unsichtbare Tür, Füßescharren, dann Saschas unverwechselbare helle Kinderstimme: »Machet auf! Machet auf! Oder ihr seid des Todes!« Aufatmend antwortete das Volk: »Das sind Soldaten des Herodes!«

Und dann fiel der Vorhang!

Ich sehe noch heute die vorwurfsvollen Blicke der Umsitzenden, als ich mitten in den Beifallssturm hinein zu lachen anfing, aber ich konnte einfach nicht anders! *Das* also war Saschas Theaterdebüt und seine Sprechrolle, die er vier Wochen lang geübt und die seine ständige Anwesenheit bei den Proben erforderlich gemacht hatte.

Unseren späteren Neckereien begegnete der künftige Bühnenstar mit stoischem Gleichmut: »Die Rolle war wichtig! Man mußte eine laute Stimme haben, und den Krach habe ich doch auch noch gemacht. Schließlich war ich ja eine ganze Legion Soldaten!«

Rolf wollte sich in diesem Jahr einen Kindheitswunsch erfüllen: Einen fünf Meter hohen Weihnachtsbaum! Unsere Behausung ließ das Aufstellen eines derartigen Riesengewächses zwar zu, die Frage war nur, woher bekommt man eine so hohe Tanne? Der Christbaumverkauf in Heidenberg hatte bereits stattgefunden – am letzten Freitag zwischen 14 und 16 Uhr –, das dort vorhandene Angebot meinen Gatten jedoch nicht befriedigen können. Dafür entwickelte er eine für diese Jahreszeit ungewohnte Vorliebe für Waldspaziergänge, die mit Beendigung der Pilzzeit aufgehört hatten und normalerweise erst im kommenden Herbst wieder beginnen würden. Statt Korb und Küchenmesser nahm er aber jetzt einen Zollstock mit. Mir schwante Fürchterliches! Zu Roseggers Zeiten mag es ja noch üblich gewesen sein, das Christbäumchen selbst im Walde zu schlagen, heutzutage nennt man so etwas Waldfrevel oder sogar Diebstahl, aber bisher war Rolf bei der Polizei noch nicht aktenkundig. Meine Bitten, doch an Frau und Kinder zu denken und nicht auch noch eine kriminelle Laufbahn einzuschlagen, ignorierte er.

»Glaubst du denn wirklich, da rennt nachts der Förster herum und macht Jagd auf Christbaumdiebe? Schlimmstenfalls begegne ich jemandem, der auch einen Baum klaut!«

Die Schande, unseren Ernährer zu Weihnachten im Gefängnis besuchen zu müssen, blieb uns erspart. Zwei Stunden nachdem er mit seinem zehnjährigen Komplizen sowie Schlitten, Säge, 50 Meter Bindfaden und einer Taschenflasche mit flüssigem Proviant verschwunden war, tauchte er gegen Mitternacht wieder auf. Gemeinsam wuchteten wir den Riesenbaum auf die Terrasse. Dann behandelten wir die zerkratzten Hände und Arme mit Hautcreme.

Am nächsten Morgen wickelten wir das Prachtstück aus seiner Bindfadenumhüllung, stellten es probeweise ins Wohnzimmer und hatten zum erstenmal den Eindruck eines ausreichend möblierten Raumes. Unsere Wohnzimmermöbel, die sonst immer ziemlich zusammengepfercht gestanden hatten, verloren sich hier, obwohl wir sie schon mit meterhohen Topfgewächsen, kleinen Regalen, Bodenvasen und ähnlichen Gegenständen ergänzt hatten. Letzte Errungenschaft war ein ehemals grüner Überseekoffer, den ich in tagelanger Handarbeit weiß lackiert und mit einem roten Sitzkissen versehen hatte. Er wurde uns in kurzer Zeit unentbehrlich, weil wir bei plötzlichen Überfällen unangemeldeter Besucher alles hineinstopfen konnten, was herumlag. Seine Aufnahmefähigkeit war unbegrenzt, er schluckte von Spielzeugautos über Bügelwäsche bis zu angeknabberten Mäusekeksen und unbezahlten Rechnungen nahezu alles. Jetzt mußten wir ihn aber sogar zur Seite rücken, damit der Weihnachtsbaum Platz hatte.

Omi betrachtete das Mammutgewächs nachdenklich vom Fuß bis zur dreigeteilten Spitze und meinte dann: »Hoffentlich habt ihr genug Christbaumschmuck.«

»In diesem Jahr nehmen wir nur Kerzen, Silberkugeln und Lametta«, ordnete Rolf an, »der Zirkusaufputz wird nicht wieder hingehängt!« Darunter verstand er die meterlangen Buntpapierketten und Strohsterne, die noch aus Svens und Saschas Kindergartenzeit stammten und auf deren Wunsch jedes Jahr wieder verwendet werden mußten. Früher hatten wir auch Wachskerzen benutzt, aber seitdem Sascha im zarten Alter von 15 Monaten unseren damaligen Weihnachtsbaum umgeworfen und beinahe einen Zimmerbrand verursacht hatte, waren wir zu elektrischer Beleuchtung übergegangen. Jetzt waren die Zwillinge in dem gefährlichen Alter, und außerdem hatte ich die letzte Prämie für die Hausratversicherung noch nicht bezahlt.

»Auf jeden Fall brauchen wir noch mindestens eine Lichterkette, am besten zwei«, erklärte Sven, der schon die Weihnachtskiste inspiziert hatte. »Von den silbernen Kugeln haben wir noch sieben ganze und zwei mit Löchern an der Seite, die anderen sind alle bunt. Das Lametta reicht auch nicht.«

Rolf holte also seinen bereits zur weihnachtlichen Ruhe gebetteten Wagen wieder aus der Garage und fuhr los – Christtagsfreude holen!

Sven und Sascha versuchten inzwischen, den Baum in den dafür bestimmten Ständer zu pressen, gaben das hoffnungslose Unternehmen aber bald auf. »In das Ding kriegen wir den nie!« kapitulierte Sven und betrachtete resigniert den erst im vergangenen Jahr gekauften Ständer. »Der Stamm ist viel zu dick.«

»Abhacken!« schlug Sascha vor.

»Ist doch Blödsinn, dann kippt er ja gleich um!«

Das Problem wurde bis zu Rolfs Rückkehr vertagt. Die Knaben begaben sich statt dessen zum Schneeschippen.

Mittlerweile haben wir in den Schneeräumdienst ein gewisses System gebracht. War die Straße morgens wieder einmal zentimeterhoch zugeschneit, dann schaufelten sich die Knaben einen Durchgang bis zum Schulbus-Sammelplatz. Die Schneeschieber deponierten sie bei Wenzel-Berta, die auf ihrem Weg zu uns den Trampelpfad etwas verbreiterte. Rolf schippte die Garage frei, und irgendwann am Vormittag erledigte der Schneepflug den Rest. Rolfs Überredungskunst in Verbindung mit einem entsprechenden Trinkgeld hatte den beamteten Schneepflugfahrer davon überzeugt, daß ein kleiner Abstecher in unsere Zufahrtsstraße den vorgeschriebenen Zeitplan nicht nennenswert durcheinanderbringen würde. Wenn es im Laufe des Tages noch weiterschneite, dann rückte am Nachmittag die Dorfjugend an, die nicht nur begeistert Schnee schaufelte, sondern darüber hinaus sogar ihr eigenes Werkzeug mitbrachte.

Ich kochte dann literweise Kakao, den ich in einen Eimer goß und in den Hausflur schleppte, wo ich ihn mit einer Suppenkelle in Pappbecher füllte und an die Straßenkehrer verteilte. Dabei fühlte ich mich in meine früheste Jugend versetzt, als ich im Rahmen der Kinderlandverschickung in die Tschechoslowakei evakuiert worden war, tagelang auf der Bahn gelegen hatte und bei jedem längeren Aufenthalt von Rot-Kreuz-Schwestern mit einer kakaoähnlichen Flüssigkeit gelabt worden war. Dieses Gebräu wurde mit einer Blechkelle in ein Kochgeschirr gekippt und schmeckte gräßlich. Jahre später bekamen wir die sogenannte Schulspeisung, die ebenfalls mit Blechkelle aus eimerähnlichen Gefäßen verteilt wurde. Seitdem habe ich eine Abneigung gegen Blechgeschirr und Blechbesteck.

Heiligabend war da! Er begann sehr irdisch mit einer zünftigen Prügelei zwischen den Jungs, weil Sven seinen Bruder verdächtigte, er habe das Weihnachtsgeschenk für seinen Freund Sebastian beschädigt. Es handelte sich hierbei um ein sorgfältig präpariertes Exemplar der Gattung Lepidopteren, Unterart Cecropia-Spinner (allgemein verständlich ausgedrückt: ein Schmetterling). Selbigen hatte Sven in Gießharz eingebettet, und nun fehlte eine Ecke. Saschas Unschuldsbeteuerungen waren bis in den ersten Stock zu hören, die folgende handgreifliche Auseinandersetzung ebenfalls. Es war gerade sechs Uhr, draußen goß es in Strömen, und ich dachte wieder einmal an Burma oder Thailand.

Nach dem Frühstück verschwand Omi in der Küche, lehnte meine Mithilfe ab und erklärte mir, ich hätte vermutlich etwas anderes zu tun, als Karpfen zu schuppen. Aber wenn mir gar nichts Besseres einfiele, könne ich den Zwillingen Weihnachtslieder vorsingen. Die hätten sowieso noch kein Musikverständnis, denn ihr doppelstimmiges Geschrei ließe bisher noch jede Klangreinheit vermissen.

Also begab ich mich zu den Mäusen und anschließend auf die Terrasse, wo Rolf mit Beil und Zollstock hantierte und die Aufgabe zu lösen versuchte, einen 16 cm dicken Stamm in eine 7 cm breite Öffnung zu quetschen. Er hackte verbissen den Stamm auf den erforderlichen Umfang zurück, und dann trat genau das ein, was Sven schon gestern prophezeit hatte: Der Baum kippte gemächlich zur Seite und flog gegen die Scheibe.

»Ich glaube, wir müssen das Ding irgendwo eingipsen«, meinte der Verfechter meterhoher Weihnachtsbäume.

»Und wo kriegen wir jetzt Gips her?«

»Das weiß ich auch noch nicht.«

Bis zum Mittagessen hatten wir das Problem noch immer nicht gelöst. Sven meinte zwar, notfalls könnte man ja einen Haken in die Decke bohren und die Baumspitze daran festbinden, aber erstens hatten wir keinen passenden Haken, und außerdem »wie soll denn das aussehen?«

»Kann man statt Gips nicht auch Zement nehmen?« fragte Omi.

Das war die Lösung! Sascha, der dank seiner Kontaktfreudigkeit inzwischen fast alle Dorfbewohner kannte und am ehesten herauskriegen würde, wo man jetzt noch Zement auftreiben konnte, wurde in Marsch gesetzt. Nach einer Stunde schob er keuchend eine Kinderschubkarre den Berg herauf, beladen mit einem viertel Sack Zement.

»Schönen Gruß von Herrn Brozinski und frohe Feiertage, und so was Depperts hat er noch nicht gehört, daß man Weihnachtsbäume einzementiert.«

Rolf legte das halbe Wohnzimmer mit Zeitungen aus und erklärte, er müsse die notwendigen Arbeiten hier drin ausführen, weil man den Baum samt seinem Sockel später bestimmt nicht mehr bewegen könne.

»Wie kriegen wir ihn dann wieder raus?« wollte Sven wissen.

»Darüber zerbrechen wir uns den Kopf im nächsten Jahr!«

Omi äußerte die Befürchtung, das tragische Schicksal ihres Urgroßvaters, der im Irrenhaus gestorben war, könne sich jetzt bei ihrem Sohn wiederholen. »Erbkrankheiten überspringen doch immer mehrere Generationen?!«

Es war halb drei, als Sven die Frage aufwarf, in welchem Gefäß denn eigentlich der Zement angerührt werden sollte. Ich brachte einen Plastikeimer an.

»Viel zu klein«, lehnte Rolf ab, »geh doch mal zu Wenzels, vielleicht haben die was Passendes.«

Wenzel-Berta füllte gerade die Weihnachtsgans und verwies mich an ihren Mann. Der hörte sich kopfschüttelnd meine Geschichte an und wandte sich an den Bundeswehr-Sepp. Sepp wußte Rat.

»Nehmen Sie ein Bierfaß, ich besorge Ihnen schnell eins.« Bei seinen engen Beziehungen zu Häberles Tochter würde ihm das nicht schwerfallen. Er half auch noch bei der Zubereitung des Zementbreis und bei dem anschließenden Einpflanzen der Tanne.

»Ein paar Stunden wird es aber dauern, bis das Zeug fest geworden ist und der Baum allein steht.«

»Soll ich den etwa so lange halten?« protestierte ich. Mein Arm war schon ganz lahm.

»Wir binden ihn an!« entschied Rolf, schlug ein paar Nägel in die Wand, wickelte Bindfaden um den Stamm und verankerte ihn. Jetzt stand das Prachtstück endlich, exakt fünf Meter hoch, wunderbar gewachsen und so schön nackt! Übrigens war es mittlerweile fünf Uhr. In früheren Jahren hatte um diese Zeit immer die Bescherung angefangen!

»Steckt wenigstens die Kerzen auf und hängt die Kugeln hin, das Lametta können wir morgen immer noch aufhängen«, drängte Omi, »ihr werdet doch sonst überhaupt nicht mehr fertig. Außerdem müssen wir noch irgendwie dieses profane Bierfaß kaschieren.«

Ich holte eine Weihnachtsdecke, von denen ich dank der Vorliebe meiner Großmutter für Kreuzsticharbeiten genügend besitze, und wickelte sie um die Tonne.

»Sieht scheußlich aus!«

Ich entfernte die bunte Decke und holte eine weiße. Jetzt sah die Tonne aus wie eine Kesselpauke! Omi befestigte mit Sicherheitsnadeln ein paar Tannenzweige und erklärte die Dekoration für abgeschlossen.

Rolf hatte inzwischen die drei Lichterketten auf die Zweige gewurstelt. Jede Kette hatte einen Stecker, doch Steckdosen gab es in Weihnachtsbaumnähe überhaupt nicht. Also suchten wir im ganzen Haus Verlängerungskabel zusammen, die sich später wie Bandwürmer durch das Wohnzimmer schlängelten. Die Beleuchtungsprobe klappte auf Anhieb, wenn auch manche Kerzen sehr hell flammten, während andere nur spärlich glimmten. Offenbar hatte man Rolf verschiedene Wattstärken angedreht.

Der stand schon auf der Leiter und versuchte, Kugeln an die oberen Zweige zu hängen. Trotz 1,78 m Körpergröße zuzüglich Armlänge klappte das nicht so recht. Sven brachte einen Besen. Die erste Kugel wurde über den Stiel gehängt und an den vorgesehenen Ast gebracht. Dann fiel sie runter und zersprang. Der zweiten erging es ebenso. Jetzt hatten wir noch 36, einschließlich der beiden mit Loch. Sven brachte Hammer und Nägel. Rolf schlug in den Besenstiel einen Nagel von Bleistiftlänge, daran befestigte er die dritte Kugel. Die blieb dann auch tatsächlich hängen. Am Nagel!

Jetzt platzte mir endgültig der Kragen! Und als in fast allen Häusern Heidenbergs Weihnachtslieder gesungen und Geschenke ausgepackt wurden, tobte bei uns ein sehr unchristlicher Familienkrach. Er endete damit, daß ich den nächstbesten Gegenstand auf den Fußboden schmiß, die Tür hinter mir zuknallte und ins Schlafzimmer floh, wo ich mich heulend aufs Bett warf.

Eine Stunde später erschien Omi, festlich gekleidet, in einer Hand eine Tasse Kaffee, in der anderen einen großzügig bemessenen Cognac. »An deiner Stelle wäre ich schon heute mittag explodiert«, meinte sie und flößte mir den Cognac ein, »und ich hätte die Vase nicht auf den Boden, sondern garantiert Rolf an den Kopf geworfen. Du weißt ja, ich mische mich sonst nie in eure Streitigkeiten, aber diesmal stehe ich voll auf deiner Seite. Trotzdem mußt du auch an die Kinder denken. Die Jungs ziehen sich jetzt um, Steffi hat schon den ersten Fleck im neuen Kleid und ist gerade dabei, sich den Magen zu verderben. Die Zwillinge schlafen noch. Mach dich in Ruhe fertig, um acht fangen wir mit der Bescherung an.«

Es wurde doch noch ein schönes Weihnachtsfest, obwohl bis zum Dreikönigstag am Baum kein einziger Lamettafaden hing und er ziemlich unfertig aussah. Rolf meinte denn auch versöhnlich: »Ich glaube, das nächste Mal nehmen wir ihn wieder eine Nummer kleiner!«

Die Feiertage standen ganz im Zeichen wechselnder Besucherscharen, hauptsächlich minderjähriger. Sebastian erschien als einer der ersten, nahm dankend seinen Schmetterling entgegen und revanchierte sich mit einer einbalsamierten Termite. Weiß der Kuckuck, wo er die aufgetrieben hatte, und was ihn bewogen haben mochte, die Leiche auch noch dunkelrot einzufärben. Sven konnte im letzten Augenblick verhindern, daß Stefanie sich das Vieh als vermeintliches Gummibärchen in den Mund schob.

Oliver kam in Begleitung seines Vaters, der mir einen Nelkenstrauß überreichte und sich für die häufige Betreuung seines Sohnes bedankte. »Ich weiß ja selbst, daß ich mich viel zuwenig um ihn kümmern kann, aber schließlich schufte ich ja nur für ihn. Er soll doch später einmal die Bar übernehmen.« (Oliver studiert inzwischen im zweiten Semester Chemie!)

Es kamen Gerhard und Kinta und Rita und Peter-Michael und noch ein paar andere, deren Namen ich nicht mehr weiß, aber die meisten blieben im unteren Stockwerk und tauchten nur auf, um die ihnen aufgetragenen Grüße loszuwerden und Nachschub an Weihnachtsgebäck zu holen.

Ich hing inzwischen an der Telefonstrippe, nahm Festtagsgrüße entgegen und bedeutungsvolle Neuigkeiten wie etwa die Tatsache, daß »Manfred, der Schuft, mir doch nicht die Persianerjacke geschenkt hat«, oder daß »die Helga tatsächlich mit ihrem Freund zusammen in den Winterurlaub gefahren ist«. Ein Herr erkundigte sich, ob er übermorgen die Wäsche abholen könne, und ließ sich nur schwer davon überzeugen, daß er falsch verbunden war. Dann klingelte es wieder an der Haustür, und als ich Frau Kroiher samt den hausgemachten Würsten nach oben gebeten hatte (»ha, no, i will aber net stören«), bimmelte erneut das Telefon, und Regina fragte, ob ich schon aufgestanden sei!

Omi stand in der Küche und stopfte Äpfel in die Weihnachtsgans, eine Tätigkeit, die von guten Ratschlägen ihres Sohnes begleitet wurde. Er meinte unter anderem, man könnte zur Abwechslung den Vogel auch mal mit Maronen füllen (wir hatten überhaupt keine!), außerdem müßten Thymiankräuter in die Füllung, und wenn man eine Rundnadel benützen würde, könnte man die Gans viel besser zunähen. Omi ließ sich aber nicht stören, antwortete nicht und hantierte ungerührt weiter.

Als ich den ewigen Besserwisser endlich aus der Küche

hinausgeworfen hatte, erklärte ich meiner Schwiegermutter: »Ich glaube, an deiner Stelle hätte ich Rolf schon längst eine Bratpfanne auf den Kopf gehauen!«

»Aber weshalb denn? Du glaubst doch wohl nicht im Ernst, daß ich ihm zugehört habe? Ich habe schon vor einer halben Stunde mein Hörgerät abgeschaltet!«

Kurz nach Neujahr reiste Omi ab, versprach aber, uns diesmal auch Ostern zu besuchen. Ein paar Tage lang hielten die Nachwehen ihres segensreichen Einflusses noch an, dann vergaß Sascha wieder, sich die Hände zu waschen, und Stefanie verbannte alle Kleider in die hinterste Schrankecke. Und als Rolf am nächsten Sonntag wieder unrasiert und im Bademantel am Frühstückstisch erschien, wußte ich: Der Alltag hatte uns wieder!

12.

Ende Januar feierten wir Svens Geburtstag. Der Knabe war nunmehr elf Jahre alt, fühlte sich fast erwachsen und begehrte die seinem fortgeschrittenen Alter angemessenen Vergünstigungen. Darunter verstand er längeres Aufbleiben am Abend sowie die Befreiung von einigen niederen Diensten wie Entleeren des Mülleimers oder gelegentliches Abtrocknen. Seine Wünsche lösten erbitterten Protest bei Sascha aus, der sich ohnehin ständig benachteiligt fühlte. »Immer sagst du, ihr beiden Großen deckt den Tisch, oder ihr Kleinen räumt das Mäusezimmer auf, und jedesmal bin ich dabei!«

Nun hat Sascha die Arbeit ohnehin nicht erfunden und läßt keine Gelegenheit aus, ihm übertragene Aufgaben auf andere abzuwälzen. Darüber hinaus besitzt er einen ausgeprägten Erwerbssinn, wobei er sorgfältig darauf achtet, daß der zu erwartende Gewinn möglichst hoch, die zu leistende Vorarbeit dafür aber möglichst gering sein muß.

Ich erinnere mich noch an eine Begebenheit, die ein paar Jahre zurückliegt. Wir hatten damals gerade den vierten oder fünften Umzug hinter uns und fingen an, den zum Haus gehörenden Sturzacker in einen Garten zu verwandeln. Vorher mußten wir allerdings Tausende von Steinchen absammeln, unter denen wir die Gartenerde vermuteten.

»Für jeden vollen Eimer, den ihr abliefert, gibt es fünfzig Pfennige.« So versuchte Rolf seinen Söhnen diese Sisyphusarbeit schmackhaft zu machen. Sven, der gerade ein halbes Jahr zur Schule ging, bemühte sich vergeblich, den zu erhoffenden Verdienst in Eisportionen umzurechnen, gab diesen Versuch aber schließlich auf und versicherte seinem Bruder: »Es wird schon reichen.« Worauf die beiden einträchtig in den ›Garten‹ trotteten.

Fünf Minuten später – Sascha hatte kaum den Boden seines Eimers bedeckt – verschwand er mit dem Hinweis: »Ich komme gleich wieder.« Er kam auch tatsächlich und hatte ein halbes Dutzend Freunde aus dem Kindergarten im Gefolge. Mit dem Versprechen, ihnen eine großartige Kasperlevorstellung zu geben, trieb er seine Hilfskräfte zur Arbeit an, versorgte sie zwecks Hebung der Arbeitsmoral freigebig mit Sprudel, den er aus dem Keller heraufschleppte, und zwischendurch besorgte er sich die Utensilien für seinen Bühnenauftritt. Mit Holzlöffel und Kochtopfdeckel bewaffnet zog er auf den Balkon, baute sein Kasperletheater auf und veranlaßte durch diese Vorbereitungen seine Hilfstruppe zu Rekordleistungen. Nach einer guten halben Stunde standen die Eimer, bis zum Rand mit Steinen gefüllt, auf der Terrasse. Nun kam Saschas großer Auftritt: Mit viel Geschrei, Deckelgeklapper und fernsehreifen Prügelszenen schlug das Kasperle reihenweise Räuber, Schutzmann, Hexe und in Ermangelung weiterer Bösewichte auch noch König und Prinzessin in die Flucht.

»Nun reicht's! Jetzt könnt ihr wieder gehen!« verabschiedete mein Sohn seine Mitarbeiter, um anschließend seinem Vater mitzuteilen, daß er ihm drei Fünfziger schulde.

Die Karnevalszeit – hierzulande Fasching genannt – treibt im Schwäbischen manchmal absonderliche Blüten. So hatten wir vor Jahren zusammen mit Freunden einen Faschingsball in Stuttgart besucht, waren gemäß den rheinischen Gepflogenheiten kostümiert aufgekreuzt und kamen uns nach kurzer Zeit einigermaßen deplaciert vor. Die übrigen Gäste trugen ausnahmslos Abendkleid und Smoking und wickelten sich zu vorgeschrittener Stunde allenfalls ein paar Luftschlangen um den Hals. Das Ganze erinnerte mich an den Abschlußball einer Tanzschule und nahm mir die Lust an ähnlichen Veranstaltungen.

Ich bin ohnehin kein Freund programmierter Fröhlichkeit, und meine Resonanz auf Wenzel-Bertas blumenreiche Schilderungen vergangener Heidenberger Faschingsbälle muß wohl ziemlich lauwarm gewesen sein. Aber es gab mir doch einen Stich, als sie ihren Bericht mit den Worten beendete:

»Sie sollten da wirklich mal hingehen, weil die Leute sagen schon, Sie sind zu fein für so was!«

Es stimmte zwar, daß wir weder das Winzerfest besucht noch an der Jubiläumsfeier des Schützenvereins teilgenommen hatten, aber schließlich besaßen wir keinen Weinberg, und geschossen habe ich höchstens mal auf Jahrmärkten – und auch dort meistens daneben! Ich wäre gar nicht auf den Gedanken gekommen, daß man unsere Abwesenheit nicht nur registriert, sondern quasi als Beleidigung empfunden haben könnte. Außerdem hatten beide Veranstaltungen in Aufeld stattgefunden, und wenn ich überhaupt irgendwelche lokalpatriotischen Gefühle hatte, dann natürlich für Heidenberg! Damals wußte ich aber noch nicht, daß Frau Häberle vom Heidenberger ›Löwen‹ mit Herrn Flammer vom Aufelder ›Hahn‹ aus kommerziellen Gründen ein Abkommen getroffen hatte, wonach Festlichkeiten größeren Umfangs abwechselnd in Aufeld und Heidenberg stattzufinden haben. Es war also durchaus nichts Ungewöhnliches, wenn die Aufelder Feuerwehr ihren Jahresausflug in Heidenberg beendete, während der Heidenberger Landfrauenverband sein Kaffeekränzchen in Aufeld abhielt. Der alljährliche Faschingsball spielte sich allerdings immer in Heidenberg ab. Für das leibliche Wohl der Ballbesucher sorgten Frau Häberle und Herr Flammer gemeinsam; sie konkurrierten allenfalls beim Vollschenken der Biergläser. Die von Frau Häberle liefen immer über!

Sascha hatte uns schon Wunderdinge von den Vorbereitungen erzählt, die seit Tagen in vollem Gange waren. Wenn man ihn hörte, konnte man wirklich glauben, die künstlerische Ausgestaltung der Ballsäle läge allein in seinen Händen. In Wahrheit hatte sich seine Mitwirkung auf gelegentliches Zureichen eines Hammers beschränkt sowie auf die Konsumierung alkoholfreier Getränke, die man den Dekorateuren der Festräume zur Verfügung gestellt hatte.

Erwartungsgemäß handelte ich mir bei Rolf erst einmal einen Korb ein.

»Soll ich mich mit den Dorfhonoratioren über Kälberzucht und Kunstdünger unterhalten? Oder das gräßliche Weib von dem Schrezenmeier über den Tanzboden zerren? Nein, danke! Geh doch allein hin, wenn du unbedingt willst, schließlich ist Fasching!«

Nach zwei Tagen stellte er seine eventuelle Begleitung in Aussicht, nach zwei weiteren sicherte er sie zu. Wenzel-Berta hatte ihn mürbe gemacht.

»Aber ein Kostüm ziehe ich nicht an!« wagte er einen letzten Protest. »Oder soll ich mich vielleicht als Eunuch verkleiden?«

Der diesjährige Faschingsball stand unter dem Motto ›Orientalische Nacht‹, was immer man sich auch darunter vorzustellen hatte. Ich bezweifelte zwar, daß auch nur ein einziger Heidenberger Bürger bis dato den Orient in natura gesehen hatte – ich natürlich auch nicht, Fernostreisen waren damals noch nicht ›in‹ –, aber man hatte ja als Kind die Märchen aus Tausendundeiner Nacht gelesen. Außerdem rauschte Königin Sirikit durch den deutschen Illustriertenwald und Soraya und Farah Diba und der emigrierte Dalai Lama. Und da regelmäßig donnerstags der Lieferwagen des Lesezirkels in Heidenberg hielt und der Fahrer jedesmal fast eine Stunde brauchte, um die ausgelesenen Mappen einzusammeln und die neuen zu verteilen, konnte man sicher sein, daß die meisten Einwohner über die modischen Eigenheiten orientalischer Gewänder im Bilde waren. Ich hatte zwar keine große Lust, mich zu kostümieren, beugte mich aber Wenzel-Bertas Diktat.

»Sie können da nich so mit ohne was kommen«, erklärte sie. »Haben Sie nich ein altes Nachthemd? Weil da kann man eine Bauchtänzerin draus machen.«

»Bauchtänzerinnen heißen so, weil sie ihren Bauch zeigen und ihn nicht unter einem Nachthemd verstecken«, belehrte ich sie.

»Na, dann geh'n Sie eben als Haremsdame oder so!«

Nun besaß ich tatsächlich ein Nachthemd, das Wenzel-Bertas Vorstellungen entsprechen könnte. Es war bodenlang, bestand aus einem spitzenähnlichen Produkt der heimischen Kunstfaserindustrie und kratzte ganz jämmerlich. Ich hatte es nur einmal ein paar Stunden lang getragen, weil ich kurz nach Mitternacht das Gefühl gehabt hatte, einen Flohzirkus in meinem Bett zu beherbergen. Als ich Großmütterchens Geburtstagsgeschenk in die Ecke geworfen und statt dessen einen Schlafanzug angezogen hatte, waren die Flöhe plötzlich verschwunden.

Wenzel-Berta war begeistert. »Nu müssen Sie aber noch was für drunter haben, weil wenn Se so kommen, dann werden alle Frauen wild von wegen der Moral und wegen ihrer Männer!«

Ich hatte wirklich nicht die Absicht, die moralische Festigkeit der männlichen Ballbesucher auf die Probe zu stellen. Es fand sich auch sogar noch ein ausrangiertes Unterkleid, und als ich mich probehalber hineingezwängt hatte, würde mich jeder Scheich wegen mangelnder weiblicher Reize sofort aus seinem Harem verstoßen haben. Einen Schleier zur Verhüllung der unpassenden Kurzhaarfrisur sowie eine Art Tüllgardine fürs Gesicht stiftete Wenzel-Berta; eine Bekannte lieh mir ein halbes Kilo Messingschmuck mit gläsernen Edelsteinen.

Jetzt fehlten nur noch Schuhe. Eigentlich besaß ich nur ein einziges Paar, das zu diesem Aufzug gepaßt hätte, aber das hatte zehn Zentimeter hohe Absätze und war lediglich für Opern- und Theaterbesuche geeignet, weil man da sitzen kann. Also suchte ich meine alten Turnschuhe aus dem Schrank, pinselte sie mit Silberbronze an und verlebte zum erstenmal eine Ballnacht ohne schmerzende Füße!

Als ich mich an dem bedeutungsvollen Abend gegen sieben Uhr ins Bad zurückgezogen hatte, um mich mit Hilfe von brauner Schminke, falschen Wimpern und Goldstaub von der simplen Hausfrau in einen orientalischen Vamp zu verwandeln, hörte ich Rolf nebenan im Schlafzimmer herumkramen. Schließlich steckte er den Kopf durch die Tür.

»Haben wir ein weißes Frotteehandtuch?«

»Keine Ahnung, ich glaube, die haben alle bunte Ränder. Was willst du überhaupt damit?«

»Würde die Odaliske die Begleitung eines Scheichs akzeptieren?«

Die Odaliske wischte sich die Wimperntusche von den Fingern, holte eine große Serviette, stülpte sie dem Scheich aufs Haupt, fummelte aus der Bademantelkordel den notwendigen Kopfschmuck, komplettierte den ganzen Aufzug mit einer Sonnenbrille, bürstete den Goldstaub aus dem dunklen Anzug und stellte nach genauer Prüfung fest, daß der Scheich große Ähnlichkeit mit einem verkleideten englischen Börsenmakler hatte. Es fehlte nicht nur der Wohlstandsbauch, den Ölscheichs gemeinhin haben, es fehlte auch noch irgend etwas anderes! Der Bart!!

Alle mir bekannten Scheichs trugen Bärte, sie müssen wohl so eine Art Stammesabzeichen sein.

»Wo soll ich denn jetzt einen Bart herkriegen?«

Sascha wußte es. »Der Günther hat einen. Der geht nämlich übermorgen als Räuber Hotzenplotz.«

Sven musterte mich von Kopf bis Fuß. »Eigentlich könntest

du immer so rumlaufen, siehst prima aus. Beinahe wie eine balinesische Tänzerin. Ich habe neulich mal so welche im Fernsehen gesehen. Allerdings waren die viel jünger«, fügte er mit der brutalen Ehrlichkeit Heranwachsender hinzu.

Sascha kam mit dem Bart. Der war ungefähr einen halben Meter lang und kaputt. Rolf schnippelte ihn auf modische Länge zurück, sicherte dem entsetzten Sascha den umgehenden Ankauf eines neuen zu und klebte sich das Gestrüpp ans Kinn.

»Mensch, du siehst aus wie Ibn Saud!« Sven staunte.

»Ich hätte nichts dagegen, wenn ich auch sein Geld besäße«, erklärte Rolf, hüllte mich in den völlig unpassenden Wollmantel (zum Ankauf eines standesgemäßen Nerzes hatte ich ihn nicht bewegen können) und schob mich zur Tür hinaus.

»Stürzen wir uns ins Vergnügen – hoffentlich wird's eins!«

Die Festsäle befanden sich in den Gewölben des ausrangierten Weinkellers, in dem die Winzer ihre Fässer lagerten, als sie den Wein noch selbst kelterten. Seit Jahren wurden die Trauben aber zur Genossenschaftskelterei gebracht, wo sie alle in einen Topf kamen, geheimnisvollen Prozeduren unterworfen wurden und Monate später, inzwischen auf Flaschen gezogen, als ›Heidenberger Sonnenhalde‹ in den einschlägigen Geschäften der näheren Umgebung zu kaufen waren.

Nun war der Weinkeller verwaist, diente Spinnen und einzelnen Fledermäusen als Unterkunft und gelegentlich auch Ausflüglern, wenn Frau Häberle an besonders heißen Tagen ein paar Tische und Bänke dort aufstellte, was die schwitzenden Wandervögel als besonders wohltuend empfanden.

Schon von weitem hörten wir die Musik. Sie klang haargenau nach Feuerwehrkapelle, obwohl uns Sascha erzählt hatte, es sei sogar eine ›richtige Combo aus Heilbronn‹ engagiert worden. Es war dann auch wirklich eine Feuerwehrkapelle (die Combo machte gerade Pause), die auf einem kleinen Podest im ersten Keller saß und einen bekannten Tango im Foxtrott-Rhythmus spielte. Nachdem Rolf sechs Mark gezahlt und zwei Eintrittskarten in Empfang genommen hatte – sie trugen die Jahreszahl 1961 und berechtigten laut Aufdruck zum Besuch einer Nachmittagsvorstellung –, quetschten wir uns an der Theke entlang durch den Saal und drangen in den zweiten

Keller vor. Ein bemaltes Schild wies ihn als ›Serail‹ aus. Die Dekorateure hatten sich bemüht, die meterhohen Gewölbe optisch zu verkleinern, und zu diesem Zweck meterweise Kreppapier als Zwischendecken eingezogen. Dazwischen hingen ein paar Lampions ohne Kerzen, die kahlen Steinwände hatte man mit Papierschlangen kaschiert, und beleuchtet wurde die ganze Szenerie von Scheinwerfern, die in allen vier Ecken montiert waren und zur Decke strahlten.

Der dritte Keller trug die Bezeichnung ›Piratenschenke‹. Bekanntlich waren die klassischen Piraten ein lichtscheues Gesindel (die modernen nennt man Finanzbeamte und etabliert sie in hellen Räumen), und entsprechend war auch die Beleuchtung. Auf jedem Tisch stand eine Kerze, die geheimnisvolle Schatten an die nackten Wände warf. Nur die Sektbar verfügte über ein paar zusätzliche Lichtquellen. Abbildungen mittelalterlicher Feuerwaffen hingen da und dort herum, und künstlich geschaffene Nischen unterstrichen die Katakomben-Atmosphäre. Bevölkert wurde die Piratenschenke vorwiegend von Liebespärchen, die sich in dem Halbdunkel ziemlich sicher fühlten und im übrigen gar nicht kriegerisch aussahen.

Die Prominenz sowie der überwiegende Teil aller Ballbesucher saß im mittleren Keller. Der war auch am größten und bis zum letzten Winkel mit Tischen und Stühlen vollgestopft. Aus einer Ecke winkte uns jemand zu: Wenzel-Berta. Sie trug etwas Langes aus violettem Chiffon (es stellte nach ihren eigenen Angaben ›Scheresade‹ [Scheherazade] dar) und forderte den neben ihr sitzenden Seeräuber nachdrücklich auf: »Eugen, nu räum mal den Schleier und das Brotmesser von die Stühle!«

Eugen entfernte den Tüll, steckte sich sein Enterbeil in den Gürtel, und während wir uns zu den Plätzen durchkämpften, erklärte Wenzel-Berta: »Wir hab'n uns schon gedacht, daß Sie später kommen, und was freigehalten, weil nu is ja schon alles voll!«

Rolf hatte mich auf dem Weg hierher ausdrücklich ermahnt, nach Möglichkeit jeden Tanzpartner zu akzeptieren und keine Körbe auszuteilen, denn auf ländlichen Festen würde so etwas als persönliche Beleidigung empfunden. So stand ich auch gehorsam auf, als ein Riese in roten Pluderhosen, die behaarte Brust nur notdürftig durch eine Art Bolerojäckchen verdeckt, sich artig vor mir verbeugte und mich in das Getümmel auf der Tanzfläche zog. Der Riese wurde später abgelöst von einem

Zuchthäusler in gestreiftem Pyjama mit schwarzgepinselter Rückennummer. Dann kamen ein Pirat und noch ein Pirat, dann ein Indianer, den es auf rätselhafte Weise in den Orient verschlagen haben mußte, dann etwas Unbestimmbares in weißem Nachthemd, und dann erschien endlich mein Scheich und erlöste mich. Er entführte mich in die Piratenschenke und dort an die Sektbar.

»Du siehst schon ein bißchen abgenutzt aus«, meinte er lachend und musterte mich vom verrutschten Schleier bis zu den Tennisschuhen, die nur noch spärliche Reste der Silberbronze aufwiesen. »Hoffentlich amüsierst du dich gut!«

»Aber sicher! Ich habe bereits viermal erzählt, wo ich herkomme, sechsmal bestätigt, daß Heidenberg ein ganz entzückender Ort ist, und zweimal die Aufforderung abgelehnt, ein bißchen frische Luft zu schnappen.«

Die Feuerwehrkapelle hatte sich inzwischen an die Theke verzogen und trank Bier. Den verwaisten Platz nahm ein Bartrio ein, und plötzlich strömten alle jugendliche Gäste der Piratenschenke auf die Tanzfläche. Das war doch wenigstens Musik. Und danach konnte man auch tanzen! Irgend jemand soll einmal behauptet haben, Erfinder der modernen Tänze sei der Teenager einer vielköpfigen Familie gewesen, die nur eine Toilette hatte. An der Geschichte muß etwas Wahres sein!

Als wir an unseren Tisch zurückkamen, war Eugen verschwunden. ›Scheresade‹ hielt die Stellung. Rolf entdeckte plötzlich seinen Pilzfreund, verschwand ebenfalls und überließ uns beide unserem Schicksal. Während wir das Durcheinander auf der Tanzfläche beobachteten, klärte mich Wenzel-Berta über die anwesende Prominenz auf.

»Der Dicke neben dem Bürgermeister seiner Frau is'n Abgeordneter vom Landtag. Der kommt immer zum Fasching her und tut leutselig mit seine Wähler. Die Hellblaue neben ihm kenne ich nich, muß wohl seine Frau sein. Früher hatte er immer 'ne Jüngere mit, war sicher die Freundin. Da drüben an dem runden Tisch, das ist der Frau Häberle ihr Bruder. Die reden schon seit zwei Jahren nich mehr zusammen, weil der Bruder hat eine aus Stuttgart geheiratet, wo er doch schon mit der Häberle ihre beste Freundin so gut wie verlobt war. Mit ihre Schwägerin spricht die Frau Häberle ja auch nich, dabei wohnen sie bloß drei Häuser auseinander.«

In diesem Stil ging es so lange weiter, bis Rolf mich wieder zum Tanzen holte. Er schien unter nervösen Zuckungen zu leiden, seine Mundwinkel verzogen sich ständig.

»Der Bart kitzelt so!«

Meine Tüllgardine hatte ich auch schon als ziemlich lästig empfunden, denn jedesmal, wenn ich etwas trinken wollte, mußte ich erst den Druckknopf aufmachen. Schließlich kam sie auch noch in nähere Berührung mit einem Senftopf, und ich warf sie weg. Mein Scheich hatte nichts dagegen, sein Oberlippenbart war nun auch schon demontiert.

So gegen Mitternacht verspürte ich das Bedürfnis, die sanitären Anlagen des Etablissements aufzusuchen. Ich erkundigte mich bei Wenzel-Berta, wo diese Örtlichkeiten wohl zu finden seien.

»Haben Se nich die beiden Bauwagen draußen neben dem Eingang gesehen? Einer is für Damen und einer für Herren. Aber geh'n Se da lieber nich rein, weil das stinkt, und sauber isses auch nich!« Sie drückte mir ihren Hausschlüssel in die Hand und meinte: »Is ja bloß ein paar Schritte bis zu uns, und da haben Sie noch'n Spiegel und Wasser für zum Händewaschen.«

Bei Wenzels brannte Licht. Ich schloß vorsichtig die Haustür auf, bereit, mich sofort wieder zurückzuziehen, falls ich den verschwundenen Eugen mit einer orientalischen Schönheit vorfinden sollte. Es war aber bloß der Bundeswehr-Sepp. Er reparierte seine Augenklappe und trank nebenbei Kaffee.

»Ich dachte immer, Piraten trinken bloß Rum?«

»Das täte ich auch lieber, aber ich muß morgen früh zurück in die Kaserne und versuche jetzt, langsam nüchtern zu werden.«

Nachdem ich mich etwas restauriert hatte, bekam ich auch einen Kaffee und hatte dann überhaupt keine Lust mehr, mich noch einmal in das Getümmel zu stürzen.

»Ich kann doch Ihrem Mann sagen, daß Sie schon nach Hause gegangen sind.«

»Um Himmels willen, der denkt am Ende, ich bin mit einem Dorfschönen getürmt.«

»Das dürfte Ihnen schwerfallen, die Hälfte ist doch jetzt schon blau, der Rest in spätestens einer halben Stunde. Ist jedes Jahr das gleiche!«

Sepp hatte seine Augenklappe wieder zusammengeklebt und aufgesetzt, und gemeinsam stiefelten wir zurück. Auf halbem Weg begegneten uns zwei schwankende Gestalten, die eine dritte in einer Schubkarre vor sich herschoben. Beim Näherkommen erkannte ich in der Schnapsleiche unseren Briefträger.

Die Festsäle hatten sich inzwischen schon ziemlich geleert, aber ›Scheresade‹ thronte noch immer auf ihrem Platz und gab Eugen, der mit seinem Kopf halb im Bierglas hing, jedesmal einen Rippenstoß, bevor er ganz hineintauchte.

Ich entdeckte meinen jetzt völlig bartlosen Scheich am Stammtisch, wo er mit dem Bürgermeister und dem Landtagsabgeordneten seine durch keinerlei Kenntnisse getrübten Ansichten über die Herstellung von Bauernbrot erörterte. Als ich Rolf schon beinahe weggelotst hatte, drückte mir der Bürgermeister plötzlich die Hand und versicherte in schönstem Honoratioren-Schwäbisch: »Ihr Herr Gatte ischt eine wäsentliche Bereicherung für die Gemeinde!«

(Die Bezeichnung ›Frau Gattin‹ hatte ich schon öfter gehört, aber ›Herr Gatte‹ war mir neu.)

Mein Scheich wollte vor dem Nachhausegehen noch ein Glas Sekt trinken. Die Sektbar hatte schon zu.

»Dann trinken wir eben noch ein Viertele!« Er steuerte die Theke an, wo bereits die halbe Feuerwehrkapelle hockte und Ännchen von Tharau sang. Die restlichen Musiker packten ihre Instrumente ein, nur der Trompeter stand mitten auf der Tanzfläche und blies schließlich hingebungsvoll den Mitternachts-Blues. Jeder fünfte Ton war falsch! Wenzel-Berta, das Chiffon-Violette hochgeschürzt, steuerte quer durch den Saal, Richtung Ausgang, Eugen im Zickzackkurs hinterher. Frau Kroiher, stimmgewaltiges Mitglied des Aufelder Kirchenchors, fühlte sich plötzlich zur Solistin berufen und sang Wanderlieder.

Als Rolf den Wunsch äußerte, jetzt Posaune spielen zu wollen, drängte ich zum Aufbruch. Mein Herr Gatte hatte keine Lust.

»Erst muß ich noch mit meinem Freund, dem Bürgermeister, Brüderschaft trinken!« verkündete er.

Der Bürgermeister war Gott sei Dank schon gegangen.

Plötzlich hatte der Scheich auch genug. »Ich gehe jetzt zu meinen Ölquellen«, erklärte er den erstaunten Feuerwehrleuten und begab sich zum Ausgang. Mich hatte er offenbar völlig vergessen.

Mein Herr und Gebieter schlief schon fest, als ich endlich die ganze Schminke aus dem Gesicht gewischt und die Überreste von Konfetti aus den Haaren gebürstet hatte.

Abschließend bliebe noch zu bemerken, daß auch die orientalische Nacht meine Abneigung gegen Faschingsveranstaltungen keineswegs verringert hat.

Das reichlich lädierte Nachthemd requirierte übrigens Stefanie. Sie schnitt kurzerhand einen halben Meter davon ab und verwendete den Rest je nach Bedarf als Brautrobe, Krönungsgewand oder als Taufkleid für ihre Teddybären.

13.

Mir ist weder früher noch in den darauffolgenden Jahren ein Winter so lang erschienen wie dieser eine in Heidenberg. Während der Weihnachtstage hatte es zwar geregnet, aber kurze Zeit später kam ein neuer Kälteeinbruch mit starkem Schneefall, und meine freiwilligen Straßenkehrer stellten nach und nach ihr menschenfreundliches Werk ein. Kakao reichte als Belohnung nicht mehr aus, jetzt wollten sie Bares sehen. Ich zahlte notgedrungen Stunden- und manchmal auch Akkordlöhne und wartete auf Tauwetter. Als es endlich einsetzte, verwandelte sich unsere ›Straße‹ in ein munter plätscherndes Bächlein, denn nun taute auch die Schneedecke im Garten weg, und das ganze Schmelzwasser floß bergab. Wir legten meterlange Bretter aus, die Sascha von einer Baustelle organisiert hatte, und kamen uns vor wie die Einwohner Venedigs bei Hochwasser.

Neben der Haustür standen sieben Paar Gummistiefel, und wenn wir mit dem Auto in zivilisiertere Gebiete fuhren, schleppten wir in Plastiktüten normale Schuhe zum Wechseln mit. Manchmal vergaß ich die aber auch und marschierte dann mit zusammengebissenen Zähnen in kanariengelben Gummistiefeln durch Großstadtstraßen. Auf allen Heizkörpern im Haus hingen Hosen, Handschuhe, Pullover und Schals zum Trocknen, denn es war nahezu unmöglich, unseren glitschigen Hügel ohne Ausrutscher zu erklimmen, und immer schrie irgend jemand nach trockenen Sachen. Die Zwillinge – inzwischen recht flink auf den Beinen und wahre Frischluftfanatiker – mischten schon fröhlich mit und mußten an manchen Tagen bis zu sechsmal umgezogen werden.

Nein, also ich war vom Winter auf dem Lande restlos bedient und begrüßte den ersten Krokus, der zaghaft sein Köpfchen durch die dünne Schneedecke schob, mit einem wahren Freudengeheul. Am nächsten Tag war der Krokus verschwunden und die Schneedecke wieder dicker. Dabei hatten wir doch schon März, und jetzt hatte gefälligst der Frühling zu kommen!

Zunächst kam aber Tante Lotti. Ich glaube, in jeder Familie gibt es eine Tante Lotti, also eine ältere Dame ohne näheren Anhang, die mehr oder weniger regelmäßig die ihr noch verbliebene Verwandtschaft heimsucht. Sie will nur drei Tage bleiben, bleibt dann aber drei Wochen und ist oft erst durch unverblümte Anspielungen wieder zum Abreisen zu bewegen.

Unsere Tante Lotti gehört schon gar nicht mehr zur Verwandtschaft – ich glaube, sie ist eine Kusine meiner Großmutter –, aber aus mir nicht bekannten Gründen fühlt sie sich gerade zu meiner Familie besonders hingezogen. Rolf hatte sie mal geholt, als ich vor Jahren mit einer eitrigen Angina vierzehn Tage im Bett gelegen hatte und niemand da war, der Mann, Kinder und Haustiere versorgte. Und als er ihr zum Dank für das Samariterwerk einen Wochenendaufenthalt mit Vollpension in einer zum Hotel umfunktionierten alten Burg schenkte, erkor Tante Lotti ihn zu ihrem Lieblingsneffen. Allerdings mißbilligt sie seinen vermeintlichen Hang zum Alkohol und äußert mir gegenüber regelmäßig den Verdacht, Rolf würde sicher noch mal in einer Trinkerheilanstalt enden.

»Ich habe gestern auf das Etikett der Whiskyflasche einen Bleistiftstrich gemacht, und jetzt fehlt schon wieder mindestens ein Zentimeter!«

»Stimmt, den habe ich gestern abend getrunken.«

»Du –? Fängst du denn jetzt auch schon an? Man liest zwar immer wieder, daß auch Frauen zu Alkoholikern werden, aber von dir hätte ich das nicht gedacht. Als ich so alt war wie du heute, habe ich noch nicht einmal gewußt, was Whisky überhaupt ist. Bei uns zu Hause gab es lediglich Wein, natürlich nur bei besonderen Anlässen. Dann wurde nach dem Essen auch Cognac serviert, allerdings nur für die Herren, nachdem sich die Damen zurückgezogen hatten.«

Tante Lotti kann sich nicht daran gewöhnen, daß sich die Damen heute nicht mehr zurückziehen, sondern mittrinken. Unsere Hausbar ist ihr seit jeher ein Dorn im Auge, wobei die Bezeichnung Hausbar reichlich übertrieben ist. Auf einem Teewagen stehen lediglich ein paar Flaschen, ein Dutzend Gläser und ein Sodasiphon, und ich fühle mich keineswegs als akute Alkoholikerin, weil ich abends ganz gern mal einen Whisky trinke. Tagsüber verschwindet der Teewagen ohnehin im Schlafzimmer, weil es der einzige Raum ist, den die Zwillinge bei ihren Entdeckungsreisen aussparen. Ich schließe ihn nämlich ab. Trotzdem möchte ich nicht wissen, was sich der Heizungsmonteur gedacht hat, als er kurz nach dem Frühstück den defekten Thermostaten im Schlafzimmer auswechseln wollte und neben den noch ungemachten Betten die halbleeren Flaschen auf dem Teewagen sah, während die Dame des Hauses noch im Bademantel herumlief!

Tante Lotti reiste also ab, bepackt mit zwei Koffern und einer Hutschachtel, Relikt aus längst vergangenen Zeiten, als man noch genügend Hüte und genügend Gepäckträger hatte. Übrigens transportiert sie in jener Schachtel keineswegs Hüte, sondern ihre Handtasche und den Reiseproviant inklusive Thermosflasche mit Kamillentee. Tante Lotti hat nämlich einen empfindlichen Magen. Zumindest behauptet sie das. Deshalb müssen während ihres Besuchs alle schweren Gerichte vom Speiseplan gestrichen werden. Zugelassen sind Kalbfleisch, gekochtes Huhn, Reis und gedämpfte Gemüse, ausgenommen Kohl und dessen Abarten.

Rolf kam während der nächsten Wochen mittags nie mehr nach Hause, Steffi lud sich noch häufiger als sonst woanders zum Essen ein, Sascha aß überwiegend bei Oliver, der dann eine weitere Konservendose öffnete oder einfach eine zweite Pizza in den Ofen schob. Nur Sven bewies Solidarität und schluckte mit Todesverachtung salzarmes Kalbsfrikassee mit salzarmem Wasserreis. Wenn sich Tante Lotti zu ihrem Mittagsschläfchen zurückgezogen hatte, plünderten wir gemeinsam den Kühlschrank!

Anfangs hatte ich versucht, für Tante Lotti gesondert zu kochen, aber wenn ich ihren waidwunden Blick sah, mit dem sie unsere gebackene Leber musterte, während sie in ihrem Reisbrei herumstocherte, verging mir der Appetit. Also lebten wir ein paar Wochen lang zwangsweise Diät, was regelmäßig zu einer Gewichtsabnahme führte. Zumindest bei mir! Nicht so bei Tante Lotti. Solange ich denken kann, kämpft sie gegen ihre Pfunde, probiert alle paar Wochen eine neue Diät aus, die sie nicht einhält, und beneidet alle Frauen, die unter 75 Kilo wiegen.

»Dabei esse ich doch wirklich kaum mehr als ein Spatz!«

Der Spatz verdrückt morgens mühelos zwei weichgekochte Eier mit gebuttertem Toast, braucht zum zweiten Frühstück geschlagene Bananen, Joghurt oder auch mal ein Glas Rotwein mit Ei (»natürlich nur wegen der notwendigen Vitamine«), zum Nachmittags-Kamillentee ein paar Biskuits und vor dem Schlafengehen eine Scheibe Weißbrot (»aber ganz hauchdünn, bitte«), gut bestrichen mit Kalbsleberwurst. Mit den regulären Mahlzeiten und den kleinen Zwischendurchhäppchen (»mein Magen muß immer arbeiten können«) kommt da eine ganz schöne Kalorienmenge zusammen.

»Neulich habe ich es mal mit einer Traubenkur versucht, und obwohl ich eisern eine ganze Woche lang durchgehalten habe, bin ich nicht ein einziges Pfund losgeworden!« beklagte sich Tante Lotti, als sie seufzend von der Badezimmerwaage gestiegen war. »Dabei hatte mir mein Arzt gesagt, diese Kur habe schon bei vielen seiner Patientinnen angeschlagen.«

»Wie viele Trauben waren denn pro Tag erlaubt?«

»Ein Kilo, aber über den ganzen Tag verteilt. Manchmal ist es mir richtig schwergefallen, alle aufzuessen.«

»Ich glaube nicht, daß ich eine ganze Woche unbeschadet durchstehen würde, wenn ich bloß Weintrauben im Magen hätte.«

»Wieso bloß Weintrauben? Natürlich habe ich ganz normal gegessen. Allerdings habe ich die Kekse weggelassen, dafür hatte ich ja die Trauben!«

Mit Tante Lotti kam auch endlich Bildung ins Haus. Sie ist eifrige Konsumentin aller einschlägigen Zeitschriften, die sich mit europäischen Fürsten- und Königshäusern befassen. Sie kennt genau die Familienbande zwischen dem belgischen Monarchen und dem englischen Thronfolger, sie weiß, welcher Preußenprinz zu welcher Seitenlinie gehört und wer eventuell als ebenbürtiger Gemahl für die jüngste Tochter des monegassischen Herrscherhauses in Betracht kommt. Natürlich ist Tante Lotti glühende Verfechterin der Monarchie und sieht in Prinz Louis Ferdinand immer noch das heimliche Staatsoberhaupt Großdeutschlands und in den jeweiligen Bundeskanzlern unzulängliche Statthalter. Alle Sissi-Filme hat sie fünfmal gesehen, ›Der Kongreß tanzt‹ sogar achtmal.

Sven und Sascha, die Könige allenfalls aus Märchenbüchern

kannten, fanden Tante Lottis Schilderungen der aristokratischen Vergangenheit einigermaßen nebulös und begehrten statt dessen Auskunft über die gängigen Leinwandhelden wie Lex Barker oder Roger Moore, Namen, mit denen Tante Lotti absolut nichts anfangen konnte. Dafür war Stefanie eine unermüdliche Zuhörerin. Sie brachte Tante Lottis Erzählungen über deutsche Prinzen und Prinzessinnen mit der Phantasiewelt von Dornröschen und dem Froschkönig in Verbindung und behauptete allen Ernstes, Kaiser Wilhelm sei früher eine Kröte gewesen. Außerdem lief sie den ganzen Tag in meinem Faschingsnachthemd herum und erklärte, Prinzessin Caroline zu sein und als solche nur noch Schokolade zu essen.

Eines Tages meinte Rolf, dem das Geschwafel über Fürstenhäuser langsam auf die Nerven ging, mit einem boshaften Seitenblick zu mir: »Wie wäre es denn, wenn du mit Tante Lotti übermorgen zur Zollernburg fahren würdest? Ich muß zu Hause arbeiten, du kannst also gerne den Wagen haben.«

Tante Lotti konnte ihr Glück nicht fassen. »Meinst du wirklich die Zollernburg in Hechingen?«

»Aber sicher. In gut zwei Stunden könnt ihr dort sein und habt den ganzen Tag Zeit, herumzulaufen und alles anzusehen.«

Es nützte nichts, daß ich unter dem Tisch Rolfs Schienbein mit Fußtritten bearbeitete und ihm über den Tisch flehentliche Blicke zuwarf. Nicht einmal mein Einwand, ich hätte schon länger kein Lenkrad mehr in den Händen gehabt, hatte die erhoffte Wirkung.

»Dann wird es Zeit, daß du wieder einmal fährst«, bemerkte mein Gatte seelenruhig, »sonst verlernst du es noch völlig.«

Die Vorstellung, stundenlang mit Tante Lotti allein im Auto eingesperrt zu sein und mir die Biographien der blaublütigen Prominenz anhören zu müssen, war beängstigend. Ich versuchte, Sven oder wenigstens Sascha zum Mitkommen zu bewegen und stellte ihnen ein glaubhaftes Entschuldigungsschreiben wegen des versäumten Unterrichts in Aussicht. Die Knaben zogen den Schulbesuch vor. Stefanie, mein letzter Rettungsanker, zögerte noch ein bißchen.

»Die Herumlauferei wird für das Kind viel zu anstrengend«, entschied Tante Lotti. »Wenn du brav zu Hause bleibst, bringe ich dir auch etwas Schönes mit.«

Das gab den Ausschlag. Steffi wollte sowieso lieber mit Rita spielen, aber eine Belohnung hatte sie dafür noch nie bekommen.

Am Ausflugstag waren weder die Zwillinge krank noch Wenzel-Berta; Sascha und Sven hatten auch kein schuleschwänzendes Leiden, und nicht mal das Wetter zeigte sich einsichtsvoll. Statt der gewohnten Nebelschwaden flimmerten Sonnenstrahlen durch die Luft.

Tante Lotti war schon um sechs Uhr aufgestanden, hatte sich ihren Kamillentee gekocht und füllte ihn gerade in die Thermosflasche, als ich verschlafen in die Küche schlurfte.

»Ich mache den Kindern schon das Frühstück«, erklärte sie beflissen, »zieh du dich inzwischen an, dann können wir gleich nach dem Essen fahren, sonst kommen wir noch in den Berufsverkehr.«

Du lieber Himmel, welchen Berufsverkehr meinte sie wohl? Es war dann aber doch halb neun, als ich Tante Lotti endlich in den Wagen verfrachtet und Kamillentee, Keksdose, Wolldecke, Kopfschmerztabletten und Fernglas in bequemer Reichweite untergebracht hatte. Es konnte losgehen.

»Schönen Gruß an Louis Ferdinand!« rief uns Rolf noch hinterher.

»So ein Unsinn«, sagte Tante Lotti, »der Prinz ist zu dieser Jahreszeit doch immer auf dem Wümmehof!«

Zweieinhalb Stunden später winkte mich ein uniformierter Wächter auf einen der drei Parkplätze, die sich unterhalb der Zollernburg befinden und die Endstation für alle Autofahrer bilden. Den Weitertransport der Schaulustigen übernehmen gegen ein fürstliches Entgelt Kleinbusse. Man kann aber auch den restlichen Weg zu Fuß gehen, und ich wollte mir nach der langen Autofahrt ganz gern ein bißchen die Beine vertreten. Tante Lotti hat für Spaziergänge nichts übrig und zwängte ihre 178 Pfund in einen Bus.

Oben fand ich sie wieder. Sie beäugte durch das Fernglas die Burgfenster.

»Seine Kaiserliche Hoheit ist wirklich nicht da«, meinte sie bedauernd.

»Woher willst du das denn wissen?«

»Weil die Fahne nicht aufgezogen ist.«

Tante Lotti steckte das Fernglas weg und marschierte zu einer ziemlich unscheinbaren Pforte, vor der schon annähernd fünfzig Leute standen.

»Gleich fängt eine neue Führung an, Eintrittskarten habe ich schon.«

»Hör mal, Tante Lotti, müssen wir unbedingt mit einem ganzen Troß herumziehen? Wenn schon Besichtigung, dann wenigstens ohne Leithammel.«

»Aber Kind, das hätte doch gar keinen Sinn. Einen fachmännischen Führer, der alles erklärt, brauchen wir unbedingt.«

Die nächsten zwei Stunden schienen überhaupt kein Ende zu nehmen. Ich bin als Kind mehrmals durch Schloß Sanssouci in Potsdam gepilgert, durch das Charlottenburger Schloß und durch andere museale Gedächtnisstätten. Später kamen noch Schloß Schönbrunn und Neuschwanstein dazu, und ich finde, wenn man *ein* Schloß von innen gesehen hat, kennt man auch die meisten anderen. Aber wenigstens kann man sich als Kind noch mit den großen Filzpantoffeln vergnügen, in denen es sich so herrlich über die Parkettböden schlittern läßt. Für einen Erwachsenen schicken sich solche Spielereien nicht mehr. So trottete ich am Schluß der ganzen Herde durch die Prunkgemächer – Tante Lotti hatte sich gleich bis zu unserem Führer vorgedrängt und wich ihm nicht mehr von der Seite –, betrachtete Himmelbetten, Stuckdecken, Intarsien, Gemälde, Ahnentafeln und fror ganz erbärmlich. Kein Wunder, daß die meisten Fürstlichkeiten im besten Mannesalter gestorben sind. Das bißchen Kamin in den riesigen Gemächern konnte einfach nicht ausgereicht haben, ihre Bewohner vor Lungenentzündung zu schützen. Und Penicillin hatte es damals noch nicht gegeben!

Tante Lotti war in ihrem Element. Sie kommentierte fachmännisch die heruntergeleierten Erklärungen unseres Führers und wandte sich dann beifallheischend an ihre Nachbarin, eine rotgewandete Dame mit glitzernder Brille und geblautem Haar. »Is nice, nicht wahr?« – »Oh yes, very nice!« bestätigte die Blauhaarige.

Die Privatgemächer Seiner Kaiserlichen Hoheit waren für den Besucherverkehr gesperrt, dabei hätte ich so gern mal gesehen, wie Hoheiten schlafen. Benutzen die heute auch noch diese gewaltigen Betten mit den samtenen Staubfängern obendrüber?

Nachdem wir die prunkvollen Zimmer ausgiebig besichtigt hatten – ich glaube, manche haben wir mehrmals gesehen, jedenfalls kam es mir so vor –, stiegen wir in die Kellerräume.

Hier war es noch kälter, außerdem zog es entsetzlich. Und zu sehen gab es bloß Särge. Tante Lotti verharrte erfurchtsvoll vor den Gebeinen Friedrichs des Großen, die in einem ziemlich unscheinbaren Sarg ruhen. Einziges Zeichen seines Ruhmes war ein verstaubter Lorbeerkranz, der schief neben dem Sarg lag. Vielleicht war er heruntergefallen.

Zum Schluß besichtigten wir noch die Schatzkammer, bewunderten pflichtgemäß Krone und Zepter, ein paar offenbar bedeutungsvolle Schmuckstücke und einige Folianten – alles hinter Glas und alles ein bißchen verstaubt.

Endlich stiegen wir wieder ans Tageslicht. Viel wärmer war es draußen aber auch nicht. Im übrigen hatte ich Hunger.

»Wollen wir hier oben etwas essen, oder fahren wir lieber zurück nach Tübingen?« fragte ich Tante Lotti.

Die aber war verschwunden. Ich entdeckte sie vor einer der zahlreichen Souvenirbuden. Sie hatte gerade ein meterlanges Ziehharmonika-Album mit Fotos erstanden und inspizierte nun die anderen Erzeugnisse der Andenkenindustrie. Für Stefanie kaufte sie einen Steingutbecher mit einer Abbildung der Zollernburg. Ein ähnliches Gefäß, nur mit Deckel obendrauf und als Bierkrug ausgeschildert, wollte sie für Rolf mitnehmen. Die Jungs bekamen Fahrradwimpel mit Zollernburg, die Zwillinge Blechtrompeten ohne Zollernburg. Für sich selber kaufte Tante Lotti dann noch einen Porzellanteller, auf dem – angeblich handgemalt und ›Made in Hongkong‹ – das Bildnis des Hohenzollernpaares prangte.

»Und du willst wirklich gar nichts haben?« vergewisserte sie sich noch einmal.

»Nein danke, Tante Lotti, ich wäre höchstens an einem kleinen Andenken aus der Schatzkammer interessiert.«

Ich hatte immer noch Hunger. Tante Lotti prüfte die ausgehängte Speisekarte der Burgschenke, bemängelte die geringe Auswahl und die horrenden Preise und meinte dann: »Ich glaube, wir fahren woandershin.«

Diesmal nahm ich auch den Bus, denn obwohl ich schon meine bequemsten Treter angezogen hatte, taten mir inzwischen die Füße weh. Tante Lotti, die in Berlin ein Taxi benutzt, wenn sie mehr als fünfhundert Meter zu gehen hat, schien keine Fußbeschwerden zu haben. Hunger übrigens auch nicht, aber dafür war die mitgenommene Keksdose auch fast leer. Die restlichen Krümel bot sie mir großzügig an.

»Ist es sehr weit bis nach Stuttgart?«

»Ungefähr anderthalb Stunden. Warum?«

»Ich würde so gerne mal auf den Fernsehturm gehen. Können wir nicht dort essen? Ich lade dich auch ein.«

Zum Glück ahnte Tante Lotti nicht, worauf sie sich da eingelassen hatte. Die Preise im Turmrestaurant sind noch viel gesalzener als die auf der Zollernburg. Andererseits herrscht dort eine gepflegte Atmosphäre, und die Menüs sind ausgezeichnet. Wir fuhren also nach Stuttgart.

Tante Lotti vergaß Diät, kranken Magen und Gewichtsprobleme, schwelgte in geschmälzten Maultaschen und Früchtebecher, trank Mokka statt Kamillentee und schwärmte während der Rückfahrt von der schwäbischen Küche und nicht von Louis Ferdinand. Davon erzählte sie erst wieder zu Hause. Rolf verzog sich ins Arbeitszimmer, die Jungs verschwanden in die Garage, um ihre Wimpel zu montieren, Stefanie war enttäuscht, weil sie als Mitbringsel eine Krone erwartet hatte, und ich hörte mir für den Rest des Abends noch einmal die nostalgischen Schwärmereien von Tante Lotti an. Ich kam zu der Erkenntnis, daß sie mindestens hundert Jahre zu spät geboren wurde.

Drei Tage später reiste sie wieder ab. Wenzel-Berta atmete auf. »Nu is aber Schluß mit die Kaiser und Könige, jetzt werden endlich die Fenster geputzt. Vor lauter Fürstlichkeiten, wo ich mir immer anhören mußte, bin ich zu gar nichts mehr gekommen!«

Auf der einen Seite war ich ganz froh, daß Tante Lotti samt Heizkissen und Papierlockenwicklern (Sascha hatte behauptet, sie sähe mit diesem Ding im Haar wie ein Marsmännchen aus) wieder verschwunden war, auf der anderen Seite hatte ich aber ein geduldiges Kindermädchen verloren. Tante Lotti hatte sich rührend um die Zwillinge gekümmert und war es nie müde geworden, Bauklotztürmchen zu bauen oder Papierfiguren zu falten. Kein Wunder also, daß die Mäuse zwei Tage lang wie herrenlose Hunde herumliefen und ihre Spielgefährtin suchten. Dann allerdings gingen sie wieder zur Tagesordnung über.

Ihr Tätigkeitsfeld erstreckte sich nunmehr über das ganze obere Stockwerk, und waren sie früher nur gemeinsam aufgetreten, so trennten sich jetzt ihre Wege. Nicki zeigte Bildungshunger und räumte mit Vorliebe die unteren Fächer des Bücherregals aus. Dort lagen Fachzeitschriften von Papi, die konnte man kaputtreißen. Oder man konnte den Papierkorb umkippen und seinen Inhalt untersuchen. Wenn man Glück hatte, fand man sogar einen Stift, mit dem man die weißen Wände bemalen konnte. Da es sich hierbei vorwiegend um lautlose Tätigkeiten handelte, entdeckte die Mami einen auch nicht so schnell!

Katja interessierte sich mehr für die Küche. Da aber herumgeworfene Topfdeckel oder ein herausgerissener Besteckkasten ziemlich viel Krach machen, konnte ich ihren Streifzügen immer relativ früh ein Ende bereiten.

Wir kauften ein Scherengitter, das in den Rahmen der geöffneten Kinderzimmertür gesetzt wurde und den Eingesperrten zwar freie Sicht, aber keine Ausreißversuche erlaubte. Kurz nach der erfolgreichen Montage hing Katja mit einem Fuß im Gitter fest. Wenig später klemmte sich Nicki einen Finger ein, und dann warfen wir das Gitter auf den Müll.

Ein neuralgischer Punkt im Haus war die Treppe. Als ich Nicki erwischte, wie sie rückwärts die Stufen hinunterrutschte, rief ich Herrn Kroiher an. Der erschien mit Zollstock und Holzmustern, nahm Maß und brachte ein paar Tage später eine Tür, die oben an der Treppe angebracht und mit einem Karabinerhaken verschlossen wurde. Den Haken kriegten die Zwillinge nicht auf. Steffi auch nicht. Bei dem Versuch, über die Tür zu klettern, fiel sie sämtliche 19 Stufen hinunter, verstauchte sich den Arm und schlug sich zwei Zähne aus. Der Karabinerhaken wurde durch einen Riegel ersetzt. Der klemmte und ließ sich oft nur unter Zuhilfenahme eines Hammers schließen. Sven ölte ihn, aber so gründlich, daß er sich schon öffnete, wenn man die Tür nur berührte. Schließlich bauten wir sie wieder ab und sperrten statt dessen den hinteren Teil des Flurs mit einem soliden halbhohen Holzgitter ab. Wer ins Schlafzimmer oder ins Bad wollte, mußte notgedrungen über das Gitter steigen. Für Wenzel-Berta, die als einzige Röcke trug, stellten wir eine Fußbank parat. Sie beugte sich klaglos den notwendigen Gegebenheiten.

»Wissen Se, ich denk mir immer, die Leute, wo Zwillinge so niedlich finden, sollten man erst mal selber welche haben!«

Jawohl! Und dazu noch drei weitere Kinder, einen unberechenbaren Ehemann, ein Riesenhaus, einen Kleintierzoo und einen nie endenden Winter!

14.

Dann wurde es aber doch Frühling! Der Schnee taute endgültig weg und kam nicht mehr wieder, und an manchen Tagen konnten wir das Haus sogar schon ohne Gummistiefel verlassen. Überall im Garten blühten Schneeglöckchen und Krokusse – von Sven übrigens beharrlich Krokeen genannt, weil man ja auch nicht Kaktusse sagt! –, wir konnten unser Wohnzimmer ohne Kälteschauer betreten und gingen nur noch auf Zehenspitzen in die Garage, weil auf dem Dach ein Vogelpärchen brütete.

Ostern kam und ging vorüber, leider ohne Omis Besuch, die bei ihrer Nichte Samariterdienste leistete. Die Ärmste war beim Frühjahrsputz von der Leiter gefallen und hatte sich ein Bein gebrochen.

Etwas Ähnliches befürchtete ich auch bei Wenzel-Berta, die ebenfalls dem schönen deutschen Brauch des Großreinemachens huldigte und alles, was irgendwie transportabel war, auf die Terrasse oder in den Garten schleppte und dort unter Wasser setzte. Sogar die Gurkenmaschine kam dran.

Ich hatte den beiden Knaben empfohlen, ihre Zimmer erst einmal durchzuharken, bevor Wenzel-Berta samt Scheuereimer und Möbelpolitur dort einziehen würde, aber die Herren behaupteten, das sei nicht nötig, sie hätten gerade erst aufgeräumt. Wenzel-Berta war anderer Meinung. Sie stopfte alles, was sie an Spielsachen, Sammlerobjekten, Comics und sonstigen Gebrauchsartikeln fand, in große Pappkartons und überließ es später den meuternden Eigentümern, ihre Habseligkeiten wieder auseinanderzusortieren.

»Die hat ja einen wahren Putzfimmel«, beschwerte sich Sascha später bei mir, »jetzt hat sie sogar die Patina von meinem Degengriff abgescheuert!«

Nur Rolfs Zimmer entging der Wasserschlacht. Die Säuberung dieses Raumes wurde schon seit langem beschränkt auf gelegentliches Fensterputzen, Entleeren der Aschenbecher und einmal monatlich Staubsaugen. Ansonsten war Unbefugten der Zutritt untersagt. Seitdem ich versehentlich einen zerknitterten Zettel weggeworfen hatte, der angeblich eine wichtige Besprechungsunterlage war, fühlte ich mich auch unbefugt, und so staubten ganz allmählich Möbel, Bilder und Farbtöpfe ein. Wenn der Zeitpunkt erreicht war, daß Rolf nicht einmal mehr einen Bleistift fand, dann räumte er selber auf. Er stapelte sämtliche herumliegenden Papiere in einer Ecke übereinander und schuf auf diese Weise genügend Platz für neue Papiere. Daß er immer irgend etwas suchte (und selten fand), versteht sich von selbst, und so manches Manuskript mußte ein zweites Mal geschrieben werden.

Ein Frühjahrsputz hätte vermutlich segensreiche Auswirkungen gehabt.

Anfang Mai entdeckte ich in unserer Zeitung die Notiz, daß die künftigen Gymnasiasten in den betreffenden Schulen angemeldet werden müßten. Zeugnisse seien mitzubringen, die Schüler selbst brauchten nicht vorgestellt zu werden. Umgekehrt wäre es mir lieber gewesen, denn Saschas Halbjahreszeugnis war keineswegs präsentabel. Hoffentlich würde man mich nicht für größenwahnsinnig halten, weil ich meinem ganz offensichtlich minderbegabten Sohn eine höhere Schulbildung aufzwingen wollte. Der Herr Direktor musterte mich denn auch zweifelnd, erzählte etwas von ›ziemlich hohen Anforderungen‹ und ›falschem Ehrgeiz‹ und beorderte Sascha zur Aufnahmeprüfung. Sven brauchte keine. Anscheinend hatte er das letzte Schuljahr noch nicht total verschlafen!

Am Morgen des ersten Prüfungstages erkannte ich meinen Zweitgeborenen fast nicht wieder. Flanellhosen statt Jeans, Oberhemd statt T-Shirt, geputzte Schuhe und Kamm in der Tasche. Verlegen lächelnd entschuldigte sich Sascha:

»Na ja, vielleicht beaufsichtigt uns irgend so ein ergrauter Knabe, und die sehen doch schon rot, wenn man in Jeans ankommt. Ich muß aber schon vorher Punkte sammeln!«

Als er mittags wieder auftauchte, war er entschieden zuversichtlicher. »Der Lehrer war ein ganz junger Referendar – was is'n das? – und hatte ganz ausgefranste Jeans an. Außerdem haben wir bloß einen Aufsatz geschrieben.«

Für den nächsten Tag war die Mathearbeit angesetzt, Saschas Achillesferse. Aber in dieser Hinsicht ist er erblich belastet, bei uns kann keiner rechnen. Jedesmal, wenn ich Rechnungen ausschrieb und die jeweiligen Prozentzahlen für Skonto, Mehrwertsteuer und irgendwelche Rabatte ermitteln mußte, gab es eine mittlere Katastrophe. Das Ergebnis der ersten Rechnung stimmte mit dem der zweiten nie überein, das dritte differierte ebenfalls. Dann ging ich zu Rolf, der wieder etwas anderes herausbrachte. Schließlich wurde Sven herbeizitiert, und das Resultat *seiner* mathematischen Balanceakte kam im allgemeinen an eines der bereits vorliegenden heran. Im Zweifelsfall entschieden wir uns für den Mittelwert und überließen es den kundigen Empfängern der Rechnungen, etwaige Fehler zu korrigieren. Als es die ersten Taschenrechner zu kaufen gab, war ich genauso glücklich wie beim Erwerb meiner ersten Waschmaschine.

Begreiflicherweise sah ich Saschas Heimkehr am zweiten Tag ziemlich pessimistisch entgegen. Der Prüfling strahlte.

»Hat prima geklappt! Oliver saß hinter mir, der hat die ganzen Ergebnisse auf einen Zettel geschrieben, in seinen Schuh gesteckt, und dann habe ich meinen Bleistift fallen lassen. Beim Aufheben konnte ich den Zettel holen. Ich glaube, ich habe fast alles richtig. Morgen schreiben wir noch ein Diktat, und anschließend werden wir mündlich geprüft. Davor habe ich aber keinen Bammel mehr.«

Sascha bestand die Prüfung und sah von diesem Tag an keinen Grund mehr, für die Schule noch irgend etwas zu tun. Nach seiner Ansicht konnte ihm nichts mehr passieren, zumal er jetzt auch bei Herrn Dankwart eine gewisse Hochachtung genoß. Gehörte er doch neben Oliver und zwei anderen Schülern zu den wenigen Auserwählten seiner bisherigen Klasse, die die Weihen der höheren Schulbildung empfangen würden.

Stefanie wollte jetzt auch endlich zur Schule gehen. Sie würde zwar erst im November sechs Jahre alt werden, aber ich selbst bin mit fünf eingeschult worden, Sascha ebenfalls, und weshalb sollte das bei Steffi nicht auch klappen?

Sie hatte sich zu Ostern einen Ranzen gewünscht (und bekommen) und fühlte sich als Besitzerin dieses unumgänglichen Attributs nunmehr allem Kommenden gewachsen. Zwischen ihr und der heißersehnten Einschulung stand allerdings noch der Reifetest. Sascha verfügte bereits über einschlägige Erfahrungen. Er entwickelte pädagogische Ambitionen und drillte Steffi für die bevorstehende Prüfung. Sie mußte vorwärts und rückwärts zählen, sie mußte Strichmännchen malen und Farben bestimmen. Nach drei Tagen intensiven Trainings entließ er seine Schwester mit der aufmunternden Bemerkung: »Wenn du das jetzt nicht schaffst, dann bist du noch zu dämlich und wirklich nicht schulreif.«

Herrn Dankwart war Steffis erwachter Bildungshunger zu Ohren gekommen, und er ließ mir ausrichten, daß meine Tochter einen Vormittag lang in seiner Klasse hospitieren dürfe. Sie sollte die Möglichkeit haben, den Unterschied zwischen der Wirklichkeit und den gelegentlichen Schauermärchen ihrer Brüder selbst festzustellen.

Steffi war von dem Angebot begeistert und zog an einem der nächsten Tage mit Ranzen, Zeichenblock, Buntstiften und Frühstücksbrot, auf das sie ganz besonderen Wert gelegt hatte, im Kielwasser ihres Bruders los. Mittags kam sie genauso begeistert wieder nach Hause. Die dazwischenliegenden Stunden sind mir nur mündlich überliefert.

Danach hatte sich Stefanie während der Mathestunde noch relativ ruhig mit ihrer Zeichnung beschäftigt, den Biologieunterricht (man nahm den Hund durch) mit wortreichen Schilderungen von Svens Hamsterzucht angereichert, und in der dritten Stunde hatte sie es schließlich geschafft, die ganze Klasse auf ihre Seite zu bringen, indem sie erklärte: »Nun wollen wir aber endlich mal ein bißchen spielen!« Herr Dankwart resignierte, der restliche Unterricht stand unter dem Thema: Ich sehe was, was du nicht siehst. Die letzten beiden Stunden verbrachte Steffi in der Obhut von Fräulein Priesnitz, wo sie Buchstaben malte und das Gefühl hatte, wirklich etwas zu lernen.

Am nächsten Tag wollte sie wieder zur Schule.

Immerhin bestand sie den amtlichen Test, obwohl »wir ganz was anderes gemacht haben, als Sascha gesagt hat«, und zählte die Tage bis zur offiziellen Einschulung. Ihren Vater informierte sie dahingehend, daß als Reisemitbringsel nicht mehr Plastiktierchen erwünscht seien oder Süßigkeiten, sondern Wachsmalkreiden, Lineal und Heftordner. Als Stefanie dann endlich zum erstenmal in die Schule marschierte, schleppte sie eine

Ausrüstung mit sich herum, die für einen Gymnasiasten der Mittelstufe völlig genügt hätte. Übrigens legte sich später ihr Enthusiasmus ziemlich schnell wieder, und ich glaube, ihr vermeintlicher Wissensdurst entsprang wohl doch mehr dem Wunsch nach einer Schultüte und dem mit Beginn des Schuleintritts fälligem Taschengeld.

Außerdem wollte sie eine Uhr haben, »aber eine richtige!« Ich lehnte das ab und erklärte meiner Tochter, was ein Angeber ist. »Jemand, der eine Armbanduhr trägt und sie nicht ablesen kann, gibt bloß an!«

Steffi sah das ein. Sie klemmte sich hinter Sven, der geduldig mit ihr übte und das schaffte, was ich seit einem Jahr vergeblich versucht hatte. Als Anschauungsobjekt benutzte er seinen Wecker. Nach vier Tagen war der zwar kaputt, aber Steffi machte Fortschritte. Und als sie mir auf Befragen mitteilte, jetzt sei es »zwei Minuten vor fünf Minuten vor halb sieben«, bekam sie ihre Uhr. Zu Weihnachten war die zweite fällig, weil die erste auf rätselhafte Weise verschwunden war.

Mein Geburtstag ist im Mai, also zu einer Jahreszeit, in der die meisten Gärten schon in üppiger Blüte stehen. Das monatliche Taschengeld meiner Söhne stand damals in keinem Verhältnis zu ihrem Bedarf an Kaugummi, Comicheften und ähnlichen lebenswichtigen Konsumartikeln, und so pflegten die Knaben den ihrer Meinung nach unerläßlichen Geburtstagsstrauß jedesmal irgendwo gratis zu besorgen. Vom erzieherischen Standpunkt lehne ich diese Methode selbstverständlich ab. Andererseits hatte ich selbst früher als mittellose Schülerin die traditionellen Muttertagsblümchen auf ähnliche Weise beschafft!

Nun erforderte mein zwangsläufig jedes Jahr wiederkehrender Geburtstag ohnehin ein Höchstmaß an Toleranz, und ganz besonders schlimm wird es, wenn auf dasselbe Datum auch noch der Muttertag fällt. Diese geballte Ladung von ungewohnter Liebenswürdigkeit und Hilfsbereitschaft seitens der Familie ist schwer zu ertragen. Und wenn einem der taktvolle Nachwuchs auch noch mitteilt, daß man mit 36 doch eigentlich schon ziemlich alt sei, wirkt diese Feststellung auch nicht gerade stimmungsfördernd.

Jedenfalls begann mein Geburtstag in jenem Jahr mit einem

schrillen Weckergebimmel um sieben Uhr. Und das am Sonntag! Mein Gatte erhob sich knurrend, erklärte mir aber, ich solle noch weiterschlafen, da ich heute sämtlicher Pflichten entbunden sei.

Nun ist das mit dem Schlafen nicht so ganz einfach, wenn im Haus vier Elefanten herumstampfen und offenbar im Begriff sind, das sprichwörtliche Porzellan zu zerschlagen. Nach einer Stunde lautstarken Wirkens öffnete sich schließlich die Schlafzimmertür, und herein marschierten wie die Orgelpfeifen sechs Personen in den verschiedenen Stadien der seelischen Auflösung. Vorneweg die Zwillinge, die abrupt stoppten, als sie ihre Mutter im Bett erblickten. Diese Situation kannten sie nicht, also vorsichtiger Rückzug. Zusammenstoß mit der nachfolgenden Truppe, gelinde Panik. Erneute Formation, Weitermarsch. Die Zwillinge weigerten sich, ihre Maiglöckchensträußchen abzuliefern, umklammerten die Stengel wie Besenstiele, heulten. Steffi knallte ihre Fresien auf den Nachttisch und sagte energisch:

»Herzlichen Glückwunsch, und ich glaube, du stehst doch besser auf, wir haben das mit den Windeln nicht so richtig hingekriegt!«

Als nächster baute sich Sascha vor mir auf. Er präsentierte einen riesigen Strauß Pfingstrosen (hoffentlich hatte er Karlchens Vorgartenbusch nicht restlos geplündert!) und erklärte:

»Ich hatte dir auch noch ein Bild gemalt, aber als ich gestern von Papis Lack etwas drüberspritzen wollte, habe ich die falsche Flasche erwischt. Jetzt ist alles zusammengeklebt. Ich gratuliere dir aber trotzdem.«

Sven hatte Tulpen geklaut und überreichte mir außerdem etwas Eingewickeltes. »Das habe ich im Werkunterricht gemacht, hoffentlich gefällt es dir.«

Natürlich gefiel es mir, ich wußte nur nicht, was es sein sollte. Das Geschenk bestand aus glasiertem Ton, ähnelte in seiner Form einem riesigen Champignon, dem man die Wölbung der Kappe abgeschnitten hatte, und war in verschiedenen Farbtönen bemalt.

Schließlich kam mir die Erleuchtung.

»Endlich mal ein Aschenbecher, der nicht so aussieht wie die üblichen!«

Sven war beleidigt. »Von wegen Aschenbecher! Das ist ein Kerzenständer!!«

Na ja, wenn wir die Gewohnheit hätten, Altarkerzen im Hause aufzustellen, wäre ich vielleicht auch von selbst darauf gekommen.

Den Abschluß der Meute bildete Rolf, beladen mit einem Frühstückstablett, das er nun aufatmend auf meinem Deckbett abstellte, und das mir die Möglichkeit nahm, seinen liebevollen Geburtstagskuß rechtzeitig abzubremsen. Sascha sammelte die Scherben auf, Stefanie holte ein Aufwischtuch, Sven zog den Bettbezug ab, und ich verschwand im Bad.

Nach dem Frühstück – die Knaben hatten den Küchendienst übernommen und stritten sich, wer die begehrtere Arbeit des Abwaschens erledigen durfte – eröffnete mir Rolf, daß wir heute zur Feier des Tages außerhalb essen würden. Früher hatten wir das öfter mal getan, aber in den letzten Monaten waren derartige Auftritte in der Öffentlichkeit dank der noch nicht vorführungsreifen Tischmanieren unserer beiden Jüngsten unterblieben.

»Wenzel-Berta holt nachher die Zwillinge«, beruhigte mich Rolf, »ich habe das schon mit ihr abgesprochen.«

»Und *wo* wollen wir essen gehen?«

»Ich dachte, wir fahren nach Mehringen. Dort ist doch die Segelfliegerschule, da wollten wir schon immer mal hin.«

Was heißt wir?! Rolf und die Jungs interessierten sich dafür, ich nicht. Hoffentlich kamen sie nicht auch noch auf die Idee, mir einen Rundflug zu spendieren. Mir ist fester Boden unter den Füßen lieber, und ich besteige ein Flugzeug nur, wenn ich muß. Vermutlich komme ich deshalb so selten nach Berlin!

Um halb elf erschien Wenzel-Berta und brachte eine prachtvolle Torte mit. »Ich tu Ihnen man auch ganz herzlich gratulieren und Gesundheit wünschen und so. Älter werden wir ja man alle, und für Ihre Jahre tun Sie doch noch ganz passabel aussehen, sagt mein Eugen auch immer.«

Ich nehme an, hierbei sollte es sich um ein Kompliment handeln, nur klang es leider ein bißchen wie das Gegenteil.

Nach einigen Irrfahrten und einem beträchtlichen Umweg erreichten wir schließlich unser Ziel: Ein paar schiefe Holzschuppen, einige Flugzeuge in den verschiedenen Stufen des Zusammenbaus, ein knappes Dutzend in der Luft, und das Ganze auf dem kahlen Gipfel eines Berges, wo es scheußlich windig war. Für die Piloten mochte das vorteilhaft sein, ich fror aber, und Steffi bibberte auch. In ungefähr 300 Meter Entfernung entdeckte ich ein Restaurant. Das sah zwar auch aus wie ein Schuppen, nur ein bißchen solider gebaut, aber wenigstens war es da drin windstill. Voll war es auch. Ich bestellte Kaffee, Kakao und die Speisekarte. Auf der waren acht Gerichte verzeichnet, drei davon bereits gestrichen. Dann erschien die Kellnerin und strich das vierte durch. Jetzt konnten wir noch wählen zwischen Wiener Schnitzel, Maultaschen, Rostbraten und Salatplatte. Russische Eier sowie Bockwurst waren auch noch zu haben. Beide rangierten unter ›Kalte Speisen‹.

Als sich die männlichen Familienmitglieder endlich von ihrem Beobachtungsposten losgerissen hatten und ziemlich durchgefroren auftauchten, war meine Laune auf einem Tiefpunkt angelangt. Ich forderte einen Lokalwechsel. Die Knaben hatten Hunger und waren dagegen. Rolf auch. Wir bestellten Schnitzel mit Pommes frites. Da war es halb zwei. Um zwei Uhr reklamierten wir. Nein, wir seien nicht vergessen worden, das Essen käme gleich. Um halb drei reklamierten wir nochmals. Die Kinder bauten Bierdeckelhäuschen und malten mit Zahnstochern Muster auf die Tischdecke. Um drei Viertel drei begehrte Rolf eine Rücksprache mit dem Geschäftsführer. Es gab keinen. Schließlich erschien eine beleibte Dame mit gerötetem Gesicht, die sich als Besitzerin des Etablissements zu erkennen gab und den mangelnden Service mit einer Grippeepidemie entschuldigte. »Ha, drei Mädle lieget im Bett, und ich hab oin Koch. Der schafft's net alloi, trotzdem daß i au seit halber acht in der Küch steh. Wir hend heut äbe so arg viel Gäst, weil doch Muttertag is.«

Eben!

Um drei Uhr bekamen wir endlich unser Mittagessen, das dann auch genauso schmeckte, wie es aussah, nämlich scheußlich!

Die Rückfahrt verlief ziemlich schweigsam. Dafür begann ein um so regeres Treiben, als wir endlich wieder zu Hause waren. Rolf tuschelte mit den Jungs, anschließend preschte Sascha los, während Rolf sich in seinem Zimmer einschloß und telefonierte. Sascha kam zurück, erneutes Flüstern, sodann Aufmarsch der drei Herren.

»Also«, begann Sven, »der Ausflug heute ist ja wohl in die Hosen gegangen, wollte sagen, war eine totale Pleite. Und da haben wir uns gedacht...«

»Da hat Papi gedacht«, korrigierte Sascha, »daß ihr am

Abend noch mal ganz alleine feiert. Wenzel-Berta bringt die Zwillinge ins Bett, ich habe sie gerade gefragt, und wir machen auch ganz bestimmt heute keinen Ärger mehr!«

»Ich habe für acht Uhr einen Tisch im Insel-Hotel bestellt, anschließend gehen wir noch ein bißchen bummeln«, fügte Rolf mit um Verzeihung bittender Miene hinzu. »Ich habe ja auch nicht ahnen können, daß unsere Exkursion solch ein Reinfall werden würde.«

Wenigstens der Abend wurde noch sehr schön, und das exquisite Essen entschädigte mich hinreichend für das sogenannte Mittagsmahl.

Wann wir in jener Nacht nach Hause gekommen sind, weiß ich nicht mehr, ich kann mich nur noch daran erinnern, daß wir bei unserer Heimkehr keine einzige Zigarette mehr hatten und nirgends zwei Markstücke fanden, um aus Frau Häberles Automaten wenigstens noch ein Päckchen ziehen zu können. Nur passionierte Raucher vermögen das Ausmaß dieser Tragödie zu ermessen!

Zwei Tage nach meinem Jubelfest kündigte unser Hauswirt seinen Besuch an. Er habe etwas Wichtiges mit uns zu besprechen. Derartiges war noch nie vorgekommen, und ich erwog alle Möglichkeiten, die zu einer persönlichen Rücksprache hätten Anlaß geben können. Die Miete hatten wir immer pünktlich bezahlt, die von einem Schneeball zertrümmerte Außenbeleuchtung war inzwischen ersetzt worden, und Saschas Prügelei mit dem Sohn des Pfarrers, bei der nebst zwei Milchzähnen eine total zerfetzte Skihose auf der Strecke geblieben war, hatten wir doch schon längst in christlichem Sinne bereinigt. Die beiden Kontrahenten spielten wieder zusammen.

Nun dringen aber nicht alle Schandtaten unsere hoffnungsvollen Nachwuchses bis zu unseren Ohren. Es konnte also durchaus sein, daß speziell die beiden Jungs irgend etwas ausgefressen hatten, das ein Einschreiten unseres Hauswirts notwendig machte. Vorstellen konnte ich mir das trotzdem nicht. Sven und Sascha sind alles andere als Musterknaben, aber sie sind nicht feige und beichten ihre Missetaten. In letzter Zeit hatte es jedoch keine nennenswerten Vorkommnisse gegeben.

Vorsichtshalber überprüfte ich unseren Alkoholvorrat, besorgte Zigaretten und bat Rolf um die Verschiebung seiner geplanten Fahrt nach Heidelberg. Meine manchmal erwachenden Emanzipationsanwandlungen schwinden restlos im Umgang mit Behörden und Hauswirten!

Herr Weigand kam. Und er kam mit Gattin. Die war nicht angekündigt. Dafür war sie eine echte Schwäbin, und ich hatte wieder mal nicht Staub gewischt. Aber wenigstens war der Rasen gemäht.

Nach den einleitenden Floskeln kam Herr Weigand ziemlich schnell zur Sache. Wir hätten doch bei der ersten Besichtigung des Hauses den Wunsch geäußert, selbiges zu kaufen. Ob wir noch immer daran interessiert seien? Nein, das waren wir eigentlich nicht. Und weshalb nicht? Na ja, wir müßten ja auch an später denken, die Kinder – zumindest die beiden ältesten – würden in absehbarer Zeit doch wohl das Elternhaus verlassen, für die verbleibende Familie sei das Haus viel zu groß, und und und ... Wir wanden uns wie Regenwürmer und hatten nicht den Mut, die Wahrheit zu sagen, daß uns nämlich nicht nur das Haus nicht mehr paßte, sondern auch alles, was damit zusammenhing, einschließlich Heidenberg.

Schließlich legte Herr Weigand die Karten auf den Tisch. Er habe geschäftliche Schwierigkeiten und sei gezwungen, das Haus zu verkaufen. Offiziell firmierte er als Malermeister, betrieb aber nebenher noch eine Versicherungsagentur, handelte mit Altmetall und verkaufte marokkanische Lederwaren. Welches seiner Unternehmen das finanzielle Desaster verursacht hatte, weiß ich nicht mehr, aber offenbar standen alle auf wackligen Füßen. Interessenten für das Haus gäbe es bereits, allerdings hätten alle den Wunsch geäußert, es auch zu bewohnen. Wenn wir uns bereit finden könnten, den auf fünf Jahre befristeten Mietvertrag vorzeitig zu lösen, dann sei er, Herr Weigand, gewillt, die Umzugskosten zu tragen.

Da hatten wir uns doch schon so manches Mal den Kopf zerbrochen, wie wir halbwegs ungerupft aus unserem Vertrag herauskommen könnten, und nun wollte man uns den Vertragsbruch sogar noch honorieren!

Rolf schaltete sofort! Er setzte eine ernsthafte Miene auf, bekundete äußerste Bedenken ob der Zustimmung eines baldigen Wohnungswechsels und erbat Bedenkzeit.

Wir hatten den Jungs gegenüber schon mehrmals angedeutet, daß eine Rückkehr in die Zivilisation vielleicht doch wünschenswert sei, und die Knaben hatten dem zugestimmt. Sven hatte schon seit längerem das Fehlen jeglicher kultureller Einrichtungen bemängelt, worunter er hauptsächlich ein Kino verstand, und Sascha kannte inzwischen sämtliche Winkel Heidenbergs und alle 211 Einwohner. Es gab also nichts Neues mehr zu entdecken. Mit einem Umzug war er sofort einverstanden.

Blieb noch Steffi, die mit dem halben Dorf befreundet war und so ziemlich jede Kuh mit Namen kannte.

»Gibt es da, wo wir hinziehen, eine Schule?«

»Aber selbstverständlich, sogar eine ganz große!« beruhigte ich sie.

»Dann ist es mir egal, ob wir hierbleiben oder nicht. Mit Rita habe ich mich heute sowieso verkracht!«

Abends brüteten wir über dem Autoatlas und suchten unter Zuhilfenahme eines Zirkels den geographisch günstigsten Ausgangspunkt für Rolfs Reiserouten. Wir ermittelten eine Stadt namens Neckarsulm. Soviel mir bekannt war, gab es dort aber ein Automobilwerk, und vermutlich nicht nur das. Ein Industriegebiet schwebte mir als künftiges Zuhause nun nicht gerade vor, wenn ich auch zugeben mußte, daß der Ort verkehrsgünstig lag. Ich stach den Zirkel also in das Zentrum von Neckarsulm und schlug einen Kreis. In der Realität entsprach der Radius einem Umkreis von etwa 25 km Luftlinie. Soviel Spielraum hatte Rolf bewilligt. Jetzt sah die Sache schon anders aus! Innerhalb des Kreises befanden sich zwei Ortschaften, die vor ihrem Namen die Bezeichnung Bad trugen. Damit verband ich die Vorstellung von Grünanlagen, Kurkonzert und Badeärzten, die hoffentlich auch Masern und Keuchhusten kurieren würden. Warum sollten wir also zur Abwechslung nicht mal in einem Kurort wohnen?

Rolf informierte zwei Makler über seine diesbezüglichen Wünsche und brachte stapelweise regionale Tageszeitungen mit nach Hause, von denen ich noch nie etwas gehört hatte. Uns interessierte ohnehin nur der Anzeigenteil, und davon lediglich der Wohnungsmarkt. Neben Obstgärten mit altem Baumbestand und Komf-App. m. 2 Z. sowie Kn. u. D. m. Bk. fanden wir unter der Rubrik ›Vermietungen‹ überwiegend wetterfeste Scheunen oder Garagen mit angrenzender Werkstatt. Für die offerierten Wohnungen kamen unter Berücksichtigung der angegebenen Quadratmeterzahlen lediglich Rentnerehepaare oder alleinstehende Damen mit Dackel in Betracht.

Auch die Makler versuchten, ihr Erfolgshonorar zu verdienen. Sie schickten laufend verlockende Angebote. Abgesehen davon, daß die Objekte überall dort standen, wo wir *nicht* hinziehen wollten, schien man Rolf für ein Aufsichtsratsmitglied des Flick-Konzerns anzusehen, das ohne weiteres eine vierstellige Mietsumme hinblättern könnte.

Und dann entdeckte ich in einer der regionalen Zeitungen ein Inserat, das recht vielversprechend klang. Da wurde in einem Kurort ein freistehendes, geräumiges Einfamilienhaus mit großem Garten angeboten. Besonders beeindruckte mich der Zusatz: Geeignet für Familien mit Kindern. So etwas hatte ich noch niemals gelesen!

Ich hängte mich sofort ans Telefon. Es meldete sich eine Maklerfirma, und zwar eine der beiden, die bisher vergebens nach einer passenden Behausung für uns gefahndet hatten. Man versicherte mir sehr wortreich, daß man uns über das betreffende Haus in den nächsten Tagen selbstverständlich auch unterrichtet hätte, und ob wir es ansehen wollten. Es stände übrigens in Bad Randersau.

Genau dorthin wollten wir ja!

Am nächsten Tag deponierten wir die Zwillinge bei Wenzel-Berta, luden die drei Großen ins Auto und fuhren zur Besichtigung.

Am Ortseingang informierte uns ein großes Schild, daß Bad Randersau ein Soleheilbad ist. Zehn Meter weiter lasen wir: Kurort! Bitte Ruhe halten! Irgendwo in der Nähe ratterte ein Preßluftbohrer.

Wir fuhren vorbei an freundlichen kleinen Häusern mit freundlichen kleinen Gärten und näherten uns dem Ortskern. Dort hielten wir erst einmal an. Die Bahnschranken waren geschlossen. Für mich ein herrlicher Anblick! Wo es Schienen gab, mußte es auch einen Bahnhof geben, und der wiederum bedeutete Rückkehr in die Zivilisation und Verbindung zur großen Welt! Der Bahnhof hatte eine himbeereisrote Fassade, aber es war unzweifelhaft ein Bahnhof mit Fahrkartenschalter und Gepäckaufbewahrung. Gegenüber befand sich die Post.

Wir fuhren weiter, kamen an einer hohen Mauer vorbei,

die einen größeren Park begrenzte. Mittendrin stand etwas Schloßähnliches.

»Wohnt da ein König?« erkundigte sich Stefanie interessiert.

»Könige gibt es nicht mehr, aber vielleicht 'n Graf«, belehrte Sven seine Schwester.

»Schade, ich hätte gern mal mit einer Prinzessin gespielt.«

Wir hatten den Park zur Hälfte umrundet und mußten nun endlich Erkundigungen über die weitere Fahrtrichtung einziehen. Die ältere Dame, die wir nach dem Föhrenweg fragten, bedauerte. Sie sei Kurgast und wisse nicht Bescheid. Zwei junge Mädchen zuckten mit den Achseln. »Wir nix kennen Straße.« Rolf versuchte sein Glück bei einem Herrn mit eingegipstem Arm. Der war aber auch nicht von hier. Schließlich kamen wir zu einem Blumenladen. Rolf ging hinein.

»Wir sollten geradeaus weiterfahren, dann rechts, und dann fangen angeblich die Bäume an«, informierte er mich und drückte mir ein Kaktustöpfchen in die Hand.

Wir fuhren also geradeaus, dann rechts, dann weiter geradeaus, und dann standen wir vor einem großen Krankenhaus. Also kehrt, Straße zurück, die nächste rechts rein – sie hieß Tannenstraße – dann kreuzten wir die Lindenstraße, bogen in die Buchenstraße ein, überquerten den Lärchengrund und erreichten endlich den Föhrenweg. Am Straßenrand standen Birken!

Haus Nummer 8 erwies sich als nahezu quadratischer Steinkasten mit etwas verwildertem Vorgarten und Tiefgarage.

»Bißchen kahl, nicht wahr?«

»Wir wollen ja *im* Haus wohnen und nicht davor!« beschied mich mein Gatte und klingelte weisungsgemäß im Haus Nr. 6, einem efeubewachsenen Bungalow, wo die Schüssel von Haus Nr. 8 deponiert sein sollten. Ein schon ziemlich betagter Herr öffnete, händigte Rolf die Schlüssel aus und fragte, ob wir allein zurechtkämen. Er sei schon 82 Jahre alt, und die Beine wollten nicht mehr so richtig.

»Du liebe Güte, da müssen wir ja ewig leise sein«, flüsterte Sascha entsetzt, »alte Leute schlafen doch immerzu!«

Das Innere des Hauses gefiel uns auf Anhieb. Der Wohnraum hatte eine normale Größe, das angrenzende Eßzimmer ebenfalls, das Bad war nur vom Schlafzimmer aus zu betreten und würde uns endlich einmal allein gehören, die Küche lag zentral, und ein Arbeitszimmer mit eingebauten Schränken gab es im Erdgeschoß auch noch.

Das obere Stockwerk erinnerte mich allerdings an ein Hotel der Mittelklasse: langer Gang mit tintenblauem Kunststoffbelag, rechts und links Türen. Eins der oberen Zimmer hatte einen kleinen Balkon und wurde sofort von Sven requiriert mit der Begründung, sein Wellensittich brauche Sonne und frische Luft. Sascha wollte das danebenliegende Zimmer haben, aber da war das Bad.

Wir verschoben die endgültige Raumverteilung auf einen späteren Zeitpunkt und bestaunten erst einmal den Garten. Der war nun wirklich riesig, nicht sonderlich gepflegt, was meinen mangelnden gärtnerischen Ambitionen aber durchaus entgegenkam, und bestand überwiegend aus Rasen und Klee. Außerdem gab es einen verrotteten Sandkasten und mehrere Obstbäume. Später stellten wir fest, daß sie nur kleine verschrumpelte Mostäpfel hervorbrachten. Die Kinder hatten genug gesehen, bekundeten ihr Einverständnis zur Anmietung des Hauses und verschwanden. Rolf und ich besichtigten noch einmal gründlich alles von oben bis unten. Unten entdeckten wir neben der Garage und dem Heizungskeller zwei weitere Kellerräume, einer davon mit Wasseranschluß. Das gab den Ausschlag! Rolf hatte schon seiner Dunkelkammer nachgetrauert.

Als wir die Schlüssel zurückbrachten und den alten Herrn darauf vorbereiteten, daß er möglicherweise fünf minderjährige Nachbarn bekommen würde, zeigte er sich wider Erwarten keineswegs erschüttert. »Vorher haben da auch schon vier Kinder gewohnt.«

Von unserem Nachwuchs war nichts zu sehen. Schließlich entdeckten wir Steffi, die sich mit einem etwa gleichaltrigen Jungen unterhielt.

»Das ist Katharina«, stellte sie uns den vermeintlichen Knaben vor, »die kommt jetzt auch in die Schule, da können wir immer zusammen gehen.« Für Stefanie schien die Übersiedlung nach hier bereits beschlossene Sache zu sein.

Sven und Sascha gabelten wir an der nächsten Straßenecke auf. Sie bildeten den Mittelpunkt einer Gruppe von Kindern, die alle ziemlich unternehmungslustig aussahen und sofort fragten, wann wir denn einziehen würden.

»Wenn wir das Haus bekommen können, so bald wie möglich«, sagte Rolf.

»Det kriejen Sie bestimmt, da wohnt schon seit Monaten keener mehr«, klärte uns ein blonder Knabe auf, unzweifelhaft preußischer Herkunft.

»Und warum nicht?«

»Keene Ahnung, vielleicht is der Bunker zu groß.«

Unsere Söhne verabschiedeten sich, kletterten ins Auto und begehrten eine Fahrt durch Bad Randersau.

»Hier soll es ein ganz tolles Freibad geben, und einen Minigolfplatz und einen Reiterhof und ...«

»Jetzt fahren wir erst einmal zum Postamt. Ich will telefonieren«, bremste Rolf die Begeisterung seines Jüngsten.

Das Gespräch dauerte ziemlich lange, war aber auf der ganzen Linie erfolgreich. Wir konnten das Haus sofort haben, und die Miete lag auch noch gerade im Rahmen des Erschwinglichen.

»Prima!« sagte Sven. »Aber nun die Stadtrundfahrt.«

Den Bahnhof kannten wir bereits. Jetzt entdeckten wir eine Apotheke, eine Bankfiliale und viele Geschäfte, von denen ich in Heidenberg nur träumen konnte. Wir fanden die Schule, eines dieser unpersönlichen Standardbauwerke mit viel Glas und Beton, trotzdem von Steffi ehrfurchtsvoll bestaunt, wir fuhren an einem wunderhübschen Kindergarten vorbei, an einem weniger hübschen Sportplatz, weil ziemlich ungepflegt, und dann erblickten wir den Wegweiser ›Kurviertel‹.

Da gab es ein Kurhaus mit Kurpark, eine Kurverwaltung, eine Kurbücherei, ein Kurmittelhaus, eine Kurklinik und einen Kurpavillon. Ohne Kur davor schien lediglich das Hallenbad zu sein, mithin auch gewöhnlichen Sterblichen zugänglich.

Und dann standen wir wieder vor der geschlossenen Bahnschranke (ich habe später noch sehr oft davorgestanden!). Die Kinder behaupteten, Durst zu haben. Den haben sie immer, wenn sie sich im Auto langweilen.

»Ich muß aufs Klo!« sagte Steffi. Das half!

Wir hielten vor einem Gasthaus mit dem altmodischen Namen ›Zum Goldenen Posthorn‹ und betraten einen gemütlichen Schankraum. Holzdecke, Butzenscheiben, weißgescheuerte Holztische. In einer Ecke etwas desillusionierend eine Musikbox. Wenn es wenigstens ein Hammerklavier gewesen wäre ... Die Wirtin brachte Wein und Apfelsaft und war einem kleinen Schwätzchen nicht abgeneigt.

Nach einer halben Stunde wußten wir alles Notwendige.

Bad Randersau hatte ungefähr elftausend Einwohner, die Hälfte davon war allerdings in irgendwelchen Vororten beheimatet. Es gab drei große Sanatorien, mehrere kleine Pensionen und Fremdenheime, ein halbes Dutzend freipraktizierender Badeärzte, drei Zahnärzte und eine orthopädische Klinik. Letztere erwies sich im Laufe der kommenden Jahre als sehr vorteilhaft, denn unsere gesamte Nachkommenschaft ist dort inzwischen karteimäßig erfaßt. Stefanie wurde sogar eine Zeitlang Dauerpatient; kaum war der Armbruch verheilt, da brach sie sich den Mittelfinger, dann verstauchte sie sich den Knöchel, und kurze Zeit später kam der andere Arm in Gips.

Bevor wir die Heimfahrt antraten, kaufte ich in einem der drei Schreibwarengeschäfte noch die letzte Ausgabe des Randersauer Amtsblattes. Jede größere Gemeinde in Schwaben, die etwas auf sich hält, gibt so ein lokales Mitteilungsblättchen heraus. Das von Bad Randersau umfaßte sechs Seiten. Der Kleintierzüchterverband kündigte die nächste Mitgliederversammlung an, der Bezirksschornsteinfegermeister informierte über die bevorstehende Immissionsschutzmessung (??), Herr Dr. Drewitz war für das kommende Wochenende zum ärztlichen Sonntagsdienst eingeteilt, der Odenwaldklub bereitete einen Wandertag vor, die Abwassergebühren würden ab 1. Juli erhöht werden, und ein Herr Prof. Dr. Maiwald plante im Gemeindesaal einen Lichtbildervortrag über Nepal. Eintritt zwei D-Mark.

Die Zivilisation hatte uns wieder!

15.

Jetzt stand mir allerdings noch eine schwierige Aufgabe bevor: Ich mußte Wenzel-Berta auf den Exodus vorbereiten. Bisher hatten wir ihr unsere Pläne verheimlicht und den Vertrauensbruch vor uns selbst damit entschuldigt, daß die ganze Angelegenheit noch nicht spruchreif war. Aber nun mußte ich Farbe bekennen.

Wenzel-Bertas Reaktion war ebenso überraschend wie folgerichtig.

»Kriegen Sie wieder 'n Kind?«

Sie war inzwischen so in unsere Gemeinschaft integriert, daß ihr die wesentlichen Punkte der Familienchronik geläufig waren. Tatsächlich hatte ja der jeweilige Nachwuchs bisher regelmäßig einen Umzug zur Folge gehabt.

Ich klärte sie über die Hintergründe des notwendigen Wohnungswechsels auf.

»Da bin ich aber beruhigt«, erwiderte sie, »weil die Jüngste sind Sie ja nu auch nich mehr. – Für zum Kinderkriegen, meine ich man bloß!« fügte sie erschrocken hinzu. Dann wienerte sie verbissen auf dem Couchtisch herum. »So, nach Bad Randersau wollen Sie? Kenne ich, weil meine Schwägerin hat da mal mit was Orthepedischen gelegen, aber gefallen hat's mir nich, und die Oberschwester war ein Drachen, weil die hat dem Eugen doch richtig seine Zigarre weggenommen. Dabei waren da doch bloß Kranke, die was an Arme und Füße hatten und keine mit Diät und so.«

Mein Hinweis, daß wir unsere Zelte ja nicht im Klinikbereich aufzuschlagen gedächten, schien Wenzel-Bertas Empörung nur etwas zu mildern. »Und wenn schon, ich würde nie nich in einen Ort ziehen, wo so viele Krankenhäuser sind. Da weiß man nie, mit was man sich ansteckt.«

»Sanatorien sind keine Krankenhäuser, und Kurgäste sind auch keine Patienten.«

Wenzel-Berta ließ sich nicht beirren. »Und dann lassen Sie man die Kinder möglichst nich aus'm Garten raus, weil Sie wissen ja nich, mit wem sie so zusammenkommen.«

Herrn Weigand hatten wir inzwischen davon unterrichtet, daß wir seinen Vorschlag annehmen würden und uns bereits nach einem neuen Domizil umgesehen hätten. Offenbar sei es aber nicht möglich, ohne Einschaltung eines Maklers etwas Geeignetes zu finden. Herr Weigand bewilligte auch den, schickte uns dafür aber im Laufe der nächsten zwei Wochen ständig Kaufinteressenten ins Haus, die in der Regel während des Mittagessens auftauchten. Während ich – mit heißer Kartoffel im Mund und gerechtem Zorn im Bauch – die typisch weiblichen Fragen nach Einkaufsmöglichkeiten und (nicht vorhandenen) Kindergärten beantwortete, erläuterte Rolf den männlichen Besuchern seine Erfahrungen mit Installation, Heizölverbrauch und Handwerkern. Je nachdem, ob uns die Kauflustigen sympathisch waren oder nicht, rückten wir entweder mit der Wahrheit heraus oder verschwiegen die nicht unerheblichen Mängel des Hauses.

Den Zuschlag erhielt schließlich ein Ehepaar gesetzteren Alters, dessen weiblicher Teil sogar im Juni einen Nerzmantel trug und das Fehlen eines offenen Kamins in der ›doch sonst recht ansprechenden Wohnhalle‹ beanstandete.

»Natürlich könnten wir auch selbst bauen«, erklärte mir die Dame in herablassendem Ton, »aber dieser ständige Ärger mit den Handwerkern reibt einen ja viel zu sehr auf. Dabei habe ich ohnehin schon eine sehr labile Gesundheit und bin ständig in ärztlicher Behandlung.«

Vermutlich würde sie in Zukunft einen Psychiater brauchen!

In greifbare Nähe rückte unser Umzug allerdings erst dann, als ein Beauftragter der Spedition erschien, um das Mobiliar in Augenschein zu nehmen und die benötigte Anzahl der Kubikmeter zu errechnen, die zum Abtransport unserer Habseligkeiten erforderlich seien. Er kam auf elf Meter.

»Bei unserem letzten Umzug haben wir aber zwölf gebraucht, und inzwischen ist noch einiges dazugekommen«, dämpfte ich den Optimismus des bebrillten Sachverständigen.

»Bei uns sind nur Fachleute beschäftigt«, erklärte mir dieser, »und die wissen, wie man raumsparend verladen muß.«

Später stellte sich heraus, daß unsere Möbel annähernd 15 cbm beanspruchten, und selbst dann mußten wir den Rasenmäher und zwei Kisten mit leeren Einweckgläsern noch in unserem Kofferraum transportieren. Auf die offensichtliche Diskrepanz hingewiesen, grinsten die Möbelpacker nur. »Heini versteht vom Speditionsgeschäft soviel wie wir vom Brötchenbacken. Aber er ist der Schwager vom Chef!«

Mitten in die Umzugsvorbereitungen platzte die Fußballweltmeisterschaft und warf alle strategischen Planungen über den Haufen. Die Zeitverschiebung zwischen Mexiko und Deutschland brachte den ohnehin schon gestörten Tagesablauf restlos durcheinander, denn die Fernsehübertragungen fanden zu den unmöglichsten Zeiten statt und boten speziell den Knaben willkommene Ausreden, sich vor Hilfsdiensten zu drücken. Sie lagen stundenlang vor dem Fernseher auf dem Fußboden – mitunter beköstigten sie sich auch auf demselben – und waren nicht ansprechbar. Mein Desinteresse an Fußball im allgemeinen und an der Weltmeisterschaft im besonderen quittierten sie mit dem gleichen nachsichtigen Lächeln, mit dem sie auch meine Abneigung gegen Elvis Presley und Bill Haley tolerierten. Dabei bin ich wirklich kein Sportmuffel! Ich spiele gern Tennis, kann mich für Eishockey begeistern und versäume nach Möglichkeit keine Übertragung von Skiwettbewerben. Aber für Fußball habe ich nichts übrig.

Wenzel-Berta war der gleichen Meinung. »Wie können erwachsene Männer bloß so kindisch sein und sich wie Halbwüchsige um einen Ball schlagen. Aber mein Eugen ist ja auch ganz verrückt nach diese Weltmeisterschaft, und nu is gestern der Apparat kaputtgegangen. Kann er heute abend bei Ihnen gucken?«

»Aber selbstverständlich.«

»Er könnte ja auch in den ›Löwen‹ gehen, aber die saufen da immer so viel, und denn singt er mir wieder die halbe Nacht!«

Pünktlich um 20.45 Uhr stand Eugen vor der Tür. Wenzel-Berta übrigens auch, sie wollte sich noch das Rezept von der Zitronencreme abschreiben. Eugen wurde in einen Sessel komplimentiert, stand aber wieder auf, um die Mannschaftsaufstellung aus der Jackentasche zu holen. »Wenn wir nu heute gewinnen...«

Der Rest ging in der ZDF-Fanfare unter. Sascha kaute

geräuschvoll Kartoffelchips. Rolf entkorkte nicht minder geräuschvoll eine Weinflasche.

»Eugen, wo ist denn meine Brille? Ich kann doch ohne Brille nichts sehen.« Wenzel-Berta durchforschte vergeblich ihre Tasche.

Eugen hörte nichts. Er verglich noch einmal die auf dem Bildschirm erschienenen Namen mit seiner Liste.

»Aber ich hatte die Brille ganz bestimmt mit, die muß doch...«

»Pssst!«

Die Brille wurde gefunden. Auf dem Küchentisch neben dem Kochrezept. Wenzel-Berta war beruhigt und holte ihr Strickzeug hervor. Der Ärmel sollte heute noch fertig werden.

Das Spiel wurde angepfiffen, und damit begann ein für mich immer noch völlig unverständlicher Dialog zwischen den Männern. ›Aus‹ und ›Abseits‹ und ›Steilpaß‹ und ›Dribbling‹.

»Warum werfen die denn dauernd den Ball mit den Händen? Ich denke, das darf man nicht?«

Sascha belehrte mich gönnerhaft, daß es sich hierbei um einen Einwurf handele. Aha!

Plötzlich Geschrei: »Tooor!« Schade, ausgerechnet in diesem Augenblick hatte ich ein Stück Kork aus dem Weinglas gefischt.

»Wer hat denn das Tor geschossen?«

»Das war der Netzer, Berta.«

»Gehört der zu den Holländern?«

»Aber Berta, wir spielen doch jetzt nu gegen die Schotten, und Netzer ist natürlich unser Mann.«

»Na, denn isses ja gut. Eugen, gib doch mal deinen Arm her, ich glaube, ich kann jetzt abnehmen.«

»Du Papi, wenn die Scheune 17,80 m lang ist und 8,50 m hoch und im hinteren Drittel 6 m, wieviel Kubikmeter hat sie dann?« Sven erschien mit dem Rechenbuch unter dem Arm. Er hatte trotz väterlicher Anordnung seine Hausaufgaben nicht rechtzeitig erledigt und war in einer Anwandlung partriarchalischen Verhaltens in sein Zimmer verbannt worden. Trotzdem hatte er sich nicht nach dem Spielstand erkundigt. Anscheinend hörte er Radio.

»Also, wie ist das nun mit der Scheune?«

Rolf, sonst nicht abgeneigt, seinem Sproß bei den mathematischen Gehversuchen Hilfe zu leisten, wurde ärgerlich.

»Paß doch in der Schule besser auf, dann brauchst du nicht zu fragen!«

»Ich krieg's aber nicht raus.«

»Dann warte bis zur Halbzeit!«

Sven zog maulend wieder ab. Eine Zeitlang herrschte Ruhe. Dann ein langanhaltender Pfiff. Halbzeit! Ich sammelte die überquellenden Aschenbecher ein, Sascha wechselte von der horizontalen in die vertikale Position, und Wenzel-Berta zählte Maschen.

»Papi kannst du jetzt mal...«

Papa hörte nicht. Er setzte Eugen gerade auseinander, daß wir nun ganz berechtigte Chancen hätten, ins Endspiel zu kommen. Ich erbarmte mich der Scheune und errechnete eine Kubikmeterzahl, die ungefähr dem Volumen der Londoner Royal Albert Hall entsprach.

»Das stimmt doch nie!« protestierte Sven.

»Vermutlich nicht, warte lieber bis nachher. Oder schreib's morgen irgendwo ab, ich kriege das sowieso nicht raus.«

Auf dem Bildschirm verschwand die Wetterkarte, und eine stramme Musikkapelle erschien. Wir waren wieder in Mexiko.

Und weiter ging's. Die Herren der Schöpfung wurden zunehmend lebhafter, und es bleibt dahingestellt, ob diese Temperamentsausbrüche dem Spielgeschehen oder den geleerten Weinflaschen zuzuschreiben waren.

»Der Vogts steht heute immer falsch!« mißbilligte Rolf, als wieder einmal ein Ball ins Aus gerollt war. »Aber der Beckenbauer ist einfach großartig!«

Erstaunlich, wie die Männer die einzelnen Spieler auch noch namentlich auseinanderhalten konnten; ich war schon froh, wenn ich wußte, wer zu welcher Mannschaft gehörte.

»Könn' wir mal Licht machen, mir ist hier eben eine Masche gefallen.«

»Nu laß das bis nachher, Berta, das Spiel ist ja bald aus.«

Wenzel-Berta rollte resigniert ihr Strickzeug zusammen und beteiligte sich jetzt intensiv am Spielgeschehen.

»Was hat der denn?«

Ein Spieler lag am Boden und wurde massiert.

»Die sollen den mal mit Franzbranntwein einreiben, das is'n wahres Wundermittel. Der Schmidt ihre Krampfadern sind damit sogar weggegangen...«

»Berta, sei jetzt endlich still!«

2:0. Sascha sprang auf und raste zum zweitenmal gegen die Stehlampe. Rolf drückte seine Zigarette (die wievielte?) im Weinglas aus, und Sven, der den Kampf mit der Scheune wohl endgültig aufgegeben und sich in den Hintergrund des Zimmers verdrückt hatte, tobte wie ein Derwisch in gefährlicher Nähe des Philodendrons herum.

»Sieh dir bloß mal die Beine von dem Mann an!« rief Wenzel-Berta entsetzt und deutet auf die muskelbespickten Oberschenkel von Gerd Müller in Großaufnahme. »Das ist doch bestimmt krankhaft. Und denn immer diese Kopfbälle, auf die Dauer is das bestimmt nicht gut.«

Langsam beruhigten sich die Gemüter wieder. Außerdem waren nur noch ein paar Minuten zu spielen, da konnte kaum noch viel passieren.

Als der Schlußpfiff ertönte, schlugen sich die Männer begeistert auf die Schultern und versicherten sich gegenseitig, was wir (wir?) doch für tolle Kerle seien.

Bevor die Haustür hinter ihnen zuklappte, hörte ich Wenzel-Berta noch fragen: »Eugen, sind wir denn nu Weltmeister?«

Die noch verbleibende Zeit bis zum endgültigen Auszug verbrachte ich vorwiegend auf Landstraßen. Mindestens jeden zweiten Tag pendelte ich zwischen Heidenberg und Bad Randersau, ausgerüstet mit Zollstock und diversen Zetteln, auf denen ich vermerkt hatte, welcher Schrank in welche Ecke gestellt werden sollte, um dann feststellen zu müssen, daß er dort nicht hinpaßte, weil er fünf Zentimeter zu lang war. War ich wieder zu Hause, dann hatte ich garantiert vergessen, die andere in Betracht kommende Nische auszumessen, und die Zettelschreiberei ging von vorne los.

Auf der anderen Seite genoß ich ausgiebig die Möglichkeit, wieder an Ort und Stelle etwas kaufen zu können, erstand zwei noch fehlende Lampen, die von einem richtigen Elektriker angeschlossen wurden, und heuerte einen ortsansässigen Dekorateur an, der sich um die noch benötigten Gardinen kümmerte. Bei dieser Gelegenheit lernte ich als erstes, daß in einem Kurort fast alles teurer ist als woanders, ausgenommen Lebensmittel, weil überwiegend preisgebunden.

Inzwischen hatten die großen Ferien begonnen, und statt mich irgendwo am Meer in der Sonne zu aalen und dem Doecefarniente zu frönen, packte ich wieder einmal Kisten ein, entrümpelte Keller und Boden – auch Tante Lottis Bierkrug mit Zollernburg verschwand in der Mülltonne – und ermunterte meine Söhne, gleiches zu tun. Sie trennten sich auch tatsächlich von neun zerlesenen Comicheften und drei räderlosen Matchboxautos und schleppten ansonsten ständig neue Pappkartons von Frau Häberle an, in denen sie ihre Schätze verstauten.

Ungewohnte Bereitwilligkeit zeigten sie lediglich dann, wenn ich sie bat, mich auf einer Fahrt nach Bad Randersau zu begleiten. Entgegen meiner Vorstellung, sie würden mir beim Ausmessen der Fenster helfen oder einen Teil der anfallenden Reinigungsarbeiten übernehmen, verschwanden sie meist sofort nach unserer Ankunft und schlossen neue Freundschaften. Sascha hatte ziemlich schnell herausgefunden, wo die ihm zusagenden Kinder wohnten, und noch bevor wir endgültig eingezogen waren, kannte ich den größten Teil seiner späteren Clique.

Da gab es Manfred, einen dunkelhaarigen hübschen Burschen, der zwar nicht viel redete, aber den Kopf voller Dummheiten hatte und Saschas Busenfreund wurde. Drei Häuser weiter wohnte Andreas, der über eine angeborene technische Begabung verfügte und einige Jahre später nicht nur die gesamte Nachbarschaft, sondern auch die Polizei zur Verzweiflung brachte, weil ihm ständig neue Spielereien einfielen, die auf irgendeiner technischen Grundlage beruhten. Ich lernte Wolfgang kennen, einen Schwaben reinsten Geblüts, mit dem ich mich erst nach etwa einem halben Jahr unterhalten konnte, weil ich ihn vorher einfach nicht verstand. Auch Eberhard gehörte zum späteren Freundeskreis, jener blonde Berliner, der nie versuchte, seine Herkunft zu verheimlichen, und auch heute noch unverfälschten Dialekt spricht. »Soll ick mir valeicht diese Kindersprache anjewöhnen? Für mich is'n Haus ebent 'n Haus und keen Häusle!«

Zwei Tage vor dem endgültigen Umzugstermin überraschte mich Wenzel-Berta mit einem Vorschlag, der ihrem segensreichen Wirken im Dienste der Familie die Krone aufsetzte:

»Ich habe mir gedacht, und der Eugen meint auch, wir könnten doch ein paar Tage mit Ihnen kommen, weil da is doch bei so 'ner Umzieherei immer viel Arbeit, und ein bißchen Hilfe brauchen Sie doch. Schlafen können wir auf einer Matratze, weil das geht schon mal, wenigstens bis daß Sie alles weggeräumt haben und so.«

Wer verleiht bei uns eigentlich Orden? Wenzel-Berta hätte wirklich einen verdient, viel eher jedenfalls als irgendein Schnapsfabrikant, dem man zum fünfzigsten Geburtstag so ein Blechding um den Hals hängt.

Ja, und dann war es schließlich soweit, und es bot sich uns mal wieder der schon langsam vertraute Anblick: Der Möbelwagen keuchte die Steigung herauf, die Türen wurden aufgeklappt, und gewichtige Männer schleppten gewichtige Möbelstücke. Wie schon bei unserem Einzug stand nahezu die gesamte Dorfjugend herum, beteiligte sich am Transport kleinerer Gegenstände, letzte Tauschgeschäfte wurden abgewickelt, Papierfetzen mit Adressen wechselten die Besitzer, und dann war plötzlich Sascha verschwunden.

Minuten später baute sich sein Freund Gerhard vor mir auf.

»Hend Sie den Schlüssel zum Koffer?«

»Zu welchem Koffer?«

»Ha, zu dem großen weißen da.«

Er meinte unseren Universalbehälter, der einst als Überseekoffer seine Dienste getan hatte.

»Keine Ahnung, wo der Schlüssel ist, vermutlich in irgendeinem anderen Koffer. Wozu brauchst du ihn?«

»Ha no, der Sascha isch drin.«

»Wo drin?«

»In der Kist'. Aber sie gangt nimmer uff!«

»Waaas?«

Ich raste in das schon ziemlich geleerte Wohnzimmer, in dem tatsächlich noch der bewußte Koffer stand, gefüllt mit Couchkissen, zwischen die ich ein paar ziemlich wertvolle Kristallgläser gebettet hatte. Dumpfe Geräusche aus dem Inneren bestätigten mir immerhin, daß Sascha offensichtlich noch nicht erstickt war.

Es ist mir noch heute ein Rätsel, wie sich die bis dato einwandfrei funktionierenden Schlösser verklemmt haben konnten, aber die Tatsache blieb: Der Koffer ging nicht auf. Rolf war nirgends zu sehen, Gerhard bohrte hilflos in der Nase, und ich hämmerte ebenso hilflos auf dem Deckel herum.

Die Rettung erschien in Gestalt eines Möbelpackers. Er

erfaßte die Situation, zog einen Schraubenzieher von der ungefähren Größe eines Kleiderbügels aus der Hosentasche und stemmte die Schlösser auf. Der Deckel öffnete sich, dem Koffer entstieg ein etwas verängstigter Sascha und hielt anklagend seine linke Hand empor.

»Wer hat denn da was Gläsernes reingepackt? Ich habe mich ganz schön geschnitten!«

Die schon zu diesem Zeit fällige und lediglich vergessene Ohrfeige handelte er sich eine halbe Stunde später ein, als er mitsamt dem Gummibaum die Treppe hinunterfiel. Ihm war nichts passiert, aber statt eines Gummibaums hatten wir jetzt deren zwei.

Um die Mittagszeit war alles verladen, der Möbelwagen samt Steffi schaukelte davon und signalisierte den Dorfbewohnern freie Fahrt zum Abschiedsbesuch. Rolf war mit den Jungs schon vorausgefahren. Ich sollte mit den Zwillingen und Wenzels nachkommen, obwohl ich langsam bezweifelte, daß wir das jemals schaffen würden. Frau Kroiher kam und brachte Johannisbeeren mit, Frau Söhner kam und brachte Äpfel mit, Frau Fabrici kam und brachte grüne Bohnen mit, Ritas Mutter kam und brachte Eier mit... Man war wohl der Meinung, wir zögen in die Wüste oder nach Alaska.

Den letzten Beweis von Anhänglichkeit lieferte Karlchen. Er stoppte uns mitten auf der Dorfstraße, öffnete die Beifahrertür und drückte mir eine Flasche ›Heidenberger Sonnenhalde‹ in die Hand.

»Ha no, hier liegt's halt doch mit manchem im arge, aber unser Wein isch gut, daran solltet Sie immer denke, wann Sie mal an uns denke!«

Nachwort

Seit jenem Tag sind fast acht Jahre vergangen. Wir sind seßhaft geworden und wohnen noch immer in Bad Randersau. Mit uns weitere 16 692 Einheimische, zu denen wir uns inzwischen auch zählen. Wir haben ein neues Kurhaus bekommen, das wie ein Betonbunker aussieht, innen aber recht hübsch ist. Als besonders vorteilhaft erweisen sich die verschiebbaren Innenwände, dank derer das halbe Kurhaus in einen Theatersaal verwandelt werden kann. Eine moderne Bühne gehört ebenfalls zur Ausstattung, und seit ein paar Jahren ist Bad Randersau Etappenziel wandernder Tourneetheater. Wir konnten schon Marika Rökk bewundern, Maria Hellwig und die Tegernseer Bauernbühne.

Unser Wohnviertel hat sich um das Doppelte vergrößert, und nachdem alle heimischen Baumarten namentlich gewürdigt worden sind – als letztes wurde eine Ebereschenstraße geschaffen, die aber nach Svens Meinung den Sträuchern zugeordnet werden muß –, ist man zu den Dichtern übergegangen. Schiller, Goethe, Uhland und Kerner haben wir schon. Mit einer Heinrich-Böll-Straße dürfte in absehbarer Zeit jedoch nicht zu rechnen sein, da dessen politische Richtung nicht mit der des hiesigen Gemeinderats übereinstimmt.

Im Zuge der Gebietsreform wurden einige Dörfer der Gemeinde Bad Randersau einverleibt, wodurch sich die Bevölkerungszahl erhöhte – rein statistisch gesehen! Daraufhin erkannte man vor drei Jahren Bad Randersau die Stadtrechte zu. Seitdem zahlen wir höhere Steuern und brauchten auch neue Autokennzeichen.

Als Sven und Sascha in das Alter gekommen waren, in dem sie die im Nachbarort installierte Diskothek als zweite Heimat erwählten, plante man bei uns ebenfalls den Bau einer derartigen Vergnügungsstätte. Inzwischen zeigt auch schon Stefanie das erste Interesse an diesen Kommunikationszentren weltschmerzbehafteter Teenager, aber auch sie muß immer noch die fünf Kilometer nach Bad Wimmingen fahren.

Wir haben jetzt einen neuen Bürgermeister. Der will nun endgültig eine Diskothek bauen, und vielleicht kommen dann die Zwillinge noch in den Genuß derselben.

Sascha ist übrigens weder Lokomotivführer geworden noch Rennfahrer oder Kriminalbeamter. Er hat sich für das Hotelgewerbe entschieden und volontiert zur Zeit in London. Seine Abneigung gegen Schreibereien jeder Art hat sich noch immer nicht gelegt, und so beschränken sich unsere Kontakte überwiegend auf Telefonate, die regelmäßig als R-Gespräche ankommen. Im übrigen lassen mich diese fernmündlichen Unterhaltungen jedesmal bezweifeln, ob das, was ich damals in der Schule gelernt habe, wirklich Englisch gewesen ist. Sascha pflegt jedesmal seine inzwischen recht beachtlichen Sprachkenntnisse zu demonstrieren, und die Verständigungsschwierigkeiten werden von Mal zu Mal größer.

Im nächsten Jahr will er in die Schweiz gehen. Französisch kann er noch nicht. Außerdem hat er keine Lust, zu den Fahnen geeilt zu werden.

Bei Sven siegte das Pflichtbewußtsein. Dabei ist er vom Charakter her glühender Pazifist, der sich schon als Kind lieber verprügeln ließ, als selbst einmal zuzuschlagen. Trotzdem hat er sich dem Ruf des Vaterlandes nicht entzogen und nimmt derzeitig Panzer auseinander. Allerdings hofft er, nach Beendigung seiner Wehrdienstzeit auch in der Lage zu sein, die Panzer wieder zusammenzubauen.

Mit Zukunftsproblemen gibt sich Stefanie noch nicht ab. Sie geht zur Schule und zeigt bisher keinerlei beruflichen Interessen. Fest steht nur, daß sie nicht studieren will. Einen Dienstleistungsberuf lehnt sie auch ab, und ein Handwerk kommt für sie nicht in Frage. Bleibt eigentlich nur noch Astronaut, Tiefseetaucher oder Testpilot, Berufe also, die augenblicklich noch den Männern vorbehalten sind.

Die Zwillinge – beide gute Schülerinnen und lebender Beweis für die Behauptung, das Beste käme immer zuletzt! – bereiten sich auf den Übergang zum Gymnasium vor. Englisch können sie schon! Von mittags bis abends jault Steffis Kassettenrecorder und gibt Töne von sich, die nach Aussage der

Mädchen Hits auf dem Plattenmarkt sein sollen und den Zulauf streunender Katzen in unserem Garten abrupt gestoppt haben. Untermalt werden diese Töne von einem meist heiseren Geröhre, das ganz entfernt an angelsächsische Laute erinnert. Immerhin gelingt es den Zwillingen, diese Geräusche einigermaßen naturgetreu wiederzugeben, und nun sehen sie dem kommenden Englischunterricht sehr optimistisch entgegen.

Heidenberg haben wir kürzlich auch besucht. Wir waren seit unserem Auszug nicht mehr dort gewesen und hätten es beinahe nicht wiedererkannt. Asphaltierte Wege, moderne Straßenbeleuchtung, Postamt (vormittags und nachmittags jeweils zwei Stunden geöffnet), eine Zapfsäule für Dieseltreibstoff und ein nagelneuer Schulbus. Im Gemeindehaus ist eine Bankfiliale untergebracht (Näheres siehe unter ›Post‹).

Unsere ehemalige Villa Hügel ist zwar immer noch das höchstgelegene Bauwerk Heidenbergs, aber rundherum sind Ein- und Zweifamilienhäuser aus dem Boden geschossen. Ihre Bewohner können sich gegenseitig in die Kochtöpfe sehen, und ihr Privatleben dürfte sich zwangsläufig halböffentlich abspielen.

Die meisten Leute, denen wir begegneten, kannten wir nicht. Vertraute Gesichter entdeckten wir erst im ›Löwen‹. Hinter der Theke stand allerdings nicht mehr Frau Häberle, sondern der Bundeswehr-Sepp, Schwiegersohn der ehemaligen Wirtin und Vater von zwei Kindern. Seitdem Wenzel-Berta Großmutter geworden ist, besucht sie uns nur noch selten, die Enkel fordern ihr Recht. Und Eugen kann auch nicht mehr so oft von zu Hause weg. Er züchtet jetzt Blumenkohl.

Während der Rückfahrt krabbelt plötzlich etwas an meinem Hosenbein empor. Mochte sich Heidenberg selbst auch verändert haben, der Käfer sah jedenfalls genauso aus wie seine Artgenossen, die ich vor acht Jahren reihenweise erschlagen hatte. Wenigstens das Ungeziefer war das gleiche geblieben!

Jeans und große Klappe

1.

»Mami, hat eigentlich jeder König einen Augapfel?«

???

»Na ja, hier steht nämlich: ›Der König hütete seine Tochter wie seinen Augapfel.‹«

Zum Kuckuck noch eins! Wann werden die Autoren von Lesebüchern endlich begreifen, daß ihre Konsumenten keine märchengläubigen Kinder mehr sind, sondern fernsehtrainierte Realisten, die sich nicht mit nebulosen Vergleichen abspeisen lassen. Ich erkläre also meiner neunjährigen Tochter Katja seufzend, was ein Augapfel ist und weshalb man ihn hüten muß.

Katja ist noch nicht zufrieden. »Wenn der doch aber angewachsen ist, dann braucht man ihn gar nicht zu hüten, der geht ja sowieso nicht verloren.«

Erfahrungsgemäß ist es in solchen Fällen angebracht, das Thema zu wechseln. »Wieso lest ihr in der dritten Klasse überhaupt noch Märchen?«

»Weil Frau Schlesinger die schön findet. Außerdem sollen wir das gar nicht lesen, sondern bloß die Tunwörter herausschreiben. Ist ›hütete‹ ein Tunwort?«

Jetzt schaltet sich Zwilling Nicole ein. »Natürlich ist das ein Tunwort, schließlich kannst du doch sagen: ›Ich tu die Schafe hüten‹!«

O heiliger Scholastikus, oder wer immer für die Einführung der allgemeinen Schulpflicht verantwortlich gemacht werden kann, hab' Erbarmen! Da bemüht man sich jahrelang, seinen Kindern ein halbwegs vernünftiges Deutsch beizubringen, und kaum marschieren sie jeden Morgen bildungsbeflissen in ihren Weisheitstempel, vergessen sie alles und tun Schafe hüten.

Zum Glück taucht Stefanie auf, dreizehn Jahre alt, Gymnasiastin, mit den Lehrmethoden in Grundschulen aber noch hinlänglich vertraut.

»Jetzt mach den beiden bitte mal klar, warum Verben Tunwörter heißen, wenn man tun überhaupt nicht sagen darf!«

Steffi macht sich an die Arbeit. Sie kennt das schon. Bei der Mengenlehre muß sie auch immer einspringen. Die habe ich bis heute nicht begriffen. Als ich noch zur Schule ging, rechneten wir mit Zahlen und nicht mit Schnitt-, Rest- und Teilmengen.

Angeblich sollen die Kinder mit Hilfe der modernen Lehrpläne ein besseres Verständnis für Mathematik entwickeln. Stefanie hat in Mathe eine Vier.

Die Zwillinge haben inzwischen begriffen, was sie machen sollen, und schreiben eifrig. Wenn man sie jetzt sieht, die blonden Köpfe über die Hefte gebeugt, kann man sie tatsächlich für Zwillinge halten. Sonst nicht. Besucher, die nicht mit den Familienverhältnissen vertraut sind, vermuten in den beiden bestenfalls Schwestern, von denen die eine mindestens anderthalb Jahre älter ist. Nicole überragt ihre andere Hälfte um eine ganze Kopflänge, hat ein schmales Gesicht, braune Augen und ein sehr ausgeglichenes Naturell. Katja ist ein Quirl, aus ihren blauen Augen blitzt förmlich der Schalk, und um ihre Schlagfertigkeit beneide ich sie täglich aufs neue. Beleidigt ist sie nur, wenn man ihr doch sehr fortgeschrittenes Alter nicht respektiert und der Schaffner keine Fahrkarte verlangt, weil »der Kleine ja noch umsonst fährt«.

»Erstens bin ich ein Mädchen, und zweitens bin ich neun!« tönt es dann prompt zurück. Im Hinblick auf die Preise der öffentlichen Verkehrsmittel bin ich von Katjas Wahrheitsliebe nicht immer begeistert.

Als kürzlich ein Handarbeitsgeschäft neu eröffnet wurde und die Inhaberin kleine Werbegeschenke verteilte, kam Katja voller Empörung von ihrem Inspektionsgang zurück und erklärte mir drohend: »Wehe, wenn du in dem Laden mal irgend etwas kaufst. Nicki hat eine Stickkarte gekriegt, und mir hat die alte Krähe bloß einen Luftballon geschenkt. Den sollte ich mitnehmen zum Kindergarten. Na, *der* habe ich vielleicht was erzählt!«

Unsere Familie besteht aber nun keineswegs nur aus den drei Mädchen. Wie es der Statistik und auch einer ungeschriebenen Regel entspricht, hat der erste Nachkomme seit alters her ein Knabe zu sein. Der unsere heißt Sven, ist gerade volljährig geworden und trägt die Last des Erstgeborenen mit stoischem Gleichmut. Alle in ihn gesetzten Erwartungen hat er prompt mißachtet. Natürlich sollte er etwas ganz Besonderes werden, Diplomat oder wenigstens Wissenschaftler mit Aussicht auf den Nobelpreis. Selbstverständlich würde er die Intelligenz seines akademisch gebildeten Großvaters väterlicherseits mitbringen sowie die Gesinnung seiner preußisch-beamteten Vorfahren mütterlicherseits, von der einem deutschen Beamten nachgesagten Ordnungsliebe ganz zu schweigen. (Svens Zeugnisse waren mehr als mittelmäßig, und sein Zimmer sah jahrelang aus, als sei gerade ein Hurrikan durchgefegt.) Natürlich würde er auch Durchsetzungsvermögen besitzen und sich für alles interessieren, was das Leben ihm bieten würde. (Sven ließ sich bereits im Kindergartenalter von Jüngeren verdreschen und interessierte sich ausschließlich für Tiere, vorzugsweise für kleinere, etwa vom Maikäfer an abwärts.) Eine Zeitlang züchtete er Goldhamster und studierte ihr Familienleben. Sein Vater schöpfte wieder Hoffnung. Schließlich hatte sich Konrad Lorenz auch bloß mit Gänsen beschäftigt und trotzdem den Nobelpreis bekommen.

Nachdem Sven jahrelang Spinnen, Asseln und ähnliches Gewürm seziert, katalogisiert und in Weckgläsern aufbewahrt hatte, schmiß er eines Tages das ganze Eingemachte in die Mülltonne und widmete sich der heimischen Flora. Jetzt wurden die Staubgefäße von Gladiolen mikroskopiert, Kreuzungsversuche zwischen Astern und Dahlien unternommen – sie sind aber nicht geglückt – und eine Verbesserung der Rasenstruktur in unserem Garten ausprobiert. Seitdem kämpfen wir vergeblich gegen den Gemeinen Wiesenklee an.

Immerhin hat Sven die etwas eigenartigen Auswüchse seiner Naturverbundenheit zu seiner Lebensaufgabe gemacht. Er will Gartenbau-Ingenieur werden.

Da die Diskrepanz zwischen Wunschdenken und Realität hinsichtlich der Zukunft seines Stammhalters ziemlich früh offenkundig wurde, verlagerte der etwas enttäuschte Vater seine Hoffnungen auf Sohn Nr. 2.

Sascha wurde anderthalb Jahre nach Sven geboren und berechtigte schon im zarten Kindesalter zu den hoffnungsvollsten Erwartungen. Bereits mit 15 Monaten kannte sein Tatendrang keine Grenzen, und seine körperliche Leistungsfähigkeit bewies er zum erstenmal sehr nachhaltig, als er den brennenden Weihnachtsbaum umstieß. Eine größere Katastrophe wurde durch das zufällige Vorhandensein einer gefüllten Kaffeekanne verhindert, aber wir brauchten neue Gardinen, und gleich nach Neujahr mußte der Maler kommen.

Als Sascha zwei Jahre alt war, schmiß er seinen Bruder in den Goldfischteich. Mit drei Jahren demolierte er durch eine in diesem

Alter ungewohnte Treffsicherheit das nagelneue Luxusauto eines Nachbarn, der einem längeren Krankenhausaufenthalt nur durch die Reaktionsschnelle entging, mit der er hinter seiner Staatskarosse Deckung nahm. Der Versicherungsvertreter, seit zwei Jahren Dauergast in unserem Haus, erwog schon einen Berufswechsel.

Mit vier Jahren sprang Sascha vom Dreimeterbrett, obwohl er überhaupt noch nicht schwimmen konnte, und erreichte mehr tot als lebendig den Beckenrand. Mit viereinhalb fiel er aus einem sechs Meter hohen Apfelbaum – selbstredend war es ein fremder – und brach sich zum erstenmal den Arm. Mit fünfeinhalb kam er in die Schule.

Hier ließ seine Aktivität schlagartig nach. Den Sprung aufs Gymnasium schaffte er nur mit Ach und Krach, und daß er nicht wieder geflogen ist, verdankt er wohl hauptsächlich seiner Klassenlehrerin. Während einer der zahlreichen Rücksprachen, zu denen ich regelmäßig zitiert wurde, vertraute sie mir seufzend an: »Manchmal möchte ich den Bengel ja zum Fenster hinauswerfen, aber irgendwie mag ich ihn trotzdem. Ich habe immer noch die Hoffnung, daß er eines Tages aufwacht. Seine Intelligenz ist mindestens genauso groß wie seine Faulheit.«

Demnach muß Sascha ein Genie sein! Bisher versteht er es aber meisterhaft, diese Tatsache zu verbergen.

Dann kam Stefanie, ein dunkelhaariges, dunkeläugiges Bilderbuchbaby mit Löckchen, Grübchen und allen sonstigen Attributen, die man sich für ein Mädchen wünscht. Sobald sie auf ihren ziemlich stämmigen Beinchen stehen konnte, brach sie in ohrenbetäubendes Gebrüll aus, wenn ich ihr ein Kleid anziehen wollte. Sie bestand auf Hosen (darauf besteht sie auch heute noch), warf ihre Puppen auf den Misthaufen und wünschte sich zum Geburtstag Fußballschuhe. Alle Versuche, wenigstens äußerlich ein Mädchen aus ihr zu machen, scheiterten. Als der Zeitpunkt nahte, an dem die Merkmale ihres Geschlechts sichtbar wurden, rangierte sie alle Pullover aus und klaute die Sporthemden ihrer Brüder. Die waren natürlich viel zu groß, hingen wie Säcke um ihren Körper und verbargen alle verräterischen Anzeichen.

Das Verhältnis zu ihren Brüdern ist – gelinde gesagt – gespannt. Mit Sven verträgt sie sich ganz gut, weil der sie mit der Weisheit des Alters betrachtet und ihr gegenüber ein großväterliches Gebaren an den Tag legt. Zwischen Steffi und dem vier Jahre älteren Sascha herrscht permanenter Kriegszustand. Spätestens nach drei Minuten blaffen sie sich gegenseitig an, nach fünf Minuten liegen sie sich in den Haaren. Ältere und somit erfahrenere Mütter versicherten mir immer wieder, das sei ganz natürlich und müsse so sein. Beurteilen kann ich das nicht, ich bin ein Einzelkind.

Aufgewachsen in Berlin, er- und verzogen von Eltern, Großeltern, Urgroßmutter und Tante, wurde ich erst mit fünfzehn einigermaßen selbständig, als wir nach Düsseldorf zogen und die Verwandtschaft hinter uns ließen. Meine ersten Brötchen verdiente ich als Redaktionsvolontärin bei einer Tageszeitung und schrieb für die Lokalredaktion Berichte über Verbandstreffen der Kaninchenzüchter und Jahrestagungen des Schützenvereins von 1886. Freitags marschierte ich mit Presseausweis dreimal ins Kino, um den interessierten Lesern meine Meinung über neu ins Programm aufgenommene Filme mitzuteilen. Weil man aber beim besten Willen keine Lobeshymnen singen kann, wenn man ›Heimat, deine Sterne‹ oder ›Der Rächer von Arkansas‹ über sich ergehen lassen muß – die besseren Filme behielten sich natürlich die arrivierteren Kollegen vor –, protestierten die Kinobesitzer bald gegen mein Erscheinen. Künftig schrieb ich nur noch über Taubenzüchter und Briefmarkensammler. Ich wollte meine journalistische Laufbahn schon an den Nagel hängen und notfalls Schuhverkäuferin werden, als ein wagemutiger Verleger eine Kinderzeitung gründete und Mitarbeiter suchte. Meine Bewerbung hatte Erfolg, statt über ›Wildwest in Oberbayern‹ schrieb ich jetzt über ›Pünktchen und Anton‹, und bevor die Zeitschrift nach anderthalb Jahren ihr Erscheinen wieder einstellte, heiratete ich noch schnell ihren Chefredakteur.

Böse Zungen haben später behauptet, dieser Herr habe sich mehr seinen Mitarbeiterinnen als seiner beruflichen Tätigkeit gewidmet und deshalb sei der ›Dalla‹ auch eingegangen. Dagegen muß ich mich entschieden verwahren! Nur durch meine aufopferungsvolle Arbeit, die mich oft genug bis in die Abendstunden an die Redaktionsräume gefesselt hatte, ist die Zeitschrift überhaupt alle 14 Tage pünktlich erschienen! Unser Boß wurde erst in den späten Nachmittagsstunden richtig munter und erwartete von seinem Stab dasselbe.

Der Ex-Chefredakteur, nunmehr Ehemann und stellungslos, besann sich auf seine frühere Ausbildung, die mal am Setzkasten angefangen und auf der Kunstakademie geendet hatte, vermischte diese Kenntnisse mit seiner angeborenen Überredungsgabe sowie einem mittlerweile erworbenen Organisationstalent und wurde Werbeberater. Das ist er noch heute.

Seine angetraute Gattin, die er von ihren acht Stunden Büroarbeit erlöst hatte, damit sie vierzehn Stunden im Haushalt arbeiten konnte, beschäftigte sich anderthalb Jahrzehnte ausschließlich mit Brutpflege und Haushaltsführung, wenn man von dem unbezahlten Nebenjob als Sekretärin, Buchhalterin, Telefonistin und Steuerberaterin einmal absieht. Ihre literarischen Ambitionen tobte sie in langen Briefen an die Verwandtschaft aus, später auch in den Hausaufsätzen ihrer schulpflichtigen Kinder. Ob die Lehrer davon begeistert waren, entzieht sich meiner Kenntnis – vermutlich wußten sie es nicht –, die Verwandtschaft jedenfalls war es. Entfernte Tanten, die ich bestenfalls zu Weihnachten mit einer vorgedruckten Karte und herzlichen Festtagsgrüßen beglückte, spielten in ihren Dankschreiben auf irgendwelche familiären Ereignisse an, von denen sie eigentlich gar keine Ahnung haben konnten. Schließlich erfuhr ich von meiner Großmutter, daß sie die für sie bestimmten Briefe zu Rundschreiben umfunktionierte und allen möglichen Leuten schickte. Sogar ihren Kränzchenschwestern las sie längere Passagen daraus vor.

Mißtrauisch geworden, forschte ich weiter. Der väterliche Großvater pflegte meine Briefe mit sich herumzutragen und sie seinen Skatbrüdern vorzulesen, wobei ich um der Wahrheit willen zugeben muß, daß er Familieninterna aussparte und sich nur auf Schilderungen beschränkte, die seine Urenkel betrafen. Meine Freundin brachte Saschas Schandtaten bei gelegentlichen Klassentreffen zu Gehör, und meine Lieblingstante übersetzte einzelne Briefstellen ins Englische, um sie in verständlicher Form weitergeben zu können. Sie lebt in Los Angeles.

Meine erste Reaktion war Empörung. Wie kann man persönliche Briefe ... wenn auch nur auszugsweise ... und wen interessierte es überhaupt, wann und warum bei uns der Haussegen schiefhing?

Dann kamen die Antworten. Tante Lotti wollte wissen, wie denn die Sache mit der Theateraufführung ausgegangen war, und Onkel Henry forderte nähere Einzelheiten über den einzementierten Weihnachtsbaum an.

Der Gatte Rolf, dem ich kopfschüttelnd den vermehrten Posteingang vorlegte, empfahl mir, künftige Briefe auf Matrize zu schreiben und an Dauerabonnenten zu verschicken. »Aber per Nachnahme, damit du wenigstens die Portokosten wieder reinkriegst!«

Wann ich auf die Idee gekommen bin, über unsere Familie ein Buch zu schreiben, weiß ich nicht mehr. Vermutlich damals, als Sven und Sascha zum soundsovielten Mal zum Polizeirevier zitiert wurden, weil sie etwas ausgefressen hatten. Ich sehnte mich mal wieder nach unserer dörflichen Idylle zurück, in der es keinen Polizeiposten gegeben hatte und Lausbubenstreiche von den Betroffenen unbürokratisch-handfest und daher sehr nachhaltig behandelt worden waren. Andererseits war die Idylle ja gar nicht so idyllisch gewesen, und wenn wir die helfende Hand unserer Wenzel-Berta nicht gehabt hätten ...

Kurz und gut, ich setzte mich an die Schreibmaschine (Jahrgang 1949 und schon ziemlich altersschwach) und fing an zu tippen. Die Familie, an gelegentlich ausbrechenden Eifer bei der Beantwortung von Privatbriefen gewöhnt, ertrug das Geklapper mit Fassung. Nach drei Wochen äußerte Rolf die Vermutung, ich müßte nunmehr wohl die gesamte Post der vergangenen zwei Jahre erledigt haben, einschließlich Glückwünschen, Kondolenzschreiben und Festtagsgrüßen.

Ein Windstoß lüftete mein sorgsam gehütetes Geheimnis. 43 Manuskriptblätter segelten durch das geöffnete Fenster in den Garten, wo sie von Sven zwar diensteifrig eingesammelt, aber nebenbei auch oberflächlich gelesen wurden.

Die Bombe platzte. Die Familie ebenfalls.

»Mußt du denn jetzt auch auf dieser Welle mitschwimmen? Selbstverwirklichung oder wie der Quatsch sonst noch heißt? Knüpf doch wenigstens Teppiche, dann haben wir alle was davon!« Das war Sven.

Sascha war praxisbezogener: »Für so was sitzt du nun stundenlang an der Schreibmaschine, aber meinen Knopf von den Jeans hast du immer noch nicht angenäht. Die Tasche vom Parka ist auch ausgefranst!«

Rolf sagte überhaupt nichts und beschränkte sich auf ein mitleidiges Lächeln. Ein paar Tage später meinte er gönnerhaft: »Du kannst mir ja mal dein Manuskript zeigen, vielleicht läßt sich wirklich etwas daraus machen.«

»Du bist nicht mehr mein Chef und ich nicht mehr dein Textlieferant!« giftete ich zurück. »Kümmere dich lieber um deine Bandnudeln!« Seit Tagen schon suchte er nach einem zugkräftigen Slogan für ein neues Teigwarenprodukt.

Die Knaben wollten Leseproben, kriegten keine, fingen an zu sticheln.

»Schade um das viele schöne Papier!«

»Wieviel zahlt eigentlich das Fernsehen für Verfilmungsrechte?«

»Hast du schon Autogrammpostkarten?«

Nur nicht hinhören! redete ich mir selbst gut zu, wenn ich nachmittags mit Schreibmaschine, Zigaretten und Kaffeekanne in Steffis Zimmer zog, die zwar pflichtgemäß gegen ihre zeitweilige Ausbürgerung protestierte, sich aber ohnehin so gut wie nie in ihren eigenen vier Wänden aufhielt.

Kurz vor Weihnachten hatte ich mein Opus beendet, stopfte 198 beschriebene Blätter in eine Schublade und widmete mich schuldbewußt und daher mit doppeltem Eifer der Festtagsbäckerei. Die Kinder hatten bereits ernsthaft eine Übersiedlung zu den Großeltern erwogen, denn normalerweise waren sie um diese Jahreszeit schon fündig geworden, wenn sie Pirschgänge in den Vorratskeller unternommen hatten. Diesmal waren die Keksdosen aber noch alle leer. Und Steffis Haferflockenplätzchen fraß nicht mal der Hund von gegenüber.

Was macht man nun mit einem Buchmanuskript, wenn man nicht Konsalik heißt und nicht Kishon, wenn man am vorletzten Ende der Welt lebt, keine einschlägigen Beziehungen hat und neben dem Frühstücksteller des öfteren so ermunternde Zeitungsausschnitte entdeckt wie beispielsweise den Hinweis, daß jährlich etwa 80 000 Neuerscheinungen auf den deutschen Buchmarkt kommen? Entweder man resigniert, was nun aber nicht meinem Charakter entspricht, oder man begibt sich in die ortsansässige Buchhandlung, bekundet ein bisher nicht geäußertes Interesse an literarischen Angeboten und deckt sich mit zwei Dutzend verschiedenen Verlagsprogrammen ein. Diesen Schatz trägt man nach Hause, wo man tunlichst die Literaturpäpste aussortiert, weil sie natürlich gar nicht in Betracht kommen. Schließlich ist man ja nicht größenwahnsinnig.

Die verbliebenen Prospekte breitet man auf dem Fußboden aus und kehrt ihnen den Rücken zu. Dann wirft man einen Pfennig über die Schulter. Ich versuchte es dreimal. Der erste rollte unter die Zentralheizung, der zweite landete im Papierkorb, und erst der dritte blieb liegen. Alsdann entwirft man ein Begleitschreiben, schickt das Manuskript ab und hofft, daß der Verleger beim Empfang desselben erstens Humor, zweitens nicht gerade einen Bestseller-Autor zu Besuch und drittens gut gefrühstückt hat. Der meine hatte. Name und Anschrift stehen auf Wunsch zur Verfügung.

2.

Wir leben in einem Kurort. Es ist nur ein kleiner und wohl hauptsächlich einigen Versicherungsanstalten bekannt, die vorzugsweise ihre noch nicht kurerfahrenen Mitglieder hierherschicken. Beim nächstenmal wollen die aber auch woandershin. Warum? Ich weiß es nicht.

Gekurt wird hier mit Sole. Ob die nun eine Begleit- oder Folgeerscheinung oder nur ein Nebenprodukt der Salzgewinnung ist, kann ich nicht sagen, jedenfalls baut man schon seit Jahren kein Salz mehr ab. Die Sole jedoch plätschert immer noch, füllt das Freibad, das Hallenbad, den Sprudelbrunnen und in gesundheitsfördernder Dosierung das Kurmittelhaus bzw. die dort befindlichen Inhalationsgeräte, Badewannen und was es sonst noch an therapeutischen Hilfsmitteln gibt. Behandelt werden laut Prospekt sämtliche Erkrankungen der Atemwege, aber auch andere Leiden, für die normalerweise Internisten zuständig sind.

Dann gibt es noch unverhältnismäßig viele Fußkranke hier, Patienten mit demolierter Bandscheibe und solche mit gebrochenen Gliedern. Die kommen aber nicht wegen der Sole, sondern wegen der orthopädischen Klinik, jahrzehntelang das am höchsten gelegene Bauwerk dieses Ortes, nunmehr jedoch von modernen Wohnsilos überrundet. Stefanie kennt übrigens den gesamten Ärztestab und die halbe Schwesternschaft der Klinik. Wenn sie nicht gerade selbst in der Ambulanz sitzt und auf Röntgenaufnahme, Verbandwechsel oder Gipsarm wartet, dann besucht sie wenigstens eine Freundin, die gerade ihren Knöchelbruch oder ihren Bänderriß auskuriert.

Natürlich ist diese orthopädische Klinik nicht die einzige Bettenburg im Ort. Wir haben mehrere Sanatorien, allesamt noch ziemlich neu und entstanden während der wirtschaftlichen Hochkonjunktur, als noch so ziemlich jeder Arbeitnehmer alle zwei Jahre ›in Kur ging‹, und sein Chef sich freute, wenn er wieder zurückkam, weil er keine Vertretung gefunden hatte. Inzwischen hat sich die Lage auf dem Arbeitsmarkt ja etwas geändert, und hörte man zumindest während der Sommermonate auf den hiesigen Straßen fast nur rheinischen oder Berliner Dialekt, so überwiegt jetzt wieder der schwäbische.

Apropos schwäbisch. Verwaltungstechnisch liegt Bad Randersau in Baden-Württemberg, wenn auch in der äußersten Ecke; geographisch gehört es nach Baden, mentalitätsmäßig nach Schwaben und sprachlich irgendwo dazwischen.

Ein Stuttgarter Schwabe schwätzt anders als ein Heilbronner Schwabe, aber beide können sich ohne Schwierigkeiten verständigen. Ein Bad Randersauer Schwabe schwätzt ein Konglomerat von Schwäbisch, Badensisch, Pfälzisch, durchsetzt mit ein paar alemannischen Brocken und gekrönt von einer Grammatik, die Herrn Duden selig im Grabe rotieren lassen würde, könnte er sie hören.

Als wir vor acht Jahren hierherzogen, waren unsere drei Ältesten der deutschen Sprache recht gut mächtig und gegen Dialekteinflüsse gefeit. Anders die Zwillinge. Sie besuchten den hiesigen Kindergarten, sprachen zu Hause hochdeutsch, auf der Straße ›einheimisch‹, und wenn sie unter sich waren, kauderwelschten sie ihre ureigene Mischung. »Hast du au alls scho die kloine Kätzle in Bettina seine Oma ihre Scheune gesehen?«

Ein Kurort – hierorts Heilbad genannt – lebt *von* seinen Kurgästen und folglich auch *für* dieselben. Die Einwohner werden deshalb auch in sporadischen Abständen durch Aufrufe im Gemeindeblättchen angehalten, alles für das Wohlergehen der Kurgäste zu tun. Besonderer Wert gelegt wird auf regelmäßige Gehsteigreinigung, sommerlichen Blumenschmuck und die Einhaltung der Baderegeln, die zumindest im Hallenbad sehr streng gehandhabt werden. Man darf nur im Kreis schwimmen, und auch das nur in einer Richtung.

Außer den bereits genannten Einrichtungen gibt es ferner: Ein Kurhaus mit Bühne, wo in regelmäßigen Intervallen das Tegernseer Bauerntheater, die Württembergische Landesbühne und gelegentlich prominente Fernsehstars gastieren; letztere bedingen höhere Eintrittspreise sowie Kartenvorverkauf. Im Kurhaus finden auch der Silvester- und der Rosenball statt, desgleichen die gehobeneren Faschingsfeste. Die anderen werden in die Mehrzweckhalle verlegt. Da es sich hierbei um die Turnhalle handelt, fällt in den Tagen vor und nach derartigen Großveranstaltungen der Sportunterricht in den Schulen aus.

Neben dem Kurhaus mit Restaurationsbetrieb und dreimal wöchentlich Tanztee gibt es noch diverse Gaststätten mit ›Stimmungsmusik‹. Der fest engagierte Hammondorgel- oder Akkordeonspieler genießt bereits den Vorteil der 36-Stunden-Woche, denn fast alle Tanzvergnügen enden pünktlich um 22 Uhr, weil Zapfenstreich ist. Kasernierte Kurgäste müssen um 22.30 Uhr zu Hause sein. Die Privaten haben natürlich unbefristeten Ausgang.

Wir haben etwa zwei Dutzend Kneipen – Imbißhalle und Reiterklause eingeschlossen –, ein wirklich herrliches Freibad, das auch außerhalb des Landkreises bekannt ist und an Wochenenden von Heidelberger, Mannheimer und sogar Stuttgarter Mitbürgern bevölkert wird, einen Minigolfplatz, einen Reitstall und eine Kurbibliothek. Nicht zu vergessen den zauberhaften Mischwald mit sehr gepflegten Wegen, mit Schutzhütten, die nach Einbruch der Dunkelheit von Liebespärchen frequentiert werden (das läßt sich unschwer an den eingeritzten Herzchen mit Monogramm erkennen), mit Reitwegen, Brombeersträuchern, Pilzen und last, but not least dem Waldsee. Der ist zwar klein, aber sehr romantisch und dient den Kurgästen als lebender Abfalleimer für harte Brötchen und von den auf Diät gesetzten Patienten verschmähten Vollkornbrotscheiben. Die Karpfen im Waldsee sind auch alle wohlgenährt und so zutraulich, daß sie vermutlich jedem aus der Hand fressen würden, wenn man es versuchte. Sascha hat sogar einmal zwei Karpfen geangelt, und zwar mit einem Stück Bindfaden und einer aufgebogenen Büroklammer. Verboten ist das trotzdem.

Für Jogging-Freunde und sonstige Gesundheitsapostel gibt es auch einen Trimmpfad mit zwanzig Haltepunkten, wo man die auf Blechschildern illustrierten Freiübungen veranstalten kann. Manchmal begegnet man tatsächlich schwitzenden Mitbürgern, die sich an Reckstangen hochrangeln oder Holzbalken verschiedener Stärke schwingen, falls diese nicht gerade einmal wieder von einem weniger gesundheitsbewußten Kaminbesitzer als Feuerholz geklaut worden sind.

Man sieht also, daß für Gesundheit und Freizeitvergnügen unserer Kurgäste sehr viel getan wird. Wer nicht gut zu Fuß ist und trotzdem lustwandeln möchte, kann es im Kurpark tun, wo es mehr Bänke als Bäume gibt. Die Kurparkschwäne auf dem Kurparksee mögen übrigens kein Brot mehr, sie fressen lieber Salat.

Wer wandern will, kann auch das zur Genüge tun. Bedauerlicherweise liegen alle sehenswerten Ausflugsziele außerhalb der Gemeindegrenzen, was besonders die ortsansässigen Gastwirte etwas verbittert. Deshalb besteht wohl auch die zwar immer abgestrittene, trotz allem aber seit jeher vorhandene Rivalität zwischen Bad Randersau und dem 5 Kilometer entfernten Nachbarort, der dank seines mittelalterlichen Stadtkerns schon oft den Hintergrund für Fernsehspiele und Trachtenfeste abgegeben hat. Darum ist er auch bekannter. Hübscher ist er auf jeden Fall.

An Sehenswürdigkeiten hat Bad Randersau eigentlich nur sein Wasserschloß zu bieten, das dann auch auf fast jeder Ansichtskarte und mehrmals im Prospekt wiederzufinden ist. Eine Zeitlang diente es sogar als Kurheim, nun wird es umgebaut. Sollte es jemals fertig werden, dann zieht hier die Stadtverwaltung ein.

Zum Wasserschloß gehört auch ein Wehrturm, der zwar etwas abseits, dort aber schon seit über 500 Jahren steht. Man hat ihn des Denkmalschutzes für würdig befunden, und nun muß immer um ihn herum gebaut werden. Das neu errichtete Gemeindezentrum, über dessen Sinn und Zweck noch allgemein gerätselt wird, steht auch in seinem Windschatten.

Über das Wohl und Weh der 13 874 ständigen und der wechselnden Zahl vorübergehender Bewohner wachen die Polizei und der Herr Bürgermeister. Letzterer ist sehr beschäftigt, was die interessierten Untertanen allwöchentlich im Gemeindeblatt nachlesen können. Es gibt so gut wie keine Ausgabe, in der wir unser Stadtoberhaupt nicht beim Pflanzen einer Eiche (Tag des Baumes) bewundern können, beim Startschuß zum Sackhüpfen (Tag des Kindes), beim Überreichen eines Präsentkorbes für einen langgedienten Verwaltungsangestellten oder beim Besichtigen der neuerworbenen Drehleiter für die freiwillige Feuerwehr. Besucht uns gar ein Abgesandter der Landesregierung, dann gibt es eine wahre Bilderflut im Blättchen: Der Herr Bürgermeister bei der Begrüßung, der Herr Bürgermeister bei der Entgegennahme des Gastgeschenks, der Herr Bürgermeister im Kreise seiner Mitarbeiter (v. l. n. r. Gemeinderatsmitglied Sowieso, Stadtoberamtmann Soundso . . .), der Herr Bürgermeister bei der Verabschiedung des hohen Gastes. In der nächsten Nummer folgt dann der genaue Wortlaut der Tischreden.

Nun besteht Bad Randersau nicht nur aus Kurgästen, und seine Dauereinwohner können nicht von Kneipen und Friseuren allein leben. Deshalb gibt es drei Supermärkte und einige Tante-Emma-Läden, zwei Apotheken, ein Textilkaufhaus, drei Schuhgeschäfte, einen Handarbeitsladen, diverse andere Geschäfte, eine Post und eine Verkehrsampel. Nicht zu vergessen den Bahnhof in Himbeereisrosa, auf dem um 18.51 Uhr der letzte Zug abfährt, und drei Bankfilialen. Eine davon wurde unlängst zur Mittagsstunde überfallen und beraubt, was ein Verkehrschaos zur Folge hatte. Sämtliche Zufahrtsstraßen wurden gesperrt; die von dieser unerwarteten Gewalttat völlig überraschte Polizei kontrollierte gewissenhaft Autofahrer und auch ein paar gammelnde Jugendliche, die irgendwo am Stadtrand zelteten, aber den Bankräuber erwischte sie nicht. Wie später ermittelt wurde, hatte er den Tatort mit dem fahrplanmäßigen Eilzug um 13.21 Uhr Richtung Heilbronn verlassen. ›Fahre sicher mit der Bundesbahn!‹

Nun wird jeder (mit Recht!) fragen, weshalb wir überhaupt hergezogen sind, wenn es mir doch ganz offensichtlich hier gar nicht gefällt. Diese Vermutung ist übrigens falsch. Man kann hier wirklich recht gut leben, zumindest sehr geruhsam, aber als typisches Großstadtgewächs fällt es mir immer noch schwer, mich mit den kleinstädtischen Unzulänglichkeiten abzufinden. Ich wäre seinerzeit auch lieber in einen etwas größeren Ort gezogen, aber dieser Wunsch scheiterte an der zu Unrecht propagierten Kinderfreundlichkeit bundesdeutscher Hausbesitzer.

Den letzten Hauswirt hatte unsere zahlreiche Nachkommenschaft nicht gestört, hauptsächlich wohl deshalb, weil er fünfzig Kilometer entfernt wohnte und seinen als Kapitalanlage gedachten Neubau in einem 211-Seelen-Dorf an normale Sterbliche nicht vermieten konnte. Er war ein paar Nummern zu groß geraten. So lebten wir ein Jahr lang fern der Zivilisation und in friedlicher Gemeinschaft mit Katzen, Wühlmäusen, Käfern und Kellerasseln, bis der Hauswirt pleite machte und das Haus samt vierbeinigem Inventar verkaufen mußte. Das zweibeinige bekam die Kündigung, setzte drei Makler in Lohn und Brot, besichtigte wochenlang Luxusbungalows und Drei-Zimmer-Einliegerwohnungen, fand sich schon mit dem Gedanken der Übersiedlung in ein Obdachlosenasyl ab und entdeckte sozusagen in letzter Minute ein akzeptables Domizil, das sofort bezogen werden konnte. Der Standort war unter diesen Umständen natürlich Nebensache, außerdem erschien mir Bad Randersau nach der Einöde Heidenbergs sogar als Rückkehr ins Paradies. Aber auch Adam und Eva sind ja bekanntlich nicht zufrieden gewesen.

Schon während der Umzugsvorbereitungen war ich ständig zwischen Heidenberg und Bad Randersau gependelt, hatte Blumentöpfe transportiert, Fenster ausgemessen und die Nachbarschaft schonend auf die kommende Invasion vorbereitet. Die war dann aber ganz beruhigt, daß wir nur fünf eigene Kinder hatten und es sich bei den übrigen acht bis zehn, die unentwegt in Haus und Garten herumquirlten, lediglich um neuerworbene Freunde handelte. Sascha hatte bereits vier feste und ein paar andere, die auch ›schwer in Ordnung‹ waren, Sven schwankte noch zwischen einem knapp Zwei-Zentner-Knaben und einem hoch aufgeschossenen Vierzehnjährigen, der Griechisch lernte, und Stefanie sortierte alle sechs- und siebenjährigen Nachbarskinder durch und entschied sich für eine stämmige Achtjährige, die Katharina hieß und wie ein Junge aussah. Die Zwillinge äußerten noch keinen Wunsch nach Kommunikation, sondern begnügten sich damit, Haus und Garten zu erforschen und bei diesen Streifzügen die Kellertreppe hinunterzufallen, die Finger in der Balkontür einzuklemmen und schließlich samt Roller in ein Baggerloch zu stürzen. Wir nahmen zum erstenmal die Unfallstation der orthopädischen Klinik in Anspruch.

Die dritte Karteikarte, ausgestellt auf Sascha, wurde vier Wochen später angelegt. Zu seinem Freundeskreis gehörte ein Knabe namens Andreas, Andy genannt, der nicht nur technisch begabt war, sondern darüber hinaus mitunter merkwürdige Einfälle hatte. So hatte er Sascha ziemlich schnell von den Vorteilen einer direkten Sprechverbindung von seinem zu unserem Haus überzeugen können. Da ich in Physik immer eine Vier hatte und bis heute noch nicht erklären kann, wie ein ganz normales Telefon funktioniert, sind mir natürlich die technischen Einzelheiten dieses Sprechfunks nicht mehr geläufig. Ich weiß nur, daß irgendwo eine Antenne angebracht werden sollte, und Andy hielt den oberen Teil der Regenrinne für den geeigneten Standort. Nun hätte man denselben zwar vom Zimmerfenster aus erreichen können, aber Sascha zog den direkten Weg vor. Die Regenrinne war nicht mehr ganz neu, außerdem »hat dieses Kamel von Andy immerzu an dem Draht gezogen«, jedenfalls segelte Sascha abwärts, landete in den Buschrosen und wurde anschließend, bäuchlings auf den Rücksitzen liegend, in die Klinik gekarrt. (Seitdem zieht er eine Badehose wirklich nur noch zum Baden an.)

In den folgenden Jahren gehörten Saschas Mannen schon fast zur Familie, und deshalb sollen sie lieber gleich kurz vorgestellt werden:

Andy wurde schon erwähnt. Er fiel mir gleich in den ersten Tagen durch exzellente Höflichkeit auf und durch die Bereitwilligkeit, mit der er gegen die letzten Nachwirkungen des gerade überstandenen Umzugs ankämpfte. Andy schlug Nägel in die Wände, und zwar dort, wo sie hin sollten, und nicht dort, wo Sven am leichtesten in die Mauer kam; Andy räumte Pappkartons weg und holte Zigaretten. Andy fing die ausgebüxten Zwillinge ein und verpflasterte Steffis aufgeschürftes Knie; Andy holte von zu Hause Verbandszeug, weil Sven in Ermangelung von Isolierband unser Leukoplast zum Reparieren der Tischlampe gebraucht hatte. Andy wollte sogar den Rasen mähen. Der Rasenmäher war kaputt. Das war er schon seit sechs Wochen.

»Haben Sie Handwerkszeug?«

Natürlich hatten wir welches! Bloß wo?

Andy holte eigenes und machte sich ans Werk. Nach einer Stunde gab der Mäher bereits röchelnde Töne von sich. Beim zweiten Startversuch verwandelte er sich in ein feuerspeiendes Ungetüm, beim dritten riß die Zündschnur ab. Andy gab nicht auf. Kurz vor Einbruch der Dunkelheit knatterte die Maschine dann auch wirklich schön gleichmäßig vor sich hin, und Andy schnitt stolz eine breite Schneise in den Löwenzahn, unter dem wir den Rasen vermuteten. Allerdings stellte er sofort wieder den Mäher ab und wischte sich das Grünzeug aus Gesicht und Haaren. Auf rätselhafte Weise hatte der Grasauswerfer die Richtung geändert und spuckte den gemähten Rasen senkrecht nach oben.

»Ich nehme das Ding lieber mal mit nach Hause«, meinte Andy etwas kleinlaut. »Mein Vater kriegt das schon wieder hin.«

Den Staubsauger hat er allerdings prima repariert, wenn auch die Ersatzteile fast so teuer waren wie ein neues Gerät. Und daß die Heizplatte von der Kaffeemaschine wieder funktionierte, hatte ich auch Andy zu verdanken. Man konnte ihm ja keine Schuld dafür geben, daß seitdem das Wasser unten herauslief.

»Klarer Fall von Materialmüdigkeit«, bekräftigte denn auch Sascha, »der Automat ist doch schon fast zwei Jahre alt.«

Dritter im Bunde war Manfred. Groß, dunkler Lockenkopf, sehr zurückhaltend und ein bißchen wortkarg, letzteres aber nur, wenn Erwachsene in Hörweite waren. Manfred hatte den Kopf voller Dummheiten und brütete ständig neue aus. Andy steuerte im Bedarfsfalle sein technisches Know-how bei, und Sascha war meist ausführendes Organ. Wurden weitere Hilfskräfte gebraucht, traten Wolfgang und Eberhard auf den Plan.

Wolfgang war reinblütiger Schwabe, sprach unverfälschten Dialekt und verstand mich genausowenig wie ich ihn. Anfangs mußte Sascha dolmetschen, später brauchte er nur noch Wolfgangs Antworten zu übersetzen, weil der inzwischen Hochdeutsch konnte. Nach einem halben Jahr etwa vermochten wir uns endlich ganz zwanglos zu unterhalten.

Eberhard, Hardy genannt, war mir sofort sympathisch. Er war

Berliner (ich auch), aufgewachsen in Kreuzberg (ich nicht) und seiner Heimatsprache treu geblieben. Übrigens war er der einzige des ganzen Vereins, der nicht das Gymnasium besuchte, sondern die ortsansässige Realschule.

»Meine Mutter hat jesacht, zum Studieren bin ick sowieso zu dämlich. Außerdem soll ick ja mal den Laden von Opa übernehmen, und der braucht keenen Tischler mit Latein!«

Wieso es Hardy vom heimischen Kreuzberg ins schwäbische Randersau verschlagen hatte, habe ich nie herausbekommen. Es hatte irgend etwas mit der kranken Oma und den türkischen Gastarbeitern zu tun.

Sven wurde zwar von Saschas Freundeskreis akzeptiert und mischte manchmal kräftig mit, aber er hatte auch seine eigenen Kumpane, die von Sascha jedoch rundweg abgelehnt wurden:

»Die Typen kannste alle abhaken! Sieh dir doch bloß mal den Jochen an, das ist der mit den Hexenmetern. Dauernd redet der so geschwollen!«

»Es handelt sich um Hexameter, und darunter versteht man ein griechisches Versmaß, du hoffnungsloser Ignorant!« Sven führte mal wieder sein fortgeschrittenes Alter ins Treffen.

»Na, wenn schon. Und diese andere Flasche hat doch auch 'ne Meise, Breitmaul, oder wie der heißt.«

»Der heißt nicht Breitmaul, der heißt Breitkopf!« berichtigte Sven.

»Ist doch auch egal. Breitmaul würde übrigens viel besser passen, der Kerl kann doch den Spargel quer fressen!«

Der Konversation unter Brüdern mangelt es oft an Eleganz. Davon abgesehen hatte Sascha sogar recht. Der Knabe Breitkopf besaß in der Tat einen ungewöhnlich großen Mund. Außerdem züchtete er Kakteen. Dieser Pflanzengattung hatte Sven bisher noch keine Beachtung geschenkt, und so stürzte er sich mit Feuereifer in ein neues Forschungsgebiet. Seitdem haben wir auch Kakteen. Bei der letzten Zählung waren es 82.

Svens Freunde traten relativ selten in Erscheinung. Einmal, weil sie am entgegengesetzten Ende des Ortes wohnten, zum anderen, weil Sven lieber zu ihnen ging. »In diesen Kindergarten hier kann man doch keinen halbwegs normalen Menschen einladen!«

Stefanie zog eine Weile mit Katharina herum, freundete sich mit einer rothaarigen Isabell, danach mit einer flachsblonden Kirsten an und lief schließlich mit fliegenden Fahnen zu Angela über. Es dauerte nicht lange, und die beiden klebten zusammen wie Pech und

Schwefel. Stefanie schlief bei Angela, Angela schlief bei Stefanie. Wenn Angela ihre Oma besuchte, stiefelte Stefanie mit. Wenn Stefanie zum Zahnarzt ging, wurde sie von Angela begleitet. Trug Angela einen roten Pullover, dann zog Stefanie auch einen an. Wenn Angela ihren alljährlichen Heuschnupfen bekam und in unseren Sesselekken ihre benutzten Taschentücher deponierte, räumte Steffi sie bereitwillig weg. Die beiden hingen aneinander wie siamesische Zwillinge und würden es vermutlich heute noch tun, wenn Angela nicht nach München verzogen wäre. Die Freundschaft ging an beiderseitiger Schreibfaulheit zugrunde. Oder an Herrn Minister Gscheidle, der bei der Festsetzung von Telefongebühren nicht das Mitteilungsbedürfnis von Elfjährigen berücksichtigt hatte.

Nicole und Katja erklärten sämtliche Besucher des Kindergartens zu ihren Freunden, reduzierten diese Anzahl so nach und nach auf ein rundes Dutzend und entschieden sich schließlich für Bettina und Andrea.

Womit die handelnden Personen endlich komplett wären!

3.

»Mami, was kostet eigentlich ein Anorak?« Sascha feuerte seinen Ranzen neben den Kühlschrank, angelte sich eine Kohlrabiknolle vom Tisch und kaute geräuschvoll darauf herum.

»Mindestens fünfzig Mark, meistens mehr. Weshalb interessiert dich das überhaupt? Du hast doch erst im Frühjahr einen neuen bekommen.«

»Der ist jetzt aber weg!«

»Was heißt weg?«

»Na ja, im Fundbüro war er nicht, und am Bahnhof hat ihn auch niemand abgegeben, also ist er weg!«

Jetzt reicht es allmählich! Als wir für unsere Knaben den gehobeneren Bildungsweg planten, hatten wir natürlich gewisse Kosten einkalkuliert. Monatskarten, Kakaogeld, Turnhemden mit Schulemblem und ähnliche Dinge, die nicht unter die Rubrik Lehrmittelfreiheit fallen. Dann kamen noch Arbeitshefte dazu, in die man etwas hineinschreibt und die man deshalb selber kaufen muß, Zirkelkästen, Aquarellfarben ... von den regelmäßigen Unkostenbeiträgen für den Werkunterricht oder die Zeichenstunden ganz zu schweigen. Rolf stellte fest, daß Bildung teuer ist, und erhöhte zähneknirschend das Haushaltsgeld.

Nicht eingeplant waren allerdings die zusätzlichen Kosten für Gebrauchsartikel, die im Zug liegenblieben und dann auf Nimmerwiedersehen verschwanden. Ausgenommen einen Regenschirm, von dem aber schon zwei Speichen gebrochen waren und den der ehrliche Finder deshalb wohl auch abgeliefert hatte.

Es ist wirklich bemerkenswert, was während einer siebenminütigen Bahnfahrt alles abhanden kommen kann. Angefangen hatte die Verlustserie mit Svens Atlas, den er beim Abschreiben als Unterlage benutzt und dann im Zug vergessen hatte. Kostenpunkt: 29,75 Mark. Als nächstes fehlte Saschas linker Turnschuh. Er war im Laufe einer handgreiflichen Auseinandersetzung aus dem offenen

Abteilfenster geflogen. Preis: 20 Mark. Dann blieben ein Schal hängen und eine Wolljacke, der eine vermißte seinen Füller, der andere einen Pullover, und wie viele Handschuhe auf der Strecke geblieben sind, weiß ich schon gar nicht mehr. Nun war es zur Abwechslung mal ein Anorak.

»Mein Sohn, jetzt habe ich die Nase voll! Den neuen Anorak wirst du selbst bezahlen, und zwar werde ich ihn dir ratenweise vom Taschengeld abziehen!«

»Nee, also das geht nicht, weil das nämlich unsozial ist. Wenn ein Angestellter mal Mist baut und deshalb ein Auftrag oder so was in die Binsen geht, kürzt man ihm ja auch nicht gleich das Gehalt.«

»Wenn dieser Angestellte aber fortwährend Fehler macht, kündigt man ihm. Diese Möglichkeit habe ich leider nicht, also wirst du für deine Schusseligkeit jetzt mal selber geradestehen!«

Sascha paßte das überhaupt nicht. »Kannst du mir nicht lieber eine runterhauen?«

»Das hättest du wohl gerne?«

Jetzt mischte sich Sven ein: »Halte die Raten aber möglichst klein. Sascha wartet doch schon sehnsüchtig auf den Ersten, weil er seine Spielschulden bezahlen muß. Von dem, was ich noch von ihm kriege, will ich erst gar nicht reden.«

Ich hatte nur ein Wort verstanden. »Was für Spielschulden?«

»Der verliert doch dauernd beim ›Fuchsen‹, und nun steht er bei Wolfgang mit zwei Mark dreiundachtzig in der Kreide.«

Nun begriff ich überhaupt nichts mehr. »Und was ist . . . wie heißt das? ›Fuchsen‹ denn überhaupt? Spielt man das mit Karten?«

»Nee, mit Pfennigen. Ist auch ganz harmlos.« Sven erklärte mir bereitwillig die Regeln. So etwas Ähnliches hatte ich als Kind auch gespielt, allerdings mit Murmeln.

Spielschulden sind Ehrenschulden! Irgendwo hatte ich das mal gelesen, und in früheren Zeiten mußte man sich deshalb standesgemäß erschießen. Diese Gefahr bestand wohl hier noch nicht, aber Ehrbegriffe werden bereits von Jugendlichen gepflegt.

»Dann mache ich dir einen anderen Vorschlag.« Aber zuerst entriß ich meinem Zweitgeborenen die Mohrrübe, auf der er jetzt herumknabberte. »Gib her, die brauche ich für die Suppe. Wie wäre es also, wenn du das Geld abarbeiten würdest? Keller aufräumen, Unkraut jäten, und der Wagen könnte auch mal wieder eine gründliche Wäsche nebst Politur vertragen.«

Sascha sah mich an, als hätte ich von ihm verlangt, freiwillig Vokabeln zu lernen.

»Du meinst, ich soll richtig arbeiten? Nicht bloß mal Brot holen oder Garage ausfegen?«

»Genau! Nach dem Essen kannst du gleich anfangen. Am besten mit dem Unkraut!«

»Und meine Hausaufgaben?«

»Gib doch bloß nicht so an«, konterte Sven mitleidslos, »die schreibst du doch sowieso von mir ab.«

Obwohl Sven anderthalb Jahre älter ist als sein Bruder, gingen beide in dieselbe Klasse. Während des entscheidenden vierten Grundschuljahres hatte sich unser Ältester mehr für Regenwürmer und Mistkäfer interessiert als für die Oberrheinische Tiefebene, und sein Abschlußzeugnis hätte ihn eigentlich zum Besuch einer Sonderschule verpflichtet. Ob nun ein verspäteter Ehrgeiz oder sein gelehrter Freund Sebastian die Ursache war, weiß ich nicht, jedenfalls entwickelte der zurückgebliebene Knabe plötzlich einen unerwarteten Bildungseifer und schaffte mit einjähriger Verspätung doch noch den Sprung aufs Gymnasium.

Rolf hatte das sogar ganz praktisch gefunden. Ihm schwebte etwas von gegenseitiger Hilfe und Gemeinschaftsarbeit vor, was Sascha dann auch durchaus wörtlich nahm. Sven machte die Arbeit, und Sascha bewies Gemeinsinn, indem er sich völlig auf seinen Bruder verließ und vertrauensvoll alles von ihm abschrieb. Und was der nicht wußte, das wußte dann eben ein anderer. So war Sascha immer der erste vor Unterrichtsbeginn in der Schule und wartete auf den zweiten, von dem er abschreiben konnte.

Mein Sohn arbeitete also seine Schulden ab. Er strich den Gartenzaun oder wenigstens Teile davon, und auch die nur auf einer Seite. Er räumte den Keller auf, das heißt, er stapelte alles in einer Ecke übereinander und erweckte so den Anschein, als habe er enorm viel Platz geschaffen. Er zupfte Unkraut. Da es sich hierbei um Pflanzen handelt, hinter deren Vorzüge wir bloß noch nicht gekommen sind, ließ er prompt alles stehen, was nicht einwandfrei als Brennessel zu klassifizieren war. Gehorsam wusch er auch den Wagen und hatte gerade mit dem Polieren des linken Kotflügels angefangen, als Rolf ihm das Silberputzmittel aus der Hand riß und ihn aus der Garage scheuchte.

»Bist du denn von allen guten Geistern verlassen? Mit dem Zeug kannst du doch nicht auf Lack herumwischen.«

»Steht doch aber drauf: Putzt alles, was glänzen soll«, verteidigte sich sein Filius.

»Raus!!!«

Immerhin hatte Sascha schon drei Viertel seines neuen Anoraks »verdient«, obwohl ich ihm eigentlich die Hälfte davon wieder hätte abziehen müssen, weil das Resultat seiner Fronarbeit doch ziemlich weit von deutscher Gründlichkeit entfernt war. Andererseits mußte ich auch den guten Willen honorieren.

»Wenn du jetzt noch im Wohnzimmer die Fenster putzt, sind wir quitt«, erklärte ich meinem Sprößling. Es schadet einem künftigen Ehemann gar nichts, wenn er aus eigener Erfahrung weiß, wie viele Rumpfbeugen zum Reinigen übermannshoher Fensterscheiben nötig sind.

»Wird gemacht!« Bereitwillig verschwand Sascha im Garten. Minuten später prasselte ein Gewitterregen an die Scheiben, ein Naturwunder, denn draußen schien die Sonne, und kein Wölkchen war zu sehen. Ich raste ins Wohnzimmer und stellte fest, daß Sascha den Gartenschlauch voll aufgedreht und den dicken Strahl direkt auf die Fenster gerichtet hatte. An der Terrassentür bildete sich bereits ein Rinnsal und sammelte sich auf dem Parkettboden mit Marschrichtung Küche.

»Bist du verrückt? Sofort aufhören!«

Sascha verstand offenbar kein Wort und winkte mir fröhlich zu.

»Nimm den Schlauch weg!« brüllte ich noch lauter.

Sascha nickte und richtete den Wasserstrahl auf das obere Drittel der Scheiben. Jetzt tropfte es auch aufs Fensterbrett.

»Auf-hö-ren!!«

Sascha zuckte mit den Schultern und malte Wasserkringel. Ich rannte durchs Wohnzimmer, durchs Eßzimmer, durch den großen Flur, durch den kleinen Flur, durch die Haustür, die Treppe hinunter, den Weg am Haus entlang bis zum Wasserhahn und drehte ihn aufatmend zu. Sascha kam mit dem tropfenden Schlauch um die Ecke: »Meinst du, das reicht schon?«

»Du bist wohl restlos übergeschnappt! Geh mal rein und sieh dir die Ferkelei drinnen an. Was hast du dir bei dieser Wasserschlacht eigentlich gedacht? So putzt man doch keine Fenster.«

»Soll ich vielleicht jede Scheibe einzeln abwischen? Du machst das alles immer viel zu umständlich, so was muß man rationalisieren.«

»Darunter versteht man doch Arbeitseinsparung, nicht wahr? Dann kannst du erst einmal im Wohnzimmer den Fußboden aufwischen, anschließend machst du die Terrassenmöbel sauber, hängst die ganzen Strohmatten auf und legst den Sumpf trocken, der mal ein Blumenbeet war. Was dir dein Bruder erzählt, wenn er seine klatschnassen Schuhe findet, kannst du dir vielleicht selber ausmalen!«

Für die nächste Stunde war Sascha hinreichend beschäftigt, und während er mit dem Fuß das Scheuertuch über den Parkettboden schob, erging er sich in langwierigen Betrachtungen über Fensterputzen im allgemeinen und Kinderarbeit im besonderen.

»Früher hat das immer Wenzel-Berta gemacht«, maulte er und verteilte das Wasser gleichmäßig auf dem Fensterbrett, »warum haben wir jetzt eigentlich keine Hilfe?«

Das war eine Frage, die sich ebenso leicht wie erschöpfend beantworten ließ: Weil es keine gab! Vorsichtige Rückfragen bei meiner Nachbarin, die trotz allem so einen dienstbaren Geist besaß, hatten schon vor Wochen eine gewisse Ernüchterung gebracht.

»Fra Schröter putzt scho seit fuffzehn Johr bei mir un kommt nur noch aus Gfälligkeit. E neue Stelle tät sie niemals uffnehme.«

»Ich will sie ja gar nicht abwerben«, beteuerte ich erschreckt, »aber vielleicht kennt sie jemanden, der zu uns kommen würde.«

Frau Billinger klärte mich also geduldig darüber auf, daß es Putzfrauen erstens überhaupt nicht mehr gebe, und wenn, dann würden sie zweitens in den ortsansässigen Kliniken und Kurheimen arbeiten, weil man ihnen dort nicht so genau auf die Finger sehe, und drittens gehe zu kinderreichen Familien sowieso niemand mehr.

»Eigentlich hatte ich ja auch mehr an eine richtige Hausgehilfin gedacht, die bei uns wohnt«, bekannte ich schüchtern.

Frau Billinger sah mich an, als sei ich ein lästiges Insekt. »Wo hawe Sie denn bisher gelebt? Die junge Dinger gehe entweder in die Fabrik, oder sie schaffe als Zimmermädle und Serviererinnen. Do hawe sie feschte Arbeitszeite, Trinkgelder und obends frei. Seie Se froh, wenn Se überhaupt e Putzfrau finne. Versuche Se's doch mol mit einer von de Gaschtarbeiterinnen, do soll es ja noch welche gewe, die zum Putze kommen. Ich tät so jemand allerdings niemols in mei Haus lasse.«

Wir fanden eine Jugoslawin, die erst seit drei Wochen in Deutschland lebte, außer »danke« und »wo ist das Rathaus bittää« kein Wort Deutsch sprach, und so mußte ich ihr jeden Morgen erst mit Händen und Füßen begreiflich machen, was ich von ihr wollte. Wenn wir gemeinsam Betten bezogen oder Wäsche aufhängten, erteilte ich Schnellkurse in deutscher Umgangssprache. Nach vier Monaten konnte sich Jelena schon recht gut verständigen. Darauf kündigte sie, um in der nahe gelegenen Textilfabrik künftig Unterhosen und Badeanzüge zu nähen. Das sei leichter und werde auch besser bezahlt.

»Das hast du nun von deinen pädagogischen Ambitionen«, schimpfte Rolf und beschloß, die Sache nunmehr selbst in die Hand zu nehmen. »Irgendwo muß es doch noch junge Mädchen geben, die lieber mit vierjährigen Kindern spielen als Waschbecken scheuern.«

»Wir haben aber auch welche«, gab ich zu bedenken.

»Du weißt doch ganz genau, was ich meine«, erklärte mein Gatte unwirsch. »Im übrigen sind die Jungs alt genug, um ihr Badezimmer selber sauberzuhalten.«

»Das erzähle ihnen mal!«

Rolf nahm Rücksprache mit dem Direktor der hiesigen Realschule. Er habe doch sicher Schülerinnen, die einen sozial-pädagogischen oder hauswirtschaftlichen Beruf ergreifen wollten, wozu ja bekanntlich auch ein gewisses Praktikum gehöre, und ob der Herr Direktor nicht vielleicht über die Zukunftspläne seiner Abschlußklasse informiert sei?

Der Herr Direktor war es nicht. Möglich, daß der Klassenlehrer ... allerdings sei der momentan im Landschulheim. Die Klasse übrigens auch. Und ob Rolf denn schon mal beim Arbeitsamt gewesen sei?

Rolf fuhr nach Heilbronn. Der Sachbearbeiter war sichtlich erfreut. »Ihre Tochter will ein Haushaltspraktikum machen? Aber natürlich haben wir geeignete Angebote, mehr als genug sogar.«

Das Mißverständnis wurde geklärt und der Herr merklich kühler. »Nein, da kann ich Ihnen gar nicht helfen. Wenn Sie keine Kinder hätten und Ihre Frau auch berufstätig wäre, ließe sich vielleicht etwas finden, aber so ...? Haben Sie es schon mit einer Anzeige versucht?«

Rolf gab in den beiden einschlägigen Tageszeitungen und im Gemeindeblättchen Inserate auf, die etwaigen Interessenten eine Art kostenlosen Urlaub versprachen, aber es meldete sich trotzdem niemand. Lediglich ein Vertreter erschien und pries eine Universalmaschine an, die mir nicht nur eine Haushaltsgehilfin ersetzen, sondern auch mein Leben verschönern würde.

Aber dann rief doch noch jemand an. Rolf war am Apparat, schaltete abrupt vom sachlich-geschäftsmäßigen auf den verbindlich-liebenswürdigen Plauderton, versicherte der gnädigen Frau, daß ihre Tochter wie unser eigenes Kind aufgenommen werden würde, versprach dem Herrn Bundeswehrmajor, daß Herrenbesuche selbstverständlich nicht gestattet seien, und lud Elternpaar nebst Tochter zwecks Besichtigung von Haus und Familie ein.

Anscheinend hatte alles den Ansprüchen genügt, denn der Herr Major bekundete seine Zustimmung. Und die gnädige Frau war sehr angetan von dem großen Garten, weil doch die arme Silvia ein bißchen blaß sei und sich möglichst viel in der frischen Luft aufhalten solle. Warum nicht? Gartenarbeit ist bekanntlich sehr gesund und sogar Rentnern noch zuträglich.

Silvia war siebzehn Jahre alt, sah aus wie fünfzehn und benahm sich manchmal wie zwölf. Sie wollte Säuglingsschwester werden, würde aber erst in einem dreiviertel Jahr mit ihrer Ausbildung beginnen können.

Die Kinder mochten sie auf Anhieb. Sven spielte Kavalier und half freiwillig beim Abtrocknen, was er bei mir nicht einmal in Ausnahmefällen tat, und Sascha sorgte für Rückendeckung, wenn sich Silvia mit ihrem Freund traf, von dem Vater Major offenbar gar nichts ahnte. Steffi ließ sich von ihr die beiden verkorksten Mathearbeiten unterschreiben, so daß ich überhaupt nichts davon erfuhr und mir reichlich albern vorkam, als ich später in der Schule die vermeintlich ungerechtfertigte Vier im Zeugnis reklamierte.

Silvia brachte Stefanie das Schwimmen bei und den Jungs das Rauchen. Sie fabrizierte mit den drei Großen Sahnebonbons, die sie dann samt der verbrannten Pfanne in die Mülltonne warf, und sie fütterte die beiden Kleinen so lange mit Eistüten, bis ihnen schlecht wurde. Sie dekorierte ihr Zimmer mit Fotos von Elvis Presley, war Mitglied eines Fanclubs und kannte die Biographien aller einschlägigen Rocksänger.

Nur vom Haushalt hatte sie nicht die geringste Ahnung. Sie konnte weder bügeln (»Das macht Mutti immer!«) noch kochen (»Mutti sagt, alleine würde sie viel schneller fertig werden!«), wußte nicht, wie man einen Saum annäht (»So was macht bei uns die Oma!«) und hatte noch niemals einen Kühlschrank abgetaut oder ein Bett gemacht (»Mutti sagt immer, das lernt man später von ganz allein!«).

Leider hatte Silvia aber auch keine Lust, etwas zu lernen, weder allein noch erst recht nicht mit meiner Hilfe. Geschirrspülen akzeptierte sie als gerade noch zumutbar, Schuhe putzte zu Hause immer der Vati, und als ich sie zum erstenmal bat, Kartoffeln zu schälen, benutzte sie ein Obstmesser und schaffte es trotzdem, sich den halben Daumen abzusäbeln.

Es dauerte auch gar nicht lange, und Silvia beschäftigte sich nur noch mit den Zwillingen. Sie ging mit ihnen spazieren, veranstaltete Wasserschlachten im Badezimmer und las ihnen stundenlang Märchen vor. Ich konnte inzwischen ungestört Türen abseifen, Strümpfe stopfen und Gardinen waschen.

Die Familie fand das völlig in Ordnung. Silvia ebenfalls. Als ich Rolf vorschlug, ich räumte wohl am besten das Schlafzimmer und zöge ins Mädchenzimmer, um den Rollentausch bis zur letzten Konsequenz zu vollziehen, sah er mich ganz entgeistert an.

»Sei doch froh, daß du überhaupt eine Hilfe hast!«

»Sagtest du Hilfe! Ich spiele hier das unbezahlte Dienstmädchen für euch alle, und meine sogenannte Hilfe sitzt mit den Zwillingen im Sandkasten und backt Kuchen. Weißt du überhaupt, wie Katja mich neuerdings nennt? Tante Mami!«

Mein Gatte fand das recht originell und gab mir den Rat, mit Silvia ein ernstes Wort zu reden. Daraus wurden mehrere ernste Worte, und abends war Papa Major da, um seine ausgebeutete Tochter wieder heimzuholen.

»Wie können Sie von einem kaum schulentlassenen Kind erwarten, daß es den ganzen Haushalt versorgt?« empörte sich der Herr Major und trug Silvias Köfferchen die Treppe hinunter.

»Ich sollte sogar den ganzen Gehsteig fegen«, schluchzte das Kind.

»Nein, mein Kleines, so etwas hast du nicht nötig. Du kommst jetzt mit nach Hause und erholst dich erst einmal. In vier Wochen wirst du achtzehn und kannst endlich Schwesternschülerin werden.«

Der Herr Major erbat das restliche Gehalt auf sein Bankkonto, nickte hoheitsvoll und begab sich gemessenen Schrittes zu seinem Wagen. Dabei stolperte er über den Strohbesen, den seine Tochter mitten auf dem Weg hatte liegenlassen, und ich hörte ihn noch murmeln: »Wenn das meine Kinder wären, dann hätte ich denen schon längst Zucht und Ordnung beigebracht!«

Meine nächste Stütze hieß Gerlinde. Rolf hatte sie in seiner Stammkneipe aufgelesen, wo sie anstelle ihrer erkrankten Schwester Gläser spülte. Der Vater war gestorben, die Mutter lebte in Stuttgart und ließ sich nur sehr selten blicken, und Gerlinde hauste mit ihrer etwas senilen Oma in einer Art Gartenlaube. Doch, sie würde sehr gerne zu uns kommen, mit Kindern habe sie sich schon immer gut verstanden, und Kartoffeln schälen könne sie auch.

Gerlinde zog also am nächsten Tag zu uns, machte sich mit Feuereifer über den Riesenberg Bügelwäsche her, korrigierte Steffi zwei Fehler in die Hausaufgaben und saß ab fünf Uhr vor dem Fernsehapparat, eskortiert von den Zwillingen, die das sonst nie durften.

Nach dem Abendessen bat sie um Ausgang. Sie wollte ihre Schwester besuchen.

Familienbande soll man pflegen, außerdem war Gerlinde schon sechzehn.

Um Mitternacht warteten wir noch immer auf sie.

»Du hättest ihr sagen sollen, daß sie um zehn Uhr zurück sein muß«, entschuldigte Rolf seinen Schützling und ging schlafen.

Gerlinde tauchte erst am nächsten Morgen wieder auf. Es sei ein bißchen spät geworden, sie habe nicht mehr klingeln wollen und sei deshalb bei ihrer Schwester geblieben. Also gab ich ihr einen Hausschlüssel und bat sie, künftig spätestens um elf zu Hause zu sein: »In gewisser Weise sind wir ja für Sie verantwortlich.«

Gegen Mittag rief Gerlindes Mutter an. Sie sei gerade aus Stuttgart gekommen, müsse abends wieder heimfahren, und ob ihre Tochter wohl ausnahmsweise einen freien Nachmittag haben könne? Familienbande soll man ... (siehe oben).

Gerlinde machte sich stadtfein, verließ das Haus und ward nie mehr gesehen. Die Schwester konnte uns nichts sagen, weil sie in ihrer Kneipe auch nicht mehr erschienen war, und die Oma in der Laube begriff gar nicht, was wir von ihr wollten. Sie drückte mir eine Kaffeekanne in die Hand und murmelte immer wieder: »Haben Sie die Hühner mitgebracht?«

Da gaben wir es auf, wechselten das Türschloß aus und verbuchten den Betrag unter Betriebsunkosten.

»Warum ist Wenzel-Berta nicht Witwe, die wäre sonst bestimmt zusammen mit uns hierhergezogen«, seufzte Sascha und schmierte Zahnpasta auf seine weißen Turnschuhe. Nach seiner Ansicht war dieses Verfahren bequemer und effektiver als das mühselige Säubern mit Wasser und Bürste.

Ähnlich inhumane Gedanken waren mir auch schon des öfteren gekommen, aber ich hatte sie natürlich immer sofort wieder verbannt.

Trotzdem dachte ich manchmal wehmütig an Heidenberg zurück, wo Wenzel-Berta – ursprünglich als Putzfrau engagiert – schon bald das Kommando über Küche und Keller und dann auch über Mann und Kinder geführt hatte. Sie hatte sich als Krankenpflegerin bewährt, als Kindergärtnerin, als Köchin und gelegentlich auch als seelischer Mülleimer. Ihre drastischen Ratschläge hatte sie mir mit der gleichen Unverblümtheit serviert, für die sie im ganzen Dorf berüchtigt war, Diplomatie war ein Fremdwort für sie, aber wir hatten ihre unbekümmerte Offenheit als ausgesprochen wohltuend und meistens auch noch als recht erheiternd empfunden. Leider gab es aber noch einen Herrn Wenzel, Eugen mit Vornamen, und der besaß natürlich ältere Rechte. So hatten wir Wenzel-Berta nach einem tränenreichen Abschied in Heidenberg zurücklassen müssen, aber wenigstens mit der Gewißheit, daß uns nur 61 km Luftlinie trennten.

Zwei Wochen nach Gerlindes Gastspiel bekam ich eine Postkarte, auf der Wenzel-Berta ihren Besuch ankündigte: »Der Sepp will zu einem Motoradtreining nach Hockenheim und da fährt er faßt an ihnen vorbei. Sofern es ihnen Recht ist, nimmt er mich mit. Am Dienstag um zwei. Ergebenst, ihre Berta Wenzel.«

Beim Sepp handelte es sich um ihren Sohn, der gerade seinen Wehrdienst hinter sich gebracht und sich noch nicht entschieden hatte, ob er nun studieren oder Frau Häberles Tochter nebst dazugehöriger Gastwirtschaft heiraten sollte.

Wenzel-Berta erschien in ihrem Silberhochzeitskleid aus lila Taft, was ihrem Besuch zwar eine ungewohnt feierliche Note verlieh, aber dieser Eindruck verschwand ziemlich schnell wieder.

»Is'n bißchen viel Backpulver im Kuchen«, erklärte sie rundheraus und nahm sich das dritte Stück. »War früher bei mir genauso. Aber dann hatte ich bloß mal eine halbe Tüte, was ja eigentlich nich genug is, und denn hat der Eugen gesagt, nu hätte ich wohl endlich gelernt, wie man Napfkuchen bäckt.«

Ich versprach ihr, künftig weniger Backpulver zu nehmen.

»Und dann müssen Se die Rosinen vorher in Mehl wälzen, weil denn fallen sie nich immer alle nach unten.«

Auch das würde ich in Zukunft tun.

»Ihre Putzfrau hat wohl nichts für Blumen übrig?« konstatierte Wenzel-Berta nach einem Rundblick durch das Zimmer und musterte mißbilligend den Cissus, der anklagend seine Blätter hängen ließ. »Weil der Topf is seit mindestens vier Tagen nich gegossen worden.«

Ich bekannte mich schuldig, was Wenzel-Berta mit einem verständnisvollen Lächeln quittierte. »Deshalb sag ich ja, Sie sollen das Ihrer Putzfrau sagen, weil *Sie* kriegen doch sogar Unkraut kaputt!«

Damit war das Stichwort gefallen. Die Schleusen öffneten sich, und ich sprudelte meinen ganzen Kummer über nicht vorhandene Putzfrauen und desertierende Hausgehilfinnen heraus. »Sie kennen doch Gott und die Welt, wissen Sie nicht jemanden für uns?«

Wenzel-Berta rührte in der Kaffeetasse und dachte nach. »Nee, also so auf Anhieb kann ich da gar nichts sagen, weil die Leute, wo ich kenne, haben alle Familie. Höchstens so eine halbe Kusine, die is aus Mannheim, ihr Vater war mal Lehrer, also geistig kommt sie aus einem guten Haus, aber sie hat Rheuma, und das is wohl doch nich das Richtige. Nähen kann sie prima und auch Sofakissen sticken und so, aber Sie brauchen ja wen, der zupacken kann. Die Malwine is ja auch eigentlich ganz tüchtig, aber gegen Rheuma kann sie ja nu nich gegen an. Die weiß immer schon drei Tage vorher, wenn's regnet, was die vom Fernsehen nie so früh wissen.«

Mein Gesicht muß wohl Bände gesprochen haben, denn als sich Wenzel-Berta am Spätnachmittag verabschiedete, versicherte sie mir tröstend: »Vielleicht fällt mir noch wer ein, und im Dorf tu ich mich auch mal umhören, weil es könnte ja sein, daß da jemand wen kennt.«

Mit diesem etwas nebulosen Versprechen stieg sie in Sepps Auto, nicht ohne vorher sorgfältig das Lilataftene hochgezogen zu haben, damit es beim Sitzen keine Falten bekäme.

Schon am nächsten Abend meldete sie sich am Telefon. Im Hintergrund hörte man Gelächter, Gläserklappern und Stimmengemurmel, untrüglicher Beweis dafür, daß die Heidenberger öffentliche Fernsprechzelle mal wieder kaputt war und Wenzel-Berta aus dem Gasthaus telefonierte.

»Also, ich hab nu mal so rumgefragt«, begann sie mit einer Lautstärke, die garantiert auch den letzten Winkel der Kneipe erreichte, »aber da is nich viel bei rausgekommen, weil wenn hier wirklich jemand wen wußte, denn war das immer zu weit weg. Aber dann habe ich noch mit Frau Kroiher gesprochen, Sie wissen doch, das is die Mutter von der kleinen Rita mit dem Korsett, weil es hätte ja sein können, daß die wen kennt. Kennt sie aber auch nich. Aber dann hat sie mir gesagt, daß Sie es mal in Weinsberg versuchen sollen. Ihr Schwager is doch seit zwei Monaten da zum Entziehen, war ja auch wirklich nötig, weil der hat jeden Tag eine ganze Flasche Korn getrunken und noch Bier dazu und so, und is da gar nich wie in einer richtigen Klapsmühle. Die laufen da alle frei herum und spielen auch nich Napoleon oder so, da sind viele nur da, Frauen auch, weil sie Depres ... Depressonen oder so was haben, also die immer bloß alles schwarzsehen. Manche sind noch ziemlich jung und auch ziemlich gesund, aber die bleiben denn da, weil sie nich wissen, wohin, und denn kriegen sie eine neue Depresson. Aber wenn die in eine richtige Familie kommen, wo sie wissen, daß sie da hingehören, dann geht es ganz schnell aufwärts, sagt der Arzt.«

Mir hatte es die Sprache verschlagen. Wenzel-Berta deutete mein Schweigen durchaus richtig, denn sie trompetete sofort wieder los: »Ich meine das ganz ernst, und das ist auch bestimmt nich gefährlich, weil die wirklich Verrückten bleiben sowieso eingesperrt. Ihr Mann soll doch mal mit dem Professor in Weinsberg reden, der sucht dann schon was Passendes raus. Und nu muß ich aber auflegen, weil die ganze Kneipe hört schon zu. Überlegen Sie sich das mal in Ruhe, is vielleicht gar nich so schlecht, und ein gutes Werk tun Sie auch noch.«

Sascha jubelte los, als ich Wenzel-Bertas Vorschlag wiedergab. »Au ja, Mami, stell dir bloß mal vor, wir kriegen eine, die als Jungfrau von Orleans herumgeistert und mit gezücktem Brotmesser zum Freiheitskampf antritt.«

Sven hatte auch nichts dagegen. »Hier ist doch sowieso ein Irrenhaus, auf einen mehr oder weniger kommt es nun wirklich nicht an.«

Rolf sagte überhaupt nichts. Er runzelte angestrengt die Stirn, streute geistesabwesend Pfeffer auf die Ölsardinen und befahl seinem Ältesten: »In meinem Zimmer muß irgendwo eine Illustrierte liegen. Darin steht ein langer Artikel über psychiatrische Krankenhäuser, und den solltet ihr erst einmal lesen, bevor ihr solch einen Unsinn faselt.«

Sven, schon die Türklinke in der Hand, blieb stehen. »Du willst doch nicht wirklich jemand aus einer Klapsmühle anheuern?«

»Warum denn nicht? Man kann doch wenigstens mal mit dem Chefarzt reden.«

Einmal gefaßte Entschlüsse pflegt Rolf nach Möglichkeit sofort in die Tat umzusetzen, aber er ließ sich von mir doch überzeugen, daß auch die engagiertesten Ärzte um neun Uhr abends keine Sprechstunde mehr haben. Womit ich, unter Berücksichtigung der Vergeßlichkeit meines Gatten, das Thema für beendet hielt. Wenn ich auch in Umgang mit halbwüchsigen Knaben, deren geistige Verfassung man keineswegs immer als normal bezeichnen kann, einigermaßen geschult war, so traute ich mir die Behandlung von psychisch angeknacksten Mitmenschen doch nicht so ohne weiteres zu, obwohl man mit ihnen möglicherweise leichter fertig werden würde als mit Teenagern.

Leider stolperte Rolf am nächsten Morgen über seine ungeputzten Schuhe, was ihn automatisch an die fehlende Putzfrau und damit auch an Wenzel-Berta erinnerte. Er stürzte zum Schreibtisch, suchte das Telefonbuch, fand es nicht, weil Sascha es am Abend zuvor als Ersatz für den abgebrochenen Fuß des Dielenschränkchens benutzt hatte, brüllte etwas von »Schlamperei, die jetzt das Maß des Erträglichen überschritten« habe, und stieg wütend ins Auto, um dem Herrn Chefarzt unter Umgehung der sonst wohl üblichen Voranmeldung sofort direkt auf den Pelz zu rücken.

Offenbar hatte der Herr Professor trotz des plötzlichen Überfalls Zeit gefunden, sich mit seinem Besucher fünfzig Minuten lang über moderne Malerei zu unterhalten und fünf Minuten lang über den eigentlichen Grund seines Kommens. Verabschiedet hatte man sich dann mit dem Vorhaben, das so interessante Gespräch demnächst auf privater Ebene fortzusetzen. Und wegen der Hausgehilfin wollte der Herr Professor mal mit dem zuständigen Stationsarzt reden.

Zwei Wochen später war alles perfekt. Ich hatte wunschgemäß das Krankenhaus besucht, mich mit den beiden empfohlenen Kandidatinnen unterhalten und mich schließlich für Uschi entschieden. Sie war 25 Jahre alt, hatte einen Selbstmordversuch hinter sich und kein Zuhause mehr, seitdem der Vater gestorben und die Mutter verschwunden war. Kein Wunder, wenn dann jemand in Depressionen verfällt. Bei uns würde sie wenigstens keine Zeit dazu haben!

Uschi war ein nettes, aufgeschlossenes Mädchen, das man sogar als ausgesprochen hübsch bezeichnen konnte. Leider brachte sie ein Lebendgewicht von 170 Pfund auf die Waage, und wir beschlossen gemeinsam, diesem Problem rigoros auf den Leib zu rücken. Obwohl sich Uschi jetzt überwiegend von Salat und Knäckebrot ernährte, ausschließlich Mineralwasser trank und jeden Tag aktiv die Morgengymnastik im Rundfunk verfolgte, nahm sie nicht ein Gramm ab. »Daran sind bloß die blöden Tabletten schuld«, behauptete sie nachdrücklich, »denn erst seitdem ich diese Dinger schlucke, bin ich aufgegangen wie ein Hefekloß. Dabei brauche ich die jetzt bestimmt nicht mehr.«

Bevor ich Uschi vom Krankenhaus abgeholt hatte, war ich bei dem behandelnden Arzt gewesen, der mich nicht nur mit guten Ratschlägen, sondern auch noch mit dem Tablettenvorrat für die nächsten Wochen eingedeckt hatte. »Achten Sie bitte darauf, daß die Patientin die Medikamente auch regelmäßig nimmt! Wir können sie erst ganz allmählich herabsetzen.«

Jedesmal, wenn ich Uschi die rosa und grünen Kügelchen servierte, maulte sie, schluckte das Zeug aber doch gehorsam hinunter.

Davon einmal abgesehen, schien sie sich bei uns wohl zu fühlen. Mit den Kindern verstand sie sich großartig, und selbst Sascha, der anfangs noch darauf gewartet hatte, daß sie singend durch die Zimmer tanzen oder wenigstens irgendwo weiße Elefanten sehen würde, vergaß bald, auf welch ungewöhnlichem Weg wir zu unserer neuen Hausgenossin gekommen waren. Sie war anstellig und hilfsbereit und kam auch immer pünktlich zurück, wenn sie mal zum Friseur ging oder nachmittags ›Urlaub auf Ehrenwort‹ bekam. Sie hatte ein Faible für Mathematik, was ich rückhaltlos bewunderte, und spielte ausgezeichnet Schach, was wiederum Rolf sehr bemerkenswert fand, weil Frauen ja bekanntlich nicht logisch und schon gar nicht vorausschauend denken können. Wenn ich ihn in vier von fünf Partien besiege, dann handelt es sich selbstverständlich immer nur um Zufallstreffer!

Ich schrieb einen begeisterten Brief an Wenzel-Berta, bedankte mich für ihren guten Tip und versicherte ihr mehrmals, sie künftig in das Nachtgebet einschließen zu wollen.

Kurz darauf verschlief Uschi zum erstenmal morgens die Zeit, obwohl sie normalerweise beim leisesten Geräusch munter war. Drei schulpflichtige Kinder, die Zeichenblocks, Frühstücksbrot und Stricknadeln zusammensuchen, dazwischen lautstark unregelmäßige Verben deklinieren und nebenher kleinere Streitigkeiten austragen, sind eigentlich nicht zu überhören. Aber was soll's, schließlich hat jeder Mensch das Recht, gelegentlich zu verschlafen. Auch wenn es drei Tage hintereinander passiert.

Uschi bekam einen eigenen Wecker. Der nützte nichts. Ich stellte den Wecker in einen Suppenteller und garnierte ihn mit mehreren Glasmurmeln, einem Flaschenöffner und zwei Blechlöffeln. Wenn er jetzt bimmelte, hörte ich den Krach bis nach unten. Uschi hörte ihn nicht. Sven übernahm freiwillig das morgendliche Wecken, gab diesen Versuch aber nach einigen Tagen wieder auf, weil er zu zeitraubend und meistens vergeblich war. Vor zehn Uhr war Uschi nicht mehr wachzukriegen.

»So geht das aber nicht weiter«, beschwerte ich mich bei Rolf und verlangte von ihm eine Rücksprache mit dem behandelnden Arzt. Der war verreist. Seine Vertretung war mit der Krankengeschichte nicht vertraut, meinte aber, man hätte vielleicht die Medikamente noch nicht absetzen dürfen.

»Haben wir ja gar nicht«, soufflierte ich leise, und Rolf beteuerte auch sofort: »Sie nimmt nach wie vor alle Tabletten, die sie genau nach Anweisung zugeteilt bekommt.«

»Sind Sie da auch ganz sicher?« zweifelte der Medizinmann und empfahl uns, die Patientin in der nächsten Woche persönlich vorzustellen, dann sei auch der Kollege wieder zurück.

Ich nahm Uschi ins Gebet, aber erst als ich ihre mögliche Rückkehr nach Weinsberg erwähnte, gestand sie zögernd, die Pillen nicht geschluckt, sondern nur im Mund behalten und später wieder ausgespuckt zu haben.

»Das mache ich aber ganz bestimmt nicht mehr«, heulte sie, und zum Beweis ihres guten Willens stopfte sie sich gleich eine Handvoll Tabletten in den Mund, die sie in ihrer Rocktasche versteckt hatte. Prompt wurde ihr schlecht, und ich versorgte sie zwei Tage lang mit Kamillentee und Zwieback. Am dritten Tag stand sie wieder pünktlich auf, am vierten versammelten wir uns ratlos vor der verschlossenen Zimmertür.

»Was soll denn das nun wieder bedeuten? Sonst hat sie sich doch nie eingeschlossen.«

»Vielleicht hatte sie Angst, du würdest sie nachts besuchen«, pflaumte Sascha seinen Bruder an, der immerhin schon einige Härchen unter den Armen und einen leichten Schatten auf der Oberlippe aufweisen konnte, mithin also nach Saschas Ansicht ›reif‹ war für erste Annäherungsversuche.

»Idiot, dämlicher!«

Weder die nicht gerade leise Diskussion noch Svens Faustschläge gegen die Tür hatten unser Dornröschen aufwecken können, es schlief bis zum Mittagessen.

Während Uschi das Geschirr spülte, wozu sie diesmal genau zwei Stunden brauchte, zog ich ihren Zimmerschlüssel ab und stopfte ihn in meinen Nachttisch. Uschi reklamierte den Schlüssel und forderte sofortige Rückgabe. »Ich fühle mich bedroht«, behauptete sie.

»Seien Sie nicht albern, von wem denn überhaupt?«

»Von allen!«

Also doch weiße Elefanten!!

Ich nahm mir vor, Uschi so schnell wie möglich nach Weinsberg zurückzubringen und am besten gleich dort zu lassen, nur würde das frühestens übermorgen der Fall sein. Warum mußte Rolf auch immer dann verreisen, wenn er wirklich gebraucht wurde?

Uschi rumorte in ihrem Zimmer herum. Manchmal hörte es sich an, als ob sie Kegel schob.

Sven wappnete sich mit Mut und beschloß, nach dem Rechten

zu sehen. »Ich frage sich ganz einfach, ob sie mir in Mathe helfen kann.«

Sie konnte, aber sie wollte nicht. »Hau ab, hier kommt niemand rein! Und wenn doch, dann habe ich ein Messer!«

»Jetzt spinnt sie wirklich!« Sven kam kopfschüttelnd die Treppe wieder herunter. »Sie muß ihren Schrank vor die Tür gerückt haben, man kann sie nur einen Spaltbreit öffnen.«

»Blödsinn, das schafft sie doch nicht allein.«

»Aber man sagt doch immer, Verrückte können übermenschliche Kräfte entwickeln.«

Sascha kramte in den Küchenschubladen. »Das große Tranchiermesser fehlt tatsächlich«, verkündete er freudig. »Was nu, wenn die uns alle abschlachten will?«

»Ruf die Polizei an!« sagte Sven.

»Lieber gleich das Krankenhaus«, riet Sascha, »Polizisten sind doch keine Irrenwärter.«

Es dauerte eine ganze Weile, bis ich einen Arzt an der Strippe hatte, und noch etwas länger, bis er meinen gestammelten Hilferuf endlich begriff. Dann empfahl er mir, Ruhe zu bewahren, die Patientin nicht aufzuregen und gefährdete Familienmitglieder sowie scharfkantige Gegenstände zu entfernen.

»Aber sie hat doch schon ein Messer.«

»Ach so, na, dann lassen Sie es ihr.«

Was denn sonst? Glaubte dieser Mensch etwa, ich wäre lebensmüde? Immerhin versprach er, sofort einen Wagen nebst erforderlichem Personal zu schicken.

Inzwischen war Stefanie aufgetaucht, im Kielwasser die Zwillinge, und die drei konnte ich nun wirklich nicht gebrauchen.

»Wollt ihr nicht noch ein bißchen zu Angela gehen?«

»Da kommen wir ja gerade her«, protestierte Steffi. »Was is'n hier überhaupt los?«

»Gar nichts, aber Uschi ist plötzlich krank geworden, und nun warten wir auf den Wagen, der sie ins Krankenhaus bringt.«

Wir hatten den drei Mädchen natürlich verschwiegen, in welcher Institution wir Uschi aufgelesen hatten, und die Folgen wollte ich ihnen nun auch ersparen.

»Abmarsch!« kommandierte Sascha und schob seine Schwestern zur Tür hinaus. »Ich bringe sie schnell rüber, aber vielleicht rufst du vorher noch Frau Vandenberg an und sagst, was hier los ist.«

Angelas Mutter bekundete sofortige Hilfsbereitschaft und bot Asyl an sowie tatkräftige Unterstützung durch ihren Mann, der nicht nur einen Meter neunzig groß, sondern darüber hinaus auch noch aktiver Sportler sei.

»Ich glaube, das wird nicht nötig sein. Hier ist jetzt alles ruhig, und in spätestens einer halben Stunde müßte der Wagen kommen.«

Er kam schon früher. Mit ihm kamen drei Männer, die wie Buchhalter aussahen, weder eine Zwangsjacke noch eine gezückte Injektionsspritze mitbrachten und es bereits nach fünf Minuten schafften, daß Uschi die Tür öffnete und das Messer herausgab. Sie ließ sich sogar davon überzeugen, daß man sie ja nur zur längst fälligen Kontrolluntersuchung bringen und morgen wieder zurückfahren werde.

Beim Abschied entschuldigte sie sich etwas beschämt. »Ich glaube, vorhin habe ich mich ziemlich albern benommen. Wenn ich nur wüßte, was ich mir dabei gedacht habe.«

Das wußte ich auch nicht, aber auf eine Wiederholung war ich nicht gerade erpicht und deshalb sogar froh, als mir der Arzt am nächsten Tag mitteilte, daß man Uschi vorläufig nicht zurückschikken könnte. »Sie muß schon seit geraumer Zeit keine Medikamente mehr genommen haben, denn anders ist dieser plötzliche Abbau nicht zu erklären.«

»Ich habe mich aber ganz genau an Ihre Anweisungen gehalten«, versicherte ich ihm etwas pikiert.

»Das bezweifle ich ja gar nicht, aber manche Patienten entwickeln Fähigkeiten, die jedem Taschenspieler zur Ehre gereichen würden. Sie lassen die Pillen einfach verschwinden, ohne daß man auch nur das geringste bemerkt.«

Rolf quittierte das dramatische Ende von Uschis Zwischenspiel mit typisch männlicher Überheblichkeit.

»Du hättest sie mit mehr psychologischem Einfühlungsvermögen behandeln müssen. Wenn ich zu Hause war, ist doch niemals etwas vorgefallen.«

»Ach nein? Und wie erklärst du dir ihr übertriebenes Schlafbedürfnis?«

Der Psychologe grinste süffisant. »Du warst doch auch mal fünfundzwanzig.«

»Allerdings. Und damals habe ich treu und brav jeden Morgen um neun in der Redaktion gesessen und auf meinen Chef gewartet, der bekanntlich selten vor elf erschienen ist.«

»Seid ihr denn da noch nicht liiert gewesen?« forschte Sven.

»Nein. Außerdem geht dich das überhaupt nichts an!« Gegen derartige Anspielungen bin ich allergisch.

»Also weißte, an den Klapperstorch glaube ich schon seit ein paar

Wochen nicht mehr, und ich nehme doch an, du auch nicht«, meinte der Herr Sohn, bevor er in Deckung ging und schleunigst die Tür hinter sich zuwarf. Das Feuerzeug knallte gegen die Füllung und fiel scheppernd zu Boden.

»Sag mal, wie findest du das?« wollte ich von Rolf wissen.

»Völlig in Ordnung. Seine berechtigten Zweifel beweisen mir, daß der Bengel wenigstens rechnen kann. Schließlich kennt er sein Geburtsdatum und unseren Hochzeitstag.«

Eins zu null für den Nachwuchs!

Nun saßen wir mal wieder auf dem trocknen. Andererseits kann man von einem Vierzehnjährigen und einem Zwölfjährigen (»Ich bin zwölfdreiviertel!«) schon ein gewisses Verständnis und ein angemessenes Quantum an Mitarbeit erwarten. Zu berücksichtigen war allerdings, daß es sich bei diesen Knaben um Teenager handelte, und deren Reaktionen lassen sich nie berechnen. Mutter Natur sorgt immerhin vor. Sie läßt uns ein Dutzend Jahre Zeit, unsere Kinder lieben zu lernen, bevor sie in die Flegeljahre kommen. Es gibt aber Tage, an denen es schwerfällt, mit Kindern vernünftig zu reden: Montag bis einschließlich Sonntag.

Ich versuchte es trotzdem. »Würdet ihr es als unzumutbar empfinden, euch in bescheidenem Umfang an den Hausarbeiten zu beteiligen, sofern es sich nicht um typisch weibliche Tätigkeiten handelt, wie Bügeln, Stopfen, Kochen und Brutpflege?«

»Du hast Saubermachen und Aufräumen vergessen!« reklamierte Sascha.

»Letzteres werdet ihr in Zukunft selber tun, in euren Zimmern. Mindestens einmal wöchentlich harkt ihr sie durch, und das Chaos in euren Schränken hört jetzt auch auf. Ordnung ist das halbe Leben!«

»Ich bin aber mehr für die andere Hälfte«, bemerkte Sven.

»Darüber hinaus werdet ihr künftig für geputzte Schuhe sorgen, alle zehn Tage den Rasen schneiden, die Abfallbeseitigung übernehmen und mittags abtrocknen.«

»Das ist ja ein tagesfüllendes Programm. Wann sollen wir denn da noch Schularbeiten machen?«

»Dazu bleibt euch genügend Zeit, vor allem, wenn ihr sie zu Hause erledigt und nicht bei Andy, Wolfgang oder sonstwem.«

»Aber wenn wir doch was nicht wissen? Früher hat uns Papi wenigstens in Mathe geholfen, aber seitdem wir Geometrie haben, sagt er, wir hätten mehr davon, wenn wir es allein machen.«

Rolf war der Ansicht, man müsse den ganzen Haushalt reorganisieren und dabei rationalisieren. Es gebe bekanntlich genügend Literatur, die sich mit derartigen Problemen befasse, und die darin enthaltenen Ratschläge brauche man ja nur entsprechend abzuwandeln.

»Du könntest doch beispielsweise mit beiden Händen zugleich Staub wischen. Dabei läßt sich bestimmt Zeit einsparen.«

Ich fegte aber lediglich mit der Linken einen Aschenbecher von der Tischplatte und mit der Rechten die Zeitschriften vom Zwischenfach. Außerdem erforderte es eine gewisse geistige Anspannung, zwei Staubtücher gleichzeitig zu führen, und beim Staubwischen ans Staubwischen denken zu müssen, ist doch nun wirklich albern.

Mein Rationalisierungsfachmann empfahl mir, mich zunächst einmal hinzusetzen, einen genauen Plan der zu erledigenden Arbeiten aufzustellen, die jeweiligen Zeiten zu ermitteln und mich künftig daran zu halten. Nur hatte mein Experte nicht berücksichtigt, daß zu unserem Haushalt Kinder gehören.

Ich plane zwanzig Minuten fürs Bettenmachen. Nicki kommt heulend an: »Katja pult die Holzwolle aus meinem Florian!« Ich gehe zu Katja, entreiße ihr den Teddy, schimpfe ein bißchen, kehre zu meinen Betten zurück. Dann kommt Katja: »Nicki schmiert sich lauter Marmeladenbrote!«

Das Telefon klingelt. Während ich spreche, kleckst sich Nicki noch Mayonnaise aufs Brot und läßt das Ganze dann auf den Teppich fallen. Wenn ich endlich alle Betten gemacht habe, sind anderthalb Stunden vergangen, und laut Plan müßte bereits die Wohnung gesaugt und die Wäsche auf der Leine sein. Dabei steckt sie noch nicht einmal in der Maschine.

Oder es gibt diese hübschen nervenzermürbenden Zwiegespräche mit den Zwillingen, bei denen ich regelmäßig den kürzeren ziehe. Anfangs bewältige ich derartige Dialoge nebenbei, mit zunehmender Dauer erfordern sie aber auch zunehmende Selbstbeherrschung, sonst drehe ich durch. Das hört sich ungefähr so an:

»Was ist das für ein entsetzlicher Lärm da oben?«

»Welcher Lärm?«

»Habt ihr denn den Krach nicht gehört?«

»Wer? Ich?«

»Natürlich, wer denn sonst?«

»Wie hat der Krach denn geklungen?«

»Das ist doch ganz egal. Jedenfalls macht es einen Höllenspektakel, und du hörst sofort damit auf!«

»Womit soll ich aufhören?«

»Mit dem, was du gerade tust!«

»Aber ich tue doch gar nichts!«

»Hör trotzdem damit auf!«

»Ich putze mir die Zähne. Soll ich damit aufhören?«

Zeitraubend sind auch jene Zwischenfälle, die eine vorübergehende Stillegung gewisser Örtlichkeiten zur Folge haben und das sofortige Erscheinen eines Handwerkers erfordern.

»Wer hat die ganzen Kalenderblätter ins Klo gestopft?«

Natürlich niemand.

Nach kurzer Prüfung der Indizien – *Wo* hat der Kalender gehangen? *Wer* ist klatschnaß? – ermittle ich Katja als vermutlichen Täter, halte ihr eine Standpauke und kröne dieselbe mit dem Beschluß, drei Tage lang das Fahrrad einzuschließen. Gelegentliche Ungerechtigkeiten sind bei diesen Schnellverfahren nicht auszuschließen, aber sie sind wirksam und ersparen auf die Dauer erhebliche Reparaturkosten.

Jedenfalls mußte sich auch mein reformfreudiger Ehemann davon überzeugen lassen, daß sich Rationalisierungsmaßnahmen auf dem Papier recht gut ausnehmen, in der Praxis aber meist an nicht vorhersehbaren Schwierigkeiten scheitern. Also gewöhnte ich mich wieder daran, über herumliegende Schulmappen zu steigen, zertretene Zwiebäcke zu übersehen und die schwäbischen Maßstäbe von vorschriftsmäßiger Haushaltsführung zu ignorieren. Wenn ich den Staubsauger hervorholte, erkundigten sich die Kinder neugierig: »Kriegen wir Besuch?«

Eine Zeitlang hatten wir sogar wieder eine Putzfrau. Sie betreute in der näheren Umgebung mehrere Haushalte und konnte dienstags und donnerstags von 14 bis 16 Uhr »bequem noch einen einschieben«.

Nun sind zwar die meisten Putzfrauen überaus redselig, aber sie putzen wenigstens die Fenster, während sie einem die Krankengeschichten sämtlicher Verwandten erzählen. Meine neue Raumpflegerin konnte sich offenbar nur auf eine Tätigkeit konzentrieren, und fürs Reden allein wollte ich sie eigentlich nicht bezahlen. Dann waren auch plötzlich zwei Oberhemden von Rolf verschwunden, ein paar Obstkonserven und ein nagelneuer Tortenheber. So erklärte ich meiner unechten Perle, daß sie ihren Kaffee künftig zu Haus trinken und mit Kusine Hildegards Gallensteinen jemand anderen beglücken solle. Ich hätte für diese Plauderstündchen eine bessere Verwendung. Tief beleidigt zog sie von dannen.

Monate später fuhr ich von einem Elternabend nach Bad Randersau zurück und las an der Autobushaltestelle eine andere Spätheimkehrerin auf, die ich lediglich vom Sehen kannte. Zu meiner Überraschung begrüßte sie mich mit meinem Namen und erkundigte sich nach den Zwillingen sowie nach der Bezugsquelle für unseren kanadischen Whiskey. Meinem fragenden Gesicht begegnete sie mit einem wissenden Lächeln: »Ich kenn Se un Ihr Familie recht gut, mir hatte nämlich e Zeitlang dieselbe Putzfra.«

Frühling ist die Jahreszeit, in der man das Gefrierschutzmittel zwei Wochen zu früh aus dem Autokühler läßt. Frühling ist immer dann, wenn einem die hellen Hosen vom vergangenen Jahr nicht mehr passen und die eleganten Schuhe vom letzten Frühjahr unmodern sind. Frühling ist, wenn einen morgens nicht mehr der Schneepflug weckt, sondern das knatternde Mofa von gegenüber, und Frühling ist, wenn man den Übergangsmantel anzieht und friert. Der einzige Unterschied zwischen März und April: Im April ist man nicht mehr darauf gefaßt!

Allerdings gibt es noch ein untrügliches Anzeichen für den Frühling, und das sind die Rasenmäher. Ich weiß nicht, nach welchen Kriterien sich die Gartenfreunde richten, aber eines weiß ich ganz sicher: Keine Epidemie, nicht einmal die Grippe ist so ansteckend wie Rasenmähen. Kaum haben sich die ersten Grashälmchen von Schnee und Eis erholt und vorsichtig aufgerichtet, dann röhrt auch schon der Rasenmäher und walzt sie wieder platt. Künftig stehen die Samstage im Zeichen dieser hustenden, spuckenden und knatternden Ungetüme, ihr Echo pflanzt sich von Garten zu Garten fort, und die Tüchtigkeit jedes Hobbygärtners wird daran gemessen, ob er sein vorgeschriebenes Pensum noch am Vormittag schafft. Meistens gelingt ihm das, muß es auch, denn nachmittags wird das Auto gewaschen.

Nun bin ich absolut kein Gartenfreund. Ich bin nie einer gewesen und werde auch nie einer sein. Vielleicht liegt es daran, daß ich ohne Garten aufgewachsen bin und erst Leidtragende eines solchen wurde, als unmittelbar nach dem Krieg die Rasenflächen hinter unseren Häusern in Schrebergärten verwandelt wurden. Sie dienten allerdings nur dem Anbau von Kohl und Kartoffeln, und ich wurde ständig zum Bewässern dieser Gewächse abkommandiert. Gartenschläuche gab es damals noch nicht wieder zu kaufen!

Ich bin zwar die erste, die in Begeisterungsrufe ausbricht, wenn sie einen gepflegten und in allen Farben blühenden Garten sieht, aber ich bin auch die letzte, die solch eine Parkanlage haben möchte. Mir ist dieses Hobby einfach zu zeitraubend. Allerdings gebe ich zu, daß ein Garten ungemein praktisch ist. Man kann Wäsche darin aufhängen und die Schildkröte unterbringen, man kann dreckverkrustete Schuhe abstellen, das Schlauchboot trocknen, Würstchen grillen und den Eimer mit den Molchen in irgendeinem Winkel deponieren. Man kann Federball spielen, Maulwürfe züchten und einen privaten Kindergarten gründen, weil sich nämlich alle Kinder einfinden, die den eigenen Garten wegen des Zierrasens nicht betreten dürfen.

Der Verwendungszweck eines Gartens ist regional verschieden. Gelegentliche Besuche in Norddeutschland ließen mich erkennen, daß man dort vorwiegend Blumen und Gras züchtet: etwas weiter südlich dominieren Obstbäume und Beerensträucher, im sparsamen Schwaben dagegen Gemüsebeete.

Nun ist das mit einem ökonomisch genutzten Garten aber eine Sache für sich. Angenommen, man hat so einen Sparsamkeitsapostel, der einem genau vorrechnet, um wieviel billiger eine selbstgezogene Sellerieknolle gegenüber einer gekauften ist, dann erweist es sich als zweckmäßig, ihn auch auf die Unkosten hinzuweisen. Erfahrungsgemäß ist das zwar sinnlos, aber man hat zumindest sein möglichstes versucht und hinterher ein ruhiges Gewissen.

Rolf hat sich nur ein einziges Mal mit Ackerbau abgegeben, und das muß ihn wohl für alle Zeit kuriert haben. Unsere Familie bestand damals nur aus vier Personen, von denen zwei noch ziemlich klein und überwiegend Vegetarier waren. Erntefrisches Gemüse ist besser, gesünder, schmackhafter und ich weiß nicht, welche sonstigen Eigenschaften man ihm noch unterschiebt, jedenfalls beschloß der noch sehr enthusiastische Vater, die erforderlichen Vitamine für seinen Nachwuchs selbst anzubauen.

Die notwendigen Vorbereitungen blieben auf das Wochenende beschränkt und zogen sich über einen ganzen Monat hin. Wenn man ausschließlich mit Umgraben beschäftigt ist, kann man natürlich nicht den Wasserhahn reparieren, der schon seit Tagen tropfte und vermutlich nur einen kleinen Dichtungsring brauchte. Nach einer Woche war aus dem Tropfen ein stetiges Rinnen geworden, der Klempner mußte her, kam auch schon nach zwei Tagen und wechselte gleich die gesamte Mischbatterie aus, weil es für das alte Modell angeblich keine Ersatzteile mehr gab. Kostenpunkt: 48 DM inklusive Arbeitszeit.

Dann fiel dreimal das traditionelle Samstagsbad für den Wagen aus, er kam in die Schnellwäsche, wurde von Hand poliert und kostete jedesmal zwölf Mark. Dank seiner Vollbeschäftigung war es meinem Agronomen auch nicht möglich, sich von seinem Freund Felix das reich bebilderte Standardwerk für Hobbygärtner abzuholen, weshalb er sich die einschlägigen Kapitel telefonisch durchgeben ließ. Die genauen Kosten für dieses Dauergespräch ließen sich später nicht exakt ermitteln. Schließlich stellte mein Gartenfreund auch noch fest, daß unsere Harke zwar zum Zusammenrechen des Rasens geeignet war, nicht dagegen zum Einplanieren der Gemüsebeete. Die neue Harke kostete 21 Mark.

Aber wenigstens waren nunmehr die Vorarbeiten abgeschlossen, und die paar Mark für Pflanzen und Samen fielen nun wirklich nicht mehr ins Gewicht.

Dann ging es weiter. Das Gemüse mußte bewässert werden (die Wasserrechnung für das zweite und dritte Quartal jenes Sommers lag etwa dreißig Prozent über dem Normalverbrauch), gedüngt, gegen Ungeziefer immunisiert und teilweise mit Haltepfählen ausgerüstet werden. Das Gartenbuch empfahl ein Spalier aus Holzleisten, Rolf baute eins aus Bambusstäben.

Und dann wurden alle vierzig Salatköpfe auf einmal reif, die 27 Pfund Erbsen mußten zur gleichen Zeit geerntet werden wie die 41 Pfund Bohnen, die acht Meter Karotten konnten noch etwas länger im Boden bleiben, aber die Kohlrabi mußten raus und die Rettiche ebenfalls. Den Weißkohl fraßen glücklicherweise die Raupen.

Meine hauswirtschaftlichen Fähigkeiten hatten damals noch nicht das Stadium des Einweckens erreicht, und so mußte ich den größten Teil unserer landwirtschaftlichen Produkte verschenken. Später errechnete ich, daß uns eine Kohlrabiknolle ungefähr 2,73 DM gekostet hatte und ein Pfund Mohrrüben knapp vier Mark.

Soviel zum Thema Sparsamkeit in Verbindung mit Gemüsezucht.

Nun hatten wir also wieder einen Garten, größer als alle früheren, überwiegend mit Gras und Klee bedeckt, dazu ein paar verwilderte Blumenbeete, von denen wir nicht wußten, ob da von allein etwas sprießen würde oder nicht. Als wir ein paar Narzissen entdeckten –

übrigens die einzigen Blumen mit einem Platz für die Nase – und ein Sortiment verschiedenartiger Stiefmütterchen, die mich mit ihren übellaunigen kleinen Gesichtern immer an meine frühere Handarbeitslehrerin erinnerten, fand Rolf es an der Zeit, die gesamte Wildnis hinter unserem Haus ein bißchen zu kultivieren. Der Vorgarten sah zum Glück ganz passabel aus, lediglich mit der verwilderten Ecke jenseits des Zufahrtsweges mußte etwas geschehen. Der von Efeu überwucherte Hügel erinnerte mich unziemlich an ein Heldengrab.

Im vergangenen Jahr waren wir wegen des Umzugs zu keinerlei Verschönerungsarbeiten mehr gekommen. Die Nachwehen zogen sich wochenlang hin, und als wir sie endlich überstanden hatten, waren wir alle zu erschöpft und wohl auch zu faul. Dann fuhren wir in Urlaub, und dann war es bald für die Arbeiten zu kalt, für die es im Sommer zu heiß gewesen war. So hatten wir das Gartenanbauprojekt bereitwillig bis zum nächsten Frühjahr vertagt. Die Natur hat zweifellos Humor gezeigt, als sie Hausputz, Gartenarbeit und Frühjahrsmüdigkeit in die gleiche Zeit legte.

Unser jugendlicher Amateurbotaniker hatte schon vor einigen Tagen einen Erkundungsgang durch den Garten unternommen und uns davon unterrichtet, daß wir auf einen gesunden Bestand von Urtica cioica, Calystegia sepium, Rumex obtusifolius und Taraxacum officinale zurückgreifen könnten.

»Na also, das ist doch schon was«, freute sich Rolf.

»Und ob!« bekräftigte Sven. »Vor allem, wenn man berücksichtigt, daß es sich hierbei um Brennesseln, Heckenwinde, Rasenampfer und Löwenzahn handelt.«

»Zunächst müssen wir sowieso erst einmal den Rasen gründlich durchharken, und anschließend muß Dünger drauf«, entschied Rolf, dessen Arbeitseifer sich jetzt nur noch im Organisatorischen erschöpfte. Die Kinder nahmen also jeden Morgen ihren Tagesbefehl entgegen, erklärten, alles verstanden zu haben, und vermieden es dann sorgfältig, auch nur in die Nähe des Gartens zu kommen.

»Soll er doch mal selber was machen«, maulte Sascha, »so 'n bißchen Dünger streuen ist ja keine Arbeit, aber im Sommer können wir das dann ausbaden. Oder glaubst du, Papi mäht selber?«

»Na klar. Wir müssen ihm bloß einreden, daß er langsam zu alt dafür ist!«

Ich weiß nicht mehr, welche Hilfskraft zur Zeit der Frühjahrsbestellung gerade ihre Gastspielrolle bei uns gab, jedenfalls litt ich vorübergehend mal nicht an chronischem Zeitmangel und fühlte mich deshalb verpflichtet, meinem lustlosen Nachwuchs mit gutem Beispiel voranzugehen. Gemeinsam bearbeiteten wir den Rasen, sammelten welkes Laub, Kaugummipapier, eine Blechgabel und zwei verwitterte Markknochen auf, entfernten Moospolster und meterlange Ranken einer mir noch nicht bekannten Unkrautart, entdeckten zwei Erdbeerbeete, deren Existenz uns bisher entgangen war, und gruben auch noch die Blumenbeete um, auf denen wohl doch nichts von allein wachsen würde.

Rolf gab seine durch keinerlei Kenntnisse getrübten Ansichten über das Beschneiden von Obstbäumen zum besten und setzte sie auch gleich in die Tat um, indem er den einzigen noch tragenden Ast des Mirabellenbaums absägte. Dann besorgte er Samen. Natürlich nur für Blumen. Und für ein paar Küchenkräuter. Und eine Handvoll Steckzwiebeln, weil die so preiswert gewesen waren. Und zehn Tomatenpflanzen, weil die ja gar keine Arbeit machen. Und mehrere Tüten Radieschensamen, weil man dann immer etwas Frisches zum Abendessen hat. Und ... und ... und ...

Ich kann mich noch gut an die Zeit erinnern, als wir in Berlin unseren Schrebergarten beackerten und den Samen einfach in die Erde steckten. Weiter nichts. Heute steht auf dem Beutel: ›Pflanzen Sie zwischen April und Mai (gemäßigtes Klima) in einer Tiefe von anderthalbfacher Samenstärke in gut durchwässerte lockere Erde und verziehen Sie nach zehn Tagen auf zehn Zentimeter.‹

Und dann ist nach zehn Tagen überhaupt nichts zum Verziehen da, weil man mal wieder mit unangebrachtem Optimismus geglaubt hat, daß alles, was man in die Erde steckt, auch wieder herauskommt.

»Muß man die Samenkörner eigentlich paarweise einpflanzen, wenn man Blumen haben will?« erkundigte sich Sascha, während er die Gebrauchsanweisung für die Aussaat von Calendula officinalis studierte.

Schon nach einigen Wochen konnten wir die ersten Früchte unserer Arbeit bewundern: Ringelblumen sprossen in trauter Zweisamkeit mit Freesien, die wir überhaupt nicht gepflanzt hatten; wo Tausendschönchen wachsen sollten, kamen Gladiolen, und später entdeckten wir zwischen den Tomaten lauter Dahlien.

»Da werden wohl noch überall die Zwiebeln im Boden gesteckt haben«, erläuterte Sven dieses offensichtliche Naturwunder, während Frau Billinger mich belehrte, daß man Blumen und Kräuter zweckmäßigerweise getrennt anpflanze und daß sie mir im nächsten Jahre gern mit Rat und Tat zur Seite stehen würde.

Inzwischen hatte ich die Erfahrung gemacht, daß es ein Kinderspiel ist, mehr Radieschen zu ernten, als die Familie jemals essen kann. Unser Rasen entfaltete sich zu voller Blüte. Die künstliche Ernährung hatte ihm offenbar gutgetan, denn jeder Kuh hätte das Herz im Leibe gelacht beim Anblick der vielen Löwenzahnblüten und des weithin leuchtenden Klees. Dazwischen fanden sich aber auch ein paar Grashalme, die allerdings nach der Behandlung mit einem Unkrautvertilgungsmittel eingingen. Jetzt wuchern sie nur noch auf den Wegen zwischen den Steinen und ganz besonders üppig in den Fugen der Terrassenplatten.

Wir besaßen mittlerweile diverse Bücher, die sich mit Gartenpflege im allgemeinen und Rasenpflege im besonderen befaßten, aber in keinem fand ich etwas über die Behandlung von Klee und Löwenzahn. Ganz besonders vermißte ich genauere Anweisungen darüber, wie oft man derartige Kulturen mähen muß. Also hielt ich mich an das Kapitel Rasenpflege, in dem es hieß: ›Rasenflächen sollten in der Regel dann gemäht werden, wenn das Gras die entsprechende Höhe erreicht hat. Der Zeitpunkt für das Mähen richtet sich nach dem Wachstum‹.

Den Maulwurf entdeckten wir erst, als er seinen Aussichtsturm errichtet hatte. Die elf kleineren Haufen waren uns zwischen den vielen Pusteblumen gar nicht aufgefallen.

Der Maulwurf ließ sich weder durch Wasser vertreiben noch durch Räucherpatronen. Er widerstand Giftködern und Petroleum. Erst als Sascha eine geballte Ladung Platzpatronen im letzten Maulwurfshügel zündete, emigrierte der Eindringling und wanderte zu Billingers aus, wo er nach achtstündiger Verfolgungsjagd im Nahkampf erledigt wurde.

»Können wir während der Osterferien zelten?«

»Wo? Wie lange? Mit wem? Was kostet das?«

Vier Standardfragen, die immer dann angebracht sind, wenn unser Nachwuchs Freizeitpläne schmiedet. Außerdem erfordern sie präzise Antworten und keine langwierigen Erklärungen, die sich erfahrungsgemäß in irgendwelchen Details verlieren. Besonders Sven hat die enervierende Angewohnheit, mit seinen Ausführungen bei der Seelenwanderung zu beginnen und bei den Kartoffelpreisen zu enden. Irgendwo dazwischen hat man den eigentlichen Kern seines Monologs zu suchen. Wenn er sich über einen Lehrer beschwert, der ihn angeraunzt hat, dann beginnt er seine Anklage meist mit dessen

Familienverhältnissen. Seine Vorliebe für Nebensächlichkeiten fiel mir ganz besonders auf, als Sascha einmal seinen Bruder fragte: »Weißt du eigentlich, das der Martin schon regelmäßig raucht?« Darauf Sven: »Zigarren oder Zigaretten?«

Mein Ältester begann also gewohnheitsgemäß mit dem Datum des ersten Feiertages, der auf einen Donnerstag fallen würde und wegen des nachfolgenden Feiertages und der damit verbundenen Sonntagsruhe noch nicht in Betracht komme. »Dann haben wir erst mal Ostern und dann . . .«

»Mensch, jetzt langt's!« unterbrach Sascha. »Laß dich vom Fernsehen als Sandmännchen anheuern. Wenn du erst mal loslegst, pennt doch jeder ein. Um es kurz zu machen: Andy, Wolfgang, Hardy, Manfred und wir beide wollen ein paar Tage campen. Nicht weit weg, nur oben am Waldrand. Kosten tut's gar nichts, weil wir selber kochen und jeder etwas mitbringt. Wenn wir zu Hause bleiben, müssen wir ja auch was essen. Andy und Wolfgang haben Zweimannzelte, und bei uns liegt im Keller doch auch noch das Prunkstück von Onkel Felix rum. Is zwar'n bißchen kaputt, aber das kriegen wir schon wieder hin. Du erlaubst es uns doch? Dann seid ihr uns prima los, und Papi sagt sowieso immer, Schulferien verkürzen die Lebenserwartung der Eltern.«

»Wenn euer Vater nichts dagegen hat, könnt ihr meinethalben zelten. Vorausgesetzt natürlich, eure Freunde dürfen auch.«

»Natürlich dürfen die«, versicherte Sascha im Brustton der Überzeugung, wobei er sicherheitshalber unterschlug, daß deren Eltern erst einmal abwarten wollten, was *wir* dazu sagen würden.

Rolf war einverstanden. Vermutlich erinnerte er sich an seine Jugendjahre, als er mit Klampfe unterm Arm und idealistischen Flausen im Kopf singend durch die Lande gezogen war, vorneweg ein Fähnleinführer mit geschultertem Kochtopf und einem Dutzend Erbswürsten am Koppelschloß. Abends hatte man dann am Lagerfeuer väterländische Lieder gesungen und dem Führer die Treue geschworen.

Nach dem Mittagessen zogen die Knaben los, bepackt wie Maulesel und ausgerüstet, als beabsichtigten sie eine Himalaja-Expedition. Dann kam Sascha zurück und holte die vergessene Taschenlampe. Dann kam Sven, weil er Mückensalbe brauchte. Dann kam Andy, der zu Hause kein Paprika gefunden hatte und nun bei uns sein Glück versuchte.

»Was kocht ihr denn Schönes?«

»Gummiadler.«

Bevor ich fragen konnte, was das ist, war er schon wieder verschwunden.

Dann kam Sascha und holte Speiseöl.

»Das brauche ich aber selber! Wozu willst du es denn haben?«

»Für die Hormongeier.« Weg war er.

»Ahnst du, was die eigentlich zusammenbrutzeln?«

Rolf verneinte, obwohl er als Hobbykoch über einschlägige Kenntnisse verfügt.

Bei Einbruch der Dämmerung erschien Sven, um Gartengrill nebst Holzkohle zu holen. »Wir kriegen die Flattermänner einfach nicht weich. Einer ist schon im Feuer gelandet und verkohlt, der andere hat wie Kaugummi geschmeckt. Jetzt wollen wir wenigstens die beiden letzten retten.«

»Wen wollt ihr retten?«

»Na, unsere Hähnchen. Möchte bloß wissen, wie die damals in der Steinzeit ihre Wildschweine gebraten haben. Das muß ja Tage gedauert haben. Wir hocken schon seit drei Stunden vorm Feuer und kriegen diese jämmerlichen Vögel nicht weich.«

Rolf beschloß, fachmännische Hilfe zu leisten. Er stopfte den Inhalt unseres Gewürzschranks in eine Plastiktüte, nahm Trockenspiritus, Geflügelschere und die beiden Steaks aus dem Kühlschrank mit, zog Gummistiefel an und verschwand im Kielwasser seines ungeduldigen Sohnes.

Nach zehn Minuten war Sven schon wieder da, weil er den Kuchenpinsel holen sollte. Abgelöst wurde er von Sascha, der nach einem Stück Pappe geschickt worden war – als Windschutz, wie er seinem Bruder erklärte. Ihnen auf dem Fuß folgte Andy, der noch mehr Spiritus brauchte. Und dann tauchte auch schon wieder Sven auf und suchte nach Streichhölzern.

„Hätten wir doch bloß 'ne Maggi-Suppe gekocht«, stöhnte er. »Papi macht aus der Hähnchenbraterei eine kultische Handlung, und seitdem ihm das eine Steak in den Wassereimer gefallen ist, hat er eine Stinklaune. Kannst du nicht kommen und ihn loseisen?«

Das war dann allerdings nicht mehr nötig. Er kam von selbst zurück und sah aus, als habe er soeben einen Kamin gereinigt. »Da oben geht viel zuviel Wind, und außerdem ist die ganze Kocherei eine Schnapsidee. Die Bengels sollen gefälligst zum Essen nach Hause kommen.«

Ich verpflasterte die beiden Brandblasen, trichterte dem schmerzgepeinigten Heldenvater einen großzügig bemessenen Cognac ein und schickte ihn ins Bett.

Kurz nach Mitternacht wurde er wieder herausgeklingelt.

»Verflixte Brut!« schimpfte der so Geplagte, wickelte sich in seinen Bademantel, fahndete vergeblich nach den Hausschuhen und schlappte barfuß auf den Flur. Plötzlich ohrenbetäubender Krach, irgend etwas klirrte, ein dumpfer Fall, dann Stille ...

Himmel, die Rollschuhe! Steffi hatte sie nach bewährter Methode mal wieder im Flur stehengelassen in der berechtigten Erwartung, irgend jemand würde sie schon aus dem Weg räumen. Jetzt waren sie aus dem Weg, und die große Bodenvase ebenfalls.

»Na warte, wenn ich Stefanie in die Finger kriege ...«, jammerte Rolf und feuerte einen Rollschuh gegen die Küchentür. Es klirrte noch einmal. Diesmal war es der Blumentopf.

Erneutes Klingeln. Ich sprang aus dem Bett, umrundete Rolf, der auf dem Boden lag und seine Gliedmaßen sortierte, und rannte zur Tür.

»Euch sollte man rechts und links eins hinter die Ohren ...«

Vor mir stand ein Polizist, flankiert von Sven und Sascha. Am Straßenrand parkte ein Streifenwagen.

»Sin des Ihr Kinner?«

»Nein. Behaupten sie das?« Rolf hatte sich wieder aufgerappelt, fischte aus der Bademanteltasche eine zerdrückte Zigarette – er hat überall welche! – und suchte nach Streichhölzern.

Der Polizist wurde unsicher. »Ich kenn die Buwe net, awe sie hawe die Adress do ogegewe. Sie heiße doch Sanders?« Dabei schielte er verstohlen auf das Namensschild.

»Jetzt macht doch keinen Quatsch«, bettelte Sven, und Sascha ergänzte eilfertig: »Wir haben ja gar nicht gestreunt, und von wegen einbrechen, das ist doch Blödsinn. Da war die Katze von Hardy, und ich hatte sie ja auch schon am Schwanz, aber da ist dann der Stuhl umgeflogen, und da haben die gesagt, wir wollten ins Fenster steigen, und dann ...«

»Jetzt kommt erst mal rein. Sie natürlich auch«, sagte Rolf mit einem resignierenden Blick zu dem uniformierten Gesetzeshüter. »Und du ziehst dir zweckmäßigerweise etwas an!« Der mißbilligende Seitenblick galt meinem nicht gerade züchtigen Schlafanzug. Ich verzog mich ins Bad und dann in die Küche. In Fernsehkrimis dürfen Polizisten niemals Alkohol trinken, wenn sie im Dienst sind. Vielleicht sollte ich es mal mit Kaffee versuchen?

Während der nächsten Viertelstunde hörten wir drei verschiedene Versionen des nächtlichen Zwischenfalls, von denen zwei halbwegs übereinstimmten. Demnach hatten Sven und Sascha angeblich nicht schlafen können – »wegen der Ameisen, die da plötzlich überall herumkrabbelten« –, und in die Überlegungen, ob man nun den Standort wechseln oder lieber in die häuslichen Betten zurückkehren solle, war Wolfgang geplatzt. Zu dritt hatte man sich zu einem Abendspaziergang entschlossen, in dessen Verlauf eine Katze ihren Weg gekreuzt hatte.

»Das war die von Hardys Oma«, erzählte Sascha weiter. »Wir wollten sie einfangen und dem Hardy ins Zelt setzen. Na ja, und da sind wir eben hinterher. Aber das Biest ließ sich nicht kriegen. Endlich hatten wir es auf eine Terrasse getrieben, aber dann war überall Licht, und plötzlich hat uns der Bul . . . hat uns der Polizist gekrallt!«

Der schaufelte sich den dritten Löffel Zucker in seine Tasse und erklärte achselzuckend: »Mir sin alarmiert wore, weil sich mehrere verdächtige Gschdalde bei de Reihehäuser rumtreiwe sollte un von einem Grundstück uffs annere wechselte, vermutlich uff de Such nach offestehende Fenschder. Erwischt hawe mir allerdings nur die zwei do!«

»Ich denke, ihr wart zu dritt?«

»Wolfgang war plötzlich verschwunden«, sagte Sven.

»Schöner Freund!«

»Ach wo, der hat doch geglaubt, wir türmen auch. Das hätten wir ja ohne weiteres geschafft, wenn ich nicht über diesen dämlichen Stuhl gestolpert und hingeknallt wäre. Hat ganz schön weh getan!« Zum Beweis präsentierte Sascha ein lädiertes Schienbein, das bereits in allen Farben schillerte.

»Es isch zu schad, daß du net wenigschdens in de Kaktus gfalle bisch. Der stand nämlich dicht newem Stuhl«, bemerkte der Polizist gemütvoll, trank seinen Kaffee aus, stülpte die Mütze auf seine schütteren Haare und erhob sich. Gönnerhaft musterte er die beiden Übeltäter.

»De vermeintliche Einbruchsversuch dürfte wohl hinfällig sei, awe ihr müßt morge trotzdem uffs Revier komme un des Protokoll unnerschreiwe. Ordnung muß sei. Euren flüchtigen Freund bringt ihr am beschde mit. Als Zeugen. Euren Vader übrigens a. Un wenn ihr des näschdemol zeldet, dann setzt euch net genau newe en Ameisehaufe, Rasselbande, verflixte!«

So begann unsere Bekanntschaft mit den Vertretern der Obrigkeit, die in den folgenden Jahren noch sehr intensiviert wurde. Beim erstenmal kamen die Jungs noch mit einer Ermahnung davon, beim zweitenmal ging es nicht mehr ganz so glimpflich ab.

Es passierte in der Nacht zum 1. Mai. Sascha hatte mir am Abend empfohlen, die Terrassenmöbel in den Keller zu stellen und alle transportablen Gegenstände aus dem Garten zu entfernen.

»Weshalb denn?«

»Weil es hier so eine ulkige Sitte gibt. Man kann anderen Leuten Streiche spielen, zum Beispiel Gartentüren auswechseln, Fahrräder auseinandernehmen – na ja, also Sachen machen, die man sonst nicht machen darf. Im vergangenen Jahr haben ein paar Halbstarke das Goggomobil von der Pfarrersfrau genau vor die Kirchentür gesetzt. Stell dir mal vor, die haben die Karre die ganze Treppe raufgeschleppt!«

»Hat das denn kein Mensch gesehen?«

»Nee, so was macht man doch nachts. Nicht wahr, wir dürfen doch heute auch nach dem Dunkelwerden noch ein bißchen draußen bleiben?«

»Kommt überhaupt nicht in Frage!«

»Och, Mami, sei kein Spielverderber. Morgen ist schulfrei, und die anderen dürfen doch auch.«

Wenn Sascha seine Mitleidswalze auflegt, muß man schon hartgesotten sein, um widerstehen zu können. Ich bin von Natur aus weich wie ein Badeschwamm.

»Wenn ihr mir versprecht, nicht mutwillig etwas zu beschädigen, dann kriegt ihr Ausgang bis elf Uhr.«

»Mami, du bist ganz große Klasse!« Ich fühlte mich geschmeichelt, was wohl auch beabsichtigt war, denn Rolf hätte sein Einverständnis zu dieser nächtlichen Exkursion bestimmt nicht gegeben. Aber der war mal wieder auf dem Wege zu seinem Geschäftspartner, einem Schweizer, der nichts von sozialistischen Feiertagen hält und der Meinung ist, als Unternehmer sei er vom Tag der Arbeit nicht betroffen.

Bevor meine unternehmungslustigen Ableger zu ihrem Spaziergang aufbrachen, deponierten sie die Gartenmöbel im Eßzimmer, räumten Buddeleimer und Sandschaufeln weg, brachten den Schlauch in die Garage und holten die Wäsche herein.

»Die ist doch noch gar nicht trocken«, protestierte ich.

»Ist egal, aber wenn du die Sachen hängenläßt, kannst du sie morgen garantiert von sämtlichen Bäumen in der Nachbarschaft abpflücken.«

»Ich kann mir nicht helfen, aber ich finde diesen Brauch reichlich idiotisch.«

»Ich nicht«, behauptete Sven und erkundigte sich, ob ich noch Geschirrspülmittel im Hause hätte.

Völlig gedankenlos bestätigte ich, daß noch einige Flaschen im Vorratsschrank sein müßten.

»Die reichen!« erklärte mein Sohn, trampelte die Kellertreppe hinunter und verschwand via Garage nach draußen. Sascha war schon vor einigen Minuten getürmt, und nun zerbrach ich mir den Kopf, wozu man wohl Geschirrspülmittel braucht, wenn man bloß Nachbars Gartenzwerge aufs Garagendach setzen und die Tür vom Geräteschuppen zunageln will. Immerhin waren ein paar der geplanten Maßnahmen in meiner Gegenwart diskutiert worden.

»Eigentlich müßten wir ja morgen spätestens um acht Uhr schon wieder unterwegs sein«, gähnte Sascha, als er sich kurz nach elf die weiße Farbe von den Armen schrubbte, »aber irgend jemand wird uns schon erzählen, was die für dämliche Gesichter gemacht haben.«

»Wozu habt ihr eigentlich das Spülmittel gebraucht?«

Sven prustete los. »Kannst du dir vorstellen, was passiert, wenn du eine Flasche von dem Zeug in einen Springbrunnen kippst?«

Als ich am nächsten Morgen die Jalousien hochzog, stellte ich fest, daß die Jungs zwar meine Wäsche hereingeholt, die Klammern aber vergessen hatten. Die Wäschespinne war gespickt mit ihnen, und an jeder einzelnen hing sorgfältig befestigt eine Löwenzahnblüte.

Am Nachmittag hatte ich wieder die Polizei im Hause. Diesmal war es ein Vertreter des örtlichen Reviers, der Zimmermann hieß, irgendwo in unserer Gegend wohnte und abends, hemdsärmelig und mit Hosenträgern, seinen Dackel Gassi führte. Der hob dann immer sein Bein neben unserer Garageneinfahrt.

Diesmal grüßte Herr Zimmermann betont amtlich und begehrte die Vorführung »des Sven sowie des Sascha Sanders«. Beide glänzten durch Abwesenheit.

»Es liegt e Ozeig gege sie vor wege Sachbeschädigung.«

»Meine Güte, das bißchen Schaum im Brunnen ist doch nun wirklich keine Katastrophe. Inzwischen müßte das Zeug doch längst herausgespült sein.«

Polizist Zimmermann schüttelte den Kopf. »Von oim Brunne weiß ich nix. Ich schwätz vom Verunreinigen von de Fahrbohn.«

???

»Im Äbereschenweg, gnau vor dem Kinnerspielplatz, isch heit nacht en Zebrastreife gemolt wore.«

»Da gehört schon längst einer hin.« Die Zwillinge spielten manchmal dort, und ich hatte sie schon mehrmals über die Autos schimpfen hören, die »einfach nicht anhalten«.

»So was isch Sach von de Gmeinde. Wo käme ma denn do hi, wenn sich jeder seinen Fußgängerüweweg selwer macht?«

»Vermutlich zu weniger Verkehrstoten.«

»Sie scheine die Sach wohl net ernst zu nehme, Frau Sanders. Mehrere Jugendliche, drunner a Ihre beide Söhn, sin beim Ostreiche von de Fahrbohn beobachtet und ogezeigt wore!«

»Na schön, und was soll ich Ihrer Meinung nach jetzt tun? Flekkenwasser kaufen und das Zeug wieder abwischen?«

»Domit wird ein Fachbetrieb beauftragt, awer Sie müsse nadirlich für die entstehende Koschten uffkomme. Außerdem hawe sich Ihre Kinner morge uff dem Revier einzufinne. Es wäre gut, wenn sich die annere Beteiligte freiwillig melde täte. Bisher hawe mir erscht vier ermittelt, awer es solle noch mehr gwese sei.«

Herr Zimmermann grüßte militärisch und verschwand. Die beiden Missetäter robbten bäuchlings aus der Hecke hervor.

»Der Kerl ist doch nicht mehr ganz dicht!« meuterte Sven. »Von Sachbeschädigung kann überhaupt keine Rede sein, weil wir lösliche Farbe genommen haben, die beim ersten Regen wieder weggespült wird. Und wenn ich rauskriege, wer uns da verpfiffen hat, dann kann der noch was erleben. Bestimmt war das der alte Knacker, der im Sommer jeden Morgen seine Äpfel zählt, ob auch noch alle am Baum hängen.«

»An sich finde ich die Idee mit dem Zebrastreifen ja auch ganz originell, aber ich bezweifle, ob Papis Sinn für Humor so ausgeprägt ist, daß er innerhalb eines Monats bereitwillig gleich zweimal aufs Polizeirevier stiefelt.«

Im allgemeinen hatte Rolf Verständnis für Lausbubenstreiche, nur hielt er es für einen höchst bedauerlichen Mangel an Intelligenz, sich dabei erwischen zu lassen.

»Das braucht er doch gar nicht zu erfahren«, meinte Sascha schnell. »Er kommt ja erst übermorgen zurück, und bis dahin haben wir das schon wieder hingebogen. Ich trommle den ganzen Verein zusammen, und wenn wir in Kompaniestärke aufkreuzen, werden wir die Bullen schon kleinkriegen. Einigkeit macht stark!«

Die Polizisten, ausnahmslos Familienväter und mit Nachwuchs zwischen zwei und zweiundzwanzig Jahren gesegnet, zeigten – rein privat natürlich – Verständnis. Rein dienstlich verdonnerten sie die Malerbrigade zu je fünf Stunden Arbeitseinsatz, als da wäre: Waschen der Dienstfahrzeuge inklusive Feuerwehrauto, Reinigen der Schläuche unter Anleitung des Brandmeisters, Handlangerdienste beim bevorstehenden Umzug des Reviers in ein größeres Gebäude sowie gegebenenfalls Botengänge, worunter man den Einkauf von Zigaretten oder Preßwurst zu verstehen habe. Sascha wurde übrigens amnestiert, weil er noch nicht vierzehn und somit strafunmündig war. Er bewies aber Solidarität und erschien freiwillig zum Strafantritt. Nach Beendigung des Frondienstes luden die Arbeitgeber ihre Hilfskräfte zu einer ausgiebigen Vesper ein, und schließlich schied man in der gegenseitigen Auffassung, zwei recht vergnügliche Nachmittage verbracht zu haben.

Rolf erfuhr tatsächlich nichts von diesem Arbeitseinsatz und war deshalb auch einigermaßen überrascht, als er bei seinem nächsten Zusammentreffen mit der Ordnungsbehörde zu hören bekam: »Sie legen Ihre Aufsichtspflicht wirklich etwas sehr großzügig aus!«

Es war am Dienstag nach Pfingsten. Sven hatte sich ein paar Tage lang bei seinem Freund Jochen einquartiert. Aus diesem Grunde hatte Sascha hinten im Garten das Zelt aufgebaut, wo er mit Andy und Manfred zu nächtigen beabsichtigte.

»Wenigstens haben wir sie hier unter Kontrolle«, behauptete Rolf, als er sein Einverständnis bekundete.

Am frühen Morgen weckte uns Gebrüll. Dumpfe Laute, die an den Alarmruf wütender Gorillas erinnerten, schallten durch den Garten, übertönt von Saschas pathetischer Prophezeiung: »Die Geier werden dich zerfleischen, wenn du dein unwürdiges Leben am Marterpfahl ausgehaucht hast.«

»Ich dachte, die sind über das Winnetou-Alter längst hinaus«, knurrte Rolf und tastete nach seiner Armbanduhr. »Noch nicht mal halb sieben, sind die eigentlich verrückt geworden?«

An Schlafen war nicht mehr zu denken, also stand ich auf und öffnete das Fenster.

Am Mirabellenbaum, gefesselt mit einer Wäscheleine, stand ein etwa sechzehnjähriges schmächtiges Bürschlein, das an den Stricken zerrte und immer wieder beteuerte: »Kindsköpf, lausige! Ich sag's euch, ihr kriegt en ganz g'waldige Ärger!«

»Steh bloß schnell auf, dein ganz spezieller Liebling hat mal wieder irgendeinen Blödsinn gebaut!« rief ich meinem gähnenden Mann zu, bevor ich nach meinem Bademantel griff und in den Garten lief.

Der Gefangene seufzte erleichtert, als er mich sah. »Jetzt häng i scho seit übere Stund do fescht, und dabei haw i mein Tour noch net emol halwa g'schafft!«

Mit einem bedauernden Seitenblick auf mich band Andy den Gefangenen los, während Sascha meinte: »Ob man dein Käseblatt eine

Stunde früher oder später auf den Lokus hängt, ist doch nun wirklich egal.«

Es handelte sich bei dem bedauernswerten Opfer um den Zeitungsjungen, den die drei Camper unter irgendeinem Vorwand in den Garten gelockt und dann gekidnappt hatten.

»Mit dem hatte ich nämlich noch ein Hühnchen zu rupfen«, entschuldigte Manfred diese Entführung. »Der hat mir neulich im Freibad die Luft aus meinem Fahrrad gelassen und dann auch noch die Ventile geklaut!«

»Ha, awer nur, weil du mir mei Mofa an de Laternemaschde gekettet hosch. I hab äscht die Eisensäg hole gmüßt, um das Schloß uffzukriege!«

»Vielleicht könntet ihr künftig eure Privatfehden woanders austragen!« Rolf war dazugekommen, hörte sich geduldig Gründe und Gegengründe für den offenbar schon seit längerem bestehenden Partisanenkrieg an und beendete schließlich die Debatte mit einem Fünfmarkstück, das er dem Zeitungsjungen in die Hand drückte. Der zeigte sich nunmehr besänftigt.

Nicht so die Abonnenten. Es hagelte telefonische und briefliche Beschwerden bei den Eltern des unzuverlässigen Boten; die gaben sie mit einer ausführlichen Begründung an die Zeitung weiter, und die fahndete dann nach den wahrhaft Schuldigen. Irgendwie bekam Herr Zimmermann Wind von der Sache – die unmittelbare Nachbarschaft mit einem Polizisten ist nicht immer vorteilhaft – und erteilte dem nachlässigen Vater einen inoffiziellen Rüffel, den er mit der vorwurfsvollen Feststellung krönte: »Früher isch des do e sehr ruhiges Wohnviertel gwese!«

4.

»Weißt du eigentlich, daß die Zwillinge bald in die Schule kommen?«

»Na und? Inzwischen wirst du doch wohl die Ganzwort-Methode beherrschen und das Rechnen mit Klötzchen und Steinchen auch. Was gibt es also sonst noch für Probleme? Sag mir lieber, wie ich die zwanzig Flaschen Wein verbuchen kann. Sind das Geschäftsunkosten oder Spesen?«

Ich hatte entschieden den falschen Augenblick erwischt. Rolf brütete über seiner Steuererklärung, die schon längst fertig sein sollte, deren Bearbeitung er aber immer wieder hinausgeschoben hatte.

»Heutzutage gehört wirklich mehr Verstand dazu, die Einkommensteuer auszurechnen, als das Einkommen zu verdienen!« stöhnte er, blätterte die Bankauszüge durch und meinte giftig: »Diese Dinger sind das bequemste Mittel, festzustellen, wie sehr man über seine Verhältnisse gelebt hat. Kannst du eigentlich nicht mit etwas weniger Haushaltsgeld auskommen?«

Und ich hatte gerade um eine Zulage bitten wollen!

Die Grundausstattung eines Erstkläßlers kostet rund achtzig Mark. Wir haben Zwillinge! Und Stefanie würde mit Beginn des neuen Schuljahres auf das Gymnasium wechseln. Die dann anfallenden Kosten kannte ich bereits. Allerdings hatte sich Steffi geweigert, dieselbe Schule zu besuchen wie Sven und Sascha.

»Ich bin doch nicht verrückt! Bei *den* Brüdern ... Wenn die Lehrer meinen Namen hören, bin ich sofort abgestempelt! Außerdem geht Chris auch nach Neckarbischofsheim.«

Christiane war ihre neue beste Freundin.

»Mir ist es egal, von welcher Schule du wieder runterfliegst«, hatte Rolf gesagt, der seiner Tochter nicht allzuviel Bildungseifer zutraute. Immerhin hatte er einmal ein Diktat unterschreiben müssen, unter dem als Stoßseufzer der Lehrerin gestanden hatte: »Die zunehmende Lesbarkeit von Stefanies Schrift enthüllt ihre völlige Unkenntnis der Rechtschreibung.« Rolf hatte seinen Namenszug mit dem Zusatz versehen: »Dieser bedauerliche Mangel ist auf Vererbung zurückzuführen«, aber mich hatte er aufgefordert, meine Tochter künftig etwas mehr an die Kandare zu nehmen. »Man muß ihr wenigstens zugute halten, daß sie bei *den* Noten bestimmt nirgends abgeschrieben hat.«

So nach und nach haben sich ihre Leistungen aber gebessert, und Rolf fand nun auch, daß ein Versuch nichts schaden könnte.

»Schicken wir sie also in Gottes Namen aufs Gymnasium. Noch dämlicher als die Jungs wird sie schon nicht sein!«

Ihre permanent schlechten Leistungen begründeten sie mit Antipathie der Lehrer, Schulstreß, unzumutbarem Leistungsdruck und Mangel an Interesse. »Was geht's mich an, wie lange Pippin der Kurze regiert hat«, maulte Sven, »ich will Gartenbau studieren.«

Zugegeben, als ich noch zur Schule ging, waren Geschichte und Erdkunde einfacher. Es war damals weniger, und es stimmte länger.

Aber lernen mußte ich auch!

»Gehört ihr in eurer Klasse wenigstens noch zur oberen Hälfte?« wollte Rolf wissen.

Sven griente verlegen. »Eigentlich mehr zu denen, die die obere Hälfte erst möglich machen.«

»Wenn ihr hängenbleibt, nehme ich euch nach dem neunten Schuljahr raus und stecke euch in irgendeine Lehre, ist das klar?«

»Wie kann man bloß so intolerant sein«, empörte sich Sascha. »Einmal parken ist doch obligatorisch, und wie war das bei dir in der Obersekunda?«

»Damals habe ich ja auch acht Wochen im Krankenhaus gelegen!«

»Dafür sind wir dauernd umgezogen«, konterte Sascha, um dann beruhigend hinzuzusetzen: »Nun hab' keine Angst, eine Ehrenrunde ist in diesem Jahr noch nicht drin. Die heben wir uns für später auf.«

Und jetzt fing der ganze Leidensweg noch einmal von vorne an! Zum Glück freuten sich die Zwillinge auf die Schule, in der sie eine gehobenere Form des Kindergartens vermuteten.

»Hoffentlich lernen wir bald lesen«, hatte Katja unlängst einmal geseufzt, als sie ratlos in der Rundfunkzeitung blätterte. »Du sagst uns doch meistens, es gibt nichts für uns im Fernsehen. Und dann gibt es *doch* was!«

Ein genereller Gegner des Fernsehens bin ich nicht gerade, aber bei Kinder- oder Jugendsendungen wird die Sache manchmal problematisch. Wenn ich mir endlich darüber klargeworden bin, daß sich ein Programm für die Kinder nicht eignet, interessiert es mich selbst schon zu sehr, als daß ich es wieder abstellen könnte.

Die Zwillinge fieberten also ihrem ersten Schultag entgegen, die drei Großen dem letzten. Die Zeugnisverteilung sowie das daraus resultierende väterliche Donnerwetter waren bereits überstanden, und die gestreßten Schüler konnten den Sommerferien unbeschwert entgegensehen.

In diesem Jahr würde sich die Familie erstmalig zersplittern. Stefanie war von Christiane eingeladen worden und sollte mit ihr zusammen einen Teil der Ferien auf dem großväterlichen Bauernhof im Allgäu verbringen. Die Jungs hatten schon seit Wochen gemeutert und sich beharrlich geweigert, an einem Familienurlaub teilzunehmen.

»Immer bloß am Strand rumliegen und sich wie 'n Spiegelei braten lassen – nee danke, diesmal ohne mich!« hatte Sven erklärt, unterstützt von Sascha, der seinen Mißmut noch deutlicher bekundete: »Ja, und nachmittags dann Kirchen besichtigen oder irgendwelche ollen Klamotten, die geschichtlich bedeutsam sein sollen. Da schlappt man dann stundenlang durch die Hitze und beguckt Mauersteine. Hardy ist im vergangenen Jahr in einem Sommerlager gewesen, und da war das ganz prima. In diesem Jahr geht er wieder, und Manfred geht auch mit. Warum dürfen wir so was nicht?«

»Wer sagt denn das?« hatte Rolf zum allgemeinen Erstaunen gesagt. »Ich bin heilfroh, wenn ich euch mal drei Wochen lang nicht sehe. Im übrigen ist schon alles perfekt. Mich wundert nur, daß der Eberhard tatsächlich dichtgehalten hat, der weiß das nämlich schon seit einer ganzen Weile. Soweit ich unterrichtet bin, kommt Andy auch noch mit.«

»Paps, du bist ein Superknüller!« Sascha tanzte wie ein Derwisch durch das Zimmer. »Ich verspreche dir auch, daß ich mich im nächsten Schuljahr freiwillig ein bißchen mehr anstrenge.«

»Nur ein bißchen?«

»Na ja, also im Rahmen des Möglichen.«

Abends fragte Rolf mich beiläufig: »Was wollen wir Übriggebliebenen denn während der Ferien machen?«

»Gar nichts.«

»Wie – gar nichts?

»Wir bleiben zu Hause, genießen Garten, abgasfreie Luft und Dolcefarniente, haben Ruhe, weil die ganze Nachbarschaft sowieso verreist, ernähren uns von Joghurt und Konservenfutter, haben alle Bequemlichkeiten und sparen viel Geld.«

»Glaubst du, damit sind die Zwillinge auch einverstanden?«

»Bestimmt. Für die beiden haben wir endlich mal genug Zeit.«

Rolf war noch nicht so ganz überzeugt. »Eigentlich hatte ich mit dem Gedanken gespielt, mir den Wohnwagen von Felix zu leihen. Für uns vier müßte der ausreichen. Statt nach Süden würden wir zur Abwechslung mal nach Norden fahren, holländische Küste oder so.«

»Aber nicht mit mir!«

Wir hatten einen Campingurlaub hinter uns, und der würde für den Rest meines Lebens genügen. Dabei waren wir damals noch fast in den Flitterwochen und folglich bereit gewesen, gewisse Unbequemlichkeiten in Kauf zu nehmen.

An einem Wohnwagen schätze ich ganz besonders, daß man einen Platz zum Wohnen hat, während man einen Platz zum Parken sucht. Hat man ihn endlich gefunden, dann gehen die Probleme erst richtig los.

Ein Wohnwagen ist ziemlich eng, zumindest war es der, den wir geliehen hatten, und man kann nirgends Sachen abstellen außer dort, wo sie hingehören. Deshalb kocht man nach Möglichkeit draußen.

Wer der Überzeugung ist, wo Rauch sei, sei auch Feuer, der hat noch nie auf einem Campingfeuer zu kochen versucht. Und wenn ich die zwei Steaks auf den Rost knallte – genauer gesagt dorthin, wo ich den Rost vermutete –, ermahnte Rolf mich liebevoll: »Denk aber daran, nur halbverbrannt, nicht ganz durch verbrannt!«

Unsere damalige Campingreise hatte während eines völlig verregneten Sommers stattgefunden, und so waren wir ständig weitergezogen, immer dem kleinen Azoren-Hoch hinterher. Eingeholt haben wir es nie, dafür aber die Erkenntnis gewonnen, daß die längste Verbindung zwischen zwei Orten eine unbekannte Wegabkürzung ist. Einmal mußte uns ein Trecker aus einem Rübenacker ziehen, das zweitemal saßen wir auf einem Feldweg fest und konnten nirgends wenden.

Nein, auf eine Wiederholung dieser Campingfahrt legte ich nicht den geringsten Wert. Schon gar nicht in Begleitung von zwei sechsjährigen Kindern, die man bei Regen tagelang im Wohnwagen beschäftigen muß.

Da fällt mir übrigens ein, daß uns das miserable Wetter damals gar nicht so viel ausgemacht hatte ...

Schon am zweiten Ferientag verfrachtete Rolf seine Söhne ins Auto, sammelte ihre Freunde nebst Koffern und Schlafsäcken ein und karrte die ganze Ladung in den Schwarzwald. Den späteren Rücktransport wollte Andys Vater übernehmen.

Vorher hatte es noch lebhafte Debatten gegeben, ob Schlafanzüge mitzunehmen und wie viele Garnituren Unterwäsche wohl erforderlich seien.

»Trainingsanzug, Badehose, Handtuch, ein paar T-Shirts und einen Pullover, wenn's mal kalt wird«, hatte Sascha als Maximum gefordert. »Viel wichtiger sind Flaschenöffner, Kassettenrecorder, Angelzeug und Taschenlampe.«

»Und wie wäre es mit Shampoo, Seife und Zahnbürste?«

»Man wird ja mal ein paar Tage ohne diesen ganzen Krempel auskommen, und Wasser gibt es überall.«

Trotzdem packte ich alles mir notwendig Erscheinende in Svens Koffer (und packte es später unberührt wieder aus), legte zwei neue Kämme, Hautcreme und Papiertaschentücher dazu und ermahnte die Zugvögel, wenigstens einmal pro Woche zu schreiben. Das wurde zugesichert.

Es war schon dunkel, als Rolf endlich zurückkam, obwohl die Entfernung zum Zielort nur knapp zweihundert Kilometer betrug.

»In Deutschland scheint es zur Zeit lediglich zwei Arten von Straßen zu geben«, schimpfte er, »schlechte und wegen Bauarbeiten gesperrte!«

Cognac wirkt beruhigend, und jetzt durfte er ja. Danach war er auch bereit, Einzelheiten zu erzählen.

»Auf der Hinfahrt brauchte ich nur elfmal anzuhalten, nicht gerechnet die allgemeine Frühstückspause. Manfred hat offenbar eine schwache Blase, der mußte alle dreißig Minuten in die Büsche. Dann hatte einer Zwiebackkrümel im Hemd, der andere hatte seinen Reiseproviant im Kofferraum vergessen, dem Sascha war eine Kassette aus dem Fenster gefallen, und wer die Cola an die Heckscheibe gespritzt hat, weiß ich nicht mehr. Wenn ich noch einmal fünf Teenager transportieren muß, nehme ich eine Flasche Chloroform mit!«

»Nun weißt du endlich mal, was ich mitmache, wenn ich unsere gesamte Brut im Wagen habe! Wie sieht denn das Lager aus? Ich kenne doch nur den Prospekt.«

»Ein halbes Dutzend Zwölf-Mann-Zelte, recht ordentlich ausgestattet mit Holzliegen, Strohsäcken und Soldatenspinden, etwas abseits ein Haus, in dem gegessen wird. Ich glaube, da sind auch die Waschräume, und ansonsten viel Natur drum herum. Übrigens ist das ein gemischtes Camp, jedenfalls habe ich auch ein paar Mädchen herumlaufen sehen. Zumindest glaube ich, daß es welche waren, man weiß das ja heute nicht mehr so genau.«

»Na, hoffentlich läuft da nichts schief«, sagte ich ein bißchen skeptisch, »Sven ist immerhin fünfzehn.«

»Unsinn, was soll da schon passieren? Es gibt genug andere Möglichkeiten, die überschüssigen Kräfte loszuwerden. Außerdem waren genügend Betreuer da und alle jung genug, um zu wissen, was Teenager gern tun wollen.«

»Hoffentlich sind sie alt genug, dafür zu sorgen, daß sie es nicht tun!«

Drei Tage später wurde Steffi abgeholt. Weil ich wußte, daß sie Briefeschreiben noch gräßlicher findet als Schuheputzen, hatte ich vorsichtshalber sechs adressierte und frankierte Postkarten in den Koffer gelegt. »Du brauchst ja nicht viel zu schreiben«, sagte ich, »einfach bloß ›Bin gesund, alles in Ordnung‹.«

»Na schön, aber könntest du das nicht auch schon vorschreiben? Ich streiche es dann durch, wenn's nicht stimmt.«

Von einer Stunde zur anderen kam uns das Haus menschenleer vor. Zwar geisterten noch die Zwillinge darin herum, aber trotzdem war es ungewohnt ruhig. Die normalen Lärmquellen waren versiegt. Jetzt fand auch Rolf Gefallen an einem Urlaub zu Hause.

»Du hast ja so recht«, meinte er, »besser können wir es doch nirgends haben. Morgens endlich mal ausschlafen, gemütlich frühstükken, nach dem Mittagessen ein Sonnenbad und dann ein bißchen Gartenarbeit. Natürlich nur für mich«, beteuerte er erschreckt, als er mein Gesicht sah. »Ich bewege mich doch sonst nur zwischen Auto und Schreibtisch, es ist also höchste Zeit, daß ich mal etwas für meine Gesundheit tue.«

Am nächsten Morgen um halb sieben stand Nicole in der Schlafzimmertür. »Warum steht ihr denn nicht auf? Wir wollten doch in den Zoo fahren.«

»Aber doch nicht gleich am ersten Tag. Heute möchten wir erst einmal ausschlafen, schließlich sind Ferien.«

»Deshalb wollen wir ja in den Zoo! Und überhaupt hast du doch gesagt, daß ihr jetzt ganz viel Zeit für uns habt.«

Also fuhren wir in den Zoo. Und am nächsten Tag in den Märchenpark. Und am dritten zum Fernsehturm. Und am vierten ...

»Wenn ich mir vorstelle, daß ich jetzt irgendwo in Holland am Strand liegen könnte«, knurrte Rolf, während er Wasserbälle und Gummiboot in den Kofferraum stopfte, »dann frage ich mich bloß, wer eigentlich auf diesen idiotischen Einfall gekommen ist, einen geruhsamen Urlaub im trauten Heim zu verbringen.« Wenig später fing es zu regnen an, und er durfte alles wieder ausladen. Das Dumme an Wettervorhersagen ist eben, daß sie nicht immer falsch sind.

Das erste Lebenszeichen von Sascha war inzwischen auch gekommen und lautete kurz und bündig: »Schickt bitte ein Futterpaket. Hier kriegt man überhaupt nichts zu essen außer Frühstück, Mittagessen und Abendbrot.« Sven hatte noch druntergekritzelt: »Heute hatten wir Schnitzel. Leider gab es zu viele Bremsbeilagen.«

Auf der Postkarte von Steffi klebte ein Gänseblümchen mit vier Blütenblättern, darunter stand: »So was fressen hier die Kühe. Es gefällt mir ganz prima. Das Essen ist pfundig, und man muß es nicht immer essen.

Gruß Steffi.«

Sommer ist die Zeit, in der es eigentlich zu heiß ist, das zu tun, wofür es im Winter zu kalt war. Trotzdem wollte ich endlich mal den Keller aufräumen. Seit drei Tagen regnete es pausenlos, die Zwillinge langweilten sich, und immerzu kann man auch nicht Memory oder Mau-Mau spielen.

»Ihr könnt mir beim Entrümpeln helfen«, schlug ich Nicki vor.

»Och nee, da sind immer so viele Spinnen. Dürfen wir nicht lieber die Kacheln im Badezimmer abwaschen? Du hast doch gesagt, die sind mal wieder fällig.«

»Von mir aus. Aber setzt nicht alles unter Wasser!«

Na ja, und wenn schon, Hauptsache, die beiden sind eine Zeitlang beschäftigt.

Kurz darauf gluckert und plätschert es wie bei einer Flottenparade, ein Stück Seife kommt die Treppe heruntergeschlittert, ein Waschlappen folgt, danach ein empörter Aufschrei: »Nicht immer in die Augen!«, dann plötzlich Ruhe.

Eine sofortige Besichtigung des Tatortes ergibt folgendes Bild: Das Bad ist übersät mit nassen Wattebällchen, die Badewanne vollgestopft mit Puppen und Stofftieren, sämtliche Wasserhähne einschließlich Dusche sind voll in Betrieb, und während Nicki mit dem Rasierpinsel aus Marderhaaren (Großhandelspreis 37 Mark) die Tür bearbeitet, reinigt Katja mit Badeschwamm und Scheuersand die Waage. Das einzig noch halbwegs Trockene im ganzen Raum sind die Wände.

Wer wollte denn im Urlaub zu Hause bleiben??

Nach zwei Stunden habe ich das Schlachtfeld aufgeräumt, die kaputte Waage in die Mülltonne geworfen (Warum hatte ich sie nicht schon längst vor die Kühlschranktür gestellt, wo doch dies der einzig richtige Platz wäre?) und die klatschnassen Puppen auf die Wäscheleine gehängt.

Schuldbewußt kommt Nicki angeschlichen. »Kann ich dir helfen?« Schon wieder etwas besänftigt – schließlich hatte das Bad wirklich eine Generalreinigung nötig gehabt –, bitte ich sie, die beiden Waschbecken trockenzureiben.

»Ich hole inzwischen frische Handtücher.«

Sekunden später rauscht die Wasserspülung. In der Annahme, meine Tochter dehnt ihren Tätigkeitsdrang schon wieder über das ganze Bad aus, rufe ich warnend: »Die Toilette ist schon fertig!«

Darauf Katjas empörte Frage: »Soll ich nu deshalb in die Wanne pinkeln?« Warum kann man Sechsjährige noch nicht ins Ferienlager schicken?

Schon wieder so ein Tag, der eigentlich zu Ende gehen müßte, solange es noch Morgen ist. Bleigrauer Himmel, Wolkenberge, leichter Ostwind. Auch das Thermometer hatte vom Wetter eine sehr niedrige Meinung.

»Genau die richtige Temperatur, um im Garten zu arbeiten«, freute sich Rolf. »Nicht zu heiß und nicht zu kalt. Ich werde heute die Brombeeren setzen.«

Zeit dazu wurde es wirklich. Bestellt hatte er die Pflanzen Anfang Dezember, geliefert wurden sie Ende Februar, und nun standen sie immer noch verpackt im Keller und waren lediglich von Sven hin und wieder bewässert worden.

»Was hältst du davon, wenn wir die Sträucher parallel zur Hecke setzen?«

»Mir egal.«

»Allerdings müßte dann die Wäschespinne weg«, überlegte Rolf weiter.

»Dann setz sie eben woandershin.«

»Wie wär's neben dem Erdbeerbeet?«

»Mir egal.« Ich las gerade einen interessanten Bericht über neu erschlossene Feriengebiete in der Südsee. Da war von kilometerlangen Sandstränden die Rede und von schattenspendenden Palmen ... »Der Berberitzenstrauch müßte auch einen anderen Standplatz kriegen, man bleibt dauernd an den Stacheln hängen«, klang es sehr prosaisch in meine Träume. »Am besten bringen wir ihn dicht an den Zaun. Oder was meinst du?«

»Mir egal.« Was ging mich die Berberitze an, wenn ich im Geiste wogende Palmen vor mir sah.

»Ein bißchen mehr Interesse könntest du ruhig zeigen, letzten Endes ist es ja auch dein Garten!« Rolf faltete beleidigt die Zeitung zusammen, schob die Kaffeetasse zurück und verschwand Richtung Keller.

Bis zum Mittagessen hatte er drei Brombeerpflanzen eingegraben. Kurz vor dem Abendbrot waren alle sieben im Boden. Die Wäschespinne steht aber noch heute an ihrem ursprünglichen Platz, so daß die Tischdecken beim geringsten Luftzug an den Dornen kleben, und an der Berberitze pieken wir uns auch immer noch, nur häufiger, denn sie ist größer geworden und ragt teilweise schon auf die Terrasse.

Im übrigen hat Rolf seither nicht mehr den Wunsch geäußert, der Gesundheit zuliebe im Garten zu arbeiten. Ein Mann ist eben so jung, wie er sich fühlt, wenn er versucht hat, es zu beweisen!

Und dann war wieder Leben im Haus! Die Knaben brachen über uns herein wie Heuschrecken und schienen sich während ihrer Abwesenheit verdoppelt zu haben. Sie waren überall. Hatte ich Sascha eben noch vom Kühlschrank vertrieben, aus dem er alles Eßbare in sich hineinstopfte, so holte ich ihn gleich darauf aus dem Keller, wo er die Kühltruhe inspizierte. »Meinst du, die Ente taut noch bis zum Abendbrot auf?«

Sven tobte inzwischen durch sämtliche Räume, begrüßte Wellensittich, Goldhamster und die Bewohner seines Aquariums, kontrollierte seine Kakteenplantage, ob nicht eventuell irgendwo ein paar Stacheln fehlten, und äußerte den Wunsch, nunmehr Wolfgang aufzusuchen, der ja bedauerlicherweise mit seinen Eltern nach Jugoslawien fahren mußte, aber »nun wird er diesen Schwachsinn wohl überstanden haben«.

»Heute gehst du weder zu Wolfgang noch zu sonst jemandem. Ihr marschiert erst einmal in die Badewanne!«

»Geht denn das schon wieder los?«

Die gesunde Bräune der beiden Heimkehrer hatte sich bei näherer Betrachtung als solide Dreckschicht entpuppt, was Sascha dann auch ohne weiteres zugab.

»Was können wir dafür, wenn in der letzten Woche die Duschen kaputtgegangen sind?«

»Seid ihr denn überhaupt mal in direkte Berührung mit Wasser gekommen?«

»Na klar, wir sind ein paarmal zum Schwimmen gegangen, und einmal haben wir nachts eine bärige Wasserschlacht abgezogen!«

Weitere Fragen konnte ich mir ersparen. Als ich die beiden Koffer auspackte, entdeckte ich zuoberst mehrere Scheuerlappen, die ich bei genauer Prüfung als T-Shirts erkannte. Darunter lagen je ein Trainingsanzug, lediglich an der Form noch als solcher erkennbar, und dann kamen sorgfältig gefaltet und völlig unberührt die übrigen Sachen: Unterwäsche, Schlafanzüge, Hemden und Strümpfe.

Die Knaben hatten sich nun doch entschlossen, die Patina ihrer dreiwöchigen Seifenabstinenz wegzuschrubben, und hockten in der Wanne, einer oben, der andere in unserem Bad. Ich pendelte zwischen Parterre und erstem Stock, schüttete großzügig alle mir opportun erscheinenden Reinigungsmittel ins Wasser und empfahl den beiden Ferkeln, erst einmal mindestens eine Stunde lang zu weichen. Bei Sascha nützte das aber gar nichts. Er hatte sich ein ganz besonders haltbares Reiseandenken mitgebracht. Sein Oberkörper war übersät von Autogrammen, ausnahmslos mit wasserfesten Filzstiften geschrieben und teilweise von Karikaturen umrahmt. Der Bengel sah aus wie tätowiert. Ähnlich dauerhaft waren die Inschriften denn auch, und noch zu Weihnachten konnte man mühelos einige Namenszüge entziffern.

Die Nachwehen dieser grandiosen Ferien bekamen wir noch wochenlang zu spüren. Ermahnte Rolf seinen Ältesten, sich doch bitte sehr nicht über den Tisch zu lümmeln, bekam er zur Antwort: »Der Güggi hat gesagt ...«

»Wer ist Güggi?«

»Das war unser Teamer.«

»Wer oder was ist ein Teamer?«

»Na, so eine Art Gruppenleiter im Sommerlager. Also der Güggi hat gesagt, daß eine aufrechte Haltung widernatürlich ist und auf die Dauer zu schweren körperlichen Schäden führt. Güggi studiert sonst nämlich Medizin.«

Bei einer anderen Gelegenheit behauptete Sascha, Spinat sei ungesund, denn hier hätten die Zähne nichts zum Beißen und würden deshalb degenerieren. Nun ist Spinat zwar schon immer eine Substanz gewesen, die speziell auf Kindertellern zum und vom Tisch getragen wird, aber daß sie auch ungesund sein soll, hatte ich bisher noch nie gehört.

Dann trudelte auch Stefanie wieder ein, und die Familie war endlich komplett.

In der letzten Ferienwoche wurde auch noch die Bekanntschaft mit Herrn Zimmermann vertieft, als er mal wieder nach Schuldigen fahndete und zuerst bei uns danach suchte. Irgend jemand hatte die ganzen Hinweisschilder verdreht, die den Ortsfremden, also überwiegend den Kurgästen, den rechten Weg zum Waldsee, zum Reitstall und zum Sole-Schwimmbad zeigen sollen. Wie nicht anders zu erwarten, war Sascha tatsächlich der Urheber dieser Heldentat gewesen, assistiert von seinen Satelliten, aber diesmal konnte ihm Herr Zimmermann nichts beweisen. Verärgert begnügte er sich mit der Drohung: »Wenn ich dich das näschdemol bei so em Unfug erwisch, kommscht nicht mehr so glimpflich davon. Des geb ich dir schriftlich, Bürschle!«

Im nächsten Jahr mache ich Urlaub auf den Bahamas. Allein! Oder vielleicht noch besser in Neuseeland. Das ist weiter weg!

5.

Der Unterschied zwischen Freunden und Nachbarn besteht darin, daß man sich seine Freunde aussuchen kann. Nachbarn dagegen hat man. Genau wie Verwandte. Davon besitzen wir auch eine ganze Menge. Die meisten von ihnen wohnen allerdings ziemlich weit entfernt, nur die weniger sympathischen leben in erreichbarer Nähe und besuchen uns manchmal. Katja bezeichnete diese Verwandten denn auch einmal sehr treffend als Leute, die zum Essen kommen und keine Freunde sind.

Unsere Nachbarn sind sehr unterschiedlicher Natur. Links neben uns wohnen Herr und Frau Billinger, beide Schwaben, beide schon recht betagt und nach Saschas Meinung »so irgendwo zwischen fünfundsiebzig und scheintot« anzusiedeln. Trotzdem sind sie noch sehr rüstig. Besonders Frau Billinger wirkt jünger, als sie vermutlich ist, was nicht zuletzt an ihren Hüten liegt. Sie hat eine wahre Leidenschaft für Hüte, von denen allerdings keiner ihre Liebe erwidert. Sie machen im Gegenteil immer den Eindruck, als seien sie auf ihrem Kopf notgelandet. Sonntags marschiert das Ehepaar Billinger gemeinsam zur Kirche, bewaffnet mit dunkelsamtenen Gesangbüchern, die für die Dauer des Transports sorgfältig in weiße Taschentücher eingeschlagen werden.

Nachdem sich Herr Billinger damit abgefunden hatte, auf die Ernte der beiden Johannisbeersträucher verzichten zu müssen, weil sie trotz mehrfacher Verbote regelmäßig von den Zwillingen geplündert wurden, herrschte Frieden zwischen unseren Häusern. Nur einmal wurde er empfindlich gestört, als die Jungs von ihrem Biologielehrer die Aufgabe bekommen hatten, ein Referat über die Entwicklung von Fröschen zu halten. Das Studienmaterial besorgten sie sich aus dem Waldsee. Die Kaulquappen wurden in einer alten Zinkwanne untergebracht und hinten im Garten deponiert. Entgegen meiner Prophezeiung, daß wir vermutlich in wenigen Tagen ein Massengrab ausheben müßten, entwickelte sich das Viehzeug ganz vorschriftsmäßig, nur eben ein bißchen schneller, als von den Forschern berechnet. Eines Morgens waren sämtliche Kaulquappen verschwunden, und wo sie geblieben waren, konnten wir Frau Billingers Entsetzensschreien entnehmen. Der nachbarliche Kontakt kühlte vorübergehend etwas ab.

Reger Verkehr besteht zwischen uns und unseren rechten Anrainern. Dort wohnen Lebküchners. Er ist gebürtiger Bayer, sie stammt aus Köln, begegnet sind sie sich zum erstenmal in der geographischen Mitte, nämlich in Mannheim.

Ich lernte Frau Lebküchner bereits am Tag nach unserem Einzug kennen, als sie von unserem Apparat aus die Störungsstelle anrufen wollte.

»Normalerweise wäre ich Ihnen nicht so schnell ins Haus gefallen«, entschuldigte sie sich, »aber ausgerechnet heute kann ich auf das Telefon unmöglich verzichten. Ich werde nämlich in Hamburg gerade Oma.«

Das hielt ich für völlig ausgeschlossen. Meine Besucherin konnte kaum älter sein als ich, trug sehr enge Jeans und dazu eine Bluse, die alles andere als großmütterlich aussah. Meinen Blick deutete sie richtig, denn sie meinte lachend: »Die blonden Haare täuschen, dafür sind sie ja auch nicht echt. Ich bin im Herbst fünfundvierzig geworden und habe somit das für Omas angemessene Alter erreicht.«

»Fühlt man sich nicht automatisch älter bei dem Gedanken, plötzlich ein Enkelkind zu haben?« Irgendwann würde mir das ja auch passieren.

»Nein, gar nicht«, sagte Frau Lebküchner, »deprimierend ist nur die Vorstellung, mit einem Großvater verheiratet zu sein.«

Inzwischen hat sie drei Enkel und ist die idealste Großmutter, die man sich denken kann.

Saschas Sympathie erwarb sie sich, als sie ihn schimpfend aus ihrem Apfelbaum scheuchte, wobei sie sorgfältig darauf achtete, daß dem Räuber noch genügend Zeit zur Flucht blieb. Später entschuldigte ich mich bei ihr.

»Glauben Sie denn, wir könnten die ganzen Äpfel alleine essen? Sollen die Kinder doch ruhig welche pflücken. Aus eigener Erfahrung weiß ich aber, daß solche Raubzüge doch nur Spaß machen, wenn man dabei erwischt wird. Geklaute Äpfel schmecken nun mal besser als gekaufte.«

»Die ist in Ordnung!« stellte Sascha fest und instruierte seine Trabanten, daß Frau Lebküchner tabu und ihr Grundstück bei künftigen illegalen Unternehmungen auszuklammern sei. Dann übersetzte er ihren Namen in eine ihm genehmere Form, und seitdem heißt sie bei uns allen nur noch Frau Keks.

Im Haus gegenüber leben Friedrichs. Sie haben auch ein Kind, und zwar das Mädchen Bettina, Katjas Intima. Bettina war anfangs so schüchtern, daß sie über die Blumen im Teppich stolperte und kaum den Mund aufmachte. In den ersten Monaten unserer Bekanntschaft hörte ich niemals etwas anderes von ihr als »Ja« und »Nein« und »Hä«.

(Vielleicht sollte ich erklären, daß man hierzulande unter »Hä« nahezu alles verstehen kann. Es drückt je nach Betonung Erstaunen aus oder Zweifel, kann »Ich habe nicht verstanden« bedeuten oder »Wie meinen Sie das?«, und im Tonfall tiefster Befriedigung geäußert heißt es: »Na also, ich hatte *doch* recht!«)

Allmählich taute Bettina aber auf und ließ sich sogar manchmal zum Essen einladen. Allerdings nur, wenn es etwas gab, das sie kannte. Sehr viel kannte sie nicht.

Bettinas Vater ist ziemlich wortkarg und hält die Bemerkung, daß es endlich einmal regnen müsse, für ein erschöpfendes Gespräch. Wenn ich dann auch noch pflichtschuldig erwidere, daß der Regen in der Tat notwendig sei, haben wir nach Ansicht von Herrn Friedrich eine ausgiebige Unterhaltung geführt.

Bettinas Mutter ist der Prototyp einer schwäbischen Hausfrau. Ganz gleich, ob man morgens um sieben oder abends um acht ihre Wohnung betritt, niemals wird man eine herumliegende Zeitung oder gar einen vergessenen Hausschuh finden. Alles ist blitzsauber, tipptopp aufgeräumt, jedes Ding steht an seinem Platz, und ich habe immer den Eindruck, als habe gerade ein Fotograf Aufnahmen für den neuen Möbelkatalog gemacht.

Unlängst wollte ich mir von Frau Friedrich ein Buch ausleihen, von dem ich wußte, daß sie es besitzt.

»Wissen Sie ungefähr, wie groß das ist?«

»Keine Ahnung, aber der Name des Autors fängt mit K an.«

Viele Leute ordnen ihre Bibliothek nach dem Alphabet. »Das nützt mir gar nichts«, sagte Frau Friedrich, »ich stelle die Bücher immer der Größe nach, sonst sieht es so unordentlich aus.«

Das gesuchte Werk fanden wir schließlich zwischen ›Rebekka‹ und der kleinen Kräuterfibel. Es hatte eine mittlere Größe.

Zwei Häuser neben Friedrichs wohnte das Ehepaar Rentzlow nebst Tochter Andrea. Er war Oberarzt in einem der umliegenden kleinen Krankenhäuser und mit dem Versprechen geködert worden, in absehbarer Zeit zum Chefarzt avancieren zu können.

Herr Dr. Rentzlow war Anhänger der antiautoritären Erziehung und seine sechsjährige Tochter ein abschreckendes Beispiel dafür. Es gab nichts, was sie nicht durfte. Folglich durften ihre Freunde das auch.

Nun soll meinethalben jeder seine Kinder erziehen, wie er will. Problematisch werden die widersprüchlichen Auffassungen allerdings dann, wenn die eigenen Kinder häufig Gäste bei antiautoritär aufwachsenden Altersgenossen sind und die dortigen Sitten und Gebräuche auch zu Hause einführen wollen.

»Andrea braucht nie Erbsen zu essen!« Nicki läßt das beanstandete Gemüse einzeln vom Messer rollen und drapiert es kranzförmig um den Teller. Katja greift sich ein Kügelchen, schießt es zielsicher auf die Frikadelle und ruft strahlend: »Tor!« Die nächste Erbse wird von Nicki auf den Tellerrand geschnipst: »Einwurf!« Das weitere Tischgespräch führe ich allein!

»Andrea darf in ihrem Zimmer machen, was sie will«, heult Katja, als ich schimpfend ihr Wasserfarbengemälde von der Fensterscheibe wische.

»Andreas Mutter regt sich niemals auf, warum bist du immer gleich so wütend?« will Nicki wissen und rückt nur widerwillig meinen nagelneuen Lippenstift heraus, mit dem sie eine Schatzgräberkarte auf den Garagenboden gemalt hat.

»Andreas Papa würde über so was nur lachen«, kriege ich vorwurfsvoll zu hören, als ich Katja dabei erwische, wie sie ihren Orangensaft mit einem alten Taschenkamm umrührt.

Da hakte es bei mir aus. »Es ist mir völlig schnurz, was Andreas Vater sagt oder tut, und es ist mir piepegal, was Andrea sagt oder tut, *ihr* tut das jedenfalls nicht! Könnt ihr euch nicht eine andere Freundin suchen?«

Zumindest Frau Rentzlow schien von den positiven Auswirkungen der modernen Erziehung wohl auch nicht ganz überzeugt gewesen zu sein. Einmal ging ich an ihrem Haus vorbei und sah, wie die liebe Andrea den großen Blumenkübel neben der Eingangstür mit einem Hammer bearbeitete. Es klirrte auch prompt, worauf Frau Rentzlow erschien, ihrer Tochter eine Ohrfeige verpaßte und wütend schrie: »Jetzt reicht's mir aber, du bekommst *kein* Brüderchen mehr!«

Bevor die Zwillinge auch noch die letzten Reste eines zivilisierten Benehmens verloren hatten, zogen Rentzlows weg. Der Herr Oberarzt hatte sich davon überzeugen lassen, daß sein derzeitiger Chef außerordentlich vital und vom Pensionsalter noch anderthalb Jahrzehnte entfernt war. Auf ein außerplanmäßiges Ableben zu hoffen verbot sich schon allein aus berufsethischen Gründen, und so beschloß Herr Dr. Rentzlow, lieber ein anderes Krankenhaus mit einem betagteren Chefarzt zu suchen. Irgendwo in Niedersachsen hat er dann auch eins gefunden.

In das leerstehende Haus zogen Piekarskis ein. Stefanie kannte sie bereits oder doch wenigstens die beiden jüngsten Familienmitglieder.

»Mit der Belinda bin ich zusammen eingeschult worden, aber dann ist sie in der dritten Klasse hängengeblieben. Ihre Schwester ist nicht ganz so dämlich, trotzdem sind die beiden überall verschrien.«

»Warum denn?«

»Weiß ich nicht, hat mich auch nicht interessiert.«

Auf Vorurteile soll man nichts geben. Am Tage nach Piekarskis Einzug schickte ich einen Blumentopf hinüber. Abends erschien Frau Piekarski, um sich wortreich zu bedanken. Beim Abschied fragte sie mich: »Könnten Sie mir wohl etwas Handwerkszeug leihen? Unsere eigenen Sachen haben wir noch nicht ausgepackt, und ich weiß im Moment auch gar nicht, in welcher Kiste sie eigentlich sind.«

Da ich mich noch recht gut an unsere zahlreichen Umzüge erinnern konnte und daran, wie verzweifelt ich oft nach Hammer und Nägeln gesucht hatte, beauftragte ich Sven, die erforderliche Grundausstattung zusammenzustellen und notfalls fachmännische Hilfe zu leisten.

»Es ist nicht leicht, wenn man alles allein machen muß«, hatte Frau Piekarski gejammert, »wo mein Mann nicht mal einen einzigen Tag Urlaub bekommen hat. Aber er ist in seiner Firma eben unentbehrlich.«

Nach drei Stunden kam Sven zurück. »Die scheint mich für so eine Art Arbeitssklaven zu halten. Erst sollte ich beim Gardinenaufhängen helfen, dann sollte ich das Geschirr auspacken und zum Schluß den Kleiderschrank aufstellen. Dabei passen die Bretter überhaupt nicht zusammen, die linke Tür fehlt, und das eine Bein ist auch weg. Da steht jetzt ein Ziegelstein drunter. Die müssen ihre Möbel vom Sperrmüll haben!«

In den folgenden Tagen klingelte es alle halbe Stunde an der Haustür, und jedesmal stand ein Piekarski davor. Mal war es Belinda, die für Mutti eine Kopfschmerztablette holen wollte oder zwei Briefumschläge, dann kam Diana und lieh sich Stefanies Fahrrad, weil doch ihr eigenes kaputt war und sie noch schnell Brot holen mußte; dann wieder brauchte Frau Piekarski das Bügeleisen, denn ihres war gerade durchgebrannt. Diana fragte, ob sie für zwanzig Minuten den Rasenmäher haben könnte, sie hätten nämlich noch keinen (haben sie heute noch nicht!), und Belinda bat um ein paar Löffel Kaffee. »Unser ist alle, und Mutti hat gerade Besuch gekriegt.«

Piekarskis brauchten die Zeitung und ein bißchen Blumenerde, sie holten Puddingpulver, Wäscheklammern und eine Häkelnadel, sie baten um Heftpflaster und Würfelzucker. Und was ich nicht hatte, besorgten sie auf ähnlich unproblematische Weise bei anderen Nachbarn. Frau Keks beklagte bereits den Verlust einer Heckenschere, die bei Piekarskis verschwunden war.

Sven suchte unsere Kombizange, fand sie nicht und erinnerte sich schließlich, daß er selbst sie zu Frau Piekarski gebracht hatte. »Vom Zurückgeben halten die wohl auch nichts«, knurrte er und machte sich auf den Weg. Schon nach einer Viertelstunde war er zurück.

»Erst haben die Mädchen im Schlafzimmer gesucht, dann im Garten und in der Garage, und zuletzt haben sie die Zange ganz woanders gefunden, aber wo, das errätst du nie!«

»Wahrscheinlich im Wohnzimmer.«

»Irrtum. Im Besteckkasten vom Küchenschrank!«

Ich nahm mir vor, eine intensivere Bekanntschaft mit unseren neuen Nachbarn tunlichst zu vermeiden, aber dazu war es offenbar schon zu spät. Belinda und Diana schlossen sich Stefanie an, die davon zwar nicht begeistert war, sich aber geschmeichelt fühlte. Auch Rolf hatte gegen den Umgang nichts einzuwenden.

»Von diesen idiotischen Namen einmal abgesehen, sind die Mädchen nett, höflich und nicht so entsetzlich maulfaul wie die anderen, die uns Steffi sonst immer ins Haus schleppt.«

Frau Piekarski hatte er allerdings noch nicht kennengelernt. Deshalb hatte er auch kein Verständnis für meine Abneigung, zu diesem geplanten Umtrunk zu gehen. Frau Piekarski hatte uns gleich am ersten Tag zu einem ›Willkommensschluck‹ eingeladen, und ich hatte leichtsinnig zugesagt.

Nun war der bewußte Abend da, und Rolf drängte mich zur Eile. »Wir sind schon zehn Minuten zu spät, und absagen kannst du jetzt nicht mehr.«

Nach dem dritten Klingelzeichen wurde die Tür geöffnet. Heraus flitzte ein jaulendes Etwas, so eine Art Fox-Spitz-Pudel-Mops, und sprang kläffend an mir hoch. Es war einer jener kleinen Hunde, die einen beißen, *indem* sie bellen.

»Zurück, Wastl! Zurück!«

Wastl wollte nicht und kaute auf meinem Schnürsenkel herum. »Er ist noch ganz jung.« Belinda schnappte sich den Köter, in dem ich auch noch ein bißchen Dackel vermutete, und bat uns ins Haus. »Die Mutti kommt gleich, sie ist nur mal schnell zur Telefonzelle gegangen.«

Wir wurden ins Wohnzimmer und dort in zwei grüne Sessel komplimentiert. Ein grünes Sofa gab es auch noch, aber darauf saß Wastl. Auf dem kleinen Couchtisch standen ein überquellender Aschenbecher, ein Paket Hundekuchen, ein Goldfischglas ohne Goldfisch, aber mit Wasser, und ein hölzerner Nußknacker.

Beeindruckend war das Bücherregal. Jedenfalls nahm ich an, daß es so etwas Ähnliches sein sollte. Die Beine bestanden aus fünf Stapeln roher Ziegelsteine, jeweils vier Stück übereinandergetürmt.

Dann kam ein ungehobeltes Brett, darauf lagen wieder Ziegelsteine, die ein weiteres Brett trugen, und dieser Aufbau endete mit dem sechsten Brett erst knapp unter der Zimmerdecke. Die Idee war zumindest ganz originell, und gegen ein solches Möbel wäre auch nichts einzuwenden, wenn die Ziegelsteine verfugt und die Bretter wenigstens lackiert gewesen wären. So aber erinnerte mich das Ganze an ein Baugerüst, und ähnlich wacklig sah es auch aus. Deshalb standen wohl auch keine Bücher dort, sondern nur ein Senftöpfchen und ein Buddelschiff.

Diana brachte drei Weingläser und stellte sie auf den Tisch. Den Hundekuchen nahm sie weg, das Goldfischglas blieb stehen. Rolf sah ostentativ auf seine Uhr.

»Wenn deine Mutter schon nicht da ist, sollte wenigstens dein Vater zu Hause sein.«

»Mutti hat ja auch geglaubt, daß Vati inzwischen kommt, aber bei dem weiß man das nie so genau.« Belinda legte eine Packung Salzstangen neben die Gläser.

»Würdest du bitte den Aschenbecher ausleeren?«

»Aber natürlich.« Belinda jonglierte das Reklameprodukt einer Brauerei zum Papierkorb, kippte alles hinein und stellte den Blechnapf wieder auf den Tisch.

Endlich kam Frau Piekarski. Wenn man etwas über anderthalb Meter groß ist und etwas über anderthalb Zentner wiegt, sollte man keine quergestreiften Pullover tragen und erst recht keine Hosen. Frau Piekarski trug beides.

Sie entschuldigte sich wortreich, aber der Onkel vom Schwager (vielleicht auch umgekehrt, so genau weiß ich das nicht mehr) habe einen Schlaganfall erlitten, und man müsse ja mal nachfragen, ob er überhaupt noch lebe.

»Wie ich sehe, haben Sie es sich schon gemütlich gemacht«, flötete Frau Piekarski befriedigt. »Diana, bring die Weinflasche. Und dann nimm den Wastl mit raus, der haart schon wieder so!«

Diana brachte die Flasche. Es war ein italienischer Süßwein, den Rolf als Bonbonwasser bezeichnete und sonst niemals trinkt. Eine Gnadenfrist wurde ihm noch bewilligt.

»Diana, der Korkenzieher fehlt.«

»Der ist doch neulich abgebrochen, wie ich die Schublade aufmachen wollte!«

»Ach so, stimmt ja. Na, dann hol schnell einen von Sanders'!« Automatisch trat ich Rolf ans Schienbein. Er klappte den Mund wieder zu.

Frau Piekarski übte sich in Konversation. »Ich habe gehört, Sie sind Künstler«, wandte sie sich mit einem seelenvollen Augenaufschlag an Rolf. »Wie schön, endlich einmal wieder Umgang mit einem musischen Menschen pflegen zu können. Ich male übrigens auch. Belinda, bring doch mal mein Selbstporträt und das Blumen-Stilleben.«

Belinda legte zwei goldgerahmte Bilder auf den Tisch. Das eine zeigte einen Margeritenstrauß, das andere ein blondgelocktes junges Mädchen mit Engelsgesicht.

»Nun ja, das Porträt ist schon ein paar Jahre alt, und jünger wird man ja auch nicht, aber alle Leute bestätigen mir immer wieder, daß die Ähnlichkeit auch heute noch frappierend ist.«

Man sollte diesen Leuten einen Blindenhund verschreiben! Zwischen dem gemalten Puppengesicht und dem lebenden Original gab es nichts, das auf eine Verbindung schließen ließ.

»Wie beurteilen Sie als Fachmann mein bescheidenes Können?«

Ich warf Rolf einen beschwörenden Blick zu, aber dessen Sinn für Humor hatte bereits Oberhand gewonnen.

»Haben Sie schon einmal ausgestellt?«

»Noch nicht, aber ich habe schon manchmal daran gedacht. Naive Malerei ist doch zur Zeit sehr gefragt.«

»Als naiv würde ich Ihren Stil nicht geradezu bezeichnen, eher schon als autodidaktischen Dilettantismus mit interpräkativem Einschlag.«

Frau Piekarski war beeindruckt.

Diana war mit unserem Korkenzieher gekommen, und wir mußten wohl oder übel auf gute Nachbarschaft anstoßen und Salzstangen essen.

Herrn Piekarski lernten wir auch noch kennen. Er tauchte auf, als wir gerade gehen wollten, begrüßte uns mit einem herablassenden Händedruck und vergrub sich hinter einer Zeitung.

Ich hörte Rolf förmlich mit den Zähnen knirschen, aber er riß sich zusammen und sagte liebenswürdig: »Eine Verspätung kann man mit einem Dutzend verschiedener Ausreden begründen, von denen auch nicht eine glaubhaft klingen muß, aber im allgemeinen ist es doch wohl üblich, daß man sich bei seinen Gästen wenigstens entschuldigt.«

Herr Piekarski bekam einen feuerroten Kopf, stammelte etwas von »Arbeitsüberlastung« und »völlig abgespannt« und bat darum, diesen verpatzten Abend doch bei einer günstigeren Gelegenheit zu wiederholen.

»Dazu wird es wohl nicht mehr kommen«, sagte Rolf, griff nach seinem Korkenzieher und strebte zur Haustür. Wastls geplanter Angriff auf die Hosenbeine wurde mit einem gezielten Fußtritt abgewehrt, verfehlte aber sein Opfer und endete im blechernen Schirmständer, was dem theatralischen Abgang noch eine nachhaltige Note verlieh. Ich stammelte ein paar banale Floskeln und eilte meinem Herrn und Gebieter hinterher. Die Tür wurde nicht schnell genug hinter mir geschlossen, und so hörte ich noch Frau Piekarskis aufgebrachte Stimme: »Bei welchem von deinen Weibsbildern hast du denn wieder herumgehangen?«

Sven hockte vor dem Fernsehapparat und zog ein langes Gesicht. »Jetzt kann ich den Krimi wieder nicht zu Ende sehen. Wieso seid ihr denn so früh da? Ist die Party schon aus?«

»Man soll immer dann gehen, wenn es am schönsten ist«, sagte Rolf mit todernster Miene und scheuchte seinen Filius ins Bett. Dann empfahl er mir, den Kontakt mit ›diesen bornierten Ignoranten‹ auf das unerläßliche Minimum zu beschränken, den regen Zulauf der beiden Mädchen zu bremsen und Frau Piekarski endlich klarzumachen, daß wir keine Leasing-Firma mit Nulltarif seien.

»Würdest du mir so ganz nebenbei mal sagen, was ›interpräkativ‹ bedeutet? Nach deiner Ansicht verfüge ich zwar über eine umfassende Halbbildung, aber dieses Wort habe ich noch nie gehört.«

Mein Gatte lächelte wissend. »Kannst du auch nicht. Ich habe es vor Jahrzehnten mal erfunden, um der widerlich arroganten Mutter meiner Freundin zu imponieren. Soweit ich mich erinnere, habe ich es damals im Zusammenhang mit irgendeinem philosophischen Geschwafel gebraucht und ziemlich viel Erfolg gehabt. Seitdem habe ich es öfter mal benutzt, aber du bist die erste, die mich danach fragt. Im übrigen mußt du doch zugeben, daß das Wort unerhört gebildet klingt.«

Darüber kann man interpräkativer Meinung sein!

Es dauerte noch eine ganze Weile, bis sich Frau Piekarski endlich davon überzeugt hatte, daß weitere Pumpversuche zwecklos waren. Den letzten Vorstoß unternahm sie, als sie meinen Staubsauger haben wollte, weil ihr eigener gerade kaputtgegangen war und abends der Chef ihres Mannes zum Essen käme. Und ob ich nicht auch noch ein paar Eier hätte?

»Eier gibt es in jedem Lebensmittelgeschäft. Bringen Sie am besten gleich ein paar mehr mit, dann können Sie mir endlich die ausgeliehenen zurückgeben. Einen Staubsauger besitze ich nicht, denn wir blasen unseren Dreck immer mit dem Fön auf einen Haufen und fegen ihn dann auf.«

Frau Piekarski sah mich verständnislos an, aber dann schien sie begriffen zu haben. Sie schenkte mir ein Lächeln mit nichts dahinter als Zähnen und entfernte sich auf Stelzen der Verachtung. Ihren Töchtern verbot sie den weiteren Umgang mit ›diesen Proleten‹, und wenn wir uns jetzt auf der Straße begegnen, sieht sie durch mich hindurch. Belinda hielt sich nicht an das Verbot. Im Laufe der Zeit holte sie sich alle vollgeschriebenen Hefte, die Stefanie noch aus ihrer Grundschulzeit besaß. Dadurch war wenigstens die nächste Versetzung gesichert.

Die weitere Entwicklung der Familie Piekarski erleben wir seitdem nur noch aus der Ferne, gelegentlich auch durch detaillierte Berichte von Frau Friedrich. Ihr Grundstück ist von Piekarskis Garten nur durch einen schmalen Weg getrennt, und so wird sie zumindest im Sommer oft genug Zeuge des bewegten Familienlebens. »Mein Vokabular an Schimpfwörtern hat sich schon beträchtlich vergrößert. Das von Bettina übrigens auch!«

Frau Piekarski ließ sich scheiden, weil ihr Mann diverse

Freundinnen, aber ansonsten so gar keinen Ehrgeiz besaß. Er zog aus und überließ Kinder und Hund seiner Gattin. Seitdem erlebten wir sie als Kundenbetreuerin eines Versandhauses, als angehende Fahrlehrerin, als Kaltmamsell in einer ortsansässigen Kneipe und als Verlobte eines Maurerpoliers. Zur Zeit wartet sie auf Antwort vom Fernsehen, wo sie sich als Werbedame für Schonkaffee und Waschpulver angeboten hat.

Ihre Versuche, sich ›mal eben schnell‹ etwas auszuleihen, stoßen in der Nachbarschaft inzwischen überall auf taube Ohren, aber in den Parallelstraßen gibt es immer noch hilfreiche Mitmenschen, die Frau Piekarski nicht näher kennen und zögernd Rasenmäher, Brühwürfel und Bohrmaschine herausrücken. Die meisten aber nur einmal. Erfahrung ist eben das, was übrigbleibt, wenn alles andere zum Teufel ist.

Dann lernten wir Beversens kennen.

Aus dem täglichen Posteingang, der zum größten Teil aus Reklame und zum zweitgrößten Teil aus Rechnungen bestand, hatte ich einen hellgrauen Briefumschlag gefischt, adressiert an Herrn und Frau Sanders. Absender war ein C. v. B, wohnhaft in Bad Randersau, Libellenweg 9. Ich kannte keinen C. v. B., den Libellenweg kannte ich auch nicht, und so vermutete ich den Beschwerdebrief eines erregten Mitbürgers, dem unser Nachwuchs irgendwie in die Quere gekommen war. In solchen Fällen erinnere ich mich immer daran, daß Rolf ebenfalls erziehungsberechtigt ist. Der Brief kam ungeöffnet zur Geschäftspost.

»Kennst du einen C. v. B.?« Rolf wedelte mit dem ominösen Kuvert vor meinem Gesicht herum.

»Kenne ich nicht, und ich lege auch gar keinen Wert darauf, ihn kennenzulernen.«

»Was haben die Gören jetzt bloß wieder ausgefressen?« (Zwei Seelen, ein Gedanke!) Mit spitzen Fingern schlitzte Rolf den Umschlag auf und entfaltete einen hellgrauen Briefbogen, der in der rechten Ecke die Initialen C. v. B. trug.

»Hör mal zu! ›Sehr geehrte Frau Sanders, sehr geehrter Herr Sanders. Mein Mann und ich sind unlängst auf dem Waldspielplatz Ihrer Tochter Stefanie und Ihren reizenden Zwillingen begegnet. Da wir selber zwei Kinder ihres Alters haben, außerdem noch eine dreizehnjährige Tochter, würden wir es begrüßen, wenn die Kinder sich einmal kennenlernen würden. Wäre es Ihnen recht, wenn ich sie am kommenden Samstag gegen 16 Uhr zu einem Spielnachmittag abhole? Mit freundlichem Gruß, Cornelia v. Beversen.‹«

»Daß man sich um die Bekanntschaft unseres Nachwuchses reißt, ist mir neu. Die meisten Leute sind doch froh, wenn sie nicht in nähere Berührung mit ihm kommen.« Ich fand diesen Brief etwas ungewöhnlich.

»Du scheinst übersehen zu haben, daß lediglich die Mädchen angesprochen werden.«

»Und wenn schon. Die sind ja auch erblich belastet. Was sind das überhaupt für Leute? Wir können die Kinder schließlich nicht wildfremden Menschen aushändigen.«

»Vielleicht stehen sie im Telefonbuch?« Rolf blätterte schon. »Hier sind sie: Konstantin v. Beversen, Arzt.«

»Sehr aufschlußreich ist das auch nicht gerade. Ruf doch am besten mal an. Irgendwie müssen wir die Form wahren und uns für die Einladung bedanken.«

Rolf setzte sich an den Schreibtisch, zündete eine Zigarette an, zupfte das Halstuch zurecht und wählte die Nummer.

Den nun folgenden Dialog bekam ich nur als Monolog mit, und dem war lediglich zu entnehmen, daß Rolf offenbar mit C. v. B. sprach. Er versprühte Charme nach allen Seiten, malte halberblühte Rosen auf den Notizblock und raspelte Süßholz. Endlich legte er den Hörer auf.

»Eine äußerst charmante, liebenswürdige Frau«, verkündete er mit beseeltem Blick, »kultiviert und mit dem gewissen Flair, das wir normale Sterbliche nie erreichen.«

»Bloß wegen des Adelsprädikats? Ich hatte eine Klassenkameradin, die war auch blaublütig, aber ihre verkorksten Mathearbeiten hat sie mit genauso ordinären Kommentaren entgegengenommen wie wir anderen.«

»Sei nicht immer so entsetzlich prosaisch!« beschied mich mein Gatte und begab sich auf die Suche nach seiner Tochter, um weitere Auskünfte über seinen neuen Schwarm einzuholen.

Stefanie erwies sich als ungeeignetes Objekt. Doch, sie habe kürzlich »so 'n paar Leute« kennengelernt, die ihren Sohn auf einen Kletterbaum hätten hieven wollen, und als der Kleine dann auch prompt runtergefallen sei, habe Nicki ihn getröstet. »Sie haben mich dann noch gefragt, wie wir heißen und wo wir wohnen, und dann sind sie wieder abgezogen. Keine Ahnung, wer das war.«

»Wie haben sie denn ausgesehen?« bohrte Rolf weiter.

»Das weiß ich nicht mehr.«

»Waren sie jung oder alt?«

»Papi, ich habe wirklich nicht darauf geachtet, aber die Frau hatte lange blonde Haare und war noch ziemlich jung.«

»Wenn sie eine dreizehnjährige Tochter hat, kann sie selber kein Teenager mehr sein!« Langsam ärgerten mich die Hypothesen über diese unbekannte Schöne.

»Es soll Frauen geben, die wesentlich jünger aussehen, als sie sind.«

Altes Ekel!

»Dann kannst du dich ja am Samstag in den Smoking werfen und einen roten Teppich ausrollen. Mich wirst du allerdings entschuldigen müssen!«

Ich warf die Tür hinter mir zu, blieb mit dem Absatz in der Bastmatte hängen und knallte längelang auf den Fußboden. Nicht mal ein effektvoller Abgang gelang mir!

Am Samstag war ich natürlich doch zu Hause (Neugier, dein Name ist Weib!) und machte die drei Mädchen besuchsfein. Nicole und Katja wurden auf ›Zwillinge‹ getrimmt, obwohl sie es haßten, gleich gekleidet herumzulaufen, und Stefanie hatte sich murrend ihre helle Hose angezogen. »Die kratzt!«

»Warum hat sie denn nicht gekratzt, als du sie im Laden anprobiert hast?«

»Weil ich dann noch mehr von den Dingern hätte anziehen müssen, und Jeans wolltest du ja nicht kaufen. Andere Hosen kratzen immer!«

Rolf überprüfte die Alkoholbestände. »Wir haben nicht mal Likör im Haus.«

»Den trinkt ja auch keiner von uns.«

»Vielleicht würde Frau von Beversen gerne einen trinken.«

Ging denn das schon wieder los? »Soviel ich weiß, will sie lediglich die Kinder abholen. Von einem Cocktailstündchen ist nie die Rede gewesen.«

»Aber du wirst sie doch hoffentlich ins Haus bitten?«

»O nein, das werde ich nicht. Mach *du* ruhig die Honneurs, du brennst doch schon darauf. Wie siehst du überhaupt aus?«

Rolf hatte seinen samstäglichen Gammel-Look abgelegt und präsentierte sich sportlich-elegant. Von der Hose hatte er zwar noch vor ein paar Tagen behauptet, sie sei ihm zu eng geworden und würde sich nur noch schließen lassen, wenn er den Bauch einziehe, aber offensichtlich war er bereit, die notwendige Atemgymnastik durchzuhalten. Meinen Seidenschal hatte er sich auch angeeignet.

»Willst du dich nicht endlich umziehen? Es ist gleich vier.« Ich trug Shorts und eine zusammengeknotete Bluse, was mir bei den tropischen Außentemperaturen als die einzig angemessene Kleidung erschien.

»Ich denke gar nicht daran. Steck dir doch deine blaublütige Gräfin an den Hut!«

»Eine Gräfin ist sie sicher nicht, das hätte sonst auf dem Briefbogen gestanden.«

»Vielleicht ist sie zu vornehm, um mit ihrem Titel hausieren zu gehen.« Hätte ich mich doch bloß nicht auf diese ganze Geschichte eingelassen.

Mittlerweile war es halb fünf geworden. Es wurde dreiviertel fünf – Rolf lockerte verstohlen seinen Gürtel! – es wurde fünf. Die Zwillinge meuterten und wollten wieder Badehosen anziehen. Steffi musterte uns finster und sagte überhaupt nichts mehr.

Endlich hörten wir Bremsen quietschen. Ein vorsichtiger Blick aus dem Fenster sagte mir allerdings, daß es sich bei diesem Vehikel keineswegs um das gräfliche Auto handeln konnte. Vor dem Haus stand eine himmelblaue ›Ente‹ mit aufgerolltem Verdeck. Oben lugten drei eisbeschmierte Kindergesichter heraus, ein viertes hing aus der geöffneten Tür, verschwand aber gleich, um einem jungen Mädchen Platz zu machen. Das bückte sich erst einmal, hob einen blauen Turnschuh auf und warf ihn mit den Worten »Wem gehört der Latschen?« in den Wagen zurück.

»Du hast Pech gehabt, deine Gräfin hat nur einen Domestiken geschickt«, verkündete ich meinem Gatten und verließ den Beobachtungsposten, um die Tür zu öffnen.

»Guten Tag, ich bin Cornelia von Beversen. Es tut mir leid, daß es so spät geworden ist, aber ich habe die Gören einfach nicht von der Eisbude weggekriegt.«

»Sind ... sind das alles Ihre Kinder??«

»Nein, nur zwei. Die anderen beiden habe ich in der Nachbarschaft aufgelesen.«

Verstohlen musterte ich mein Gegenüber. Die langen blonden Haare stimmten, der Teenager stimmte nicht. Frau v. Beversen mußte ungefähr Mitte Dreißig sein, hatte aber eine phantastische Figur, war braungebrannt und trug Shorts sowie eine zusammengeknotete Bluse. Sie wirkte tatsächlich sehr jung.

Rolf war mir auf den Fersen gefolgt und inzwischen zur Salzsäule erstarrt. Er riß sich aber zusammen und säuselte mit charmantem Lächeln: »Das Kompliment kann ich Ihnen nicht ersparen, gnädige Frau, aber Sie sehen unwahrscheinlich jung aus. Möchten Sie nicht für ein paar Minuten hereinkommen?«

»Vielen Dank, ein anderes Mal gern, aber jetzt geht es beim besten Willen nicht. Die Kinder nehmen mir sonst den ganzen Wagen auseinander. Sind Ihre Trabanten marschbereit?«

Die hatten sich bereits um das klapprige Auto geschart. »Gehen wir denn da alle rein?« Stefanie besah sich zweifelnd die munteren Insassen, die in dem engen Gehäuse durcheinanderquirlten wie Strümpfe in der Waschmaschine.

»Aber natürlich! Vicky nimmt den Nikolaus auf den Schoß, dann ist noch Platz für einen Zwilling, und du setzt dich hier vorne hin. Na also, geht doch prima. Jetzt kriegst du noch die Kleine, die ist nicht so schwer, und dann werden wir es schon schaffen. Nikolaus, nimm den Schlüssel aus dem Mund! Die Tür klemmt, würden Sie sie bitte kräftig zudrücken?«

Damit war ich gemeint. Also drückte ich die Tür zu, machte sie wieder auf, weil Steffis Hose dazwischen hing und bereits mit einem langen Ölstreifen verziert war, und dann knallte ich die Tür noch einmal ins Schloß.

»Wann soll ich die Kinder zurückbringen? Oder haben Sie Lust, sie nachher abzuholen? Vielleicht können wir uns dann auch ein bißchen näher kennenlernen. Kommen Sie doch so gegen halb sieben. Libellenweg. Liegt hinter den Tennisplätzen. Die Straße kennt kein Mensch, fragen Sie lieber nach der alten Mühle. Bis nachher also!« Fünfzehn Hände winkten aus den vorhandenen Öffnungen, dann verschwand der rollende Blechhaufen um die Ecke.

Langsam ging ich ins Haus zurück. Als ich Rolf sah, der noch immer reichlich verdattert neben der Tür stand, konnte ich einfach nicht mehr. Ich fing schallend an zu lachen.

»Wie gut, daß du nun doch auf den Smoking verzichtet hast, dabei hätte er dir bestimmt Kultiviertheit und ein gewisses Flair verliehen!«

Rolf öffnete aufatmend den Hosenbund, und während er Richtung Schlafzimmer verschwand, meinte er mit einem kläglichen Lächeln: »Es muß sich wohl doch um einen niederen Adel handeln!«

Um halb sieben machte ich mich auf den Weg, ein bißchen seriöser gewandet als am Nachmittag und in Begleitung von Sascha, der etwas von einer älteren Tochter hatte läuten hören und nun sein männliches Interesse bekundete. Wir fragten uns durch zum Libellenweg, den tatsächlich niemand kannte, aber die alte Mühle war für die Einheimischen ein Begriff. Erst geradeaus am Clubhaus vorbei, dann scharf links und dann wieder geradeaus. Da gab es allerdings nur eine Art Feldweg, der an einem verwitterten Holzzaun endete. Dahinter stand hohes Gras, aber mitten hindurch zog sich ein Trampelpfad, der zu einem baufälligen Holzschuppen führte.

»Hier sind wir total verkehrt.« Sascha musterte die verwilderte Umgebung. »Ich habe dir ja gleich gesagt, du sollst noch ein Stück weiterfahren.«

»Da hinten kommt überhaupt nichts mehr, da sind doch nur noch Felder. Komm, wir steigen mal aus und sehen uns die Bretterbude näher an.«

»Wozu denn, da wohnt ja doch keiner.«

»Vielleicht steht dahinter noch ein Haus, von hier aus kann man doch nicht viel sehen. Ist doch möglich, daß das hier alles Bauland ist und Beversens die ersten Siedler sind.«

»Du meine Güte, was ist, wenn die mal Zigaretten vergessen haben?« Sascha ist mit einer derartigen Katastrophe bestens vertraut, denn meist ist er es, der dann zum nächsten Automaten spurten muß.

Plötzlich purzelten lauter Kinder aus dem Holzhaus, mittendrin die Zwillinge, die aussahen, als hätten sie gerade ein Schlammbad hinter sich.

»Wollt ihr uns etwa schon abholen? Wir spielen doch gerade so schön!« Nicki war sichtlich enttäuscht.

Stefanie kam aus der Tür geschossen. Die langen Hosen hatte sie ausgezogen und hüpfte statt dessen in ihrem geringelten Slip herum. »Macht doch nichts, hier wohnt weit und breit kein Mensch. Geht ruhig rein, die Tür ist offen, weil die Klingel kaputt ist.«

Mißtrauisch öffnete Sascha die massive Holztür. Dahinter war es stockdunkel, nur ein total verstaubtes Fenster spendete gerade soviel Licht, daß man die Umrisse einer steilen Holztreppe erkennen konnte.

»Bleiben Sie bitte stehen, sonst garantiere ich für gar nichts«, klang es von oben. »Ich mache Licht.«

Eine Glühbirne flammte auf und beleuchtete ein malerisches Durcheinander von altem Gerümpel, das sich in allen Ecken türmte. Frau v. Beversen kam die Treppe herunter. Jetzt trug sie verwaschene Jeans, die sie bis zur Wade aufgekrempelt hatte, und ein rosa T-Shirt.

»Kriegen Sie bitte keinen Schreck, aber hier oben sieht es ganz zivilisiert aus. Vorsicht, die sechste Stufe wackelt!«

Wir erklommen die hühnerleiterartige Stiege und betraten einen Vorraum, in dem mir sofort ein wunderschönes Biedermeierschränkchen auffiel.

»Ich habe eine Schwäche für Antiquitäten«, sagte Frau v. Beversen, »das Schlimmste daran ist nur, daß ihre Preise so modern sind.« Dann entdeckte sie Sascha. Sie musterte ihn ungeniert, reichte ihm die Hand und wiegte bedenklich den Kopf hin und her.

»Stefanie hat mir zwar erzählt, daß sie noch zwei Brüder hat, aber ich konnte ja nicht ahnen, daß einer von ihnen *so* aussieht. Wie alt bist du denn?«

»Vierzehn.«

»Na, das geht gerade noch. Wenn du zwei Jahre älter wärst, dann würde ich dich sofort wieder hinauswerfen, bevor dich Constanze entdeckt.«

»Ich kann ja mal meinen Bruder herschicken, der wird bald sechzehn.«

Frau v. Beversen führte uns in ein Wohnzimmer, das fast nur aus niedrigen Polstermöbeln, Kissen und einem ovalen Tisch bestand. Lediglich an den Wänden hingen ein paar Regale, vollgestopft mit Büchern, Zeitschriften und Kinderspielzeug.

»Die anderen Räume zeige ich Ihnen später, jetzt brauche ich erst einmal einen anständigen Whisky. Die Kinder haben mich restlos geschafft. Und was trinkt unser Beau? Cola oder Apfelsaft?«

Sascha entschied sich für Cola.

»Mutti, hast du mein rosa T-Shirt gesehen?« Ein junges Mädchen steckte den Kopf durch die Tür, zog ihn erschreckt wieder zurück, als sie uns sah, kam dann aber verlegen lächelnd ins Zimmer.

»Guten Abend, ich bin Constanze von Beversen.«

Sascha sprang auf, obwohl ich ihn sonst immer mit einem

nachhaltigen Tritt gegen das Schienbein an seine eingetrichterten Manieren erinnern muß, und betrachtete das Mädchen mit bewundernden Blicken. Es war das personifizierte Abbild seiner Mutter, nur eben zwanzig Jahre jünger und bildhübsch.

Frau v. Beversen kam zurück und drückte ihrer Tochter eine Cola-Flasche in die Hand. »Ihr beide könnt euch mal eine bißchen um das Kleinvieh kümmern, sonst landet doch wieder einer im Bach. Und schick bitte die beiden Kinder von Bremers nach Hause, Constanze. Du weißt ja, spätestens um sieben haben wir die Oma am Hals, wenn ihre Lieblinge nicht pünktlich auf der Schwelle stehen.«

Die Teenager verschwanden.

»So, jetzt haben wir mindestens eine Viertelstunde Atempause. Trinken Sie den Whisky mit Soda oder nur mit Eis?«

»Mit beidem.«

Meine Gastgeberin füllte die Gläser mit großzügig bemessenen Portionen und ließ sich aufatmend in einen Sessel fallen. »Ich hatte schon Angst, Sie würden wie die meisten meiner Gelegenheitsbesucher den Whisky ablehnen und einen Kirschlikör haben wollen. Dabei ist nie welcher im Haus. Den ersten und letzten habe ich bei meiner Konfirmation getrunken. Prosit.«

Meine neue Bekannte gefiel mir immer besser. Sie gab sich natürlich, ohne burschikos zu sein, hatte Humor und offensichtlich den gleichen Hang zum Laisser-faire wie ich.

»Schade, daß wir uns nicht schon früher über den Weg gelaufen sind«, meinte sie. »Wir wohnen zwar erst seit einem knappen Jahr hier, aber lange genug, um allmählich zu versauern. Bekannte haben wir so gut wie keine, und wenn mein Mann nicht ab und zu ein paar Kollegen mitbringen würde, wäre ich schon eingegangen. Für die Einheimischen sind wir so eine Art karierte Hunde, weil wir in dieses alte Gemäuer gezogen sind, aber es ist geräumig und vor allem billig. Mein Mann ist noch Medizinalassistent, wird also miserabel bezahlt, und eine Neubauwohnung können wir uns jetzt einfach nicht leisten. Abgesehen davon, daß man halb soviel Platz hat für doppelt soviel Miete. Hier haben die Kinder aber genügend Auslauf, der Garten ist total verwildert, braucht also keine Pflege, und wenn ich nackt ein Sonnenbad nehme, wundern sich höchstens die Spatzen.«

Sie füllte unsere Gläser wieder auf, steckte sich die dritte Zigarette an und schüttelte den Kopf. »Ich verfalle schon wieder in die Unart aller grünen Witwen und erzähle bloß von mir. Jetzt sind Sie dran. Was hat Sie in dieses Nest verschlagen, und wie halten Sie es auf die Dauer hier überhaupt aus?«

Also lieferte ich eine Kurzfassung meiner Biographie, die ohnehin nicht sehr ergiebig ist und sich im wesentlichen auf Brutpflege und Umzüge beschränkt.

»Immerhin sind Sie halbwegs freiwillig hierhergezogen, was man von mir nicht gerade behaupten kann. Meinen Mann habe ich auf der Uni kennengelernt. Ich hatte gerade das erste Semester Medizin hinter mir, und er studierte noch Jura, weil die Familientradition das so vorschrieb. Irgendwann kam ihm die Erkenntnis, daß *ein* Anwalt in der Familie eigentlich ausreicht, vermachte seinem jüngeren Bruder die juristischen Bücher und kaufte sich medizinische. Wir haben dann geheiratet, und als ich ins Physikum stieg, war ich bereits hochschwanger. Constanze kam zu meinen Eltern, ich nahm mein Studium wieder auf, und beim Staatsexamen war ich prompt wieder im sechsten Monat. Mein Professor hat mich doch allen Ernstes gefragt, ob ich auf diese Weise meine Prüfungsangst bekämpfe. Tja, und nun sitze ich hier in dieser Einöde und warte darauf, daß mein Mann seine Assistentenzeit hinter sich bringt und sich dann irgendwo selbständig machen kann.«

»Wollen Sie gemeinsam eine Praxis eröffnen?«

»Wie denn? Dazu müßte ich erst mein zweijähriges Praktikum absolvieren. Genaugenommen war mein ganzes Studium für die Katz. Vielleicht reicht es später mal zur Sprechstundenhilfe, aber ich habe keine Ahnung von Buchführung. – So, und jetzt werden wir uns wohl mal um unseren Nachwuchs kümmern müssen. Er ist so verdächtig ruhig.«

Die beiden Teenager fanden wir zuerst. Sie saßen am Fuß eines knorrigen Baumes und ergingen sich in tiefsinnigen Betrachtungen über das Leben im allgemeinen und über ihre Altvorderen im besonderen. Junge Leute haben es heutzutage wirklich gut. Sie schlagen irgendeine Zeitschrift auf und finden alle ihre Vermutungen über ihre Eltern bestätigt.

Stefanie hatte das Kommando über die restlichen Kinder übernommen. Sie hockten alle in einem Autowrack und spielten Astronaut. Anscheinend bereiteten sie gerade die Mondlandung vor, denn Rückwärtszählen ist im allgemeinen nur bei Raumfahrtunternehmen üblich.

»Das war der Wagen meines Mannes«, erklärte Frau v. Bersen diese ungewöhnliche Vorgartenzier. »Bisher haben wir noch kein Spielzeug gefunden, das annähernd so beliebt ist wie dieser Blechhaufen. Ich fürchte nur, daß wir bald einen zweiten daneben stellen können. In zwei Monaten muß ich nämlich mit meiner Ente zum TÜV.«

Bei unserem Rundgang hatte ich festgestellt, daß wir die illustre Behausung quasi durch den Hintereingang betreten hatten, denn von vorne präsentierte sich die alte Mühle in einem ganz ansehnlichen Zustand. Da gab es sogar eine Art Veranda, zu der drei morsche Holzstufen führten, einen Briefkasten und eine Sonnenuhr, die jetzt aber ganz im Schatten der großen Bäume lag. Nun ja, als die Bäume klein gewesen waren, hatte die Sonne bestimmt noch häufiger geschienen als heute, und Quarzuhren hatte es auch noch nicht gegeben. Sonnenuhren sind aber dekorativer.

Der ehemalige Mühlbach – jedenfalls nahm ich an, daß es sich um einen solchen handelte – war zu einem kleinen Rinnsal versickert, in dem Freiherr Nikolaus herumspazierte und Kieselsteinchen wusch, ehe er sie in den Mund steckte.

»Glücklicherweise schluckt er die wenigsten hinunter«, beruhigte mich seine Mutter, bevor sie ihren Jüngsten aus der unansehnlichen Brühe fischte.

Ich sammelte die schmutzstarrenden Zwillinge ein, brachte Stefanie auf Trab, die nicht mehr wußte, wo sie ihre Hosen gelassen hatte, und sie endlich aufgespießt auf einer Heugabel fand, und empfahl Sascha, nun allmählich mit dem Abschiednehmen anzufangen. Dann lud ich meine Gastgeberin spontan zum Abendessen ein. Sie hatte mir erzählt, daß ihr Mann mal wieder Nachtdienst habe und sie einem sehr abwechslungsreichen Abend entgegensehe, wobei man unter Abwechslung die Wahl zwischen dem ersten und dem zweiten Fernsehprogramm zu verstehen habe.

»Danke, ich komme gerne, aber vor halb neun wird es wohl nichts werden. Man sollte seine Kinder zu Bett bringen, solange man noch die Kraft dazu hat. Meine ist heute schon ziemlich erschöpft, also wird es etwas länger dauern. Außerdem sind in einem modernen Haushalt die Kinder das einzige, was noch mit der Hand gewaschen werden muß.«

Rolf war entzückt über unseren angekündigten Gast, verschwand im Bad und tauchte erst nach unangemessen langer Zeit wieder auf, nach sämtlichen Wohlgerüchen duftend, die die heimische Kosmetikindustrie zu bieten hat.

Ich stand derweil in der Küche und verwünschte meinen Einfall, ausgerechnet am Samstag einen Tischgast einzuladen, wenn sämtliche Geschäfte geschlossen sind. Verräterische Spuren, die sich in Kühlschranknähe massierten, zeigten mir außerdem, daß Sven sein Nachtmahl bereits intus und darüber hinaus noch diverse Freunde beköstigt hatte.

»Mach doch Toast Hawaii!« Rolf kann das Zeug zu jeder Tageszeit essen.

»Ananas ist alle!«

»Haben wir Hähnchen in der Kühltruhe?«

»Bis die aufgetaut sind, ist Mitternacht!«

»Hatten wir nicht noch eine Packung Pasteten?«

»Und was soll ich da reintun? Grüne Bohnen vielleicht oder Senfgurken?«

Dann fielen mir die beiden Salatköpfe ein, die eigentlich für das morgige Mittagessen bestimmt waren, Tomaten hatte ich auch noch, junge Zwiebeln gab es im Garten, und wenn ich mich nicht täuschte, mußten irgendwo auch noch zwei Dosen Thunfisch sein.

»Und zu so was lädst du jemanden ein?« Sascha musterte kopfschüttelnd meine farbenprächtige Ausbeute. »Das kannst du doch keinem anbieten. Wenn ich mal zum Essen eingeladen werde, dann gibt es immer Steak oder wenigstens Würstchen vom Grill. Das Zeug hier ist doch höchstens als Bremsbeilage zu gebrauchen.«

»Abends soll man nicht so üppig essen, und außerdem sind Salate sehr gesund und haben viele Vitamine.«

»Da krabbelt schon eins!« Mit spitzen Fingern entfernte Sascha die Schnecke vom Kopfsalat. »Du hast doch sicher nichts dagegen, wenn ich auf das Kuhfutter verzichte und lieber etwas Vernünftiges esse. Man soll sich schließlich nicht einseitig ernähren.«

Was Sascha sich unter einer ausgewogenen Ernährung vorstellt, ist ein Stück Kuchen in jeder Hand.

Frau v. Beversen erschien nicht um halb neun, sondern eine Dreiviertelstunde später, als wir schon gar nicht mehr mit ihrem Kommen gerechnet hatten. Aber damals kannten wir sie noch zu wenig. Später lernten wir, daß ihre Zeitangaben ebenso zuverlässig waren wie der tägliche Wetterbericht.

Als erstes verbat sie sich von Rolf die »gnädige Frau«. Bei dieser Titulierung müsse sie immer an ihre Schwiegermutter denken, die sich sogar vom Schornsteinfeger so anreden lasse, und Rolf solle sich diese Höflichkeitsfloskeln für betagte Stiftsdamen über achtzig aufheben. Dann wandte sie sich an mich.

»Im allgemeinen habe ich für die Amerikaner nicht viel übrig, denn wir verdanken ihnen nicht nur die Atombombe und Coca-Cola, sondern auch das Werbefernsehen und McDonalds. Aber in einer Beziehung können wir von ihnen noch etwas lernen: Sie gehen ungezwungener miteinander um und kümmern sich herzlich wenig um Förmlichkeiten. Mir jedenfalls gefällt die Sitte, sich mit den Vornamen anzureden, und ich finde, das sollte man in Deutschland auch einführen. Wie heißen Sie überhaupt?«

»Evelyn.«

»Tatsächlich? Ich war bisher der Meinung, bei diesem Namen handelt es sich um ein Pseudonym von Barfrauen und Schönheitstänzerinnen.«

Ich beteuerte lebhaft, mit einer so bewegten Vergangenheit nicht aufwarten zu können.

»Mir wäre nie in den Sinn gekommen, daß man wirklich so heißen kann. Aber mir gefällt der Name. Sind Sie einverstanden, wenn ich Sie künftig so nenne? Ich heiße übrigens Cornelia.«

Warum nicht? Cornelia war kürzer und paßte auch entschieden besser als dieses irritierende v. Beversen.

Natürlich bekundete auch Rolf seine bisher nie geäußerte Vorliebe für amerikanische Gepflogenheiten, wenn auch seine Vorstellungen vom deutschen Adel im Laufe des Abends einen erheblichen Dämpfer bekamen. Cornelia erklärte unverblümt, daß sie ihre blaublütige Verwandtschaft ausgesprochen lächerlich und deren Versuch, an überlieferten Traditionen festzuhängen, albern finde.

»Bei den alljährlich anberaumten Familientreffen habe ich mich schon seit einer Ewigkeit nicht mehr sehen lassen, und seitdem meine Schwester vor drei Jahren mit dem Stallmeister ihres gräflichen Gatten durchgebrannt ist, bin ich ohnehin nicht mehr gesellschaftsfähig. Noblesse oblige!«

An einem der nächsten Tage lernten wir auch Herrn v. Beversen kennen, der Konstantin hieß und wie ein Student im vierten Semester aussah. Man hätte ihn für den Freund und nicht für den Vater von Constanze halten können. Über seine beruflichen Fähigkeiten kann ich nichts sagen, mir fiel im Laufe der Zeit lediglich auf, daß seine Kinder unverhältnismäßig oft krank waren.

Rief ich Cornelia an, um einen Einkaufsbummel zu verabreden oder sie zum Kaffeeklatsch einzuladen, bekam ich oft genug zu hören: »Tut mir leid, aber ich sitze mal wieder fest.«

»Hat Nikolaus wieder einen Regenwurm gegessen?«

»Nein, diesmal ist es Viktoria. Sie hat neununddreißig Fieber und krächzt wie ein asthmatischer Papagei.«

»Was sagt denn der Herr Doktor dazu?«

»Konstantin? Der hat sie vollgepumpt mit Penicillin. Jedesmal, wenn sie niest, wird jemand gesund.«

Das nächste Mal war es Constanze, die mit einem nicht genau zu diagnostizierenden Leiden das Bett hütete.

»Konstantin behauptet, es müsse sich um irgendein Virus handeln. Virus ist aber bloß ein lateinisches Wort, das die meisten Medizinmänner verwenden, wenn sie sagen wollen: Ich weiß es auch nicht.«

»Rufen Sie doch mal einen Arzt!« schlug ich vor.

Es gab aber auch Zeiten, in denen sämtliche Mitglieder der Familie Beversen gesund waren, und dann herrschte ein lebhaftes Kommen und Gehen zwischen unseren Häusern. Die Zwillinge hatten an Nikolaus einen Narren gefressen und schleppten ihn überallhin mit, selbst in die Flötenstunde und zum Leichtathletiktraining. Stefanie hatte die ein Jahr jüngere Vicky zu ihrer ganz persönlichen Hofdame ernannt und übertrug ihr sämtliche Aufgaben, zu denen sie selbst keine Lust hatte. Viktoria brachte Ordnung in Steffis Bücherschrank, spitzte die abgebrochenen Buntstifte, hängte herumliegende Kleidungsstücke auf die ebenfalls herumliegenden Bügel, kratzte zentimeterdicke Lehmschichten von den Turnschuhen und wischte bereitwillig das Badezimmer auf, wenn Stefanie mal wieder auf die Idee gekommen war, nachmittags um halb vier zu duschen.

Um so größer war ihre Überraschung, als Vicky ihr eines Tages den Zitronensaft ins Gesicht schüttete, den sie eben erst zubereitet und nach Ansicht ihrer Sklaventreiberin nicht ausreichend gesüßt hatte. Bevor Stefanie die Folgen dieser unerwarteten Rebellion verdaut hatte, war Vicky unter Mitnahme von Stefanies Rad verschwunden und ließ sich auch eine Woche lang nicht mehr sehen. Dann allerdings fing das ganze Spiel von vorne an.

Sascha war überhaupt nicht mehr zu Hause, und wenn doch,

dann nur in Begleitung von Constanze. Er war so verliebt, daß die einzigen Wolken die waren, auf denen er wandelte.

»Wenn die beiden zwei Jahre älter wären, würde ich keine Nacht mehr ruhig schlafen«, sagte Cornelia.

»Bisher ist Sascha nachts aber immer zu Hause gewesen.«

Sie warf mir einen mitleidigen Blick zu, beruhigte sich dann aber selber. »Ihr Hang zur Zweisamkeit hält sich noch in Grenzen. Meistens hocken die beiden im Garten, zwischen sich das Radio, und lassen sich die Ohren volldröhnen. Da man bei diesem Geröhre sein eigenes Wort nicht mehr versteht, scheint sich ihre Unterhaltung momentan noch in der schweigsamen Anbetung der Rolling Stones zu erschöpfen.«

Nun ja, gute Musik ist die, die wir als junge Leute mochten; schlechte Musik ist die, die die heutige Jugend mag.

Trotzdem zeigte Sascha erste Anzeichen von Eifersucht. Er klemmte sich hinter Stefanie, die jetzt dieselbe Schule besuchte wie Constanze, und forderte nähere Einzelheiten.

»Ihr benutzt doch jeden Morgen denselben Bus. Wie viele aus Constanzes Klasse fahren denn da noch mit?«

»Weiß ich nicht, vielleicht drei oder vier.«

»Sind auch Jungs dabei?«

»Natürlich, aber ich weiß nicht, in welche Klasse die gehen.«

»Gibt es denn einen, mit dem Constanze öfter zusammen ist?«

»Meinst du, daß ich darauf achte?«

»Das könntest du aber ruhig mal tun. Auch auf dem Schulhof.«

»Was kriege ich dafür?«

»Geldgieriges Monster! Meinetwegen bekommst du eine Mark, wenn du etwas wirklich Wichtiges zu melden hast.«

Ihren Judaslohn hat Stefanie nie bekommen. Offenbar hatte sie nichts Verdächtiges feststellen können, und um irgend etwas zu erfinden, war sie wohl zu anständig. Oder zu phantasielos.

Überhaupt hatte ich den Eindruck, daß sich in sämtlichen Schulen die Belegschaft vergrößert hatte, und zwar um jenen kleinen geflügelten Schlingel, der immer mit Pfeil und Bogen herumzieht. Mir war schon gleich nach den Ferien aufgefallen, daß Sven ein ungewohntes Bedürfnis nach Reinlichkeit bezeugte. Er zog jeden Tag ein frisches Hemd an – früher hatte ich sie ihm nach einer Woche immer gewaltsam entreißen müssen –, putzte freiwillig seine Schuhe und trug ständig einen Kamm bei sich. Außerdem las er Rilke.

Ich fand das alles sehr verdächtig und zog vorsichtig Erkundigungen ein. »Sag mal, Sascha, wandelt dein Bruder jetzt auch auf Liebespfaden?«

»Wieso ›auch‹?«

»Pardon, das ist mir nur so herausgerutscht. Aber mal im Ernst, läuft da irgend etwas?«

»Kein Grund zur Beunruhigung. Er umbalzt zwar so 'ne Type aus der Parallelklasse, aber bis jetzt ist er noch nicht gelandet. Ich weiß nicht, was er an der findet.«

»Dein Fall wäre sie also nicht?«

»Nee, sie ist bloß ein wunderhübsches Kamel.«

»Was heißt das im Klartext?«

»Daß sie gut aussieht, aber einen Hohlkopf hat. Außerdem steht sie auf einen aus der elften Klasse, da hat Sven sowieso nichts zu melden.«

Seine Anknüpfungsversuche kamen auch sämtlich ungeöffnet zurück. Er stellte den Rilke wieder in den Bücherschrank, holte statt dessen die Memoiren von Cassius Clay heraus und trat in den Karate-Club ein. Nach vierzehn Tagen trat er wieder aus. Das Schattenboxen fand er idiotisch, und für Gymnastik hatte er noch nie etwas übrig gehabt. »Aber schreien kann ich schon!«

Langsam kam auch Sascha wieder auf die Erde zurück. Constanze erschien ihm zwar immer noch bewundernswert, aber die stummen Huldigungen genügten ihr nicht mehr. Sie stellte reale Ansprüche, und die kollidierten mit Saschas chronischem Geldmangel. Eisbecher sind teuer, und eine Fahrt mit dem Riesenrad, der diesjährigen Attraktion des Schützenfestes, kostete eine Mark pro Person. Vielleicht war er auch die nicht immer sehr taktvollen Anspielungen seiner Freunde leid. Im Grunde genommen war ich ganz froh, daß Sascha sich wieder mehr für Andys Mofa interessierte als für Constanzes neue Frisur.

»Kriege ich zu meinem fünfzehnten Geburtstag eigentlich eins?« wollte Sascha von seinem Vater wissen.

»Nur über meine Leiche!« versicherte der ungerührt. »Du weißt genau, was ich von diesen Maschinchen halte. Wir haben das Thema oft genug debattiert, und ich habe meine Meinung in der Zwischenzeit keineswegs geändert. Außerdem ist Radfahren gesünder.«

»Aber der Lupus corridor bekommt in der nächsten Woche auch ein Mofa und . . .«

». . . und liegt in der übernächsten im Krankenhaus. Wer ist das überhaupt?«

»Wieso, wer? Ach, du meinst Lupus? So nennen wir jetzt den Wolfgang. Lupus heißt Wolf, na ja, und Gang ist eben Corridor.«

Seitdem die Knaben Latein lernten, aßen wir nicht mehr am Tisch, sondern am Tabula, auf den Tellern lag kein Fleisch, sondern Carne, und wir saßen auch nicht mehr auf der Terrasse, sonderm im Atrium. Was zwar nicht stimmte, aber nach Meinung der humanistisch gebildeten Söhne besser klang. Und weil sie ohnehin dabei waren, im Rahmen ihrer beschränkten Möglichkeiten alle Begriffe zu latinisieren, beschlossen sie auch gleich, das allzu kindliche »Mami« abzulegen und eine würdigere Anrede zu benutzen. Eine Zeitlang nannten sie mich Domina, aber das erinnerte mich so nachhaltig an ein adeliges Damenstift, und ich verbat mir diese Bezeichnung. Sascha versuchte es dann mit »Mame«, aus dem schließlich ein langgezogenes »Määm« wurde. Dabei ist es geblieben, und mitunter hören sich diese Rufe an wie die einer Ziege mit Sprachstörungen.

Die Zwillinge hatten sich nun auch an den Schulalltag gewöhnen müssen, wenn auch Katja in den ersten Tagen ziemlich enttäuscht nach Hause gekommen war.

»Gemalt haben wir im Kindergarten genug, wann lernen wir denn endlich was?«

In Pädagogenkreisen streitet man ja noch heute darüber, nach welcher Methode man den Abc-Schützen am effektivsten das Lesen beibringt. Sven hat es noch auf dem herkömmlichen Wege gelernt. Bei Saschas Schuleintritt probierte man gerade herum, und so wurde in unserer Familie Stefanie das erste Opfer der Ganzwortmethode. Als sie die zweite Grundschulklasse zur Hälfte absolviert hatte, hatte ich bereits die Hoffnung aufgegeben, daß meine Tochter jemals lesen lernen würde. Dann entdeckte sie die alten Comic-Hefte ihrer Brüder, und nach einigen Wochen konnte sie auch schon das Fernsehprogramm entziffern.

Die Zwillinge lernten ebenfalls ganze Wörter.

»Heißt das hier ›blau‹?«

»Nein, das heißt ›grün‹.«

»Aber daneben ist doch ein blaues Auto.«

»Egal, das Wort heißt trotzdem ›grün‹.«

»Das ist eine Gemeinheit. Woher soll ich denn nun wissen, ob das ›grün‹ oder ›blau‹ heißt?«

»Du sollst es ja auch nicht wissen, du sollst es lesen!«

Zwei Wochen später.

Nicki sitzt vor ihrer Fibel und buchstabiert sehr bedächtig und akzentuiert: »Robert hat einen roten Roller.« Dabei gleitet ihr Zeigefinger sorgfältig die Zeile entlang, und auf der steht: Bärbel hat einen blauen Ball.

Es lebe der Fortschritt!

Begonnen hatte der ›erste Schritt ins Leben‹ an einem Mittwochnachmittag, und zwar mit einem Schulgottesdienst.

Nun muß ich vorausschicken, daß wir zwar protestantisch sind, die Zwillinge aber den katholischen Kindergarten besucht hatten. Das war seinerzeit weniger eine Frage der Religion als des chronischen Platzmangels gewesen; außerdem soll man ruhig erst die andere Seite kennenlernen, bevor man sich für eine von beiden entscheidet.

Nicole und Katja kannten die evangelische Kirche also nur von außen, als ich an dem bewußten Tag durch das Portal schritt, rechts einen Zwilling, links einen Zwilling, im Arm die beiden Schultüten. (Warum muß man eigentlich immer diese riesigen Dinger kaufen, deren Transport die Kinder nach längstens 200 Metern als zu hinderlich ablehnen?)

Nicki strebte sofort in die erste Reihe, die sonst den Honoratioren vorbehalten ist, aber die hatten die Schulzeit vermutlich schon längst hinter sich. Jedenfalls war die Bank leer.

Ich sitze ungern auf dem Präsentierteller. Die Zwillinge um so lieber, und die waren in der Überzahl.

Den Einleitungschoral ließen sie in gefaßter Haltung über sich ergehen: nur Nicki gähnte verstohlen und flüsterte: »Wie lange dauert das denn noch?«

Dann kam der Pfarrer, von Katja weidlich bestaunt. Ich ahnte schon etwas, aber bevor ich ihr noch den Mund zuhalten konnte, platzte sie in die andachtsvolle Stille: »Warum hat er denn so ein schwarzes Nachthemd an?«

Was man nicht weiß, kann man Kindern nur sehr umständlich erklären, also schwieg ich lieber.

Der Herr Pastor schien Schlimmeres gewöhnt zu sein. Er lächelte freundlich und ging zur Tagesordnung über, aber im

Rücken fühlte ich die bohrenden Blicke der konsternierten Mütter. Sie verfolgten mich auch noch auf dem Weg zur Schule.

Die Aula. Gedränge wie auf einem Bahnhof zur Hauptverkehrszeit, eingequetschte Schultüten, heulende Kinder, die ihre Mütter verloren hatten, Ranzen, die an irgendwelchen Hindernissen hängenblieben, dazwischen winkende Hände und informierende Rufe: »Huhu, Oma, hier sind wir!«

Ein Herr betrat das Podium.

»Ist das unser Lehrer?«

»Nein, das ist der Rektor.«

»Was ist ein Rektor?«

»Ein Schulleiter.«

»Ist das so was wie ein Bürgermeister?«

»Ja, so etwas Ähnliches. Und jetzt sitz endlich still und halte den Mund!«

(Das ist auch so etwas Widersinniges: In den ersten Lebensjahren bringt man seinen Kindern das Gehen und Sprechen bei, und später verlangt man von ihnen, daß sie still sitzen und schweigen.)

Nächste Station: die Klassenzimmer. Es gab vier erste Klassen (Wer redet eigentlich dauernd vom Pillenknick?), vier junge Lehrerinnen und 122 Schüler, die die ihnen zugewiesenen Räume teilweise nur unter Protest betraten.

»Ich will aber mit Sonja zusammenbleiben!«

»Warum ist Markus nicht in meiner Klasse?«

»Ohne Monika bleibe ich aber nicht hier!«

Katja jammerte nach Bettina, die abhanden gekommen war, zu ihrer großen Erleichterung aber bald wieder auftauchte.

Die Mütter sammelten sich stehend im Hintergrund, die Kinder verteilten sich zögernd auf die Stühle. Erste Streitereien.

»Hier war ich zuerst!«

»Wenn du nicht sofort abhaust, schmiere ich dir eine!«

»Versuch's doch mal!«

Das starke Geschlecht war nicht nur in der Mehrzahl, sondern bereits tonangebend.

Frau Schlesinger schaffte Ordnung. Sie stellte die beiden Störenfriede vor die Wahl, ihre Meinungsverschiedenheit vor der Tür auszutragen oder sich zwei neue Plätze zu suchen. Die Herren entschieden sich für letzteres.

»Ich lese jetzt einzeln eure Namen vor, und dann kommt ihr zu mir, damit ich euch schon ein bißchen kennenlernen kann.«

Wir stehen im Alphabet ziemlich weit hinten. Als Nicki aufgerufen wurde, war ihr das Ritual schon geläufig. Sie spazierte nach vorn, nahm die gelbe Schülermütze in Empfang, lächelte verlegen und trabte zurück.

»Sanders, Katja.« Frau Schlesinger, die Lehrerin stutzte und erkundigte sich freundlich: »Dann seid ihr ja Schwestern?«

»Sind wir nicht«, sagte Katja, »wir sind Zwillinge!«

Wie mir viel später berichtet wurde, sind die beiden in die Annalen der Schule eingegangen als ›die Zwillinge, die keine Geschwister waren‹.

Masern sind bei der Aufzucht von Kindern eine unerläßliche Begleiterscheinung. Wenn ein Kind die Masern bekommt, ist das zwar unangenehm, aber keine Katastrophe. Wenn fünf Kinder Masern haben, handelt es sich um eine Epidemie. Wenn fünf Kinder *nacheinander* Masern bekommen, ist es ein Irrenhaus!

Angefangen hatte Sven. Er war morgens mit Kopfschmerzen aufgewacht, fühlte sich schlapp und interessierte sich nicht einmal für die Hiobsbotschaft, daß seine Schildkröte mal wieder getürmt war.

Sascha bekundete brüderliches Mitgefühl. »Wenn du das so auffällig machst, du Pfeife, dann kommt dir Määm doch gleich drauf!«

»Worauf soll ich kommen?«

»Ach, nichts, Wir schreiben heute bloß eine Lateinarbeit.«

»Glaubst du Flasche denn, ich hätte gestern anderthalb Stunden lang meinen Spickzettel präpariert, wenn ich heute schwänzen wollte?«

Das war immerhin ein stichhaltiges Argument. Sascha sah das ein und verlangte die Überlassung der Gedächtnisprothese. »Ich bin gestern einfach nicht dazu gekommen.«

Rolf begutachtete seinen Ältesten, fand ihn etwas blaß – ich fand eigentlich das Gegenteil – und verordnete Bettruhe sowie 24stündiges Fasten.

Das Fieberthermometer zeigte knapp 39 Grad, die Kopfschmerzen ließen nach, Sven verlangte Tee und Zwieback, was in Krankheitsfällen zwar nicht viel nützt, aber wenigstens auch nicht schadet, und am Abend war der Patient schon wieder halbwegs munter.

Am nächsten Morgen rief er mich ins Bad. »Guck mal, Määm, ich sehe aus, als ob ich in die Brennesseln gefallen wäre.«

Sein Oberkörper war übersät mit roten Pünktchen.

»Wenn du nicht schon an der Schwelle zum Greisenalter ständest, würde ich sagen, es sind die Masern.«

»Blödsinn, ich bin doch kein Kleinkind mehr. Vermutlich ist das irgendein Ausschlag, so 'ne Art Allergie.«

»Wogegen solltest du denn allergisch sein?«

»Vielleicht gegen unregelmäßige Verben«, vermutete Sascha und umrundete kopfschüttelnd seinen Bruder. »Im Gesicht sieht man gar nichts.«

Nun erlebte Sven damals gerade die Blütezeit der Akne und sah auch an ganz normalen Tagen wie ein Streuselkuchen aus.

»Ab ins Bett, ich rufe nachher den Arzt an.«

Vorher informierte ich mich bei Cornelia. »Kann man mit sechzehn Jahren noch die Masern bekommen?«

»Wenn man sie noch nicht hatte, immer! Und nun sagen Sie nur nicht, die anderen Kinder haben sie auch noch nicht gehabt.«

»Haben sie auch nicht, ich glaubte schon, wir seien dagegen immun.«

»Sie werden sich wundern! Am besten stecken Sie alle zusammen in ein Zimmer, dann können Sie es wenigstens in einem Aufwasch erledigen!«

Unsere Hausärztin war derselben Meinung. Ich nicht. Sven wurde in sein Zimmer verbannt, der nähere Umkreis zum Sperrbezirk erklärt, und so langweilte sich der Aussätzige seiner Genesung entgegen.

Die nächste war Stefanie. Während Svens Ausschlag schon nahezu verschwunden war, erblühte er bei Steffi in voller Schönheit. Die beiden Patienten tauschten die Zimmer, denn angeblich sollte Sven in diesem Stadium keine Ansteckungsgefahr mehr bedeuten. Ein zweiter Raum mußte ja nicht auch noch infiziert werden.

Im Gegensatz zu ihrem Bruder ist Steffi eine ungeduldige Kranke. Sie wollte Johannisbeersaft, und als Sascha ihn mit einer ungewohnten Bereitwilligkeit endlich aus dem Supermarkt geholt hatte, wollte sie keinen mehr. Sie wollte Hühnerbrühe, und als die fertig war, wollte sie lieber Spaghetti. Sie wollte einen dünneren Schlafanzug, bekam ihn, wollte ein Nachthemd, weil das noch dünner war, bekam auch das, wollte fünf Minuten später eine zusätzliche Decke, weil ihr kalt war. Nachts konnte sie angeblich nicht schlafen, tagsüber wollte sie nicht, zum Lesen hatte sie keine Lust, zum Vorlesen hatte ich keine Zeit, und wenn Sven sich nicht manchmal als Alleinunterhalter betätigt hätte, wäre ich wahrscheinlich durchgedreht.

Endlich hatte auch sie das Stadium der Rekonvaleszenz erreicht und wurde wieder verträglicher.

»Mami, mir ist so heiß, und ich fühle mich auch ganz schwindlig.« Katja hockte auf dem Bettrand und sah mich mit Dackelaugen an. Inzwischen hinreichend geschult, kontrollierte ich die Ohrmuscheln, entdeckte dahinter die schon bekannten roten Pünktchen, stopfte Katja ins Bett zurück und erklärte meinem entsetzten Gatten: »Nummer drei!«

Unsere Ärztin wurde energisch. »Isolieren Sie auf keinen Fall den anderen Zwilling, der ist sowieso schon infiziert. Und schikken Sie ihn nicht mehr zur Schule, sonst kann ich in den nächsten Wochen auch noch Nachtschichten einlegen.«

Bei Nicki dauerte es aber noch fast acht Tage, ehe sie sich blaßrosa einfärbte, und während Katja schon wieder im Haus herumtobte, kämpfte ihr Zwilling mit einer beginnenden Lungenentzündung. Frau Dr. Peters mußte nun doch eine Nachtschicht einlegen, Rolf mußte den angeblich dienstbereiten Apotheker aus dem Schlaf klingeln, aber bald stand auch Nicki wieder auf ihren noch etwas wackligen Beinen.

Sascha war als einziger verschont geblieben. Vermutlich deshalb, weil er sich meistens außer Haus aufgehalten hatte und nur zum Schlafen und Essen aufgetaucht war, und selbst das nicht immer; Manfred hatte bereitwillig Couch und Schlafsack zur Verfügung gestellt.

Mit ärztlicher Genehmigung hob ich die Quarantäne auf, entließ die Genesenden in ihre diversen Schulen und atmete auf.

Zwei Tage später war Sascha gesprenkelt! Immerhin hatte er den Vorzug, Besucher empfangen zu dürfen, denn innerhalb der Familie konnte nichts mehr passieren, und seine Freunde hatten die Masern bereits in einem angemesseneren Alter hinter sich gebracht.

Constanze machte auch einen Krankenbesuch und wurde von dem Patienten höchst ungnädig empfangen. Mißtrauisch betrachtete er den Asternstrauß. »Was soll ich mit dem Grünzeug? Die Leichenfrau hat gesagt, ich werd' schon wieder.«

Übrigens erholte er sich am schnellsten von allen Kindern,

und endlich kam der Tag, an dem auch er wieder zur Schule marschieren konnte. Die Seuchenstation wurde endgültig geschlossen.

Vielleicht sollte ich noch erwähnen, daß ich in der darauffolgenden Woche auf meinen Armen kleine rote Pünktchen entdeckte. Das sofortige Ferngespräch mit meiner Mutter informierte mich, daß ich während meiner Kindheit zwar Windpokken, Mumps und Keuchhusten gehabt hatte, von den Masern jedoch verschont geblieben war!

6.

Seit über vier Jahren wohnten wir nun schon in Bad Randersau und fühlten uns mit einiger Berechtigung als Einheimische. Wir hatten die feierliche Verleihung jener Rechte miterlebt, die aus dem Dorf Bad Randersau die Stadt Bad Randersau gemacht hatten. Genau wie alle anderen hatten wir das Wasser aus unseren Kellern gepumpt, als seinerzeit Teile des Mühlbachs kanalisiert und zwei wichtige Ablaufrohre nicht geschlossen worden waren. Wir hatten in dem heißen Sommer vor drei Jahren weisungsgemäß die Birken in unserer Straße bewässert und die asphaltierten Wege nicht mit spitzen Absätzen betreten. Und nun bekleidete ich sogar ein Ehrenamt.

Anläßlich eines Elternabends in der Grundschule hatte ich mich darüber beschwert, daß ständig die im Flur abgestellten Regenschirme verschwänden und nie wiederauftauchten. Als Abhilfe schlug ich vor, die transportablen Schirmständer doch ins Klassenzimmer zu stellen, wo man sie auch während der Pausen unter Kontrolle habe. Daraufhin bescheinigten mir die dankbaren Anwesenden Organisationstalent sowie Redegewandtheit und wählten mich in den Elternbeirat.

Nur zu einer Mitgliedschaft im Turnverein konnte ich mich bisher nicht bereit finden, obwohl Frau Keks sich seit Monaten bemühte, mich von den Vorteilen der wöchentlichen Gymnastikstunden zu überzeugen.

In unserer Familie ist Stefanie das einzige Mitglied mit sportlichen Ambitionen. Wir anderen haben keine. Rolf begrüßt aber jede Art von Körperertüchtigung, vorausgesetzt, andere führen sie aus, und mir geht es so ähnlich. Früher habe ich mal Tennis gespielt, jetzt spiele ich allenfalls Pingpong. Sven ist total erledigt, wenn er im Freibad einmal quer durchs Becken geschwommen ist, und Saschas sportlicher Ehrgeiz erschöpft sich im Aufziehen seiner Armbanduhr. Die Zwillinge haben es eine Zeitlang mit Leichtathletik versucht, kapitulierten aber bald, weil immer gerade dann Training angesetzt war, wenn sie zum Schwimmen gehen wollten.

»Das ist schließlich auch Sport!« erklärte Katja, während sie statt der Turnschuhe ihren Badeanzug einpackte. »Außerdem ist das gar nicht gesund, bei dieser Hitze über die Aschenbahn zu rennen. Oder soll ich mir vielleicht einen Sonnenstich holen?«

Stefanie hatte für derartige Ausreden nur ein mitleidiges Lächeln übrig. »Schlappschwänze! Nehmt euch an mir ein Beispiel, ich bin bei jedem Wetter auf dem Sportplatz.«

»Ja, aber auch bloß so lange, bis du wieder vier Wochen lang mit Gips herumläufst. Nee danke, mir sind meine heilen Knochen lieber.«

Katjas dezenter Hinweis auf gelegentliche Betriebsunfälle war durchaus berechtigt. Stefanies sportlicher Ehrgeiz steht in umgekehrtem Verhältnis zu ihren Fähigkeiten, und bisher hat sie noch keine Disziplin gefunden, bei der nicht irgendwelche Gliedmaßen in Mitleidenschaft gezogen worden sind. Sascha hat ihr kürzlich empfohlen, es mal mit Minigolf zu versuchen.

Angefangen hatte Steffis sportliche Laufbahn mit dem Reiten. Wir wohnten noch nicht lange in Bad Randersau, als Stefanie auch schon herausbekommen hatte, daß es hierorts einen Reitstall gibt und man folglich auch das Reiten erlernen kann.

»Zum Geburtstag wünsche ich mir Reitstunden!« erklärte die Tochter dem Vater. Der hatte zwar nichts gegen körperliche Ertüchtigung, meinte aber, es gebe sicher auch preiswertere Möglichkeiten.

»Zu Weihnachten will sie dann ein Pferd haben! Erkläre deiner Tochter bitte, daß ich kein Millionär bin. Schick sie in den Turnverein, da gibt es auch Pferde.«

Stefanie wollte nicht aufs Seitpferd, sie wollte auf ein richtiges.

»Kann ich dann nicht wenigstens zum Voltigieren? Das kostet auch bloß zweifünfzig pro Stunde, und wenn ich mir sonst gar nichts weiter wünsche . . .«

Auf dem Geburtstagstisch lag ein Gutschein über zwanzig Voltigier-Stunden. Sascha schenkte seiner Schwester eine Pakkung Würfelzucker. »Vielleicht kannst du den Gaul damit bestechen. Ich würde mir an deiner Stelle die Sache noch mal überlegen. So ein Vieh ist doch ziemlich unbequem in der Mitte und gefährlich an beiden Enden.«

Trotzdem zog Stefanie stolzgeschwellt zu ihrem ersten Unterricht und kam nach anderthalb Stunden humpelnd wieder zurück.

»Runtergefallen bin ich bloß zweimal, aber dann ist mir das Pferd auf den Fuß getreten, ich weiß auch nicht, wieso.«

Zwei Tage lang lief sie nur in Turnschuhen herum, weil sie in keine anderen hineinkam, dann waren alle Schrecken vergessen, und Steffi sah ihre Seligkeit wieder auf dem Rücken von Kleopatra.

»Wie diese abgehalfterte Mähre zu dem hochtrabenden Namen gekommen ist, mögen die Götter wissen«, spöttelte Sven, der Stefanies Reitkünste begutachtet hatte, »ein Wunder, daß das Vieh überhaupt noch laufen kann.«

Diesmal brachte Steffi nur einen handtellergroßen blauen Fleck mit nach Hause. Die dritte Reitstunde verlief ohne Zwischenfälle, nach der vierten kam sie überhaupt nicht zurück. Dafür klingelte das Telefon, und eine Schwester Else informierte mich, daß meine Tochter derzeit verarztet werde und ich sie in einer halben Stunde von der Unfallstation abholen könne.

»Sie brauchen sich aber keine Sorgen zu machen, ein Schlüsselbeinbruch verheilt im allgemeinen ziemlich schnell und ohne Komplikationen.«

Als Steffi sich mit dem fachmännisch angelegten Rucksackverband den Zwillingen präsentierte, schüttelte Katja verständnislos den Kopf. »Wieso bist du da auf der Schulter so eingewikkelt? Ich denke, du hast dir das Schlüsselbein gebrochen und nicht den Schlüsselarm?«

Stefanie verzichtete auf weitere Reitstunden und erwarb für das restliche Geld ein Paar Spikes sowie den vorschriftsmäßigen Sportdreß in den Randersauer Vereinsfarben Blau-Gelb. Angela hatte ihr erzählt, die Leichtathletikabteilung des hiesigen Sportclubs werde von Herrn Haßberg betreut, und für den schwärmte Steffi bereits seit der ersten Schulturnstunde.

Sehr schnell stellte Herr Haßberg fest, daß Stefanie im Hochsprung bestenfalls einen Ameisenhaufen überspringen konnte, im Weitsprung alle Eigenschaften eines gefüllten Mehlsacks aufwies und auch beim Hundertmeterlauf immer erst dann aus dem Startloch kam, wenn ihre Konkurrentinnen schon die halbe Distanz zurückgelegt hatten.

»Sie könnte aber eine recht gute Mittelstreckenläuferin werden«, erklärte er mir, als ich mich einmal selbst von den Fähigkeiten meiner Tochter überzeugen wollte und nachmittags zum Sportplatz gepilgert war. »Stefanie hat Kraft und Ausdauer.«

Also verlegte sie sich auf das Laufen. Den Schulweg bewältigte sie nur noch im Eilschritt, wobei sie den schweren Ranzen als zusätzliches Kräftetraining deklarierte, drehte dreimal wöchentlich ihre Runden auf der Aschenbahn und wurde bald zur tragenden Stütze der 4 × 400-Meter-Staffel. Sonntags bekamen wir sie nur noch abends zu Gesicht, weil sie ständig zu irgendwelchen Wettkämpfen mußte. Sie sammelte ein paar Jahre lang Urkunden und Medaillen wie andere Leute Briefmarken und sah im Geiste schon die Olympiaringe auf ihrem Dreß.

Plötzlich war es mit ihrem Enthusiasmus vorbei. Eines Sonntags war sie mißmutig nach Hause gekommen, hatte ihre Tasche in die Ecke gefeuert und kategorisch erklärt: »Auf mich können die in Zukunft verzichten. Ich mache bei diesem Affentheater nicht mehr mit!«

»Hast du den Stab verloren?« Rolf beteuerte Mitgefühl. »Mach dir nichts draus, das ist prominenteren Leuten auch schon passiert. Du brauchst nur an die Olympiade von 1936 zu denken.«

»Von wegen verloren! Das Ding ist in der Mitte durchgebrochen!« Wir sahen unsere Championissima verständnislos an.

»Zehn Minuten vor dem Start entdeckte Herr Haßberg, daß wir überhaupt keine Staffelstäbe hatten, und diese Knalltüten in Eibingen, wo der ganze Zirkus stattfand, hatten auch keine. Da haben die uns doch tatsächlich in den Wald geschickt, damit wir Stöckchen suchen. Wir haben ja auch welche gefunden, aber beim ersten Wechsel ist das Ding durchgebrochen, und als ich den Rest kriegte, war er bloß noch zehn Zentimeter lang. Da habe ich natürlich nicht richtig zufassen können. Außerdem war da noch so ein bißchen Rinde dran, und damit bin ich an Ilonas Armband hängengeblieben. Als wir uns endlich auseinandergeheddert hatten, war der Vorsprung natürlich im Eimer. Vorletzte sind wir geworden!«

Stefanie reichte ihre Kündigung ein, zog sie aber wieder zurück, nachdem Herr Haßberg sie davon überzeugt hatte, daß ihre Talente ohnehin auf einem anderen Gebiet lägen. Sie sei doch geradezu prädestiniert für den Kraftsport, als da wären Kugelstoßen, Diskus- und Speerwurf.

Stefanie ließ sich umstimmen. Außerdem schwärmte sie immer noch für Herrn Haßberg.

»Wenn er mir zum Trainieren nicht eine Zaunlatte in die Hand drückt, kann ich's ja mal versuchen.«

Sven äußerte Bedenken. »Hast du dir im Fernsehen mal die Walküren angesehen, die immer zum Kugelstoßen antreten? Das sind doch wandelnde Fleischberge. Möchtest du in zwei Jahren auch wie so ein Nilpferd durch die Gegend stampfen?«

Steffi ließ sich nicht beirren. Sie räumte ihre Spikes in den Keller und besorgte sich im Gemüseladen Gewichte, die nicht mehr den Anforderungen des Eichamtes entsprochen hatten und nur noch in einer Ecke herumstanden. Wenn wir jetzt wieder einmal das Gefühl hatten, ein Elefant habe sich versehentlich in das Obergeschoß unseres Hauses verirrt, wußten wir, daß Steffi ihr tägliches Krafttraining aufgenommen hatte.

An einem Sonntagmorgen, als die Familie beim reichlich verspäteten Frühstück saß, betrat Stefanie das Zimmer. Sie kam zwar regelmäßig als letzte, aber niemals im Trainingsanzug und schon gar nicht mit unnatürlich gerötetem Gesicht und deutlich sichtbaren Schweißperlen.

»Wo kommst du denn her?« erkundigte sich Sven mäßig interessiert und köpfte genüßlich ein Ei.

»Während ihr hier herumhängt, habe ich schon einen Waldlauf hinter mir. Und jetzt gib sofort das Ei her, das ist meins!«

»Ich dachte, du kommst heute mal wieder nicht zum Frühstück«, erklärte Sven bedauernd.

»Von wegen! Ich habe einen Mordshunger. Aber erst muß ich duschen. Bin wie aus dem Wasser gezogen.«

Während Stefanie eine Viertelstunde später sehr ausgiebig und keineswegs kalorienbewußt frühstückte, versuchte sie, ihre desinteressierten Tischgenossen für den Frühsport zu begeistern.

»Ihr könntet auch ruhig mal etwas für eure Gesundheit tun! Mir sind haufenweise Leute begegnet, die sich auf dem Trimmpfad abgestrampelt haben, und eine ganze Menge waren älter als du.« Damit sah sie ihren Vater herausfordernd an. Der zeigte sich nicht im mindesten beeindruckt.

»Na und? Soll ich deshalb auch über Baumstämme hüpfen? Such dir einen anderen Dummen.«

Sven hatte nur ein mitleidiges Lächeln übrig, als seine Schwester ihn als künftigen Trainingspartner anheuern wollte, und Sascha fragte besorgt: »Sag mal, tickst du nicht ganz richtig?«

Immerhin bekundeten die Zwillinge eine gewisse Bereitschaft, am sonntäglichen Waldlauf teilzunehmen, vorausgesetzt, sein Start würde um zwei Stunden verlegt werden.

»Dann brauchen wir wenigstens nicht mehr den Frühstückstisch zu decken«, versuchte Nicole ihrem Zwilling die ungewohnte Freizeitgestaltung schmackhaft zu machen.

»Den haben wir in zehn Minuten fertig, aber was glaubst du, wie lange so ein Waldlauf dauert?« gab Katja zurück. Trotzdem erklärte sie sich zum Mitkommen bereit.

Am nächsten Sonntag regnete es, weshalb das ganze Unternehmen erst einmal verschoben wurde. Aber acht Tage später starteten die drei Gesundheitsapostel planmäßig um neun Uhr und entfernten sich in zügigem Dauerlauf Richtung Wald.

Eine halbe Stunde später war Katja wieder da.

»Steffi spinnt doch! Als ich mich mal ausruhen wollte, hat sie mir einfach einen Tritt in den Hintern gegeben und gesagt, ich sei ein Schwächling. Und Himbeeren durfte ich auch nicht pflücken. Die hat doch 'ne Meise.«

Nicki hielt zwar bis zum Schluß durch, verbrachte aber den Rest des Tages im Liegen überwiegend vor dem Fernseher, behauptete, sie könne morgen auf keinen Fall zur Schule gehen, und verweigerte jede weitere Mitwirkung bei irgendwelchen sportlichen Unternehmungen.

Stefanie gab nicht auf, und endlich kam ihr ein grandioser Einfall.

»Wie wäre es denn, wenn du am nächsten Sonntag mitkommst?« erkundigte sie sich strahlend und musterte mich von oben bis unten. »Du könntest wirklich mal etwas für deine Figur tun!«

»Wer? Ich? Wie komme ich denn dazu? Ich wiege 54 Kilo, habe Konfektionsgröße 40 und bin damit ganz zufrieden.«

»Na ja, ich meine ja eigentlich auch nicht deine Figur, sondern mehr deine Gesundheit«, räumte Steffi ein. »Dafür solltest du wirklich mal etwas tun.«

»Das werde ich auch. Nach dem Mittagessen lege ich mich zwei Stunden in die Sonne.«

»Siehste! Genau das meine ich ja! Du hast viel zuwenig Bewegung. So ein kleiner Waldlauf wäre bestimmt das richtige.«

Über Bewegungsmangel konnte ich eigentlich nicht klagen. Wenn man erst die Badewannen ausscheuert und anschließend die Wandkacheln abseift, ergibt das mindestens fünfzig Kniebeugen. Beim Fensterputzen streckt man sich nach oben, beim

Fußbodenreinigen nach unten. Wäscheaufhängen läßt sich auch ohne weiteres in die Rubrik Gymnastik einreihen. Ich sah also nicht die geringste Veranlassung zu weiterer körperlicher Betätigung.

Rolf war anderer Meinung. »Eigentlich hat Steffi recht. Ein bißchen sportlicher Ausgleich wäre bestimmt gut für dich.«

Die Knaben fanden das auch und erklärten sich mit seltener Einmütigkeit bereit, künftig für das sonntägliche Frühstück zu sorgen.

Jetzt konnte mir nur noch einer helfen!

»Bekanntlich soll man sich erst mit seinem Arzt beraten, bevor man auf seine alten Tage unangebrachten sportlichen Ehrgeiz entwickelt«, erklärte ich meiner Familie in der Hoffnung, das Thema nunmehr abschließen zu können.

»Das ist eine gute Idee«, stimmte Rolf bereitwillig zu. »Du kannst mir dann auch gleich eine Überweisung für den Augenarzt mitbringen, ich brauche eine neue Sonnenbrille.«

Vierzehn Tage lang zögerte ich den Arztbesuch hinaus, dann reklamierte Rolf seinen Krankenschein. »Heute wäre ich beinahe bei Rot über die Kreuzung gedonnert!«

Unsere Hausärztin, sehr resolut und keineswegs das, was ältere Damen bei der wortreichen Schilderung ihrer diversen Leiden als Zuhörerin bevorzugen, prüfte Herztätigkeit und Blutdruck, stellte fest, daß ich die letzten Medikamente vor zwei Jahren benötigt hatte, als Steffi mir ihre abgelegte Grippe vererbt hatte, und äußerte keinerlei Bedenken gegen die geplanten Waldläufe.

»Ich wollte, ich könnte auch die Energie dazu aufbringen, aber leider bin ich viel zu faul.«

»Ich auch, aber Stefanie hat genug Energie für uns beide. Dabei hatte ich gehofft, Sie würden eine verrutschte Bandscheibe oder ein anderes nicht kontrollierbares Wehwehchen finden, das mich von den ehrgeizigen Plänen meiner Tochter befreit.«

Leider erntete ich nur ein verständnisvolles Lächeln und war entlassen.

»Ich habe ja gar keinen Trainingsanzug!« stellte ich aufatmend fest, als Steffi mich am nächsten Sonntag kurz nach acht Uhr aus dem Bett scheuchte.

»Du kannst meinen haben, und wenn der nicht paßt, nimmst du den von Sven. Vorsichtshalber habe ich beide herausgelegt.«

Ausnahmsweise hatte Steffi aber auch an alles gedacht.

Svens Trainingsanzug war viel zu groß, der von Steffi etwas zu klein. Außerdem war er kanariengelb.

»Hol mal Saschas Anzug.«

»Den habe ich in der Schule gelassen«, brüllte mein Sohn ein Stockwerk höher.

Also zwängte ich mich erst einmal in Steffis Hose, und wenn ich das Gummiband an der Fußsohle hochstecken würde, könnte sie mir bis knapp unter den Bauchnabel reichen. Allzuviel Bewegungsfreiheit würde ich allerdings nicht haben. Die Jacke endete kurz über der Taille, bei den Ärmeln fehlten auch ein paar Zentimeter. Egal, etwaige andere Freizeitsportler würden sich wohl mehr über meine mangelhafte Kondition als über meine mangelhafte Garderobe amüsieren.

Den leicht ansteigenden Weg zum Wald hinauf bewältigten wir auf meinen ausdrücklichen Wunsch in einem gemäßigten Marschtempo, aber dann ging es los! Stefanie zeigte sich zwar gewillt, auf meine jahrelange sportliche Abstinenz Rücksicht zu nehmen, und legte ein ihrer Meinung nach mittleres Schneckentempo vor, aber ich hatte mehr den Eindruck, daß sie für die nächste Olympiade trainierte. Nach hundert Metern japste ich bereits nach Luft, nach zweihundert keuchte ich wie ein überfetteter Mops, nach dreihundert Metern kapitulierte ich.

»Wir haben doch noch gar nicht richtig angefangen«, beschwerte sich Steffi, »da drüben kommt die erste Übung.«

Ich hatte gar nicht bemerkt, daß sie mich über den Trimmpfad hetzte und nun auch noch von mir erwartete, zehn Liegestütze und beim nächsten Haltepunkt fünf Klimmzüge zu machen.

»Also, wenn ich schon die ganze Strecke entlangtraben muß, dann verschone mich wenigstens mit diesen Freiübungen. Du kannst dein Pensum ja erledigen, aber ich ruhe mich inzwischen aus.«

Stefanie maulte, behauptete, meine Methode sei zwar bequemer, aber auch weniger gesundheitsfördernd, andererseits könne man von Damen gesetzteren Alters wohl auch nicht mehr verlangen! Diese Bemerkung schmeckte mir nun gar nicht, und so gab ich auch meinen Vorsatz, dies würde mein erster und letzter Waldlauf sein, zunächst einmal auf. Gewissenhaft trabte ich künftig jeden Sonntag durch die frische Waldluft, nunmehr in dezentes Dunkelblau gekleidet und in zunehmendem Maße auch bereit, mit geschlossenen Beinen über Baumstämme zu springen und mit geschulterten Holzbalken Rumpfbeugen zu veranstalten. Langsam bekam ich sogar Spaß an der Sache und erfreute mich einer zunehmenden Kondition. Trotzdem war ich nicht böse, wenn es sonntags mal regnete und der Frühsport ins Wasser fiel.

Weniger erfreulich fand ich die Tatsache, daß sich mitunter die restliche Familie am Waldesrand einfand, die letzten dreihundert Meter mit Anfeuerungsrufen begleitete und prompt die Aufmerksamkeit sonntäglicher Spaziergänger auf uns lenkte. Ich verbat mir die Ovationen und forderte vermehrte Tätigkeit im Haushalt, speziell bei der Vorbereitung für ein angemessenes Frühstück, das engagierten Sportlern nach Absolvierung eines anderthalbstündigen Trainings letztlich zustände.

Eines Morgens – wir waren gerade ein knappes Drittel des Trimmpfads entlanggestrampelt – hörten wir plötzlich eine blechern klingende Stimme: »Und eins und zwei und eins und zwei . . . gleichmäßiger laufen, tief durchatmen . . . und eins und zwei . . .«

»Was ist denn das für ein Idiot?« Stefanie lehnte sich wartend gegen einen Baum. Ich lehnte mich daneben.

»Und eins und zwei . . .«

Um die Wegbiegung kam ein Radfahrer, vor dem Gesicht ein Megaphon, in das er munter hineintrötete: »Keine Müdigkeit vorschützen, meine Damen, und eins und zwei . . .«

»Hau ab, du dämlicher Kerl! Was fällt dir überhaupt ein?«

Steffi hatte Sascha bereits erkannt, als ich noch rätselte, ob wir von einem männlichen oder einem weiblichen Antreiber verfolgt würden.

»Verschwinde sofort, oder ich gehe keinen Schritt weiter!« verlangte Steffi.

»Dann wirst du wohl hier übernachten müssen«, sagte ihr Bruder ungerührt. »Meinst du etwa, ich habe den Bademeister umsonst weichgekocht, damit er mir seine Flüstertüte leiht? Also weiter jetzt, ich denke, du bist so konditionsstark. Nun zeig mal, was du drauf hast.«

»Ich lasse mich doch von dir nicht zum Affen machen«, protestierte Stefanie.

Mir war inzwischen eine Idee gekommen, und so flüsterte ich Stefanie leise zu: »Die nächste Abzweigung rechts rein und dann zum Waldsee runter!«

Es fiel Sascha zum Glück nicht auf, daß wir den Trimmpfad

verließen und in einen kleineren Waldweg einbogen. Er war viel zu sehr damit beschäftigt, uns durch sein Megaphon anzubrüllen.

Endlich hatten wir den Waldsee erreicht, einen grünlichen Tümpel, der entgegen Schillers Worten keineswegs zum Bade lud. Die Karpfen hätten das auch sehr übelgenommen.

Über den See führt eine kleine Holzbrücke mit einem sehr rustikalen, aber nicht eben hohen Geländer.

»Längere Pausen waren nicht eingeplant«, monierte unser Trainer, stieg aber trotzdem vom Rad, stülpte das Megaphon über den Sattel und gesellte sich zu uns, die wir schon auf der Brücke standen und in das modrige Wasser starrten.

»Unter dem Steg sitzen die Fische in wahren Rudeln. Schade, daß ich keinen Bindfaden dabeihabe«, bedauerte Sascha und lehnte sich weit über das Geländer. Ich blinzelte Stefanie zu, sie nickte verstehend, packte Saschas linkes Bein – ich nahm das rechte –, und eine Sekunde später landete unser ungebetener Begleiter mitten in der Entengrütze.

»Schwimmen ist noch gesünder als Laufen«, rief Steffi ihrem im Wasser strampelnden Bruder zu, »vielleicht kannst du ein paar Fische mitbringen!«

Den Heimweg legten wir wie auf Flügeln zurück in dem Bewußtsein, eine außerordentlich gute Tat getan zu haben.

»Vermutlich werde ich die Geschichte ja irgendwie ausbaden müssen«, prophezeite Stefanie, »aber selbst wenn Sascha mir diesmal einen echten Regenwurm ins Bett legt statt so einer Plastikattrappe, war's mir den Spaß wert.«

Unnötig, zu erwähnen, daß künftige Waldläufe ohne familiäre Zaungäste stattfanden. Genaugenommen fanden sie nur noch zweimal statt. Zunächst einmal knallte Stefanie mit ihrem Rad gegen einen Laternenpfahl, wobei sich die Laterne als wesentlich widerstandsfähiger erwies. Der Riß im Bein mußte genäht werden, und der gebrochene Mittelfinger kam in Gips. Als die Wunden verheilt waren, litt Steffi zum erstenmal unter Liebeskummer, hängte ihren sportlichen Ehrgeiz an den Nagel und überlegte drei Wochen lang, ob sie nun ins Kloster oder lieber nach Indien gehen sollte, um ihr ferneres Leben in den Dienst armer Waisenkinder zu stellen. Zum Glück entdeckte sie noch rechtzeitig, daß Matthias sowieso ein altes Ekel und ihrer Zuneigung gar nicht würdig sei, außerdem hatte sie noch niemals gerne Reis gegessen, und so werden die Waisenkinder wohl doch auf andere Samariter angewiesen sein.

Als sich ihre seelische Verfassung wieder auf den Normalzustand eingepegelt hatte, war es Winter geworden, und weil die Waldwege im Gegensatz zu den Straßen nicht in das städtische Schneeräumprogramm aufgenommen werden, konnte ich an den Sonntagen endlich wieder richtig ausschlafen. Was im übrigen auch sehr gesund sein soll.

Kurz nach Neujahr rief Regina an. Wir kennen uns seit dreißig Jahren, haben gemeinsam die Schulbank gedrückt, Pellkartoffeln und künstlichen Brotaufstrich geteilt, gelegentlich auch die Strafarbeiten für schon längst vergessene Schandtaten, und wenn wir uns auch nur noch recht selten sehen, so ist die Verbindung zwischen uns dank Herrn Minister Gscheidles Mondscheintarif nie abgerissen. Regina lebt noch immer in Berlin, und eigentlich habe ich es nur ihr zu verdanken, wenn ich hin und wieder doch noch mal in meine alte Heimat komme. Nachtquartier, ausgedehnte Streifzüge durch Berlins Kulturleben sowie stundenlange ergötzliche Tratschereien über alte Bekannte sind mir allemal sicher.

Nachdem sie mir alles Gute zum Jahreswechsel gewünscht und sich erkundigt hatte, ob ich zu Weihnachten nun endlich den Verdienstorden oder zumindest die Tapferkeitsmedaille bekommen hätte – »Achtzehn Jahre verheiratet und fünf Kinder, wie hast du das bloß bis jetzt ausgehalten?« –, kam sie zur Sache:

»Halte dir die zweite Februarwoche frei! Mit deinem Erscheinen wird gerechnet.«

»Wo und warum?« wollte ich wissen.

»Hier in Berlin natürlich. Irgend jemand hat nachgerechnet, daß wir vor zwanzig Jahren unser Abitur gebaut haben, und nun soll das Jubiläum gebührend gefeiert werden. Wir haben tatsächlich von allen die Adressen zusammengekriegt, weil es immer irgendwelche Kreuz-und-quer-Verbindungen gibt, und so, wie es momentan aussieht, werden alle kommen. Sogar Anita hat zugesagt.«

Anita lebt in Amerika, genauer gesagt, in Atlanta.

»Und wieso seid ihr auf mich gekommen? Ich gehöre doch gar nicht dazu. Es dürfte dir ja noch bekannt sein, daß ich bereits nach der zehnten Klasse die Gertraudenschule verlassen habe und nach Düsseldorf übergesiedelt bin.«

»Ist doch Blödsinn. Erstens bist du nicht freiwillig emigriert, und zweitens hast du trotzdem immer dazugehört. Irene hat mich extra gebeten, dir rechtzeitig Bescheid zu sagen. Die offizielle Einladung kriegst du sowieso noch.«

»Darf ich dich darauf aufmerksam machen, daß ich fünf unmündige Kinder habe, dazu einen Mann, was in diesem Fall noch schlimmer ist, und keineswegs so einfach abhauen und meine Familie ihrem Schicksal überlassen kann.«

»Deshalb rufe ich dich ja so früh an. Innerhalb von sechs Wochen wirst du doch wohl eine Lösung finden. Stell Rolf mal an den Herd, der kann das ohnehin besser als du. Und wenn er selber mal abwaschen muß, dann schadet ihm das gar nichts.«

»Mir geht's nicht um Rolf, ich mache mir Sorgen wegen der Kinder. Die kommen doch keinen Tag pünktlich zur Schule.«

»Und wenn schon. Dann kommen sie eben mal eine Woche lang zu spät. Davon geht die Welt auch nicht unter. Ausreden werden jedenfalls nicht akzeptiert. Als Entschuldigung gilt höchstens ein Beinbruch, und auch der nur, wenn du keinen Gehgips hast.«

Die Familie nahm meine Reisepläne mit gemischten Gefühlen auf. Nur die Zwillinge waren begeistert. Papi nahm es mit dem Schlafengehen nie so ganz genau, und abends gibt es meistens schöne Fernsehsendungen.

Stefanie sah sich schon zu einem nie enden wollenden Küchendienst verdonnert und jammerte, drei Tage Berlin würden doch wohl reichen, es müßte ja nicht gleich eine ganze Woche sein.

»Jedes Mädchen sollte etwas vom Haushalt verstehen«, konterte Rolf, »es könnte doch möglich sein, daß du mal keinen Mann kriegst.«

Die Knaben witterten Freiheit und unterstützten mich nach besten Kräften, und Rolf meinte schließlich, auch Dienstboten hätten bekanntlich Anspruch auf einen Jahresurlaub, und einen solchen könne man mir als unbezahlter und auf Lebenszeit verpflichteter Arbeitskraft gerechterweise nicht verweigern.

»Wie steht's mit Urlaubsgeld?« wollte ich wissen.

»Davon ist im Vertrag zwar nichts enthalten«, sagte mein Brötchengeber, »aber wir könnten zum Beispiel mal über eine Treueprämie reden.«

Mitte Januar kam die Einladung, handgeschrieben und mit dem Zusatz versehen: »Quasi kommt auch.«

Du liebe Güte! Wie begegnet man seiner ehemaligen Klassenlehrerin, vor der man einstmals einen Heidenrespekt gehabt hat, den man jetzt aber bestimmt nicht mehr hat? Nun ja, man wird sehen.

Am zweiten Februar bestellte ich die Flugkarte – sicher ist sicher. Vielleicht tagte in Berlin wieder einmal der Blumenzüchterverband oder die Heimwerker-Innung. Möglich, daß auch irgendein Kongreß stattfand.

Am vierten Februar kam Rolf ins Krankenhaus. Der angeblich verdorbene Magen, den er ein paar Stunden später als eine Abart von Hexenschuß diagnostizierte, entpuppte sich als akuter Blinddarm. Als ich den Patienten am nächsten Tag im Krankenhaus besuchte, erwartete ich erfahrungsgemäß, einen Todkranken, wenn nicht gar halb Gestorbenen vorzufinden. Erstaunlicherweise war mein Gatte recht munter, klagte weder über unzumutbare Schmerzen noch über unzumutbare Behandlung, meinte im Gegenteil, es gehe ihm ausgezeichnet.

Der Grund für seine überraschende Rekonvaleszenz wurde mir klar, als ich die bildhübsche Krankenschwester sah, die sich mitfühlend nach seinen Wünschen erkundigte. Er hatte keine. Auch etwas völlig Neues. Zu Hause genügte schon eine etwas heftige Erkältung, um meinen Angetrauten aufs Krankenlager zu werfen und die gesamte Familie in Trab zu halten.

Beruhigt fuhr ich heimwärts. Unser Ernährer würde uns bis auf weiteres wohl doch noch erhalten bleiben, wenn auch – zumindest für die nächsten zehn Tage – fern vom häuslichen Herd.

Abends rief ich Regina an. Sie hatte nicht das geringste Verständnis für meine Absage.

»Soweit ich begriffen habe, hat Rolf die Operation überlebt. Deine Ableger sind alle aus den Windeln heraus, die werden also auch ein paar Tage ohne dich auskommen. Wozu gibt es Konserven und Tiefkühlfutter? Wenn mir früher jemand erzählt hätte, daß du dich wie eine aufgescheuchte Glucke benimmst, dann hätte ich ihn ausgelacht. Stopf den Kühlschrank bis zum Rand voll und stell zwei Kisten Cola bereit, dann brauchst du dir keine Sorgen zu machen. Teenager können sich notfalls tagelang von Würstchen ernähren.«

»Ich bin keine Glucke, ich habe nur ein ausgeprägtes Verantwortungsgefühl.«

»Quatsch, du hast lediglich einen Vogel!« bemerkte Regina und legte auf.

Davon war ich zwar nicht so unbedingt überzeugt, aber als ich meine fünf Helden zusammengetrommelt und ihnen meine Bedenken auseinandergesetzt hatte, erntete ich nur Empörung.

»Natürlich werden wir alleine fertig, und zwar besser, als wenn Papi auch hier wäre. Der redet doch bloß dauernd dazwischen und kann alles besser. Wir haben schon einen genauen Plan aufgestellt, wer was tun muß, und daran werden wir uns ausnahmsweise auch mal halten«, versicherte Sven.

»Ich kann euch ja das Mittagessen vorkochen und einfrieren. Ihr braucht es abends nur aus der Kühltruhe zu nehmen, und wer zuerst von der Schule nach Hause kommt, schiebt alles in den Backofen.«

»Kommt gar nicht in Frage, wir kochen selber. Dann können wir endlich mal das essen, was wir sonst nie kriegen.«

Auch Rolf war der Ansicht, ich solle ruhig fahren. »Du hast dich doch so auf dein nostalgisches Kaffeekränzchen gefreut. Den Gören schadet es gar nichts, wenn sie mal ein paar Tage auf sich allein gestellt sind. Vielleicht sehen sie dann endlich ein, was sie an dir haben.«

Diese bemerkenswerte Einsicht hatte mein Gatte bisher noch nie geäußert, aber er würde ja auch nicht die Folgen meiner Abwesenheit zu tragen haben. Eigentlich schade.

Vorsichtshalber informierte ich Frau Keks von meinen Reiseplänen.

»Endlich werden Sie vernünftig«, lobte sie. »Lassen Sie Ihre fünf ruhig mal allein zurechtkommen, und im Notfall bin ich ja auch noch da. Wissen Sie, was ich früher manchmal gemacht habe, wenn ich mal wieder Minderwertigkeitskomplexe bekam? Ich habe mich einfach einen Tag lang krank ins Bett gelegt und meinem Mann Haushalt und Kinder überlassen. Sie glauben gar nicht, was für ein Selbstbewußtsein ich am nächsten Morgen wieder hatte.«

Außerdem beschloß Frau Keks, meine verwaisten Ableger am Sonntag zum Essen einzuladen. »Ich koche einen Riesentopf Spaghetti Bolognese. Mir ist noch kein Kind zwischen zwei und zwanzig untergekommen, das diese Bandwürmer nicht leidenschaftlich gern ißt.«

Zwei Tage vor meiner Abreise legte Sven mir seinen Generalstabsplan vor. Demnach wollte er morgens das allgemeine Wekken übernehmen, was zumindest eine Chance bot, daß alle halbwegs pünktlich zur Schule kommen würden. Um das Frühstück würde sich Sascha kümmern, während Steffi die Morgentoilette der Zwillinge zu überwachen hätte. Mittags sollte es lediglich einen leichten Imbiß geben, wobei die Ansichten über Umfang und Beschaffenheit desselben noch auseinandergingen, und am Nachmittag sollte gekocht werden, womit man hoffentlich bis zum Abend fertig sein würde. Hausaufgaben sollten ›irgendwann zwischendurch‹ erledigt werden, desgleichen Abwaschen, Aufräumen und was an sonstigen nebensächlichen Tätigkeiten noch anfalle.

Trotzdem füllte ich die Kühltruhe mit diversen Packungen Pizza, für die alle Kinder eine mir unbegreifliche Vorliebe haben, besorgte tiefgefrorene Fertiggerichte, ein Dutzend Obstkonserven sowie zwei Kisten Sprudel. Dann deponierte ich neben dem Telefon die Nummern unserer Hausärztin, der Feuerwehr und des Notarztwagens in der Hoffnung, eine der drei Institutionen würde bei eventuell auftretenden Katastrophen zuständig sein.

Nachdem ich nun alles Erdenkliche für das leibliche und seelische Wohlergehen meines Nachwuchses getan hatte, konnte ich mich endlich mal um mich selbst kümmern.

Kofferpacken. Was trägt man bei einem Klassentreffen? Macht man auf seriös oder lieber ein bißchen auf jugendlich? Aber es ist ja auch möglich, daß die ganze Sache sehr feierlich aufgezogen wird und man das kleine Schwarze braucht. Zu dumm, ich hätte Regina fragen sollen.

Am besten nehme ich das dunkle Jackenkleid mit, damit könnte ich notfalls auch ins Theater gehen. Mit nichts drunter und Schmuck dran ist es festlich, mit Rollkragenpullover und Gürtel sportlich.

Den hellblauen Hosenanzug packte ich auch noch ein, wegen der jugendlichen Note!

Im Geiste ließ ich meine ehemaligen Mitschülerinnen Revue passieren. Was mochte aus ihnen geworden sein? Mit meiner früheren Clique stand ich noch in loser Verbindung, aber von den meisten anderen wußte ich gar nichts. Ob Evchen tatsächlich Jugendrichterin geworden war? Oder Lilo, die schon damals herrenlose Katzen aufgelesen hatte und unbedingt Tierärztin werden wollte? Ob man wohl befangen ist, wenn man sich nach zwanzig Jahren plötzlich wiedersieht? Seinerzeit waren wir ein ziemlich verschworener Haufen gewesen und der Schrecken des Lehrerkollegiums, aber inzwischen dürften sich unsere damaligen gemeinsamen Interessen wohl doch ein bißchen gewandelt haben . . .

Donnerstag! Die Maschine sollte um achtzehn Uhr starten, also würde ich kurz nach drei fahren müssen.

Die Bahnverbindungen zwischen Bad Randersau und dem Rest der Welt sind nicht die besten. Die schnellen Züge halten nicht da, wo man aussteigen will, und die langsamen halten auch woanders.

Kurz nach zwölf klingelte es. Vermutlich die Zwillinge, bei denen fielen neuerdings dauernd Unterrichtsstunden aus.

Vor der Tür stand Christiane. »Hier ist Steffis Mappe und ihr Anorak, den hatte sie ja gar nicht anziehen können. Wissen Sie denn schon, ob der Arm nun wirklich gebrochen oder doch bloß verstaucht ist?«

Sehr intelligent muß ich wohl nicht ausgesehen haben, denn Christiane erkundigte sich besorgt: »Oder wissen Sie etwa noch gar nichts?«

»Was soll ich wissen?«

»Steffi ist doch während der Turnstunde vom Barren geknallt und auf den Arm gefallen. Der ist sofort angeschwollen, und deshalb hat man sie gleich hier in die Klinik gefahren. Ich dachte, die hätten Sie längst angerufen.«

»Mich hat niemand angerufen. Wann ist das denn passiert?«

»Ungefähr vor zwei Stunden.«

Ich hing schon am Telefon. Jawohl, meine Tochter befinde sich momentan im Gipsraum. Die Röntgenaufnahme habe eine Fraktur des Unterarmes ergeben.

Zum Glück handele es sich um einen einfachen Bruch, und in vierzehn Tagen könne man wohl schon einen Halbgips anlegen. Im übrigen sei Stefanie in einer Viertelstunde fertig, und dann könne ich sie abholen.

Heulend packte ich meinen Koffer wieder aus. Heulend saß Stefanie daneben. »Warum scheucht mich unser dämlicher Sportlehrer auch immer wieder auf den Barren? Der weiß doch genau, daß ich jedesmal wie ein Nilpferd zwischen den Holmen hänge.«

Dann fiel ihr noch etwas Tröstliches ein: »Übrigens hat der

Arzt gesagt, ich sei die geborene Sportlerin – meine Knochen heilen so schnell!«

Bliebe noch zu bemerken, daß ich von der großen Jubiläumsfeier wenigstens einen akustischen Ausschnitt mitbekommen habe. Und die Kosten für mein 27 Minuten dauerndes Telefongespräch bezahlte Rolf später auch anstandslos. Immerhin waren sie auch erheblich geringer, als Flugticket und Reisespesen jemals gewesen wären.

7.

Die Pubertät ist ein völlig normales Entwicklungsstadium, über das jeder hinwegkommt, ausgenommen allenfalls die Eltern des ›Pubertäters‹.

Es sind schon viele weise Abhandlungen über Aufzucht und Pflege von Teenagern geschrieben worden, aber ich werde einfach den Verdacht nicht los, daß die Autoren dieser verständnisvollen und meist um Nachsicht heischenden Artikel gar keine eigenen Kinder haben und das ganze Problem sozusagen vom grünen Tisch aus behandeln. Oder sie leben in so guten wirtschaftlichen Verhältnissen, daß sie ihre diversen Ratschläge auch wirklich in die Tat umsetzen können. Ich kenne nur zwei Psychologen persönlich, einer ist über siebzig und Junggeselle, der andere Mitte Zwanzig und Vater einer halbjährigen Tochter, die vom Teenager noch ein paar Jährchen entfernt ist. Im übrigen haust keiner der beiden Herren in einer Sozialwohnung, was Punkt 1 ihrer Ausführungen verständlich macht: »Schaffen Sie Ihren heranwachsenden Kindern ein eigenes Reich.« (Was bei der bundesdeutschen Einheitswohnung mit 84 qm Grundfläche einschließlich Küche und Bad nicht immer ganz einfach ist. Außerdem soll es Familien geben, die sich nicht an die Statistik halten und mehr als 1,8 Kinder in die Welt setzen!)

Gesetzt den Fall, das heranwachsende Kind hat nun tatsächlich ein eigenes Zimmer, so lautet Punkt 2 der psychologisch begründeten Thesen: »Lassen Sie Ihrem Kind weitgehende Freiheit bei der Ausgestaltung seiner eigenen vier Wände, und tolerieren Sie nach Möglichkeit auch ausgefallene Wünsche.«

In der Praxis sieht das so aus: Das heranwachsende Kind – in diesem Fall Stefanie – ist zwölfeinhalb Jahre alt, findet die einst heißgeliebten Möbel gräßlich und total ›out‹, begehrt völlige Renovierung des Zimmers und neues Mobiliar. Das Kind verzichtet auf die bevorstehenden Geburtstagsgeschenke, hängt sich ans Telefon, informiert die nähere Verwandtschaft über Inneneinrichtungspläne und erbittet Geld statt der sonst zu erwartenden Bücher oder der Frottiertücher für die Aussteuer. Der Maler rückt an, entfernt die Streublümchentapete und klebt weiße Rauhfaserbahnen an die Wände, denn nur ein neutraler Hintergrund bringt den künftigen Wandschmuck erst so richtig zur Geltung. Besagter Wandschmuck besteht aus Postern, auf denen langmähnige Jünglinge mit stupidem Gesichtsausdruck und karnevalistischem Habitus den Eindruck erwecken, als seien sie allesamt potentielle Anwärter für einen längeren Aufenthalt in einer Nervenklinik.

Da sich das Familienoberhaupt aus Ersparnisgründen weigert, auch Kleiderschrank und Wäschetruhe gegen rustikalere Sachen auszuwechseln (die von dem heranwachsenden Kind gewünschten Stücke bewegen sich zusammen so um die 1500 Mark), werden die verbleibenden Möbel ebenfalls mit Postern beklebt, was ihre Benutzung etwas erschwert. Ein Zurückschlagen der Schranktür etwa bewirkt, daß das papierene Abbild von Suzi Quatro an das Bücherregal knallt und einreißt. Einmal habe ich sogar Chris Norman mit dem Staubsauger aufgespießt.

Das heranwachsende Kind bekommt eine bunte Bettdecke, ein halbes Dutzend poppige Couchkissen, einen kleinen Berberteppich, einen runden Tisch und schließlich noch die beiden ›süßen Sesselchen‹. Unter dem Weihnachtsbaum findet es endlich noch die schicke Lampe, die dem beginnenden Teenager vor zwei Monaten als zu teuer verweigert worden war. Das heranwachsende Kind ist selig.

Spätestens nach anderthalb Jahren erklärt das inzwischen weiter heranwachsende Kind, daß es die dämlichen Visagen der Smokies und das alberne Grinsen von John Travolta nicht mehr sehen könne, die weißen Wände frustrierend finde und Christiane gerade eine Fototapete ins Zimmer bekommen habe.

Die geplagten Eltern des heranwachsenden Kindes stellen sich taub, übersehen zwei Wochen lang Leidensmiene und vorwurfsvolle Blicke, erklären sich schließlich zum Ankauf von Farbe bereit, lehnen die Finanzierung einer Malerkolonne jedoch ab. Das Kind hat eine Freundin, deren Bruder einen Freund hat, der Anstreicher lernt. Es entscheidet sich für zwei grüne und zwei blaue Wände, kauft vom Ersparten dunkelblauen Rupfenstoff, mit dem die süßen orangefarbenen Sesselchen behängt werden, und klebt dunkle Farbdrucke von Friedensreich Hundertwasser an die Wände. Das fertige Zimmer sieht aus wie ein Mausoleum, aber für die nächsten acht Monate herrscht Ruhe.

Wenn das gerade fünfzehn Jahre alte heranwachsende Kind anfängt, Möbelkataloge nach Hause zu schleppen, kann man sicher sein, daß es eine neue bedeutsame Phase durchmacht, die man ja nach Ansicht der Psychologen ausreifen lassen soll. Damit verbunden ist der Wunsch nach anderen Tapeten (das mir als ›echt irre‹ vorgelegte Muster erinnerte mich an die vollgeschriebene Schultafel am Ende einer Geometriestunde) und geringfügiger Änderung des Mobiliars, als da sind: Entfernen der Sessel, statt dessen Ankauf von Sitzkissen. Entfernen des Berberteppichs, statt dessen etwas buntes Handgeknüpftes, am besten in Patchworkmanier. Entfernen des runden Tisches, weil ›man‹ jetzt rechteckige habe. Entfernen der Lampe, statt dessen Montage zweier lampionartiger Gebilde, die bis auf den Fußboden hängen und in deren Zuleitungen man sich dauernd verheddert.

Spätestens zu diesem Zeitpunkt schlägt jeder vernünftige Vater mit der Faust auf den Tisch, bezeichnet alle Psychologen als Idioten und sein heranwachsendes Kind als total übergeschnappt. Das heranwachsende Kind, wegen der unverständlichen Verweigerung der doch psychologisch so gut fundierten Wünsche einigermaßen verstört, wird renitent und holt jetzt mit zweieinhalbjähriger Verspätung die berüchtigte Maul- und Meckerphase nach, die es normalerweise schon längst überwunden gehabt hätte.

Ich weiß nicht, wie Psychologenväter gehandelt hätten. Vermutlich hätten sie ihrem heranwachsenden Kind einen Scheck in die Hand gedrückt, damit es sich Sitzkissen kaufen kann. Im nächsten Jahr wäre dann eine Bambusliege fällig und ein Wandschmuck mit Jupitermonden.

Als Sascha anfing, von einer Fototapete mit der Skyline Manhattans zu faseln, und Sven ein ungewohntes Interesse für Holztäfelungen an den Tag legte, warf ich alles in den Mülleimer, was ich im Laufe der Jahre an psychologischen Weisheiten gesammelt hatte, und beschloß, dem Problem Teenager nach eigenem Gutdünken zu begegnen. Es mag ja ganz löblich sein, sich bei der Aufzucht von Kindern nach einem Buch zu richten, nur müßte man für jedes Kind ein anderes Buch haben. Im übrigen stellte ich fest, daß der Umgang mit Teenagern verhältnismäßig einfach ist, wenn man ein paar Grundregeln beachtet.

Die allerdings sind wichtig!

Regel Nr. 1:
Ein Teenager darf niemals und in keiner Situation wie ein normaler Sterblicher angesehen und behandelt werden. Man betrachtet ihn am besten als harmlosen Irren, der ja im allgemeinen von jedermann mit milder Nachsicht geduldet wird. (Gelegentliche Anwandlungen von Verzweiflung bekämpfe man mit der Selbstsuggestion, daß 99 Prozent aller Teenager wieder normaler werden. Das restliche Prozent wird Rocksänger.)

Regel Nr. 2:
Ein Teenager muß regelmäßig und vor allem außerhalb der üblichen Mahlzeiten gefüttert werden, wobei man berücksichtigen sollte, daß er morgens nie, mittags wenig und ab sechzehn Uhr ständig Appetit hat. Deshalb sorge man für einen ausreichend gefüllten Kühlschrank, wobei Quantität vor Qualität geht. Aus diesem Grunde begreife ich auch nicht, daß es eine Überproduktion an Nahrungsmitteln geben soll.

Teenager sind selten wählerisch und haben mitunter Gelüste, die an Schwangere erinnern. Wäre mein erster Teenager nicht männlichen Geschlechts gewesen, ich hätte vermutlich einige Wochen lang höchst unruhig geschlafen. Svens bevorzugte Zwischenmahlzeit bestand aus Kartoffelchips mit sauren Gurken. Einmal probierte er auch Cornflakes mit Tomatenketchup, aber das war dann wohl doch nicht so ganz das richtige. Dafür kippte er sich das Ketchup regelmäßig über Bratkartoffeln. Sascha dagegen goß sich Essig in Hühnerbrühe und aß Marmorkuchen nur mit darübergepladderter Büchsenmilch. Und Steffi streute sich eine Zeitlang Zucker über ihre Tomaten.

Diese merkwürdigen Kompositionen haben aber einen nicht zu unterschätzenden Vorteil: Zumindest während der gemeinsamen Mahlzeiten wird der Teenager seinen Teller mit Todesverachtung leer essen, denn er kann ja nicht zugeben, daß die mütterlichen Prophezeiungen stimmen und der zusammengerührte Fraß widerlich schmeckt.

Regel Nr. 3:
Widersprechen Sie niemals einem Teenager, sofern es sich nicht

um wirklich wichtige Dinge handelt. Wenn er behauptet, mittags würde es regnen, obwohl die Sonne bereits am frühen Morgen vom blauen Himmel knallt und der amtliche Wetterbericht ein Hoch von den Azoren bis nach Sibiren verkündet hat, dann bestätigen Sie, daß es ganz bestimmt eine zweite Sintflut geben wird. Schließlich müssen *Sie* ja nicht in der langärmeligen Regenjacke schwitzen! Rechnen Sie damit, daß jeder Teenager grundsätzlich in Opposition zu Ihnen steht und meistens das Gegenteil von dem sagt oder tut, was Sie sagen oder tun. Wenn man diese Tatsache berücksichtigt, kann man mit etwas Training manchmal sogar *das* erreichen, was man erreichen will. Aber man braucht wirklich Übung, denn Teenager sind ewig mißtrauisch und wittern selbst hinter der belanglosen Frage nach dem Verschwinden ihrer karierten Socken einen Angriff auf ihr Innenleben.

Regel Nr. 4:
Eignen Sie sich die Teenagersprache an (schließlich müssen Sie Ihre heranwachsenden Kinder ja verstehen können), aber hüten Sie sich, in diesem Halbstarken-Slang auch mit ihnen zu reden. Vor allem nicht in Gegenwart von Freunden. So etwas ist nämlich pervers. Auch eine allzu deutlich bekundete Vorliebe für Disco-Sendungen im Fernsehen oder Schallplatten von Rockgruppen unterläßt man lieber, selbst wenn einem die Musik wirklich gefällt. Ein solch anomales Verhalten macht es dem Teenager unmöglich, in den Chor seiner Freunde einzufallen und über die geistige Rückständigkeit seiner Altvorderen zu lamentieren.

Regel Nr. 5:
Verlangen Sie nie etwas von einem Teenager, was Sie selber erledigen können. Er (oder sie) tut es sowieso nicht, und Sie ersparen sich einen Haufen Ärger, wenn Sie erst gar nicht auf Mithilfe spekulieren. Fortgeschrittene Teenager, die sich schon dem Ende der Pubertätsphase nähern, greifen hin und wieder sogar aus eigenem Antrieb zu, schalten aber auf stur, sobald man sich bedankt oder vielleicht noch einen weiteren Hilfsdienst fordert. Es ist ihnen peinlich, wenn man sie bei einer guten Tat überrascht, und sei es auch nur beim Hinaustragen des Mülleimers.

Apropos Mülleimer. Dieses Küchenutensil hat mich zum erstenmal von der Wichtigkeit der Regel Nr. 5 überzeugt.

»Sascha, bring bitte mal den Mülleimer runter!«

(Die Mülltonnen stehen in der Garage, und die ist von der Küche aus zu erreichen. Man muß zehn Stufen abwärts steigen, mit acht Schritten schräg die Garage durchqueren – steht das Auto drin und muß es umgangen werden, dann verdoppelt sich die Anzahl der Schritte –, den Eimer auskippen und auf demselben Weg zurückkehren.)

»Ja, gleich!« Sascha schmiert sich ein Brot mit Nougatcreme und ergeht sich in langwierigen Betrachtungen über die Betrugsmanöver der Verpackungsmittelindustrie, weil die konisch geformten dickwandigen Gläser mehr Inhalt vortäuschen, als tatsächlich vorhanden ist. Das Brot ist fertig und kurz darauf auch verspeist.

»Sascha, der Mülleimer!«

»Ja, sofort, ich hab' erst noch Hunger!«

Die zweite Brotscheibe wird mit der gleichen Sorgfalt beschmiert – während der ganzen Zeit steht die Kühlschranktür offen – und dann gegessen.

»Mach endlich die Tür zu!« Sie bekommt einen Tritt mit dem Fuß. Die Sprudelflaschen klappern Protest.

»Würdest du endlich den Mülleimer . . .«

»Laß mich doch wenigstens erst mal aufessen! Warum kaufst du nicht überhaupt einen größeren?«

»Weil der nicht in die Ecke paßt!«

»In allen modernen Häusern gibt es Müllschlucker, weshalb nicht bei uns?«

»Das hier ist ein Einfamilienhaus. Müllschlucker gibt es in Hochhäusern.«

»Ist doch total irre. Wir machen bestimmt mehr Müll als drei andere Familien zusammen.«

»Das ist möglich, deshalb ist ja auch der Eimer voll, und deshalb bringst du ihn jetzt runter!«

»Sofort, ich muß bloß erst noch schnell . . .« Weg ist er.

Das vernünftigste wäre, ich würde den Eimer jetzt selbst wegtragen, aber letztlich muß ich ja meine Autorität wahren.

Nach zwei Stunden quillt der Eimer über. Vier Eierschalen liegen schon daneben.

Endlich durchstreift mein Herr Sohn wieder einmal die Küche, natürlich auf der Suche nach etwas Eßbarem.

»Sascha, der Mülleimer!«

»Steht das dämliche Ding immer noch hier? Ich bringe ihn gleich weg, vorher muß ich bloß noch meine Schwimmflossen suchen. Die sind sicher im Keller.« Der Knabe strebt zur Tür.

»Dann kannst du den Eimer doch gleich mitneh . . .«

Sascha ist schon verschwunden. Nach zehn Minuten kommt er zurück, ohne Flossen, dafür mit einem ziemlich ramponierten Fahrradschlauch.

»Hab' ich ja total vergessen, is doch 'n Loch drin.«

Er räumt das Geschirr aus dem Spülbecken, türmt es auf dem Herd übereinander, läßt Wasser ein, forscht nach dem Loch, hat es gefunden, markiert die Stelle mit einem Klecks Nougatcreme, verschwindet Richtung Keller. Eine Tasse kippt von der Geschirrpyramide und zerschellt auf dem Boden. Noch mehr Müll!

Sascha taucht wieder auf, säubert höchst oberflächlich seine ölverschmierten Hände, wischt den größten Teil davon ins Handtuch, zertritt die Eierschalen, spürt meinen vorwurfsvollen Blick, greift sich schließlich den überquellenden Mülleimer und enteilt. Ich fege Glasscherben und Eierschalen zusammen.

Nach einer Weile will ich die leere Zuckertüte in den Mülleimer werfen. Der ist nicht da. Sascha auch nicht. Ich öffne die Kellertür, laufe zehn Stufen abwärts, durchquere . . . (s. o.) und finde den vollen Eimer neben der geöffneten Mülltonne. Ich kippe ihn aus, und auf dem Rückweg überlege ich mir, daß ich diesen Spaziergang schon vor drei Stunden hätte machen sollen.

Regel Nr. 6:
Gewöhnen Sie sich daran, daß Ihre Wohnung in den kommenden Jahren den Zulauf einer gutbesuchten Eckkneipe hat. Teenager treten vorwiegend in Rudeln auf, und trifft man tatsächlich mal einen Einzelgänger, dann ist er garantiert auf dem Weg von oder zu seiner Clique. Die findet sich ohne vorherige Absprache mit einer von mir noch nicht ergründeten Sicherheit zusammen, und es wundert mich eigentlich, daß sich noch kein Verhaltensforscher mit diesem Phänomen befaßt hat. Woher weiß ein Teenager, wann er wo aufkreuzen muß, um zu den restlichen Mitgliedern seines Vereins zu stoßen?

Was sie dann tun, weiß ich nicht, aber selbst wenn sie gar nichts tun, tun sie es laut.

Ein wesentlicher Bestandteil des Teenagerdaseins sind Partys. Sie finden in der Regel fünf- bis siebenmal pro Woche statt und werden aus den nichtigsten Gründen veranstaltet. Da hat sich jemand eine ganz heiße Scheibe gekauft, die er den anderen vorspielen muß. Ein anderer hat ein irres Poster entdeckt und braucht Rat, an welcher Stelle seines ohnehin überladenen Zimmers das Plakat wohl am besten zur Geltung käme. Der dritte will Dias von der Faschingsfeier vorführen. Der vierte will sein Mofa hochtrimmen und braucht fachmännische Hilfe. Und weil derartige Zusammenkünfte von ohrenbetäubender Musik untermalt und mit kreisenden Colaflaschen belebt werden, handelt es sich bei diesen Treffs um Partys.

Nicht zu verwechseln mit Feten! Eine Fete ist eine Veranstaltung, die vorher geplant und sorgfältig vorbereitet wird. Herausragendes Merkmal: Es sind Mädchen (bzw. Jungen) zugelassen, ja sogar erwünscht. Zweites Merkmal: Auch Nicht-Cliquen-Mitglieder sind willkommen und daher meistens in der Überzahl. Drittes Merkmal: Die Mithilfe der Eltern wird erwartet, wenn auch nur in passiver Hinsicht, sprich, als Geldgeber.

Die erste Fete brach über uns herein, als Sascha vierzehn Jahre alt wurde. Natürlich hatte ich eine Geburtstagsfeier eingeplant und mich schon tagelang für die Wetterlage interessiert in der Hoffnung, die Kuchenschlacht auf die Terrasse verlegen zu können. Abends könnte man im Garten Würstchen grillen ...

Etwa eine Woche vor dem bedeutungsvollen Tag wollte Sascha wissen: »Wann räumen wir denn nun den großen Keller aus?«

»Wie bitte???«

»Na ja, schließlich müssen wir ja mal mit der Dekoration anfangen.«

»Wovon redest du überhaupt?«

»Von meiner Geburtstagsfete natürlich.«

»Im Keller?«

»Wo denn sonst? Oder glaubst du vielleicht, ich lade meine Freunde zu Kaffee und Kuchen ein? Kannste gleich abhaken! Über *das* Alter sind wir ja nun hinaus. Wenn du aber unbedingt backen willst, dann mach ein paar Mafiatorten.«

???

Sascha sah mich mitleidig an. »Du kennst aber auch gar nichts! Mafiatorte ist 'ne Pizza!«

Dann eröffnete mir mein heranwachsender Sohn, wie er sich die ganze Sache vorstellte.

»Erst mal müssen wir den Keller entrümpeln und saubermachen, aber da kommen ein paar Kumpels und helfen. Dann bekleben wir die Wände mit Postern, der Andy bringt seine Spotlights an, und von Wolfgang kriegen wir die Lichtorgel. Der Hardy will seiner Schwester die Stereoanlage aus dem Kreuz leiern. Auf den Fußboden kommen Matratzen und Kissen, und als Tische nehmen wir ein paar Holzkisten. Wolfgang seine Schwester macht uns Tischdecken aus Kreppapier.«

»Dessen Schwester«, korrigierte ich automatisch.

»Wie? Ach so, na schön, also dessen Schwester. Die kommt übrigens auch. Und dann noch Martina und Susi und Heike und noch ein paar andere.«

»Aha. Und wieviel seid ihr dann insgesamt?«

»Weiß ich nicht genau. Eingeladen habe ich vierzehn, aber es werden bestimmt noch ein paar mehr.«

»Sag mal, bist du verrückt geworden?«

»Wieso denn? Du hast doch überhaupt nichts damit zu tun. Das machen wir alles selber. Du müßtest bloß ein bißchen was zum Essen besorgen. Und die Getränke natürlich.«

Als ich Rolf am Abend schonend auf das zu erwartende Spektakel vorbereitete, grinste er nur.

»Die Kinder werden eben älter. Du kannst doch wirklich nicht erwarten, daß sie sich jetzt noch mit Kuchen und Schlagsahne vollstopfen und Sackhüpfen spielen. Hast du denn als Backfisch keine Feste gefeiert?«

Mein vierzehnter Geburtstag war sechs Wochen vor der Währungsreform. Ich bekam eine Torte, die überwiegend aus Maismehl und Rumaroma bestand, und meinen vier eingeladenen Freundinnen hatte ich Kaffee-Ersatz und abends chemische Bowle sowie Brote mit künstlicher Leberwurst vorgesetzt. Dazu eierte eine Schellackplatte auf dem antiquierten Plattenspieler, und Bully Buhlan sang: »Ich hab' so schrecklich Appetit auf Würstchen mit Salat!«

Nachdem nun das väterliche Einverständnis gesichert war – das mütterliche wurde ohnehin vorausgesetzt –, schöpfte Sascha aus dem vollen. Zusammen mit Sven durchstreifte er die drei ortsansässigen Supermärkte und stellte eine Einkaufsliste zusammen. Sie begann mit zehn Packungen Kartoffelchips, endete mit drei Gläsern eingemachter Maiskolben und umfaßte so ziemlich alles, was eine deutsche Durchschnittsfamilie im Laufe von 14 Tagen an Lebensmitteln benötigt.

»Hältst du uns für Millionäre?«

Sascha schüttelte unbekümmert den Kopf. »Das sieht bloß so viel aus, weil ich alles untereinander geschrieben habe. Außerdem sparst du ja das Geld für die diversen Kuchen. So'n labbriges Zeug wollen wir nicht mehr. Bring lieber noch ein paar Päckchen Erdnußflips mit, die habe ich vergessen aufzuschreiben!«

»Und was ist das?«

»Na, diese komischen Dinger, die wie Engerlinge aussehen. Du weißt schon, was ich meine.«

In den folgenden Tagen bevölkerten Scharen von Halbwüchsigen die Kellerräume. Da sie ihren Arbeitsplatz via Garage zu betreten pflegten, wußte ich nie, wer eigentlich im Haus war, und ich fand das einigermaßen beunruhigend. Schließlich stand Rolfs teure Reprokamera auch im Keller, und wenn die beschädigt werden würde . . . nicht auszudenken!

Sven hatte wohl ähnliche Befürchtungen. Er drückte mir den Schlüssel zur Dunkelkammer in die Hand und sagte beruhigend: »Ich habe da alles reingeräumt, was irgendwie kaputtgehen könnte. Sogar die Kristallvase von Tante Lotti.«

»Na, die hättest du ruhig draußen lassen können.«

Am Vorabend der Fete parkte ein eigenartiges Vehikel vor der Garageneinfahrt, eskortiert von einem halben Dutzend Knaben, die dieses Gefährt oder, besser gesagt, seinen Aufbau stützten. Vorneweg ein altersschwacher Traktor, auf dem ein knollennasiger Mann verschlafen vor sich hin döste, dahinter ein zweirädriger Karren, vollgepackt mit Gerümpel und offensichtlich auf dem Weg zur nächsten Müllkippe.

Diese Vermutung erwies sich als gewaltiger Irrtum. Die halbwüchsige Begleitmannschaft begann nämlich, das Gerümpel abzuladen und in die Garage zu schleppen.

»Sind die denn wahnsinnig geworden?« Ich raste zur Haustür und prallte mit Sascha zusammen, der freudig erregt die Außenbeleuchtung anknipste.

»Wird ja auch endlich Zeit! Ich dachte schon, die kommen überhaupt nicht mehr.«

»Warum laden die denn den ganzen Sperrmüll hier ab?«

»Von wegen Sperrmüll! Das sind die Holzkisten und die Matratzen.«

»Aber da quillt doch schon überall das Innenleben raus. Außerdem sind sie dreckig. Das kann ich schon von hier aus sehen!«

»Macht doch nichts. Kommen ja Decken drüber.«

Zwei Stunden lang rumorten die Müllwerker im Keller herum, dann erschien eine Abordnung und forderte uns zur Besichtigung auf. Ohrenbetäubende Beatmusik dröhnte uns entgegen und rot-grün-gelbe Lichtreflexe huschten über die Treppe, dazwischen Hammerschläge, begleitet von einem »In dene Wänd hält aber au scho gar nix«. Über allem lag ein Geruch von Mottenkugeln. Ich schnüffelte.

»Ick weeß, det stinkt. Det kommt von die Decken. Meine Oma pudert die Dinger immer mit Mottenpulver ein, aber wenn man die Klamotten morjen früh in den Jarten legt, is det bis zum Abend verflogen. Ick merk det schon janich mehr, weil bei meine Oma allet nach det Zeuch riecht.« Hardy band sorgfältig eine herausragende Sprungfeder fest.

Als wir uns endlich durch den engen Gang gezwängt hatten, vollgestellt mit Regalen, Skiern, Gartengeräten und der alten Waschmaschine, malerisch umrahmt von Gummistiefeln und fünf Paar Rollschuhen, betraten wir ein Gelaß, das große Ähnlichkeit mit einer chinesischen Opiumhöhle hatte. Zuerst sah ich nur ein riesiges Matratzenlager, aber als sich meine Augen an das Halbdunkel gewöhnt hatten, wurden Einzelheiten erkennbar. Die ganzen Wände waren von Postern verdeckt, die sich zum Teil bereits lösten und von Wolfgang unermüdlich wieder festgenagelt wurden. In einer Ecke stand ein Skelett mit nur einem Bein.

»Das ist Kasimir«, erläuterte Sven, während er dem Gerippe einen Schlapphut aufsetzte und einen Regenschirm ohne Bespannung in die knöchernen Finger drückte. »Den hat Hardy in der Realschule geklaut, als die ein neues kriegten. Sieht doch bärig aus, nicht wahr?«

In einer anderen Ecke, grellrot angestrahlt, etwas Metallenes mit Hebeln, Knöpfen und Lämpchen, das mich irgendwie an das Cockpit eines Flugzeugs erinnerte. Sascha deutete meine verständnislose Miene durchaus richtig.

»Das is'n HiFi-Turm, da kommt Musik raus. Sollen wir mal richtig aufdrehen?«

»Bloß nicht! Ich begreife sowieso nicht, wie ihr euch bei dem Radau überhaupt noch unterhalten könnt«, brüllte ich.

»Wer will sich denn unterhalten?« brüllte Sascha zurück. »Wir sind doch kein Kaffeekränzchen.«

Nachdem wir noch die Obstkistentische und die Lichtorgel

bewundert hatten, die leider einen Wackelkontakt hatte und nur zeitweilig funktionierte, durften wir wieder gehen.

»Glaubst du wirklich, wir können morgen den ganzen Verein sich selbst überlassen?«

Rolf wischte sich ein paar Spinnweben von der Hose und meinte beruhigend: »Ich kann mir nicht vorstellen, daß in einer überfüllten Katakombe auch noch Platz für romantische Gefühle bleibt.«

Sascha begann den Mittagstisch abzuräumen, bevor noch der letzte das Besteck hingelegt hatte.

»Bist du verrückt? Ich bin doch noch gar nicht fertig!« empörte sich Stefanie. »Stell sofort die Kartoffeln wieder hin!«

»Kartoffeln machen dick, und du bist sowieso schon viel zu fett«, klang es brüderlich-zärtlich zurück. »Nachher stopfst du dich ja doch wieder mit Chips und Crackers voll, also kannst du jetzt ruhig ein bißchen fasten. Hilf lieber beim Abtrocknen!«

»Wie komme ich denn dazu?«

»Entweder du hilfst, oder . . .«

Das Oder wartete Steffi erst gar nicht ab. Sie hatte so ihre Erfahrungen mit Saschas unausgesprochenen Drohungen. Sven komplettierte die Küchenbrigade, und während ich die überall verstreuten Servietten zusammensuchte, wollte Rolf wissen:

»Was ist denn in die Jungs gefahren? Soweit ich mich erinnere, hat Sascha zum letztenmal am Muttertag ein Handtuch angefaßt, und das keineswegs freiwillig.«

»Deine Herren Söhne haben mir ab sofort das Betreten der Küche verboten. Die Beköstigung ihrer Gäste wollen sie selbst übernehmen.«

»Und darauf läßt du dich ein? Hoffentlich findest du heute abend noch ein paar saubere Teegläser im Schrank.«

»Abwasch natürlich inklusive. Angeblich kommen auch noch Hilfstruppen.« Es klingelte bereits. Sascha steckte den Kopf durch die Tür.

»Ich mache schon auf. Das sind sowieso bloß die Mädchen.«

Bloß! Der Knabe fing ja ziemlich früh an, Pascha-Allüren zu entwickeln. Für subalterne Tätigkeiten sind Mädchen also ganz gut zu gebrauchen. Hatte wohl noch nie etwas von Gleichberechtigung gehört, der Bengel.

Wolfgangs Schwester Karin kannte ich schon, Martina ebenfalls. »Und das ist Yvonne«, stellte Sascha das dritte Mädchen vor, »Wolfgangs derzeitige Tussy.«

»Bildet der sich aber bloß ein«, korrigierte das Mädchen Yvonne, »es gibt auch noch andere.«

Sie hatte übrigens schon ausgeprägte Kurven an den Stellen, wo die anderen Mädchen noch nicht einmal Stellen hatten.

»Ein bißchen frühreif, die Kleine«, bemerkte Rolf, als Sascha die drei Grazien in die Küche komplimentiert hatte. »Ich glaube, wir werden unsere Kellerkinder nachher wohl doch hin und wieder kontrollieren müssen.«

Es klingelte schon wieder. Und dann noch mal. Niemand öffnete. Also ging ich selber zur Tür. Ein ausnehmend hübsches Mädchen lächelte mich verlegen an. »Guten Tag, ich bin Heike. Sascha hat gesagt, ich soll . . .«

»Ich weiß schon Bescheid. Zweite Tür links. Immer dem Krach nach.«

Sven tauchte auf, Küchenhandtuch vor dem Bauch, ein zweites auf dem Kopf, mit Hilfe einiger Büroklammern zu einer zylinderförmigen Röhre gedreht. »Hast du Schweizer Käse mitgebracht?«

»Liegt im Kühlschrank.«

»Da sind bloß Scheiben. Wir wollen aber Käsewürfel machen.«

»Das hättet ihr mir vorher sagen müssen.«

»Und was jetzt?«

»Weiß ich nicht. Oder macht Käseröllchen, sieht auch ganz dekorativ aus.«

Fünf Minuten Ruhe. Dann erschien Sascha und begehrte Auskunft, weshalb ich kein rundes Knäckebrot gekauft hätte.

»Weil es keins gab.«

»In diesem Kaff gibt es aber auch gar nichts. Dabei blasen sie einem im Werbefernsehen dauernd was von runden Knäckebrötern in die Ohren.«

»Eckiges schmeckt bestimmt genauso gut.«

»Rundes ist aber schicker!«

Es klingelte.

»Das wird Wolfgang sein.« Sascha strebte eilfertig zur Tür.

»Ich denke, die Party beginnt erst um sechs?«

»Tut sie ja auch. Wolfgang bringt doch bloß die Aufschnittplatten. Unsere reichen nicht.«

Sven brüllte nach den Zwillingen. Keine Antwort.

»Määm, weißt du, wo die stecken?«
»Nein. Sollen sie etwa auch noch helfen?«
»Nee, aber Zigaretten holen.«
»Seit wann rauchst du denn?«
»Ich doch nicht. Das habe ich mir vor einem Jahr schon wieder abgewöhnt. Aber wir haben so ein paar Nikotinbabys, die ihre Schnuller brauchen.«

Die Zwillinge wurden gefunden, bekamen Geld in die Hand gedrückt und erklärten sich zum Botengang bereit. »Aber nur, wenn wir ein Eis kriegen.« Das wurde genehmigt.

Aus dem Keller ertönten Hammerschläge. Wolfgang nagelte schon wieder die Poster an. Diesmal mit Stahlstiften. In der Küche klirrte es.

»Das war bloß der gestreifte Milchtopf, der war doch sowieso schon angeschlagen«, trompetete Sven durch die verschlossene Tür.

Und wenn schon. Immerhin war das gute Stück 17 Jahre alt und gehörte zu den ältesten Teilen meines Inventars. Mithin hatte der Topf Liebhaberwert.

Irgendwo rauschte ein Wasserhahn. Wollte jetzt etwa noch jemand baden? Langsam überraschte mich gar nichts mehr. Ich machte mich auf die Suche und fand Sascha im unteren Bad, wo er die in der Wanne aufgereihten Colaflaschen mit der Brause besprühte.

»Was soll das?«

»Hast du schon mal lauwarmes Cola getrunken? Das schmeckt widerlich, direkt zum Abgewöhnen.«

»Wozu haben wir einen Kühlschrank?«

»Der ist voll. Da stehen die kalten Platten drin.«

Was war das doch noch für eine herrliche Zeit, als Saschas Geburtstagsgäste nachmittags um halb vier im Sonntagsstaat und mit Blümchen in der Hand erschienen, Schokoladentorte löffelten, Topfschlagen spielten und um sieben Uhr mit Luftballons und Dauerlutscher wieder verschwanden!

Da fiel mir etwas ein. »Sag mal, Sascha, willst du dich nicht endlich mal umziehen?«

»Wieso umziehen? Das T-Shirt habe ich heute morgen frisch aus dem Schrank genommen, und die Jeans hast du doch erst in der vergangenen Woche gewaschen. Hier wird 'ne Fete abgezogen und keine Modenschau.«

Nun wollte ich noch etwas wissen: »Wenn man irgendwo zum

Geburtstag eingeladen ist, bringt man doch im allgemeinen eine Kleinigkeit mit, zumindest ein paar Blumen. Ist das heute nicht mehr üblich?«

»Blumen? Was soll ich denn mit dem Gemüse?« Sascha begriff offenbar gar nicht, was ich meinte. Schließlich kam ihm die Erleuchtung. »Ach so, du meinst Geschenke? Die haben doch alle zusammengeschmissen und mir den Verstärker für meinen Plattenspieler gekauft. Habe ich dir den noch nicht gezeigt? Muß ich wohl vergessen haben, aber du verstehst ja doch nichts davon.«

Recht hat er, der Knabe. Bei meinem nächsten Kaufhausbummel würde ich wohl doch mal einen Abstecher in die Radioabteilung machen und mich über die gängigen Angebote informieren müssen. Wer weiß, was da noch alles auf mich zukam.

Entgegen allen Befürchtungen verlief die erste Fete in unserem Haus ausgesprochen friedlich, wenn man den kurzen Besuch des uns nun schon hinlänglich bekannten Polizisten Zimmermann ausklammerte. Dabei war er keineswegs von ruhebedürftigen Nachbarn herbeizitiert worden. Sein Langhaardackel hatte beim abendlichen Gassigehen höchst unwillig in Richtung Garage geknurrt, woraus man folgern kann, daß er kein Anhänger der Bee Gees war. Polizist Zimmermann, seit drei Stunden außer Dienst, klingelte also als Privatmann an der Haustür und bat um Dezimierung der Phonstärke, ein Wunsch, den ich nur zu gern an die Katakombe weitergab. Hier hatte ich dann Gelegenheit, mich wieder einmal über die heutigen Tänze zu wundern, die aus gliederverrenkenden Gymnastikübungen zu bestehen schienen. Das waren noch Zeiten, als man Wange an Wange tanzte, statt Kniescheibe an Kniescheibe!

Auch Rolf betrachtete kopfschüttelnd das Getümmel und brüllte mir schließlich ins Ohr: »Wenn das nicht Regen bringt, weiß ich nicht, was ihn bringen soll.«

Sonst wäre noch zu berichten, daß außer zwei Gläsern, die unseren ohnehin schon sehr zusammengeschmolzenen Bestand auf nunmehr 16 reduzierten, keine weiteren materiellen Schäden zu beklagen waren. Auch die Aufräumungsarbeiten am nächsten Tag verliefen planmäßig. Und die große Kristallbowle, die genau neben Wolfgang gestanden hatte, als er von der Leiter rutschte, hatten wir ohnehin nur ganz selten mal benutzt.

Regel Nr. 7:
Ein Teenager hat nie Zeit. Melden Sie deshalb unerläßliche Termine, die seine Anwesenheit erforderlich machen, mindestens 8 bis 10 Tage vorher an. Finden Sie sich aber damit ab, daß im letzten Augenblick doch noch etwas dazwischenkommen kann, das wichtiger ist als der geplante Hosenkauf oder der seit drei Monaten hinausgeschobene Besuch bei Tante Elfriede. (Steht letzterer auf dem Programm, kommt garantiert etwas dazwischen. Teenager sind an Erbtanten noch nicht interessiert.) Nehmen Sie Ihrem Teenager notfalls Maß und kaufen Sie die Hose ohne ihn. Sie werden zwar das Verkehrte bringen, aber zum Umtauschen geht er dann freiwillig und allein.

Regel Nr. 8:
Erwarten Sie von einem Teenager keinen Bildungseifer, weil er gar keinen hat. In die Schule geht er nur, weil er muß. In diesem Zusammenhang ist es empfehlenswert, wenn man ihn früh genug von der bestehenden Schulpflicht unterrichtet und ihn ausreichend über die gesetzlichen Folgen bei Mißachtung dieses Gesetzes informiert.

Ein Teenager lernt nicht für sich, sondern für die Lehrer. Und da er die ausnahmslos nicht leiden kann, lernt er vorsichtshalber gar nicht. Lehrer werden in zwei Kategorien eingeteilt: Alle über dreißig sind verkalkt, die anderen frustriert. (In der Regel bleibt diese unumstößliche Meinung nicht nur auf den Berufsstand der Lehrer beschränkt, sie umfaßt eigentlich die gesamte Menschheit. Übrigens sind auch die Eltern von Teenagern zwangsläufig über dreißig.)

Geistige Anstrengungen, die über das in der Schule geforderte Mindestmaß hinausgehen, lehnt ein Teenager ab. Bei etwaigen Vorhaltungen wird er antworten, daß die bisher erworbenen Kenntnisse ausreichten, um das angestrebte Leben eines Hippies oder Gurus führen zu können. Wenn man ihn nur ließe, würde er auch sofort damit anfangen. (Man verweise dann nochmals auf die Schulpflicht.)

Als Freizeitlektüre bevorzugen Teenager bunte Heftchen, die ›Rocky‹ oder ›Poppy‹ heißen und so bedeutsames Wissen vermitteln wie beispielsweise die Tatsache, daß Stevie Stone Nüsse mit den Zähnen knackt oder Little Lucy 28 Teddybären besitzt.

Als sehr bildend erweist sich auch das sorgfältige Studium der Asterix-Hefte. Sven besaß sämtliche Ausgaben und pflegte schon im zarten Kindesalter jeden zweiten Satz mit lateinischen Brocken zu durchsetzen. Die paßten zwar nicht immer, aber es klang doch recht eindrucksvoll, wenn er seine Ablehnung, doch endlich mal das Fahrrad zu putzen, mit den Worten krönte: »Alea iacta est!«

Teenager interessieren sich weder für Politik noch für Kultur und lesen die Tageszeitung – wenn überhaupt – von hinten nach vorne, also von den Anzeigen bis zum Sportteil. Über die Mitte gehen sie nicht hinaus.

Teenager bezeichnen den Fernsehapparat als »Glotze«, das Programm als »zum Kotzen« und als »an die mittelstädtische Bahnhofstoilette angeschlossen«, hängen aber nichtsdestotrotz dauernd vor der Röhre. Beliebt sind Krimis – Western werden bereits wieder als Karl-May-Verschnitt abgelehnt – und Science-fiction-Filme. Da den meisten Teenagern die simpelsten physikalischen Grundkenntnisse fehlen (siehe Regel Nr. 8 Absatz 2), schlucken sie auch die größten Unwahrscheinlichkeiten und beschließen vorübergehend, Testpilot oder Astronaut zu werden (Mädchen wollen zumindest einen solchen heiraten).

Rolf beging einmal den Fehler, Saschas Frage nach den Schwarzen Löchern im Weltall als erwachendes Interesse an den Naturwissenschaften zu deuten und ihm bei nächster Gelegenheit ein populärwissenschaftliches Buch zu schenken. Sein Sohn betrachtete verständnislos den Wälzer, entdeckte den oberflächlich ausradierten Preis und schrie entsetzt: »Was?? 39 Mark hast du für den Quatsch bezahlt? Dafür hätte ich glatt zwei Otto-Kassetten gekriegt.«

Es ist übrigens kein Zufall, daß die meisten Sitzenbleiber ihre Ehrenrunden im Teenageralter drehen.

Regel Nr. 9:
Wundern Sie sich nicht, wenn Ihre heranwachsenden Kinder von einer jäh ausbrechenden Epidemie befallen werden – der Telefonitis. Sie ist unheilbar, es sei denn, ein teenagergeplagter Ingenieur konstruierte endlich ein preiswertes Sprechfunkgerät mit überdurchschnittlicher Reichweite.

Ich weiß nicht, was die Jugendlichen gemacht haben, bevor das Telefon erfunden war. Vermutlich Brieftauben geschickt. Heutzutage erledigen Teenager alles telefonisch. Sie treffen Verabredungen per Strippe, spielen sich gegenseitig die neuesten

Platten vor, hören Vokabeln ab und erörtern ausgiebig alle Probleme, mit denen sie sich in so reicher Zahl herumschlagen müssen. Nach meiner Erfahrung lassen sich die Probleme Fünfzehnjähriger aber nur dadurch lösen, daß sie sechzehn werden.

Es soll verzweifelte Väter geben, die ihren halbwüchsigen Töchtern vom Büro aus ein Telegramm schicken mit der Bitte, doch mal für fünf Minuten den Hörer aufzulegen, weil sie aus einem wichtigen Grund selbst zu Hause anrufen müssen. Als Rolf wieder einmal vergeblich versuchte, seiner ältesten Tochter den Hörer zu entreißen, murmelte er resignierend: »Von einem Tag zum anderen hat sie den Finger aus dem Mund genommen und in die Wählscheibe des Telefons gesteckt.«

Bei uns herrscht nur vormittags Funkstille, und mittlerweile wissen alle Verwandten, daß wir ab dreizehn Uhr telefonisch nicht mehr zu erreichen sind. Die Belagerung des kleinen grünen Apparates beginnt sofort, wenn der erste aus der Schule kommt.

»Ich muß schnell mal die Chris anrufen und fragen, was wir in Englisch aufhaben.« Chris weiß es auch nicht, aber sie wird sich bei Silke erkundigen und dann zurückrufen.

Sascha erscheint, feuert seine Mappe in eine Ecke und stürzt ans Telefon. Er hat Pech, Hardy ist noch nicht zu Hause. Aber er wird gleich telefonieren, wenn er kommt.

Inzwischen zieht Sven ungeduldig an der Schnur, gibt pantomimisch zu verstehen, daß er dringend den Hörer braucht, bekommt ihn nur widerwillig ausgehändigt, wählt. (Das kleine Einmaleins können sie nicht behalten, aber ein Dutzend achtstellige Telefonnummern speichern sie mühelos.)

Kaum hat Sven den Hörer aufgelegt, läutet es. Chris teilt mit, daß morgen kein Englisch ist. Steffi soll aber nachher rüberkommen wegen Bio. Und sie möchte vorher anrufen, *wann* sie kommt.

Wieder klingelt es. Diesmal ist Thomas dran. Er will wissen, was Sven in Mathe raus hat. Sven bedauert, Mathe hat er noch nicht gemacht, er glaubt auch nicht, daß er's kann. Dafür ist er schon mit Geschichte fertig, ihm fehlen nur noch ein paar Daten über Bismarck. Leider hat er das Buch unter der Bank liegenlassen, und ob Thomas seins zur Hand hat? Thomas hat nicht, aber er wird es holen und dann wieder anrufen.

Katja plärrt. Sie muß dringend mit Bettina sprechen. Bettina wohnt in unmittelbarer Nachbarschaft, und notfalls können sich die beiden von Fenster zu Fenster verständigen. Telefonieren ist aber zeitgemäßer.

Bevor Stefanie Chris anruft und ihr mitteilt, daß sie gleich kommen wird, schnappt sie sich den Apparat und verschwindet im Keller, weil nach ihrer Ansicht nur dort die Privatsphäre einigermaßen gesichert ist. Telefongespräche von Teenagern fordern eine Vertiefung in die Wissenschaft der Geheimsprachen. Jedenfalls vermute ich das, denn anders kann ich mir das ewige Glucksen, Kichern, Gackern und Räuspern nicht erklären. Gelegentliche Kostproben von Steffis Monologen ließen meine Neugier aber schnell versiegen.

»Als ich den Tommi getroffen habe (es könnte auch Mark oder Phil oder Peter oder Steve, der eigentlich Stefan heißt, gewesen sein) ... da hat er zu mir gesagt ... (Kichern), daß die Sandra ... (oder Dany oder Bärbel oder Monika) zu ihm gesagt hat ... (Glucksen), wenn die Heike morgen noch mal ... (Hüsteln), na ja, du weißt schon (bedeutungsschwere Pause), also wenn die wieder mit dem Jörg ...«

In diesem Stil geht es so lange weiter, bis Nicki oder Sascha einfällt, daß das Telefon schon so lange nicht mehr geklingelt hat. Die Zuleitungsschnur benutzen sie als Ariadne-Faden, stöbern Steffi in ihrem Versteck auf und drücken kurzerhand auf die Gabel.

Der entnervte und nicht ganz unbegüterte Vater einer von Stefanies Freundinnen schenkte seiner Tochter zum fünfzehnten Geburtstag einen eigenen Telefonanschluß. Freudestrahlend lud sie die gesamte Clique ein, die auch geschlossen aufmarschierte, um nun endlich ungestört und ausgiebig der Leidenschaft des Telefonierens zu frönen. Als sie sich versammelt und in Claudias Zimmer verbarrikadiert hatte, kam die Ernüchterung. Alle waren da, und es gab niemanden, den sie hätten anrufen können.

Regel Nr. 10:
Erwarten Sie von keinem Teenager Höflichkeit oder gar Manieren. Er hat keine mehr. Hinweise auf sein früheres Benehmen, das schon im Kindergartenalter den landläufigen Ansprüchen genügt hatte, wird er verächtlich beiseite schieben: »Damals konntet ihr diese Dressurprüfungen ja noch mit mir machen ...«

Teenager liegen quer im Sessel, hängen über der Stuhllehne, lümmeln sich halb über den Tisch und halten sich vorzugsweise auf dem Fußboden auf, wo sie sich mitunter auch beköstigen. Ein Teenager starrt die Unterhosen im Schaufenster an oder die Bierreklame an der Litfaßsäule, um nicht grüßen zu müssen. In Gegenwart von Fremden schrumpft sein Wortschatz auf den eines Halbidioten, und das verständnisvoll-mitleidige Lächeln der Besucher bestätigt einem denn auch, daß sie ihn für einen solchen halten.

Bei einer Schulveranstaltung lernte ich einmal eine Dame kennen, die sich erkundigte, ob »die reizende kleine Steffi« meine Tochter sei.

»Die müssen Sie verwechseln. Meine Tochter heißt zwar Stefanie, aber reizend ist sie schon lange nicht mehr.«

»Wie können Sie nur so etwas behaupten? Ich wäre glücklich, wenn meine Silke sich nur halb so gut benehmen würde wie Ihre Steffi.«

Silke? War das nicht das nette wohlerzogene Mädchen, das ich Stefanie schon mehrmals als lobenswertes Beispiel vorgehalten hatte?

Nachdem ich mit Frau Baumers eine Viertelstunde lang Erfahrungen ausgetauscht hatte, kamen wir beide zu der Erkenntnis, daß unsere Kinder offenbar ein Doppelleben führten.

Brühwarm erzählte ich Rolf, welche Entdeckung ich soeben gemacht hatte. Der war aber gar nicht überrascht.

»Ich habe mir schon beinahe gedacht, daß sie sich woanders halbwegs zivilisiert benehmen, sonst wären sie doch überall schon rausgeflogen.«

»Kannst du mir dann vielleicht erklären, weshalb sie sich in den eigenen vier Wänden so widerlich aufführen?«

»Weil es Teenager sind!«

Regel Nr. 11:
(Sie ist die wichtigste und sollte eigentlich an erster Stelle stehen.) Lassen Sie sich nie-, nie-, niemals zu einer Äußerung über Kleidung und Frisur Ihres Teenagers hinreißen. Die Folgen könnten fürchterlich sein! Offenbar ist es Pflicht jeder Generation, sich nach Möglichkeit so zu kleiden, daß es die Eltern empören muß.

Ein Teenager macht aus seiner äußeren Erscheinung eine Weltanschauung. (Das waren noch Zeiten, als Leute, die Schlosserhosen trugen, auch wirklich arbeiteten!) Ein Teenager zieht nur das an, was gerade ›in‹ ist, selbst dann, wenn es ihm gar nicht gefällt. Stefanie erschien einmal in einem violetten T-Shirt, über das sie eine giftgrüne Bluse geknotet hatte. Eingedenk meiner Devise, in jedem Fall den Mund zu halten, sagte ich nichts, aber mein Blick muß wohl genügt haben. Steffi besah sich etwas zweifelnd im Spiegel und meinte dann in einem seltenen Anflug von Einsicht: »Na ja, sieht ja ein bißchen komisch aus, aber das tragen jetzt alle.« Und gegen das, was alle tragen, ist kein Kraut gewachsen.

Wer nun eigentlich bestimmt, was ›in‹ ist, weiß ich nicht, zumal der jeweilige Modehit regionale Unterschiede aufweisen kann. Während in Bad Randersau gestreifte Blusen zu karierten Röcken getragen werden, bevorzugen Kölner Teenager vielleicht gerade Blümchenpullis und grün-gelb-geringelte Kniestrümpfe.

Derartigen Extravaganzen begegnet man allerdings nur an sehr heißen Sommertagen. Ein modebewußter Teenager, gleich welchen Geschlechts, geht vom Nabel abwärts uniformiert und trägt Jeans. Selbstverständlich nur die echten, die von 70 Mark an aufwärts kosten und an deutlich sichtbarer Stelle den Markennamen aufweisen. Auf dieses Statussymbol wird dann auch größter Wert gelegt. Löcher und kleinere Dreiangel stören keinen Teenager, sobald sich aber das Firmenetikett löst, greift er notfalls selbst zur Nähnadel.

Der Einkauf von Jeans ist eine zeitraubende Sache und stellt die Geduld der zahlenden Begleitperson auf eine harte Probe (ich gehe in der Zwischenzeit immer Kaffee trinken). Jeans dürfen nicht bequem, sondern müssen eng sitzen, ohne Rücksicht auf anatomische Hindernisse. Hat der Teenager nach etwa 40 bis 60 Minuten und zirka zwei Dutzend Anproben das ihm genehme Stück erwählt, marschiert er nach Hause und unterwirft es einer Spezialbehandlung. Sascha hat es darin schon zur Perfektion gebracht.

Zuerst kommen die Jeans in die Badewanne, werden mit kochendheißem Wasser überbrüht und bleiben zehn Minuten lang darin liegen. Dann wird die tintenblaue Flüssigkeit abgelassen. Anschließend läßt man frisches Wasser in die Wanne, das nach einem nur Sascha bekannten Rezept mit allen vorhandenen

Spül- und Reinigungsmitteln angereichert wird. Besonders wichtig ist die jeweilige Dosierung, und Sascha benimmt sich dabei auch wie ein Apotheker, von dessen Sorgfalt bei der Herstellung eines Medikaments Menschenleben abhängen.

Auch die Reihenfolge der Zutaten ist genau festgelegt. Zuerst wird Waschpulver gebraucht. Es soll eigentlich nur einer bleibenden Verschmutzung der Wanne vorbeugen, weshalb das Fabrikat eine sekundäre Rolle spielt. Dann kommt ein bißchen Einweichmittel dazu, eine Prise Entfärber, ein Schuß Geschirrspülmittel und eine halbe Flasche Fußbodenreiniger. In dieser Marinade muß die Hose nun eine knappe Stunde liegen, bevor die genau dosierte Menge eines chlorhaltigen Toilettenreinigers dazugekippt wird. Angeblich entzieht er dem so behandelten Kleidungsstück etwas Farbe und verleiht ihm die erwünschte Patina.

Nach genau fünf Minuten muß die Hose aus dem Wasser heraus, wird mit der Brause abgesprüht und anschließend durch den Schleudergang der Waschmaschine georgelt. Dann kommt sie auf den Bügel, wird zurechtgezupft und stündlich überprüft. Wenn sie sich anfühlt, als habe sie eine Nacht lang im Herbstnebel auf der Wäscheleine gehangen, ist sie ›richtig‹.

Nunmehr ruft Sascha alle abkömmlichen Familienmitglieder zusammen, die das jetzt folgende Spektakel jedesmal mit der gleichen Faszination beobachten, die sie schon beim erstenmal befallen hatte. Sascha legt sich auf den Fußboden und windet sich in das feuchte Kleidungsstück hinein. Bis zur Hüfte schafft er es allein, dann müssen die anderen helfen. Rolf zieht hinten, ich ziehe vorne. Sascha vollführt epileptische Zuckungen, ignoriert väterlichen Sarkasmus und behauptet, irgend etwas pieke »da hinten«. Fachmännisch untersucht Sven den fraglichen Bereich, entdeckt das vergessene Preisschild, entfernt es grinsend. Mit vereinten Kräften wird Sascha hochgehievt und an die Wand gelehnt.

Kleine Atempause.

Der Hosenbund läßt sich relativ einfach schließen, man darf nur nicht atmen. Der Reißverschluß klafft auseinander. Sven zieht, kriegt ihn bis zur Hälfte hoch, gibt auf. Sascha läuft langsam blau an, keucht etwas Ähnliches wie »Nun zieh' doch schon, du Armleuchter!«, hilft selbst mit, schafft es schließlich. Allgemeines Aufatmen.

Sascha versucht ein paar vorsichtige Schritte – wider Erwarten platzt die Hose nirgends auf –, stelzt breitbeinig durch das Zimmer und bekundet wortreiches Erstaunen ob der Tatsache, daß Babys mit nassen Windeln nicht pausenlos schreien.

Erster Versuch einer angedeuteten Kniebeuge. Geht noch nicht. Treppensteigen ist schon eher möglich. Dreimal rauf und runter, dann klappt es auch mit der Kniebeuge. Allerdings nur 30 Zentimeter tief. Sascha nimmt vorsichtig auf einem Küchenstuhl Platz. In die Sessel darf er nicht mehr. In einem zeugt noch immer ein lichtblauer Fleck von früheren Anproben. Mit weit von sich gestreckten Beinen sitzt Sascha auf der Stuhlkante und macht Bewegungsübungen. Nach zehn Minuten kann er die Beine schon anziehen, nach zwanzig Minuten Kniebeugen machen, und dann verkündet er aufatmend: »Jetzt sitzt sie!«

Die neue Hose changiert in allen Blautönen, sieht im Bereich der Kniekehlen aus wie eine Ziehharmonika und wird während der nächsten vier Wochen lediglich zum Schlafen abgelegt.

Ein männlicher Teenager schläft in Unterhosen und oben ohne, ein weiblicher in phantasievollen Kombinationen, die vom ausrangierten T-Shirt bis zum mütterlichen Unterrock variieren können. Entfernte Tanten, die einen weiblichen Teenager mit dem Backfisch früherer Generationen verwechseln und ihm als Mitbringsel ein rüschenbesetztes, knöchellanges Nachthemd schenken, brechen in Entsetzensschreie aus, wenn der Teenager am nächsten Morgen damit zur Schule marschiert. Oma-Look ist gerade ›in‹.

Ein männlicher Teenager trägt im Winter kurzärmelige T-Shirts und im Sommer langärmelige Hemden, die nur mit den beiden untersten Knöpfen geschlossen werden und Freiheit bis zum Nabel ermöglichen. Weibliche Teenager ziehen alles an, was ihnen in die Hände fällt. Sie plündern den elterlichen Kleiderschrank genauso schamlos wie die Schränke älterer Brüder, kombinieren Sporthemd mit Chiffonschal und Bauernrock mit Trainingsjacke, scheren sich weder um Konfektionsgrößen noch um Paßformen und finden die Farbkombination von Rosa, Orange und Dunkellila einfach Spitze. Gestreßten Eltern sei deshalb das zeitweilige Tragen einer Sonnenbrille empfohlen.

Eigenartigerweise legen Teenager auf die Fußbekleidung wenig Wert. Das ganze Jahr über tragen sie Turnschuhe, im Winter allenfalls welche mit höherem Schaft.

Wegen der Haartrachten von Teenagern sind bekanntlich

schon Ehen geschieden worden, Morde und Selbstmorde haben stattgefunden, von den zahllosen Auseinandersetzungen im Familienkreis ganz zu schweigen. Friseure meldeten Konkurs an, und die Apotheker orderten Medikamente für parasitäre Hauterkrankungen.

Von anderen Eltern frühzeitig gewarnt und im Umgang mit Teenagern schon einigermaßen geübt, sträubte ich mich vorsichtshalber erst gar nicht gegen die langen Mähnen, mit denen Sven und Sascha auch bald herumliefen. Ich machte lediglich zur Bedingung, daß sie sich alle zwei Tage die Haare waschen sollten (und hoffte im stillen, die langwierige Prozedur würde ihnen bald zum Halse heraushängen). Fehlschluß! Die Knaben verbrauchten nicht nur ungeahnte Mengen von Shampoo, sie schlossen sich vielmehr stundenlang im Bad ein, hantierten mit Bürsten, Lockenwicklern (!) und Fön, verlangten den Ankauf von Spray und Haarfestiger und wollten von mir wissen, was man denn wohl gegen gespaltene Haarspitzen tun könnte.

Zu erwähnen wäre auch noch, daß Teenager einen unstillbaren Bedarf an Schmuck haben, wobei hauptsächlich solcher bevorzugt wird, mit dem unsere Ahnen noch bei den Eingeborenen Südafrikas Ebenholz und Elfenbein eingetauscht haben. Glasperlen, Holzkugeln, bunte Schnürsenkel mit Glitzersteinen ... Teenager hängen sich alles um und an.

Einmal fand Sascha auf einer Baustelle eine Kette, mit der normalerweise Badewannenstöpsel befestigt werden. Er knotete das Ding zusammen, befestigte daran einen Flaschenöffner und hängte es sich um den Hals. Am nächsten Tag ergänzte er sein Schmuckstück mit zwei Schraubenmuttern und einer großen Sicherheitsnadel, später folgten noch ein Kofferschlüssel, ein einzelner Ohrclip aus Perlmutt und eine Blechtasse von Katjas Puppenservice. Bei dem Versuch, diesen Klempnerladen durch zwei versilberte Trachtenknöpfe zu vervollständigen, riß die Kette endlich kaputt.

Es ist nun keineswegs einfach, zu Hause mit dem Anblick dieser so merkwürdig gewandeten Teenager konfrontiert zu werden, aber man gewöhnt sich daran. Etwas ganz anderes ist es, mit ihnen in der Öffentlichkeit zu erscheinen, und ich habe derartige Auftritte auch nach Möglichkeit vermieden. Leider lassen sie sich nicht völlig umgehen.

Als wieder einmal der Ankauf von Schuhen und Parka fällig war (kein Teenager trägt einen Wintermantel) und ich Sven pflichtgemäß eine Woche vorher von der notwendigen Fahrt nach Heilbronn informiert hatte, erschien er zwar pünktlich, aber in einem Aufzug, als habe er seine Garderobe aus der letzten Altkleidersammlung zusammengeklaubt.

»Zieh dich bitte um, so gehe ich mit dir keinen Schritt vor die Tür!«

»Dann eben nicht! Ich habe mich sowieso mit Jochen verabredet, an diese blöde Einkaufstour habe ich doch gar nicht mehr gedacht. Können wir nicht ein andermal fahren?«

»Nein, wir fahren heute!«

»Und was soll ich nun deiner Meinung nach anziehen? Muß es der Frack sein, oder genügt ausnahmsweise der Smoking?«

»Nimm den Cut!«

Sven bedachte mich mit einem finsteren Blick und trollte sich. Minuten später war er zurück. Zu weißen, unten ausgefransten Leinenhosen trug er ein gelbes Hemd mit Schmetterlingen (Leihgabe von Jochen), eine dunkelgrüne Lederweste mit Fransen (geborgt von Thomas), ein schreiend rosa Halstuch (von Stefanie) und einen zehn Zentimeter breiten Ledergürtel mit einem Bronzeadler, der Sascha gehörte. Vervollständigt wurde dieser Anzug durch rote Turnschuhe und eine dunkelblaue Baseballmütze.

Ich sagte gar nichts. Ob Sven mein Schweigen als Bewunderung oder als Klugheit auslegte, weiß ich nicht, aber mir hatte es ganz einfach die Sprache verschlagen. Im stillen gelobte ich Rache, ich wußte nur noch nicht, wie.

Die Fahrt nach Heilbronn fand im geschlossenen Wagen statt und verlief ohne Zwischenfälle. Auch der Verkäufer im Drugstore bekundete kein Erstaunen. Er war an Teenager gewöhnt und hätte sich vermutlich nur bei einem normal gekleideten Jugendlichen gewundert.

Nach einer halben Stunde war sich Sven noch immer nicht schlüssig, ob er die Cowboystiefel nehmen sollte oder doch lieber die mit der umgestülpten Krempe. Langsam wurde ich ungeduldig.

»Könntest du dich vielleicht entscheiden, bevor du aus den Schuhen wieder herausgewachsen bist?«

Die restlichen Einkäufe erledigte ich allein und parkte Sven derweil in der Schallplattenabteilung eines Kaufhauses. Nach zwei Stunden holte ich ihn wieder ab. Er hing noch auf demselben Hocker und wiegte sich mit einem idiotischen Lächeln hin und her. Topfdeckelgroße Kopfhörer schlossen ihn von der Außenwelt ab.

»Können wir jetzt nicht mal was essen?«

Es war schon fünf Uhr und die Zeit der regelmäßigen Fütterung längst überschritten.

Nun habe ich keine besondere Vorliebe für Pommes frites mit Tomatenketchup, und die doppelstöckigen Brötchen aus Wellpappe mit Salatblatt und einer nicht genau zu identifizierenden Einlage mag ich auch nicht. Deshalb weigerte ich mich ganz entschieden, das von Sven bevorzugte Schnellrestaurant anzusteuern.

»Ich möchte jetzt einen anständigen Kaffee trinken und keine Cola, und ich möchte auf einem anständigen Stuhl sitzen und nicht auf einem Plastiktablett. Wir gehen ins Café Noller!«

»Ist das nicht dieser stinkfeine Laden am Rathaus? Muß das denn sein?« Sven hatte keine Lust. Aber auch kein Geld. Andererseits hatte er Hunger und Durst. Und Durst ist bekanntlich schlimmer als Heimweh. Auch wenn's nur Heimweh nach McDonalds Hamburgern ist.

Wir hatten den Vorraum des Cafés betreten, und Sven wollte gerade die große Schwingtür öffnen, als ich ihm kategorisch erklärte: »Von hier ab trennen sich unsere Wege! Du setzt dich allein irgendwohin, sofern man dir das überhaupt gestattet, und ich ebenfalls! Während der nächsten Stunde kenne ich dich nicht!«

Bevor Sven begriffen hatte, was ich meinte, war ich schon im Café verschwunden.

Die folgenden Minuten entschädigten mich hinlänglich für alle Qualen, die ich beim Spießrutenlaufen in Begleitung meines mannsgroßen Papageis durchlitten hatte.

Sven betrat zögernd das Café, steuerte den nächsten freien Stuhl an, wurde weitergeschickt, weil der Platz angeblich schon belegt war, sah hilfesuchend zu mir herüber – ständig verfolgt von teils mißbilligenden, teils amüsierten Blicken der übrigen Gäste – und setzte sich schließlich an einen Ecktisch. Als sei es ihm zu warm geworden, nahm er verstohlen das Halstuch ab und schälte sich aus seiner Fransenweste. Bis auf die Schmetterlinge sah er nun ganz manierlich aus.

Die Kellnerin ließ ihn über Gebühr lange warten. Als sie sich endlich vor ihm aufbaute und herablassend nach seinen Wünschen fragte, bestellte der total eingeschüchterte Knabe Kaffee, den er sonst nie trinkt, und Kuchen, den er auch nicht sonderlich mag.

»Da müssen Sie sich schon ans Büfett bemühen«, erklärte das Fräulein schnippisch.

Sven marschierte, jetzt schon mit hochrotem Kopf, noch einmal durch das Café und suchte sich vier Stück Torte aus. Das war *seine* Rache, schließlich mußte ich ja die Zeche bezahlen. Auf dem Rückweg nahm er drei Zeitschriften mit, hinter denen er sich versteckte.

Während der Heimfahrt strafte er mich mit Nichtachtung, verlor aber auch später nie ein Wort über unseren Cafébesuch. Und zu künftigen gemeinsamen Ausgängen erschien er in einer ganz zivilen Aufmachung.

Wenn man mit weiblichen Teenagern weggeht, braucht man sich wegen der Kleidung keine Sorgen zu machen. Sie sind von Natur aus eitel und wollen keineswegs negativ auffallen. Deshalb muß man aufpassen, daß man sie früh genug aus dem Bad vertreibt, bevor sie sich mit Nagellackflaschen, Wimperntusche und vier verschiedenen Lippenstiften dort verbarrikadieren. Ist einem das geglückt, dann muß man sich zwar eine Stunde lang Klagelieder anhören, weil man seine Tochter als lebenden Leichnam herumlaufen lasse, obwohl doch Lippenstifte schon zur Grundausstattung jeder Elfjährigen gehörten, aber eine trainierte Mutter hat sowieso allmählich Hornhaut auf den Ohren.

In einem Punkt allerdings sind weibliche Teenager unerbittlich: Sie tragen keine Schulmappen mehr. Sie tragen überhaupt nichts, was auch nur im entferntesten an solch ein Utensil erinnern könnte. Statt dessen stopfen sie ihre Bücher in alte Einkaufsnetze, Plastiktüten vom Supermarkt, Turnbeutel, zerrissene Badetaschen – Löcher werden mit flatternden Kopftüchern zugestopft, ausgefranste Henkel mit Bindfaden repariert – und in auf passende Größe zurechtgeschnittene Jutesäcke. Stefanie transportiert ihre Hefte zur Zeit in einem dunkelroten Apfelsinennetz. Das Etikett ›Sonderangebot! 3 kg marokkanische Orangen nur 3,99 DM‹ hängt noch dran.

Sven ist kein Teenager mehr. Sascha hat diese Phase beinahe überstanden, und mit Steffi kann ich manchmal auch schon ganz vernünftig reden. Aber die beiden nächsten Teenager stehen mir noch bevor.

Deshalb für mich und für alle derzeitigen und kommenden Leidtragenden:

Regel Nr. 12 und weitere:
Wenn Ihnen trotz aller Toleranz, trotz aller Geduld und trotz allen Verständnisses doch mal der Kragen platzt und Sie Ihrem Abkömmling die mit Filzstift bemalten Jeans um die Ohren schlagen wollen, denken Sie immer daran: Teenager haben die besseren Nerven!

8.

Rolf verdient die Brötchen und das Heizöl für die Familie als Werbeberater. Er hat einen festen Kundenstamm und ist eifrig bestrebt, für seine Auftraggeber je nach Branche Hustensaft oder Schuhcreme an den Mann zu bringen. Hin und wieder wendet er sich aber von der Theorie ab und der Praxis zu. Dann betätigt er sich als Gebrauchsgraphiker und versucht, seine Vorstellungen von zeitgemäßer Werbung selber zu Papier zu bringen.

Diese gelegentlichen Abstecher in das Reich der Formen und Farben lassen mich immer bereuen, daß ich entgegen den Wünschen meines Großvaters keinen Beamten geheiratet habe, sondern einen ›Künstler‹, der dauernd Pinsel im Spülbecken schwimmen läßt, die abweichen müssen und klebrige Ränder hinterlassen. Da werden im Bad Aquarellkästen gereinigt – die Spuren ziehen sich bis zur Gardine hin – und Bleistiftskizzen ausradiert. Die Überreste werden vom Tisch gewischt, bleiben im Teppichboden hängen und widersetzen sich allen Versuchen, ihnen mit dem Staubsauger zu Leibe zu rücken. Patentleim, der nicht mal eine Briefmarke festklebt, sitzt unlösbar an Türen und auf Sessellehnen, und außerdem verschwinden so nach und nach sämtliche Puddingteller, weil man darauf so bequem die Farben mischen kann. Mitunter liegt auch mitten auf dem Wohnzimmerteppich ein Reißbrett, beschwert mit einigen Brockhaus-Bänden und zwei massiven Feldsteinen. Der frisch aufgezogene Papierbogen muß angepreßt und geglättet werden. Die Familie läuft Slalom!

Das sind aber nur die äußeren Begleiterscheinungen. Viel schlimmer sind die Auseinandersetzungen zwischen Vater und Sohn, wenn ersterer das fertige Werk dem sogenannten Putzfrauentest unterwirft, es also völlig unverbildeten und durch keinerlei Fachkenntnisse belasteten Laien präsentiert. Eine

Putzfrau haben wir nicht mehr, also müssen *wir* die Stimme des Volkes übernehmen.

Die Zwillinge, in ihrer Rolle als naive Betrachter hinlänglich trainiert, ziehen sich nach bewährter Methode aus der Affäre. »Das hast du aber prima gemacht, Papi, da möchte man am liebsten gleich reinbeißen!« kommentiert Nicki bereitwillig das fertige Werk. »Nußschokolade esse ich doch sowieso am liebsten.«

»Ja, und das Silberpapier sieht so richtig schön silbern aus«, bestätigt Katja, um nun auch noch etwas Lobenswertes zu sagen. Steffi findet, daß die Verpackung viel kostbarer aussehe als der Inhalt, während Sven nur einen Seitenblick auf die Zeichnung wirft und lakonisch meint: »Reizt mich nicht, ich mache mir doch nichts aus Schokolade.«

»Aber wenn du nun Schokolade essen würdest . . .?« versucht Rolf seinen Ältesten zu einer positiven Äußerung zu bewegen.

»Dann würde ich die Schokolade essen und nicht das Papier!«

»Aber letzten Endes müßtest du doch die Schokolade erst einmal kaufen, und da ist die Verpackung ein wichtiger Faktor. Woran würdest du dich denn orientieren?«

»An der Geschmacksrichtung. Und da ist es mir völlig wurscht, ob auf dem Einwickelpapier eine Kuh prangt oder eine Kaffeebohne.«

Ich werde erst gar nicht gefragt. Immerhin hat es fast zehn Jahre gedauert, bis Rolf dahinterkam, daß ich seine Schöpfungen grundsätzlich großartig finde und mit etwas Fingerspitzengefühl sogar *die* Details seiner Werke besonders bewundere, auf die es ihm ankommt. Ganz fair ist diese Methode nicht, aber sie sichert den häuslichen Frieden.

Früher hatte ich allerdings meine Aufgabe sehr ernst genommen und mit meiner Kritik nicht hinter dem Berg gehalten. Die anschließenden Diskussionen endeten aber meistens mit knallenden Türen seitens des beleidigten Künstlers und der durchaus berechtigten Feststellung: »Du hast doch sowieso keine Ahnung!«

»Weshalb fragst du mich dann überhaupt?« heulte ich zurück.

»Das weiß ich auch nicht. Und ich kann nur hoffen, daß nicht alle Verbraucher unter ähnlichen Geschmacksverirrungen leiden wie du!«

Nachdem ich oft genug ins Fettnäpfchen getreten war, wurde ich diplomatischer, fand alles großartig und je nach Wunsch

›ganz naturgetreu‹ oder ›wirklich ziemlich avantgardistisch‹ und hatte meine Ruhe. Übrigens sind diese häuslichen Debatten reine Kraftverschwendung. Letzten Endes entscheidet der Auftraggeber, und der hat meistens einen ganz anderen Geschmack als Rolf. Natürlich einen viel schlechteren.

Sascha wird auch nicht mehr um seine Meinung gebeten. Nicht, weil er grundsätzlich alles idiotisch findet, was man sagt oder tut, daran haben wir uns mittlerweile gewöhnt, sondern weil er seinem Vater jedesmal vorwirft, mit der Dummheit seiner Mitmenschen zu spekulieren. So betrachtete er einmal nachdenklich den Entwurf, auf dem ein halbes Dutzend Heringe mit verzückten Blicken zu einer geöffneten Blechdose strebten, sichtlich bemüht, möglichst schnell die konservierende Behausung zu erreichen.

»Und wo sind die Gräten?« wollte Sascha wissen.

»Welche Gräten?«

»Wenn das Preisschild da oben in der Ecke stimmt, soll eine Dose Heringe 79 Pfennig kosten. Dafür kann die doch angeblich so notleidende Fischindustrie bestenfalls Gräten in die Büchse packen. Du täuschst aber vor, daß mindestens sechs wohlgenährte Heringe reinkämen. Das ist doch glatter Betrug.«

»Jetzt redest du Unsinn. Jede Hausfrau weiß, daß sechs Heringe mehr als ein halbes Pfund wiegen, und hier steht ganz deutlich: Gewicht 240 Gramm. Das dürfte ungefähr einem dreiviertel Hering entsprechen.«

»Na siehste! Dann zeichne also auch nur einen dreiviertel Hering!«

»Ich mache doch keine Reklame für Fischmehl!«

»Nein, sondern für zarte Heringsfilets in einer auserlesenen Marinade. Hast du die schon probiert?«

»Natürlich nicht, das Zeug ist doch noch gar nicht im Handel!«

»Wie kannst du dann wissen, ob die Marinade wirklich auserlesen ist?«

Rolfs Stirnadern schwollen in bedenklicher Weise an. »Herrgott noch mal, ich muß doch nicht alles konsumieren, wofür ich werbe. Glaubst du vielleicht, die Herren Brenninkmeyer tragen ihre Anzüge selber, die sie für hundertneunundzwanzig fünfundsiebzig ihren Kunden anbieten?«

»Natürlich nicht, die ziehen Maßanzüge an. Und du ißt auch

lieber geräucherten Heilbutt statt mickriger Fische für neunundsiebzig Pfennig. Die willst du bloß anderen andrehen.«

»Kein Mensch wird gezwungen, sie zu kaufen.«

»Das nicht, aber jeder soll auf deine gemalten Angelköder reinfallen. Warum kannst du nicht auf anständige Weise Geld verdienen?«

»Zum Beispiel wie?«

Sascha sah sich etwas in die Defensive gedrängt, fand aber ziemlich schnell einen Ausweg. »Beispielsweise als Schauspieler. Da würden die Leute nur Geld bezahlen, wenn sie dich sehen *wollen,* und nicht wie bei den Heringen, für die sie Geld hinblättern, weil sie irgend etwas essen müssen.«

»Sie können ja Leberwurst aufs Brot schmieren.«

»Na schön, das könnten sie. Aber bleiben wir mal beim Schauspieler. Um Erfolg zu haben und genügend Geld zu verdienen, mußt du Leistung bringen, also du mußt gut sein. Sonst will dich keiner sehen, und das Theater bleibt leer.«

»Und woher, mein neunmalkluger Herr Sohn, wollen die Zuschauer wissen, ob ich gut bin? Das können sie doch erst beurteilen, wenn sie eine Vorstellung gesehen haben. Und dazu müssen sie zunächst einmal eine Eintrittskarte kaufen. Genau wie bei den Heringen. Man probiert sie erst einmal. Wenn sie nichts taugen, nimmt man das nächste Mal ein anderes Fabrikat.«

Sascha gab sich noch immer nicht geschlagen. »Aber bis es soweit ist, haben mindestens fünf Millionen Hausfrauen fünf Millionen Dosen gekauft, und der Konservenboß hat seinen Gewinn gemacht. Bei einem Schauspieler genügen fünfhundert Eintrittskarten. Dann weiß man, ob er etwas taugt oder nicht.«

»Aber nur deshalb, weil du am nächsten Tag in der Zeitung nachlesen kannst, wie dem Kritiker mit Freikarte das Stück gefallen hat. Vielleicht hatte der aber gerade Magenschmerzen oder einen Steuerbescheid gekriegt. Das ist doch alles subjektiv! Wie bei den Heringen. Wenn sie Frau Meier nicht mag, dann mag sie vielleicht Frau Müller um so lieber.«

»Trotzdem gehörst du auch zu den Leuten, die auf Kosten der Unwissenheit ihrer Mitmenschen leben und deren Bedürfnisse manipulieren.«

»Du lebst aber auch davon, mein Sohn, vergiß das nicht.«

»Ja, leider. Aber ich werde später bestimmt auf eine humanere Art mein Geld verdienen.«

»Das bleibt dir unbenommen. Und damit es möglichst

schnell soweit ist, schlage ich dir vor, deine weltverbessernden Ansichten bis auf weiteres für dich zu behalten und lieber deine Hausaufgaben zu machen. Oder sollten die schon fertig sein?«

»Wenn du nicht weiterweißt, schweifst du immer vom Thema ab«, protestierte Sascha und trollte sich. Gleich darauf war er wieder da. »Sag mal, Paps, kannst du die Oberfläche einer Pyramide berechnen?«

(Erwachsenenbildung wird es geben, solange die Kinder Hausaufgaben machen.)

Leider ist Rolf nicht bereit, die von ihm forcierte Konsumfreudigkeit auch auf sich selbst zu beziehen, und so werde ich zu Weihnachten meist mit sehr nützlichen und praktischen Dingen beglückt. Im vergangenen Jahr war es das Kaffeeservice, das wir ohnehin dringend brauchten, und im Jahr davor die Stehlampe fürs Wohnzimmer. Die neuen Terrassenmöbel bekam ich zum Geburtstag und den Teewagen, auf dem Rolf jetzt seine Flaschen und Gläser spazierenfährt, zum zehnten Hochzeitstag. Auch die Kinder haben sich schon angewöhnt, mich als Mittelsmann für ihre Wünsche einzuplanen. So hörte ich einmal, wie Sven seinem Vater vorschlug: »Du könntest Määm bei nächster Gelegenheit mal einen neuen Fön schenken. An dem alten habe ich mir schon ein paarmal die Finger verbrannt!«

Einmal habe ich den Spieß umgedreht und Rolf zu seinem Geburtstag einen elektrischen Rasenmäher gekauft in der Hoffnung, er würde diesen Wink mit dem Zaunpfahl verstehen. Weit gefehlt! Der Gartenmuffel, dessen Interesse sich nur noch auf die beiden Erdbeerbeete beschränkt hatte, verspürte plötzlich einen Hang zu körperlicher Betätigung und beschloß, den Rasen zu schneiden, obwohl der es ausnahmsweise noch gar nicht nötig hatte. Nachdem er zweimal die Schnur durchgesäbelt und mit der Strippe eine Buschrose geköpft hatte, verpflichtete er die Jungs als Kabelträger. Die schützten aber bald dringende Verabredungen vor, und so mußte ich einspringen. Dabei ist es bis heute geblieben.

Zu Weihnachten werde ich ihm trotzdem einen Staubsauger schenken. Ich brauche dringend einen neuen!

Apropos Weihnachten, Fest des Friedens (und der Geschäftsleute)! Bei uns herrscht in den Wochen davor permanenter Kriegszustand, und seit zwanzig Jahren trage ich mich mit der

Absicht, spätestens am zweiten Advent in ein mohammedanisches Land auszuwandern. Bis nach Köln bin ich sogar schon einmal gekommen. Dort wurde ich von meiner Freundin herzlich begrüßt und sofort mit der Aufsicht über ihre drei Töchter betraut, die gemeinsam Kekse fabrizierten. Da ich genau aus diesem Grunde von zu Hause getürmt war, beschränkte ich meinen Besuch auf die Dauer von zwei Stunden und fuhr weiter zu einer guten Bekannten nach Düsseldorf, die alleinstehend und über Logiergäste immer sehr erfreut ist. Ihr sollte ich beim Zuschneiden von Puppenkleidern für den Wohltätigkeitsbasar helfen.

Eine andere Freundin, seit jeher allen Traditionen abhold und deshalb wohl von dem Weihnachtsrummel nicht befallen, hatte ihr Apartment in eine Schreinerei verwandelt und baute für den derzeitigen Freund ein Regal zusammen. Ich durfte die Bretter abschmirgeln, während sie mir – mit Nägeln im Mund und Heftpflaster in Reichweite – vorschwärmte: »Das Schönste am Weihnachtsfest sind doch die Vorbereitungen!«

Sie hat noch keine Kinder. Hätte sie welche, dann wüßte sie, daß Weihnachten bereits im September beginnt. Dann nämlich fangen sie an zu ›proben‹.

Wer glaubt, Übung mache den Meister, der hat seine Kinder kein Musikinstrument lernen lassen. Ich habe früher Klavierstunden gehabt, weniger aus Spaß an der Sache, als vielmehr deshalb, weil es damals üblich war und wir außerdem so ein Möbel besaßen. (Heute spielt man Kassettenrecorder.)

Eine Nachbarin, die mich offenbar nicht leiden konnte, schenkte Stefanie eine alte Blockflöte von ihrer Tochter und erklärte mir mit honigsüßem Lächeln: »Ich finde, man kann Kindern nicht früh genug die Liebe zur Musik einpflanzen.«

Das Kind war damals fünf Jahre alt und für alles Neue empfänglich. Es entlockte diesem so harmlos aussehenden Instrument Töne, die an nicht geölte Türen erinnerten, an liebeshungrige Katzen und an Musik von Stockhausen.

»Jetzt laß der Steffi doch endlich Unterricht geben, ich bezahle ihn ja«, stöhnte Rolf und dichtete die Tür zu seinem Arbeitszimmer mit schallschluckenden Klebestreifen ab.

Zu diesem Zeitpunkt wohnten wir noch in unserer ländlichen Idylle, wo es Kühe und Schweine gab, aber keinen Musiklehrer. Dann zogen wir nach Bad Randersau, und hier gab es nicht nur Lehrer für Blas- und Streichinstrumente, hier gab es sogar ein kleines Schulorchester und einen Kinderchor. Steffi begann also, vorschriftsmäßig Tonleitern zu üben, und wenn die auch nicht anders klangen als ihre früheren freien Improvisationen, so standen sie jetzt unter fachkundiger Obhut und kosteten Geld.

Nach ihrem ersten öffentlichen Auftreten im Rahmen einer Schulfeier kam Stefanie mit einer Tafel Schokolade und einer Büchse Limonade nach Hause – Gage für die Künstler. Sofort beschlossen die Zwillinge, ebenfalls das Blockflötenspiel zu erlernen.

»Wir wollen auch gar keine Ostereier haben, wir wünschen uns bloß zwei Flöten«, verkündeten sie vorsichtshalber schon im Februar.

»Kommt nicht in Frage!« erklärte der entsetzte Vater und begründete seine Ablehnung mit der Feststellung, daß der Musikunterricht für drei Kinder zu teuer werden würde.

»Stimmt überhaupt nicht. Fräulein Wilkens macht das doch jetzt umsonst, wenn man dafür auch in den Chor geht.«

»Aber ihr könnt doch gar nicht singen, und wenn doch, dann jämmerlich falsch.«

»Das merkt die aber nicht, wenn wir bloß den Mund auf- und zumachen.«

Die Zwillinge bekamen ihre Flöten, quäkten sich ebenfalls mißtönend durch das Anfangsstadium und haben es auch jetzt noch nicht zu bemerkenswerten Leistungen gebracht. Ihre Begeisterung für Hausmusik nimmt ab Januar merklich ab, schwindet während der Sommermonate völlig, erwacht ab September langsam wieder und erreicht im Dezember den jährlichen Höhepunkt. Dann nämlich finden die Konzerte vor Publikum statt, und alle Teilnehmer bekommen Nikolaustüten oder kleine Geschenke, von den Insassen des Altersheimes Kakao und Kuchen, vom Bürgermeister eine Zehnerkarte fürs Hallenbad.

Man kann darüber streiten, ob ›Heinzelmännchens Wachtparade‹ eine musikalische Offenbarung ist. Von Blockflöten interpretiert, ist sie jedenfalls keine. Und wenn man sich diese Melodie zwei Monate lang täglich eine Stunde anhören muß, nur unterbrochen von gelegentlichen Zwischenrufen wie »Wann merkste dir endlich, daß das G ein Gis ist?« oder »Da mußte doch den dritten Finger nehmen, sonst kommste nachher mit dem vierten nicht aus!«, dann frage ich mich immer wieder, weshalb es auch heute noch so viele Verfechter der Hausmusik gibt.

Ende September, wenn im Supermarkt die ersten Christstollen angeboten werden und Adventskalender die Auslagen der Schreibwarenläden schmücken, beginnt Steffis große Zeit. Sie sammelt in sämtlichen Geschäften Rezepte, die von Backpulver- und Puddingfabrikanten in immer neuen Varianten angeboten werden. Daraus wird dann ein Sortiment zusammengestellt, das dem Warenvorrat einer gut assortierten Konditorei entspricht und zu dessen Herstellung so merkwürdige Zutaten wie Kardamom, kandierter Ingwer und Heideblütenhonig gehören.

Einem ungeschriebenen Brauch zufolge hat eine gute Hausfrau das Weihnachtsgebäck selbst anzufertigen. Ich bin keine. Trotzdem muß ich selber backen, die Familie wünscht das so. Sie beteiligt sich auch daran und übernimmt unaufgefordert die Endkontrolle der Produkte. Seit zwei Jahren allerdings widmet sich Stefanie der Plätzchenfabrikation, unterstützt von Nicole und Katja. Ich werde an den Backtagen aus der Küche verbannt, muß mich aber zur Verfügung halten. Sozusagen als Katastrophenschutz. Gelegentlich kommt es nämlich vor, daß die Zuckerbäcker ihre ganze Aufmerksamkeit dem Dekor von Jamaika-Kringeln schenken, während sich das Schlesische Schokoladenbrot im Ofen in Holzkohle verwandelt. Etwas Ähnliches mußte wohl auch mit den letztjährigen Honigkuchen passiert sein. Sie erinnerten in ihrer Konsistenz an Hundekuchen, ließen sich weder mit einem Messer noch durch sanfte Schläge mit dem Hammer zerteilen und wurden von Sven schließlich kunstgerecht zersägt und anschließend bemalt. Gegessen wurden sie übrigens nie, aber sie haben sehr dekorativ ausgesehen.

9.

Anfang Oktober beschließt der Nachwuchs Sparmaßnahmen. Der Verbrauch von Zeitschriften und Kaugummi wird eingeschränkt oder doch zumindest geplant. Ich bekomme das Taschengeld zur Aufbewahrung, muß es aber ratenweise wieder herausrücken, weil unvorhergesehene Ausgaben anstehen.

Die Zwillinge stopfen Taschengeld und zusätzliche Einnahmen in ihre Spardosen, fischen sich aber in regelmäßigen Abständen die Münzen unter Zuhilfenahme von Stricknadeln oder Küchenmessern wieder heraus. Die Finanzierung der Weihnachtsgeschenke ist somit keineswegs gesichert.

Schließlich hat Nicole den rettenden Einfall.

»Weißt du, Katja, wenn wir das nächste Taschengeld kriegen, stecken wir es in die Plastikschweine, lassen Wasser drauf und stellen sie in die Tiefkühltruhe. Dann kommen wir an das Geld nicht mehr ran, selbst wenn wir wollen. Und kurz vor Weihnachten tauen wir es auf!«

Ab November beginnen die Heimarbeiten. Ende November sind sie über das Stadium der Vorbereitungen noch immer nicht hinausgekommen, was eine zunehmende Gereiztheit der Heimwerker zur Folge hat. Stefanie beschließt, ihrer Großmutter statt der geplanten Tischdecke mit Hohlsaum lieber nur ein handgesäumtes Taschentuch zu schenken. Die Zwillinge wollen der Omi ein Einkaufsnetz knüpfen. Als es zwei Tage vor Heiligabend schließlich fertig ist, kann man bestenfalls ein halbes Pfund Butter und eine Rolle Nähseide darin transportieren.

»Macht doch nichts«, erklärt Katja unbeirrt, »dann nimmt es in der Handtasche nicht so viel Platz weg!«

Sascha ist ein Gegner von Selbstgemachtem, dabei hätte er sogar Talent, weil er als einziger die künstlerische Begabung seines Vaters geerbt hat. Andererseits ist er faul.

»Ich kaufe Paps lieber etwas Vernünftiges. Kürzlich habe ich einen Schreibtisch-Boy aus Chromstahl gesehen, der würde ihm bestimmt gefallen. Und wenn du mir vielleicht mein Taschengeld für Januar vorstrecken könntest...«

Sascha bekommt den Vorschuß, braucht ihn dann aber dringend für eine Platte von Udo Lindenberg. Der Schreibtisch-Boy, den er schließlich seinem Vater schenkt, ist aus gelbem Plastik und kostet 3,95 Mark. Stefanie versucht meistens, das Unerläßliche mit dem Nützlichen zu verbinden. So hörte ich zufällig, wie sie zu Sven sagte: »Ich weiß gar nicht, was ich Mami diesmal schenken soll – sie hat schon alles, was ich brauchen kann.«

Sven laubsägt. Früher bekam ich Sterntaler und Dornröschen, dann arbeitete er sich über Frühstücksbrettchen und wackelnde Kerzenhalter bis zu Gewürzständern vor, und jetzt bastelt er schon Vogelhäuser. Zwei Stück habe ich bereits. Eins für Spatzen, das andere für Meisen. Da die Vögel bedauerlicherweise nicht lesen können, ignorieren sie die wetterfesten Namensschilder und fechten weiterhin erbitterte Revierkämpfe aus.

Je näher das Weihnachtsfest rückt, desto hektischer wird die Betriebsamkeit. Kaum ist der Streit geschlichtet, ob Gans oder Pute aufgetischt werden soll (man entscheidet sich für Pute, weil die bekömmlicher ist, obwohl wir alle viel lieber Gans essen), will Nicki wissen, warum wir noch keinen Weihnachtsbaum hätten und ob Bettina während der Feiertage bei uns schlafen könne. »Die kriegen nämlich so viel Besuch.«

Wir bekommen ausnahmsweise keinen. Jedenfalls hat sich niemand angemeldet.

Katja erkundigt sich, ob es auch in diesem Jahr wieder die Marmelade im Nachthemd gibt, wird von ihrem Vater aber belehrt, daß das Gebäck ›Äpfel im Schlafrock‹ heiße und im übrigen nicht unbedingt ein weihnachtliches Attribut sei.

Steffi fragt, zu welcher Weihnachtsfeier ich denn nun käme und ob sie wirklich keine Hosen anziehen dürfe.

»Wenn alle anderen Röcke tragen, kannst du nicht als einzige in Hosen kommen!«

»Aber ich stehe doch in der dritten Reihe, mich sieht untenrum ja keiner.«

Ich entscheide mich für die Nikolausfeier des Kraichgauclubs. Keine Ahnung, welchem Zweck dieser Verein dient, aber Kinderorchester und Chor werden auftreten, und dann habe ich die Sache wenigstens hinter mir. Inzwischen kann ich ›Heinzelmännchens Wachtparade‹ schon rückwärts.

Die Feier findet im großen Kurhaussaal statt. Der kleine hätte auch genügt, aber der hat keine Bühne. Rolf kommt nicht mit, er drückt sich immer. Sascha habe ich erst gar nicht gefragt, und Sven habe ich nur mit dem Versprechen ködern können, er dürfe sich einen Hummersalat bestellen. Als ich ihn bat, sich ausnahmsweise mal anständig anzuziehen, wollte er zwei Salatportionen.

Die Feier ist lang. Ein Redner löst den anderen ab, man beschwört Kameradschaftsgeist, Naturverbundenheit und mahnt scherzend rückständige Beiträge an. Zum Jahresende muß die Kasse stimmen.

Der Kinderchor tritt auf. Katja steht in der ersten Reihe und singt lauthals mit. Meistens daneben. Nicki wird von einem größeren Jungen verdeckt und bemüht sich verzweifelt, über seine Schulter zu spähen. Endlich hat sie uns gefunden und winkt verstohlen. Stefanie sehe ich überhaupt nicht. Sven deutet zum Flügel. Da steht meine Tochter und sieht aus wie ein Weihnachtsengel. In der einen Hand hält sie eine Kerze, mit der anderen blättert sie die Noten um. Der Rock ist deutlich zu sehen.

Der Chor tritt ab, es folgt ein Geigensolo, dann ein Duett mit Klavier. Im Hintergrund piepst eine Flöte. Es ist soweit. Das Orchester kommt. Es besteht vorwiegend aus Blockflöten, ein Akkordeon ist noch dabei, zwei Klarinetten, ein paar Streicher. Das Klavier hat Pause.

Fräulein Wilkens gibt den Einsatz. ›Heinzelmännchens Wachtparade‹ zum hundertzweiundneunzigsten Mal. Ich stelle fest, daß noch einige Musiker Gis mit G verwechseln. Die Künstler verbeugen sich, Beifall rauscht auf. Jetzt kommt der Nikolaus, überreicht bunte Tüten, ermahnt einzelne Orchestermitglieder, im neuen Jahr regelmäßiger zu den Proben zu erscheinen und immer fleißig zu üben. Stefanie kriegt auch einen Schlag mit der Rute.

»Und jetzt singen wir noch alle zusammen ›O du fröhliche . . .‹«

Fräulein Wilkens gibt den Ton, die Flötisten nehmen Haltung an, los geht's. Dann ist auch das überstanden, und nun beginnt der gemütliche Teil der Veranstaltung.

Eine halbe Stunde halte ich es noch aus, dann will ich gehen. Die Zwillinge wollen nicht. Sie toben mit anderen durch den

Saal. Steffi sitzt bei Christiane am Nebentisch und polkt die Wachsflecken von ihrem dunkelblauen Rock. Sven ist verschwunden.

Nach zwanzig Minuten habe ich alle zusammengetrommelt und zur Garderobe gescheucht. Katjas Mantel ist nicht da. Schließlich wird er mit abgerissenem Aufhänger irgendwo auf dem Boden gefunden. Er ist reif für die chemische Reinigung.

Rolf sitzt vor dem Fernseher und guckt sich ›Romeo und Julia‹ an. Galavorstellung des Bolschoi-Balletts! Darauf hatte ich mich schon seit einer Woche gefreut.

»Na, war es denn schön?« will er wissen.

Am liebsten würde ich ihm jetzt die Weinflasche an den Kopf werfen, aber die ist noch viertel voll. Ich trinke den Rest und gehe schlafen. Warum haben wir nicht schon Januar?

Heiligabend! Die Zwillinge quirlen seit sechs Uhr herum und machen das Frühstück (wo Rauch ist, da ist auch Toast). Um sieben werde ich mit einer Tasse Hagebuttentee geweckt. Er wurde auf Sparflamme gekocht, und Zucker fehlt auch.

Ich schlurfe ins Bad. Zahnpasta ist alle. Man kann schließlich nicht an alles denken.

»Hast du bei Sperber angerufen, ob die noch den Wagen waschen können?«

Habe ich nicht. Es ist mir auch völlig egal, ob das Auto dreckig oder sauber in der Garage steht, ich benutze es sowieso nur noch selten.

Der Kaffee sieht nicht gerade vertrauenerweckend aus.

»Wieviel Bohnen habt ihr denn pro Liter genommen?« will ich von Nicki wissen.

»Das ist doch Tee!«

»Dann mach mir bitte eine Tasse Kaffee, sonst werde ich überhaupt nicht munter!«

Der Kaffee kommt. Es ist Blümchen.

Während des Frühstücks überprüfe ich die Einkaufsliste. Viel fehlt nicht mehr, aber der Kuckuck mag wissen, ob ich hier Kaviar auftreiben kann. Rolf besteht auf echtem. Zur Feier des Tages. Es soll ja auch nur eine ganz kleine Dose sein. Ich mache mir nichts daraus und bin gar nicht böse, daß ich nirgends welchen bekomme.

Sascha liegt noch im Bett, deshalb heuere ich Sven als Lastenträger an. Den Wagen können wir nicht haben, der wird nun doch noch gewaschen!

Kurz vor dem Mittagessen sind wir wieder zurück. Sascha ist auch schon aufgestanden, hat keinen Appetit auf weiße Bohnen, behauptet, vor Ladenschluß noch etwas besorgen zu müssen, verschwindet.

Stefanie wäscht ab. Das tut sie nur bei ganz besonderen Gelegenheiten, hauptsächlich dann, wenn sie etwas will.

»Mami, bist du sehr böse, wenn mein Geschenk noch nicht ganz fertig ist? Ich habe da irgend etwas falsch gemacht, und jetzt muß ich die Hälfte wieder auftrennen. Aber gleich nach den Ferien kriegst du es.« (Es handelte sich um eine Küchenschürze, und bekommen habe ich sie nie.)

Drei Uhr. Sven sucht Weihnachtspapier.

»Das ist alle.«

»In diesem Haus ist aber auch nie etwas da!«

»Du hättest dich ja früher darum kümmern können!«

»Aber du hast das Zeug doch rollenweise gekauft?«

»Ich habe aber auch alles verbraucht.«

»So'n Mist! Na, dann muß ich eben warten, bis die ersten ihre Geschenke ausgewickelt haben, damit ich meine einwickeln kann.«

Vier Uhr. Stefanie blockiert das Bad und macht sich ›fein‹. Mein Nagellack ist weg. Den Lidschatten finde ich auch nicht mehr.

Katja fragt, wann denn nun endlich die Bescherung anfange. Keine Ahnung. Im Augenblick liegt noch eine technische Störung vor. Die elektrische Baumbeleuchtung brennt nicht. Rolf sucht den Fehler, findet ihn nicht, behauptet, die Anlage müsse noch aus der Vorwährungszeit stammen. Sven schraubt alle Kerzen raus, dreht sie wieder rein, der Baum brennt.

Stefanie taucht endlich auf. Der grüne Lidschatten zur himmelblauen Bluse sieht entsetzlich aus. Auf Lippenstift hat sie verzichtet, dafür hat sie die Augen kohlschwarz umrandet und sieht aus, als habe sie ein chronisches Magengeschwür.

Halb fünf. Jetzt erst fällt mir auf, daß Sascha noch immer nicht zurück ist.

»Sven, häng dich mal ans Telefon. Irgendwo muß der Bengel doch stecken. Mir reicht es jetzt. Ich möchte mich nämlich auch endlich umziehen.«

Das Bad schwimmt, die Dusche spendet nur noch lauwarmes

Wasser. Ich beiße die Zähne zusammen. Schließlich soll es Leute geben, die eiskalt duschen. Mir fällt die Geschichte von dem Eisbärbaby ein, das seine Mutter fragt, ob alle seine Vorfahren ebenfalls Eisbären gewesen seien. Als ihm das bestätigt wird, erklärt es bibbernd: »Mir egal, ich friere trotzdem.«

Kurz vor halb sechs bin ich fertig. Sascha ist immer noch verschwunden. Sven berichtet, daß er alle einschlägigen Nummern angerufen habe. »Keiner weiß etwas. Aber nach Hardy wird auch gefahndet. Seine Mutter wollte nämlich wissen, ob er bei uns ist.«

Rolf bringt mir einen Whisky. »Zwei Fünfzehnjährige können nicht so einfach verschwinden. Eine halbe Stunde warten wir noch, dann fangen wir an.«

Zehn Minuten später klingelt es. Endlich! Nicki stürmt zur Tür. Ein Aufschrei! »Wie siehst du denn aus?«

Sascha erscheint im Türrahmen. Das Gesicht voller Mullbinden, beide Hände bandagiert, die Jeans zerrissen, vom Hemd fehlt ein Ärmel.

»Um Gottes willen, was ist denn passiert?«

»Hab' mit Hardys Mühle 'nen Crash gebaut und bin in 'ne Bonzenschleuder gebrettert.«

»Was ist los?«

Hardy übersetzt: »Der hat mit meinem Mofa 'nen kleenen Unfall jehabt und is dabei in eenen Mercedes jeknallt. Is aber weiter nischt passiert. Wir haben ihn gleich in die Unfallstation jekarrt, und da is er janz prima verpflastert worden.«

»Das sieht man«, stellt Sven fest und umrundet interessiert den wandelnden Verbandkasten. »So ähnlich stelle ich mir eine Mumie vor.«

»Was ist denn eine Mumie?« will Katja wissen.

»Das ist ein eingemachter König, so 'ne Art Büchsen-Ramses.«

»Hör auf mit dem Unsinn!« Rolf betrachtet sich kopfschüttelnd seinen lädierten Sohn. »So etwas Ähnliches habe ich schon lange erwartet. Eure verflixte Raserei! Anscheinend hast du aber noch unverdientes Glück gehabt. Ist auch wirklich nichts gebrochen?«

»Det sieht schlimmer aus wie't is«, bekräftigte Hardy noch einmal. »Die Knochen sind alle heil jeblieben, bloß in't Jesicht sieht er aus, als wenn er über'n Jurkenhobel jerutscht wäre. Und die Hände sind ooch uffjeschrammt. Aber der Arzt hat jesacht, da bleibt nischt zurück. Bloß meine Karre is im Eimer. Wenn ick det jetzt mein' Opa erzähle, is Weihnachten for mir jeloofen.«

»Ich rede morgen mit deinem Großvater«, beruhigt ihn Rolf, »offenbar hat doch Sascha den Unfall gebaut?«

»Ick habe aber hinten druffjesessen, und det is doch vaboten. Wie det eijentlich allet passiert is, weeß ick selba nich, plötzlich hatte ick die Tür vom Mercedes vor de Neese.«

»Ist die Polizei dagewesen?«

»Ach wo, denn würden wir ja noch immer rumsteh'n und Pfeile uff'n Asphalt malen. Den Fahrer kenne ick sowieso, wir rejeln det ohne die Bürokraten. Und jetzt muß ick schleunigst vaduften, sonst jibt meine Mutter noch 'ne Vermißtenanzeige uff, und denn habe ick die Bullen doch am Hals. Ach so, ja, fröhliche Weihnachten!«

Sascha hat sich inzwischen nach oben begeben und restauriert mit Svens Hilfe sein ramponiertes Äußeres. Die Hemdenknöpfe lassen sich wegen der Verbände an den Armen nicht schließen, in den Blazer kommt er erst gar nicht hinein.

Um halb sieben findet dann endlich die Bescherung statt. Sie beginnt mit einem Flötenterzett und endet mit einer Debatte, ob eine Küchenmaschine ein Haushaltsgegenstand und daher für die Allgemeinheit nützlich sei, oder ein persönliches Geschenk, weil *ich* dadurch Arbeit sparte.

Sven möchte wissen, ob er seinen Pullover umtauschen könne, er hätte ihn lieber in Nachtblau. Den Rasierapparat mit Multischerkopf und Batterieantrieb findet er überflüssig. »Wer sagt denn, daß ich mich überhaupt rasieren will?«

Eine berechtigte Frage. Wenn man heute Vater und Sohn beieinander sieht, ist der mit dem Bart wahrscheinlich der Sohn.

Sascha hört sich zum drittenmal die neue Otto-Platte an. Noch zweimal, und er kann sie auswendig.

Stefanie mault. Der Samtrock ist zwar sehr schön, und sie habe sich ja auch etwas Festliches gewünscht, aber es gebe doch auch Samthosen, nicht wahr?

Nur die Zwillinge sind rundherum zufrieden. Katja hat ihre Marionette zwar schon kaputtgespielt, aber Sven verspricht, die Ente morgen zu reparieren. Nicki liest ›Das Geheimnis der Felsenburg‹ und hat alles um sich herum vergessen. Nein, Hunger habe sie nicht, erklärt sie und stopft sich geistesabwesend eine Marzipankartoffel nach der anderen in den Mund.

Sascha liegt auf der Couch, leckt seine Wunden und schwört

heilige Eide, »nie wieder im Leben so eine verdammte Karre« anzufassen. Morgen vormittag muß er zum Verbandwechsel.

Gegen zehn klingelt das Telefon. Tante Lotti ist am Apparat. Sie wünscht uns allen ein frohes Fest und meint dann: »Weißt du, mein Liebes, eigentlich ist Weihnachten doch nur dort so richtig schön, wo auch Kinder sind!«

Ach ja!

10.

»Habe ich dir eigentlich schon gesagt, daß wir in diesem Jahr mit dem Landschulheim dran sind?«

Sascha lehnte an der Tür des Arbeitszimmers und peilte vorsichtig seinen Vater an. Immerhin galt es, ihn in homöopathischen Dosen auf die finanziellen Belastungen, die diese Studienreise verursachen würden, vorzubereiten.

»Landschulheim!« knurrte der potentielle Geldgeber denn auch prompt. »Das ist auch wieder so ein neumodischer Blödsinn, der einen Haufen Geld kostet und nichts bringt. Zu meiner Schulzeit gab es zweimal jährlich einen Wandertag, und wir sind damit ganz zufrieden gewesen. Oder warst *du* vielleicht im Landschulheim?«

Damit war ich gemeint. Nein, also Landschulheime hatte ich in meiner Jugend nur aus Büchern gekannt, und soweit ich mich erinnern konnte, waren sie ausschließlich von Kindern reicher Eltern bevölkert gewesen, die nachts mit umgehängten Bettlaken als Gespenster herumgeisterten und tagsüber Pferde fütterten. Wir hatten als Fünfzehnjährige lediglich einen Abstecher nach Berlin-Oranienburg gemacht, tagsüber die Umgebung erkundet und nachts in einer Art Jugendherberge kampiert, wo wir Kamillentee tranken und Brote mit Holundermark aßen. Dafür schrieben wir auch das Jahr 1948. Auf einen Mitternachtsspuk hatten wir ebenfalls verzichten müssen, weil es gar keine Bettlaken gab, und so hatten wir uns darauf beschränkt, unserer Klassenlehrerin den Schlafanzug zuzunähen. Und das völlig umsonst, denn sie hatte einen zweiten mit.

Nach drei Tagen waren wir mit der U-Bahn wieder nach Hause gefahren, und nach fünf Tagen mußten wir über das Erlebte einen Aufsatz schreiben. Sehr ergiebig ist er nicht geworden.

Sascha hatte mir schon vor ein paar Tagen erzählt, daß das erwählte Landschulheim in Südtirol liege, bestens beleumundet sei und von einem noch ziemlich jungen Ehepaar geführt werde, das viel Verständnis für Teenager habe.

»Da können wir also ruhig mal auf die Pauke hauen. Bescheuert ist bloß, daß die Parallelklasse mitkommt. Du glaubst gar nicht, was da für trübe Tassen sitzen!«

»Umgekehrt werden sie wohl der gleichen Meinung sein!«

»Möglich, aber so viele kaputte Typen auf einem Haufen kann es ein zweites Mal überhaupt nicht geben.«

Rolf interessierte sich mehr für den finanziellen Teil der ganzen Angelegenheit. »Wieviel soll der Spaß eigentlich kosten?«

Sascha zögerte. »Genau steht das noch nicht fest, aber Frau Thiemann meint, daß auf jeden ungefähr 250 Mark kommen. Ohne Taschengeld.«

Frau Thiemann war nicht nur Klassenlehrerin, sie gab auch Mathematik und durfte im Umgang mit Zahlen als einigermaßen kompetent angesehen werden.

»Waas? Fünfhundert Mark zusammen? Ihr seid wohl verrückt geworden! Kommt überhaupt nicht in Frage, ich bin schließlich kein Ölscheich.«

Mit einer derartigen Reaktion hatte Sascha offenbar schon gerechnet und sich entsprechend präpariert.

»Erstens findet diese Reise im Rahmen des Schulunterrichts statt, und eine Beteiligung ist Pflicht. (Was keineswegs stimmte, wie sich später herausstellte.) Zweitens zahlt der Staat einen Zuschuß und die Gemeinde auch, und drittens wollen wir uns noch etwas dazuverdienen, damit sich der Eigenanteil verringert.«

»Hahaha«, sagte Rolf und sonst gar nichts.

»Du brauchst überhaupt nicht zu lachen. Wir veranstalten einen Basar, und da kommt bestimmt eine ganze Menge Geld zusammen.«

»Wann soll die Reise eigentlich stattfinden?«

»Erst Ende Mai, wir haben also noch über drei Monate Zeit.«

»Im Mai habe ich erst recht kein Geld. Du weißt ganz genau, daß im April der neue Wagen kommt, und der ist wichtiger als euer Privatvergnügen.«

Nichts nutzt ein Auto so sehr ab, als wenn sich der Nachbar ein neues kauft. Sascha fand das auch.

»Ich möchte bloß wissen, weshalb du jetzt schon wieder eins brauchst. Das alte tut's doch bestimmt noch eine Weile.«

»Sicher. Wenn ich jeden Monat zweihundert Mark Reparaturkosten hineinstecke, kann ich auch noch in fünf Jahren damit fahren.« Rolf sah seinen Sprößling vorwurfsvoll an. »Gestern ist mir zum zweitenmal innerhalb kurzer Zeit der Auspuff kaputtgegangen.«

»Ach so, dann warst *du* das heute morgen?« Sascha grinste. »Ich habe mich schon gefragt, wer sich in der Nachbarschaft einen Formel-I-Rennwagen zugelegt hat.«

»Du siehst also, mein Sohn, daß ein neuer Wagen nötig ist. Letzten Endes verdiene ich damit die Brötchen.«

»Na ja, wenn das so ist, Paps, dann gibt es noch eine andere Möglichkeit, öffentliche Gelder lockerzumachen. Besonders Bedürftige können einen Antrag beim Bürgermeister einreichen und kriegen einen Extrazuschuß. Wenn du vielleicht den alten Wagen ein paar Wochen lang nicht wäschst und dann mit dem Ding beim Rathaus vorfährst ...«

»Raus!!«

Die erste Runde war also unentschieden ausgegangen. Die zweite ging ohne Punktverlust an Sascha, der zur Besprechung mit ausreichender Rückendeckung erschienen war. Sogar Manfred redete und redete wie ein Wasserfall.

»Aber extra Taschengeld gibt es nicht!« bestimmte Rolf, der wenigstens noch einen Rest von Autorität wahren wollte. »Haltet eure Pfennige in den nächsten Monaten gefälligst zusammen.«

Dann wollte er von mir wissen, ob man die anfallenden Kosten nicht vielleicht unter »Mehraufwendungen für hilfsbedürftige Verwandte« verbuchen könnte.

»Ich habe einen anderen Vorschlag: Schick doch deinen gesamten Verdienst gleich dem Finanzamt, und die geben uns dann zurück, was sie für richtig halten!«

Die nun folgenden Wochen standen ganz im Zeichen des geplanten Basars. Schule fand zwar auch noch statt, aber allem Anschein nach diente sie lediglich den vielfältigen Vorbereitungen. In den Zeichenstunden wurden Preisschilder gemalt, im Werkraum fabrizierte man Steinmännchen, im Handarbeitsunterricht Topflappen und Pudelmützen.

Eines Tages wollte Sven wissen, ob er »ein paar Sachen« in der Garage abstellen könnte. »Papi ist doch jetzt vier Tage lang nicht da und die Garage leer. Der Rainer wollte ja die Scheune von seinem Vater zur Verfügung stellen, aber jetzt hat der eine alte Egge reingeschoben und einen Haufen Fässer mit Kälberfutter. Wir wissen wirklich nicht, wo wir mit unserem ganzen Kram hinsollen.«

»Was sind denn das für Sachen?«

»Ach, bloß die Dinge, die wir für den Flohmarkt gesammelt haben. Ein bißchen Spielzeug, Geschirr, Bücher, ein altes Wagenrad, das muß aber noch lackiert werden, eine Puppenstube, die . . .«

». . . und das soll alles in die Garage?«

»Ist doch nur für zwei Tage. Ab Donnerstag können wir alles in Edwins Pferdestall bringen. Das Fohlen ist verkauft und wird übermorgen abgeholt.«

Abends besichtigte ich die Ausbeute. Normalerweise hätten die Eigentümer das ganze Zeug vermutlich zum Sperrmüll gestellt, aber der nächste Abfuhrtag würde erst in zwei Monaten sein, und so hatte man wohl die günstige Gelegenheit genützt, das alte Gerümpel loszuwerden. Da gab es einen Schaukelstuhl mit nur einer Armlehne, ein Dreirad mit zwei Rädern, Puppen ohne Beine und Stofftiere ohne Schwanz. Es gab eine Kaffeekanne ohne Deckel, Bücher ohne Einband und eine Puppenstube ohne Möbel. Es gab einfach alles, sogar einen Nachttopf aus Jenaer Glas.

»Du glaubst doch wohl nicht im Ernst, daß auch nur ein Mensch einen Pfennig für diesen Kram ausgibt! Vermutlich müßt ihr noch draufzahlen, um das Zeug wieder loszuwerden!«

Svens Optimismus war unerschütterlich. »Natürlich reparieren wir noch alles. Und wenn die Sachen erst mal sauber sind und frisch gestrichen, sehen sie auch ganz anders aus. Farbe kriegen wir übrigens von Herrn Gehring gratis.«

Herr Gehring hat einen Malereibetrieb.

»Wem sein Müll is'n das?« Nicki war dazugekommen und musterte interessiert die aufgehäuften Schätze.

»Das heißt wessen!«

»Wessen sein Müll ist das nu wirklich?«

»Das ist für unseren Basar, und wenn ihr wollt, könnt ihr beim Saubermachen und Reparieren helfen.«

Die Zwillinge wollten aber nicht.

Zwei Tage lang rührte sich nichts. Weder erschien die angekündigte Reparaturkolonne, noch gab es irgendwelche Anzeichen für den versprochenen Abtransport der Antiquitäten.

Ich wurde energisch: »Morgen kommt euer Vater zurück. Wenn er das Zeug in der Garage sieht, gibt es einen Heidenkrach, das wißt ihr hoffentlich!«

Die Knaben nickten sorgenvoll. »Edwins Vater hat einen Rückzieher gemacht. Wir suchen ja schon seit gestern nach einer neuen Abstellmöglichkeit, aber wir haben noch keine gefunden.«

Frau Keks erschien als Retter in der Not. »Solange mein Mann zur Kur ist, steht unsere Garage leer. Von mir aus räumt das Zeug dort rein, vorausgesetzt, in diesen alten Staubfängern sitzen keine Wanzen.« Kopfschüttelnd betrachtete sie einen Lampenschirm: »Das Ding wird aber auch nur noch durch den Dreck zusammengehalten.«

Nun rückten auch endlich die Heimwerker an, beladen mit Schraubenziehern, Sägen, Leim- und Farbtöpfen. Es wurde geschmirgelt und gehämmert, gekleistert und genäht. Letzteres vorwiegend von mir.

»Määm, kannst du mal eben das Ohr annähen?«

»Frau Sanders, hier fehlen zwei Knöpfe, und der Sascha meint . . .«

»Haben Sie rosa Gummiband?«

Dann wieder drückte Sven mir einen Haufen Lumpen in die Hand: »Würdest du das mal eben durch die Waschmaschine orgeln?«

Ich tat auch das und bewies darüber hinaus weiteres Entgegenkommen, indem ich die Puppenkleider auch noch bügelte. Als ich aber den Lampenschirm in ein Benzinbad tauchen und vorsichtig säubern sollte, streikte ich:

»Es gibt ja wohl noch mehr Mütter, sollen die doch auch mal etwas tun!«

»Was glaubst du denn, was die machen?« Sascha war flammende Empörung. »Du kommst doch noch glimpflich davon. Wir haben einen halben Zentner Wolle gestiftet bekommen, und nun sitzen alle und stricken Pullover oder Kinderkleidchen.«

Hut ab vor den Damen! Ich kriege nicht mal einen einfachen Schal hin, ohne daß er am Ende spitz zuläuft.

Frau Thiemann erwies sich als ausgesprochenes Organisationstalent. Sie klapperte alle ansässigen und auch die entfernteren Betriebe und Fabriken ab und sammelte Spenden, angefangen bei Gläsern mit Delikateßgurken und Sauerkohl bis hin zu Badehosen zweiter Wahl. Banken stifteten Schlüsselanhänger und Sparbüchsen, eine Kosmetikfirma trennte sich von Apfelshampoo und einem Sortiment Lippenstiften, die von den neuen Modefarben überrollt worden waren, und schließlich wurde auch noch ein Sack Pelzabfälle angefahren. Eine Kürschnerei hatte sie geliefert, zusammen mit Schnittmustern, wie man aus den haarigen Resten kleine Pelztiere anfertigen kann.

Sascha hatte die Verwaltung der privaten Spenden übernommen. Das war wenig anstrengend, zumal die edelmütigen Spender die Sachen auch noch persönlich abzuliefern hatten, da es den Empfängern an geeigneten Transportmöglichkeiten fehlte. So führte Sascha also nur die Listen und trug getreulich ein, was da so herangekarrt wurde.

»Da hätten wir jetzt 14 Geranienstauden, 11 Primeln und 9 Töpfe mit Fleißigen Lieschen von der Gärtnerei Wildhuber. Herr Kreiwald hat zehn Flaschen Rotwein gestiftet, Herr Huber fünfzig Kugelschreiber, Herr Müller zehn Feuerzeuge und der Vater von Wolfgang fünfundzwanzig Packungen Taschenlampenbatterien. Von der Metzgerei Glöckle kriegen wir hundert Würstchen, vom Bäcker Schmidt eine Nußtorte. Was stiftest *du* eigentlich?« Sascha kaute auf dem Bleistift und sah mich erwartungsvoll an.

»Meine Arbeitskraft.«

»Das tun andere auch. Ich meine doch irgend etwas, das sich verkaufen läßt.«

»Was fehlt denn noch?«

»Alles. Aber wir stellen in den nächsten Tagen sowieso eine Liste zusammen, und da muß jeder eintragen, welche Kuchen und wieviel Kaffee er spendet. Außerdem müssen wir noch den Arbeitseinsatz koordinieren.«

Der bürokratische Aufwand erschien mir angesichts des harmlosen Schulfestes ein bißchen zu umfangreich, aber Sascha fand das völlig in Ordnung.

»Hast du dir schon mal überlegt, was du machen wirst? Es werden noch Hilfskräfte für die Kaffeeküche gebraucht, beim Flohmarkt fehlen noch welche, und ich glaube, der Kuchenstand ist auch noch nicht besetzt. Du kannst aber auch Kartoffelpuffer braten oder Gläser spülen.«

»Vielleicht sagst du mir mal, was *ihr* eigentlich tut! Das ist doch euer Fest. Oder beschränkt sich eure Mithilfe lediglich darauf, die Einnahmen zu zählen?«

Sascha fuhr ärgerlich mit dem Bleistift durch die Luft: »Wir sind alle schon bis zum letzten Mann verplant. Die Mädchen kellnern, und wir anderen haben genug zu tun. Zwei Mann müssen an die Torwand, vier Mann organisieren das Kino für die Kleinen, wir haben elf Zeichentrickfilme bestellt, zwei von uns stehen in der Wurfbude, mindestens ein halbes Dutzend in der Diskothek, und der Rest ist ZbV und verkauft Lose.«

»Was heißt ZbV?«

»Das heißt ›Zur besonderen Verwendung‹, also so 'ne Art Feuerwehr, die überall einspringen muß, wo es gerade brennt.«

»Aha, und du bist Feuerwehrhauptmann?«

»Quatsch, ich sitze an der Kinokasse.«

»Womit du dir zweifellos den anstrengendsten Job ausgesucht hast! Aber wenn es eine Tombola gibt, dann muß doch auch jemand die Gewinne austeilen. Dazu könnte ich mich eventuell bereit finden.«

Erfahrungsgemäß ist eine begrenzte Anzahl Lose schnell verkauft, die Preisverteilung ebenso schnell beendet, und meine Abkommandierung zum Arbeitseinsatz wäre also voraussichtlich nach zwei bis drei Stunden beendet. Andere Mütter waren offenbar zu der gleichen Erkenntnis gekommen! Für den Einsatz bei der Tombola meldeten sich 19 Mütter, für die Herstellung von Kartoffelpuffern keine einzige.

Sascha legte neue Listen an. In eine schrieb er alles das, was in die Tombola kommen sollte, die andere trug die Überschrift ›Flohmarkt‹ und enthielt so merkwürdige Bezeichnungen wie ›gehäkeltes Huhn mit Taschen für Eier‹ oder ›Blumentopfaufhänger‹. Da zum Schluß nur er allein wußte, was sich hinter diesen Namen verbarg, wurde er seinen Job als Kinokassierer los und betätigte sich später sehr erfolgreich als Verkäufer von Ramschartikeln.

Je näher der Termin rückte, desto hektischer wurden die Vorbereitungen. Eine Elternbesprechung löste die andere ab. Väter tagten gesondert. Einige hatten sich bereit gefunden, die Bar sowie den Bierausschank zu übernehmen, und so ungewohnte Tätigkeiten kann man schließlich nicht ohne vorherige Proben ausüben.

Sven wollte wissen, ob ich eine Schwarzwälder Kirschtorte backen könnte, so eine hätten sie noch nicht. »Wir kriegen 23 Obsttorten und 14 Marmorkuchen, drei Käsesahne und zwei Mokka. Aber Frau Thiemann meint, wir brauchen auch noch etwas Dekoratives.«

»Aber bestimmt nicht von mir. Ich habe mich in die Spendenliste mit zwei Pfund Kaffee eingetragen. Die meisten anderen geben bloß die Hälfte. Euer Vater hat zwei Flaschen Cognac herausgerückt, und nun reicht es wirklich!«

Dann wieder erwischte ich Sascha vor dem Bücherschrank, dessen Inhalt er mit einem ungewohnten Interesse prüfte. Neben sich hatte er bereits einen Stapel Bücher aufgehäuft, und gerade zog er ein weiteres heraus. Es handelte sich um die gesammelten Werke von Theodor Körner, herausgegeben 1891.

»Diese alten Schwarten liest doch kein Mensch mehr, die können wir prima auf dem Flohmarkt verhökern«, begründete er sein barbarisches Tun.

»Dir geht's wohl nicht mehr gut! Weißt du überhaupt, daß diese alten Schwarten schon beinahe antiquarischen Wert haben?«

Entsetzt prüfte ich Saschas Ausbeute. Da lagen doch tatsächlich die beiden Bände ›Soll und Haben‹, erschienen 1904, ferner die aus dem vergangenen Jahrhundert stammende und mir von meiner Großmutter vererbte Rarität ›Die Frau als Hausärztin‹ und ähnliche bibliophile Kostbarkeiten, ausnahmslos in Frakturschrift gedruckt und schon allein deshalb von Sascha als unleserlich bezeichnet.

»Raus hier, aber sofort! Und wehe, wenn du noch ein einziges Buch anrührst!«

Maulend stellte Sascha die Bücher zurück. Er begriff auch nicht, daß ich mich weigerte, diese ›entsetzlich kitschige Vase mit den Bommeln dran‹ herauszurücken. Noch viel weniger begriff er, daß ich ein ähnliches Stück später für zwei Mark und fünfzig Pfennig auf dem Flohmarkt erwarb.

»Dabei wollte Frau Schreiner das Ding schon in den Mülleimer werfen, der Manfred hat es gerade noch retten können«, bemerkte mein Sohn kopfschüttelnd. Er interessiert sich auch heute noch nicht für Meißner Porzellan!

Und dann war es endlich soweit! Die seit zwei Wochen an nahezu allen Schaufensterscheiben klebenden Plakate, mit denen für das große Spektakel geworben wurde, bekamen feuerrote Aufkleber mit dem Hinweis ›HEUTE‹. Meine beiden Knaben bekundeten ein auffallendes Interesse für den Wetterbericht und bestanden im übrigen darauf, daß ich mich spätestens um neun Uhr im Handarbeitssaal einzufinden hätte, um die Tombolagewinne auszuzeichnen: »Alles andere ist bis dahin fertig.«

Als ich um halb zehn meinen künftigen Wirkungskreis betrat, fand ich außer zwei etwas ratlos dreinblickenden Müttern mehrere Bretter vor, diverse Rollen Kreppapier, drei leere Colaflaschen und einen Zettel mit dem Hinweis »Schlüssel liegt beim Hausmeister«.

»Was denn für ein Schlüssel?«

Die anderen Mütter wußten das auch nicht. Zum Glück tauchte Sven auf, der sich von meinem fristgemäßen Arbeitsantritt überzeugen wollte.

»Kannst du mir freundlicherweise mal erklären, was wir in dieser kahlen Bude überhaupt sollen? Und was ist das für ein Schlüssel, der beim Hausmeister liegt? Findet die Tombola nun doch in einem anderen Raum statt?«

»Nee, die kommt hier rein.« Sven sah sich suchend um. »Da liegen doch auch schon die Bretter. Und der Schlüssel gehört zum Kartenzimmer, da stehen nämlich die ganzen Gewinne. Die müßt ihr natürlich erst mal herunterholen.«

»Natürlich! Ich wollte sowieso schon immer mal einen Rekord im Treppensteigen aufstellen! Und wo dürfen wir dann die ganzen Sachen aufbauen? Vielleicht auf dem Fußboden?«

»Woher soll ich das wissen?« Mein Sohn zeigte sich wenig interessiert. »Ich glaube, hier kommen noch ein paar Tische rein und Stühle. Frau Thiemann meinte, mit den Brettern könnte man so eine Art Pyramide bauen und dort die Preise aufstellen. Das sieht bestimmt ganz dekorativ aus.«

»Wo ist denn Frau Thiemann?«

»Nicht da.«

Anscheinend hatten sich alle Vorbereitungen darin erschöpft, Spenden zu sammeln und irgendwo anzuhäufen, während man sich nicht im geringsten den Kopf zerbrochen hatte, wie man diese Dinge schließlich an den Mann bringen würde.

»Ich gehe am besten erst mal zum Hausmeister«, erklärte ich meinem Erstgeborenen, »und du treibst inzwischen Tische auf und nach Möglichkeit Hilfstruppen, die den ganzen Kram aus dem Kartenzimmer herunterholen.«

»Ich glaube nicht, daß ich welche kriege, die haben alle zu tun«, meinte Sven gleichmütig. »Den Hausmeister findest du übrigens an der Bierbar!«

»Scheint wohl der einzige betriebsbereite Stand zu sein«, murmelte eine meiner Leidensgefährtinnen und beäugte mißtrauisch die kalkbespritzten Bretter. »Die müssen direkt von einer Baustelle stammen.«

An der Bierbar fand ich zwar drei schon sehr beschwingte Väter, die sich nicht einigen konnten, welches Bier aus welchem Glas am besten schmeckte, und deshalb immer neue Varianten probierten, aber den Hausmeister entdeckte ich erst in der danebenliegenden Weinstube. Auch hier waren Väter tätig. Sie sortierten die Rotwein- von den Weißweinflaschen, wobei sie sich weniger auf die Etiketten, als mehr auf ihre Geschmacksnerven verließen. Die Stimmung war großartig, und die Bereitwilligkeit, etwas für die Figur zu tun, unverkennbar.

»Das machen wir schon, junge Frau«, säuselte ein bärtiger Mittfünfziger weinselig und umarmte mich haltsuchend. »Wir gehen jetzt zusammen in das Kartenzimmerchen und sehen uns die ganzen Sachen an!«

»Leider habe ich keinen Schlüssel, den hat nämlich der Hausmeister.«

Mein hilfsbereiter Casanova drehte sich langsam um und drohte seinem Gegenüber schelmisch mit dem Finger: »Wilhelm, gib den Schlüssel her, für so was bist du viel zu alt!«

Ich nützte die Gelegenheit und türmte.

Im Handarbeitssaal hatte sich in der Zwischenzeit einiges getan. Sven hatte ein buntes Sammelsurium von Tischen organisiert, Knaben hämmerten mit mehr Enthusiasmus als Kunstverständnis Kreppapier an die Bretter, Mädchen arrangierten Gurkengläser neben Häkeldeckchen, setzten Blumentöpfe dazwischen und tauschten schließlich die Gurken gegen Rotkohlgläser aus, damit die farbliche Harmonie wiederhergestellt wurde.

»Du kannsch doch net die Eieruhr zu de Rommékarte packe!« bemängelte jemand.

»Warum en net? Moinsch du, dei Rollmöps mache sich newe de Strampelhose besser?«

Ich versuchte vergeblich, in das ganze Arrangement ein gewisses System zu bringen: »Warum stellt ihr nicht das Eingemachte auf die eine Seite, alle Textilien auf die andere und in die Mitte den restlichen Kram?«

»Dann sieht's aus wie innem Tante-Emma-Lade!«

»Na, kommste klar?« Sascha inspizierte fachmännisch unseren Aufbau und meinte kopfschüttelnd: »Sieht eigentlich mehr nach Flohmarkt aus. Wo habt ihr denn die Panflöte her?«

»Das ist eine Windharfe!«

»So? Na, von mir aus, aber scheußlich ist sie trotzdem. Jetzt müßt ihr noch mal den linken Tisch zur Seite rücken, der Hauptgewinn rollt nämlich an!«

Das tat er dann auch im wahrsten Sinne des Wortes. Ein riesiges rot-schwarz lackiertes Wagenrad wurde hereingerollt und von den beiden jugendlichen Transportarbeitern vorsichtig an ein Brett gelehnt. Prompt bewies sich wieder einmal das Gesetz der Hebelwirkung: Zwei Usambaraveilchen, ein Glas Meerrettich und ein Steinguttöpfchen mit Düsseldorfer Löwensenf zerschellten auf dem Fußboden.

»*Das* soll der Hauptgewinn sein?« fragte ich ganz entsetzt.

»Hast du eine Ahnung, was diese Dinger kosten!« Sorgfältig entfernte Sascha einen winzigen Schmutzstreifen von einer roten Speiche.

»Aber was fängt man denn mit so einem Ungetüm an?«

»Es gibt Leute, die stellen sich so was in den Vorgarten und dekorieren es mit Geranientöpfen.«

»Und wer keinen Garten hat?«

»Der kann sich das Ding ja an die Balkondecke nageln und Wäsche dran aufhängen. Hast du übrigens mal zwei Mark? Ich habe Hunger, und die Grillstation ist schon in Betrieb.«

Ich warf einen Blick auf meine Uhr. »Heiliger Himmel, es ist ja gleich eins! Ich muß sofort nach Hause und irgend etwas Eßbares in die Pfanne hauen!«

»Brauchst du nicht. Papi kocht schon!«

»Auch das noch! Dann kann ich am Abend ein zweistündiges Revierreinigen veranstalten.« Diese Aussicht fand ich alles andere als verlockend.

Sascha beruhigte mich: »Das macht Steffi zusammen mit den Zwillingen. Ich habe ihnen versprochen, daß sie umsonst ins Kino dürfen. Sieh lieber zu, daß du hier fertig wirst, in einer Stunde geht der Rummel los!«

Aber schon jetzt schlenderten vereinzelte Besucher über den Schulhof, angelockt durch das ohrenbetäubende Gejaule, das aus der zur Diskothek umfunktionierten Aula klang.

Allerdings erkannte mein geübtes Auge sofort, daß es sich bei diesen Besuchern um Kurgäste handelte, die vermutlich ihre Solebäder, Massagen und Inhalationen bereits am Vormittag hinter sich gebracht, das Mittagessen Punkt zwölf Uhr vereinnahmt hatten und nun bestrebt waren, die Zeit bis zum Abendessen totzuschlagen. Sie begrüßen dankbar jede Abwechslung, ganz besonders dann, wenn sie schon seit mindestens zwei Wochen hier kuren und somit alle Spazierwege und Sehenswürdigkeiten einschließlich Waldsee und Fünfmühlental kennen. Nach diesem Zeitraum sind sie sogar bereit, Kindergartenfeste zu besuchen oder Lichtbildervorträge über Kurdistan oder die Fidschi-Inseln.

Kurgäste unterscheiden sich von den Einheimischen in sehr wesentlichen Punkten und sind deshalb auf Anhieb zu erkennen. Sie sind im Frühjahr die ersten, die weiße Hosen tragen, und im Herbst die letzten, die sie wieder ausziehen. An heißen Tagen lustwandeln männliche Kurgäste in Shorts durch die Straßen, weibliche in sehr luftigen Kleidern, die tiefe Einblicke in die diversen Stadien des Sonnenbrands gestatten.

Eine Dame, die vormittags um zehn Uhr mit sorgfältig frisierten Haaren, hochhackigen Schuhen und Handtasche durch die Straßen schlendert und sehr ausgiebig die schon seit acht Wochen ewig gleiche Schaufensterdekoration des Augenoptikers studiert, ist mit Sicherheit ein Kurgast. (Ihre Nachbarin dagegen, bekleidet mit geblümter Kittelschürze und Gesundheitssandaletten, die an den reichhaltig zur Schau gestellten Sonnenbrillen vorbeieilt, ist garantiert *kein* Kurgast!)

Kurgäste tragen häufig einen Spazierstock, noch häufiger einen Regenschirm, jedoch immer einen Fotoapparat, letzteren vornehmlich vor dem Bauch. Sie treten überwiegend in Rudeln auf. Einzelgänger sind selten, und wenn doch, dann streben sie – im Trainingsanzug und mit einem zusammengerollten Handtuch unter dem Arm – im Eilschritt zum Kurmittelhaus, um sich einer ärztlicherseits verordneten Therapie zu unterwerfen.

Dann gibt es natürlich auch noch den berühmten Kurschatten, der draußen vor der Telefonzelle wartet, während drinnen die so Beschattete zum preisgünstigen Mondscheintarif mit den Daheimgebliebenen spricht. Einen männlichen Kurschatten erkennt man daran, daß er Handtäschchen und Regenschirm seiner Begleiterin trägt, an wärmeren Tagen auch die Kostümjacke. Ein weiblicher Kurschatten fällt durch die Sorgfalt auf, mit der er den Schal seines Begleiters zurechtzupft oder die Parkbank abstaubt, bevor sich beide darauf niederlassen. Auch pflegt man Ehepaare gesetzten Alters normalerweise höchst selten händchenhaltend durch den Kurpark wandeln zu sehen. Tun sie es dennoch, sind es mit ziemlicher Wahrscheinlichkeit *keine* Ehepaare. Honi soit qui mal y pense!

Im Supermarkt kann man Kurgäste ebenfalls mühelos von anderen Kunden unterscheiden. Sie interessieren sich weder für den preiswerten Blumenkohl noch für Haushaltswaren, sie steuern vielmehr zielsicher die Abteilung für Getränke an und wählen sorgfältig das ihnen Genehme (und vermutlich Verbotene) aus. Wer im Einkaufswagen lediglich Papiertaschentücher, Sonnenöl, Ansichtskarten und zwei Flaschen Sekt zur Kasse rollt, ist ein Kurgast. Kauft er darüber hinaus auch noch einige Miniaturpackungen Butter, vakuumverschlossene Räucherwurst und Käsescheiben in Frischhaltefolie, dann gehört er vermutlich zu den Bedauernswerten, die auf Diät gesetzt sind.

Kurgäste sind auch jene Mitbürger, die einen höflich fragen, ob es einen Schuhmacher am Ort gebe und wo man die Lottoscheine loswerden könne. Hat man ihnen möglichst narrensicher den Weg beschrieben, dann findet man sie zehn Minuten später in der entgegengesetzten Richtung, wo sie kopfschüttelnd nach der Tankstelle suchen, in deren Nachbarschaft der Zigarrenladen sein soll.

Kurgäste befinden sich in einer Art Urlaubsstimmung und sind geneigt, auch dort Geld auszugeben, wo sie zu Hause nicht eine einzige Mark herausrücken würden. Wohl nicht zuletzt aus diesem Grunde zierte den Eingang zum Schulhof ein riesiges Transparent mit der Aufschrift: »Wir begrüßen ganz besonders herzlich unsere Kurgäste!«

Und sie kamen in Scharen. Bereits nach anderthalb Stunden waren sämtliche Lose verkauft, die recht zahlreichen Gewinner stürmten unentwegt zur Tür herein, verlangten sofortige Abfertigung und machten häufig genug Anstalten, sich selbst zu bedienen.

»De Nummer 28 isch des Rote dohinne!«

»Ich hab' Nummer 117. Isch des die Häkeljack? Dann schenk ich se meiner Oma zum Namenstag.«

»Was soll ich met em Kaktus? Bin ich e Kamel?«

Manchmal gelang es mir, heimlich die Schilder zu vertauschen, denn ich brachte es einfach nicht übers Herz, einem Achtjährigen ein Glas mit Sauerkraut in die Hand zu drücken, während er begehrlich auf das danebenliegende kleine Taschenmesser schielte. Und was sollte wohl der fast zahnlose Opa mit der knallgelben Pudelmütze anfangen? Die damit schnell ausgetauschte Flasche Rotwein war ihm bestimmt lieber.

Sonderwünsche konnten allerdings nicht berücksichtigt werden. Ein kleines Mädchen forderte lautstark: »Ich mag gern des Buch hawe mit dem Gaul druff!« Empörter Protest von der entgegengesetzten Seite: »Des isch fei meine Nummer!«

Langsam leerte sich unser Warenlager. Ein paar Gurkengläser standen noch herum, mehrere Shampoo-Flaschen, drei Blumentöpfe, auf dem Boden lagen zwei zertretene Kugelschreiber, und das Wagenrad lehnte auch noch in seiner Ecke. Möglicherweise hatte der Gewinner nach Besichtigung seines voluminösen Preises auf die Mitnahme verzichtet. Verdenken konnte ich es ihm nicht. Na schön, dann würde das Rad eben zum Flohmarkt gerollt werden. Vielleicht fand es dort einen Liebhaber.

Sascha steckte den Kopf durch die Tür. »Na, lebst du noch?«

»Ja, aber nicht mehr lange. Kannst du mich für zehn Minuten ablösen? Es ist sowieso nicht mehr viel los, und ich will mal eben eure Kaffeestube frequentieren.«

Sascha schüttelte energisch den Kopf: »Laß das lieber bleiben! Ist das reinste Fossilien-Treffen. Da sitzen lauter alte Tanten und reden über ihre Krankheiten. Ich hole dir schnell einen Kaffee. Den kriegst du übrigens gratis. Anordnung von Frau Thiemann!«

Mein Sohn entwetzte und stieß mit einem sehr beleibten Herrn zusammen, der sich mit einem Taschentuch den Schweiß von seiner Glatze wischte.

»Hierjeblieben, Jungchen, so wat wie dich han ich jrad jesucht. Ich han nämlich dat schöne Rad da jewonnen, un dat kannst du mir gleich mal zu meinem Wagen bringen. Kriegst auch en Mark dafür, ich laß mich ja nich lumpen.«

»Das schaffe ich aber nicht alleine«, protestierte Sascha.

»Du bist doch en groß Kerlche, dat schaffst du schon. Wie ich so alt war wie du, da han ich schon in'n Pütt jeschuftet.« Dann wandte er sich an mich: »Wissen Se, ich bin nämlich nich von hier, ich komm aus Castrop-Rauxel. Wat'n Glück, dat ich hier vorbeijekommen bin, wo ich doch eijentlich nur en Bierchen trinken wollte. Un zwei Lose han ich bloß jekauft. Dat annere war en Niete. Über dat schöne Reiseandenken wird sich mein Frau freuen. Wir stelle dat vor unsere Laube direkt neben die Petersilie. Dat jibt en prima Farbfleck!«

Etwas später entdeckte ich Sascha auf dem Parkplatz, wie er zusammen mit Manfred verzweifelt nach dem dunkelblauen Auto mit der Delle im Kotflügel suchte: »Dieser Trottel hat vergessen, uns die Wagennummer zu geben.«

Wie die beiden ihr Rad losgeworden sind, weiß ich nicht mehr, jedenfalls gabelte mich Sascha schon kurze Zeit später in der Cafeteria auf und forderte mein unverzügliches Erscheinen beim Flohmarkt: »Der Frau Müller ist schlecht geworden, und Andys Mutter schafft das nicht alleine. Du hast doch auch ein bißchen Ahnung von Antiquitäten.«

Antiquitäten nannte der Knabe diesen Trödel! Trotzdem war dieser Stand am meisten umlagert, hauptsächlich von jugendlichen Interessenten, die nach preiswerten Geschenkartikeln für die Verwandtschaft fahndeten. Zwei einzelne Suppenteller mit Goldrand wechselten gerade für fünfzig Pfennig den Besitzer. Ein kleines Mädchen stopfte sie befriedigt in eine Plastiktüte: »Die sin für mei Oma. Dere ihre sehe fascht genauso aus, un sie schmeißt allweil welche runner.«

Ein weiblicher Teenager durchwühlte den Garderobenständer und entschied sich für einen rosa Fummel mit Rüschenärmeln, der vor vierzig Jahren einmal modern gewesen war:

»Wo kann ich des oprobiere?«

»Auf'm Klo!« antwortete Sascha prompt.

Offenbar hatte das Kleid gepaßt, denn die Interessentin wollte wissen, was es kostet. Ich wandte mich hilfesuchend an Sascha: »Sind fünf Mark zuviel?«

»Bist du verrückt? Laß mich mal ran!«

Abschätzend betrachtete er die Kundin: »Du hast dir ja zielsicher das teuerste Stück herausgesucht, aber eins muß man dir lassen: Geschmack hast du! Zu deinen dunklen Haaren muß das Kleid echt gut aussehen. Halt's dir mal an!«

Geschmeichelt drückte sich das Mädchen die rosa Scheußlichkeit vor den Bauch.

»Siehst Klasse aus!« Anerkennend pfiff Sascha durch die Zähne.

»Für dreißig Mark kannst du es haben.«

»Ich hab awer bloß noch dreiundzwanzig.«

»Dann pump dir doch etwas. So eine günstige Gelegenheit findest du so schnell nicht wieder. In einer Boutique müßtest du das Dreifache bezahlen.«

Das Mädchen nickte. »Leg's mol zurück, ich komm gleich wieder!«

Sie kam auch tatsächlich und blätterte siebenundzwanzig Mark und vierzig Pfennig auf den Tisch. »Mehr hawe ich net ufftreiwe könne, die annere sin a alle scho pleite.«

Sascha strich das Geld ein und meinte gönnerhaft: »Na schön, weil du es bist. Und halt die Klappe, sonst wollen hier alle Sonderpreise haben! Aber 'ne Tüte kannste nicht auch noch verlangen!«

»Isch a net nötig, ich geh sowieso nach Haus. Un recht schönen Dank a noch!«

Ich hatte die Verkaufsverhandlungen mit zunehmender Empörung verfolgt, aber nicht gewagt, sie zu stören. Jetzt ging ich auf Sascha los: »Bist du denn wahnsinnig geworden? Du kannst doch für diesen alten Fetzen nicht so ein Heidengeld verlangen!«

»Warum denn nicht? Sie hat es doch bezahlt. Du mußt immer erst einen höheren Preis fordern und dich dann herunterhandeln lassen! Aber es gibt auch ein paar Idioten, die anstandslos bezahlen. Die meisten wollen allerdings schachern.«

»Ich dachte immer, derartige Manipulationen sind nur in orientalischen Basaren üblich.«

Sascha zuckte mit den Achseln: »Ist das hier vielleicht etwas anderes? Moment mal, da interessiert sich jemand für das Sofakissen. Ich dachte schon, das wird ein Ladenhüter.«

Auch dieses schon etwas lädierte Stück mit gehäkelten Sonnenblumen und dunkelbrauner Samtumrandung wechselte nach längerem Feilschen den Besitzer.

»Wieder vier Mark mehr«, frohlockte Sascha, als er die Münzen in die schon überquellende Zigarrenkiste fallen ließ. »Zweimal hat Frau Thiemann schon abkassiert, und jedesmal hat sie über fünfhundert Mark mitgenommen. Vielleicht sollte man sich auf einen Gebrauchtwarenhandel spezialisieren. Dafür habe ich anscheinend mehr Talent als für Mathe.«

Sascha erwies sich wirklich als Verkaufsgenie. Er hätte jedem Marktschreier Konkurrenz machen können, und als ihm jemand noch ein Megaphon in die Hand drückte, übertönte seine Stimme sogar die Jaultöne, die aus der Diskothek schallten.

Abends war er heiser, obwohl ihn mitfühlende Klassenkameradinnen laufend mit Kamillentee versorgt hatten, den sie in der Kaffeeküche jedesmal frisch aufbrühten.

»Was tut man nicht alles für die Gemeinschaft«, krächzte der Starverkäufer, schluckte Halstabletten und sonnte sich in der allgemeinen Bewunderung, die man ihm zollte.

Der Reinerlös dieses Schulfestes hatte alle Erwartungen übertroffen und bewegte sich an der Grenze einer fünfstelligen Zahl. Ein Viertel dieser Summe hatte allein der Flohmarkt erbracht.

»Weißt du noch, wie du herumgeunkt hast?« erinnerte mich Sven, pflanzte ein Fleißiges Lieschen in den gläsernen Nachttopf (beide hatten sich als unveräußerlich erwiesen) und deponierte den so geschaffenen Blumentopf auf der Terrasse, wo er so lange ein zweckentfremdetes Dasein führte, bis ihn ein verirrter Fußball in ein Dutzend Einzelteile zersplitterte.

Wenn ich mir nun eingebildet hatte, nach diesem so erfolgreich verlaufenen Basar würde der normale Schulalltag wieder einkehren, so wurde ich schnell eines Besseren belehrt.

Nunmehr befaßte man sich mit der bevorstehenden Reise. Weitere Elternabende fanden statt. Thema: Wieviel Taschengeld soll man den Kindern bewilligen, welche Kleidung brauchen sie, dürfen sie rauchen, und welche Freiheiten soll man ihnen überhaupt zugestehen? Besonders in diesem Punkt schieden sich die Geister. Jedenfalls stellte ich fest, daß es wesentlich unproblematischer ist, männliche Teenager auf die Reise zu schikken als weibliche.

Frau Kramer, Mutter eines etwas frühreifen Mädchens, bestand auf absoluter Kasernierung der Schüler und bewilligte Ausflüge ohne Lehrkraft nur in Gruppen von mindestens sechs Personen:

»Dann kann wenigschtens nix passiere!«

»Was könnte denn nach Ihrer Ansicht sonst passieren?« wollte Frau Thiemann wissen.

Frau Kramer errötete zart und wand sich wie ein Regenwurm: »Nun ja, schließlich sin's doch koi Kinner mehr.«

»Diese Kinder kennen sich seit Jahren, gehen gemeinsam zur Schule, zum Schwimmen und in ihre Radauschuppen. Wenn bis jetzt nichts passiert ist, wird im Landschulheim auch nicht gerade der sexuelle Notstand ausbrechen«, konterte Frau Thiemann.

»Da Sie sich offebar der Tragweit Ihrer Verantwortung net bewußt sin, zieg ich es vor, meine Marianne net mitfahre zu lasse!« Frau Kramer blickte beifallheischend und wartete auf Zustimmung. Die blieb aus.

»Dann derf ich mich wohl verabschiede!« Sprach's und stelzte hinaus.

Frau Thiemann zündete sich eine neue Zigarette an. »Es steht natürlich jedem frei, die Teilnahme an dieser Reise zu verweigern. Ich muß aber darauf hinweisen, daß der Landschulheimaufenthalt im Rahmen des Schulunterrichts stattfindet und

Schüler, die nicht mitfahren, regulären Unterricht haben. Sie werden dann auf andere Klassen verteilt.«

Marianne und ihre beiden Busenfreundinnen blieben zu Hause. Die übrigen Schüler trafen Reisevorbereitungen. Rucksäcke wurden gekauft oder ausgeliehen, Wanderschuhe anprobiert und als inzwischen zu klein geworden an Klassenkameraden mit niedrigerer Schuhnummer weitergegeben, Kartenstudium betrieben und Umrechnungskurse ermittelt. Sven packte eine Lupe ein, weil er unbekannte Insekten zu finden hoffte. Sascha verstaute einen Korkenzieher im Koffer: »Damit wir die Chiantiflaschen aufkriegen! Wir fahren ja nicht umsonst nach Italien!«

Nach langen Beratungen hatten sich alle Eltern auf ein Taschengeld von fünfzig Mark geeinigt, die nur für den persönlichen Bedarf gedacht waren. Ausflüge und sonstige Extras würden aus der gut gefüllten Gemeinschaftskasse bezahlt werden.

Nachdem zu mitternächtlicher Stunde der vollklimatisierte Reisebus mit seinen winkenden und brüllenden Insassen den Schulhof verlassen hatte – wohlversehen mit väterlichen Ermahnungen und mütterlichen Freßpaketen –, blieben unsere Sprößlinge vierzehn Tage lang verschollen. Die Ansichtskarten, gewissenhaft geschrieben und frankiert, waren allesamt erst drei Tage vor der Rückreise eingesteckt worden und trafen eine Woche später ein. Allerdings enthielten sie auch nur so bedeutungsvolle Mitteilungen wie: »Wir kriegen jeden Morgen gelbe Marmelade!« oder: »Berge sind von unten viel eindrucksvoller als von oben, vor allen Dingen, wenn man dauernd auf sie raufkraxeln muß.«

»Die Thiemanns waren ganz große Klasse«, erklärten die beiden Heimkehrer, »sie haben uns an der langen Leine laufen lassen, und Herr Thiemann hat nicht mal gemeckert, als er die Zigarettenkippen in der Niveadose entdeckt hat. Gemotzt hat er bloß, als wir den Edwin heimlich in sein Zimmer geschleift haben. Na ja, kann man ja verstehen, der Kerl war nämlich sternhagelvoll!«

Abgesehen von dieser unvorhergesehenen Alkoholleiche – »Der verträgt ja nicht mal Leitungswasser!« –, schienen diese beiden Wochen ein ungetrübtes Vergnügen und die gemeinsame Reisekasse unerschöpflich gewesen zu sein. So hatte man nicht nur eine Tagestour nach Venedig inklusive Gondelfahrt unternommen, auch ein Abstecher nach Bozen konnte finanziert werden, eine Dolomitenrundfahrt und ein Spaghetti-Essen mit unbegrenztem Nachschub. Anläßlich einer Bergwanderung sollte ein großes Picknick stattfinden, weshalb man beim Metzger telefonisch hundert Würstchen orderte, um sie unterhalb des Gipfelkreuzes zu braten. Aufgrund eines sprachlichen Mißverständnisses wurden aus den hundert Würstchen hundert Paar, die bei schweißtreibender Hitze den Berg hinauf- und zur Hälfte wieder heruntergeschleppt wurden. Daß die unwissenden Herbergseltern den vermeintlich ausgehungerten Wandervögeln zum Abendessen Kartoffelsalat mit Würstchen servierten, war allerdings nicht programmiert gewesen.

Trotz dieses reichhaltigen Vergnügungsprogramms war es nicht gelungen, das so schwer verdiente Geld restlos auszugeben. Es war sogar noch eine ganze Menge übriggeblieben. Frau Thiemann beschloß, nun auch einmal etwas für die kulturelle Weiterbildung zu tun, und verordnete den gemeinsamen Besuch einer Vorstellung der Mannheimer Städtischen Bühnen.

Die Jünglinge zwängten sich widerwillig in ihre schon etwas engen Konfirmationsanzüge, die Mädchen plünderten mütterliche Kleiderschränke und Kosmetikbestände, und solcherart gerüstet bestiegen sie zu angemessener Stunde den gecharterten Bus, der sie zu dem Musentempel bringen sollte.

Bei dem auserwählten Stück handelte es sich um eines jener modernen Werke, dessen Sinn auch kundigeren Theaterbesuchern häufig verborgen bleibt, und so langweilten sich die ohnehin nicht sehr kunstbeflissenen Abkommandierten vor sich hin.

Das Geld war noch immer nicht alle.

Am letzten Wochenende vor den großen Ferien wurde deshalb vor den Toren der Stadt ein Zeltlager improvisiert, wo man sich nach Kräften bemühte, das noch verbliebene Bare in Form von gegrillten Steaks, Würstchen und alkoholfreien Getränken zu konsumieren. Aber selbst die mit einem ungeahnten Fassungsvermögen ausgestatteten Teenagermägen streikten angesichts der gekauften Vorräte.

Ein Kassensturz am nächsten Schultag ergab einen Restbestand von DM 87,30. Er wurde durch freiwillige Spenden auf hundert Mark aufgestockt und in dem Bewußtsein, nun auch noch etwas Gutes zu tun, einer wohltätigen Organisation überwiesen. Jetzt hatten die Sorgenkinder auch noch ihren Anteil an verkauften Häkeldeckchen und Blumenvasen bekommen. Und wie gerne hatte man ihn geopfert!

11.

Eines Tages hatten wir auch wieder eine Hausgehilfin – ein Familienzuwachs, mit dem ich zuerst gar nichts anzufangen wußte. Mittlerweile hatten wir uns alle daran gewöhnt, verlegte Gegenstände grundsätzlich dort zu suchen, wo sie ganz bestimmt nicht sein konnten, wo wir sie aber trotzdem fanden, und wenn ich mal wieder vergessen hatte, die überquellende Spülmaschine anzustellen, dann aßen wir mittags eben mit Kuchengabeln. Es ist alles eine Sache der persönlichen Einstellung!

Das Klagelied der Hausfrau über die Kurzlebigkeit ihrer Werke ist schon oft genug gesungen worden, und obwohl ich mich – bisher vergeblich – bemühe, mich am Vorbild meiner Nachbarinnen emporzuranken, ist es mir noch immer nicht gelungen, den Glanz der Nirosta-Spüle als das Maß aller Dinge anzusehen.

Wenn beispielsweise Frau Billinger montags in aller Herrgottsfrühe die Signalflaggen des Waschtags aufzieht, bekomme ich ein schlechtes Gewissen, weil *meine* Wäsche noch nicht einmal in der Maschine steckt. Im Schwäbischen wird aber montags gewaschen, da hilft alles nichts. Nicht mal ein Wolkenbruch. Dienstags wird gebügelt, was montags auf der Leine gehangen hat, und mittwochs wird das gewaschen, wozu am Montag die Zeit fehlte, also Schondeckchen, Sofakissenbezüge, Badezimmerplüschgarnituren.

Frau Billinger hat sich daran gewöhnt, daß ich die schwäbische Hausfrauen-Liturgie nicht beherrsche, aber unlängst erkundigte sie sich doch etwas maliziös: »Warum gewe Se denn Ihr Vorhäng alsfort in die Reinigung?«

»Wieso? Die wasche ich doch selber.«

»I hab' gedenkt, weil Se die nie in de Garte tun.«

Mein Hinweis, ich würde diese gewaltigen Stoffmengen lieber kurz durch die Schleuder jagen und sie dann feucht wieder aufhängen, quittierte sie mit einem fragenden: »So? Na, mit meine Schtores tat ich des net mache.«

Nun ist Hausarbeit ohnehin etwas, was man tut, ohne daß es einer bemerkt, bis man es nicht mehr tut. Aber es gab mir doch einen Stich, als Rolf mich eines Tages ganz entsetzt fragte, wo denn um Himmels willen der Staub vom Flurtischchen geblieben sei? Er habe sich da vorgestern eine Telefonnummer notiert.

Unter diesen Voraussetzungen war die Ankunft einer Hausgehilfin sicher begrüßenswert, auch wenn sie die erste Jugend schon hinter sich und darüber hinaus auf recht merkwürdige Art zu uns gefunden hatte.

Eine Bekannte, der meine früheren Klagelieder noch geläufig waren, stellte mich irgendwann auf der Straße einer älteren Dame vor und erzählte mir, daß ihre Tante bei der Frankfurter Bahnhofsmission arbeite. Ich fand das zwar nicht weiter bemerkenswert, murmelte aber ein paar Floskeln und krönte sie mit der Vermutung, daß die Tante im Rahmen ihrer Tätigkeit doch sicherlich mit den verschiedensten Schicksalen konfrontiert werden würde.

»Na, das kann ich Ihnen sagen!« bestätigte Tante Erna mit entschiedenem Kopfnicken. »Ganze Bücher könnte ich darüber schreiben. Gerade jetzt hatte ich wieder so einen Fall. Junges Mädchen, der Vater sitzt, die Mutter treibt sich herum, Wohnung gekündigt, und als die Kleine in ein Heim kommen sollte, ist sie vorher ausgerissen und bei uns aufgegriffen worden. Zum Glück ist es mir gelungen, sie jetzt als Helferin in einem Altenheim unterzubringen. Von den alten Leutchen wird sie wie ein Enkelkind verwöhnt und fühlt sich zum erstenmal richtig wohl.«

»So etwas könnte ich auch gebrauchen«, sagte ich beiläufig, verabschiedete mich und vergaß die ganze Sache.

Nicht so Tante Erna. Jene Bekannte rief mich eines Nachmittags an und erzählte, daß ihre Tante wieder einmal nach einer Bleibe für einen ihrer Schützlinge fahnde. Es handele sich um eine Dame in den Fünfzigern, die aus der DDR abgeschoben worden sei und nun vor dem Nichts stehe. Und ob *ich* nicht vielleicht . . .

Erst wollte ich nicht. Meine Erfahrungen mit Uschi reichten mir noch, und auf ihre Vorgängerinnen war ich auch nicht sonderlich gut zu sprechen. Andererseits würde auf eine ältere

Dame sicher mehr Verlaß sein, und ein bißchen Hilfe könnte ich wirklich gebrauchen. Wenn ich nur an den Garten dachte!

Das Schönste an der Gartenarbeit ist zwar, daß man sie so lange hinausschieben kann, bis sie keinen Sinn mehr hat, aber inzwischen war für die Tulpen, die ich im vergangenen Herbst nicht gesetzt hatte, die Zeit gekommen, nicht zu blühen. Das einzige, was blühte, war Löwenzahn.

Nach bewährter Methode schob ich Rolf den Schwarzen Peter zu. Sollte er doch entscheiden, ob wir es mal wieder mit einem hilfreichen Geist versuchen wollten. Die Folgen würde zwar ohnehin ich ausbaden müssen, aber wenigstens würde ich nicht die dann unausbleibliche männliche Reaktion zu hören bekommen, die immer in dem Satz gipfelt: »Ich hab's ja gleich gesagt!«

Rolf setzte sich über alle Wenn und Aber hinweg, sah im Geist schon frische Brötchen auf dem Frühstückstisch, von dienender Hand im Morgengrauen herbeigeholt, sah blankgeputzte Schuhe und Hosen mit messerscharfen Bügelfalten, sah sorgfältig geharkte Gartenwege und eine strahlende Ehefrau, die nichts mehr zu tun hatte und nur darauf wartete, ihrem heimkehrenden Gatten in die liebevoll geöffneten Arme zu fliegen.

Tante Erna von der Bahnhofsmission tat dann auch das Ihre, um alle etwa vorhandenen Bedenken zu zerstreuen. Die bewußte Dame, eine Frau Mäurer, komme aus gutem Hause, das merke man sofort, sie habe eben nur viel Pech gehabt im Leben, und wenn wir die umgehende Rücksendung der Fahrkosten zusichern könnten, würde sie, Tante Erna, das Fahrgeld vorstrekken. Rolf sicherte zu.

»Dann können Sie Frau Mäurer um 21.29 Uhr vom Bus abholen, der Zug fährt ja nur noch bis Friedrichshall.«

Rolf erklärte, daß er selbstverständlich direkt am Zug sein werde, bedankte sich artig, legte den Hörer auf und sagte zu mir: »Du fährst doch schnell nach Friedrichshall, nicht wahr?«

Frau Mäurer war groß, schlank, blond, dezent geschminkt und sehr jugendlich gekleidet. Sie sah aus wie eine Buchhalterin mit Prokura, keineswegs jedoch wie eine jener Hilfesuchenden, die man gemeinhin auf Bahnhofsmissionen anzutreffen erwartet.

Bereits nach einer Viertelstunde kannte ich den ersten Teil ihrer Lebensgeschichte, den zweiten, weitaus gehaltvolleren, erfuhren wir während des verspäteten Abendessens. Frau Mäurer entstammte einer sächsischen Kaufmannsfamilie, war aufgewachsen mit zwei Geschwistern, drei Dienstboten und einer Erzieherin, hatte den falschen Mann geheiratet, hatte sich zu einem falschen Zeitpunkt von ihm scheiden lassen, war später nach Spanien übersiedelt, hatte mit dem falschen Geschäftspartner eine Taverne eröffnet, war pleite gegangen, hatte den falschen Termin für ihre Rückkehr in den Schoß der Familie gewählt und war schließlich aus dem elterlichen Haus und danach aus der DDR hinausgeflogen.

»Ich durfte nichts mitnehmen, weder meine Garderobe noch erst recht kein Geld. Nur eine Fahrkarte nach Frankfurt habe ich bekommen. Was hier aus mir wird, ist denen da drüben doch völlig egal«, beendete sie ihren Bericht, wobei offenblieb, ob mit »denen da drüben« nun die Familie oder die Behörden gemeint waren.

»Natürlich klingt das ein bißchen phantastisch, aber ich kann alles beweisen!« versicherte Frau Mäurer, kramte in ihrer Handtasche und präsentierte uns einen Stoß Papiere. Pflichtschuldig besah ich mir den spanischen Ausreisestempel im Paß und den Einreisestempel für die DDR, schielte verstohlen auf das Geburtsdatum – danach war Frau Mäurer 53, sah aber jünger aus – und beteuerte abwehrend, daß ich nicht mißtrauisch sei.

»Allerdings habe ich noch nie im Haushalt gearbeitet, ich war ja immer selbständig und hätte niemals geglaubt, mein Brot als Dienstmädchen verdienen zu müssen, aber das Schicksal hat es so gewollt.«

Für den ersten Abend reichte es an Theatralik, und so versicherte ich Frau Mäurer, daß sie kein Dienstmädchen, sondern vollwertiges Familienmitglied sei, und im übrigen könne ich es verstehen, wenn sie jetzt erst einmal zur Ruhe kommen wolle. Ihr Zimmer liege im oberen Stockwerk. Wohlversehen mit einem meiner Nachthemden und einer Zahnbürste – »Ich kann nur hoffen, daß mir recht bald meine Sachen nachgeschickt werden!« –, zog sich Frau Mäurer zurück.

»Na, was meinst du?« fragte ich Rolf, während ich den Tisch abräumte. Er hatte noch keine Meinung. Und meine eigene wollte ich ihm lieber nicht sagen.

Die Kinder reagierten auf den Zuwachs mit gemischten Gefühlen. Sven und Sascha maulten, als ihr Vater ihnen verbot, sich von Frau Mäurer mit »Sie« anreden zu lassen. Steffi äußerte die Befürchtung, nicht mehr genügend Zeit für ihre morgendlichen Schönheitsprozeduren zu haben, weil jetzt noch jemand da war, der das Bad benutzen würde, und die Zwillinge erkundigten sich als erstes: »Können Sie Mau-Mau?«

»Nein, was ist das?«

»Ein Kartenspiel natürlich.«

»Tut mir leid, ich spiele nur Bridge«, bedauerte Frau Mäurer und ergänzte mit anklagender Miene: »Für derartige Dinge werde ich ohnehin keine Zeit mehr haben, denn ich bin ja zum Arbeiten hier.«

Und das tat sie dann auch. Jeden Morgen zog sie mit dem gesamten Inhalt des Besenschranks durch das Haus, ertränkte sämtliche Flure und jeden nicht teppichbelegten Quadratzentimeter Boden unter Sturzbächen von Seifenlauge, polierte alle zwei Stunden die gläserne Tischplatte, fuhrwerkte morgens und nachmittags mit dem Staubsauger herum, und wenn sie fertig war, fing sie wieder von vorne an.

»Früher war es hier viel gemütlicher«, meuterte Sascha, als Frau Mäurer mit einem mißbilligenden Seitenblick zu ihm die Zeitung zusammenfaltete, die er wieder einmal, in ihre Einzelteile zerlegt, gleichmäßig im Raum verteilt hatte. »Jetzt sieht alles so entsetzlich steril aus.«

»Ordnung muß sein«, bemerkte Frau Mäurer und räumte auch noch den Bleistift weg, mit dem Sascha sich am Kreuzworträtsel versucht hatte.

»Quatsch«, sagte Sven, »wer Ordnung hält, ist bloß zu faul zum Suchen.«

Auch Rolfs anfängliche Begeisterung über Frau Mäurers Arbeitseifer geriet zunehmend ins Wanken. Wenn er ganz harmlos fragte, ob noch ein Bier im Kühlschrank stehe, sprang sie sofort auf, brachte Flasche und Glas, stürmte erneut los, um den Öffner zu holen, schenkte das Bier ein, lief wieder los, um das vergossene Bier wegzuwischen, setzte sich, sprang auf, weil sie den Untersatz vergessen hatte, holte ein Ledertuch, um die Glasplatte neu zu polieren, setzte sich, stand noch einmal auf, denn der Aschenbecher befand sich nun nicht mehr in Rolfs Reichweite, und wenn sie endlich wieder Platz genommen hatte, war inzwischen das Bier alle, und sie sah sich genötigt, Flasche und Glas wieder fortzuräumen. Ordnung muß sein.

Spazierte Nicki mit staubigen Schuhen quer über den Wohnzimmerteppich, eilte Frau Mäurer mit Hausschuhen und Kleiderbürste hinterher. Wusch sich Katja in der Küche die Hände statt im Bad, polierte Frau Mäurer mit ergebener Miene sofort das Spülbecken. Stellte Rolf seine Mappe auf dem Flur ab, brachte Frau Mäurer sie umgehend ins Arbeitszimmer. Warf ich meine Handschuhe auf den Dielentisch, legte Frau Mäurer sie sorgfältig in die Schublade, wo ich sie zehn Minuten später wieder herausholte. Unsere Schlüssel bekamen Plastikschildchen, unsere Blumentöpfe wurden der Größe nach auf den Fensterbrettern angeordnet, und eines Tages waren auch die Bücher dran. Ob man nicht die Taschenbücher alle nach links und die dünnen hohen nach rechts . . .

Ich dachte an Frau Friedrich und streikte.

Inzwischen atmeten wir alle auf, wenn Frau Mäurer ihren ›freien Nachmittag nahm‹. Umsonst hatte ich ihr versichert, daß es mir völlig gleichgültig sei, wann wie lange sie wohin gehe, außerdem sei die Leibeigenschaft ohnehin nicht mehr gebräuchlich.

Nun hatte Frau Mäurer gewiß viele bemerkenswerte Vorzüge, aber Humor gehörte nicht dazu. Etwas pikiert erklärte sie mir dann auch, daß sie nur die ihr gesetzlich zustehenden Rechte beanspruche, nämlich einen freien Nachmittag pro Woche und jedes zweite Wochenende. Sie habe sich diesbezüglich erkundigt.

»Wo denn?« rutschte es mir heraus.

»Bei einer einschlägigen Stelle.«

Später entpuppte sich diese einschlägige Stelle als Kurgast, der mit einem Zimmermädchen geschäkert hatte und auf intimere Beziehungen verzichten mußte, weil die junge Dame angeblich immer im Dienst gewesen war und nicht einmal die ihr zustehende Freizeit bekommen habe.

Frau Mäurer stiefelte also einmal wöchentlich nach dem Mittagessen los und kehrte – von ihr selbst verordnet – pünktlich um elf Uhr zurück. Im Hinblick auf die miserablen Verkehrsverbindungen, die jeden nichtmotorisierten Einwohner Bad Randersaus zu absoluter Abstinenz in bezug auf Barbesuche oder noch ausschweifendere Amüsements verdonnern, war es uns wochenlang ein Rätsel, wo Frau Mäurer wohl ihre Vergnügungslust befriedigen würde. Dann entdeckte Sven sie im Kurhaus, wo sie munter das Tanzbein schwang.

An ihren nicht freien Wochenenden bemühte sie sich redlich, den bei uns üblichen Sonntagstrott abzuschaffen. Wir hatten pünktlich um neun Uhr am Frühstückstisch zu erscheinen – lediglich die Jungs brachten den Mut auf, sich diesem Gebot zu widersetzen –, der Vormittag diente den umfangreichen Vorbereitungen für das Mittagessen, der Nachmittag stand im Zeichen der unerläßlichen Kaffeetafel, und am Abend luden wir uns vorsichtshalber bei Freunden ein, die im Trainingsanzug oder in ausgebeulten Cordhosen auf der Terrasse saßen und den Sonntag genossen. Bei ihnen waren nicht mal die Betten gemacht, während bei uns sogar der Küchenboden glänzte. Frau Mäurer ließ es sich nicht nehmen, in der Küche auch sonntags die Fliesen zu scheuern, und das unter völliger Mißachtung einschlägiger Fernsehwerbung sogar auf Knien und mit der Wurzelbürste.

Ich konnte zwar sicher sein, daß es im ganzen Haus keinen schmutzigen Winkel mehr gab – sogar die Kakteen waren unter Zuhilfenahme einer Fahrradpumpe vom Staub befreit worden –, aber es gab auch keine Gemütlichkeit mehr. Wir begannen also ernsthaft zu überlegen, wie wir unsere übereifrige Haushaltshilfe wieder loswerden könnten. Es fiel uns nichts ein.

Frau Mäurer schien ähnliche Gedanken zu haben. Einmal fragte sie mich, ob sie sich wohl als Spanischlehrerin in der Volkshochschule eignen würde, ein andermal wollte sie wissen, wie die Verdienstmöglichkeiten für Kellnerinnen seien. Ich hatte von beidem keine Ahnung.

Aber dann schien das Schicksal endlich ein Einsehen gehabt und Frau Mäurer auf den richtigen Weg geschickt zu haben. Es war übrigens jener Pfad, der zum Waldsee führt. Dort begegnete sie einem Herrn, der nicht nur alleinstehend, sondern in höchstem Grade an ihr interessiert war, weil er nämlich gerade für seine Villa eine Hausdame suchte. Selbige habe lediglich das Personal zu beaufsichtigen und in Abwesenheit des Hausherrn besagte Villa zu hüten. Voraussetzung sei allerdings, daß sie das Wächteramt in spätestens zwei Wochen antreten könnte.

»Wo wohnt denn dieser Herr?« fragte Rolf.

»Irgendwo im Taunus, es muß ein ganz kleiner Ort sein.«

»Und wie lange kennen Sie Ihren neuen Arbeitgeber schon?«

»Nun, wir haben uns nur ein paarmal getroffen, aber es handelt sich um einen sehr soignierten Herrn. Was er mir über sich und sein Leben erzählt hat, klang alles äußerst distinguiert. Er besitzt eine Textilfabrik, die er jetzt seinem Teilhaber übergeben möchte, weil er sich nur noch seinen Liebhabereien widmen will, Kunst und Kultur, Reisen und so weiter. Dinge also, für die auch ich mich seit jeher interessiere. Wir harmonieren sehr gut zusammen, natürlich auf rein geistiger Ebene.«

Heißa, da hatte sie es uns Kulturbanausen aber gegeben! Ihre sehr oft geäußerte Schwärmerei für Richard Wagner und seine Werke hatte einen erheblichen Knacks bekommen, seit Rolf ihr einmal unverblümt erklärt hatte, des Meisters gewaltige Tonschöpfungen empfinde er als erdrückend. »Die Götterdämmerung zum Beispiel ist eine Oper, die um sechs Uhr beginnt, und wenn sie drei Stunden gedauert hat, sieht man auf die Uhr, und es ist sechs Uhr zwanzig!«

Seitdem lehnte es Frau Mäurer ab, mit uns über kulturelle Ereignisse im allgemeinen und über Richard Wagner im besonderen zu diskutieren. Nach ihrer Ansicht hatten wir ohnehin kein Musikverständnis, weil wir nicht schon längst unseren Nachwuchs oder doch wenigstens dessen unaufhörlich dudelnden Plattenspieler und Recorder aus dem Haus geworfen hatten. In diesem Punkt stimmte ich zwar völlig mit ihr überein, fürchtete aber, daß derartig drakonische Maßnahmen die Liebe meiner Söhne zu klassischer Musik auch nicht gerade fördern würden.

Frau Mäurer begehrte also eine vorzeitige Lösung ihres Arbeitsverhältnisses, womit sie unseren eigenen Wünschen durchaus entgegenkam. Rolfs Bedenken, sie ließe sich doch wohl auf eine sehr unsichere Sache ein, tat sie mit einem Achselzucken ab. »Ich bin alt genug, um selbst auf mich aufzupassen. Außerdem hat mich das Leben Menschenkenntnis gelehrt, ich täusche mich selten.«

Diesmal schien sie sich aber doch getäuscht zu haben. Nach einem gemessen-kühlen Abschied war sie wenige Tage darauf verschwunden, ohne eine Adresse zu hinterlassen oder sich – wie vorher zugesichert – in Kürze zu melden. Ich begegnete ihr erst wieder, als ich während eines Einkaufsbummels in Heilbronn vor einem Gewitterschauer in ein kleines Café flüchtete und sie mit Häubchen und Tändelschürze hinter dem Kuchenbüfett entdeckte. Etwas verstört trabte ich zurück in den Regen. Vielleicht hatte sie mich noch nicht bemerkt.

Nun war die Familie also wieder unter sich, beglückt, Frau Mäurers Ordnungswahn entronnen zu sein, weniger beglückt, weil sie jetzt wieder alles selbst tun mußte. Präzise ausgedrückt: Weil *ich* jetzt wieder alles selbst tun mußte.

Furchte ich mit dem Rasenmäher Schneisen in die Kleekulturen, rief Sascha ganz entsetzt: »Aber Määm, du sollst doch in dieser Hitze nicht den Rasen schneiden! Wo ist denn Paps?«

Brütete ich über irgendwelchen Rechnungen, so beugte sich

mein Gatte interessiert über meine Schulter, betrachtete kopfschüttelnd das Geschreibsel und sagte gönnerhaft: »Auch wenn du die Ausgaben notierst, lebst du trotzdem über unsere Verhältnisse, aber du hast es wenigstens schriftlich. Kannst du mir übrigens mal verraten, wo immer das Geld bleibt, das wir im Sommer an Heizung sparen?«

»Weiß ich nicht, bisher ist es mir weder im Winter noch im Sommer gelungen, einen Überschuß herauszuwirtschaften!«

»Ist ja eigentlich auch kein Wunder in einer so verwirrenden Zeit, wo man unter der Bezeichnung ›wirtschaftlich‹ sowohl ganz große Waschpulverpakete versteht als auch ganz kleine Autos.«

Trotz meiner soeben wieder erwiesenen Unfähigkeit, jeden Monat einen Sparstrumpf der Schuhgröße 45 zu füllen, war Rolf bereit, mir einige arbeitserleichternde Geräte zu bewilligen. Da er seine diesbezüglichen Kenntnisse überwiegend aus dem Werbefernsehen bezog, bekam ich als erstes einen elektrischen Eierkocher. Nun schrillte nach vier Minuten nicht mehr der Küchenwecker, jetzt pfiff die eingebaute Elektrouhr. Manchmal pfiff sie auch nicht, weil ich vor lauter Elektronik vergessen hatte, sie einzustellen; dann waren die Eier hart und die bissigen Kommentare ihrer Konsumenten noch härter. ich kochte die Eier wieder nach der herkömmlichen Methode, die war nervenschonender.

Als nächstes brachte Rolf eine Allzweckmaschine an. Sie beanspruchte den halben Küchentisch, und wenn ich alle Zubehörteile ausgebreitet hatte, sogar den ganzen. Dafür konnte sie rühren, schnitzeln, schneiden, kneten, pressen, raspeln, röhren, quietschen, klemmen, jaulen und kaputtgehen. Letzteres immer dann, wenn ich den falschen Schalter gedrückt und somit versucht hatte, rohe Karotten durch den Fleischwolf zu drehen oder die Ingredienzen für Bananenmilch durch das Schnitzelwerk zu jagen. Ganz abgesehen davon, daß die dann anfallenden Reinigungsarbeiten ziemlich zeitraubend waren. Bananenbrei läßt sich von Fensterscheiben nur sehr mühsam entfernen.

Auch ein elektrisches Messer bekam ich, ein furchterregendes Instrument mit den ungefähren Ausmaßen einer Bandsäge. Nachdem ich endlich gelernt hatte, rechtzeitig abzustoppen, bevor ich mit der Wurst auch das darunterliegende Brett zerteilt hatte, säbelte ich versehentlich das Zuleitungskabel durch. Und weil Sven darauf wartete, daß Sascha die Strippe reparieren würde, während Sascha meinte, sein Vater könnte das viel besser, liegt das Messer noch immer mit kaputter Schnur irgendwo herum, von niemandem vermißt.

Nächste Errungenschaft war ein Joghurtzubereiter. Elektrisch natürlich. Damals machte Rolf gerade die sich alljährlich wiederholende Phase der gesundheitsbewußten Ernährung durch, und so stellte ich weisungsgemäß Unmengen von Joghurt her, das nie so aussah und noch viel weniger so schmeckte wie gekauftes. Nach vierzehn Tagen konnte kein Mensch mehr Joghurt sehen. Ich verbuchte die Fehlinvestition unter ›Allgemeine Unkosten‹.

Als mein alter Staubsauger seinen Geist aufgab, bekam ich einen neuen, bestehend aus 37 Einzelteilen, handlich verpackt und mit einer halbmeterlangen Anweisung versehen, wie man aus den Schrauben, Röhren, Klemmen und Kabeln ein funktionsfähiges Haushaltsgerät zusammenbasteln könne.

Sven versuchte sich als erster an dem Puzzle; nicht umsonst ist er der einzige von uns, der Gebrauchsanweisungen nicht nur lesen, sondern darüber hinaus auch in verständliches Deutsch übersetzen kann. Das Produkt seiner zweistündigen Bastelarbeit sah dann auch beinahe wie ein Staubsauger aus. Nur die Räder hatte er nirgends anbringen können, und auch das Kabel verschwand in abenteuerlichen Windungen an der Stelle, wo nach meiner Ansicht das Saugrohr hingehört hätte. Siegesgewiß drückte Sven auf den Einschaltknopf, das Gerät jaulte kurz auf, gab ein Warnsignal in Gestalt eines kleinen Rauchwölkchens von sich, begann nach Gummi zu stinken und deutete damit an, daß es in die Hände eines Fachmanns zu gelangen wünschte.

Der war zur Stelle! Rolf nahm das ganze Gerät wieder auseinander, schnitt hier ein bißchen Gummi ab, fügte dort ein bißchen ein, verbrauchte sehr viel Isolierband und noch mehr Bier zur Inspiration, aber schließlich hatte er sein Werk vollendet. Sogar die Räder saßen jetzt dort, wo sie vermutlich hingehörten. Dann kam der erste Startversuch. Der Staubsauger kreischte los, das Zuleitungskabel bäumte sich wie eine Kobra auf, bevor es zuckend im Saugrohr verschwand, am endgültigen Wegtauchen nur durch den Stecker gehindert, dann gab es einen Knall, und alle Sicherungen waren draußen. Die meisten Leute riskieren eben lieber ein Unglück, als eine Gebrauchsanweisung zu lesen.

Rolf meinte später, die Reparaturkosten seien weniger

schmerzlich gewesen als die Kommentare des Elektrikers. Seitdem repariert er nichts mehr selber. Die Erläuterungen der Nachbarn, wie er es einfacher und besser gemacht hätte, waren wohl zu deprimierend.

Ich weiß nicht, wie andere Frauen es machen, daß sie immer Zeit haben (und wenn sie keine Zeit haben, dann nur deshalb, weil sie zur Hausfrauen-Gymnastik müssen oder beim Friseur angemeldet sind). Ich habe nie Zeit! Oder nur ganz selten, und selbst dann passiert meist etwas Unvorhersehbares. Katja fällt ein, daß sie vergessen hat, aus der Hosentasche ihrer weißen Jeans den Kugelschreiber herauszunehmen – die Waschmaschine schaltet gerade den ersten Spülgang ein –, oder Stefanie teilt mir beiläufig mit, daß sie in einer Stunde zu einer Geburtstagsparty eingeladen sei und kein Geschenk habe. Ob ich nicht etwas improvisieren könne, weil doch mittwochs am Nachmittag die Läden geschlossen seien. Oder Sascha eröffnet mir strahlend, er wolle Russisch lernen und deshalb auf eine Schule nach Heilbronn überwechseln.

Meine Freizeit verbringe ich also mit Überlegungen, wie man Kugelschreiberflecke aus Hosen entfernt, ob man einer Vierzehnjährigen zum Geburtstag ockerfarbene Frottee-Handtücher schenken kann, weil ich davon noch ein paar unbenutzte liegen habe, und wie man seinem Sohn klarmacht, daß Russisch nicht mehr aktuell und Chinesisch die kommende Fremdsprache sei.

12.

Als ich wieder einmal in einer kostbaren Mußestunde versuchte, von den Zeitungen der vergangenen Woche wenigstens die Überschriften zu lesen, baute sich Steffi vor mir auf und fragte ganz harmlos:

»Nicht wahr, es macht dir doch nichts aus, wenn Christiane ein paar Tage zu uns kommt? Ihre Oma ist nämlich krank, und deshalb ist ihre Mutter zu ihr hingefahren.«

Christiane verbrachte ohnehin den größten Teil des Tages bei uns und verschwand in der Regel nur zu den Essenszeiten – häufig genug nicht einmal dann. Ich wußte wirklich nicht, was sich an dem gegenwärtigen Zustand besonders ändern sollte.

»Ich meine doch, daß Christiane auch bei uns schläft, sie grault sich sonst so ganz allein.«

»Ist denn ihr Vater nicht da?«

»Nee, der ist auf Montage in Syrien oder Syrakus oder so ähnlich!«

»Macht ja nichts, ist doch fast dasselbe! Also von mir aus kann sie kommen, das Gästezimmer ist frei.«

»Kommt nicht in Frage«, protestierte Steffi, »sie schläft bei mir im Zimmer. Wir stellen einfach das Harmonikabett rein!«

Erbstück meiner Großmutter und Relikt aus längst vergangenen Luftschutzkellertagen, als man vorwiegend unterirdisch lebte und zusammenklappbare Möbelstücke bevorzugte, die zwar selten bequem, aber immer platzsparend waren.

Christiane zog also zu uns (»Vielen Dank, es ist ja nur bis Sonntag!«), und damit begann für mich ein neues Erlebnis. Ich wurde mit einem schon *ausgewachsenen* weiblichen Teenager konfrontiert.

Christiane war knapp anderthalb Jahre älter als Stefanie, aber mindestens drei Jahre reifer. Folglich bestand ihr Gepäck aus einer Plastiktüte, in der sich ein Schlafanzug befand sowie eine Zahnbürste, und einer mittelgroßen Reisetasche, angefüllt mit Döschen, Fläschchen, Tuben, Schachteln, Kämmen, Bürsten, Lockenwicklern, Musikkassetten und Kaugummi.

Bereits am ersten Abend verbarrikadierten sich die beiden jungen Damen, also die fast ausgewachsene und ihre lernbegierige Vasallin, im Bad, aus dem sie erst wieder herauskamen, nachdem Sascha gedroht hatte, die Fensterscheibe einzuschlagen. Steffis schulterlanges Haar war auf grüne Lockenwickler gedreht, mit denen sie wie ein Kaktus aussah, ihr Gesicht mit einer Art Tapetenkleister beschmiert, die Fingernägel glänzten silbern, und an den Ohren hingen Clips in der Größe von Christbaumkugeln.

Sascha staunte seine Schwester sekundenlang an, bevor sein Blick zu Christiane wanderte, die so ähnlich aussah. Dann brüllte er los: »Määm, ruf die Polizei an, wir haben Besuch von Außerirdischen!«

»Alberner Kerl«, sagte Christiane hochmütig, verschwand in Steffis Zimmer und knallte die Tür zu.

»Naja, die Gesichtsmaske sieht vielleicht ein bißchen komisch aus«, gab Stefanie zu, »aber schließlich muß man ja mal etwas für sein Aussehen tun.«

»Geht ihr dann immer mit so einem Tarnanstrich ins Bett? Ich habe Määm aber noch nie so herumlaufen sehen.«

»Vielleicht ist sie schon zu alt dafür«, überlegte Steffi, »aber es könnte ja auch sein, daß sie sonst Papi vergrault.«

Diese Möglichkeit schien Sascha ernsthaft zu beschäftigen. Mit seinem Bruder erörterte er die Aussichten, seiner späteren Frau auch ständig als ›wandelndem Gipskopf‹ zu begegnen, was seine derzeitigen Absichten, sein Leben als Junggeselle zu beschließen, nur noch untermauerte.

»Heiraten ist doch sowieso Schwachsinn«, beendete Sven die Debatte. »Früher mag das ja ganz praktisch gewesen sein, weil man jemanden zum Waschen und Kochen brauchte, aber heutzutage ist das doch nicht mehr nötig. Es gibt Waschmaschinen, bügelfreie Klamotten und Fertiggerichte. Nee, heiraten kommt für mich nicht in Frage, ich lebe lieber à la carte.«

Rolf waren die Verschönerungsversuche seiner Tochter entgangen, weil er es abgelehnt hatte, das obere Stockwerk zu betreten.

»Junge Mädchen haben ihre kleinen Geheimnisse und sollen sie auch behalten!«

Nicht entgehen konnte ihm allerdings die Musik, die pausenlos aus ihrem Zimmer blökte: Die Smokies, die Teens, die Clouds, die Abbas – ich konnte die verschiedenen Gruppen nie auseinanderhalten. Die Mädchen lauschten diesem Gejaule mit entrückten Blicken, aber als Christiane den Lautstärkeregler bis zum Anschlag aufdrehte, warnte Steffi: »Mach das nicht, sonst kontert meine Mutter gleich mit dem Staubsauger. Die steht nämlich bloß auf Frank Sinatra und Eartha Kitt.«

»Tatsächlich? Meine auf Johannes Heesters. Dabei sieht deine doch gar nicht so wunderlich aus.«

Um elf Uhr dröhnte noch immer der Plattenspieler, und er dröhnte so lange, bis Rolf kurzerhand die Sicherungen herausdrehte. Allerdings hatte er damit auch den Radiowecker ausgeschaltet, und am nächsten Morgen schrieb ich fünf verschiedene Entschuldigungen wegen des versäumten Schulbeginns.

Zu Mittag gab es Nudelauflauf mit überbackenem Käse, ein besonders von Stefanie sehr geschätztes Gericht. Christiane beäugte mißtrauisch die goldbraunen Makkaroni, legte sich vier Stück auf den Teller und sagte entschuldigend: »Mehr darf ich nicht. Eigentlich hätte ich heute meinen Gemüsetag.«

Steffi zuckte merklich zusammen, wechselte ihren vollgehäuften Teller gegen Svens noch leeren aus, nahm sich sechs Nudeln und seufzte: »Christiane hat ja recht, ich muß wirklich auf meine Figur achten!«

Vorsichtshalber sagte ich gar nichts, sondern überprüfte in Gedanken meine Vorräte. Sie würden selbst dem Ansturm zweier ausgehungerter Teenager standhalten. Er blieb aus. Zum Abendessen erbat sich Christiane eine Handvoll Radieschen und ungesüßten Tee. Steffi aß trockenes Knäckebrot mit Quark.

»Bist du krank?« fragte Rolf besorgt.

»Nein, nur ernährungsbewußt. Mami kocht sowieso viel zu fett, davon kriegt man lauter Pickel!«

Am nächsten Morgen weigerte sie sich, ihren Orangensaft zu trinken. »Hat zu viele Kalorien. Kauf lieber Mineralwasser, das hat gar keine.«

Die Jungs hatten heute auch nachmittags Unterricht, würden also zum Essen nicht zu Hause sein, und so hatte ich für die Mädchen eine Salatplatte vorbereitet, die ihrem Diätbewußtsein wohl entgegenkommen würde.

Weit gefehlt! Sie stürzten sich zwar wie die Heuschrecken auf das Grünzeug, fraßen es bis zum letzten Petersilienstengel ratzekahl weg, verlangten dann aber etwas Handfestes.

»Und ich dachte . . .«

»Unser Diättag ist vorbei, wir sind halb verhungert!«

Den Rest des Tages verbrachten sie damit, sich mit Cornflakes, Haferflockenmüsli, Crackers und Erdbeertorte vollzustopfen. Zum Abendessen erschienen sie nicht. Meine Ferndiagnose lautete auf Magenbeschwerden, also kochte ich Kamillentee und jonglierte ihn die Treppe hinauf, bereit, den Patientinnen Trost und heilsamen Trank zu spenden.

Christiane hockte mit trotzigem Gesicht in einer Ecke, Steffi lag auf dem Bett und heulte.

»Was ist denn los? Ich dachte, ihr seid schwer krank?«

»Pa-Papi hat überhaupt kein Verständnis f-f-für mich«, schluchzte Steffi. »Christiane hatte einen völlig neuen Menschen aus mir gemacht, aber *er* hat verlangt, daß ich alles sofort wieder abwasche!«

Zur Rede gestellt, erklärte der Rabenvater: »Wenn ich sie mit dem Gesicht in meinen Aquarellkasten getaucht hätte, hätte sie auch nicht schlimmer aussehen können als vorhin. Cadmiumfarbene Lippen, Augenlider in Coelinblau, der Teint annähernd indischgelb und dazu Fingernägel in Veroneser Grün! Von der übertriebenen Schminkerei einmal abgesehen, hat sie auch noch mein Künstlerauge beleidigt. Diese Farbtöne passen ganz einfach nicht zusammen!«

Als ich anschließend das Tohuwabohu im Bad aufzuräumen versuchte, entdeckte ich auf dem Fußboden in einer Ecke ein schwarzes spinnenähnliches Tier mit vielen Beinen. Ich schrie sofort nach Sven, zu dessen Aufgaben die Beseitigung derartiger Lebewesen gehört, weil ich einen familienbekannten Horror vor allem habe, was kriecht und krabbelt. Mein Sohn, an Hilfeschreie in schrillstem Diskant gewöhnt, erschien auch sofort, schwang todesmutig seinen Turnschuh und erschlug das Untier. Anschließend inspizierte er seine Beute und entdeckte, daß er soeben Christianes falsche Wimpern massakriert hatte.

Natürlich bekamen wir auch Herrenbesuch. Christiane hatte bereits einen ›Festen‹, der Jimmyboy genannt wurde, obwohl er auf den klangvollen Namen Friedhelm getauft war, Pickel im Gesicht und einen sehr geringen Wortschatz hatte. Zum Glück teilte Stefanie in diesem Falle nicht den Geschmack ihrer Freundin. Sie fand den Knaben ›einfach widerlich ölig‹, was mich für die Zukunft hoffen ließ.

(Ein dreiviertel Jahr später brachte sie uns den Jüngling Charly an, der sich von Jimmyboy nur dadurch unterschied, daß er neben den Pickeln noch ebenso viele Sommersprossen hatte. Im Augenblick favorisiert sie einen Mäcki, der ihr die Relativitätstheorie erklärte und ihr politisches Bewußtsein weckte. Zur Zeit steht sie irgendwo zwischen Marx und Mao.)

Endlich kam der Tag, an dem Christiane samt Rougetöpfchen und Nagellackflaschen wieder heimwärts zog. Als Rolf die Tür hinter ihr geschlossen hatte, sagte er matt:

»Das Schlimmste an Teenagern ist ja nicht ihr Alter, sondern daß sie es herrlich finden!«

13.

Jedesmal, wenn ich mich von den Illustrierten-Schönheiten inspirieren lasse und eine optische Verbesserung meines Äußeren anstrebe, ernte ich bei unserem kritischen Nachwuchs nur Hohn und Spott. Er sieht mich am liebsten in Hosen, weil ich dann beim Fußballspiel gelegentlich für den kurzfristig abwesenden Tormann einspringen oder über Gartenzäune hechten und die getürmte Schildkröte einfangen kann. Auch eine Kurzhaarfrisur ist praktisch; man läuft nicht so oft zum Friseur und kommt deshalb auch gar nicht auf den Gedanken, die wallende Haarpracht der Knaben könnte ebenfalls mal wieder einen Auslichtungsschnitt vertragen.

Bei einem meiner sehr seltenen Friseurbesuche ließ ich mich überreden, meine langsam ergrauenden Haare durch eine hell eingefärbte Strähne zu verschönen. Beifallheischend präsentierte ich mich der Familie. Sven umrundete mich und nickte zustimmend: »Siehst prima aus, Määm, genau wie ein Dachs!«

Kaufe ich mir einen neuen Lippenstift, probiert Steffi ihn als erste aus. »Iiiihh, ist der scheußlich, der steht mir überhaupt nicht!« Den sündhaft teuren Modeschmuck, Ergänzung zu meinen geliebten Rollkragenpullis, musterte Katja stirnrunzelnd.

»Wo hast du denn *die* Kette her? Aus'm Kaugummiautomaten?«

So war es auch kein Wunder, daß mein neuer Badeanzug, Zugeständnis an die bevorstehende Seereise, nicht den gewünschten Beifall fand. Sven meinte schließlich beruhigend: »Außer uns wird ihn ja kaum jemand zu sehen kriegen!«

Damit hatte er zweifellos recht. Rolf war auf die Idee gekommen, an der holländischen Nordseeküste ein Ferienhäuschen zu mieten, weil das billiger, praktischer und auch sonst angeblich viel vorteilhafter sein würde als ein Hotelaufenthalt. Dic Kinder fanden das auch, allerdings aus anderen Gründen.

»Wenn Mami kocht, kriegen wir wenigstens was Vernünftiges zu essen, nicht bloß dauernd Käse. Etwas anderes wächst doch in Holland gar nicht!« Das war Nicki.

Steffi hatte gerade wieder ihre kalorienarme Phase und mutmaßte, daß die niederländische Küche ihren vegetarischen Ambitionen nicht gerade entgegenkommen würde.

»Bestimmt gibt es da oben sehr saftige Weiden, da kannst du doch dein Kuhfutter direkt vom Halm fressen«, empfahl Sascha brüderlich-zärtlich. »Ich finde es viel wichtiger, daß wir auf den täglichen Maskenball verzichten können!«

»Wieso? Ist in Holland jetzt Fasching?« wollte Katja wissen.

»Ach Quatsch! Ich meine doch bloß, wir brauchen uns nicht dauernd umzuziehen. Wenn man nämlich zum gemeinsamen Futtertrog in den Speisesaal muß, dann ist Schlips und Kragen Vorschrift.«

Bei uns herrschen demokratische Verhältnisse, und in einer Demokratie entscheidet immer die Mehrheit. Die Mehrheit war also für einen alternativen Urlaub. Da sich die Mehrheit aber nicht um so belanglose Kleinigkeiten zu kümmern brauchte, wie: Wo kann man einkaufen? Gibt es frische Milch? Gehören zum gemieteten Mobiliar auch Dosenöffner und Wäscheklammern?, blieb es allein mir überlassen, zu entscheiden, ob ich einen Tauchsieder mitnehmen sollte oder doch lieber einen Leitfaden für Pfadfinder. Mein Gatte hatte bei der Anmietung des Feriendomizils zwar festgestellt, daß man 287 Schritte bis zum Strand benötigte und 321 Schritte bis zum Getränkekiosk – angeblich führte der vier verschiedene Biersorten –, aber leider wußte er nicht, ob es elektrisches Licht in dem Häuschen gab.

»Im Sommer bleibt es doch lange hell, und außerdem ist eine Petroleumlampe viel romantischer«, sagte Sven.

»Ein qualmendes Holzfeuer, auf dem man Essen kochen soll, ist aber weit weniger romantisch!« Ich konnte mich noch recht gut an die Nachkriegszeit erinnern, als wir mangels Strom und Gas zu den Gepflogenheiten unserer Ahnen zurückkehren und auf einem altersschwachen Kohleherd kochen mußten. Aber wenigstens hatten unsere Ahnen eine saftige Schweinslende oder einen Vorderschinken braten können, während wir nur in einem wässerigen Mehlsüppchen rühren konnten. –

Endlich waren die Koffer gepackt (*nach* einer Ferienreise stellt man immer fest, daß man mit halb soviel zum Anziehen und doppelt soviel Geld recht gut ausgekommen wäre!), Hamster, Wellensittich und Schildkröte in Pension gegeben, Schlauchboot, Gartengrill und 38 Musikkassetten im Auto verstaut, Hausschlüssel zu Frau Keks gebracht, anschließend wieder zurückgeholt, weil in Saschas Zimmer noch der Plattenspieler orgelte, Streit geschlichtet, wer am Fenster sitzen darf ... es konnte losgehen.

Die größte Erfindung des Menschen war bekanntlich das Rad – bis er sich dahinter setzte. Rolf gehört zu jenen Autofahrern, die die Straßenverkehrsordnung im Kopf haben und jedes Vergehen anderer Verkehrsteilnehmer unnachsichtig ahnden. Er kriegt es fertig, mitten auf einer Kreuzung anzuhalten, auszusteigen und einem darob völlig verstörten Fahrer die Vorfahrtsregeln herunterzubeten. Dabei beeindruckt es ihn nicht im geringsten, wenn sich hinter ihm eine endlose Schlange wütender Autos bildet.

Diesmal verlief die Fahrt ohne programmwidrige Unterbrechungen, von den gelegentlichen und meist saisonbedingten Staus einmal abgesehen. (Übrigens werden auch heute noch Eingeborene, die mit Trommeln böse Geister zu vertreiben suchen, von jenen aufgeklärten Autofahrern zutiefst verachtet, die mit lautem Hupen eine Verkehrsstockung beseitigen wollen!!)

Wir waren bei strahlendem Sonnenschein abgefahren. An der Grenze hüllten wir uns bereits in Wolljacken, kurz hinter Amsterdam schaltete Rolf die Heizung ein, und als wir endlich unser Ziel erreicht hatten, goß es in Strömen.

»Direkt am Meer klärt es sich immer schnell wieder auf, morgen früh scheint bestimmt die Sonne«, versicherte Rolf und bemühte sich, mit der unterwegs gekauften Illustrierten und fünf Stückchen Holz ein Feuer in dem hübschen altmodischen Herd zu entfachen. Einen elektrischen Kocher gab es aber auch. Er hatte zwei Platten, von denen die eine nur noch auf der linken Seite heiß wurde.

Unser derzeit verwaistes Heim mochte bescheiden sein, aber es bot ungleich mehr Komfort und Behaglichkeit als dieses zehnmal so teure Ferienparadies. Die drei Schlafzimmer waren spartanisch eingerichtet, das Kücheninventar schien auf den Bedarf eines Rentnerpaares zugeschnitten zu sein – es gab keine Bratpfanne, dafür aber drei Milchkannen, deren größte fünf Liter faßte –, und die Wohnzimmermöbel ließen vermuten, daß Holländer eine andere Anatomie haben als Deutsche.

Die Sessel sahen sehr dekorativ aus, nur zum Sitzen waren sie völlig ungeeignet.

Nun soll man ja seine Ferien nicht *im* Haus, sondern außerhalb desselben verbringen. Dort gab es eine Veranda, davor Wiese, drum herum Bäume und irgendwo dahinter vermutlich das Meer. Wir hörten es rauschen, sehen konnten wir es nicht. Es regnete noch immer. Es regnete auch am nächsten Morgen, und als es aufhörte, wurde es windig. Hierbei handelte es sich nicht etwa um ein zärtliches lindes Lüftchen, nein, es war ein ausgewachsener Sturm, der die Fenster zum Klappern brachte und das aufgeblasene Gummifloß in einen Dornenstrauch wehte, wo es leise pfeifend in sich zusammenfiel. So entdeckten wir als erstes, daß wir Flickzeug vergessen hatten. Als nächstes vermißte ich den vergessenen Büchsenöffner, aber dafür hatten wir ja gleich zwei Flaschenöffner mitgebracht. Ich vermißte ferner einen Regenschirm, ein heizbares Deckbett, Nähnadeln, eine Wäscheleine, Kugelschreiber, Schuhcreme, Skipullover, Thermoskanne und ein Telefon, um mich bei guten Freunden ausheulen zu können.

Unseren ersten Ferientag verbrachten wir mit dem Versuch, uns irgendwie warm zu halten. Bei dem Haus hatten wir das schon aufgegeben. Heizmaterial fanden wir nicht, und angeschwemmtes Treibholz hatten vermutlich die anderen Feriengäste verfeuert. Sie waren schon länger hier und klagten über Frostbeulen. Außer unserem Häuschen gab es fünf weitere, von denen aber noch zwei leer standen. Zwei andere waren von Holländern bewohnt. Im letzten Haus hatten sich drei Männer etabliert, die uns bereits am ersten Morgen aufgefallen waren. Sie schienen gegen die Kälte immun zu sein, was möglicherweise daran lag, daß sie ihr Frühstück ausschließlich in flüssiger Form zu sich nahmen. Sie begrüßten uns mit einem fröhlichen »Skal!«, woraus wir schlossen, daß es sich wohl um Schweden handeln müßte. Da wir aber ihr Deutsch und sie unser Schwedisch nicht verstanden, blieben die Kontakte auch weiterhin auf ein gelegentliches Zuprosten beschränkt. Ich kann mich nicht erinnern, sie jemals bei einer anderen Beschäftigung gesehen zu haben.

Als Rolf auf die Idee gekommen war, mir den wohlverdienten Urlaub von Staubsauger und Waschmaschine zu verschaffen, hatte er mir versichert, daß etwa anfallende Hausarbeit aufgeteilt und ›das bißchen Kochen‹ selbstverständlich gemeinsam erledigt werden würde.

Nun ist die beste arbeitsparende Einrichtung für Männer ein Hexenschuß! Rolf bekam ihn, als er aus dem Kühlschrank ein Bier holte, und während der nächsten Tage pendelte er ausschließlich zwischen Bett und Liegestuhl und erholte sich glänzend dabei.

Ich stand morgens als erste auf, machte für sieben Personen das Frühstück, d. h., ich filterte eine Viertelstunde lang Kaffee, der beim Servieren schon wieder kalt war, ich toastete Weißbrot auf der Herdplatte, briet Eier in einem Kochtopf und überlegte dabei, was wohl im Endeffekt billiger sein würde: eine Fahrt nach Hause, um die fehlenden Sachen zu holen, oder die Neuanschaffung der wichtigsten Haushaltsartikel?

Nach dem Frühstück spülte ich in einer richtig altmodischen Schüssel Geschirr, fegte mit einem richtig altmodischen Besen die Zimmer aus, wusch ein bißchen Wäsche, versuchte, sieben verwühlte Betten in einen optisch akzeptablen Zustand zu bringen (zu Hause verschwindet alles in den praktischen Bettkästen), und wenn ich endlich mit Luftmatratze, Sonnenöl und Taschenbuch ins Freie marschierte, um auch ein bißchen Urlaub zu machen, fragte bestimmt jemand: »Wann gibt es eigentlich Mittagessen?«

Die Jungs hatten sich mit einem Fischer angefreundet, der zwei Kilometer strandaufwärts hauste und sich freute, zwei kräftige Burschen gefunden zu haben, die bereitwillig Netze schleppten, den Dieselmotor pflegten und alle jene Arbeiten verrichteten, die zwar weniger mit Fischfang zu tun hatten, aber dafür mehr mit Dreck und Öl. Nun durfte ich auch nachmittags mit der Hand Hemden waschen. Zur Belohnung bekam ich jeden Tag frische Fische, die ich schuppen, ausnehmen und zubereiten sollte. Und das passierte mir, wo ich Fische überwiegend in tiefgefrorenem Zustand kenne! Eines Tages hatte ich die Nase voll, drückte Sven die drei glibbrigen Viecher wieder in die Hand und sagte erbost: »Grillt sie euch doch selber, aber draußen! Hier ist schließlich keine Fischbratküche!«

Die Knaben gingen ans Werk, unterstützt von Steffi, die ihre immer angezweifelten Kochkünste endlich einmal unter Beweis stellen wollte. Nach angemessener Zeit rief sie ihre Brüder zum Essen. In weiser Voraussicht hatte ich schon vorher behauptet, keinen Hunger zu haben, und wie recht ich damit hatte, wurde mir klar, als ich Sascha hörte. Er kaute knirschend auf einem schwärzlichen Etwas herum und nickte Sven zu: »Jetzt, wo du es sagst, merke ich es auch. Es schmeckt wirklich wie auf Holzkohle gegrillte Holzkohle!«

Bereits in der zweiten Nacht waren wir von einem ungewohnten Geräusch aufgewacht. Es mußten irgendwelche tierischen Laute sein, und Nicki fragte ängstlich, ob es hier wohl Wölfe gebe. »Blödsinn«, sagte Sven, »aber vielleicht geistert da draußen ein Waschbär herum. Wo ist die Taschenlampe?«

Die hatten wir natürlich auch vergessen. Sascha bewaffnete sich mit einem mittelgroßen Kochlöffel, bereit, seinem Bruder im Kampf gegen die Gefahren der Wildnis beizustehen. Vorsichtig öffnete er die Tür. Auf der Veranda stand das nicht abgeschaltete Kofferradio, das in der nächtlichen Sendepause nur kurze, vermutlich durch atmosphärische Störungen verursachte Zisch- und Quieklaute von sich gab.

Aber es gab auch wirkliche Gefahren. Zum Beispiel Kühe. Der Besitzer des Kiosks, der offensichtlich sein bester Kunde und nie ganz nüchtern war, hatte mir gesagt, daß es in unmittelbarer Nähe einen Bauernhof gebe, wo ich frische Milch holen könne. Ich brauche nur den Weg entlangzulaufen und dann über die Wiese zu gehen. Auf der Wiese standen Kühe. Nun gehören Rindviecher nicht gerade zu der Tiergattung, mit der ich häufigeren Umgang pflege, und ich hatte keine Ahnung, wie man sie behandelt. Immerhin besaßen sie Hörner. Außerdem hatte ich irgendwo gelesen, daß sie auch ausschlagen können. Vorsichtig näherte ich mich der Wiese, vorsichtig stieg ich über den Zaun, und noch vorsichtiger bewegte ich mich schrittweise vorwärts. Die Kühe hoben die Köpfe, betrachteten mich mit ihrem bedächtigen Madonnenblick und fanden dann, die Bekanntschaft mit mir sei entbehrlich. Nur eine kam auf mich zu, und als ich meine Schritte beschleunigte, legte sie auch einen Zwischenspurt ein. Das Rennen endete unentschieden, denn bevor ich mit hängender Zunge über den Zaun hechtete, drehte die Kuh ab, hob ihren Schwanz, und mit dem, was sie fallen ließ, schien sie mir klarmachen zu wollen, wieviel sie von mir hielt. Später holte Sven die Milchkanne von der Wiese und künftig auch die Milch vom Bauern.

14.

Urlaub ist bekanntlich die Zeit, in der man feststellt, wohin man im nächsten Jahr nicht wieder fahren wird. Zu dieser Feststellung brauchte ich genau drei Tage. Nach fünf Tagen wäre mir jedes andere Ferienziel recht gewesen, einschließlich Himalaja und Antarktis, vorausgesetzt, dort gab es ein Hotel mit Bedienung. Ich wollte nicht mehr auf anderthalb Kochplatten erntefrisches Gemüse kochen, ich wollte nicht mehr die notdürftig mit der Nagelbürste geschrubbten T-Shirts im Seewind trocknen lassen, ich wollte nicht mehr mit einem Strohbesen Tannennadeln und Seesand unter den Möbeln hervorkratzen – ich wollte endlich Ferien haben!

Nach neun Tagen platzte mir der Kragen! Rolf, der hinter dem Steuer seines Wagens niemals etwas von seinem Hexenschuß merkte, war mit den Kindern in den nächstgrößeren Ort gefahren, um sich mal wieder die Beine zu vertreten und etwas Schönes zum Kochen zu kaufen. Zum Mittagessen würden sie dann alle wieder zurück sein. Sollten sie doch, nur würden sie kein Essen und erst recht keine Köchin mehr vorfinden!

Das Kofferpacken ging schnell. Alles, was sorgfältig zusammengefaltet war, gehörte mir. Der Fahrer des Bierwagens, der gerade wieder den gelichteten Bestand im Kiosk aufgefüllt hatte, war bereit, mich bis zur nächsten Bahnstation mitzunehmen. Der Zug fuhr erst in zwei Stunden. Ich setzte mich in ein kleines Café, wo man endlich einmal *mich* bediente, frühstückte ausgiebig und malte mir Rolfs Gesicht aus, wenn er meinen Zettel finden würde.

Abends war ich wieder zu Hause und heulte mich bei Frau Keks erst einmal gründlich aus. »Warum benimmt sich Rolf bloß immer wie ein Pascha? Wenn er nur eine Haushälterin gebraucht hat, hätte er ja irgendein Gänschen heiraten können!«

»Verstand ist das, worauf Männer bei Frauen erst dann achten, wenn sie auf alles andere geachtet haben«, sagte Frau Keks und goß mir den dritten Cognac ein.

»Früher wollte er mir die Sterne vom Himmel holen«, schluchzte ich, »und jetzt holt er sich nicht mal ein Glas aus dem Schrank!«

»Ihr Mann kommt allmählich in die mittleren Jahre, ist also noch genauso jung wie immer, aber es strengt mehr an.«

Als ob das eine Entschuldigung wäre! Bestenfalls eine Erklärung!

Schließlich hatte ich meine Jugendjahre auch schon hinter mir. Weshalb können einem die Schwierigkeiten des Lebens nicht begegnen, solange man noch siebzehn ist und alles weiß?

»Mir scheint, Sie haben noch immer nicht gelernt, wie man mit Männern umgeht«, sagte Frau Keks, »dabei ist das doch ganz einfach. Man behandelt sie wie jedes Schoßtier. Drei Mahlzeiten täglich, viel Streicheln, eine lange Leine. Nicht beim Essen stören. Und zwischendurch ein bißchen Dressur.«

»Ich bin aber nicht als Dompteur auf die Welt gekommen!« Ich kippte den fünften Cognac. Oder war's schon der sechste?

Das Telefon klingelte schon wieder. Frau Keks verleugnete mich zum drittenmal und empfahl Rolf, sich doch mal mit der Hafenpolizei in Verbindung zu setzen, ich hätte erst unlängst Auswanderungspläne geäußert. Dann brachte sie mich ins Bett, weil ich – vollgetankt mit Selbstmitleid und Alkohol – abwechselnd aus dem Fenster springen und mich erschießen wollte.

»Jetzt verzichten Sie auf Ihren Urlaub und erholen sich erst mal gründlich«, sagte Frau Keks, zog die Vorhänge zu und überließ mich einem zwölfstündigen Dauerschlaf.

Mein Urlaub vom Urlaub dauerte genau vier Tage, dann war die Familie wieder da. Angeblich hatte ihr schlechtes Gewissen sie zurückgetrieben. Ich vermutete aber viel eher, daß der ungewohnte Verzicht auf Köchin, Waschfrau, Dienstmädchen und Putzhilfe ihnen die Ferien vergällt hatte. Nun hatten sie ihren dienstbaren Geist wieder, und der wiederum war froh, auf die Segnungen der Zivilisation zurückgreifen zu können. Aber die Dieselölflecken sind auch in der Waschmaschine nicht mehr herausgegangen.

Übrigens meinte Rolf kürzlich, den nächsten Urlaub könnten wir doch mal in den Bergen verbringen. Es gebe dort ganz entzückende und sehr komfortabel ausgestattete Ferienhäuser zu mieten . . .

»Das Wohnzimmer könnte auch mal wieder eine Renovierung vertragen! Bei eurer Qualmerei ist es ja auch kein Wunder, wenn die Tapete schon wieder so einen ockergelben Farbton hat!« Sascha fischte sich geistesabwesend eine Zigarette aus der Pakkung, nahm mir das Feuerzeug aus der Hand, und während er genüßlich Rauchringe an die Gardine blies, prüfte er die einstmals weißen Wände. »Die sehen aus, als hätten sie in Kürze fünfzigjähriges Jubiläum. Haben wir die nicht vor zwei Jahren machen lassen?«

Nur mit Schaudern erinnerte ich mich noch an die beiden Herren, die sich mehr für Katjas Mickymaushefte interessiert hatten als für ihre Farbtöpfe, die den Kleister mehr auf den Teppichböden als auf den Tapeten verteilt hatten und die nach anderthalbtägigem Wirken unter Hinterlassung von leeren Bierdosen, zerknülltem Zeitungspapier und zwei zerbrochenen Leitersprossen endlich wieder verschwunden waren. Eine erneute Demonstration ihrer Tüchtigkeit schwebte mir nun nicht gerade als Urlaubsgestaltung vor. Darüber hinaus gibt es bekanntlich drei Wege, die zum sicheren finanziellen Ruin führen: Kinder, Spielbanken und Handwerker!

»Wer redet denn von Handwerkern?« schob Sascha meinen Protest beiseite. »So was macht man selber. Wozu haben wir denn Rauhfasertapeten? Die braucht man doch bloß zu überpinseln. Das schaffe ich sogar ohne Leiter!«

Damit hatte er zweifellos recht. Mit seinen eins zweiundachtzig überragte er mittlerweile die ganze Familie, und ein Ende war noch immer nicht abzusehen. Neue Hosen trug er bestenfalls fünf Monate, dann waren sie zu kurz, und er vererbte sie seinem großen Bruder, der genau einen Kopf kleiner war. Abgesehen von den finanziellen Mehraufwendungen störte mich Saschas Wachstum auch aus anderen Gründen: Ohrfeigen verlieren ihre pädagogische Wirkung, wenn man zur Verabreichung derselben erst auf einen Stuhl steigen muß! Nur Rolf frohlockte, als Sascha die 180-cm-Marke überschritten hatte: »Endlich ist er aus meinen Hemden und Pullovern herausgewachsen!«

Die Sommerferien gingen dem Ende zu, bei der Jugend machte sich Langeweile breit, und so begrüßte sie dankbar die Abwechslung, die von der geplanten Renovierung mit Sicherheit zu erwarten war.

»Wir helfen alle mit, dann schaffen wir das glatt in einem halben Tag«, versicherte Sven, »und wenn wir sowieso schon die ganzen Möbel rausschmeißen müssen, dann können wir hinterher auch gleich ein bißchen umbauen. Das Bücherregal müßte auf die andere Seite und die Sesselgarnitur da drüben hin. Dann sitzen wir auch nicht ewig auf dem Präsentierteller, wenn die Terrassentür offen ist.«

Zweifellos stimmte das, aber an eine vollständige Demontage des Bücherregals dachte ich nur mit Grausen. Es handelt sich bei diesem Unding keineswegs um ein solides Möbelstück, sondern um eine innenarchitektonische Schöpfung meines Mannes, an der vier oder fünf verschiedene Tischler mitgewirkt haben. Angefangen hatte es ganz harmlos mit einem einfachen Regal, das uns ein befreundeter Schreiner als Entgelt für ein von Rolf entworfenes Firmenzeichen in die Wohnung gestellt hatte. Später baute er noch ein zweites und schraubte es mit dem ersten zusammen. Dann zogen wir um, und dort, wo das Regal jetzt hinsollte, befand sich ein Blumenfenster. Das Regal wurde also wieder auseinandergeschraubt, rechts und links neben das Fenster postiert, aufgestockt und oberhalb des Fensters durch neuangefertigte Bretter verbunden. Unsere nächste Wohnung hatte kein Blumenfenster, also bekam das Regal noch ein paar weitere Bretter und auch einen Sockel. Nun reichte es bis zu Decke. Dann zogen wir in unsere ländliche Einöde nach Heidenberg, wo wir kein Wohnzimmer, sondern eine Wohnhalle hatten und wo sich unser Regal an der riesigen Stellfläche restlos verlor. Deshalb wurde weiter angebaut. Noch eine Seitenwand und noch eine, noch ein paar Bretter und noch ein Dutzend Schrauben, bis es schließlich, unterstützt von Topfpflanzen jeglicher Art, den Anforderungen dieses Ballsaales gerecht wurde. Als wir uns hier in Bad Randersau etablierten und wieder ein Wohnzimmer mit normalen Dimensionen bezogen, mußte das Regal auf diese Gegebenheiten zurückgestutzt werden.

Daß ihm die häufigen Um- und Anbauten sonderlich gut bekommen sind, möchte ich nicht behaupten. Es hat einige Schrammen, die auch durch ein nochmaliges Lackieren mit weißer Farbe nicht restlos verschwunden sind, ganz abgesehen davon, daß Rolf in einem ungewohnten Anflug von Hilfsbereitschaft die Bücher eingeräumt hatte, bevor die Farbe richtig trocken war. Manche ließen sich später nur unter Zuhilfenahme eines Meißels lösen.

Jetzt sollte diese ganze Stellage also wieder auseinandergenommen werden! Ich erinnerte Rolf an seinen Hexenschuß, behauptete, selbst seit Tagen an Ischias zu leiden und dieses Gebrechen lediglich heldenhaft verschwiegen zu haben, führte die gestiegenen Kosten für Farbe an und wies auf die unbestreitbare Tatsache hin, daß wir weder Pinsel noch die sonstigen Utensilien besäßen, mit denen die professionellen Handwerker seinerzeit angerückt waren.

Es half alles nichts. »Pinsel und den ganzen übrigen Krempel kann man im Farbengeschäft ausleihen, und *dich* brauchen wir gar nicht. Das schaffen wir auch allein!« Saschas Optimismus war nicht zu erschüttern. »Am besten fangen wir gleich morgen an!«

»Dann gestattet mir eine rein organisatorische Frage: Wo wollt ihr mit den Möbeln und vor allem mit den Büchern hin?«

Sascha überlegte kurz. »Terrasse und Garten!«

»Ausgezeichnet! Dann sieh mal aus dem Fenster!«

Draußen goß es wie aus Eimern.

»Na schön, verschieben wir's auf übermorgen, bis dahin wird es wohl aufgehört haben zu regnen!«

Meinethalben hätte es ruhig weiterschütten können, aber Herr Köpcke prophezeite Wetterbesserung und ein nachfolgendes Hoch mit steigenden Temperaturen. Dann würde wenigstens die Farbe schneller trocknen.

Sven und Sascha begannen mit der Ausarbeitung eines Generalstabsplanes, ermittelten die voraussichtlichen Zeiten, die für Demontage des Wohnzimmers, Abdecken des Fußbodens etc. erforderlich sein würden, hielten telefonische Rücksprache mit Herrn Gehring, der ja nicht nur Malermeister, sondern darüber hinaus auch noch Vater eines Schulfreundes ist, kalkulierten, rechneten, zerkauten zwei Bleistifte und eröffneten mir schließlich, daß bei einem Arbeitsbeginn um sieben Uhr morgens spätestens um fünfzehn Uhr nachmittags mit der Fertigstellung zu rechnen sei.

»Für die Möbel brauchen wir dann höchstens noch anderthalb Stunden, und zur Tagesschau kannst du dich schon wieder in deinem Sessel zusammenrollen.« Mit dieser durchaus erfreulichen Prognose packten die Knaben die Unterlagen ein und begaben sich ins Farbengeschäft.

»Der Kübel hier ist für den Deckenanstrich, die anderen beiden für die Wände!« Sven wuchtete drei Eimer vom Leiterwagen und stellte sie neben die Haustür. Dann lud er Pinsel, Rollen, gitterartige Bretter und weitere Gegenstände ab, deren Verwendungszweck mir bis zu ihrer Rückgabe unklar geblieben ist, stapelte alles auf den Farbeimern und sah mich beifallheischend an. »Na, ist das nichts?«

»Sehr beeindruckend. Und was kostet das alles?«

»Weiß ich nicht genau, die Rechnung kommt noch. Im übrigen habe ich sehr preisbewußt eingekauft. Es gab nämlich Farbe, die *noch* teurer war.«

Rolf musterte sachkundig die kalkigweiße Substanz in den Eimern. »In welchem Verhältnis muß man das Zeug eigentlich verdünnen?«

»Wieso verdünnen?« Sven sah verdutzt seinen Bruder an.

»Davon hat der Typ aber nichts gesagt. Steht denn das nicht drauf?« Sascha studierte das Etikett und informierte uns über die Zusammensetzung der Farbe, Haltbarkeit und Verwendungsmöglichkeiten. »Von Verdünnen steht da aber nix!«

»Dann probieren wir das selber aus«, entschied Rolf und verbrachte die nächste Stunde damit, Einmachgläser mit Farbe und Wasser zu füllen. Als die milchähnliche Brühe endlich die nach seiner Ansicht richtige Konsistenz hatte, wußte er nicht mehr, in welchem Verhältnis er nun Farbe und Wasser verrührt hatte, und fing von vorne an. Jetzt führte Sascha Buch.

»Ob es nicht besser aussehen würde, wenn wir die Wände nicht wieder ganz weiß streichen, sondern cremefarben?«

»Auf jeden Fall wäre das praktischer«, meinte Sascha, »man sieht dann den Dreck nicht so schnell!«

Rolf begab sich also selbst ins Farbgeschäft und kam auch schon nach einer Stunde zurück mit einem weiteren Eimer Farbe sowie einem Stück Tapete in der gewünschten Farbnuance. Nun ging die Panscherei von vorne los. Offenbar ist es doch ein Unterschied, ob man Farben im Aquarellkasten mischt oder im Scheuereimer, jedenfalls kam unser Experte ganz schön ins Schwitzen. Etwas zweifelnd besah ich mir das Endprodukt.

»Sieht wie Karamelpudding aus, findest du nicht?«

»Na ja, vielleicht muß noch ein bißchen Weiß rein, aber so etwas kann man nur bei Tageslicht richtig sehen. Das mache ich morgen früh. Sonst haben wir aber alles zusammen, nicht wahr?« Rolf überprüfte noch einmal die auf dem Eßzimmertisch ausgebreiteten Utensilien, die notfalls auch zur Renovierung einer mittelgroßen Fabrikhalle ausgereicht hätten. »Oder fehlt noch was?«

»Bier!« sagte Sven.

Der für sieben Uhr vorgesehene Arbeitsanfang verschob sich um eine Stunde und begann mit einem ausgedehnten Frühstück. Die Ärzte behaupten, wer langsam ißt, ißt weniger. Das stimmt – vor allem für den, der zu einer großen Familie gehört. Deshalb sieht Katja auch immer so unterernährt aus. Andererseits hält uns nur ein Drittel dessen, was wir zu uns nehmen, am Leben. Mit den anderen zwei Dritteln halten sich die Ärzte am Leben.

Sven erteilte Stefanie die letzten organisatorischen Anweisungen: »Du suchst jetzt alles zusammen, was sich zum Transport der Bücher eignet, also Waschkörbe, Reisetaschen und so weiter. Ihr Mädchen packt die Bücher ein, Sascha und ich bringen sie in den Garten. Dann holen . . .«

»Stopp! Kommt überhaupt nicht in Frage!« Zu gut hatte ich noch das jeweilige Chaos in Erinnerung, wenn nach einem Umzug die Bücherkisten ausgepackt waren, ihr Inhalt im ganzen Zimmer verteilt lag und ich stundenlang damit beschäftigt war, die ›Deutschen Heldensagen‹ von den Kochbüchern zu trennen und zu verhindern, daß hilfreiche Geister den Reiseführer neben Schillers gesammelte Werke stellten, wo wir ihn voraussichtlich nie wieder gefunden hätten.

»Das Regal räume *ich* aus, und ihr werdet jeden Bücherstapel extra legen. Der Garten ist ja groß genug.«

Dann drückte ich den Zwillingen Kleiderbürsten in die Hände und zeigte ihnen, wie man die Bücher abstaubt. Sie machten sich begeistert an die Arbeit.

»Draußen, ihr Ferkel!« Rolf brachte eine Blumenvase auf die Terrasse.

»Ist die nicht zu schwer für dich«, feixte Sascha, jonglierte ein Servierbrett mit Kakteen durch die Tür, stolperte über die zusammengerollte Teppichbrücke und landete samt seinen Kaktustöpfen auf den Terrassenfliesen.

(Mit Rücksicht auf eventuelle jugendliche Leser gebe ich Saschas Monolog nicht wörtlich wieder, sondern beschränke mich auf den variablen Begriff: »Er schimpfte laut«.)

Nach einer halben Stunde hatte ich die meisten Stacheln aus seinen Armen entfernt. Er war wieder einsatzbereit. Dumpfe Hammerschläge aus dem Wohnzimmer bewiesen uns, daß man bereits mit der Demontage des Regals begonnen hatte. Dann krachte es auch schon. Na ja, auf ein paar Schrammen mehr kam es nun auch nicht mehr an.

Nicki erstattete sofort Bericht: »Dem Papi ist eben das ganze

Mittelteil zusammengefallen. Ich soll dir auch nicht sagen, daß der schöne rote Krug kaputtgegangen ist, weil er gerade die Scherben in Zeitungspapier wickelt, damit du sie nicht findest.«

Frau Keks und Frau Billinger hatte ich schon am vergangenen Abend über den Grund unserer ungewohnten Aktivität informiert, um etwaigen Vermutungen, wie Pfändungsbeschluß oder Zwangsräumung, vorzubeugen, aber bis zu Frau Schwerdtle war die Nachricht noch nicht gedrungen. Auf ihrem Weg zum Supermarkt – pünktlich um zehn, wie immer – blieb sie vor dem Gartenzaun stehen und betrachtete wohlwollend Stefanie, die im Badeanzug in einer Wolke von Seifenschaum stand und die Bücherbretter schrubbte.

»So? Habt ihr heit Großputz? Ha no, des muß a sein. Ich hab' meinen scho im Frühjohr g'macht. Grad vor Oschtern, so wie jedes Johr.« (Sie ist auch eine von denen, die nach dem Grundsatz leben: Montags Silber putzen, dienstags Teppiche klopfen, mittwochs kleine Wäsche ...)

Sascha lud gerade wieder einen Korb voll Büchern auf dem Rasen ab.

»Na so ebbes, hebt ihr aber viele. Hebt ihr die alle scho g'lese?«

»Einige schon, aber die meisten haben wir bloß geerbt«, sagte Rolf, der Frau Schwerdtle nicht leiden kann.

»Ja, so isch des also. Wissen Se, ich les ja a arg viel, am liebschte Arztromane und so welche, wo im medizinischen Bereich spiele. Die sin immer so hochinteressant. Ich hol se mir allweil aus der Leihbücherei.«

»Ich glaube, da haben wir etwas für Sie.« Rolf überflog suchend die einzelnen Stapel und fischte aus einem von ihnen ein voluminöses Werk in dunkelgrünem Einband heraus. »Die Handlung spielt in einem Schweizer Sanatorium, genauer gesagt, in einer Lungenheilstätte.« Dann drückte er mit einem impertinenten Grinsen der überraschten Frau Schwerdtle Thomas Manns ›Zauberberg‹ in die Hand. Sie betrachtete den umfangreichen Wälzer etwas zweifelnd, steckte ihn aber doch in ihre Einkaufstasche. Wenige Tage darauf brachte sie ihn zurück: »Wisse Se, des isch doch e arg dickes Buch, und so viel Zeit zum Lese hab' ich nun a wedder net. Des hätte ich in em halwe Johr noch net durch.«

Das Wohnzimmer war endlich leer. Sascha sammelte die herumliegenden Schrauben zusammen und legte sie in eine Puddingschüssel, die er sorgfältig wegstellte. Später konnte er sich nicht mehr erinnern, wohin er sie gestellt hatte. Wäre Steffi nicht auf die Idee gekommen, zum Abendessen Käsetoast zu machen, hätten wir diese Schüssel vermutlich erst nach Tagen gefunden. Wer deponiert denn auch Schrauben im Backofen?

Svens Zeitplan war bereits erheblich durcheinandergekommen, nicht zuletzt deshalb, weil niemand an Abdeckmaterial für den Teppichboden gedacht hatte. Frau Keks spendete einen leeren Torfsack. Katja kaufte für drei Mark Einkaufstüten aus Plastik. Die verbliebenen Flächen füllten wir mit der örtlichen Tageszeitung. Aus dem letzten Bogen faltete Sascha einen Papierhelm, stülpte ihn sich aufs Haupt und ging ans Werk. Gleichmäßig zog er mit der Rolle einen breiten Streifen Farbe an die Zimmerdecke. Gleichmäßig rann die Farbe in breiten Streifen an seinen Armen herunter. Gleichmäßig tropfte es auf die Tengelmann-Tüten.

»So geht das nicht! Bringt doch mal die Leiter!«

Die Leiter kam. Nun tropfte es auch auf die Stufen. Dann aufs Hemd. Sascha zog es aus. Jetzt tropfte es auf den gerade abgeklungenen Sonnenbrand und verwandelte Saschas Rücken in einen Fliegenpilz. Ein bißchen Farbe blieb aber auch an der Decke, mal mehr, mal weniger, zusammen ergab es ein apartes Streifenmuster.

Sven verfolgte kopfschüttelnd Saschas Kunstfertigkeit. »Das wird doch nie etwas. Laß mich mal ran!«

Svens Streifen waren zwar breiter und gleichmäßiger, aber irgendwie hatte ich den ursprünglichen Anstrich etwas anders in Erinnerung.

»Nun warte doch erst mal, bis das Zeug trocken ist«, beruhigte mich mein Sohn. »Sieh lieber nach, was da draußen im Garten los ist. Das hört sich an wie ein Kindergarten!«

Es war auch einer. Den Zwillingen war es offenbar zu langweilig geworden, und so hatten sie Hilfstruppen herangeholt, die sie bei der Arbeit unterstützen sollten. Bettina bearbeitete gerade die Lexika mit einer schwarzen Schuhbürste. Zwei andere halfen Stefanie und legten die frisch gesäuberten Bretter sorgfältig zwischen die Blumenbeete zum Trocknen.

»Ihr Idioten! Jetzt klebt doch wieder der ganze Sand drunter!« Steffi verteilte wahllos ein paar Ohrfeigen, scheuchte die plärrenden Hilfsarbeiter aus dem Garten und drehte seufzend den Schlauch an. »Kann mir nicht mal jemand helfen?«

»Guck mal, Nicki, da kommt dein Verliebter!« Katja zeigte zur Gartentür, die Jens geräuschvoll hinter sich zuknallte. Nicki errötete zart, murmelte etwas von »dämliche Gans« und »bloß eifersüchtig« und lief ihrem Satelliten entgegen.

Jens und Nicole galten schon seit zwei Jahren als ›Pärchen‹, anfangs von allen belächelt, nunmehr toleriert, obwohl mir bis heute noch nicht klargeworden ist, was die beiden eigentlich miteinander verbindet. Jens ist ein lebhafter, aufgeweckter Bengel, dessen Interessen von Raumfahrt bis zu Tiefseefischen reichen, eine Sportskanone, die auf dem Tennisplatz genauso zu Hause ist wie auf der Skipiste, während Nicki keine sportlichen Ambitionen hat und Fische verabscheut. Sie akzeptiert sie allenfalls in gebratenem Zustand.

»Ich mag die Nicki eben«, hatte Jens mir einmal erklärt. »Sie ist nicht ganz so blöd wie die anderen Mädchen, und vor allen Dingen kann sie prima zuhören, selbst dann, wenn sie gar nichts versteht. Inzwischen weiß sie aber schon, was ein Zweistrahltriebwerk ist.« Zweifellos eine wesentliche Ergänzung ihrer Allgemeinbildung!

Anfangs war es zwischen den Zwillingen zu offener Rivalität gekommen, denn auch Katja hatte ein Auge auf Jens geworfen. Er war vom ersten Tag an tonangebend in der Klasse gewesen, wohl hauptsächlich deshalb, weil er drei Jahre lang in Mexiko gelebt hatte und noch ein bißchen Spanisch sprach. Die recht zahlreichen Ermahnungen der Lehrer, doch sein Temperament etwas zu zügeln, pflegte er mit spanischen Sätzen zu beantworten, die niemand verstand. Ein paar besonders klangvolle brachte er auch Nicki bei, die nun ihrerseits bei passenden und häufiger noch bei unpassenden Gelegenheiten damit glänzte. Es dauerte ziemlich lange, bis uns ein sprachkundiger Mitmensch darüber aufklärte, daß es sich bei diesen so melodisch klingenden Worten um ganz ordinäre Beschimpfungen handelte.

In der ersten Zeit hatte Nicole ihren Jens zunächst nur von weitem angehimmelt, während Katja ihre Sympathie offen zur Schau getragen und damit scheinbar Erfolg gehabt hatte. Jens trug ihr eines Tages den Ranzen in den Zeichensaal und spendierte ihr nach Schulschluß ein Eis.

»Du bist ganz gemein!« heulte Nicki beim Mittagessen. »Manchmal wünschte ich wirklich, ich hätte gar keinen Zwilling!«

»Na, ob das so gut wäre?« parierte Katja. »Dann hättste doch jetzt zwei Köpfe!«

Bei näherer Bekanntschaft mußte Jens aber festgestellt haben, daß die quirlige Katja wohl doch nicht die passende Ergänzung für ihn sein würde. Sie trug ihr Schicksal als abservierte Braut mit Fassung. »Wenigstens kriege ich einen netten Schwager, das ist doch auch was wert!«

Der Hochzeitstermin steht übrigens noch nicht fest. Die beiden Heiratskandidaten haben gerade die Grundschule beendet.

Jens informierte sich zunächst einmal über Art und Zweck unseres Treibens und brachte System in die ganze Sache. Innerhalb kürzester Zeit hatte er es geschafft, daß die sortierten Bücherstapel kunterbunt auf einem Haufen lagen, während er selbst sich in einen Reisebericht über Hinterindien vertiefte.

Die beiden Maler waren nun endlich mit dem Deckenanstrich fertig. »Mittagspause!« sagte Sascha. »Was gibt's zu essen?«

»Gar nichts«, sagte ich. »Ihr wollt doch um drei Uhr fertig sein.«

»Sind wir aber nicht. Paps rührt immer noch in seinen Farbtöpfen herum. Vorhin hatte er eine prima Wasserleichentönung hingekriegt.«

Sven holte beim Metzger kalte Ripple, beim Bäcker Brötchen, bei der Imbißstube Pommes frites. Für sich selbst hatte er eine doppelte Portion mitgebracht.

»Dummheit frißt, Intelligenz säuft!« bemerkte Sascha und warf Eiswürfel in sein Bierglas.

Die Mahlzeit verlief friedlich, hauptsächlich deshalb, weil die sonst üblichen Tischgespräche über zweifelhafte Manieren und vermeintliche Gefräßigkeit mangels geeigneter Anschauungsobjekte diesmal unterblieben. Wir hockten verstreut im Garten auf mehr oder weniger improvisierten Sitzgelegenheiten und kauten Rippchen. Plötzlich kam Daniel durch die Hecke gekrochen, der vierjährige Enkel unserer Nachbarin. »Will auch Pommes!«

»Komm her, ich schaffe meine sowieso nicht!« Nicki winkte aufmunternd mit der Kuchengabel. Daniel setzte sich in Bewegung, umrundete vorsichtig drei Bücherbretter, stiefelte über mehrere Kaktustöpfe, kroch unter dem Tisch durch und landete im Rosenbeet. Ohrenbetäubendes Gebrüll. Frau Keks kam durch die Gartentür geschossen, fischte ihren Enkel aus den Blumen, besah sich die beiden kleinen Kratzer am Arm, brach in

Wehklagen aus und verkündete, sofort Salbe und Verbandzeug holen zu wollen. Daniel hörte auf zu heulen, schniefte kurz und marschierte mit Zielrichtung Pommes-frites-Teller wieder los.

»Weshalb machen Sie denn wegen dieser Kleinigkeit ein solches Theater?« fragte ich verwundert.

»Wenn *ich* es nicht mache, macht *er* es«, erwiderte Frau Keks, »und bei ihm dauert es länger.« Dann seufzte sie. »Jetzt habe ich den Bengel erst seit zwei Wochen hier, aber mir kommt es vor wie eine Ewigkeit. Gestern habe ich meine Tochter angerufen und gefragt, wann sie ihn zurückhaben will. Wissen Sie, was sie gesagt hat? ›Wenn er sechzehn ist!‹«

In der Ferne hörte man Donnergrollen. »Ein Gewitter wäre genau das, was uns jetzt noch fehlt!« Rolf erhob sich von der Luftmatratze und scheuchte seine Söhne auf. »Die Farbe ist fertig, jetzt seht zu, daß ihr vorankommt!«

Die Knaben machten sich an die Arbeit. Was sie da auf die einstmals weiße Tapete pinselten, erinnerte mich an Sahnebonbons, aber zweifellos würde sich dieser Anstrich als resistent gegen Nikotinablagerungen erweisen. Die waren offenbar schon in der Farbe drin.

Es donnerte lauter. Ich lief in den Garten und erschrak über die dunklen Wolkenberge, die sich bedrohlich nahe auftürmten. Steffi schrubbte die letzten beiden Bretter ab. »Nachzuspülen brauche ich sie nicht, das macht gleich der Regen!«

Ich rannte zurück ins Haus. »Alle Mann raus, aber sofort! Die Möbel müssen auf die Terrasse und die Bücher ins Haus! Katja, trommle alles zusammen, was Beine hat!«

In den nächsten Minuten traten wir uns gegenseitig auf die Füße. Eine Karawane bewegte sich zwischen Garten und Terrassentür hin und her, vollbepackt und langsam die einen, laufend, weil aller Lasten ledig, die anderen. Es muß ausgesehen haben wie auf einem Ameisenhaufen.

»Wo sollen wir denn mit den Büchern hin?« schrie Nicki aus dem Innern des Hauses. »Hier steht doch schon alles voller Möbel und Geschirr.«

»Bringt sie nach oben, wo ist egal! Hauptsache, sie sind im Trocknen.«

Schleusen öffneten sich, und der Himmel schüttete das aus, was er in den vergangenen Tagen nicht mehr losgeworden war. Es mußte sich hierbei wohl um das von Herrn Köpcke angekündigte Azorenhoch handeln. Egal, nasse Kleider kann man trocknen, nasse Bücher nicht. Wir bildeten eine Kette und warfen sie uns zu. Sascha stapelte sie im Wohnzimmer auf dem Fußboden. Dort lagen die Plastiktüten, bekleckert mit Farbe. (Noch heute fragen uns gelegentlich Besucher, weshalb viele unserer Bücher keine Schutzumschläge hätten.)

Die Hilfstruppen, ausnahmslos minderjährig, entfernten sich zähneklappernd, um zu Hause trockne Sachen anzuziehen. Das hätten wir auch sehr gern getan, nur ging es leider nicht. Vor der Wohnzimmertür standen zwei Sessel, darauf, daneben, drum herum Bücher.

»Dann müssen wir eben zur Haustür rein«, sagte Nicki und entwetzte zurück in den Regen. Wenig später klingelte es.

»Herrgott, ist die dämlich! Wie sollen wir denn aufmachen?« Sven zog mit aller Kraft an der Klinke und schaffte es, die Wohnzimmertür einen Spalt zu öffnen. Ein Stapel kam ins Rutschen, die beiden oberen Bücher versanken blubbernd in der Karamelbonbonbrühe.

»War bloß der Duden!« Sascha fischte ihn wieder aus der Farbsoße und stopfte ihn in eine Plastiktüte. »Wir brauchen ohnehin einen neuen, der hier ist längst überholt. Da steht noch nicht mal ›ausflippen‹ drin!«

»Hat denn niemand einen Hausschlüssel? fragte Rolf überflüssigerweise.

»W-w-wo denn? Im B-b-b-adeanzug vielleicht?« Steffi zitterte wie Espenlaub.

»Also los, anfassen! Die Bücher müssen weg! Wir können hier ja nicht überwintern!« Sven griff sich den ersten Stapel und türmte ihn in der Zimmerecke auf.

»An die andere Wand, du Trottel! Hier müssen wir doch gleich weiterstreichen.« Sascha schleppte Fotoalben und Leitzordner zum Fenster. »Da stört der Kram im Augenblick am wenigsten.«

Endlich hatten wir die Tür ausgegraben, öffneten sie und sahen uns der nächsten Barrikade gegenüber. Stühle, Tisch, Flaschen, Bücher, Gläser, Lampen, dazwischen die Eßzimmermöbel – ein grandioses Durcheinander. Mit vereinten Kräften hievten wir Katja über die Möbelpyramide, und sie fand schließlich einen Durchschlupf zur Haustür.

Erschöpft, einer Gruppe von Schiffbrüchigen nicht unähnlich, wankten wir tropfend in unsere Zimmer. Der Bücherstapel vor dem Kleiderschrank wunderte mich nun auch nicht mehr.

Oben mußte es wohl so ähnlich aussehen. »Ist Albert Kamuss ein sehr wertvoller Schriftsteller?« rief Katja die Treppe hinunter.

»Keine Ahnung, hab' den Namen nie gehört. Warum?«

»Der ist nämlich ins Klo gefallen!«

»Dann hol ihn wieder raus. Wie heißt denn das Buch?«

»Die Pest.«

Wollpullover, lange Hosen und heißer Tee tauten uns langsam wieder auf, aber die Arbeitsmoral war auf den Nullpunkt gesunken. Am liebsten wäre ich ins Bett gekrochen. – Ach was, Schlaf ist bloß eine dumme Angewohnheit, Napoleon hat auch kaum welchen gebraucht. Aber der hat auch keine Zimmer gestrichen.

Mißmutig begab ich mich zurück an den Tatort und rammte Rolf die Tür ins Kreuz. Warum mußte er auch genau dahinter stehen? Im übrigen schwang *er* jetzt den Pinsel.

»Da oben hast du ein Stück vergessen!«

»Immer mit der Ruhe«, sagte mein Gatte, was in der Regel bedeutet, daß ein anderer die Arbeit noch einmal tun muß.

»Die Farbe wird nicht reichen.« Sascha warf einen abschätzenden Blick in den Eimer.

»Ihr wollt doch nicht sagen, daß ihr bereits alle vier Kübel verbraucht habt?«

»Natürlich nicht, aber Papi hat von seiner Spezialmischung viel zuwenig angerührt. Ich habe ihm ja gleich gesagt, daß wir damit nicht auskommen werden.«

»Denselben Farbton trifft er doch sowieso nie wieder. Streichen wir die eine Wand am besten weiß«, bemerkte Sven.

Die Wand ist nicht weiß geblieben. Sie ist nur ein bißchen dunkler geworden als die anderen, aber wenn Licht brennt, fällt es kaum auf.

Um halb sieben waren die Maler fertig, um sieben hatten sie ihr Handwerkszeug weggeräumt, um acht hatte ich die meisten Farbspuren vom Teppichboden entfernt, um halb neun stand die Couchgarnitur an ihrem neuen Platz, um neun aßen wir Käsetoast, um halb zehn hingen die Bilder, um zehn ging Rolf schlafen (die Zwillinge und Stefanie hatten das schon vor einer Stunde getan), um halb elf hatten wir endlich die Seitenwände des Bücherregals zusammengeschraubt, um elf rechneten wir uns aus, daß wir gegen Mitternacht fertig sein würden, um halb zwölf krachten die Bretter zum erstenmal zusammen.

Entsprechend der modernen Bauweise, wonach Wände selten und Fußböden niemals mehr ganz gerade sind, stimmte auch hier einiges nicht. Einzelne Bretter, die vorher haargenau in die Zwischenräume gepaßt hatten, waren plötzlich zu kurz geworden. Außerdem wackelte der ganze Aufbau.

»Links muß ein Holzkeil drunter!« Sven begab sich in den Keller und kam mit einer Zigarrenkiste zurück. Den Deckel schnitzte er auf passende Größe zurecht.

»Na also, steht doch wie 'ne Eins«, stellte er zufrieden fest, nachdem er das Holz unter den Sockel geschoben hatte.

»Jetzt klafft aber hier oben ein riesiger Spalt.« Sascha stand auf der Leiter und bemühte sich vergeblich, die beiden oberen Bretter zusammenzuschrauben. »Drückt mal schnell gegen die Seitenwände!«

Zu spät! Das Brett rutschte ab und nahm die darunterliegenden mit. Krachend landete alles auf dem Boden.

»Laß das bis morgen liegen, ich habe die Nase voll!« Ich war hundemüde und wollte endlich ins Bett.

»Kommt nicht in Frage! Ich haue das Ding heute noch zusammen, egal, wie lange es dauert. Wenn Papi erst mitkriegt, daß hier nichts mehr stimmt, kommt er wieder mit einem Konstruktionsplan an und erzählt uns, was wo geändert werden muß. Dann stehen die Bretter noch in einer Woche hier rum. Geh doch ruhig ins Bett, ich schaffe das mit Sven auch allein!«

Natürlich ging ich nicht ins Bett. Statt dessen betätigte ich mich als Handlanger, reichte meinen Söhnen Hammer zu und zolldicke Schrauben, hielt mit der linken Hand die eine Trennwand fest und mit der rechten ein Brett, während Sven irgendwo in der Mitte Dübel eindrehte, hielt das Brett wunschgemäß höher oder niedriger, ließ versehentlich die Seitenwand los, und dann fiel alles zum drittenmal zusammen.

»Scheiße!« rief Sascha.

»So hat das überhaupt keinen Zweck. Wir müssen die Abschlußbretter mit den Seitenteilen zusammennageln. Sonst hält das nie.«

Sven suchte bereits nach geeigneten Nägeln.

»Und wie sollen wir das Regal jemals wieder auseinanderbringen?« fragte ich vorsichtig.

»Gar nicht! Wenn du das noch ein einziges Mal versuchst, kannst du das ganze Ding auf den Müll schmeißen. Und jetzt hol mal ein paar Bauklötze von den Zwillingen, es müssen aber ganz flache sein!«

Um halb drei Uhr nachts schlug Sven den letzten Nagel in den letzten Bauklotz. Von unten konnte man dieses Flickwerk zwar nicht sehen, aber: »Stell lieber ein paar Bücher hin, bevor Papi entdeckt, was wir hier zusammengekloppt haben!«

Er entdeckte es nicht. Er bewunderte im Gegenteil unsere nächtliche Fleißarbeit, als er am nächsten Morgen mit einem Schwung nicht ganz trockener Reclamheftchen die Treppe herunterkam. »Die haben in der Badewanne gelegen.«

Das Sortieren und Einräumen dauerte Stunden, vor allem deshalb, weil wir die Bücher im ganzen Haus zusammensuchen mußten. Die letzten fanden wir im Schuhschrank.

Dann kamen die Zwillinge und wollten »Wicki« sehen. »Wo is'n der Fernseher überhaupt?«

Den hatten wir total vergessen. Er stand noch im Keller und hätte doch eigentlich mitten im Regal stehen müssen.

»Nein!!!« schrie Sascha entsetzt. »Nicht noch einmal!«

Der Fernsehapparat bekam einen anderen Platz, und als wir im vergangenen Jahr Rolfs Arbeitszimmer und den Flur renovieren wollten, griffen wir doch lieber auf Herrn Gehring und seine Mitarbeiter zurück. Die zertrümmerte Milchglasscheibe hat ja dann auch die Versicherung bezahlt.

15.

Sven war achtzehn geworden, somit also volljährig und nach Ansicht des Gesetzgebers verantwortlich für alles, was er tat oder auch nicht tat. Er durfte wählen, er durfte die Entschuldigungen für versäumten Schulunterricht jetzt selber schreiben, er durfte Kaufverträge abschließen, und er durfte den Führerschein machen. Einen besonderen Beweis seiner geistigen Reife legte er ab, als er sich einen Tag nach seinem Geburtstag ein Luftgewehr erstand und die berechtigten Zweifel des Verkäufers durch Vorlage seines Personalausweises ausräumte. Was er mit dem Gewehr eigentlich wollte, war ihm selbst nicht ganz klar, vermutlich wollte er damit lediglich seine nunmehr amtlich sanktionierte Männlichkeit beweisen. Dafür rauchte er ja auch nicht.

Den Führerschein bekam er von seinem Vater geschenkt, was der aber bald bitter bereute. Weniger deshalb, weil Sven mit einer ungewohnten Intensität jetzt Vorfahrtsregeln statt Vokabeln paukte, sondern mehr wegen der nicht vorhersehbaren Tatsache, daß er Rolfs heilige Kuh zu Übungszwecken mißbrauchte. Immerhin bekam er nach zehn Wochen die begehrte ›Pappe‹ ausgehändigt, und damit begann ein unentwegter Kampf ums Auto.

»Määm, du hast doch gesagt, die Briefmarken sind alle, ich hole schnell welche. Wo liegt der Autoschlüssel?« Oder: »Papi hat keine Zigaretten mehr, ich soll ihm welche ziehen. Rück mal eben den Schlüssel raus!« Dann setzte er 80 Pferdestärken in Bewegung, um seine 65 Kilo 250 Meter weit zu transportieren, damit er eine Packung mit 30 Gramm Zigaretten holen konnte. Einmal beobachtete ich verblüfft, wie Sven freiwillig und mit ungewohnter Intensität den Rasen mähte. Rolf zog verstohlen die Autoschlüssel aus der Tasche und erklärte mir grinsend: »Ich habe ihm gesagt, ich hätte sie im Gras verloren.«

Am schlimmsten war es, als Rolf ihm einmal gestattete, zu nächtlicher Stunde nach Heilbronn zu fahren. Svens damalige Freundin hatte einen Ballabend in ihrer Tanzstunde, und obwohl er »dieses Herumgehopse ausgesprochen idiotisch« fand, hatte er seinerzeit einsehen müssen, daß Mädchen so etwas wohl brauchen. Zwar hatte er seine Teilnahme an »diesem Zirkus« abgelehnt, was ihn aber nicht hinderte, bei Annette privaten Nachhilfeunterricht zu nehmen.

An jenem Abend also hatte Sven beschlossen, mögliche Rivalen dadurch aus dem Feld zu schlagen, daß er seine Herzallerliebste mit dem Wagen abholte. Die meisten seiner vermeintlichen Konkurrenten waren noch nicht achtzehn und folglich auch nicht berechtigt, solch ein Prestigesymbol zu benutzen. Gegen elf Uhr war er weggefahren. Ab zwölf sah Rolf alle paar Minuten auf die Uhr, gegen halb eins kämpfte er mit der Versuchung, die Polizei zu verständigen, und um eins sank er gebrochen im Sessel zusammen.

»Nun stell dich doch nicht so an! Der Bengel ist achtzehn und alt genug, um auch mal bis *nach* Mitternacht wegbleiben zu können!«

»Wegen Sven mache ich mir auch keine Sorgen«, entgegnete der Gemütsathlet, »ich fürchte nur, er hat den Wagen zu Schrott gefahren.«

Es ist seltsam, aber mathematisch unanfechtbar: Wenn ein Achtzehnjähriger sich den väterlichen Wagen borgt, kann er an einem Abend fünf Jahre vom Leben des Wagens abziehen und sie dem Alter seines Vaters hinzufügen. Sven kam auch prompt mit einer Delle in der Stoßstange zurück, an der er natürlich völlig schuldlos war. »Irgend so ein Heini, der seinen Führerschein wahrscheinlich im Lotto gewonnen hat, ist mir da reingebrettert!«

Während der nächsten Wochen durfte Sven sich nur ans Steuer setzen, wenn Rolf daneben saß. Nun hat in der freien Welt jeder das Recht, seine Meinung zu sagen – und jeder andere das Recht, nicht hinzuhören. Die beiden Kontrahenten strapazierten ihre Rechte nach besten Kräften, und das Ergebnis war jedesmal ein zünftiger Familienkrach, weil ich mich meistens auf Svens Seite schlug. Nur zu gut erinnerte ich mich noch an die Anfänge meiner eigenen Fahrpraxis, als Rolf sich ständig bemüßigt gefühlt hatte, seine bereits zwölf Jahre früher erworbenen Kenntnisse des Autofahrens an mich weiterzugeben. (Zwei

Köpfe sind immer besser als einer – außer hinter demselben Lenkrad.)

Dafür hatte Rolf aber vom Innenleben eines Wagens herzlich wenig Ahnung und schon seit jeher Svens Meinung respektiert, wenn der wieder einmal den hustenden und spuckenden Motor inspizierte.

»Da sind zwei Zündkerzen verrußt!« hieß es dann. Oder: »Vergaser ist abgesoffen!«, worauf der technisch versierte Knabe unter den anerkennenden Blicken seines Vaters die Sache schnell in Ordnung brachte. So war Rolf auch nicht weiter beunruhigt, als das Vehikel wieder einmal kurz vor den Ausläufern Bad Randersaus stehenblieb. Sven klappte die Motorhaube auf und vertiefte sich in das Kabelgewirr. Nach zehn Minuten hatte er den Fehler noch immer nicht gefunden. Sascha wurde ungeduldig.

»Was machst du denn so lange? Etwa Mund-zu-Mund-Beatmung?«

»Die hilft auch nichts mehr. Ich fürchte, diesmal ist die ganze Karre im Eimer!« Eine Diagnose, die dann auch später der Werkstattleiter bestätigte. »Des Getriebe isch hi. Do muß jemand wie en Elefant gschaltet hawe. Genaues kann ich noch net sage, awer es wird e ziemlich teure Sach were!«

Für den Rest des Tages bestritt Rolf die Unterhaltung allein. Er redete ausschließlich mit seinem Erstgeborenen und dürfte dabei dessen Kenntnisse der heimischen Großtierarten ungemein erweitert haben.

Zusammen mit Svens Führerschein hielt Luise Einzug in unserem Haus. Beides stand nicht in ursächlichem Zusammenhang, es geschah rein zufällig.

Luise war siebzehn und Friseurlehrling a. D. Ihre Ausbildung hatte sie nach dem ersten Jahr abgebrochen, weil »de Chefin mich immer rumkommandiert un selwer gar nix gmacht hat, un wie i dann a noch die Hoor aus de alte Lockewickler puhle gmußt hab, hat mir's gschtunke.« Dann hatte sie es als Verkäuferin in einer Metzgerei versucht, wozu sie aufgrund ihrer Figur und ihres offenbar unstillbaren Appetits sicher bestens geeignet gewesen war, aber »do war de Meischder immer hinner mir her!« Nun sollte es zur Abwechslung mal ein bißchen Haushalt sein.

Luise war mir von Frau Keks vermittelt worden. Sie kannte

sie auch nicht näher und besuchte lediglich mit Luises Mutter zusammen die Gymnastikstunde. »Frau Ambach ist eine ganz passable Frau, und wenn man dem Mendelschen Gesetz trauen kann, müßte ihre Tochter auch etwas davon abgekriegt haben. Versuchen Sie es doch mal mit ihr! Rausschmeißen können Sie sie immer noch!«

Im allgemeinen pflegt man Hilfskräfte nicht mit einem Seitenblick auf baldige Kündigung einzustellen, und so war ich bereit, zunächst einmal Luises gute Eigenschaften in den Vordergrund zu stellen und die weniger guten zu ignorieren. Zu den weniger guten gehörte ihr Phlegma und die damit verbundene Unlust, sich mehr als unumgänglich notwendig zu bewegen.

Die Trägheit eines Körpers ist proportional seiner Masse. Also galt es zuerst, die Masse zu verringern. Trotz Knäckebrot und Rohkost blieb Luises Gewicht konstant, was einzig und allein darauf zurückzuführen war, daß sie sich die ihr vorenthaltenen Kalorien woanders holte, vorzugsweise beim Bäcker und vorzugsweise in Form von Sahnetorte und Mandelschnitten. Ich fand mich damit ab, daß Luise auch weiterhin wie ein See-Elefant schnaubend die Treppe ersteigen und jegliche Gartenarbeit ablehnen würde, weil sie das viele Bücken nicht vertrage. Andererseits konnte sie hervorragend mit Nadel und Faden umgehen, und für Strümpfestopfen habe ich noch nie viel übriggehabt. Getreu schwäbischer Sitte kamen auch jeden Morgen die Betten auf den Balkon bzw. in die Fenster und blieben dort bis zum Mittag liegen. Bei plötzlich auftretenden Regenschauern hatte nur der eine Chance, in trocknen Bezügen zu schlafen, in dessen Zimmer sich Luise gerade aufhielt. Da ihre Geschwindigkeit meist in umgekehrtem Verhältnis zu der Intensität des Platzregens stand, waren die anderen Betten durchgeweicht, bevor sie ins Trockne gezogen werden konnten.

Luise schlief nicht bei uns im Haus. Sie wohnte entweder bei ihrer Mutter oder bei ihrer Tante, hauptsächlich aber bei der Tante, die nicht nur eine größere Wohnung, sondern auch mehr Verständnis für ihr Privatleben hatte. Luise ging nämlich schon seit einem Jahr mit Alfons, einem dürren Mannsbild, das sich bequem hinter ihr hätte verstecken können, wenn er sie nicht um anderthalb Köpfe überragt hätte. Alfons war 23, von Beruf Steinmetz, und er trug sein Liesle auf Händen. Natürlich bildlich gesprochen, in natura hätte er das trotz seiner bratpfannengroßen Pranken nicht geschafft.

So hätte es mich eigentlich nicht mehr überraschen dürfen, als Luise mir schon nach knapp vier Monaten ihres schwergewichtigen Wirkens bei uns eröffnete, daß sie nun wohl bald kündigen müsse:

»Des Mutterschutzg'setz will i jo net in Ospruch nehme, denn i heier (heirate) doch bal.«

Ich hatte nur etwas von Mutterschutzgesetz verstanden. »Sie wollen doch nicht sagen, daß Sie ein Kind kriegen?«

»Awer freili. I bin sogar scho im vierte Monat!«

Obwohl ich über hinlängliche Erfahrungen auf diesem Gebiet verfügte, waren mir Luises nun zweifellos noch schwellendere Körperformen nicht aufgefallen, aber ahnungslos, wie ich war, hätte ich auch kaum einen Unterschied zwischen den Folgen von Sahnetorte und Baby feststellen können.

»Weshalb haben Sie denn nicht schon früher etwas gesagt? Sie sind doch noch viel zu jung, und heutzutage braucht ein Mädchen in Ihrer Lage kein Kind mehr zu bekommen. Haben Sie das nicht gewußt?«

»Doch, awer i will jo. Un de Alfons freit sich a. Der isch doch so kinnerlieb. Wir hawe a scho e Wohnung. Wenn se fertig isch, heiere mer.«

Die Wohnung wurde sechs Wochen vor dem errechneten Geburtstermin bezugsfertig, was zu Luises großem Bedauern eine Hochzeit in Weiß unmöglich machte. Es gab kein passendes Brautkleid zu kaufen. Die Trauung sollte aber auch nicht vorverlegt werden, »weil mir unser Hochzeitsnacht natürlich in de eichne Wohnung verlebe wolle«.

Zur Hochzeit schenkten wir drei große Badelaken. Rolf sah mir beim Einpacken zu und sagte mit einem schiefen Blick auf den Kassenzettel: »Warum kann ein Geschenk eigentlich nie so teuer aussehen, wie es war?«

Als Alfons mir ein paar Wochen später die Geburt seines Sohnes Alfons mitteilte, bedankte er sich noch einmal artig für das Präsent und versprach mir bei Bedarf einen kostenlosen Grabstein. Selten habe ich mich so wenig über ein in Aussicht gestelltes Geschenk gefreut.

Heranwachsende sind Leute unter zwanzig, die sich wie kleine Kinder benehmen, wenn man sie nicht wie Erwachsene behandelt. Außerdem ist die Zeit des Heranwachsens eine Zeit rascher

Veränderungen. Zwischen zwölf und achtzehn altern die Eltern um mehr als zwanzig Jahre.

Es gibt bei Kindern untrügliche Zeichen des Erwachsenwerdens, zum Beispiel die Tatsache, daß Töchter sich die Lippen anmalen und Söhne anfangen, sie sich abzuwischen. Wenn Mädchen so alt sind, daß sie allein ausgehen dürfen, gehen sie gar nicht mehr allein aus, und der Augenblick, sich Sorgen um seinen Sohn zu machen, ist gekommen, wenn er das Haus verläßt, *ohne* die Tür zuzuschlagen.

Diese und ähnliche Anzeichen verrieten uns, daß Sven und Sascha allmählich flügge wurden. Sie waren jetzt alt genug, daß wir sie langsam wieder ertragen konnten, aber offenbar konnten sie uns nicht mehr ertragen, jedenfalls bekamen wir sie an manchen Tagen nur noch beim Frühstück zu Gesicht.

»Ich weiß nicht, warum, aber plötzlich komme ich mir entsetzlich alt vor«, beklagte ich mich bei Rolf, als Sascha wieder einmal meinen Seidenschal um seinen Hals geschlungen, Rolfs Rasierwasser großzügig über Gesicht und Hände verteilt und dann unter Mitnahme unseres letzten Zigarettenpäckchens das Haus verlassen hatte.

»Mach dir nichts draus«, tröstete mich mein Gatte, fischte sich die längste Kippe aus dem Aschenbecher und versuchte, sie anzuzünden. »Alter spielt doch überhaupt keine Rolle – es sei denn, man ist ein Käse.«

Trotzdem fördert es nicht gerade das Selbstbewußtsein, wenn einen der Nachwuchs um Haupteslänge überragt. Mein Rat wurde nur noch gebraucht, wenn es um so wichtige Dinge ging wie die Frage, was man Susi (oder Micki oder Babsi) zum Geburtstag schenken könnte. So erkundigte sich Sven einmal ratlos: »Wenn du übermorgen siebzehn würdest, Määm, was würdest du dir dann wünschen?«

»Nichts weiter!« sagte ich voll Überzeugung, erntete aber nur einen verständnislosen Blick.

Aber dann kam der Tag, an dem ich wieder das uneingeschränkte Vertrauen meiner beiden Söhne genoß. Sie nagelten mich fest, als ich mich mit Zeitung, Sonnenbrille und Kaffeetasse bewaffnet hatte, um auf der Terrasse den Frühling zu genießen.

»Määm, wir müssen mal ernsthaft mit dir reden!«

Derartige Einleitungen hatten in früheren Zeiten zerschlagene Fensterscheiben signalisiert, Zusammenstöße mit Ordnungshütern oder Ärger mit Nachbarn. Jetzt mußte es aber etwas Bedeutsameres sein, die Knaben machten so entschlossene Gesichter.

»Fällt es euch eigentlich nicht ziemlich schwer, fünf Kinder zu ernähren?« begann Sven, während er geistesabwesend kleine Schnipsel von der Zeitung abriß und sie zu Kügelchen drehte.

»Bisher sind wir ja noch nicht verhungert, aber wenn euer Appetit nicht allmählich normale Ausmaße annimmt, könnte es eventuell gewisse Engpässe geben!« Ich bemühte mich erfolgreich, den aufkommenden Lachreiz zu unterdrücken. »Sollten eure Präliminarien allerdings bedeuten, daß ihr in diesem Sommer auf den Urlaub verzichten und euch einen Job suchen wollt, so habt ihr meine uneingeschränkte Zustimmung.«

Die Knaben sahen sich an. »Nee, also an einen Ferienjob hatten wir eigentlich weniger gedacht«, dämpfte Sascha meinen unangebrachten Optimismus, »uns schwebte mehr so was wie ein richtiger Beruf vor.«

»Verstehe ich nicht.«

»Sieh mal, Määm«, nahm Sascha den Faden wieder auf, »Sven ist dicke über achtzehn, ich bin siebzehn, und das ist doch nun wirklich zu alt, um noch zwei Jahre zur Penne zu latschen.«

»Andere Jungs in meinem Alter gründen schon Familien«, warf Sven ein.

»Wohl in den seltensten Fällen ganz freiwillig!«

»Na, wenn schon, jedenfalls gibt es genügend achtzehnjährige Väter.«

Mir schwante Fürchterliches. »Willst du damit etwa andeuten, daß ich Großmutterfreuden entgegensehe?«

»Ach Quatsch, ich meinte das doch nur ganz allgemein. Warum kannst du bloß nie sachlich bleiben?«

»Weil ich eure Hintertreppendiplomatie nur zu gut kenne. Also jetzt raus mit der Sprache! Was wollt ihr mir nun eigentlich in dieser homöopathischen Dosierung beibringen?«

Sascha holte tief Luft. »Wir wollen runter von der Schule!«

»Weiter nichts?«

»Määm, es ist uns ernst damit.«

»Ich weiß. Mir war es seinerzeit auch sehr ernst, weil ich Kindergärtnerin werden wollte und kein Abitur brauchte. Dann bekam ich von meiner Mutter einen gehörigen Anranzer, von meiner Klassenlehrerin einen halbstündigen Vortrag, der mich herzlich wenig beeindruckte, und von meiner Großmutter eine

Ohrfeige, die mich noch weniger beeindruckte. Damals war ich sechzehn und fest davon überzeugt, auf die Schule verzichten und mich auf eigene Füße stellen zu können. Nach ein paar Wochen bin ich dann von allein wieder zur Vernunft gekommen. Aus diesem Grunde halte ich es auch für angebracht, wir vertagen diese Debatte bis zu den großen Ferien!«

»Eben nicht«, widersprach Sven ganz entschieden, »weil wir nämlich nach den Ferien gar nicht mehr zur Schule gehen werden.«

»Nein? Welche Pläne habt ihr denn sonst?«

Es stellte sich heraus, daß die beiden Obersekundaner mit einer unerwarteten Zielstrebigkeit vorgegangen waren und festumrissene Vorstellungen von ihrer Zukunft hatten.

»Nun überleg doch mal, Määm, Abitur ist ja schön und gut, wenn man anschließend studieren will, aber das kommt bei uns doch sowieso nicht in Betracht. Alle naturwissenschaftlichen Fächer unterliegen dem Numerus clausus, und wenn ich beim Abi nicht ohnehin gleich durchraßle, schaffe ich es bestenfalls mit einer Drei. Und damit kannste heute vielleicht noch Kunstgeschichte studieren oder Archäologie, aber nichts, was mich interessieren würde.«

»Archäologie wäre gar nicht so schlecht«, räumte Sascha ein, »vorausgesetzt natürlich, ihr finanziert uns mal 'ne Expedition. Aber in irgendeinem Museum fossile Knochen abstauben ist wirklich nicht das, was mir für den Rest meines Lebens vorschwebt. Mich interessiert die Hotelbranche, da kann man unheimlich Kohle machen.«

»Sicher, wenn man eins erbt«, gab ich zu.

»Muß nicht sein, man kann ja auch einheiraten«, belehrte mich mein Filius, der noch bis vor kurzem jedes außerplanmäßige Glockenläuten mit einem Kopfschütteln zu begleiten pflegte. »Schon wieder so ein Idiot, der freiwillig in sein Unglück rennt.«

»Also du willst Hoteldirektor werden?« vergewisserte ich mich noch einmal und wandte mich dann an Sven. »Und du vermutlich Zoodirektor?«

Sven grinste. »Zoologische Gärten gibt es entschieden weniger als Hotels, deshalb wird es mit einer Einheirat nicht so ohne weiteres klappen. Ich habe mich darum auch für den Gartenbau entschieden. Übrigens gibt es sehr viele Gärtnereien«, fügte er ernsthaft hinzu.

»Könntest du deine gärtnerischen Ambitionen nicht vielleicht erst einmal bei uns abreagieren? Immerhin hast du es bisher meisterhaft verstanden, deine doch offenbar schon länger bestehende Liebe zum Garten restlos zu verbergen.«

Sven winkte ab. »Unkrautziehen und Rasenmähen hat doch nichts mit Gartenbau zu tun, das ist was für Rentner. Ich will Gartenbau-Ingenieur werden, also Parkanlagen schaffen, Freizeitzentren und so weiter.«

»Das macht ein Gartenbau-Architekt. Der braucht aber ein Hochschulstudium und somit erst einmal das Abitur!« belehrte ich meinen Sohn.

»Irrtum! Gartenbau-Architekten sind meistens Fachidioten, die vor dem Reißbrett sitzen und sich stundenlang den Kopf zerbrechen, ob man neben ein grünes Haus eine Rotbuche pflanzen kann oder ob man nicht lieber den Bauherrn überredet, sein Haus gelb zu streichen, weil das dann farblich besser paßt. Gartenbau-Ingenieure sind aber praxisbezogene Pioniere, die sich erst einmal bemühen, ihren Auftraggebern die Phantasievorstellungen auszureden, die ihnen der Architekt eingeredet hat, um dann die realen Möglichkeiten zu verwirklichen.«

Das war druckreif! Trotzdem konnte ich mir nicht erklären, wo Sven diese Weisheiten aufgesammelt hatte.

»Du scheinst immer noch zu glauben, daß es sich nur um eine fixe Idee handelt. Ich bin beim Arbeitsamt gewesen, habe mich lange mit dem Berufsberater unterhalten und noch viel länger mit dem Inhaber einer Firma, die auch maßgeblich an der Gartenbau-Ausstellung in Stuttgart beteiligt gewesen ist. Mich reizt dieser Beruf, und es ist auch völlig zwecklos, mich davon abbringen zu wollen.«

»Will ich ja gar nicht. Ich sehe nur nicht ein, weshalb du nicht erst dein Abitur machst. Du kannst auch noch in zwei Jahren nach Regenwürmern buddeln.«

»Das sind aber zwei verlorene Jahre. Shakespeare ist sicher ein sehr bedeutender Mann gewesen, aber seine Weisheiten nützen mir jetzt absolut nichts mehr. Wenn er sich in seinen Königsdramen wenigstens mal über die Beschaffenheit der jeweiligen Parkanlagen geäußert hätte . . .«

Sascha hatte bisher den Ausführungen seines Bruders zugehört, ohne ihn ein einziges Mal zu unterbrechen, was ich für sehr bemerkenswert hielt. Normalerweise spricht er zweimal, bevor er überlegt. Jetzt argumentierte er mit Fachausdrücken, Zahlen und Fakten, denen ich nichts entgegensetzen konnte, einfach deshalb, weil ich kaum die Hälfte verstand. Ich begriff lediglich, daß auch Sascha das Abitur für überflüssig und seinen derzeitigen Bildungsstand für völlig ausreichend hielt.

»Na, dann seht zu, wie ihr eurem Vater die ganze Sache beibringt«, erklärte ich abschließend und immer noch in der stillen Hoffnung, der Nachwuchs würde schließlich doch den verhältnismäßig problemlosen Schulalltag dem Erwerbsleben vorziehen.

»Darum geht es ja gerade, Määm«, bekannte Sascha kleinlaut, »könntest du Paps nicht schon mal ein bißchen vorbereiten?«

»Ich denke gar nicht daran! Löffelt euer Süppchen ruhig allein aus! Bei Meinungsverschiedenheiten mit euren zukünftigen Chefs könnt ihr mich ja auch nicht mehr als Prellbock vorschieben!«

Die Knaben nickten ergeben und trotteten ins Haus. Ich trottete hinterher. Der Kaffee war inzwischen kalt geworden, und die Sonne hatte sich auch wieder hinter dunklen Wolken verkrochen. Die paßten ohnehin viel besser zu meiner seelischen Verfassung. Ich überlegte krampfhaft, womit ich meinen lustlosen Söhnen die Schule wieder schmackhaft machen könnte, aber mir fiel beim besten Willen nichts ein. Dabei ist die Schulzeit wirklich die schönste Zeit des Lebens – man merkt's bloß immer erst hinterher.

Im Gegensatz zur herrschenden Jahreszeit, die uns außergewöhnlich milde Temperaturen bescherte, wurde das Klima innerhalb des Hauses zunehmend frostiger. Erwartungsgemäß hatte Rolf den Wünschen seiner Abkömmlinge ein kategorisches »Nein!« entgegengesetzt und eine weitere Diskussion mit dem Hinweis abgebrochen: »Was ihr nach dem Abitur anfangt, ist mir egal; von mir aus werdet Schwammtaucher oder gründet eine Sekte, aber erst bringt ihr die Schule zu Ende!«

»Das ist doch typisch für diese autoritäre Generation«, erklärte Sascha seinem Bruder. »Und wohin sind die mit all ihrer Schulweisheit gekommen? Mitten hinein in den Zweiten Weltkrieg. Wer danach noch übriggeblieben ist, hat später auch nicht viel anfangen können mit Photosynthese oder Differentialquotienten, der hat ums Überleben gekämpft. Ich glaube auch kaum, daß griechische Versmaße der richtige Rhythmus zum Steineklopfen gewesen sind.«

Rolf blieb unerbittlich, die Knaben blieben es auch. Die Gespräche zwischen ihnen und ihrem Vater beschränkten sich auf knappe Äußerungen wie: »Wer hat zuletzt die Zeitung gehabt?« oder: »Gib mir mal das Salz rüber!« Bei längeren Mitteilungen fungierte ich als Zwischenträger. »Du kannst deinen Söhnen bei Gelegenheit ausrichten, daß sie ihre Fahrräder nicht immer in der Garageneinfahrt abstellen sollen! Außerdem wünsche ich, daß zumindest Sascha abends um elf Uhr zu Hause ist!«

Die so Angesprochenen kamen schweigend allen Aufforderungen nach, ansonsten übten sie sich in passiver Resistenz. Vergeblich versuchte ich, zwischen den Parteien zu vermitteln, aber mit Holzköpfen kann man nicht reden.

»Schließlich geht es um *unsere* Zukunft!« sagten die Söhne.

»Schließlich geht es um ihre *Zukunft!*« sagte der Vater.

Zumindest in der Sache als solcher herrschte Übereinstimmung.

Und dann kamen aus der Schule die blauen Briefe – von den Betroffenen nicht nur erwartet, sondern ersehnt, von Rolf mit ungläubiger Miene zur Kenntnis genommen. Er gab sich geschlagen.

»Damit habe ich nicht gerechnet«, bekannte er offen, »aber ich muß zugeben, daß diese Methode wirksamer war als alle anderen Versuche, mich von der Ernsthaftigkeit ihrer Absichten zu überzeugen. Sollen sie also in Gottes Namen anfangen, ihre Brötchen selber zu verdienen. Hoffentlich bleiben sie ihnen nicht im Halse stecken!«

Nachdem Rolf nun endlich sein Einverständnis gegeben hatte, entwickelte er auch sofort die zu erwartende Aktivität. Die bestand hauptsächlich darin, daß er seine irregeleiteten Söhne mit den Folgen ihres Entschlusses konfrontieren und ihnen eine eventuelle Umkehr ermöglichen wollte.

»Ich halte es für völlig falsch, wenn ihr sofort mit einer richtigen Lehre anfangt. Ihr solltet erst einmal ein unverbindliches Praktikum machen, etwa ein halbes Jahr lang, und wenn ihr dann immer noch bei der Stange bleiben wollt, reden wir weiter!«

Die Knaben waren zwar bereit, alle Forderungen zu erfüllen, wenn sie nur nicht wieder in einer Schule endeten, aber unter einem Praktikum konnten sie sich nichts vorstellen.

»Wie denkst du dir denn das?«

»Das muß ich mir erst überlegen.«

Rolf überlegte nicht lange. Er entsann sich eines Schulfreundes, der in einem Harzer Kurort ein renommiertes Hotel führte, setzte sich mit ihm in Verbindung und eröffnete anschließend seinem Sohn, daß er am 1. September im Berghotel als Page anfangen könne.

»So weit weg?« murmelte Sascha leicht erschüttert.

»Mensch, freu dich doch, da hast du Ausgang bis zum Wekken«, versuchte Sven seinem Bruder die Sache schmackhaft zu machen.

Ich war auch nicht so unbedingt begeistert von der Aussicht, meinen Sprößling vierhundert Kilometer weit entfernt zu wissen, aber wenn er früh genug ins kalte Wasser springen mußte, würde er wohl ziemlich schnell das Schwimmen lernen.

»Was muß man eigentlich als Page tun?« wollte er wissen, denn seine Erfahrungen mit Nachtlagern außerhalb der heimischen vier Wände beschränkten sich überwiegend auf Jugendherbergen und Zeltlager.

Sven zuckte die Achseln. »Keine Ahnung, vielleicht Fahrstuhl fahren, Briefe wegbringen und ähnliche subalterne Tätigkeiten. Hoffentlich wächst dir die Verantwortung nicht über den Kopf!« Dann begehrte er zu wissen, was nun mit ihm geschehen würde: »Fangt aber nicht an, mich einem Blumenladen als Laufburschen unterzujubeln!«

»Keine Angst, mein Sohn«, beruhigte ihn sein Vater, »du fängst auch am 1. September an, und zwar als ungelernter Hilfsarbeiter in einem Betrieb für Garten- und Landschaftsbau in Stuttgart!«

»Hilfsarbeiter??«

»Was denn sonst? An Experten für Kakteenzucht sind die nämlich weniger interessiert!«

Am wichtigsten erschienen den beiden Berufsanwärtern zunächst einmal die finanziellen Aussichten, wobei Sven das bessere Los gezogen hatte. Er würde sehr anständig verdienen, und da er relativ billig im betriebseigenen Lehrlingsheim wohnen könnte, sah er sich schon als Kapitalist. »Wenn du mal nicht über die Runden kommst, dann wende dich vertrauensvoll an mich«, versicherte er Sascha, der bei freier Station nur mit einem bescheidenen Entgelt und möglichen Trinkgeldern rechnen konnte.

Im Grunde genommen paßte Rolf die ganze Sache überhaupt nicht. Ausgerechnet seine beiden Söhne, in die er so große Erwartungen gesetzt hatte, sollten nun auf der sozialen Stufenleiter abwärtsklettern, und dann auch noch in die tiefsten Tiefen: Der eine als Hilfsarbeiter im Gartenbau, der andere als Page und damit Trinkgeldempfänger.

»Durchhalten werden sie sowieso nicht«, beruhigte er mich (und sich), als ich Saschas Koffer packte, »ich bin nur neugierig, wer von beiden zuerst das Handtuch wirft!«

Am nächsten Tag lud er Sohn und Gepäck ins Auto, um beides in Bad Harzburg abzuliefern und Sascha bei dieser Gelegenheit die Stätten seiner Kindheit zu zeigen. Man besuchte ehemalige Schulkameraden, die den inzwischen erworbenen Wohlstand in Form von Häusern und Bäuchen vorzeigten und sichtlich bestrebt waren, beides zu konsolidieren; man tauschte Erinnerungen und Familienfotos, und man verschmähte auch nicht die geistigen Genüsse, so daß Sascha seine verantwortungsvolle Tätigkeit erst mit 24stündiger Verspätung antreten konnte, weil er am anderen Morgen einen ausgewachsenen Kater spazierenführte.

Den nun folgenden Zeitabschnitt bekamen wir nur telefonisch, seltener auch brieflich mit. Demnach gefiel es dem Pagen ganz gut, wenn er auch nicht unbedingt sein Lebensziel darin sah, dicke Möpse von dicken Damen spazierenzuführen. »Aber man lernt eine ganze Menge Leute kennen«, erzählte er mir einmal, »heute habe ich mit Inge Meysel gesprochen.«

»Worüber habt ihr euch denn unterhalten?«

»Ach, sie hat mich gefragt, wo die Toiletten sind.«

Wenn wieder einmal Post von Sascha gekommen war, winkte Rolf meistens ab. »Du brauchst mir jetzt nicht den ganzen Brief vorzulesen, nur den Absatz, der mit ›Übrigens, Papi‹ anfängt.«

Wenn Geld auch sicherlich nicht alles bedeutet, so hält es die Verbindung mit den Kindern aufrecht.

Offenbar beschränkte sich Saschas Tätigkeit keineswegs auf ein dekoratives Herumstehen, er wurde vielmehr überall dort eingesetzt, wo Not am Mann herrschte. So hängte er abwechselnd Nerze und Breitschwänze auf Garderobenbügel, flickte Leihfahrräder, drehte in der hauseigenen Konditorei Marzipankugeln und schippte Schnee. Letzteres sehr häufig und dank seines Heidenberger Trainings mit einer gewissen Routine. Und er dachte gar nicht an Kapitulation.

Sven auch nicht. Ihn sahen wir häufiger, weil er jedes zweite Wochenende nach Hause kam, beladen mit Süßigkeiten für seine Schwestern, die ihn wohl als eine Art verfrühten Weihnachtsmann betrachteten und bei künftigen Freizeitplänen als potentiellen Geldgeber einkalkulierten. »Gehst du mit uns heute ins Kino? Es gibt das ›Dschungelbuch‹.«

Manchmal brachte er mir auch etwas mit. So kam er einmal mitten im Winter mit einem riesigen Blumenstrauß an, wehrte Danksagungen aber entschieden ab: »Nun fall nicht gleich aus allen Wolken! Jemand hat ihn im Zug liegengelassen!«

Erfreulicherweise sah der Bengel prächtig aus, braungebrannt, gesund und durchtrainiert.

»Mußt du nicht ziemlich schwer arbeiten?« fragte ich ihn besorgt.

»Ach, nicht gerade schwer, nur so schrecklich regelmäßig!«

Dann versetzte er seinem Vater einen Tiefschlag: »Ich habe mich schon erkundigt, ob ich in meinem Laden die Lehre abreißen kann. Das geht in Ordnung. Ab Februar bin ich Azubi.«

»Was bist du?«

»Auszubildender! Das klingt zwar reichlich geschwollen, ist aber nur die moderne Umschreibung für Lehrling.«

»Wieso Lehrling?« fragte Rolf verdutzt.

»Na ja, irgendwann muß ich ja mal anfangen. Ich mache jetzt eine dreijährige Gärtnerlehre mit Berufsschule und allem Drumherum, nach der Prüfung muß ich mich für die Fachschulreife qualifizieren, und später baue ich meinen Ingenieur. Wahrscheinlich werde ich ganz schön büffeln müssen, aber das macht mir nichts aus. Die Unterscheidungsmerkmale zwischen einem Abies alba und einem Abies concolor sind leichter zu behalten als die Unterschiede zwischen Neutronen und Protonen. Ich weiß nicht mal mehr, was das überhaupt ist.«

Rolf schüttelte resigniert seinen graumelierten Kopf: »Und ich hatte gehofft . . .«

»Ich weiß, was du gehofft hast«, unterbrach ihn sein Sprößling ungerührt, »du hast geglaubt, daß ich die Flinte ins Korn werfe und reumütig zurückkomme, damit du dir doch noch dieses Scheißabiturzeugnis an die Wand nageln kannst!«

»Ich verbitte mir diesen Ton!«

»Tschuldigung, aber recht habe ich trotzdem. Übrigens gibt es bei der Firma Sommer vierzehn Azubis, davon haben vier Realschulabschluß und zwei Abitur. Und alle lernen Landschaftsgärtner. Biste nun beruhigt?«

Rolf war es nicht, aber was sollte er machen? Sven war erstens volljährig und zweitens zur Selbständigkeit erzogen worden, und die endete nun keineswegs bei der Fähigkeit, sich notfalls mal einen Knopf alleine annähen zu können. Trotzdem brachte er seine Wäsche regelmäßig mit nach Hause, auf daß ich sie wüsche, reparierte und schrankfertig verpackt wieder in den Koffer legte. Statt Münzen und Büroklammern fischte ich jetzt Steinchen und Reste von Blumenbast aus den Hosentaschen, aber sonst hatte sich nicht allzuviel geändert.

Weihnachten war die Familie wieder einmal komplett. Sascha hatte zehn Tage Urlaub bekommen, und Sven hatte 14 Tage Urlaub genommen, unbezahlten natürlich, aber er brauchte ja Zeit, um den gebührend beeindruckten Freunden seine neue Errungenschaft vorzuführen. Sie war nicht mehr die Jüngste, schien auch schon bessere Tage gesehen zu haben und hörte auf den Namen Püppi. Püppi war rot, trug drei silberne Streifen auf dem Kopf und war ein Auto. Ein sehr kleines zwar und auch ein ziemlich altes, aber es lief, und es lief sogar auf Rädern statt auf Wechseln.

Rolf wollte sich probehalber hinter das Steuer zwängen, gab den Versuch aber gleich wieder auf. »Wird der Schuhanzieher zum Einsteigen vom Werk eigentlich mitgeliefert?« Mit schmerzlich verzogenem Gesicht rieb er die angeschlagene Kniescheibe.

»Wenn die Autos weiterhin immer kleiner werden, kommt bald der Tag, wo der Fußgänger zurückschlagen kann!«

Sascha empfahl seinem Bruder, den Wagen auf keinen Fall zu waschen, weil er nur noch durch die solide Dreckschicht zusammengehalten werde, aber die düstere Prognose hinderte ihn doch nicht, in das Vehikel hineinzukriechen und die Möglichkeiten für den Einbau der Stereoanlage zu überprüfen. Sven meinte allerdings, die nicht unerheblichen Fahrgeräusche würden auch den leistungsfähigsten Lautsprecher übertönen. So hörte ich das stereophone Geröhre weiterhin zu Hause, denn der neugebackene Autobesitzer tauchte nun an jedem Wochenende auf, und wenn er nicht da war, dann benutzten die Zwillinge seine Anlage. Obwohl technisch unbegabt und allenfalls imstande, Stefanies Taschenrechner zu programmieren (natürlich heimlich!), kamen sie mit dem komplizierten Steuerungssystem ohne weiteres zurecht. Den Lautstärkeregler fanden sie immer zuerst.

Eines Morgens kurz vor sieben Uhr klingelte es Sturm. Bei

solchen Gelegenheiten habe ich sofort ein schlechtes Gewissen, dabei weiß ich nie, weshalb. Die mehr oder weniger regelmäßigen Besuche von Polizeibeamten hatten ein Ende gefunden, seitdem Sven und Sascha angefangen hatten, sich mehr für Mädchen als für Motorräder zu interessieren; Hiobsbotschaften werden uns meistens telefonisch übermittelt, und die Zeitungsfrau kommt in der Regel am Monatsanfang zum Kassieren. Und das tagsüber. Wer konnte also in aller Herrgottsfrühe . . .?

Es war Sascha. »Könnt ihr mal eben das Taxi bezahlen! Ich bin total pleite.«

Rolf zückte bereitwillig die Brieftasche und entlohnte den Fahrer überaus großzügig. Dann trug er die Koffer ins Haus, goß seinem sichtlich übernächtigten Sohn eine Tasse Kaffee ein und nahm erwartungsvoll neben Sascha Platz.

»Du brauchst mir gar nichts zu erzählen. Eigentlich wundere ich mich nur, daß du fast fünf Monate durchgehalten hast. Seit wann spielst du denn schon mit dem Gedanken, aufzugeben?«

»Wieso aufgeben? Ich bin rausgeflogen!«

Rolf rührte sich Marmelade in den Kaffee, zündete die Zigarette am Filtermundstück an, bemerkte es gar nicht, stierte seinen Sohn an und – schwieg.

»Nun guck nicht so entgeistert! Ich habe keine silbernen Löffel geklaut. Man hat mich rausgeschmissen, weil ich angeblich faul und aufsässig bin, dabei hatte ich mich nur geweigert, in den Müllcontainer zu kriechen!«

»Könntest du das etwas deutlicher erklären?«

Sascha zog ächzend seine Schuhe aus und besah sich stirnrunzelnd das große Loch im Strumpf: »Das war das letzte heile Paar. Eins habe ich jedenfalls in der Zwischenzeit gelernt: Es gibt im Hotelgewerbe zwei Berufskrankheiten, nämlich Plattfüße und Alimente. Im Berghotel zahlen drei Kellner und ein Koch Unterhalt für außereheliche Kinder. Ich frage mich nur, wie die das zeitlich fertiggebracht haben. Bei uns ist doch kaum jemand vor ein Uhr ins Bett gekommen.«

»Du etwa auch nicht?«

»Nee, bei mir wurde es manchmal noch später, weil ich aufräumen mußte. Ich brauchte zwar morgens erst um zehn Uhr anzufangen und hatte auch mittags zwei bis drei Stunden frei, aber dann war Rush-hour bis Mitternacht. Manchmal war das schon ein ziemlicher Schlauch. Und dein sogenannter Schulfreund ist der reinste Sklaventreiber. Bei dem wäre ich sowieso nicht geblieben, aber ich wollte wenigstens mein halbes Jahr herumbringen. Na ja, fünf Monate reichen aus. ›Da ich zu Hause bin, bin ich an einem bessern Ort.‹ Ist übrigens von Shakespeare. Der ist gar nicht so ohne, wir haben ihn im Speisesaal oft rezitiert. Macbeth zum Beispiel, wenn die Gästeschar kein Ende nahm: ›Wie! Dehnt die Reih sich bis zum Jüngsten Tag?‹«

»Es freut mich, daß die sieben Jahre Gymnasium nicht völlig umsonst gewesen sind«, sagte Rolf sarkastisch, »aber deine unerwarteten Kenntnisse der englischen Literatur erklären noch immer nicht, weshalb du jetzt hier am Tisch sitzt!«

»Also, das war so: – Kann ich mal 'ne Zigarette haben? Danke. – Der Oberkellner vermißte die Abrechnungen der vergangenen Woche, stellte das ganze Office auf den Kopf, das heißt, ich stellte und er sah zu, und als der Krempel nirgends zu finden war, fiel ihm ein, daß die ganzen Papiere möglicherweise in den Papierkorb gefallen und folglich auf dem Müll gelandet sein könnten. Der wird zusammen mit Küchenabfällen und allem anderen Dreck in einem Container gesammelt. Dort sollte ich nun rein und diese dämlichen Abrechnungen suchen. Ich habe mich natürlich geweigert, vielleicht bin ich auch ein bißchen pampig geworden, jedenfalls hat mir der Markowitz eine geknallt, und ich habe zurückgeschlagen. Ende der Vorstellung.«

»Man schlägt keine Vorgesetzten«, war das einzige, was mir dazu einfiel.

»Erstens war er das gar nicht, zweitens hat er mich von Anfang an schikaniert, und drittens ist er erst vierundzwanzig, aber doppelt so aufgeblasen.«

Rolf griff zum Telefon. »Laß das bitte, Paps, da kannst du doch nichts mehr einrenken! Außerdem will ich auch gar nicht zurück. Ich habe gelernt, wie man Bierleitungen säubert und Schnee schippt, kann perfekt Kassenbons auf Drähte spießen und beleibten Damen in den Persianer helfen, aber nun reicht es.«

»Was willst du denn jetzt machen? Weiter zur Schule gehen?« fragte Rolf hoffnungsvoll.

»Das nun ganz bestimmt nicht. Mir gefällt die Hotelatmosphäre. Ich bleibe auch dabei, nur muß ich eben richtig einsteigen.«

»Am besten gleich als Direktor, nicht wahr?«

Sascha grinste. »Wäre gar nicht so schlecht. Dein Schulfreund hat bloß gesoffen und Besucher empfangen, damit wir Angestellte ungestört arbeiten konnten. – Aber mal im Ernst, Paps, wenn man in dieser Branche etwas werden will, muß man von der Pieke auf lernen, entweder als Kellner oder als Koch. Koch kommt nicht in Frage, bleibt also Kellner. Dann kommen noch ein paar Monate Hotelfachschule und anschließend ab ins Ausland, Sprachen lernen. Der Markowitz, also der Oberkellner vom Berghotel, ist menschlich zwar eine Niete, aber sein Fach versteht er. Der spricht außer Deutsch noch fließend Englisch und Französisch, leidlich gut Italienisch und ein bißchen Spanisch. Das hat mir mächtig imponiert.«

Rolf hatte offenbar nur ein einziges Wort verstanden, nämlich Kellner. »Du willst mir doch nicht weismachen, daß du dein Leben lang Bier und Bockwürste durch die Gegend tragen möchtest?«

Sascha blickte ergeben an die Zimmerdecke, als ob ihm von dort eine Erleuchtung käme, um dann seinem Vater in einem Tonfall, den man normalerweise Kleinkindern gegenüber anschlägt, seinen künftigen Werdegang zu erklären:

»Sieh mal, Paps, du hast doch auch erst Setzer gelernt, bevor du auf der Kunstakademie nackte Mädchen gemalt hast. Dann warst du bei der Presse, und jetzt machst du in Werbung. Mit einem Setzkasten könntest du doch heute vermutlich gar nichts mehr anfangen.«

»Das verlernt man nie!«

»Na bitte! Und ich lerne eben erst einmal Kellner – übrigens heißt das jetzt Restaurant-Fachmann. Darauf baue ich dann auf. Ob ich beim Service bleibe, weiß ich noch nicht, auf jeden Fall will ich den Betriebsassistenten machen, und dann kann ich immer noch sehen, wo es am besten weitergeht. Später möchte ich mal ins Management. Allerdings gibt es noch einen Haken, und ich weiß nicht, ob daran nicht alles hängenbleibt.«

»Du hast doch deine Laufbahn schon bis an dein Lebensende programmiert. Welches Hindernis sollte es also noch geben?« wollte ich wissen.

»Ich brauche einen anständigen Ausbildungsbetrieb. Eine Lehrstelle in einer kleinstädtischen Bahnhofswirtschaft nützt mir gar nichts, es muß schon ein renommiertes Hotel oder ein erstklassiges Restaurant sein, wo man auch den ganz großen Service mitkriegt.«

»Berghotel Bad Harzburg«, sagte Rolf.

Sascha gönnte ihm ein schiefes Lächeln. »Was Besseres fällt dir wohl nicht ein? Aber können wir nicht morgen darüber reden? Ich bin hundemüde. Kein Wunder nach dieser endlosen Bahnfahrt. Nicht mal schlafen konnte ich. Im Abteil saß so ein Heini, der dauernd Kreuzworträtsel geraten hat und immer von mir wissen wollte, wie die griechische Quellnymphe heißt und welche Verdi-Oper sieben Buchstaben hat!«

Der künftige Hotelmanager begab sich also zur Ruhe und ließ ein reichlich verstörtes Elternpaar zurück.

Diesmal dauerte es etwas länger, bis Rolfs Bemühungen Erfolg hatten, zumal Sascha plötzlich einen ausgeprägten Familiensinn entwickelte und unbedingt in Stuttgart arbeiten wollte. »Da kann ich doch mit Sven zusammen nach Hause fahren, dann wird der Spaß wenigstens nicht so teuer. Außerdem bist du doch auch öfter mal in Stuttgart, nicht wahr, Paps?«

Nach sechs Wochen, in denen sich Sascha redliche Mühe gab, mir die Feinheiten der französischen Küche beizubringen, denn er hatte dem Chefkoch gelegentlich über die Schulter gesehen, war es endlich soweit.

»Kennst du in Stuttgart das ›Schwalbennest‹?« fragte Rolf und breitete auf dem Schreibtisch ein halbes Dutzend Speisekarten aus, die in Größe und Umfang den Wochenendausgaben von überregionalen Tageszeitungen glichen.

»Moment mal«, überlegte Sascha, »ist das nicht dieser Luxusschuppen in der Nähe vom Schloßplatz?«

»Ebendieser. Und wenn du dich bereit finden könntest, deine Gammelkluft vorübergehend abzulegen und dich wie ein normaler Mittelstandsbürger zu kleiden, kannst du dich übermorgen beim Geschäftsführer vorstellen. Ein Friseurbesuch erscheint mir vorher ebenfalls noch angebracht!«

Sascha, inzwischen achtzehn und keinesfalls mehr gewillt, mütterliche Ratschläge und väterliche Auflagen zu beherzigen, verwandelte sich plötzlich in einen gehemmten Dreizehnjährigen. »Was meinst du, Määm, muß ich einen Kulturstrick umbinden, oder kann ich ein Halstuch tragen?«

»Ich glaube, eine Krawatte ist nicht unbedingt nötig.«

»Sag mal, Paps, kann ich das blaue Pilotenhemd anziehen, oder muß es partout ein weißes sein?«

Dann wollte er wissen, ob zur grauen Hose braune Schuhe

besser paßten als schwarze, ob er »Herr Direktor« sagen solle oder »Herr Meyer«, ob bei einer eventuell in Erscheinung tretenden Frau Meyer ein Handkuß angebracht sei (»Den kann ich jetzt auch!«) und ob man bereits bei einem ersten Gespräch über Freizeit und Urlaubsansprüche reden könnte.

»Zieh schwarze Schuhe an, sag ›Herr Meyer‹, Frau Meyer kommt bestimmt nicht, und alles andere überlaß lieber deinem Vater. Der würde es sogar fertigbringen, den Eingeborenen in Rhodesien Heizöfen zu verkaufen, also wird es ihm auch gelingen, dich an den Mann zu bringen!«

Es gelang ihm. Sascha war selig.

»Also wenn du den Laden siehst, Määm, dann flippst du aus. Ich habe ja schon das Berghotel als Nobelherberge angesehen, aber das ›Schwalbennest‹ ist wirklich der Hammer! Ich fange in der Rôtisserie an. Der Maître da ist ein Italiener, noch ganz jung, aber schwer in Ordnung, und dann gibt es noch einen Lehrling, der sieht aus wie der Sarotti-Mohr, kohlrabenschwarz, spricht aber prima Deutsch, obwohl er aus Nigeria kommt, sein Vater managt da irgendwo ein Hotel, Mike heißt er – natürlich nicht der Vater –, und anfangen kann ich am Fünfzehnten, und die haben auch ein Restaurant in London, da kann ich nach meiner Prüfung hin . . .«

In diesem Tonfall ging es noch eine Stunde lang weiter, dann war er heiser.

»Der Bengel hat wirklich Glück gehabt«, meinte auch Rolf. »Wenn er dort nicht eine erstklassige Ausbildung bekommt, wüßte ich tatsächlich nicht, wohin man ihn sonst noch schicken könnte. Ich habe mich lange mit dem Geschäftsführer unterhalten – der hat übrigens auch als Kellner angefangen – und mich überzeugen lassen, daß Sascha keine schlechte Wahl getroffen hat. Ihm stehen in diesem Beruf alle Möglichkeiten offen. Es liegt jetzt an ihm, ob er sie nutzt.«

Hätte ich geahnt, was auf mich zukommen würde, dann hätte ich ihm vermutlich geraten, Finanzbeamter zu werden oder Börsenmakler – keinesfalls jedoch einen Beruf zu ergreifen, der in meinen unmittelbaren Herrschaftsbereich fällt. Es war zwar ganz angenehm, einen Fachmann zu haben, der gelegentlich das Tischdecken übernahm, aber die damit verbundenen Reklamationen gingen mir bald ziemlich auf die Nerven.

»Wenn ich so ein Glas auf den Tisch stellen würde, bekäme ich vom Bertoni aber einiges zu hören!« Sascha hielt das beanstandete Glas gegen die Fensterscheibe und deutete auf eine kleine matte Stelle.

»Wie soll ich die Servietten vorschriftsmäßig falten, wenn du sie nicht anständig stärkst?« (Ich kann diese brettsteifen Dinger nicht leiden!)

»Haben wir denn keine Rotweingläser? Du willst doch wohl den Beaujolais nicht aus diesen Waschwannen trinken?«

»*Was* soll das für eine Sauce sein? Weißt du denn nicht, daß da Zitronensaft reinkommt und kein Essig? Was du da machst, ist direkt eine kulinarische Vergewaltigung!«

Irgendwann platzte mir auch mal der Kragen, und ich brüllte ihn an: »In ein paar Jahren wirst du irgendeinem unschuldigen jungen Mädchen erzählen, was für eine fabelhafte Köchin deine Mutter ist – nun iß auch gefälligst das, was ich koche!«

Die Unterhaltungen mit Sven gestalteten sich weniger schwierig, waren aber auch nicht ganz unproblematisch. Freute ich mich über die Forsythien, die in voller Blüte standen, so belehrte mich mein Sohn, daß die Lentizellen eine abartige Struktur aufwiesen, woraus zu schließen sei, daß der Strauch wohl bald eingehen würde. (Er steht immer noch.) Außerdem benötige der Pyracantha crenoserrata einen Auslichtungsschnitt, und ob ich nicht wisse, daß der Cytisus praecox einen helleren Standort brauche. Ich verstand Bahnhof, nickte aber zustimmend und ließ alles beim alten.

Die Zwillinge machten sich einen Spaß daraus, irgendwelche Blätter mitzubringen oder bizarr geformte Blüten und sie Sven vorzulegen, auf daß er sie klassifiziere. Weil ihm das in den seltensten Fällen gelang (»Dazu müßte ich den Habitus der Pflanze sehen und den Blattaustrieb!«), verloren sie bald den Respekt vor seiner Gelehrsamkeit und kamen zu dem Schluß: »Der kann uns doch viel erzählen! Wer weiß, ob diese komischen Namen überhaupt stimmen, wir können ja noch kein Latein.«

Sascha imponierte ihnen mehr, hauptsächlich deshalb, weil er uns seine neuerworbenen Fähigkeiten immer gleich vorführen wollte, und wenn diese Demonstrationen auch selten ganz einwandfrei gelangen, so waren die Produkte in den meisten Fällen trotzdem noch genießbar. Nur einmal wäre die Sache beinahe schiefgegangen: Die Vorbereitungen für das Flambieren von Kirschen waren abgeschlossen, Sascha goß den Cognac über die Früchte und hielt ein Streichholz dran, gebannt sahen wir zu, wie die Flüssigkeit auch vorschriftsmäßig aufflammte, aber dann stieß der Maestro an den Pfannenstiel, worauf sich das brennende Zeug über Tisch und Teppich ergoß.

»Macht man das neuerdings auf *diese* Art?« erkundigte sich Rolf maliziös, nachdem er mit dem Inhalt der Blumenvase die Flammen erstickt hatte.

Als Sascha das nächste Mal ein Feuerwerk inszenieren wollte, stellte sich Sven neben ihn, in der Hand ein Tablett, auf dem – umrahmt von Serviette, drei Petersilienstengeln und einer Zitronenscheibe – ein Feuerlöscher stand, eigens zu diesem Zweck aus dem Auto geholt.

Ein anderes Mal bat ich Sascha, doch gelegentlich eine Languste mitzubringen, weil die Zwillinge so ein Vieh mal in natura sehen wollten.

»Kann ich machen«, sagte er bereitwillig, »ich kriege das Zeug ja billiger. Aber hast du schon mal Flönze gegessen?«

»*Wie* heißt das?«

»Flönze!«

»Nein, was ist das?«

»Ein Flonz«, dozierte Sascha, »lateinisch Gulpinus rectalis, gehört zur Gattung der Schlörpse und ist ein rosaroter, etwa 7 bis 11 Zentimeter langer südamerikanischer Grottenolm, der am besten in gegrilltem Zustand schmeckt!«

»Dann bring mal einen mit!«

Sascha kugelte sich vor Lachen. »Das hat unser Serviermeister in der Berufsschule auch gesagt. Ich habe ihn nämlich gefragt, ob man für dieses Gericht Fischbesteck eindeckt oder eine Hummergabel. Der ist auf den Flonz genauso hereingefallen wie du. Der Quatsch muß also ziemlich glaubhaft klingen!«

Mit besonderem Vergnügen schilderte er den Partisanenkrieg, der angeblich seit jeher zwischen Köchen und Kellnern herrscht und an dem er sich bereits erfolgreich beteiligte.

»Angefangen hatte es damit, daß mich der Chefkoch ins Office schickte, um den Kümmelspalter zu holen. Auf *den* Leim bin ich zwar nicht gekrochen, aber etwas später lag auf dem Fußboden ein Fünfmarkstück. Ich wollte es natürlich aufheben und habe mir fürchterlich die Pfote verbrannt. Der Kerl hatte das Geld vorher in den Salamander gelegt – das ist so eine Art Mikrowellenherd. Dafür habe ich ihm eine halbe Stunde später ein Bier gebracht, gut gewürzt mit Tabasco-Soße. Sein Gejaule hat man bis ins Restaurant gehört! Dann war drei Tage lang Ruhe. Am vierten habe ich beim Mittagessen einen heldenhaften

Kampf mit meinem Schnitzel ausgefochten, bis ich dahinterkam, daß ich einen dick panierten gebratenen Bierdeckel durchsäbeln wollte. Jetzt muß *ich* mir wieder etwas einfallen lassen!«

Auch Sven wußte Erheiterndes zu berichten von den Auseinandersetzungen, die gelegentlich zwischen den von ihm verachteten Gartenbau-Architekten und den -Ingenieuren stattfanden.

Im Laufe der Zeit ließen sich unsere »Azubis« aber immer seltener zu Hause blicken. Die Großstadt forderte ihren Tribut.

»Was soll man in diesem Kaff hier schon anfangen?« hatte Sven gemeckert, als er doch wieder einmal erschienen war, um seine Püppi einer fachkundigen Inspektion unterziehen zu lassen. Zweifellos gab es auch in Stuttgart Reparaturwerkstätten, aber dort war die väterliche Brieftasche schwerer erreichbar.

Sascha sahen wir noch weniger. Seitdem er ein Zimmer in einem Studentenwohnheim bezogen hatte, das ihm normalerweise gar nicht zustand und an das er auf nicht ganz legalem Wege herangekommen war, gehörte er zu einer festen Clique, die sich hauptsächlich aus angehenden Chemikern zusammensetzte. Mit ihnen verstand er sich bestens.

Wer nun aber vermutet, daß Rolf und ich – der unmittelbaren Verantwortung für unsere Erstgeborenen weitgehend enthoben – nunmehr ein beschauliches Dasein führen konnten, der irrt. Zu den Dingen, die so einfach zu handhaben sind, daß auch ein Kind damit umgehen kann, gehören die Eltern.

Katja wünschte sich ein Fahrrad mit Gangschaltung, bekam es, knallte damit gegen eine Mauer und brach sich den Arm. Steffi wünschte sich Rollerskates, bekam sie, fuhr gegen die Garagentür und brach sich den Knöchel. Nicole wünschte sich einen Chemiekasten, bekam ihn und lernte als erstes, daß sie nie wieder einen bekommen würde. Der Maler fragte später, ob sie in ihrem Zimmer Würstchen gegrillt hätte.

Unser Haus bevölkerten weiterhin Scharen von Teenagern, deren Geschlecht sich meist erst beim zweiten Hinsehen feststellen ließ. So ermahnte Steffi einmal ihre langmähnige Seitendekkung ganz leise: »Dreh ihnen den Rücken zu, dann halten sie dich für ein Mädchen, und es gibt keinen Ärger!«

Die beiden einzigen Dinge, die Kinder willig an andere weitergeben, sind ansteckende Krankheiten und das Alter ihrer Mutter. Als ich meinen fünfundvierzigsten Geburtstag feierte (man sollte spätestens beim dreißigsten damit aufhören), erschien die halbe Nachbarschaft zum Gratulieren. Frau Keks drückte mir einen herrlichen Fliederstrauß in die Hand und meinte tröstend: »Machen Sie sich nichts draus, die mittleren Jahre sind auch sehr schön!«

»Ich weiß«, sagte ich, »das ist die friedliche Zeit, wenn die Kinder aus dem Haus sind und bevor man bei den Enkeln helfen muß!« Ich dachte an Luise und ergänzte: »Soviel ich weiß, dauern die mittleren Jahre in der Regel fünf bis sechs Monate!«

Dann hörte ich Katja, die ihrer Freundin Bettina vom Fenster aus zurief:

»Nee, im Augenblick kann ich nicht kommen. Ich muß erst noch Mathe machen, den Kaffeetisch decken, meinen Schrank aufräumen und die Blumen gießen. In zehn Minuten bin ich aber fertig!«

Ich fürchte, meine mittleren Jahre werde ich vorläufig noch nicht genießen können!